가톨릭 성인전

上

가톨릭 성인전(상)

1960년 5월 25일 교회 인가
1960년 9월 26일 초판 1쇄 펴냄
1999년 11월 20일 개정 초판 1쇄 펴냄
2024년 5월 3일 개정 초판 15쇄 펴냄

편역자 · 김정진
펴낸이 · 정순택
펴낸곳 · 가톨릭출판사
편집 겸 인쇄인 · 김대영
편집 · 김소정, 강서윤, 박다솜
디자인 · 김서영, 송현철, 강해인, 이경숙, 정호진
마케팅 · 안효진, 황희진

본사 · 서울특별시 중구 중림로 27
등록 · 1958. 1. 16. 제2-314호
전자우편 · edit@catholicbook.kr
전화 · 1544-1886(대표 번호)
지로번호 · 3000997

ISBN 978-89-321-0374-7 04990
ISBN 978-89-321-0373-0 (전2권)

값 18,000원

이 책은 저작권법에 의해 보호를 받는 저작물이므로 무단 전재와 무단 복제를 금합니다.

가톨릭의 모든 도서와 성물을 '가톨릭출판사 인터넷쇼핑몰'에서 만나 보실 수 있습니다.
http://www.catholicbook.kr | (02)6365-1888(구입 문의)

마지막 만찬 자리의 그리스도와 12사도

성 베드로 사도

성 바오로 사도

성 마르코 복음 사가

성 마태오 사도 복음 사가

성 루가 복음 사가

성녀 루치아 동정 순교자

성 빈첸시오 드 폴 사제

성 라우렌시오 부제 순교자

성 앵베르 라우렌시오(범세형) 주교 순교자

성 바르톨로메오 사도

성 비오 10세 교황

성 가예타노 사제

시에나의 성녀 가타리나 동정 학자

성 베네딕토 아바스

성녀 로살리아 동정

아시시의 성 프란치스코

성 프란치스코 드 살 주교 학자

성녀 아가타 동정

십자가의 성 요한 사제 학자

성 요한 보스코 사제

성 마르티노 데 포레스 수도자

성 토마스 데 아퀴노 사제

성 제라르도 마젤라 평수사

성녀 아녜스 동정 순교자

가톨릭 성인전

김정진 편역

가톨릭출판사

개정판 간행에 부쳐

　그리스도께서 친히 세우신 교회의 의식과 전통은 가톨릭 교회에 의해 현대에까지 지켜져 내려오고 있다. 그 중의 한 중요한 전통은 초대 교회 시대로부터 현대에 이르기까지 성인(聖人)들이 계속 배출되고 있는 사실이다. 이것은 하느님께서 교회에 계속 은총을 주시고 계시는 증거이며, 또한 교회와 신자들이 추앙하여 따르는 신앙의 지표(指標)이기도 하다. 특히 현대 사회에 만연한 물질주의로 인해 그리스도교인들의 영성 생활이 해이해질 우려가 있는 오늘날 여러 성인들이 걸어간 위대한 신앙의 길은 우리가 따라야 할 더 없는 모범이다. 이 중요성 때문에 성인전(聖人傳)은 오늘의 그리스도인들에게 열독(熱讀)되고 있다.

　1958년도에 김정진 신부께서 편역하신 책이 여러 세월을 걸쳐 개정되어 오는 동안 많은 부분 달라졌지만 특별히 이번 개정판에는 여러 성인들, 특별히 전례상에 수록되어 있는 성인들을 최대한 많은 문헌을 참고하여 첨가했으며 문교부의 외래어 표기법에 따라 지명(地名)과 성인명을 바꿨고, 성령의 비추심을 청하며 신자들이 보기에 편하고 영성 생활에 도움이 될 수 있도록 최선을 다했다. 많은 신자들이 이 성인전을 통해 영성에 진보가 있기를 바란다.

　이번 개정판을 간행하는 데 있어서는 다음과 같이 체재를 변경하고 내용을 보완했다.

　(1) 전례상에는 수록되어 있었지만 누락되었던 성인을 많은 문헌을 발췌,

참조하여 수록해 놓아 모든 신자들로 하여금 전례에 능동적으로 참여하도록 최선을 다했다.

(2) 모든 성인들을 최대한 찾아 부록편에 날짜순과 가나다순으로 수록하면서 간단하게 출신지와 돌아가신 연도를 표기해 놓았으며 아직 성인이 안 되신 복자도 수록해 놓았다. 시대의 변천으로 성인품에 오르신 분을 찾았으나 문헌의 미흡으로 혹 성인이신데도 복자로 수록된 것도 있을 것이다.

(3) 성서의 말씀은 신·구약 공동번역 성서를 따랐으며, 가끔 신약은 200주년 기념 성서의 문장으로 고치기도 했다.

(4) 전반적인 문장 표현은 김정진 신부의 표현 그대로를 수록하면서 되도록 현대 감각에 맞도록 했다.

(5) 개혁 축일표에 의거, '공식 공경에서 제외된 성인들'은 '알림란'에서 그 이유와 해당 성인들을 밝히고, 종래 교회 풍속을 참고하기 위해 제외하지 않고 그대로 두었다.

(6) 지명을 정확히 표기하기 위해 문법상으로는 맞지 않지만 시(市)와 주(州)의 지명을 떼었다(예: 톨렌티노 시, 알사스 주).

(7) 영문은 라틴어 표기(-us)를 쓰고, 우리말은 끝말을 모두 '-오'로 바꾸었다(예: 아우구스티누스(Augustinus)-아우구스티노, 이냐시우스(Ignatius)-이냐시오, 프란치스쿠스(Franciscus)-프란치스코).

1999년 11월
가톨릭 출판사

머리말

우리 나라에는 아직 정돈된 성인전(聖人傳)이 없어서 그 필요성이 절실히 느껴지는 이즈음 하루라도 빨리 이에 보답하려고 한 것이 바로 이 책이다.
 이미 출판된 성인전은 분량이 많으면서 자세하게 수록된 큰 책이 많으나, 우선 우리 일상 생활에 알맞고 매일 우리의 양식처럼 취할 수 있을 정도의 것을 추려 보기에 노력했다.
 우리 가톨릭 신자는 모두 하느님과 더불어 영원한 행복을 누리기 위해 현세에서 하느님을 섬기고 그의 뜻을 따르려고 노력한다. 이러한 우리에게 이미 공로를 많이 세우고 천국에 들어간 선배라고 할 만한 여러 성인의 행적은 적지 않은 교훈과 자극을 줄 것이다.
 신심이 두텁고 열심한 사람들에게는 성인들의 신심이나 덕행이나 수도 생활이나 영혼 구원에 대한 열심 등이 좋은 거울이 되고 더욱 열심을 분발케 하는 박차가 될 것이다. 죄 중에 있는 사람들은 성인들의 굳은 신뢰와 완전한 통회와 확고한 결심과 열렬한 보속의 정신을 배워야 할 것이다. 또한 누구를 막론하고 성인들이 필요한 은총을 구할 때에 얼마나 기도와 고행과 수도를 존중하며 잘 실천했는가, 또 마귀와 세속과 육신이란 크나큰 세 원수와 싸우면서 그들이 얼마나 백절 불굴의 용덕으로써 성스러운 길을 걸으셨는가—모름지기 그들의 표양을 본받으며 그 뒤를 따르지 않으면 안 될 것이다.
 또한 가톨릭 신자는 누구나 세례받을 때 원하는 성인을 주보로 모시고 그를 본받으며 그에게 의탁하게 되는데, 때때로 주보 성인을 선택할 때 곤란을 느끼는 것 같다. 그런 분들은 아무쪼록 이 책을 읽고 각 성인의 생애를 잘 알아서 자기에게 잘 맞는 보호자를 정했으면 한다.

본서가 이 정도로나마 세상에 나오게 된 것은 윤형중 신부의 주선에 의한 것이며, 방학 때를 이용해 때론 소신학생들의 묵상 재료로, 또는 영적 독서 시간의 재료로 삼으며 한 일이라, 시일도 오래 걸렸거니와 원고는 성신 대학(현재 가톨릭 대학교 성신 교정) 학생들이 많이 수고했지만 미비한 점도 많이 있을 것이다.

끝으로 본서는 주로 일본판 '가톨릭 성인전'을 토대로 한 것이고, 이외 참고한 서적은 '조선 순교 복자전'(안응렬 역: '한국 순교자 103위전'으로 개정됨)과 '*Martyrologium Romanum*'과 '*Le guide dans l'année liturgique*' 등이다.

원컨데 각 개인에, 각 가정에, 또한 각 단체에 있어서 이 성인전이 매일 영혼의 양식이 되고 하느님의 은총이 풍부히 내리기를 빌며, 아울러 성인전을 읽고 열심 분발하여 대성인이 된 성 이냐시오 데 로욜라 사제를 본받아 독자 여러분도 슬플 때나, 괴로울 때나 항상 본서에 의해 조금이라도 위안과 힘을 얻고 다시 일어나 완덕의 길로 씩씩하게 나아가 준다면 편역자의 다시없는 기쁨과 성공으로 생각하겠다.

1958년 9월 26일
한국 순교 복자 79위 축일
편역자

알림

공식 공경에서 제외된 성인들
- 개혁 축일표에 의거 -

성인들의 역사성

전례 헌장의 정신을 따른다면 극소수의 성인들만이 공용 측일표에 남겨 되었을 것이고, 그렇게 되었다면 신자들의 놀라움은 대단했을 것이다. 그래서 1960년 축일표에 수록되었던 성인들 중에서 많은 분들을 개혁 축일표에 남겨 두고 그 등급을 자유로운 기념으로 격하시켰다.

19세기 말엽부터 시작된 성인들의 역사 연구가 축일표 개혁에 기초를 제공했다. 현대인은 역사적 확증을 갖지 않고서는 성인들을 공경하려 하지 않는다. 그래서 1960년 축일표에 수록된 모든 성인들에 대한 역사적 탐구가 세밀히 이루어졌다. 그 결과로 역사성이 희박한 성인들의 축일은 공용 축일표에서 삭제하고, 로마의 지역적 성인들은 로마의 지역 축일표에만 기재하기로 했다. 그러나 로마의 지역적 성인들 중에서도 세계 교회에 크게 영향을 끼친 성인들은 공용 축일표에 그대로 남겨 두고, 전설에 의한 성당이나 지방의 수호 성인들은 공용 축일표에서 삭제했다.

한 가지 알아 두어야 할 일은 축일표에서 삭제했다고 그 성인들 모두가 거짓 성인이라는 뜻은 아니고, 다만 역사적 근거가 명확하지 않다는 점뿐이라는 것이다.

가. 역사성이 희박한 성인들

개인의 역사가 명확하지 못한 성인들을 소개하면 성 바오로 은수자(1.

15.), 성 마우로(1. 15.), 성녀 마르티나(1. 30.), 성녀 도미틸라(5. 12.), 타르소의 성 보니파시오(5. 14.), 성 베난시오(5. 18.), 성녀 푸덴시아나(5. 19.), 성 모데스토와 성녀 크레센시아(6. 15.), 성 요한과 성 바오로(6. 26.), 성 알렉시오(7. 17.), 성녀 심포로사(7. 18.), 성녀 마르가리타(7. 20.), 성 크리스토포로(7. 25.), 성녀 수산나(8. 11.), 성 히폴리토(8. 13.), 성녀 루치아(9. 16.), 성 에우스타치오(9. 20.), 성녀 테클라(9. 23.), 성 치프리아노와 성녀 유스티나(9. 26.), 성 플라치도(10. 5.), 성 박코(10. 7.), 성녀 우르술라(10. 21.), 성녀 님파(11. 10.), 성 펠릭스(11. 20.), 성녀 체칠리아(11. 22.), 알렉산드리아의 성녀 가타리나(11. 25.), 성녀 비비아나(12. 2.), 성녀 바르바라(12. 4.) 등이다.

이분들이 역사적 인물이 아니라고는 할 수 없지만, 그들을 공경하게 된 역사적 이유는 뚜렷하지 못하다. 그래서 성녀 체칠리아를 제외한 모든 성인들은 삭제했다. 성녀 체칠리아 역시 불투명한 점이 없지는 않지만 신자들의 신심 때문에 그대로 두었다.

나. 로마의 옛 순교자들

1960년 축일표에는 41개 축일이 수록되어 있다. 마리오, 파비아노와 세바스티아노, 아녜스, 에메렌시아나, 발렌티노, 티부르시오, 알렉산드로, 고르디아노와 에피마코, 네레오와 아킬레오, 판크라시오, 베드로닐라, 마르첼리노, 베드로와 바오로, 프로체소와 마르티니아노, 7형제 순교자, 펠릭스, 심플리치오, 파우스티노, 베아트릭스, 압돈과 센넨, 식스토, 디모테오, 헤르메스, 펠릭스와 아다욱토, 고르고니오, 브로토와 히야친토, 니코메데스, 고르넬리오, 갈리스토, 크리산토, 다리아, 클레멘스, 펠리치타, 사투르니노 등이다.

이분들 중에서 베드로와 바오로를 제외하고 3세기의 유명한 순교자를 제외하면 이름밖에 모르는 실정이다.

공용 축일표에 남은 분들로는 6월 29일의 사도 성 베드로와 성 바오로 대축일, 8월 10일의 성 라우렌시오 축일 외에는 4개의 의무 기념인 성녀 아녜스(1. 21.), 성 유스티노(6. 1.), 성 고르넬리오와 성 치프리아노(9. 16.) 성 이냐시오(10. 17.)와 10개의 자유 기념이 남아 있을 뿐이다. 이렇게 로마의 많은 순교자들이 축일표에서 삭제되어 6월 30일에 네로 황제 치하에서 순교한 모든 순교자들을 자유로이 기념할 수 있게 했다.

다. 전설에 의한 수호자들

성녀 프리스카(1. 18.), 성녀 프락세데스(7. 21.), 성 에우세비오(8. 14.), 성녀 사비나(8. 29.), 성 크리소고노(11. 24.), 성녀 아나스타시아(12. 25.), 성녀 푸덴시아나(5. 19.) 성녀 체칠리아(11. 21.) 등이 로마인들의 수호자로 공경을 받아 왔다. 그러나 오늘에 와서 이분들에 대한 전설을 그대로 믿는 사람은 아무도 없다. 그리하여 널리 알려진 성녀 체칠리아의 축일 외에는 모든 축일을 개혁 축일표에서 삭제했다. 이같이 성인들의 축일을 감소시킴으로써 구원의 신비를 더욱 명백히 드러내려고 애썼던 것을 잊지 말아야 하겠다.

성인과 이들의 공경에 대하여

성인의 의미(意味)

가톨릭에서의 성인은 살아 있을 때 신앙심이 두텁고 덕망이 많아 사람들의 모범이 되고, 사후에는 하느님과 같이 있으면서 영원한 행복을 받고 계시는 분들이 특별히 교회의 권위(權威)에 의해 천국에 확실히 계신다는 것을 판정 선언(判定宣言)된 분들을 가리킨다. 따라서 아무리 덕행이 뛰어난 이라도 그가 살아 있을 때나, 혹은 교회의 선언이 없는 한 결코 공공연하게 성인이라 부를 수 없는 것이다.

성인(聖人)이라는 한 문자의 의미를 살펴보면 거룩하다, 즉 지덕(智德)이 뛰어난 이상적인 최고 인격(最高人格)을 말한다. 이것은 종교적으로 하느님께의 신앙과 의(義)등을 용기로써 끝까지 잘 지켜 나간 영신계의 영웅(英雄)이라고 해석할 수 있을 것이다.

일반적인 교회 용어인 라틴어로 성인을 'Sanctus(상투스)'라고 한다. Sanctus란 것은 처음에는 하느님께 봉헌된 거룩한 사람이라는 의미에 불과했다. 그러므로 세례를 받음으로써 원죄를 용서받아 하느님께 봉헌된 모든 신자들이나, 신품 성사를 받음으로써 하느님께 봉헌된 사제들이나, 하느님을 믿는 가정의 대표자로서 하느님께 봉헌된 어린아이들을 이런 의미에서 Sanctus라고 부른 때가 있었다. 또한 하느님 아버지의 천지 창조, 예수 그리스도의 부활, 성령 강림 등을 기념하기 위해 주일을 하느님께 봉헌하고 이것을 거룩한 날[聖日]이라고 부르는 것도 마찬가지 의미이다.

앞에서 언급한 신자나, 사제, 어린아이 등을 Sanctus라고 부르는 것은 그 신분(身分)이 거룩하다는 것뿐이다. 그러나 아무리 신분이 거룩하다 할지라도 그 사람의 행위나 생활이 하느님의 뜻에 합당하지 않는다면 이를 성인이라고 부를 수는 없는 것이다. 그렇기 때문에 주님의 선택으로 신자가 되고, 더 특별히 부름 받아 사제가 되고, 주님의 섭리하심에 힘입어 어린아이와 같이 다시 태어난 사람들은 그 성스러운 신분을 감사하게 생각하고 이것을 더럽히지 않도록 성실히 노력하여 거룩한 사람이 되도록 힘쓰지 않으면 안 된다.

사람으로서는 이 세상에 있는 동안은 변하기 쉬우므로 잠시 성인처럼 덕을 닦는다 하더라도 갑자기 심한 유혹이 닥쳐오면 언제, 어느 때 범죄하게 될는지 모르므로 그의 생활의 가치 여하는 죽어서야 안다는 격언과 같이 죽기 전에는 확정할 수 없는 것이다. 그러므로 교회에서는 살아 있는 사람을 결코 성인이라 부르지 않고 죽어서 천국에 들어가 영원불변한 행복을 받고 계시는 분들에게만 성인이라고 부르는 것은 지극히 타당한 일이라 하겠다.

성인을 결정하는 방법

위에서 말한 바와 같이 성인이라 함은 천국에 들어간 분들을 가리킨다고 했으나 그러면 천국에 들어갔는지 안 들어갔는지 어떻게 분별할 수 있겠는가? 우리는 사후의 영혼의 거처를 볼 수 없기 때문에 직접 이것을 잘 알 수는 없다. 따라서 성인을 결정하는 것도 간접(間接)적이 되는 것이다.

(1) 첫째는 계시(啓示)에 의해서이다. 하느님께서는 우리의 신앙 도덕에 모범이 될 만한 사람들을 성인이라고 가르쳐 주셨다. 예컨대 성서에 수록되어 있는 성모 마리아, 성 요셉, 성 요한 세례자 그리고 예수의 제자들이 바로 이러한 분들이시다.

(2) 기타 대부분의 성인은 하느님의 대리자인 교회가 매우 엄격하고도 세밀한 조사를 하고서 판정 선언(判定宣言)을 한 분들이다. 여기에 시복(諡福)과 시성(諡聖) 두 가지가 있고, 시복된 사람을 복자(福者)라 하고, 시성된 사람을 성인이라고 칭하여 각기 복자 명부, 성인 명부에 그 이름을 기입하게 된다.

시복(諡福)

어떤 사람을 시복시키려는 의견이 있을 때, 주교좌에서 최초의 조사회를 열어 우선 그 사람이 성인이라는 소문이 있는가 없는가를 조사한다. 그 후에 그 사람의 사상을 보기 위해 그의 서간이나 저서 등을 수집하고, 살아 있었을 때의 언행을 알기 위해 적당한 증인을 심문해 모든 점에 있어서, 신앙 도덕상 하느님의 가르침에 어긋나는 점이 없는가 탐구한다.

이러한 조사에 만족한 결과를 가져오면 그 증명서를 봉인해 로마에 있는 예부성성(禮部聖省)에 보내어 10년간 그대로 보존하고, 그 동안에도 성인이라는 풍문이 그치지 않을 뿐만 아니라 점차 증가될 것 같으면 비로소 증명서를 개봉해 다시 엄밀한 조사를 하고, 그 후 세상에 알려진 본인의 덕행 등에 관한 진위(眞僞)의 여부를 확신케 하기 위해 그와 동시대의 사람으로서 아직 생존하고 있는 사람에게 알아본다. 특별히 이런 조사에 중점을 두는 것은 본인이 신·망·애 3덕이나 4추덕 (智德-지덕, 義德-의덕, 勇德-용덕, 節德-절덕)에 있어서 신자들에게 모범이 될 만한 인물이었는가, 그리고 하느님께서 그를 통해 기적을 행하고 그가 천국에 들어간 것을 증명해 주셨는가라는 점이다. 이러한 조사는 세밀(細密)에 세밀을 거듭하고 아주 신중한 태도로 하기 때문에 가끔 수년 내지 수십년이란 오랜 세월이 필요할 때도 있다. 그리고 조금이라도 의심된 점이 발견되면 즉시 그의 시복을 중단해 버린다.

그러나 여러 번 모든 점에 만족한 결과를 얻게 되면 추기경이나 고문들의 동의에 의해 시복식 거행 의견이 결정된다. 그러나 교황의 특별한 허가가 없는 한 본인이 세상을 떠난 후 50년이 되기 전에는 보통 거행되지 않는다.

만일 시복되려고 하는 분이 순교자라면 조사는 비교적 간단히 끝마칠 수가 있다. 그것은 신앙이 가르치는 대로 순교의 죽음은 무엇보다도 탁월한 하느님께 대한 사랑의 발로(發露)이고, 교회를 위해 모든 고통을 참으며 생명까지도 바친 사람은 틀림없이 천국에 들어갔기 때문이다. 그러므로 이때의 시복 조사는 다만 그 순교를 확인하고, 그 죽음의 원인이 신앙을 위한 것이 확실하다면 충분하다.

조사가 무사히 끝나고 위원 일동이 그의 시복을 찬성한다면 적당한 시기에 시복식이 거행된다. 교황은 예부성성에 속하는 추기경 고문들과 합석해 소칙서(小勅書)로써 어느 누구를 복자 명부에 기입한다는 취지를 발표하고 제대 위에 장식된 새 복자의 성상의 제막식을 거행하고 공경을 드리는 표시로 향을 피우며 기도를 바친다.

이와 같이 어떤 이가 시복되면 우리는 그를 천국의 복자로 우러러 사모하여 공공연하게 전구를 구하며, 교황의 허락을 얻는 곳에서는 그의 전구로써 미사를 거행하고 그의 성화를 만들어 머리 부분에 윤광(후광)을 그린다.

시성(諡聖)

복자에 대한 공경이 점차 증가되어 그의 전구로써 적어도 기적 둘 이상이 나타나게 되면 사틑들의 요청에 의해 시성 조사가 시작된다.

시성이란 것은 그 사람이 확실히 하느님의 나라에 있으며, 이 세상 사람들에게는 신앙의 모범이 되고, 모든 교회에서 우러러 사모하여 성인으로 공경하는 데 충분한 인물이란 것을 교회에서 판정 선언해 그의 이름을 성인 명부에 기입하는 것을 의미한다.

시성 조사가 시복 조사 못지 않게 엄중 세밀하다는 것은 말할 필요조차 없다. 그리고 이것을 무사히 통과하면 교황께서 친히 참석하신 자리에서 시성식이 거행된다. 그 장소는 보통 로마의 성 베드로 대성전인데, 우선 시성의 영예를 누리게 되는 새 성인의 기(旗)를 선두로 교황 이하 교황청의 고위 고관의 사람들 기타 모든 이가 장엄한 행렬을 지어 입장한다. 성당 내부는 아름답게 장식하고, 마침내 식이 시작되면 시성 담당자가 공손히 성좌에 계시는 교황 앞에 나아가 어느 누구가 시성 되기를 공공연히 청원한다. 그 후 교황을 비롯한 모든 사람들이 무릎을 꿇고 성령 강림 기도와 모든 성인의 호칭 기도를 바치고, 그것이 끝나면 교황은 "성삼위(聖三位)의 영광과 가톨릭 신앙의 발전을 위해 복자(어느 누구)를 성인품에 올립니다" 하고 선언한다. 다음에 교황 자신 혹은 최고 추기경에 의해 미사 성제가 거행되는데, 그 동안 교황이나 다른 적당한 자의 강론도 있다. 그리고 마지막에 대칙서(大

勅書)를 반포해 어느 누구를 새 성인으로 성인 명부에 기입했다는 것을 일반 신자에게 발표한다.

이상은 우르바노 8세 교황 때 제정되어 오늘에 이르는 시성식의 순서이다. 초대 교회에서는 시성 순서도 극히 간단해 신자들이 성인으로 인정하는 사람을 성인으로 제정해 로마 순교자 축일표에 기명 게재(記名揭載)한 것뿐이었다. 어느 시기에는 공의회에 참석한 주교들이 합의해 성인을 정한 때도 있었다. 그러나 이처럼 하면 폐해(弊害)가 게재(揭載)될 우려가 있기 때문에 후에 교황은 시복, 시성을 교황청의 권한 아래 두게 되었다.

또한 옛날에는 시성식에 있어서도 별로 성황을 이룬 예식이 아니었다. 처음으로 그 장엄한 식이 거행된 것은 993년 1월 31일 교황 요한 15세 재위 시절 독일 아우구스부르크의 우달리코(울릭) 주교 시성식 때였다.

윤광(輪光), 후광(後光)

성인의 초상(肖像)의 전신 혹은 머리 부분에 광채를 그리는 것은 오랜 옛날부터 내려오는 습관이다. 이것은 그리스도교에 국한된 것만이 아니라, 불교에 있어서도 부처나 보살의 초상, 기타 영광이나 권능 있는 자를 표시하는 세계 일반적인 보통 수단이다.

우리 주 예수 그리스도께서는 거룩한 말씀을 광명에 비유하고 자기 자신을 세상의 빛이라고 말씀하셨다. 또한 성인을 광명의 아들, 악인을 어둠의 자식이라고 칭하셨다. 그런 이유로 선에 힘쓰는 성인의 상징으로 빛을 사용하게 되었을 것이다.

화가(畫家)가 성인의 초상에 빛을 그리게 된 것은 5세기 때이지만, 중세기에는 이 방법이 널리 퍼져 있었다.

그 빛을 그리는 데 여러 가지가 있다. 이우레올라(후광)라고 초상의 전신을 빛으로 둘러싸는 것도 있고, 님부스(윤광)라고 머리 부분만을 빛으로 두르는 것이 있다. 윤광을 원형으로 하는 때도 있고, 타원형으로 하는 때도 있으며, 머리를 두르는 것도 있고, 머리 위에 조금 떨어지게 그리는 때도 있다.

후광이나 윤광은 아무리 성인이라는 소문이 떠돈다 하더라도 정식으로 시복, 시성 되지 않은 사람에게는 그 초상에 이것을 붙일 수가 없다. 이것은 교황 우르바노 8세께서 결정하신 것이다.

성인께 대한 공경

가톨릭 교회에서는 천지 만물의 창조주이시고 아울러 주재자이신 전지전능하신 하느님께 대한 최상의 경례, 절대적인 존경을 흠숭(欽崇)이라 하고, 천사, 성모 마리아, 인간 등 유한의 피조물에 대한 존경을 공경(恭敬)이라고 하여 명확히 구별한다. 이 구별은 이전에는 그다지 중요시하지 않아 특별한 인물에 대해서 흠숭이라는 말을 사용한 때도 있었지만, 지금에 와서는 매우 엄격해 그러한 것은 절대 허락하지 않게 되었다. 예컨대 예수의 어머니로 선택된 동정 마리아는 필연코 인간뿐 아니라 모든 피조물 중 덕으로나 지위로나 가장 탁월한 분이다. 그러므로 우리는 그에게 특별한 공경을 드린다. 그러나 그것은 어디까지나 공경이지 흠숭이 아니다. 다만 성인들과 구별하기 위해 상경(더 높은 공경)이란 용어로 대신한다.

성인의 덕에도 여러 가지가 있다. 어떤 이는 박애 자선(博愛慈善)에, 어떤 이는 극기 희생(克己犧牲)에 탁월한 점이 있다. 그러나 어떻든 성인이 된 이상 신앙 도덕의 모범이 되고 세상 사람에게 어느 점으로든지 이익을 주리라는 것은 변함이 없다.

세상 사람들은 조국을 위해 전쟁터에서 혁혁한 공훈을 세웠거나 장렬히 전사한 영웅들을 공경하고 기념비를 건립해 그를 찬양하며, 빛나는 발명, 발견을 하여 사회의 행복을 증진시키고 인류의 명예가 된 학자를 존경하고 신문, 잡지 등에서 그를 칭찬한다. 이것은 당연한 일이다. 그렇다면 도덕상의 영웅으로 세상에 이익을 주고, 하느님 대전에 인류의 명예가 되시는 성인들을 존경해 성화, 성상으로 그들을 기념하고, 붓이나 입으로 찬양해 드리는 것도 마찬가지로 당연한 일이 아니겠는가! 그 중에서도 박애(博愛)의 여왕이라고 불리는 성녀 엘리사벳이나, 성 빈첸시오, 성 요한 보스코 등이 만사를 제쳐놓고 빈민, 고아의 구제와 죄인들의 구원에 진력한 헌신적인 생애를 본다면 누구든지 경탄과 감동과 존경을 하지 않을 수 없을 것이다.

성인에 대한 공경 중에서도 유해(遺骸), 유골, 유물, 성상, 성화 등을 존경하는 것은 어딘가 가톨릭적이고 특별한 정서(情緖)가 있다. 이와 같은 것을 공경하는 것은 결코 미신이 아니다. 그 이유는 성녀 가타리나 유해나 성 안토니오의 혀와 같이 하느님 친히 그것을 영원히 보존하시며, 그것을 통해 기적을 일으키심으로써 성스럽다는 것과 존경해야 할 이유를 가르쳐 주시기 때문이다. 인정(人情) 상으로 말하더라도 돌아가신 부모를 잊지 않는 효자는 아침, 저녁 사진을 향해 살아 있는 사람에게 말하는 것과 같이 인사하며 그의 유산이나 기념물 또는 고인을 사모하는 데 도움이 되는 모든 것을 중요시하지 않는가. 그렇다면 성인에 대한 공경도 참으로 진심에서 나온 것이라면, 그와 관계되는 모든 사물에 대한 존중에까지 철저하게 되어야 할 것이다.

가톨릭에 있어서는 성인의 유물 공경이 극히 열렬해 독일의 트리르 시에 보존되어 있는 구세주 예수 그리스도의 의복이 1933년 일반인들에게 공개되었을 때 3개월 만에 백만이란 순례자가 그 성당에 참배했다고 한다.

성인에게 의뢰(依賴)할 것

성인은 이 세상에서 오로지 하느님의 거룩하신 뜻에 일치하도록 노력했고 천국에서는 그 보수로 하느님께 많은 총애를 받고 계시는 분이시다.

그렇기 때문에 하느님께 어떤 것을 구할 때에도 불쌍하고 가련하고 죄인인 우리가 직접 구하는 것 보다, 하느님의 뜻에 맞는 삶을 사시다가 하느님의 거룩한 사랑을 받고 계시는 성인들의 전구로 구함을 받는 것이 훨씬 쉽게 얻을 수 있다는 것은 어렵지 않게 납득할 수가 있다. 그것은 세상의 경험에 비추어 보더라도 상대편에 가까운 사람을 중개 삼으면 모든 일이 순조롭게 진행되는 것과 마찬가지이다.

가톨릭 신자가 각기 주보 성인을 정하고 그의 보호를 구하며 의뢰할 뿐 아니라, 다른 성인들에게도 여러 가지 전구를 구하는 것은 다만 이와 같은 이유에 기인하지만, 모든 성인에 있어서도 그러한 수고는 결코 불쾌한 것이 아니다. 그들은 우리를 깊이 사랑하고 우리 중에서 하나라도 더 많이 함께 영원한 행복을 누리며 하느님을 찬미하는 사람이 많이 나기를 열렬히 원하고 계시기 때문에 오히려 우리를 돕고 우리를 위해 전구해 주는 것을 천국에 있어서의 즐거움 중의 하나로 간주한다고 해도 무방할 것이다. 하느님께서는 이와 같은 성인들의 전구를 기뻐하시며 반드시 그들의 소원을 들어주실 것이다. 그 이유는 성서에 "올바른 사람의 간구는 큰 효과를 나타냅니다"(야고 5, 16) 하셨고, 천국의 성인은 이 세상의 의인보다 주님께서 더 사랑하시는 자이기 때문에 그의 기도가 더욱 효험이 있다는 것은 의심할 여지가 없기 때문이다. 그러나 모든 성인의 전구가 모든 사물에 관해 어느 것이든지 똑같은 힘을 가지고 있다고 하는 것은 아니다. 예컨대 신심 생활이나 선한 임종을 하기 위해서는 성 요셉, 전교를 위해서는 성 프란치스코 하비에르, 또는 예수 아기의 성녀 데레사, 잃어버린 물건을 찾기 위해서는 성 안토니오의 전구가 특별히 유력하다는 것과 같은 것이다. 이와 같이 성인에 따라 기도의 효과가 다른 것은 그분들이 살아 계셨을 때에 특별히 공훈을 세운 방면에 하느님께서 그 보수로 탁월한 전구의 힘을 주셨기 때문일 것이다.

성인을 본받자

교회에서 성인을 결정하고 발표하는 주요한 이유는 우리에게 신앙의 모범을 주기 위함이다. 그렇기에 성인에 대한 공경 중에서 제일 중요한 것은 그 우월한 선덕을 본받는 것이라 하겠다.

시복, 시성의 조사 때 그 사람의 덕행보다 더 중요시하는 것은 없다. 그러므로 엄밀한 조사를 거쳐 성인으로 공경하게 된 사람은 반드시 어떠한 초자연적인 덕을 가지고 있다. 순교자의 견고한 신앙, 사도들의 전교에 대한 열심, 증거자의 극기, 겸손, 동정자의 정결, 결백과 같은 것은 그 좋은 예이다. 그러므로 "나는 여러분에게 권합니다. 나를 본받으십시오"(1고린 4, 16) 하신 것은 비단 성 바오로뿐 아니라, 모든 성인들이 우리를 격려하시는 말씀이라고 생각해도 좋다.

어떤 사람은 말하기를 "너희가 사귀는 친구를 말하라. 그러면 너희의 사람됨을 말하리라"고 했다. 이것은 근묵자흑(近墨者黑)이라는 격언과 일맥

상통한다. 우리는 시간 있는 대로 성인전을 읽으며 가끔 그들의 생애를 묵상하고 기도 중에 그들과 친밀히 지낸다면 어느덧 그들의 고결한 정신에 동화(同化)되어 마침내 거룩한 자가 될 것이다.

우리도 열심히 분발하여 성 아우구스티노와 같이 부르짖자. "그도 사람이고 나도 사람이다. 그러니 그가 행한 것을 나라고 행하지 못하랴!" 하고.

차례

가

성 가누토 왕 순교자 …………………………………………… 27
성 가를로 르왕가와 동료 순교자 …………………………… 29
성 현석문 가롤로 순교자 ……………………………………… 32
성 가롤로 보로데오 주교 ……………………………………… 34
성 가멜로 데 랠리스 사제 ……………………………………… 37
성 가브리엘 대천사 ……………………………………………… 40
통고의 복되신 동정 마리아의 성 가브리엘 ……………… 43
성 가시미로 증거자 ……………………………………………… 46
성 가예타노 사제 ………………………………………………… 49
스웨덴의 성녀 가타리나 동정 ………………………………… 51
알렉산드리아의 성녀 가타리나 동정 순교자 …………… 53
리치의 성녀 가타리나 동정 …………………………………… 55
볼로냐의 성녀 가타리나 동정 ………………………………… 57
시에나의 성녀 가타리나 동정 학자 ………………………… 60
성녀 이 가타리나와 조 막달레나 순교자 ………………… 64
성 갈리스토 1세 교황 순교자 ………………………………… 66
성 고도프레도 주교 ……………………………………………… 68
성녀 고르고니아 수절 …………………………………………… 71
고르코모의 거룩한 순교자들 ………………………………… 72
성 고르디오 순교자 ……………………………………………… 74
성 고스마와 성 다미아노 형제 순교자 …………………… 76
성녀 김효임 골롬바와 김효주 아녜스 동정 순교자 …… 78

성 골롬바노 아바스 82
성 굴리엘모 수도 원장 85
성 대 그레고리오 교황 학자 87
성 그레고리오 7세 교황 90
성 그레고리오 타우마투르고 주교 93
나지안조의 성 그레고리오 주교 학자 95

나

성 네레오와 성 아킬레오 형제,
  성녀 도미틸라 동정, 성 판크라시오 동료 순교자 98
성 노르베르토 주교 100
성녀 노트부르가 동정 103
미라의 성 니콜라오 주교 105
톨렌티노의 성 니콜라오 증거자 108

다

성 다마소 1세 교황 110
예수의 성녀 데레사 동정 학자 112
포교 사업의 수호자 예수 아기의 성녀 데레사 동정 115
성녀 도로테아 동정 순교자 118
성 도미니코 사제 119
성 디다코 증거자 123
성 디도 주교 125
성 디모테오 주교 순교자 128
성 디오니시오 주교 순교자 130

라

성 라디슬라오 왕 132
성 라우렌시오 부제 순교자 134
성 앵베르 라우렌시오(범세형) 주교 순교자 136
성 라우렌시오 유스티니아니 주교 증거자 140
성 라우렌시오 루이스와 동료 순교자 142
브린디시의 성 라우렌시오 사제 학자 144
성 라이문도 논나투스 증거자 147
페냐포르트의 성 라이문도 사제 149
성 라자로 주교 151
성 라파엘 대천사 154
성 레미지오 렘 주교 증거자 157
성 레안데르 대주교 159
성 대 레오 1세 교황 학자 161
성 레오나르도 은수자 163
포르투 마우리치오의 성 레오나르도 증거자 165
로마 교회의 초기 순교자들 168
성 로무알도 아바스 169
성 로베르토 벨라르미노 주교 학자 173
리마의 성녀 로사 동정 175
비테르보의 성녀 로사 동정 178
성녀 로살리아 동정 181
성 로코 증거자 183
성 루가 복음 사가 186
성녀 루도비카 수졸 188
성 루도비코 주교 189
성 루도비코 9세 왕 증거자 192
성 루도비코 베르트랑 증거자 196
성녀 루치아 동정 순교자 198

성녀 김 루치아 순교자 ·· 200
성 루치아노 사제 순교자 ·· 202
성녀 루트가르다 동정 ··· 205
성 루포 주교 ··· 207
성 룻제로 주교 ·· 209
성 리고베르토 대주교 ··· 211
성녀 리드비나 동정 ·· 214
성녀 리오바 동정 ··· 218

마

성녀 마르가리타 동정 순교자 ·· 221
스코틀랜드의 성녀 마르가리타 왕후 ······························· 223
코르토나의 성녀 마르가리타 통회자 ······························· 225
성녀 마르가리타 마리아 알라코크 동정 ·························· 228
성 마르첼리노와 성 베드로 순교자 ································ 231
성 마르코 복음 사가 ·· 233
성녀 마르타 동정 ··· 235
성녀 마르티나 동정 순교자 ··· 238
성 마르티노 1세 교황 순교자 ·· 240
성 마르티노 데 포레스 수도자 ······································ 242
투르의 성 마르티노 주교 ·· 245
이집트의 성녀 마리아 통회자 ·· 248
성녀 마리아 고레티 동정 순교자 ··································· 250
성녀 마리아 도미니카 동정 ··· 254
성녀 마리아 막달레나 ··· 257
성녀 마리아 막달레나 데 파치 동정 ······························· 260
성녀 마리아 막달레나 포스텔 동정 ································ 262
성녀 마리아 미카엘라 동정 ··· 266
복녀 마리아 요세파 동정 ·· 268

성녀 마리아 프란치스카 사베라 카브리니 동정 271
성 마인라도 증거자 273
성 마카리오 은수자 275
성 마태오 사도 복음 사가 278
성 마티아 사도 280
성녀 다틸다 왕후 282
성녀 막달레나 소피아 바라 동정 284
성 막시밀리아노 마리아 콜베 사제 순교자 288
성 메타르도 주교 291
성녀 메히틸다 동정 292
성녀 멜라니아 수절 294
성녀 모니카 297
성 미카엘 대천사 300
성 미카엘 대천사 발현 303

바

성 바르나바 사도 305
성녀 바르바라 동정 순교자 307
성 바르톨로메오 사도 309
성 대 바실리오 주교 학자 311
성 바오르 사도 315
성 바오르 사도의 개종 319
성 정하상 바오로 순교자 321
성 바오로 은수자 327
성 바오토 주교 순교자 329
성 바오토 미키와 동료 순교자 332
십자가의 성 바오로 사제 334
성녀 바울라 수절 336
놀라의 성 바울리노 주교 339

성녀 발데트루다 수절 341
성 발렌티노 사제 순교자 343
성녀 발비나 동정 345
성 베네딕토 아바스 346
성 베네딕토 요셉 라브르 증거자 350
성 베네딕토 필라델포 평수사 353
성 베다 사제 학자 356
성 베드로 사도 358
성 베드로 사도 사슬 362
성 베드로 사도좌 365
베로나의 성 베드로 순교자 367
성 유대철 베드로 순교자 370
성 베드로 가니시오 사제 학자 373
성 베드로 클라베르 사제 377
성 베드로 놀라스코 증거자 380
성 베드로 다미아노 주교 학자 382
성 베드로 샤넬 사제 순교자 384
알칸타라의 성 베드로 증거자 386
성 베드로 율리아노 예마르 사제 389
성 베드로 첼레스티노 5세 교황 390
성 베드로 크리솔로고 주교 학자 393
성 베드로 푸리에 사제 396
성녀 베로니카 율리아니 동정 398
비나스코의 성녀 베로니카 동정 401
성 베르나르도 아바스 학자 403
성 벤체슬라오 왕 순교자 407
시에나의 성 베르나르디노 사제 410
성녀 베르나데타 동정 413
성 보나벤투라 주교 학자 417
성 보니파시오 주교 순교자 421

성 보니파시오 순교자 425
성 볼프강 주교 427
성 브루노 사제 429
성 블라시오 주교 순교자 432
성녀 비르지타(혹은 브리지타) 창설자 435
성녀 비비아나 동정 순교자 439
성 비오 5세 교황 440
성 비오 10세 교황 443
성 비토, 성 모데스토, 성녀 크레센시아 순교자 446
성녀 빅토리아 동정 순교자 448
성 빈첸시오 부제 순교자 450
성 빈첸시오 드 폴 사제 452
성 빈첸시오 페레르 사제 456

기 타

천주의 성모 마리아 대축일 461
주님 공현 대축일 465
주님 봉헌 축일 468
루르드의 복되신 동정 마리아 471
재의 수요일 474
주님 탄생 예고 대축일 477
주님 수난 성지 주일 479
주님 만찬 성 목요일 484
예수 부활 대축일 485
주님 승천 대축일 489
성령 강림 대축일 491
삼위 일체 대축일 494
복되신 동정 마리아의 방문 축일 497
그리스도의 성체 성혈 대축일 499

예수 성심 대축일 ·· 502
티 없이 깨끗하신 성모 성심 ·· 506
가르멜 산의 복되신 동정 마리아 ······································ 508
성모 대성전 봉헌 ·· 510
주님 거룩한 변모 축일 ·· 512
성모 승천 대축일 ·· 514
복되신 동정 마리아 성탄 축일 ·· 517
성 십자가 현양 축일 ·· 519
통고의 복되신 동정 마리아 ·· 520
수호 천사 ·· 523
묵주 기도의 복되신 동정 마리아 ······································ 525
모든 성인 대축일 ·· 528
위령의 날 ·· 530
라테라노 대성전 봉헌 축일 ·· 532
성 베드로 대성전과 성 바오로 대성전 봉헌 ·················· 534
복되신 동정 마리아의 자헌 ·· 535
한국 교회의 수호자 복되신 동정 마리아의 원죄 없으신 잉태 ········ 537
예수 성탄 대축일 ·· 539
예수, 마리아, 요셉의 성가정 축일 ···································· 543
무죄한 어린이들의 순교 축일 ·· 545

부 록 1

성인록(가나다 순) ·· 551
한국 순교자 103위 성인 일람 ·· 673

가

성 가누토 왕(三) 순교자
[St. Canutus, Rex. M. 축일 1. 19.]

　하느님께 받은 권리를 남용하지 않고, 백성을 바르게 다스리며 또한 모든 덕의 모범을 주는 국왕(國王)이야말로, 참으로 존경하고 순종할 수 있는 어진 임금이라 할 수 있는데, 성 가누토도 그러한 사람 중의 한 사람이었다.
　가누토는 11세기 말 경, 북구(北歐) 덴마크의 국왕이었다. 어려서부터 고귀한 신분에 상응한 교육을 받고, 군인으로서도 용감하고 수덕과 신심에도 열심했다. 부왕(父王)인 스웨닌 어스트릿슨 2세가 서거하자 의례 그가 그 뒤를 이어 왕위에 오를 것이었지만, 그가 너무나 열심한 것을 싫어한 대신들은 그의 동생 하라르도를 천거해 국왕으로 모셨다.
　온순한 가누토는 그럴지라도 그 불의를 잘 참으며 이웃 나라 스웨덴의 왕 할스단에게 피신했다. 할스단도 그를 위해 의분(義憤)을 품고, 덴마크에 대해 전쟁을 하라고 권했으나, 그는 자기 일개인에 대한 불평으로 전국민에게 누를 끼칠 수는 없다고 하며, 말을 듣지 않았다. 그러나 수년 후 하라르도가 죽게 되자, 가누토의 훌륭한 마음씨에 감동된 대신들은 전에 못한 대신에 이번만큼은 그를 국왕으로 삼았다.
　그 당시 덴마크 및 그 영토의 섬들은 해적의 습격을 받는 때가 가끔 있었으므로, 가누토 왕은 백성들을 평안케 하기 위해 손수 군대를 인솔해 원정(遠征)에 올라 모든 이들을 평온케 하고, 또한 부하들에게 약탈 행위는 절대로 못하게 엄금했다.
　그런데 어떤 지방의 총독 아이기르라는 남자는 호화스러운 생활을 하면서도 해적 노릇을 하며 양민(良民)의 물품을 약탈하자 왕은 여러 번 사신을 보내어, 그에게 일꾼과 소사들의 수를 줄이고 재정을 절약하고 착한 생활을 하라고 충고했지만 하등 효과가 없었던 데다 선편으로 이웃 나라에 들어가서 대규모로 약탈을 감행했다. 여기에까지 이르자 가누토 왕일지라도 마침내 참다 못해 아이기르를 호출해 재판에 붙였다. 아이기르의 친척과 친구들은 왕의 관대한 조처를 바라며 막대한 금액을 보내겠다고 약속했으나 왕은 "지금의 왕인 내가 정의를 굽히고 그를 벌하지 않는다면 나도 그의 죄에 동의하는 것이 되므로 절대로 용서할 수 없다"라고 단호히 그들의 요구를 거절하고, 마침내 아이기르를 교수형(絞首刑)에 처했다. 이와 같이 가누토 왕은 항상 마음을 써서 양민을 악한 관리의 압박에서 구출하려고 노력했다.

그는 백성의 행복과 번영을 위해 바른 정치를 했을 뿐 아니라, 그들을 선도하는 사제나 수도자들을 잘 보호하고 수도원이나 성당을 건설하고 유지해 나가는 데도 진력했으며, 빈민을 구제하는 것도 소홀히 하지 않았다.

가누토는 화려한 사치나 향락을 즐기지 않고, 궁정에 있어서의 그의 일상생활도 대단히 검약하고 소박했다. 또한 교회에서 명하는 단식, 금육도 빠짐없이 지키고, 명하지 않은 고행까지도 스스로 실행하며, 화려한 왕의 의복 속에는 남몰래 투박한 고복(苦服)을 일부러 입고 있었다고 한다.

이와 같이 위세를 부리지 않는 왕의 태도는, 일부 중신(重臣) 사이에 불만을 초래해 마침내 벤세르 지방에서 반란이 일어났다. 가누토는 그것을 알자 즉시 처자를 프란다스라는 친척에게 맡기고, 충신들을 모은 후 푸넨 섬의 수도 오덴세에 가서 반역자와의 전쟁을 시작했다. 왕의 군대는 적군에 비교하면 훨씬 소수였지만, 반역자들은 왕의 용감함을 무서워해 화해를 하는 것처럼 가장하고서 읍에 들어가 이를 점령하고 말았다. 마침 왕이 성 알반 성당에서 기도를 하고 있을 때, 반역자들은 열 겹 스무 겹으로 그 성당을 포위했다. 이때 가누토의 동생 베네딕토를 위시하여 충신 17명은 왕을 이 위기에서 구출하려고 성당 문을 굳게 걸었으나, 반역자들은 창문으로 비오듯 돌을 던지며 활을 쏘았다. 사태가 이러하자 가누토 왕은 깨끗이 죽을 각오를 하고, 고해와 영성체를 하고서 고요히 제단 앞에 무릎을 꿇고 기도했다. 그런데 반역자들은 또 한 가지 모략을 써서 일부러 에도빈이라는 사자(使者)를 보내어 왕에게 알현을 청했다. 왕의 동생 베네딕토는 이를 의심하여 거절하기를 권했으나, 평화를 사랑하는 왕은 결국 상대방의 요청대로 그와 만나기를 허락했다. 에도빈은 안에 들어가 왕 앞에 가까이 가서 공손히 인사를 한 다음, 갑자기 망토 속에 숨겼던 단도(短刀)를 꺼내어 왕의 복부를 찔러, 그가 넘어지는 것을 보고 제대 뒤로 도망치려고 했다. 그러나 가누토의 부하 중의 하나가 재빨리 휘두른 칼날에 그는 피투성이로 몸 반쪽은 성당 안에, 반쪽은 밖에 잘려 떨어졌다.

왕은 깊은 상처를 받았어도 즉시 목숨이 끊어지지 않아 매우 큰 고통을 느끼면서도 불충한 반역자를 위해 죄의 용서를 청하고 있을 때, 반대자가 던진 창에 맞아 마침내 절명했다. 왕의 동생 베네딕토와 17명의 충신도 같이 전사했다. 때는 1086년이었다. 그의 지지자들은 그를 순교자로 보았다. 그의 무덤에는 수 없는 기적이 일어났으며, 그의 경건한 신앙생활은 높이 평가받아 왔으므로, 교황 파스칼 2세는 그의 공경을 허락했다. 그의 이름은 크누토(Knute)라고도 한다.

【 교 훈 】

성 가누토 왕은 정의를 존중하고 정의를 행했기 때문에, 간신(奸臣)에게 미움을 사고 마침내 생명까지 빼앗겼다. 만일 그가 부하의 과실을 묵과했다면 그러한 원망을 듣지 않았을 것이다. 그러나 사람을 지휘하는 자에게 가장 필요한 것은 정의를 행하는 것이다. 이러한 의미에서 성 가누토와 같은 이는 참으로 모범다운 군주라고 해야 한다. 그가 하느님께 어떠한 상급을 받을 것이라는 것은 말할 필요가 없다. 왜냐하면 주님께서 친히 "옳은 일을 하다가 박해를 받는 사람은 행복하다. 하늘 나라가 그들의 것이다"(마태 5, 10)라고 말씀하셨기 때문이다.

성 가롤로 르왕가와 동료 순교자

[Sts. Charles Lwanga, Joseph Mkasa, MM. 축일 6. 3.]

성 가롤로 르왕가 일행은 일명 우간다의 순교자들이라고 불리는데, 이분들의 이야기는 하느님의 은총이 어떻게 작용하는지를 알 수 있는 참으로 감동적인 순교사이다. 중앙 아프리카 내륙지방에 살던 미개한 부족들에게 처음으로 가톨릭 선교사를 파견한 것은 1879년의 일이다. 카르디날 라비제리의 화이트 파더들이 바로 그들이었다. 그리고 우간다에서는 극히 우호적이었던 므테사 추장의 도움으로 약간의 진전을 볼 수 있었다. 그러나 그의 후계자인 무왕가는 자기 부족 가운데에서 크리스챤들을 뿌리뽑으려고 했다. 그들 중에는 열심한 부하가 있었는데, 그 사람이 요셉 므카사였다. 추장은 그의 첫 희생자로 므카사를 참수했다. 이때가 1885년 11월 15일이었다. 므카사의 지위를 계승한 가롤로 르왕가는 추장 몰래 4명의 예비자에게 세례를 주었는데, 그중에는 13세의 소년 성 키지토도 있었다. 추장은 또 다시 박해를 일으켜 모든 신자들을 색출해 잡아들였다. 1886년 승천 축일인 6월 3일, 모든 신자들은 옷을 벗기운 채 꽁꽁 묶였고, 사형 집행자들은 밤이 새도록 노래부르며 그들을 괴롭히다가 모두 살해했다. 또다른 순교자는 마티아 물룸바 칼렘바인데, 그는 처음에 프로테스탄트 선교사의 영향을 받았으나, 끝내는 리빈하크 신부에게 세례를 받았다. 또다른 사람은 키고와의 추장 안드레아 카그와인데, 그는 아내의 영향으로 개종하고 주위의 사람들에게 교리를 가르쳐 영세시켰다. 이처럼 1885-1887년 사이에 우간다의 무왕가 왕은 종교를 증오해 많은 그리스도인들을 죽였다. 이 중에 어떤 이들은 왕의 궁전에서 일하던 사람이었고 또 어떤 이들은 왕의 개인 수행원들이었는데, 그 가운데 가롤로 르왕가와 21명의 동료가 있었다. 그들은 가톨릭 신앙을 열렬히 신봉해 왕의 불순한 요구를 묵묵히 받아들이려 하지 않았기에 몇몇은 참수형으로, 또다른 이들은 화형으로 순교했다. 그들은 1920년에 성대하게 시복되었고 "순교자들의 피는 크리스챤들의 씨앗"이란 말처럼, 그들의 순교 이후 즉시 바간다족들 가운데 500명 이상이 영세하고 3천 명 이상의 예비자들이 쇄도해 오늘의 우간다 교회가 꽃피우는 밑거름이 되었던 것이다. 이분들은 모두 1964년에 시성되었다. 여기에 우간다 순교자 시성식에서 행한 교황 바오로 6세의 강론을 약간 수록해 본다.

이 아프리카의 순교자들은 승리자들의 목록인 이른바 순교록에 지극히 비극적이면서도 아름다운 한 페이지를 더해 줍니다. 이들은 옛 아프리카의 그 놀라운 이야기들과 참으로 어울리는 합당한 페이지를 더해 주고 있습니다. 미약한 믿음을 가진 사람으로서 오늘을 사는 우리는 결코 되풀이할 수 없으리라고 생각하는 이야기들입니다. 실리의 순교자들, 성 아우구스티노와 프루덴시오가 말해 주는 우티카의 "흰 군대"라는 순교자들, 성 요한 크리소스토모가 큰 공경심으로 기록하는 이집트의 순교자들, 그리고 반달족의 박해 시에 순교한 분들-이분들에 대한 감동적인 이야기 후에 이에 못지 않게 용감하고 찬란한 새로운 행위가 뒤따르리라고 누가 짐작할 수 있었겠습니까?

아프리카의 순교자와 성인들, 즉 치프리아노, 펠리치타, 페르페투아, 그리고 위대한 아우구스티노와 같은 뛰어난 역사적 인물들이다 오늘날 우리가 그토록 사랑하는 가롤로 르왕가, 마티아 물룸바 칼렘바와 그 동료 20명의 이름을 더하리라고 누가 예측할 수 있었겠습니까? 우리는 또한 그리스도를 위해 죽어 간 성공회의 다른 형제들도 기억하지 않을 수 없습니다. 이들 아프리카의 순교자들은 참으로 새 시대의 기초를 놓았습니다. 여기서 말하는 것은 종교 박해와 종교적 충돌의 시대가 아닌 새로운 그리스도교 생활, 새로운 사회 생활로 이룩된 새 시대를 말합니다.

새 시대의 첫 열매인 이 순교자들의 피로 돋든 아프리카 대륙은 자유를 얻어 독립된 아프리카로 일어서고 있습니다. 나는 하느님께서 너무도 참혹하고 너무도 보배로웠던 이 희생이 마지막 희생이 되게 해주시기를 기원합니다. 그들을 앗아간, 일찍이 들어 보지 못하도 깊은 뜻을 지닌 이 비극은 새로운 민족의 윤리 교육과 새로운 영신적 전통의 기초를 위해 충분한 몇 가지 대표적인 요소들을 제공해 줍니다. 이 비극은 위대한 인간 가치를 지니고 있으면서도 자신의 나약과 타락으로 노예가 되어 얼룩지고 병들어 버린 원시적인 생활 방식으로부터 더 나은 정신적 표현과 더 나은 사회 형태를 향해 열려 있는 새로운 문명에로의 전환을 상징해 주고 또 증진시켜 줍니다.

【 교 훈 】

하느님께서는 믿음을 보존하려고 싸우는 우리를 굽어보시고 천사들이 바라보시며 주님께서도 친히 지켜 보시며 영광의 상급으로 월계관을 씌워 주신다. 주님께서 친히 씌워 주시면 얼마나 영광스러우며 얼마나 행복하랴! 그러니 우리는 모든 힘을 다해 무장하고 바른 정신과 완전한 믿음과 뜨거운 열성으로 임종의 고통을 준비하자.

성 현석문(玄錫文) 가롤로 순교자
[St. Carolus Hyen, Mart. Coreanus. 1846년 9월 19일 군문 효수. 축일 9. 20.]

김대건(안드레아) 신부보다 사흘 늦게 현석문(가롤로, 50세, 회장)이 참수치명(군문 효수)당했는데, 그는 앵베르(Imbert, Laurent Marie Joseph, 范世亨 라우렌시오) 주교를 한국에 인도해 들였고, 선교사들, 그 중에서도 샤스탕(Chastan, Jacques Honore, 鄭牙各伯 야고보) 신부가 공소를 순회할 때 따라다니며 성무를 도와 드린 사람이다.

현석문(가롤로)은 1797년 서울 중인 집안에서 태어났는데 그의 아버지(한계흠)는 1801년에 순교했고, 아내와 아들은 1839년에 옥사했으며, 손 윗누이 현경련(베네딕타)도 그 후에 신앙을 위해 참수당했다. 전생애를 선교사들과 교우들을 도와 주는 데 바친 그에 대해서 교황청 조서에는 공적이 많고 덕이 높으며 성격이 온화하고 상냥하며 솔직한 사람이라고 특기되어 있다.

1838년 박해가 시작되었을 때 현석문(가롤로)은 포도청에 자수해 신앙을 증거하고자 했으나 선교사들은 그것을 말리고 차라리 남아 있어 교우들을 돌보기 위해 깊이 숨고 세심한 주의를 해서 잡히지 않도록 하라고 부탁했다.

앵베르(범세형) 주교는 세상을 떠나기 전에 한국 교회를 현석문(가롤로)에게 맡겼다. 주교가 그를 얼마나 중히 여겼으며 교우들에게 얼마나 두터운 신임을 받았는지는 이 한 가지만으로도 넉넉히 알 수 있다. 그는 신입 교우들을 격려하고 권면했고 시골로 다니며 자선을 받아서 가난한 이를 도와 주었으며 그들을 도와 포졸들의 수색을 당할 염려가 가장 적은 마을로 모이게 하는 등 동분 서주하며 맡은 바 직책을 성의껏 수행했다.

박해가 그친 후 그는 이재용(도마)과 최 필립보 등이 수집한 순교자에 대한 자료를 다시 조사하고 편집해 '기해 일기(己亥日記)'라는 순교자 소전(殉敎者小傳)을 만들어 교우들에게 전해 읽게 했다.
　현석문(가롤로)은 보행꾼을 여러 번 북경에 보내 선교사들과 연락을 맺으려고 애썼고 김대건(안드레아) 신부가 온갖 위험을 무릅쓰고 상해로 길을 떠났을 때에도 그의 길동무가 되었다. 서울에 돌아온 김 신부가 거처하던 집을 자기 명의로 등기했다. 그것은 물론 대단히 위험한 예방책이었지만 그는 서슴없이 이런 일을 해 나갔다.
　현석문(가롤로)은 김 신부가 잡혔다는 소식을 듣자 곧 그때까지 거처하고 있던 집을 버리고 집을 새로 한 채 사서 교회의 돈과 물건을 그곳으로 옮긴 며칠 후에 포졸이 그를 체포하려고 그 전 집을 습격했다. 그 집에 있는 사람들은 현석문(가롤로)이 어디로 갔는지 도무지 알 수 없었으나 그가 이사할 때에 거들어 주고 또 몇몇 교우들을 그의 새집에 안내해 준 일이 있는 짐꾼들에게 물으면 일러 줄 것이라고 말했다. 그리하여 포졸들은 예기했던 것보다 쉽게 그를 체포할 수 있었던 것이다.
　포졸들이 현석문(가롤로)의 집에 갑자기 들이닥쳤을 때에는 김임이(데레사), 이간난(아가타), 정철염(가타리나), 우술임(수산나) 등 몇몇 여교우가 와 있었다. 때는 1846년 7월 1일이었다.
　현석문(가롤로)은 그곳에 와 있던 여교우들과 같이 체포되었는데 포도청 옥에 갇혀 있는 동안 함께 갇힌 교우들을 격려해 용기를 주었다.
　어떤 증인들은 현석문(가롤로)이 곤장과 찌르는 형벌 등 갖은 혹형을 당했다 하고, 어떤 이들의 말에 의하면 재판관들이 그에게 아무 형벌도 가하지 않았을 뿐 아니라 정중하게 대접까지 했다고 한다.
　아무튼 현석문(가롤로)에게 군문 효수가 선고되었는데 '헌종 실록'에 기록된 것은 아래와 같다.
　"7월 29일(양력 1846년 9월 19일) 사학 죄인 현석문을 목 베어 매달아 모든 이를 경계케 하라는 명령이 내리다."
　'승정원 일기' 같은 날짜에도 이 명령이 기록되어 있고, 또 다음과 같이 끝을 맺었다.

"어영청에서 구두로 아뢰되 모래톱에 군사와 백성을 크게 모아 놓고 죄인 현석문을 목 베어 매달아 모든 이를 경계케 한 줄로 감히 아뢰나이다."

사형은 새남터에서 집행되었는데 그 죽음에 대해서는 체포되었을 때와 마찬가지로 많은 사정이 알려져 있지 않고 다만 아래와 같은 상황을 김 가타리나가 전해 주었을 뿐이다.

"현석문(가롤로)은 형장으로 가면서 눈을 들어 사방을 돌아보며 아주 건강한 사람처럼 조금도 겁내지 않았고 지극히 태연했으며 머리가 땅에 떨어지는 순간까지도 조금도 침착한 태도를 잃지 않았다."

【 교 훈 】

우리가 성 현석문(가롤로)에게 배워야 될 것은 그의 견고한 신앙이다. 그는 신앙을 위해서 모든 것을 기꺼이 버렸다. 우리도 신앙의 행복을 맛보기 위해서는 우선 그분을 위해서 희생을 바치려는 각오를 하지 않으면 안 된다.

성 가롤로 보로메오 주교

[St. Caroius Borromaeus, E. 축일 11. 4.]

성 가롤로 보로메오는 16세기에 있어서 가장 훌륭한 성인 중의 한 분이다. 그는 일생 동안 모든 영혼의 가장 위대한 목자였고, 특히 트리엔트 공의회에 공헌한 바가 컸고 또한 그의 사도적 교훈은 지금까지 우리에게 큰 감명을 주고 있다.

그는 1538년 이탈리아의 밀라노에서 태어났다. 양친은 둘 다 귀족 출신이었다. 가롤로는 어려서부터 기도를 즐겼으며 그 중에도 교회의 전례(典禮)에 남다른 흥미를 갖고 있었다. 그래서 그는 신학을 연구하기로 결심하고 처음은 밀라노에서, 후에는 파비아에서 공부했다. 그의 두뇌는 좋은 편이었으나 결코 우수한 성적은 아니었다. 그러나 그 반면 진실한 노력가였으며 탁월한 결단심의 소유자였다. 그는 그 당시 예술이나 운동에도 열중해 스스로 바이올린을 켜기도 하고 경기도 하고 사냥도 했으나, 나중에는 점차 유흥을 버리고 신학 연구와 기도에 돌두하게 되었다.

1558년 메디치의 추기경인 그의 외삼촌이 교황 비오 4세로 임명되자 가롤로의 운경에도 일대 변화가 생겼다. 즉 그는 이듬해 외삼촌에 의해 로마에 가서 겨우 22세의 약관의 몸으로 추기경이 되었던 것이다. 그때의 교황의 말씀을 소개하면 "그는 비록 나이는 젊으나 그의 성덕은 이를 보충하고도 남음이 있다"라그 했다고 한다. 이는 사실과 같았다. 교황은 그를 언제나 자기 곁에 두기를 원해 지혜, 희생심, 교회에 대한 사랑이나 겸손 등 여러 덕행이 없으면 도저히 할 수 없을 만한 어려운 일을 명할 때도 종종 있었으나 그는 이러한 아름다운 덕을 온전히 구비하고 있었으므로 늘 하느님의 강복을 받아 훌륭히 모든 일들을 완수할 수가 있었다. 게다가 그는 분주한 중에서도 시간을 내어 연구하고, 기도해 그의 덕은 나날이 성장했다. 후에 교황은 그를 길라노의 대주교로 임명했다. 그러나 그는 로마에 있지 않으면 안 되었으므로 대리자를 밀라노에 파견해 그 고구를 다스리게 하고, 자신도 몸은 비록 떨리 있었으나 가능한 한 그를 위해 진력했다. 그는 교회를 위해 온 몸을 다 바쳐 노력했는데 특별히 고황의 위임을 받아 한때 중지되었던 트리엔트 공의회의 재개(再開)를 위해 열심히 일했다. 온전히 공의회가 계속 열려 교회를 위해 다대한 성과를 올리게 된 것은 오로지 가롤로 주교의 알선과 기도와 희생에 대한 하느님의 도우심으로 말미암은 것이라 하겠다.

그 뒤 가롤로는 트리엔트 공의회 교리서의 편찬을 감독하고, 성서나 미사 경본이나 사제용 성두 일도서를 새로 간행하고 다시 교회의 행정이나 사제들의 생활은 물론 추기경의 생활에 대해서도 부심(腐心)하며 결정짓는 바가 많았다. 그리고 무슨 일이든지 실천 궁행하며 행동으로써 남에게 좋은 표양을 보여주며 매일 열심을 분발해 완덕으로 나아갔다.

2, 3년 후 그는 드디어 허락을 얻어 자기 교구에 부임했다. 그것은 트리엔트 공의회의 결정에 의한 교구의 회의를 개최하기 위함이었다. 그런데 그 회의가 끝나자마자 별안간 외삼촌인 교황 비오 4세의 부고가 날아왔다. 가롤로는 새 교황의 선거 투표에 참가하기 위해 로마로 급히 달려갔다. 그것은 추기경으로서의 그의 책임이었기 때문이다. 그는 그 선거에서도 큰 역할을 하여 성인과 같은 탁월한 인물을 교황 위에 오르게 하였다. 그분은 비오

5세라 칭했고 후에 역시 성인품에 오르게 된 영예를 획득했다. 교황 비오 5세의 축일은 4월 30일이다.

교황 비오 5세도 가롤로를 고문으로 삼고 가까이 있으면서 일해 줄 것을 원했다. 그러나 트리엔트 공의회에서 결정한 사항에 대한 개혁을 밀라노로 돌아가서 실천할 수 있도록 허락을 얻어 1566년 4월에 밀라노에 도착하자마자 즉시 필요한 개혁에 착수했다.

그는 우선 사제들을 위해 현명한 규칙을 세우고 트리엔트 공의회에서 결정된 사항이 준수되도록 도모하고 신학교를 설립하는가 하면 수도원이나 교회 내의 혁신에도 주력했다. 그가 가장 심혈을 기울인 것은 어린이나 어른에게 종교심을 심어 주는 일이었다. 그는 온 힘을 다해 많은 선교사 양성에 노력했고 그로 말미암아 사람들의 종교에 대한 열심은 뚜렷하게 증가되었다. 이리하여 밀라노 대교구는 어느덧 점차 다른 교구의 모범으로 나타나게 되었고 이렇게 밀라노 교구의 성직자와 신자의 모범이 된 것은 바로 대주교 자신이었다. 그는 규율 엄정한 생활을 영위하며 자기의 수입은 거의 전부 교회나 빈민을 위해 소비하고 자신은 가난에 만족한 생활을 했다.

그러나 모든 성인의 경우와 같이 가롤로에게도 슬픔과 고통이 다가왔다. 대다수의 사람들은 성스러운 대주교를 공경하며 사랑해 드렸으나 그 중에는 그를 미워하며 그에게 복수하려고 하는 자도 전혀 없지는 않았다. 그들은 평소 불미한 생활을 하며 그의 거룩하고도 숭고한 생활 때문에 양심의 가책을 느낀 사람들이었다. 그들은 갖은 방법으로 그를 괴롭히며 급기야 참혹하게도 그를 없애버리려고까지 했다. 그리하여 암살을 도맡은 악한은 가롤로가 기도에 몰두하고 있을 때 그곳을 향해 총을 발사했다. 다행히 하느님의 도우심으로 총알은 몸을 스쳤을 뿐 그는 아무 해도 입지 않고 무사할 수가 있었다.

그 후 계속해 커다란 재앙이 밀라노 시에 닥쳐왔다. 그것은 1579년 8월부터 이듬해 봄에 걸쳐 무서운 페스트가 창궐한 것이다. 피해는 말할 수 없이 컸다. 사망자는 계속 증가했고, 생존자는 두려움에 떨며 다른 곳으로 피난하려고 했다. 그러나 가롤로는 용기를 잃지 않았다. 그는 백성들에게 예방법을 가르치고, 가난한 이에게 식량을 배급하고, 병자를 방문하고, 그들에게 고해 성사를 주거, 성체를 영하게 하고, 사망자를 매장하는 등 분골 쇄신 그야말로 대활약을 했다. 그리고 건강한 자들과 함께 하느님의 도우심을 구하며 자신은 더욱 준열한 고신 극기를 행했다. 참으로 밤낮을 가리지 않고 활동한 그의 덕분으로 생명을 건진 자는 이루 헤아릴 수 없을 정도였다. 마침내 그처럼 맹위(猛威)를 휘두르던 전염병도 물러갔다. 이에 희생된 사람들은 무려 1만 7천 명이나 되었다. 그 후부터 시민들은 주교를 자기들의 구세주처럼 존경하고 변함없는 감사를 늘 드렸다. 이는 실로 당연한 일이었다.

그러던 중에 가롤로는 평소의 엄격한 생활과 격심한 활동으로 인한 체력의 쇠퇴함으로 하느님께서도 이미 완덕의 절정에 도달한 그를 당신 품으로 불러들여 그에게 상급을 주시려고 하셨음인지 이 세상에서의 마지막 날이 다가옴을 느꼈다.

드디어 1584년 9월, 가롤로는 임종이 가까웠음을 알고 고요한 곳을 찾아가 묵상을 하며 선종 준비를 했다. 그럼에도 그는 허약해진 몸을 채찍질하며 할 수 있는데까지 일을 계속하다가 거룩한 성체를 마지막으로 영하고, 11월 4일 미명(未明)의 46세에 마지막으로 "주여! 당신 종이 여기 대령했나이다"라는 말을 남기고 고요히 이 세상을 떠났다. 그의 유해는 흰 대리석으로 건축된 밀라노의 유명한 성당 안에 안치되었다.

【 교 훈 】

성 가롤로 보로메오와 같이 무슨 선행을 착수한 이상은 전력을 기울여 완수해야 할 것이다. 또한 그를 본받아 어떠한 장애에 부딪치더라도 결코 용기를 잃어서는 안 된다. 그리하면 하느님께서 적당한 시기에 꼭 도와 주실 것이다.

성 가밀로 데 렐리스 사제

[St. Camilus de Lellis, C. 축일 7. 14.]

병자들의 간호를 목적으로 세워진 수도회는 현대에 와서 상당한 수에 달하고 있으나 그 발달은 비교적 근대의 일이다. 물론 병자를 도와주는 것은 주님께서 명하신 일곱 가지 자선 사업 중의 하나다.

그러므로 옛부터 교회에서는 이에 대한 관심을 소홀히 하지 않았지만, 오로지 이런 목적 아래 수도원이 창설된 것은 16세기에 이르러 성 가밀로가 주님의 특별한 성소로 수도회를 창립함으로써 그 시초가 된 것이다.

가밀로는 1550년 5월 25일 이탈리아의 키에티 근처에서 태어났다. 생후 얼마 안 되어 어머니가 사망하고 6세 때에는 아버지마저 세상을 떠났으므로 기초 교육도 받지 못하게 되어 노름으로 소일하게 되고 한때는 도박에 미치기도 했다.

그가 19세 때 이탈리아와 투르크 사이에 전쟁이 벌어졌다. 물론 그도 일개의 졸병으로서 출정했다. 군인이 된 후에도 악습을 버릴 줄 모르고 그는 받은 봉급으로 친구와 도박을 하다가 결국 옷마저 뺏겨 버린 신세가 되고 말았다. 게다가 전쟁에서 중상을 입어 제대는 했으나 여비가 없었으므로 거지 행세를 하며 로마까지 겨우 와서 성 야고보 병원에 입원했다. 사람들은 그의 방종한 생활을 잘 알고 있었으므로 그의 상처가 조금 치유되자마자 퇴원시켜 버렸다.

그로부터 직장이 없는 가밀로의 생활은 형편없이 되어 남 이탈리아에 있는 만프레도니아에까지 방랑했다. 마침 그곳에 있는 성 프란치스코 수도원에 공사가 있었으므로 건축재를 운반하는 마차꾼으로서 겨우 입에 풀칠을 했다.

수도원장은 그를 보통 청년이 아닌 것으로 보았음인지 어느 날 그를 다정하게 타일러 주었다. 가밀로에게도 양심은 있었는지라 마침내 모든 죄를 통회하고 수도원에 들어가 수련을 받고, 성 프란치스코의 뒤를 이어 성스러운 사람이 되고자 노력을 하던 중, 불행히도 전에 입은 상처가 재발되어 몸이 매우 허약해져 자연히 수도원을 떠나지 않을 수 없었다.

그는 다시 성 야고보 병원을 찾아가 상처의 치료를 받는 한편 병자들도 간호해 주었다. 그의 과거를 아는 사람들은 그의 돌변한 태도와 경건한 모습에 경탄을 금할 수 없었다.

가밀로는 병자를 간호하던 중 이에 대한 취미를 갖게 되었고, 이런 사업에 일생을 바칠 결심을 했다. 그런 그의 눈어 몇몇 간호사들은 금전에 팔려 움직이는 것으로밖에 안 보였고 이런 것은 그의 성미에 맞지 않았다. 그는 오직 신앙에서 우러나오는 사랑으로 이런 일을 하지 않으면 안 되겠다고 생각했다. 그는 이런 취지 아래 간호 수도회를 창설할 생각을 하고 그 병원에 있는 몇몇 간호사에게 그 취지를 말하여 4, 5명의 동의를 얻었다. 그러나 다다수는 반대했다. 그래서 4, 5명의 동지와 더불어 병원을 떠나 티베르 강변에 있는 한 빈민촌에 작은 수도원을 설립하고 각 가정을 방문하며 정성껏 환자를 돌보아 주었다.

그는 아무리 생각해도 육신만을 구하는 것으로는 만족할 수 없었다. 그 영혼도 구해 주지 않으면 이는 마치 사람을 그려 놓고 눈동자를 그리지 않은 것과 마찬가지라는 생각으로 영혼 구원을 위해서는 신부가 되지 않으면 안 되겠다고 생각했다. 그는 이런 뜻에서 친구인 성 필립보 네리의 충고에 따라 사제가 되기 위해 공부했고 34세에 서품을 받았다.

가밀로 수도회가 지향하는 목표는 다른 수도회와 마찬가지로 청빈, 순명, 정결이며, 그 외에 한 가지 더 서원할 것은 어떠한 환자도 가리지 않고 정성으로 간호해 준다는 것이다. 이 회칙은 1586년 교황 식스토 5세의 허가를 얻었다.

당시 이탈리아에는 페스트가 유행했다. 그럴 때마다 가밀로 회원들은 각지에서 그 무서운 환자들을 친절을 다해 치료해 주었으므로 이를 보는 사람마다 감탄을 하지 않는 사람이 없었고 정부에서까지 그들에게 감사장을 보내 줄 정도였다.

"저 사람 품에서 죽으면 지옥은 안 간다"고 하며 사후를 두려워하는 죄인들은 앞을 다투어 가밀로를 초청했다. 페스트가 무섭게 만연된 때에는 수사들도 그 병에 감염되어 박애의 천사로서 희생되곤 했다.

가밀로 수도회 제5차 총회 때 그는 총장직을 사임하고 여생을 평수사로 지내다 큰 사명을 띠고 북 이탈리아 지방 수도회를 순시하던 도중 중병으로 쓰러졌다. 그는 "나는 로마에서 죽고 싶다"고 원해 다시 로마에 귀환하게 되었고, 의사의 진단 결과 다시 회복할 수 없음을 알자 "주님의 집에 가자할 때, 나는 몹시도 기뻤다"(시편 122, 1)고 대답했다. 그는 1614년 7월 14일에 세상을 떠났으며, 1746년에 시성되었고, 1886년에 레오 13세에 의해 천주의 성 요한과 함께 병자들의 수호 성인으로 선언되었고, 비오 11세로부터는 간호사와 간호 단체의 수호 성인으로 선포되었다.

【 교 훈 】

성 가밀로는 병자의 수호 성인이다. 교회에서도 그의 이름을 '병자를 위한 호칭 기도'에 첨가했다. 우리도 "그의 품에서 죽으면 지옥에 가지 않는다"라고 불려진 성인의 전구를 구하며, 병환 중에 풍성한 은총을 베풀어 주시기를 하느님께 청하고, 또 주위에 있는 모든 환자들을 위해 그의 도움을 빌려 기도하자.

성 가브리엘 대천사

[St. Gabriel Archangelus. 축일 9. 29.]

구세주 예수 그리스도께서는 제자들을 부르실 때 그들을 향해 "정말 잘 들어 두어라. 너희는 하늘이 열려 있는 것과 하느님의 천사들이 하늘과 사람의 아들 사이를 오르내리는 것을 보게 될 것이다"(요한 1, 51)라고 말씀하셨다. 주님께서는 이 말씀으로써 당신이 천사들과 가깝게 지내신다는 것을 표시하셨다. 참으로 성서를 보면 천사들이 발현해 하느님을 섬긴 예가 적지 않게 발견되지만, 그중에도 다음에 말하는 가브리엘 대천사 같은 이는 하느님과 가장 깊은 관계를 맺고 있으며, 또한 특별한 사명을 위탁받은 분이라고 할 수 있을 것이다. 가브리엘은 우선 성서에 이름이 나오는 3대천사 중의 한 분이시다. 그는 천사의 9계급 중 8계급에 속하며, '하느님의 영웅'이라는 뜻인 가브리엘이라고 불리며, 구세주에게 나타난 하느님의 전능을 표시하게끔 정해져 있었다.

성서를 보면 구세주와 관련되어 가브리엘 천사가 세상에 파견된 일이 세 번 있었다. 첫 파견은 구약 시대로 다니엘 예언자에게 나타나 "다니엘아, 네가 알려고 하는 것을 깨우쳐 주려고 이렇게 왔다…. (중략) …너희가 돌아가 예루살렘을 재건하리라는 말씀이 계신 때부터 기름 부어 세운 영도자가 오기까지는 칠 주간이 흐를 것이다. 그 뒤에 육십이 주간 어려운 시대가 계속되겠지만…. (중략). …이렇게 육십이 주간이 지난 다음, 기름 부어 세운 이가 재판도 받지 않고 암살 당하며…. (중략). …반주간이 지나면 희생 제사와 곡식 예물 봉헌을 중지시키고 성소 한 쪽에 파괴자의 우상을 세울 것이다. 그러나 결국 그 파괴자도 예정된 벌을 받고 말리라"(다니 9, 21-27 참조) 하고 말하며 구세주의 오심을 알려 주었다. 여기서 말한 주(週)는 보통의 1주 7일을 가리키는 것이 아니라 7년을 1주라고 한 것이다. 그러므로 앞에서 제시한 70주간이라 함은 4백 90년을 의미한다. 이것을 역사적으로 본다면 예수께서 태어나신 것은 바로 유다인들이 바빌론의 유배에서 해방되어 적군에게 황폐된 예루살렘의 재건을 시작한 때부터 490년째의 해이다. 또한 한 주간의 중간, 즉 약 35세(정확히는 33세) 때에 주님께서 십자가 위에 달려 고귀한 피를 흘리시며 구약의 희생, 제물을 일절 폐지하시고 그대신 세상 마칠 때까지 계속될 고결한 성체를 봉헌하는 미사 성제를 창설하신 것이나, 또한 그분이 세상을 떠나신 후 30년 되던 해 예루살렘을 공격해 온 로마의 장군 디도의 군대로 말미암아 성전이 여지없이 파괴된 사실도 모두 예언대로 실현된 것이다.

 이처럼 대천사 가브리엘은 다니엘의 예언으로 유다인들에게 구세주를 맞는 마음의 준비를 시키고자 했고, 또한 예언의 시기가 도래하여 구세주의 탄생이 임박해지자 그는 재차 하느님에게서 파견되어 이번은 주님의 길을 닦는 성 요한 세례자의 탄생을 알리기 위해 그의 부친 즈가리야에게 발현했다. 이 사람은 유다교의 사제였고 오랜 세월 아내에게 자식이 없는 것을 근심하여 열심히 기도했지만 아무 응답이 없었다.

 어느 날 성전에서 분향을 하고 있는 동안 분향 제단 오른쪽에 서 있는 주님의 천사를 보고 몹시 당황하며 두려움에 사로잡혔다.

 천사는 그에게 이렇게 말했다. "두려워하지 말라, 즈가리야. 하느님께서 네 간구를 들어주셨다. 네 아내 엘리사벳이 아들을 낳을 터이니 아기의 이름을 요한이라 하여라. 너도 기뻐하고 즐거워할 터이지만, 많은 사람이 또한 그의 탄생을 기뻐할 것이다. 그는 주님 보시기에 훌륭한 인물이 되겠기 때문이다. 그는 포도주나 그 밖의 어떤 술도 마시지 않겠고 어머니 태중에서부터 성령을 가득히 받을 것이며 많은 이스라엘 백성을 그들의 주 하느님의 품으로 다시 데려올 것이다. 그가 바로 엘리야의 정신과 능력을 가지고 주님보다 먼저 올 사람이다. 그는 아비와 자식을 화해시키고 거역하는 자들에게 올바른 생각을 하게 하여 주님을 맞아들일 만한 백성이 되도록 준비할 것이다"(루가 1, 12-17) 하고 알렸다. 그리고 즈가리야가 믿는 기색이 없는 것을 보고 또 "나는 하느님을 모시는 시종 가브리엘이다. 이 기쁜 소식을 전하라는 분부를 받들고 너에게 와 일러주었다"(루가1, 19) 하고 말하며 불신의 벌로 그를 요한이 탄생할 때까지 벙어리가 되게 했다. 이처럼 천사께 대한 불복종은 결국 하느님께 대한 불복종으로 간주했던 것이다.

　마지막으로 가브리엘 대천사가 세상에 파견된 사명은 그에 있어서 가장 기쁘고도 또한 영광이기도 했다. 그것은 구세주의 어머니로 간택되신 나자렛의 동정녀 마리아에게 파견된 일이다. 그가 나타나자마자 정결하고도 결백하고 하자 없으신 마리아를 천사보다 높은 하늘의 어머니라고 공경하며 우선 매우 겸손된 마음으로 "기뻐하소서, 은총을 입은 이여, 주님께서 당신과 함께 계십니다"(루가 1, 28) 하고 인사했다. 그리고 마리아가 어째서 이런 찬미를 받는가 하고 놀라워하자 말을 계속하여 "두려워하지 마시오. 마리아! 당신은 하느님으로부터 은총을 받았습니다. 두고 보시오. 그는 크게 되어 지극히 높으신 분의 아들이라 불릴 것입니다. 주 하느님께서 그의 조상 다윗의 옥좌를 그에게 주실 것입니다. 그리하여 그는 영원히 야곱의 가문 위에 군림할 것이며 그의 왕권은 끝이 없을 것입니다"(루가 1, 30-33)라고 말하며 오랫동안 기다려온 구세주의 거룩한 어머니로 선택되셨음을 알렸다. 그리고 다시 마리아에게 그 잉태는 동정 그대로 있으면서 성령의 능력으로 이루어진다는 것을 설명해 드리니 마리아는 지극한 겸손으로 "보십시오, 저는 주님의 여종입니다. 당신 말씀대로 저에게 이루어지기 바랍니다"(루가 1, 38) 하고 대답했다. 이로써 가브리엘 대천사도 감탄하지 않을 수 없었을 것이다. 이와 같이 가브리엘 대천사는 하느님의 구원 대사업의 준비를 완수한 것이다.

【 교 훈 】

 가브리엘 대천사가 세 번이나 세상에 파견되어, 다니엘에게는 구세주 탄생의 시기를, 즈가리야에게는 주님의 선구자 요한의 탄생을, 그리고 마리아에게는 구세주의 모친이 되실 것을 알린 것은 천사들도 구원 대사업에 관심을 갖고 아울러 늘 구원의 오묘한 도리에 대해 우리 인간의 이해를 깊게 하려고 하는 것을 표시한 것이다. 아무튼 우리는 구원 사업이 얼마나 광대한 하느님의 자비하심에서 이루어졌는가를 묵상하며 더욱 감사하는 마음으로 그 은혜를 보답하기 위해 항상 위대한 가브리엘 대천사의 권위 있는 전구를 구하기로 하자.

통고의 복되신 동정 마리아의 성 가브리엘
[St. Gabriel a Virg. Perdolente. C. 축일 2. 27.]

 이탈리아의 작은 도시 아시시가 전세계에 유명해진 이유는 말할 필요조차 없이 13세기에 청빈(淸貧)의 사도, 수도회의 창립자로서 유명한 성 프란치스코가 그 읍내에서 출생했기 때문이지만, 19세기에 와서 아시시 시(市)는 다시 종교적인 한 위인을 냄으로써 더욱 유명해졌다. 그는 통고의 복되신 동정 마리아의 성 가브리엘인데 많은 점, 특히 쾌활한 성격, 완덕에의 열심, 돌연한 회개 등으로 그가 그 고향의 선배 프란치스코와 흡사하다는 것은 대단히 흥미 있는 점이라 할 수 있다.

 통고의 복되신 동정 마리아의 성 가브리엘은 1838년 3월 1일 전술한 바와 같이 아시시에서 출생하여 속명을 프란치스코라 했다. 그는 열세 아들 중 열한째로 아버지는 아시시의 시장이었고, 어머니도 경건하고 교양 있는 사람이라 아이들의 교육에 부족한 점이 없었지만 불행이라고 할 것은 프란치스코가 아직 4세밖에 안 되었을 때 훌륭한 어머니를 여읜 일이다.

 어렸을 때의 프란치스코는 극히 활발하면서 성격이 드세고 거칠어 화를 잘 내는 점이 있고 해서 나중에 그가 성인이 되리라고는 그 누구도 생각하지 못했다. 그러나 그의 교육을 맡아 본 어느 한 교사의 지도로 그는 점차 자기의 결점을 고치고 장점을 발휘하여 예수회의 학교에 들어간 후부터는 성격이 완전히 달라졌다. 본래 수재였던 그는 학교 성적도 대단히 좋아 가끔 수석을 차지하고 친구들 사이에서도 인망이 두터웠으므로 자연히 이 세상의 명예나 교제의 오락에 애착을 갖게 되었다. 또한 음악에 대한 재주나 광대한 지식 등이 상류 사교계(社交界)에도 출입하는 기회를 주었으므로 점점 사치함과 관극(觀劇) 기타 쾌락에 취미를 갖게 되었다. 이와 같이 세속적인 사물에 몰두하면서도 타락의 길에는 떨어지지 않고 그의 영혼을 정결하게 보존할 수 있었다는 것은 참으로 다행으로 생각한다. 그는 종교상의 책임에도 결코 소홀히 하지 않았다.

하느님께서 그를 깨우쳐 주실 때가 다가왔다. 그가 세속적 쾌락에 빠져 있을 때 갑자기 병에 걸려 중태에 빠진 일이다. 그는 그때 비로소 이 세상의 허무함과 현세 사물의 허망함을 깨달아 만일 자기 병이 낫는다면 반드시 수도원에 들어가 일생을 하느님께 봉헌하겠다고 굳게 약속했다.

기적과도 같이 그의 중병은 낫게 되어 전과 같은 건강한 상태로 돌아갔다. 그러나 인간은 연약하여 전과 같이 건강하게 되니 전에 누리던 쾌락에 다시 마음이 기울어져 약속한 것도 잊어버린 듯 돌보지 않았다. 이것도 하느님의 섭리였다. 그는 오래지 않아 다시 병을 얻어 이번에는 생명이 대단히 위험했다. 목이 부어 올라 숨이 막혔기 때문이다.

어느 날 밤, 고통이 아주 심해 견딜 수 없었을 때 그는 예수회의 순교자 성 안드레아 보볼라의 상본을 들어 자기 목에 대고 그분의 전구로 이 병이 낫기만 하면 이번에는 틀림없이 수도원에 들어갈 것이라고 약속했다.

다행히 그의 원의는 허락되어 이번에도 기적적으로 회복되었다. 프란치스코는 다음날 즉시 예수회 수도원장을 방문하고 입회 허락을 청했지만, 지금까지 너무 세속적인 생활을 했기에 원장도 그의 진의(眞意)를 의심하여 고려해 보겠다고 약속하고 일단 집으로 돌려보냈다. 그동안 프란치스코도 생각을 달리해 예수회보다 더 엄격한 십자가의 성 바오로가 창립한 예수 고난회에 들어가기로 결심했다.

성모 승천 대축일에 있었던 일이다. 과거 스보레도에 한창 유행했던 콜레라가 성모님의 전구로 소멸되었다는 이유로 이날 많은 시민들의 사은 행렬

(謝恩行列)이 대대적으로 거행될 때 프란치스코는 행렬 중 대주교께서 모셔 들고 있는 성모상을 쳐다보니 그의 입이 움직이며 동시에 "프란치스코야, 어찌하여 세속을 버리기를 주저하고 있느냐?" 하는 말씀이 들리는 것 같았다. 그는 크게 감동되어 즉시 아버지께 자기의 결심을 말했다. 아버지는 장차 자기 직업의 후계자로 삼을 생각을 하고 있었기에 의외의 아들의 말을 듣고 매우 놀랐지만 하루종일 열심히 기도하며 생각한 결과 그것이 하느님의 성의라는 것을 깨닫고 마침내 허락했다.

2, 3주간 후 프란치스코는 예수회 학교를 졸업했다. 여느 때와 같이 좋은 성적을 올린 그는 졸업생을 대표해 재주 있는 웅변으로 영광된 답사를 하여 사람들에게 칭찬을 받았지만 이튿날 즉시 스보레도를 떠나 모로발레에 가서 거기에 있는 예수 고난회에 들어갔다. 그때까지 아무에게도 수도회 입회 사실을 말하지 않았으므로 많은 사람들이 놀라며 "일시적인 마음으로 수도원에 들어간 것 같으니 오래가지 못하리라. 곧 염증이 나서 도망쳐 나올 것이다"라고 생각했다. 그 예상은 맞지 않았다. 오히려 그는 참된 열심을 가졌으므로 입회 11일째 되는 날 수련자가 되는 허락을 받아 미사 중에 예수 고난회 수도복을 입고 수도명으로 통고의 복되신 동정 마리아의 가브리엘이라는 이름을 받았다.

그는 자기 자신을 수사들 중에서 제일 낮은 사람이라는 생각으로 형제들에게 봉사하고, 어려운 일이라도 자진해 맡아서 하고, 종종 있는 엄한 질책, 주의, 훈계도 감사하는 마음으로 들으며 수도 생활에 최선을 다했다. 이런 일들은 지금까지 세속에 있으면서 늘 남보다 나았던 안락한 생활과 모든 칭찬과 명예와 인망을 한몸에 지니고 있던 그에게는 얼마나 힘들었는지 모른다. 그러나 그는 일단 수도 생활을 결심한 이상 어떠한 희생을 치르더라도 완덕에까지 도달하지 않으면 안 된다는 굳은 의지를 갖고 있었다.

예수 고난회의 목적은 주님의 수난에 대한 특별한 신심을 갖고 주님께 대한 사랑과 존경을 한층 더 드리는 데 있다. 가브리엘은 주님의 수난에 깊은 존경을 드린 것은 물론 통고의 복되신 동정 마리아께 대한 신심도 뛰어났다. 그가 성모 마리아를 얼마나 사랑했는가는 "성모 마리아는 내 마음의 마음, 내 혼의 혼, 이 세상에서의 내 천국"이라고 한 말로써도 가히 할 수 있다.

실제로 그가 덕행의 길을 꾸준히 걸어갈 수 있었던 것은 성모님의 도움이 있었기 때문이다.

그는 매일을 하느님과 함께, 회칙을 세밀한 점에까지 충실히 지키며 6년의 세월을 보냈다. 그때 신학, 철학 공부도 거의 마치고 다음해 성탄절에 성품 성사의 하품인 4품까지 받기로 되어 있었지만 주님의 섭리로 폐렴에 걸려 병고를 잘 참아내다가 1862년 2월 27일 마침내 영원한 행복의 나라로 떠났다. 그때 그의 나이는 24세였고, 세상을 떠난 후 많은 기적이 그의 전구로 일어났으므로 1908년에는 복자품에, 1920년에는 성인품에 올랐다.

【 교 훈 】
우리도 성 가브리엘의 표양을 본받아 주 예수 그리스도의 수난과 성모 마리아의 고통에 대한 신심을 더욱 굳게 가지자. 그리하여 어떠한 고통 속에서도, 주님의 고통과 성모님의 고통에 한몫을 한다는 생각으로 오히려 고통을 주신 하느님께 감사드리자. 바오로 사도도 데살로니카인들에게 보낸 편지에 이렇게 썼다. "항상 기뻐하십시오. 늘 기도하십시오. 어떤 처지에서든지 감사하십시오. 이것이 그리스도 예수를 통해서 여러분에게 보여주신 하느님의 뜻입니다"(1데살 5, 16-18). 우리는 하느님의 뜻을 알려고 많은 노력을 한다. 그러나 여기에 하느님의 뜻이 있다. 항상 기뻐하고, 늘 기도하고, 어떤 처지에서든지 감사하자. 우리를 구원하신 하느님께 영광과 흠숭을 드리면서….

성 가시미로 증거자
[St. Casimirus, C. 축일 3. 4.]

1458년 위대한 폴란드 국왕의 왕자로 태어나 동정의 뜻을 두고 죽을 때까지 충실히 이를 지킨 성 가시미로는 어떤 인물이었는가?

그의 아버지는 폴란드의 국왕 가시미로 4세이고 어머니는 독일의 엠페롤 2세의 딸인 오스트리아의 엘리사벳이었다. 그녀는 신심이 매우 두터운 부인으로서 자녀들의 교육에 세심한 주의를 기울여 그들로 하여금 하느님께 대한 공경심을 갖게 했다. 가시미로도 어려서부터 어머니에게 교육을 받으며 특별히 성모님께 대한 존경과 정결의 신성함을 마음속 깊이 간직했다. 6세 때부터는 유명한 사제 아래에서 여러 학문, 특히 종교에 대해 잘 배웠다.

　1471년 그의 형이 보헤미아의 왕이 되었을 때 이웃 나라 헝가리 백성들도 전부터 국왕 마티아스 코르비누스에게 불만을 품고 있었으므로 그를 폐위하고 폴란드의 한 왕자를 받들려고 했다. 그러므로 폴란드 왕은 가시미로를 파견하기로 했는데, 그때 그는 겨우 23세였다. 젊어서도 총명했던 그는 마음속 어딘가 불안감이 없지 않았으나 평소 해왔던 대로 아버지의 명령에 순종해 80명의 군인을 이끌고 헝가리로 향했다. 그러나 국경에는 어느 누구 맞으러 나온 사람이 없었다. 코르비누스 왕이 자기의 폐위를 원하는 반대자들과 화해하고 가시미로 왕자의 일행을 물리치기 위해 대군을 보내려고 한 때였기 때문이다. 왕자는 나이 든 신하의 권고로 되돌아가지 않으면 안 되었다.

　왕자는 점잖게 귀국했지만 부왕은 적과의 대결을 하지 않은 아들에게 대단한 불만을 품고 서울에 들어오지 말고 도부스키이 성에 있을 것을 명했다. 가시미로는 오히려 이 시기를 기도와 선행의 기회로 삼아 엄격한 고행을 하며 거칠고 누추한 의복을 입고 밤에는 마루 위에서 잤다. 특별히 가끔씩은 주님의 수난과 성체께 대한 묵상을 했다.

　그는 종종 자정에 일어나 성체 조배를 했다. 성당 문이 이미 잠겨 있으면 그 앞에 무릎을 꿇은 채 오랜 시간 기도했다. 아침에는 반드시 미사에 참여하고 영성체를 했다. 그는 침묵을 가장 즐기면서 또한 가난한 자나 아이들과 이야기하는 것도 즐겼다. 스스로 고아나 과부나 학대받고 있는 자들을 도울 뿐만 아니라 아버지에게도 그들의 구제에 대해 간청했다. 그는 아버지를 존경하면서 모든 백성에게 — 가장 가난한 백성에 이르기까지 — 공평한 정의를 베풀기를 충고한 때도 있었다.

　가시미로는 성모 마리아를 공경한 나머지 라틴어로 찬미가를 지어 매일 읊으면서 자기가 죽으면 자기 관 속에 이 찬미가를 적어 넣어 주기를 부탁했다. 이것은 여러 나라 언어로 번역되어 오늘날까지 성모님을 찬미하기 위해 읊어지고 있다. 그 찬미가의 시초는 "하늘의 모후의 찬미가는 매일 읊어질지어다!"라는 것이었다. 이처럼 평생 동정이신 성 마리아를 공경해 드린 그는 정결의 덕을 존중시하여 그를 파괴하는 것보다는 오히려 생명을 내던지려고 굳게 결심하고 있었던 것도 의심할 바가 아니다.

가시미로는 23세 때 의술로도 고칠 수 없는 중병에 걸렸다. 의사들은 어리석게도 왕자가 동정을 파괴하면 병세가 나아질 것이라 생각하고 그 뜻을 그에게 전하니 그는 몹시 화가 나서 "내가 존중하는 것은 주 예수뿐이지 내 생명이 아니다. 나에게는 이 이상 현세에는 아무 희망도 없다. 너희는 그와 같은 주님의 뜻에 위반되는 일을 말한 죄를 부끄러워해야 한다"고 책망했다. 그 후 점차 병세는 위독해져 경건한 마음으로 병자 성사를 받고 잠시도 십자가를 손에서 떼지 않은 채 끊임없이 "아! 주님! 제 영혼은 당신 손에 맡깁니다" 하고 기도하며 이 세상을 떠났다. 때는 1484년 3월 4일이었고 그의 나이는 26세였다.

그는 살아서부터 폴란드 백성의 존경을 받았지만, 사후에는 한층 더 공경을 받아 그의 전구를 구하는 자가 아주 많았다. 그 결과 무수한 기적이 나타났는데, 그중 한 예를 든다면, 1518년 폴란드가 6만의 적군의 공격을 받아 바야흐로 패망이 결정적이었을 때 백은(白銀)의 갑주(甲胄)를 차리고 백마를 탄 한 기사(騎士)가 갑자기 나타나 겨우 2천 명의 폴란드 군인을 지휘하며 의기 양양한 적군에 쳐들어가 순식간에 정세를 회복하고 대승리를 거두고 나라를 태산 위에 안정시켰는데, 이것도 천국에 있는 가시미로의 원조임을 알고 그의 형 시기스문도 왕은 동생의 열성 조사를 교황청에 신청했다. 그 후 엄밀한 조사 결과 교황 레오 10세는 그를 성인품에 올리고 그의 무덤을 열어 보니 밤색의 머리털, 생생한 얼굴은 옛 모양과 조금도 다름이 없이 마치 잠든 자와 같았다고 한다. 아마 그의 탁월한 정결의 덕이 이 기적을 일으키게 했을 것이다. 그리고 그의 오른손에는 종이 한 장이 쥐어져 있었는데, 거기에는 "하늘의 모후의 찬미가는 매일 읊어질지어다!"라는 그의 노래가 기록되어 있었다.

【 교 훈 】

우리도 성 가시미로를 본받아 시간 나는 대로 성체를 조배해 드리자. 그것은 하느님을 사랑해 드리는 마음의 표시인 동시에 이처럼 주님 옆에서 기도하면 많은 번민고 고통도 해결되고 반드시 위안과 은총을 많이 받으리라 믿는다.

성 가예타노 사제

[St. Gajetanus, C. 축일 8. 7.]

　이 성인은 1480년 이탈리아의 비첸자에서 태어났다. 그의 아버지는 근위병 총지휘자였는데 성인이 두 살 때에 세상을 떠났다. 어린 두 형제는 성실한 어머니 슬하에서 고이고이 자랐다.
　가예타노는 어렸을 때부터 사제가 될 결심으로 열심히 공부해 24세에 이미 법학 박사 학위를 얻었다. 그는 잠시 교회의 행정관으로 지낸 후, 1516년 그의 나이 36세에 서품을 받았다. 사제가 된 후로는 예전코다 더 열성을 내어 자기 성호에 온 힘을 다했다. 그 이듬해 성탄 절, 그가 말구유 앞에서 열심히 기도를 하고 있을 때 갑자기 성모님께서 발현하시어 아기 예수를 그의 품에 안겨 주셨다. 그때부터 그는 하느님을 사랑하기 위해서는 어떠한 희생이라도 사양하지 않으리라는 결심을 굳게 했다.
　1518년에 그의 어머니가 세상을 떠났다. 임종하시는 어머니의 머리맡을 떠나지 않고 시중해 드린 가예타노는 그 후 오랫동안 비첸자에 머물러 있으면서 병자를 돌보기 위한 형제회를 세웠다. 또한 불치의 환자만을 수용하는 요양소를 설치하고, 그곳에서 항상 환자들과 지내고자 했다. 그러다가 장상의 명령대로 베로나에서 베네치아로 옮기게 되었다. 그곳에서도 또한 병원을 세우고 손수 그 간호에 종사했다. 그의 친척들은 그런 사업을 대단히 반대하며 그에게 갖은 비난을 퍼부었으나 가예타노는 아무 말도 없이 겸손과 인내로 모든 것을 받아들였다.
　그를 만난 사람, 더욱이 가난한 사람들과 병자들은 그의 독실한 신앙심과 경건한 모습에 감화되지 않는 이가 없었다. 사실 그가 미사 성제를 올릴 때의 모습은 마치 천국에서 움직이는 성인과 같았으며 그의 강론의 힘은 가장 완고한 죄인이라도 능히 움직일 수 있을 힘을 가졌었다.
　가예타노는 인류의 구원 사업을 더욱 크게 넓히기 위해 성직 수도회를 세울 생각을 하고 이런 일에 매우 신중을 기하고 심사 숙고하여 열심히 하느님의 가르치심만을 구했다. 그러면서 이 계획을 법학 친구에게 말했는데 그 친구는 이를 기뻐하며 격려해 줄 뿐 아니라 제일 먼저 회원이 되어 주었다.
　그 시대의 유명한 주교 가라파가 이 수도회에 입회한 것은 그 후 얼마 안 되어서였다. 이분도 역시 성인이시지만 성격 상으로는 가예타노와 아주 다른 분이었다. 대단한 정력가로서 아무리 활동을 해도 피로는 느끼지 않는 분이며, 대단한 정치적 수완의 소유자였다. 그러므로 가예타노에게 있어서는 수도회의 발전상 없어서는 안 될 귀중한 존재였다.
　수도회 설립에 있어서 제일 먼저 필요한 것은 교황의 인가였는데 교황은 새 수도회의 인가를 대단히 주저했으므로 곤란한 점이 많았다. 그러나 가예타노를 아는 많은 명망가들의 간절한 청원도 있고 더욱이 가라파 주교의 덕망을 보고 마침내 교황 클레멘스 7세는 1524년 이 회를 인정했다.
　수도회의 창립자는 가예타노지만 명칭은 테아틴회(Theatines)라 했다. 이는 겸손한 가예타노가 그 회의 초대 총장인 가라파 주교의 거주지인 테아티노를 따서 그 회를 불렀기 때문이다. 가라파 주교 역시 그 회의 창립자인 가예타노를 회의 창립자(사부, 師父)로 섬기기를 서슴지 않았던 겸손한 분이었다.
　회의 목적은 신자들에게 교리를 가르치고 병자들을 돌보며 하느님께 대한 흠숭의 예식을 성대히 하며 순명, 정결, 청빈의 서원을 지키며 자신을 성화하는 것이었다.
　가예타노는 곳곳에 수도원을 건립하게 되어 각 지방에 여행하지 않으면 안 되었다. 그럼으로써 가는 곳마다 그의 덕망이 나타났고 그의 열렬한 기도로 때로는 기적도 일어났다. 가예타노는 쟁론을 조정시키는 역할도 했는데 그럴 때마다 현명한 재판으로 당사자들을 언제나 감복시켰다.
　이런 성인에게도 고통이 없을 수는 없었다. 1547년 나폴리 지방에 대혁명이 일어났을 때 시민들은 가예타노에게 불의 부당한 비방과 갖은 비난을 퍼부었다, 이에 큰 충격을 받은 그는 마침내 중병에 걸리게 되었고 담당 의사의 모든 치료에도 아무 효과가 없었다. 그래서 동료들은 다른 의사를 또 초청하려고 했으나 이 말을 들은 가예타노는 "저같이 가난한 사람에게는 의사 한 분이면 충분합니다" 하며 거절했다.

그는 병 중에 있으면서도 조금도 편안함을 찾지 않았다. 오직 열렬한 마음으로 성체를 영하고, 동료들에게는 자기의 부덕함을 깊이 사과하고 그들의 후의(厚意)를 감사하며 편안히 숨을 거두었다. 때는 1547년 8월 7일이었다. 그는 트리엔트 공의회 전에 있었던 가톨릭 개혁가들 중에서도 가장 뛰어난 성인으로 1671년에 시성되었다.

【 교 훈 】
성당에서는 항상 성 가예타노와 같이 감실 안에 계신 성체께 대해 공손한 태도를 취할 것이며, 존경과 경외심으로 미사 참여와 기타 신심 행사에 참여해야 할 것이다. 전례는 하느님을 섬기는 한 가지 방도이니 그 본뜻을 잘 알아듣도록 노력해야 한다.

스웨덴의 성녀 가타리나 동정
[Sta. Catharina a Suecia, V. 축일 3. 24.]

한 마디로 선(善)이라 함은 하느님의 명령을 완수한 '선'도 있는가 하면, 그의 권고를 따른 '선'도 있다. 명령의 경우에는 이를 게을리 하면 죄가 되지만, 권고의 경우에는 순종하지 않아도 별로 죄가 되는 것이 아니다. 그러나 순종하면 특별한 공로를 세우게 된다. 지금 말하려는 가타리나 성녀도 이와 같은 특별한 공로를 세운 분이었다.

그는 성녀 비르지타(7월 23일)의 넷째 딸로서 1331년 북유럽 스웨덴에서 태어났다. 어머니는 특별한 생각 끝에 7세에 이미 집을 떠나 리셰베르그의 수도원에 보내어 교육을 받게 했다. 그 뒤 가타리나는 그 수도원에 입회해 평생 동정을 지킬 서원을 했지만 그런 일도 모르는 아버지는 독단으로 그녀를 에카르트 폰큐르넨과 결혼시킬 절차를 밟고 있었다.

이 사실을 들은 가타리나는 아버지에게 수녀원에 입회해 일생을 하느님께 봉헌하고 싶다고 간청했으나 아버지는 만사를 제쳐놓고 결혼하라고 했다. 가타리나는 사랑하는 아버지의 말씀을 거역할 수도 없었고, 또 하느님께서는 반드시 자신의 동정을 보호해 주시리라 확신한 끝에 아버지의 생각에 따르기로 했다.

결혼한 가타리나는 남편에게 자기가 동정 서원을 한 사실을 말하며 양해를 구하자 남편도 처음은 매우 놀라는 기색이었지만 다행히 그 역시 신앙이 두터웠던 사람이었으므로 가타리나의 원을 들어 명색은 부부이면서도 사실은 남매처럼 정결을 지키며 서로 사랑하고 격려하고 도우며 덕행의 길을 걸었다. 가타리나의 전기를 저술한 울포 수사는 이 고결한 부부에 대해 "두 사람은 하느님의 정원에 나란히 자란 두 백합같이 아름다운 정결의 빛을 발하고 있었다"고 한 것은 가장 적절한 표현이라 하겠다.

그들이 결혼한 후 얼마 안 되어 가타리나의 아버지는 세상을 떠났고 어머니는 하느님의 성소를 받아 로마에 가게 되었다. 이 구원의 성도(聖都)는 가타리나에게 있어서도 전부터 동경해 오던 땅이었고 특히 어머니가 그곳으로 떠난 후부터는 한층 더 그곳에 순례하고 싶은 생각이 열렬해져 마침내 병까지 걸리게 되었다. 남편 에카르트는 이를 대단히 걱정하며 여러 모로 이유를 물어 가타리나가 설명하니 남편은 기쁘게 로마 순례를 허락해 주었다.

가타리나는 동료 세 명을 데리고 먼 여행을 떠났다. 당시는 교통 수단이 없었으므로 18세의 젊은 여성에게는 위험도 매우 많았으나 무사히 목적지인 로마에 도착할 수 있었다. 가타리나는 즉시 어머니의 거처를 찾았으나 쉽게 행방을 알아낼 길이 없었다. 8일간 사방을 헤맨 결과 로마에서 약간 떨어진 어느 수녀원에서 만날 수 있었다.

그 뒤 그녀는 어머니의 안내를 받으며 소원이었던 로마의 여러 성지를 반복해 순례한 후 귀국하려고 할 때 뜻밖의 남편의 부고를 받았다. 그를 사랑하고 있던 가타리나는 일시 비탄에 잠겼으나 마음을 다시 가다듬었다. 남편이 떠난 뒤에는 어머니와 함께 거룩한 생활을 하면서 병자를 방문하고 도와주고 기도하고 간호하며 선종을 준비시키는 데 여념이 없었다.

순례하기를 즐기던 가타리나는 그 후에도 시간이 있을 때마다 로마의 여러 성당을 참배했다. 그러나 그 당시 교황은 아비뇽(Avignon)으로 옮겨 가 로마는 극히 풍기가 문란했기 때문에 어머니는 아직 젊은 딸을 염려하고 혼자 길 걷는 것을 금했다. 처음에 가타리나는 그것이 불만스러워 견딜 수 없었으나 하느님의 빛을 받은 다음에는 순례하는 것보다 어머니에게 순명하는 것이 더 하느님의 뜻에 맞다는 것을 깨달았다고 한다.

가타리나는 성모 소일과와 피정과 묵상 등을 즐기며 특히 주님의 수난을 묵상할 때에는 몇 시간씩 걸린 때도 종종 있었다고 한다.

1372년 가타리나는 어머니와 함께 성지 팔레스티나를 순례하는 도중 어머니는 병을 얻어 결국 세상을 떠나셨다. 그녀는 어머니의 유골을 가지고 스웨덴에 돌아와 전에 어머니가 세운 바드스테나 수녀원에 묻고, 자신도 그 수녀원의 수녀가 되어 많은 자매들에게 말과 행실로서 모범을 보여주고 사람들의 존경을 받으며 1381년 50세를 일기로 세상을 떠났다. 인노첸시오 8세 교황은 그녀를 성인으로 공경하도록 허락했다.

【 교 훈 】

성녀 가타리나는 훌륭한 마음씨로 동정 서원을 했음에도 아버지의 근심을 덜어 드리기 위해 하느님의 보호를 확신하고 감히 결혼을 했다. 아내로서 평생 동정! 이는 성모님과 흡사한 것이다. 하느님께서도 그녀의 숭고한 이상과 두터운 신뢰를 어여삐 보시고 그녀 남편의 마음을 부드럽게 하여 그녀의 원의대로 하게 허주셨다. 이것은 또한 아버지께 대한 효성의 보수로도 생각할 수 있을 것이다. 그 이유는 하느님께서 제4계명을 통해 효자에게 특별한 은총을 베푸신다는 것을 약속하셨기 때문이다.

알렉산드리아의 성녀 가타리나 동정 순교자

[Sta. Catharina, V. M. 축일 11. 25.]

시나이 산은 하느님께서 모세에게 나타나시어 십계명을 반포하신 장소이며, 8세기에 이르러 다시 그곳에서 한 성녀의 묘가 발견됨으로써 더욱 유명하게 되었다. 이 성녀가 바로 여기서 말하려는 가타리나 동정 순교자인 것이다.

그녀의 일생을 말함에 있어 유감인 것은 역사적 기록이 아무것도 남아 있지 않다는 것이다. 오로지 6세기에 이르러 유스티노 황제가 시나이 산 기슭에 성녀 가타리나 수녀원을 세웠는데 그 수녀들이 성녀께 대한 몇 가지 아름다운 이야기를 전할 따름이다.

성녀는 이집트의 알렉산드리아에 사는 로마인의 부유한 가정에서 태어나 훌륭한 교육을 받았고 철학도 연구했다. 하루는 어머니와 함께 어느 은수자에게서 가톨릭에 관한 것을 듣고 이것이야말로 모든 세상 학문을 초월한 천상의 진리임을 깨닫고 즉시 세례를 받았을 뿐만 아니라 자기의 모든 재산, 장식품까지 전부 팔고 검소한 수도 생활의 길을 밟았다.

그 당시 갈레리오 황제와 같이 로마 제국을 다스리던 막시미아노는 가톨릭을 전멸시키려 온갖 잔인한 박해를 가하기 시작했다. 그 박해는 3년간 계속되어 수많은 희생자를 냈고, 성녀 가타리나 역시 알렉산드리아에서 순교하게 된 것이다.

전설에 의하면 가타리나의 재판은 막시미아노 황제가 직접 담당했다고 한다. 본래 이탈리아의 무식한 농부의 아들로 군대에 들어가 병졸부터 차츰 출세해 황제의 지위에까지 올랐으니 가타리나의 미모와 심원한 학식에 감탄하며 여러 대학자를 불러 성녀와 토론을 시켰던 즉, 성녀의 명쾌한 답변과 날카로운 질문에는 모두 손을 들지 않을 수 없어 오히려 가톨릭의 도리가 진리임을 인정하게 되었으므로 황제는 크게 노하여 그들까지 모두 사형에 처했다.

막시미아노는 거듭 가타리나를 위협도 하고 살살 달래기도 하며 갖은 감언 이설로 배교를 강요했다. 그러나 처음부터 완강히 거절하며 요동치 않으므로 결국 가타리나는 사형을 받게 된 것이다.

그녀에게 사용한 사형 방법은 둘도 없는 참혹한 것으로 많은 쇠갈퀴가 달린 바퀴를 돌리면서 몸을 잘라 죽이는 것이었다. 하느님의 도우심인지 사형 집행이 시작되는 찰나 바퀴가 고장이 나서 움직이지 않았다. 그리하여 하는 수 없이 칼로 목을 베어 형을 끝냈다.

알렉산드리아에서 순교한 성녀 가타리나의 유해가 무슨 이유로 시나이 산에 매장되었는지는 분명하지 않으나, 아마드 같은 박해에서 추방, 유형 당한 사람들이 그 시신을 옮겨 온 것으로 추정된다.

【 교 훈 】
성녀 가타리나는 당시의 대학자들을 상대로 당당히 토론해 마침내 그들을 설복시켜 교회가 진리임을 증명했다. 이런 이유에서 교회에서는 이 성녀를 철학, 신학의 특별한 수호 성인으로 받든다. 우리도 앞으로 교회에 관한 지식을 깊이 배우고 성녀와 같이 모든 재앙, 불행, 환난 중에도 꿋꿋이 신앙을 지켜 나갈 견인 지덕(堅忍知德)을 주시도록 성녀의 전구를 통해 하느님께 구하자.

리치의 성녀 가타리나 동정
[Sta. Catharina de Ricci, V. 축일 2. 13.]

알렉산드리아의 유명한 철학자 성녀 가타리나가 법정에서 교회 옹호의 웅변을 토하고 순교한 후 그 성녀를 도호자로 삼고 그의 이름을 자기 본명으로 짓는 사람이 적지 않았고 성녀 중에서도 같은 본명을 가진 이도 몇 분 계시다. 그러므로 이를 구별하기 위해 그 이름에도 보통 고향이나 도시의 이름을 붙여 부르는 것이 습관이 되었다. 교회에서 기념하는 리치의 성녀 가타리나 동정녀도 그 중 한 분이시다.

이 성녀는 1522년 태어나 세례 때에는 알렉산드라라고 이름 지었다. 4세 때 어머니를 잃고 잠시 대모 손에서 자라난 후 아버지 베드로의 두 숙모가 있는 도미니크 수도원으로 갔다. 그녀는 수녀가 되려고 한 것이 아니라 다만 교육을 받기 위함이었다.

수도원에서 수녀들의 교육을 받은 알렉산드라는 학문만이 아니라 신심상으로도 대단히 진보했다. 4, 5년 후 아버지는 그녀를 집에 다시 불러 모든 가정 일을 그녀 손에 맡겼다. 그녀는 아버지의 마음에 들도록 집안 일을 잘 처리해 나가는 동시에 수도원에 있었을 때와 같은 신심의 의무도 게을리 하지 않고 계속해 갔다. 시간이 지나 알렉산드라의 나이도 찼으므로 아버지는 딸도 필연코 즐거우리라는 생각에 어느 부잣집 아들에게 출가시키려는 생각을 그녀에게 전했다. 기뻐하리라 생각했던 그녀는 오히려 우울한 안색을 하며 오랫동안 마음에 품고 있었던, 하느님께 일생을 바치는 수녀가 되고 싶다는 희망을 간청했다. 의외의 그녀 말에 아버지는 처음에는 대단히 놀라 여간해서 들어줄 것 같지 않았지만 확고 부동한 그녀의 결심을 안 후에는 단념하고, 그녀를 위해 도미니코회의 플라도 수녀원에 입회 신청까지 해주었다.

수녀가 된 알렉산드라는 가타리나라고 이름을 바꾸고 오로지 완덕의 길에만 노력하고 원래는 귀족이었음에도 가장 천한 일까지도 기꺼이 해 나갔다. 그녀가 가장 즐거워한 것은 주님의 수난을 묵상하며 십자가 앞에서 무릎꿇고 기도하는 것이었고, 그녀 또한 주님과 더불어 고통을 당하고 싶은 희망이 언제나 불과 같이 타오르고 있었다.

수녀원에 들어오자 곧 중병에 걸려 몹시 고생했지만 그녀는 이것이야말로 주님을 본받는 데 가장 좋은 기회라는 생각으로 조금도 신음이나 불평을 하지 않고 감사하는 마음으로 모든 병고를 참았다. 그녀의 병은 약을 먹을수록 낫지 않고 오히려 더 심해지므로 그녀는 점점 그것이 인내의 시련으로 하느님께서 주신 것이라는 신념을 더욱 굳게 가졌다.

고신 극기하며 수덕에 노력한 그녀는 자매들에게도 존경을 받아 25세 때 원장이 되었다. 원장이 되어서는 말보다 실천으로 좋은 모범을 보여주는 것으로 사람들을 선으로 인도했다.

가타리나는 모든 수녀들에게 신망이 두터워 존경받는 몸이 되었다. 그러나 더욱 겸손하며 자기를 자매들의 종으로 생각하고 세상 사람들이 탐하는 명예 등에는 일절 무관심해 될 수 있는 대로 남의 눈의 띄지 않도록 노력했다.

경건한 오랑캐꽃은 몸체는 비록 그늘에 숨어 있어도 그 향기를 사방에 퍼뜨리는 것처럼 그녀 덕행의 향기도 숨은 데서 나타나 어느덧 세상에 퍼져 유명한 추기경, 주교, 귀족 등 많은 사람들이 그녀의 의견을 듣기 위해 사방에서 모여들었다. 겸손한 그녀에게는 이것이 얼마나 큰 고통이 되었는지 이러한 것들이 없어지도록 하느님께 기도했다고 전해진다.
  어떤 때는 자매들이 자기의 언행록(言行錄)을 편찬하고 있다는 것을 듣고 몹시 놀라며 "보잘것없는 나 같은 사람을 대단한 인물처럼 서술하는 것은 전지 전능하신 하느님을 모욕하는 것입니다"라고 하며 원고를 빼앗아 찢고 불에 태워 버렸다고 한다.
  가타리나가 십자가를 손에 들고 사랑하는 주님의 품에 자기의 정결한 영혼을 바친 것은 67세 때였다.

【 교 훈 】
  성녀 가타리나는 어려서 어머니를 잃어 영세 대모가 그를 양육했다고 한다. 이는 실로 미담인데 대부, 대모들의 거울이라고 볼 수 있다. 교회의 정신은 친부모가 일찍 돌아가시거나 혹은 종교 교육을 소홀히 할 때는 대부, 대모가 대신해 그 자녀를 지도 양육하라는 것이다. 지금은 성직자의 손으로만 아이들의 종교 교육을 베풀기는 곤란하다. 대부, 대모 된 사람은 아이들의 영적 교육의 부족한 점을 보충하기로 노력해야 한다. 훈계 권면하는 방법이 아닌 좋은 행위로 그들을 인도하라는 것이다.

볼로냐의 성녀 가타리나 동정
[Sta. Catharina de Bologna, V. 축일 3. 9.]

  성녀 콜레타가 프랑스에서 그의 덕망으로 유명하던 시대에 이탈리아에서도 성덕이 높은 여성이 있었다. 그녀는 바로 성녀 클라라의 뒤를 따르는 수녀로 볼로냐의 성녀 가타리나였다.
  가타리나는 1413년 9월 8일 복되신 동정 마리아 성탄 축일에 태어났다. 양친은 둘 다 귀족 가문이었고 학식과 덕망을 고루 갖춘 사람들이었다. 그러므로 그들 사이에서 태어난 가타리나가 일찍부터 재주의 비범함과 선행에 대해 강한 경향을 표시한 것도 아무 이상한 일이 아니었다.
  그녀는 9세 때 펠라라 후작의 요청에 따라 후작의 성(城)에 들어가 후작의 딸 엘리사벳과 같이 교육을 받았다. 두 소녀는 사이도 좋고 서로 잘 맞는 상대였지만 그중에도 가타리나의 신심면의 열심함과 지식에 대한 빠른 진보는 모든 사람들을 탄복시키지 않을 수 없었다.

가타리나는 오래지 않아 라틴어를 유창히 배워 어려운 말들도 읽고 말하고 쓰는 데 아무런 어려움을 느끼지 않았다. 그녀의 필적은 지금도 남아 있는데 아주 아름다운 문체다. 그녀가 제일 애독한 서적은 교회의 학자들과 성인들의 저서였다. 가타리나는 수예에도 능숙하며 미술에도 재주가 있어 특히 회화 방면에 걸작품을 남기고 있다.

가타리나가 펠라라 성에 간 지 어언 3년이 되었다. 친구인 엘리사벳은 리미니 왕자와 약혼을 하고, 가타리나는 아버지를 여의어 어머니에게 돌아갈 수밖에 없어 두 사람은 헤어지게 되었다. 엘리사벳은 자기에게 다시 오라고 했지만 가타리나는 이를 거절했다. 그녀는 이미 일생을 하느님께 바치려는 굳은 결심을 했기 때문이다. 가타리나는 계속해 들어오는 혼담을 모조리 거절했다. 어머니는 모든 것을 가타리나의 원의대로 하라고 해서 그녀는 자기의 소원을 아무 거리낌없이 추진해 나갈 수 있었다.

때마침 펠라라 읍에는 루치아 마스게로니라는 부인이 살고 있었는데 그녀는 세속 사람 몇 명과 함께 수도자처럼 경건한 기도와 노동을 하며 읍내 사람들에게 좋은 감화를 많이 주었다. 가타리나도 그들의 덕을 사모하며 그 자매들과 함께 더불어 살아갈 수 있는 기쁨을 맛보게 되었다. 그러나 이 행복도 오래 계속되지 못했다. 그것은 곧 여러 가지 시련이 닥쳐왔기 때문이다.

우선 가타리나는 고독에 대한 동경심이 날로 강해져 공동체 생활이 고통스러워졌다. 항상 동료들과 헤어질 생각만 했다. 그러면서도 그녀는 열심히 성령의 비추심을 구했고 그 결과 그곳에 머무르는 것이 제일 좋은 일이라는 것을 깨달았다.

제2의 시련은 악마의 심한 유혹이었다. 이따금 그것을 물리칠 용기조차 없었다. 이 유혹이 지나자 이번에는 다시 영육간의 고민이 일어나 마침내는 신앙을 의심하기에 이르렀다. 그래도 가타리나는 하느님의 은총에 의지하고 모든 시련에 승리했다. 또한 자기 일생의 죄와 결점을 온전히 용서받았다는 것을 묵시받고 깊은 위로를 받았다. 그녀는 이러한 번민을 당하면서 많은 귀중한 경험을 체득했고 또 다른 사람들을 위해 그 경험들을 참고로 소책자(小冊子)를 저술했다.

겸손한 가타리나는 스스로는 조금도 깨닫지 못했지만 다른 사람들은 그녀의 경건함에 탄복해 존경을 하고 있었다. 그 중에서도 베르데 후작의 부인은 가타리나 및 그의 동료들을 칭찬한 나머지 성녀 클라라의 규칙에 의한 한 수도원을 세워주었다. 가타리나는 분에 넘치는 행복감을 느끼며 아무리 천한 일도 하느님을 위해 감사하는 마음으로 완수했다.

그들의 빛나는 신앙 생활, 그 중에도 가타리나의 성스러운 모범은 세상의 젊은 여성들을 감동시키지 않을 수 없었다. 점점 수도원의 지원자가 많아져 가타리는 순명으로 그들의 수련장이 되었고 그녀는 늘 읽어왔던 성서와 학자들의 저서를 토대로 수련자들을 잘 가르치고 자신의 훌륭한 모범으로 그들을 잘 인도했다.

그녀는 하느님께 특별한 은총을 받는 영광을 누렸다. 첫째는 구세주의 고통을, 영혼의 번뇌는 물론 육신의 고통까지 영, 육으로 느낀 점이고, 둘째는 1445년 성탄절 밤 복되신 동정 마리아께서 나타나 거룩하신 아기 예수를 그녀의 팔에 안기게 하신 점이다.

1451년 수도원의 원장이 서거하자 자매들은 모두 가타리나가 그의 후계자가 되어 줄 것을 원했다. 겸손한 가타리나는 그 임무의 부당함을 강조하면서 모든 자매의 동의를 얻어 같은 클라라회에 속하는 만자 수도원에서 적당한 수녀를 추대해 원장으로 삼았다.

수도회는 날로 번성해 자매들의 수가 많아졌으므로 교황의 허락 아래 다른 곳에 수도원을 세우게 되었다. 볼로냐 수도원이 처음으로 건축되어 장상의 명령으로 이번에는 가타리나도 사양하지 않고 원장에 취임했다.

그 당시 볼로냐 시민은 2, 3의 당파에 분열돼 서로 항쟁을 계속하고 있었으나 가타리나는 그들을 위해 기도해 마침내는 화해시킬 수 있었다.

그녀는 수도원을 '성체의 가난한 클라라 수녀원'이라 이름짓고 가능한 한 성체 앞에서 기도하며 때로는 기도로 밤을 세우기도 예사였다. 그녀는 어머니가 친자식을 사랑하듯이 사랑으로 자매들을 대했고 특히 병자나 약한 자에 대해서는 극진히 돌보며 염려해주었다. 자매들 또한 규칙을 잘 지키면서 서로 화목하며 사랑하는 데 조심했다. 가타리나는 늘 수도원 안에 있었고 한 발자국도 문밖에 나간 일이 없었으나 그녀의 성덕과 기도의 힘으로 남을 위해, 그 중에도 죄인을 위해 헌신한 일은 결코 작은 것이 아니었다.

1463년 2월 25일, 죽음이 가까워 온 줄 안 가타리나는 자매들을 모아놓고 유언을 남겼다. 그 뒤 체력은 시시로 쇠약해져 3월 8일 천사와 같은 경건한 태도로 성체를 영하고 기운이 솟는 대로 거룩하신 예수의 이름을 세 번 거듭 부르고 평안히 세상을 떠났다.

그때 그녀는 50세였다. 1712년에 시성되었다.

【 교 훈 】
성녀 가타리나는 오랫동안 매우 쓰라린 고통을 당했으나 일곱 가지 무기로 악전 고투하며 결국 최후의 승리를 거두었다. 그 무기라 함은 성녀 자신의 어느 서적에 실린 것과 같이 ① 부지런히 노동하고 ② 자기를 믿지 말고 ③ 하느님께만 의지하고 ④ 종종 그리스도의 생애를 묵상하고 ⑤ 그의 죽으심을 생각하고 ⑥ 천국을 사모하고 ⑦ 성서를 잠잠히 읽는 등 그러한 것이었다.

시에나의 성녀 가타리나 동정 학자
[Sta. Catharina Sinenisis, V. D. 축일 4. 29.]

시에나의 성녀 가타리나의 생애는 성 바오로 사도께서 기록한 대로 "하느님께서 하시는 일이 사람의 눈에는 어리석어 보이지만 사람들이 하는 일보다 지혜롭고, 하느님의 힘이 사람의 눈에는 약하게 보이지만 사람의 힘보다 강합니다"(1고린 1, 25) 하신 말씀의 좋은 예(例)라고 볼 수 있을 것이다. 그 이유는 가타리나는 많은 공부도 하지 않은 연약한 여자의 몸으로 당시의 문란하던 교회를 바로잡는데 누구보다도 위대한 영향을 주었기 때문이다.

그녀는 1347년 주님 탄생 예고 축일에 염색(染色)을 직업으로 하고있는 베닌카사 가문의 스물 세 번째 자녀로 이탈리아의 시에나에서 태어났다. 본시 신심이 두터웠던 양친은 생활도 넉넉했으므로 많은 자녀들을 아무 어려움 없이 충분한 교육을 받게 할 수 있었으나 유난히도 명랑한 자라 불리던 가타리나는 다른 형제, 자매와는 일찍부터 달라 예수님과 그 외의 발현을 보기도하고 탈혼 상태에 빠지기도 하여 하느님의 특별한 총애를 받고 자란 것을 모든 이들이 알게 되었다.

이처럼 풍부한 영적 은총을 받고 있던 가타리나였으므로 겨우 7세에 이르자 평생 동정 서원을 발하게 된 것도 그리 이상한 일은 아니었으나 양친은 후에 이 미모의 딸을 출가시키려고 하던 무렵 뜻밖에 이 사실을 알고 크게 노하여 그녀를 하녀처럼 혹사시켰다. 그러나 가타리나는 다만 하느님께서 주시는 위로에 힘을 얻어 이러한 학대를 3년간이나 참았다. 그러던 중에 양친도 가타리나가 하느님께 특별히 선택된 자라는 것을 깨닫고 그 후부터는 그녀의 결심을 방해하려 하지 않았다. 그러나 그녀가 참으로 참기 어려운 마음의 번민을 당하게 된 것은 오히려 그 후부터이다. 어찌된 일인지 이제까지 천사와 같이 정결했던 그녀 마음에 끊임없이 정결치 못한 생각이나 상상이 자꾸 일어나 이틀에 반시간만 자며 고행과 기도를 통해, 그리고 믿음 안에서 화살 기도를 수시로 바치고 예수님을 외치면서 해도 도저히 물리칠 수가 없었기 때문이다.

물론 이것은 하느님의 시련에 불과했다. 어느 날, 가타리나가 사랑과 고통으로 인해 거의 죽어가는 상태에서 예수님을 불렀을 때 예수님께서 그녀의 부르짖음에 응답하셨다.

－가타리나: 나의 주님, 악마들이 그 숱한 음란함을 통해 내 마음을 괴롭혔을 때 당신은 어디 계셨습니까?

－주님: 나는 네 마음 안에 있었다.

－가타리나: 오! 주님, 친히 진리이신 당신 앞에 나는 엎드려 말씀드립니다. 내 마음은 혐오스럽고 더러운 생각으로 가득 차 있었는데 어떻게 당신께서 거기 계실 수 있었는지요?

－주님: 그러한 생각과 유혹들이 네 마음 안에 무엇을 가져다주었느냐? 즐거움이었느냐, 고통이었느냐, 기쁨이었느냐, 슬픔이었느냐?

－가타리나: 큰 고통과 갈등이었습니다.

―주님: 네 마음 중심에 숨어 있는 내가 아니라면 누가 너를 고통스럽게 만들 수 있었겠느냐. 내가 거기에서 현존하지 않았더라면 음란한 생각이 가득 찼을 때 너는 쾌락에서 즐거움을 느꼈을 것이다. 나는 네가 원수들로부터 유혹 당하는 것을 허락했지만 너의 구원을 위해 숨어서 아무 흔들림 없도록 너를 보호하고 있었다. 지금부터 나는 네게 더 친밀하게, 더 자주 나를 드러내 보이리라.

가타리나는 이 말을 듣고 큰 위로를 느끼면서 이후에는 어떠한 유혹의 폭풍우가 닥쳐와도 용감히 일어나 확고한 신념으로 훌륭히 승리를 거두었다고 한다.

가타리나는 3년간 기도, 묵상, 노동을 하면서 하느님의 부르심에 대한 준비를 하고 18세 때에 비로소 성 도미니코의 제3회에 들어갔다. 이 회의 회원은 수도원에 들어가서 동료들과 공동체 생활을 하지 않고 세속에 있으면서 성 도미니코의 정신을 따라 가능한 복음의 권고를 실천하며 영혼 구원을 위해 노력하는 회이다. 그러므로 가타리나도 입회한 후에는 읍내를 다니며 가난한 사람들에게 재물 모두를 나누어 주고, 때로는 그들을 위해서 자선을 모으기도 하고, 병자들에게는 몸을 아끼지 않고 봉사하고, 특히 나병, 흑사병 같은 무서운 전염병에 걸린 자들도 정성껏 간호해 주며, 그 외 남의 집 청소까지 맡아서 해 주는 등, 손발이 닳도록 활약한 모습은 실로 감탄할 지경이었다. 그럼에도 불구하고 인심이란 고약해서 이 같은 가타리나에 대해서도 모함과 악담을 하며 그녀의 명예를 손상시키려는 이가 없지 않았다. 그 중에서도 유암(乳癌)을 앓고 있던 한 부인은 전부터 가타리나에게 많은 은혜를 받고 있으면서도 이웃 사람들에게 근거도 없는 모함을 했으나 그녀는 조금도 나쁜 기색을 하지 않고 더욱 더 그 부인을 위해 친절한 간호를 게을리 하지 않았다. 어머니는 그것을 못마땅히 생각하고 나무라자 가타리나는 "예수께서는 배은 망덕한 유다인들이 당신을 저주하며 모욕을 했음에도 불구하고 그들을 구원하는 성스러운 사업을 결코 중지하시지 않았습니다. 그것을 생각하면 나도 겨우 두세 번 악담을 들었다고 해서 주님께서 명하신 '네 이웃을 사랑하라'는 덕을 소홀히 할 수는 없습니다"라고 점잖게 대답했다고 한다.

가타리나는 종종 주님의 발현을 뵙는 것과 먹지 않고 마시는 것으로만 생명을 유지하는 특은도 받고 있었다. 하루는 예수께서 한 손에는 황금관(冠)을, 다른 한 손에는 가시관을 들고 나타나셔서 "나의 딸아, 어느 것이든지 하나를 선택하여라"고 말씀하셨다. 가타리나는 말씀이 떨어지자마자 가시관을 잡아 머리에 쓰며 "저는 황송하옵게도 주님의 배필로 선택된 자로서 주님과 같은 고통의 가시관이야말로 적합합니다"라고 말씀드리며 용감하게도 주님을 본받아 십자가의 길을 걸어갈 결심을 명백히 했다.

이 같은 예쁜 마음씨가 하느님의 마음을 기쁘시게 하셨음인지 1374년 주님께서 재차 발현하셔서 그의 몸에 5상을 박아 주셨다. 그 상처는 눈에 띄지 않았으나 그 고통은 극히 심해 죽을 때까지 계속되었다. 주님께서 더 말씀하시기를 "나는 네게 지식과 웅변의 은혜를 줄 것이니 여러 나라를 다니며 위정자와 지도자들에게 내 소망을 전하라"고 하셨다.

이 말씀을 따라 가타리나는 사방 각처를 여행하며 왕후(王侯) 귀족이나 고위 성직자들을 방문하고 평화를 도모할 것을 역설하고, 서한이나 저서 등으로 도리를 권고하고, 이 세상에 주님의 나라가 임하도록 노력을 다했다. 그뿐 아니라 그 당시 교황 영토 내에 두 도시의 시민이 교황 그레고리오 11세를 배반해 황제에게 추방당하려는 것을 중가도 해주고, 70년 전부터 교황이 프랑스의 아비뇽 시에 체재하고 있는 성좌를 다시 로마로 복귀하도록 동분 서주하는 등 그러한 방면에도 커다란 공적을 남겼다. 그녀의 사명은 그뿐이 아니었다. 그 당시 교회의 지도자들 중에는 사치 생활로 기울어지는 폐풍이 있었으므로 가타리나는 이를 크게 염려하며 거리낌없이 그 개혁 방법을 교황에게 올렸다. 이 권고는 다음 교황 우르바노 6세에 의해 실행되었으나 불행히도 그 방법이 지나치게 격렬해 몇몇 추기경은 불만을 품고 교회를 떠나 다른 교황을 하나 더 세웠다.

가타리나는 이런 톱미스러운 상태를 타개하려고 그들에게 어떤 때는 서한을 보내고, 어떤 때는 직접 찾아가서 간청하기도 하며 얼마나 그 조정에 심혈을 기울였는지 모른다. 그녀는 뭇사람에게 악한 모범이 되었던 이 사람들이 마침내는 교회의 품으로 돌아온다는 것을 하느님께 묵시를 받고 이를 세상 사람들에게도 예언한 바 있으나 그녀 자신은 이 기쁨을 보지 못하고 세상을 떠나야만 되었다.

일생을 희생으로 주님께 바친 그녀의 육신이 고행과 병고로 쇠약해져 "성혈, 성혈, 성혈"이라는 말을 거듭 외치다가 예수님처럼 눈을 감고 "아버지 당신 손에 제 영혼을 맡기나이다"라는 말을 남기고 세상을 떠난 때는 1380년 4월 29일이었다.

1461년 6월 28일 교황 비오 2세는 가타리나를 성녀로 시성하셨고, 1866년 4월 13일 교황 비오 9세에 의해 로마의 수호자로 반포되었다. 교황 비오 12세는 1940년 5월 15일 가타리나를 이탈리아의 첫 수호자로 공포하고, 1943년 9월 15일 그녀를 모든 간호사의 수호자로 삼으셨다. 1970년 4월 4일 교황 바오로 6세는 가타리나를 아빌라의 대 데레사와 함께 교회 학자로 세우셨다.

【 교 훈 】

성녀 가타리나는 겨우 33년의 생애를 마치며 주님의 뜻을 따르고 교회를 위해, 또 세상의 안녕과 행복을 위해 이처럼 공헌한 바 크다. 우리도 성녀와 같이 하느님께 받은 사명을 충실히 이행하기를 힘써야 할 것이다.

성녀 이 가타리나와 조 막달레나 순교자

[Stas. Catharina Lee et Magdalena Jo, MM. 1839년 9월 옥사. 축일 9. 20.]

어머니와 딸이 함께 체포되어 같은 옥에 갇혔다가 거의 같은 날에 예수 그리스도를 위해 죽었다는 것이 이 가타리나와 조 막달레나의 간단한 경력이다. 이것만으로도 교우의 영광은 충분한 것이니 여기에서 이야기하고자 하는 이 여교우들의 생애와 형벌 등은 그들의 영광을 더 빛나게 하는 것은 아니다. 저들은 이 세상에서 몇 해 동안을 가난하고 비천하게 살았으나 하느님께서 천국에서 불멸의 부(富)와 영광을 그들에게 주신 것이다.

이 가타리나는 교리에 별로 밝지 못한 교우 부모에게서 태어나 외교인에게 출가했으나 남편을 회두시켰다. 그리고 여러 자녀를 낳아 모두 잘 교육해 하느님을 사랑하게 했다.

이 자녀들 중에서 막달레나가 제일 열심이어서 날마다 새벽에 일어나 기도를 드리며 길쌈과 바느질로 가게를 도왔다. 조 막달레나는 나이 열 여덟 살 때 부모는 어떤 교우에게 시집 보내려 했으나 그녀는 그것을 거절하고 어머니에게 동정을 지킬 원의가 있음을 설명했다. 이 가타리나는 딸의 소원을 이해할 만큼 열심하기는 했으나 외교인들이 그것을 이상히 여기고 의심할 것과 또 만약 자신이 죽을 경우 딸이 아무 의지할 곳도 가족도 없게 되는 것을 염려해서 이 연유를 딸에게 설명해 주었으나 그녀를 설복시키지는 못했다. 그녀는 하느님께 몸을 바치는 것이 가장 행복되고 안전한 장래로 생각했던 것이다.

조 막달레나는 집안과 싸우고 외교인에게 의심받는 것을 피하기 위해 서울로 올라가 어떤 교우 집 하인으로 들어갔다. 그러나 쉴 사이 없는 노동과 넉넉하지 못한 음식으로 이내 지쳐 병들어 눕게 되었다. 병이 나은 후에는 좀 덜 고된 곳으로 옮겨 가 여러 해 동안 그곳에 살면서 절약해 모은 돈을 가끔 어머니에게 보내 드렸다.

서른 살이 지나자 이제는 혼담을 이야기할 사람도 없으리라 생각하고 부모 곁으로 돌아와 효성과 열심한 자선 사업으로 그들의 모범이 되었다. 교리를 모르는 이에게는 그것을 가르쳐 주고 병자를 간호하고 위로하며 죽어가는 어린이들에게는 대세를 주었다. 그녀는 온화하고 겸손하고 자기를 잊기까지 헌신적이어서 쉬운 일은 남에게 시키고 힘든 일은 자기가 도맡아 했으며 자기 고생을 돌보지 않고 박해로 당할 수 있는 위험은 즈금도 개의치 않고 두루 다녔다. 실로 그것은 여자의 몸으로 어떻게 그와 같이 많은 일을 할 수 있었는지 이해하기 어려울 지경이었다고 한다.

지방에서는 교우들을 못살게 굴었고, 또 박해의 소문까지 나돌기 시작해 위험이 더 급박해졌으므로 이 가타리나는 자기 딸을 데리고 서울로 이사하기로 했다. 앵베르 주교는 그들이 서울에 올라왔다는 말을 듣고 몇몇 회장에게 이야기하여 교우 집에 그들이 거처할 곳을 구해 주게 했다. 그러나 그들이 안심하고 지낸 것은 잠시뿐이었다. 이 가타리나가 모면하려고 했던 박해는 다른 어느 지방보다도 서울이 더 심했다. 모녀는 용감하게 박해를 당하기로 작정했다. 하루는 여러 교우들이 모여 포졸들이 주교 계신 곳을 알아내려고 사방으로 찾아다닌다는 말을 하고 있을 때 "만일 주교님께서 잡히시면 우리도 자수하도록 합시다" 하고 어떤 사람이 말을 꺼내니 조 막달레나는 힘찬 소리로 "예, 자수하는 것이 관계없다면 우리 주 예수님과 우리 주교님의 뒤를 따르기 위해 그렇게 합시다" 하고 부르짖었다.

이 열심한 부인들은 그들이 생각했던 용감한 계획을 실현할 필요가 없었으니 한 달 후인 6월에 그중 다섯 명이 체포되었던 것이다.

그때 이 가타리나의 나이는 쉰일곱 살, 그녀의 딸 조 막달레나는 서른 세 살이었다. 그들은 처음에는 포장 대리에게, 그 다음에는 포장에게 문초를 당했다. 포장은 주리를 틀겠다고 엄포하며 배교하라고 명했다. 그러나 두 교우는 배교하기를 단연 거절하고 형벌을 당했다.

모녀는 다시 옥으로 끌려갔다. 그들은 여러 주 동안의 옥살이 중에 병이 들어 1839년 9월에 며칠 사이를 두고 차례로 하느님을 찬미하면서 세상을 떠났다. 그들은 순교하기가 소원이었으나 열(熱)에 한 방울 한 방울 탔든지, 혹은 칼날에 흘렀든지 그들의 피는 조 막달레나가 "우리 예수"라고 부르던 그분을 위해 잦아들었으니 그들이 초자연적 사랑으로 절원(切願)하던 것이 이것으로 이루어진 것이다.

【 교 훈 】

성녀 이 가타리나와 조 막달레나는 갖은 박해와 고초를 당했어도 조금도 굴하지 않고 끝까지 항구해 자기 생명을 깨끗이 하느님께 바쳤다. 그들의 열렬한 신앙과 굳은 용덕은 우리의 좋은 거울이 되지 않을 수 없다. 그러니 우리도 그들의 신앙을 본받아 언제나 용기를 잃지 말고 씩씩하게 덕행의 길로 나가자.

성 갈리스토 1세 교황 순교자

[St. Callistus Ⅰ Pap, M. 축일 10. 14.]

그리스도교 초창기에 있어 교회를 통치한 교황은 그 대다수가 순교했는데 217년부터 222년까지 성 베드로의 뒤를 이은 갈리스트 교황도 역시 그런 운명을 면하지 못했다.

그는 로마인에게 가장 멸시를 받았던 노예 계급 출신인데 다행히 주인이 가톨릭 신자였던 덕분으로 자신도 하느님을 믿게 되었다. 그러자 유다 사교(邪敎) 신자로 고발되어 사르디니아 섬에 유형당했고, 그곳 광산에서 중노동을 하며 매를 맞고, 심한 학대와 과도한 노동으로 건강이 매우 나쁘게 되어 죽음을 각오하지 않으면 안 될 처지가 되었다. 그러나 때마침 가톨릭에 호감을 가진 황후 마르치아의 은덕으로 모두는 석방되어 갈리스토 역시 자유의 몸으로 로마에 돌아왔다.

그 후 갈리스토는 당시의 교황 제피리노에게 그 재능을 인정받아 성품 성사를 받고 아피아 가로에 있는 묘지 감독으로 임명되었다. 이 묘지는 현재까지 남아 있으며 지금은 그의 이름을 따서 갈라스토 카타콤바라고 한다.

그는 그곳에서 모든 임무를 충실히 수행해 더욱 교황의 신임을 얻게 되어 나중에는 교황 보좌관으로 임명됐고 교황이 세상을 떠나신 후 217년에 16대 교황으로 취임하는 영광도 얻었다.

그가 교회의 으뜸이 되자마자 삼위 일체 교리의 이단자 사베리오와 항쟁하고 교회의 존엄성을 나타내기 위해 그를 파문시켰다. 그러나 갈리스토 교황을 반대한 자는 사베리오 보다도 학식이 풍부한 히폴리토였다. 그는 갈리스토를 정통 교황이 아니고 자기가 정통 교황이라 주장하며 초대 교회에서 엄격했던 속죄 행위를 완화시킨 것에 대해 맹렬히 공격했다. 그 후 그는 회개했고, 참된 그리스도교의 정신은 예수 그리스도 친히 그렇게 하신 것처럼 회개한 죄인들에게 관용을 베푸는 것이라 생각하고 그를 용서했지만 죄에 대한 보속의 필요성까지 부인하지는 않았다. 그가 사순 시기의 속죄 단식재를 제정한 것만 보아도 명백한 일이다.

또 그가 얼마나 신자들의 생활 상태를 잘 파악하고 있었는가는 결혼에 관한 규정을 보아도 알 수 있다. 당시 신자들의 상태로는 부녀 측에서는 신분이 고귀한 사람이 많고, 남자 측은 노예 같은 신분이 낮은 사람들이 많았다. 그래서 그는 오랫동안 허용되지 않았던 노예인 남자와 자유의 몸인 여자와의 결혼을 새로이 허용한 것이다.

이 제정 역시 히폴리토의 공격 대상이었다. 그러나 갈리스토는 예수 그리스도를 본받아 자신에게 향하는 모든 비난과 비방을 묵묵히 인내하며 타인을 위해 하느님의 자비하심을 청하는 기도를 했었다. 또한 그는 신자들의 지도에 깊은 관심을 두고 훌륭한 사제들의 양성과 등용에 유의했다. 그러므로 뜻 있는 사람으로서는 그에게 순명을 안 할 수가 없었으며, 222년에 로마 황제로 즉위한 알렉산데르 세베로가 가톨릭에 대한 호감을 표시하고 성당 건축의 허가를 주며 예수님의 성상을 정중히 취급하도록 분부하기에 이른 것은 오로지 갈리스토 교황의 덕성 때문이었다.

갈리스토가 성좌에 오른지 불과 5년, 그는 빛나는 순교로 최후를 장식했다. 아쉽게도 순교 시의 상황은 자세히 알 수 없으나 다만 무수한 형벌을 가한 후 감옥의 높은 창문에서 떨어뜨려 죽였다는 것만 전해 오고 있다.

【 교 훈 】

성 갈리스토 1세 교황은 천한 노예 출신이었지만 후에는 교황이 되고 성인이 되었다. 성모님의 마니피캇 중 "보잘것없는 이들을 높이셨으며"(루가 1, 52)라고 하신 말씀은 여기에도 적용된다. 그러니 비록 자기 신분이 천해도 절망과 비굴한 생각을 품지 말 것이며 오히려 눈을 들어 죽은 후에 천국의 상속자가 될 것을 바라보며 영원한 영광을 기대할 것이다.

성 고도프레도 주교

[St. Godofredus, E. 축일 11. 8.]

성 요한 세례자의 탄생에 관해서는 루가 복음서에 세밀히 기록되어 있어 모두가 아는 사실이다. 이와 비슷하게 성 고도프레도 역시 자녀가 없음을 탄식한 양친이 눈물로 뜨거운 기도를 하느님께 드려 얻게 된 하느님께서 선택하신 아들이었다. 하느님의 은총이 충만한 점에서도 요한 세례자와 흡사하며 어려서부터 하느님의 특별한 보호와 총애를 받은 징조도 비슷했다.

그는 1070년에 프랑스의 스와송에서 태어났으며 나이가 들자 부모는 그를 베네딕토회에서 유명한 몽-생-켕탱 수도원에 맡겨 교육을 시켰다. 그곳에서 그는 하느님의 평화와 행복을 맛보고 언제까지나 그것을 잃지 않으려고 다시 집에 돌아갈 생각을 단념하고 부모의 승낙을 얻어 그대로 수도원에 머물면서 일생을 하느님께 바쳤다.

25세 때 학덕이 겸비된 그는 성품 성사를 받고 사제가 되어 환자들의 담당자와 재정 담당을 맡아 보던 중 그 실력이 인정되어 샹파뉴의 노장에 있는 베네딕토 대수도원의 원장으로 선출되었다.

이름만은 대수도원이나 당시 그곳에는 불과 6명의 수도자밖에 없었다. 이 한 가지 사실만으로도 알 수 있듯이 신앙에 냉담한 시대에는 수도자들까지도 역시 신앙 상태가 냉랭했으며 수도 생활에 아무런 열성이 없는 한심한 처지였다. 그는 고행과 극기 생활을 하며 솔선 수범 수도회를 개혁하기 위해 온 힘을 다했다.

하느님의 도우심으로 좋은 결과는 빨리 나타나 게을렀던 수도자의 정신과 사기는 큰 활발하지기 시작했다. 이는 마치 마른나무에 꽃이 피는 것과 같았다. 사람들은 이런 기적 같은 개혁에 감탄을 그칠 줄 몰랐으나 그의 성공 비결은 오로지 몸소 실행함으로써 훌륭한 모범을 보여준 데 있었다.

고도프레드의 명성은 곧 온 세상에 알려졌다. 1104년 노장의 근처인 아미안 시의 주교가 서거하자 같은 교구의 성직자, 신자 일동은 후임으로 그를 맞기 위해 수도원까지 와서 행렬과 환호로 고도프레도를 거의 강제로 납치하듯이 아미안 주교관으로 모셨다. 추호도 그런 직책을 바라지 않은 그였지만 하느님의 뜻임을 알자 마침내 승낙하고 그 중직을 더럽히지 않기 위한 도움을 하느님께 청하고 아미안 시에 들어섰을 때는 맨발로 걸었다. 이 얼마나 겸손한 태도인가!

주교가 되어서도 조금도 위세를 부릴 줄 몰랐고 여전히 엄격한 수도 생활과 극기 생활로 매일을 보냈으며 그가 수도원에 있었을 때 구상해 놓은 빈민 구제와 병자들을 위한 간호 사업에 온 힘을 다해 실천했다.

1106년에는 대화재가 일어나 전 시내가 재로 변했을 때 그가 얼마나 많은 이재민을 구하고 사람들에게 은혜를 베풀었는지 모른다. 그럼에도 불구하고 아미안 시민은 훗날 이러한 은인을 원수로 대했으니 못 믿을 것은 사람의 마음이다.

시민들과 세력이 강한 공작 인젤람과의 사이에 분쟁이 생겼을 때의 일이다. 고도프레도가 중재 역할을 했는데, 정의를 사랑한 그는 시민들의 불의한 요구에 동의할 수가 없었던 것이다. 그래서 시민은 그의 옛 은혜를 잊고 그에게 갖은 모욕을 하며 비난하고 공격의 화살을 퍼부어 주교로 하여금 그 시를 떠나지 않으면 안 되게끔 그를 몹시 괴롭혔다.

1114년 망명한 고도프레도가 몸을 의지한 곳은 카르투시오 수도원이었다. 그는 이 수도원에 머무르며 배은 망덕한 아미안 시민을 위해 하느님께 자비를 빌며, 그 죄를 대신 갚기 위해 엄격한 고행을 했다. 또한 이런 일이 생기게 된 것은 자기 부덕의 소치라 생각하고 주교직을 사임하려 했으나 보베이 주교 회의에서 이를 허락하지 않고 다시 아미안 시에 돌아갈 것을 권유했다. 이리하여 그는 마음을 가다듬고 생명을 바칠 각오로 다시 돌아갔다. 예측한 대로 갖가지 고통에 시달리기를 1년, 마침내 1115년 11월 8일에 세상을 떠났다.

주교가 세상을 떠난 후 시민들은 통회했으나 정의의 하느님께서 채찍을 치시어 많은 재화와 불행의 세월을 보냈다.

【 교 훈 】

자기를 배척한 아미안 시민을 위해 오히려 그들의 죄의 용서를 청하고 그들 대신 속죄의 고행을 행한 성 고도프레도의 관대한 마음은 십자가 위에서 원수를 용서하신 예수 그리스도와 흡사하며, 사람들의 마음을 움직이지 않을 수 없었다. 우리도 비록 미흡하지만 성인께 배워 원수를 은덕으로 대하는 정신을 기르자. 그러면 주님은 원수를 회개시키시고 주님의 기도 "저희에게 잘못한 이를 저희가 용서하듯이" 하신 말씀대로 우리 죄과의 용서도 반드시 얻을 것이다.

성녀 고르고니아 수절
[Sta. Gorgonia, Vid. 축일 12. 9.]

"경건한 생활은 모든 면에서 유익합니다. 그것은 현세의 생명을 약속해 줄 뿐 아니라 내세의 생명까지도 약속해 줍니다"(1디모 4, 8). 이는 성 바오로 사도의 말씀이다. 여기서 말하려는 성녀 고르고니아의 집안은 이 말씀의 좋은 실례이다. 그의 가족, 즉 아버지 성 그레고리오나 어머니 성녀 논나나 동생 나지안조의 성 그레고리오 주교 학자 등 모두 생전에 경건한 생활에 뛰어났으므로 사후에 시성(諡聖)의 영광을 차지한 것이다. 그 중 동생 그레고리오의 일생에 대해서는 다음에 자세히 기록하겠지만 그의 누님인 성녀 고르고니아의 생애도 선교국인 우리나라에서 도움이 될 것 같아 여기에 수록한다.

그녀의 어린 시절은 행복 그 자체였다고 해도 과언이 아닐 만큼 경건한 양친의 교육으로 그녀의 마음에 뿌려진 신앙의 씨는 아무 장애 없이 무럭무럭 자랐다. 소녀 시절에는 상류 가정의 자제인데도 주님의 뜻에 맞지 않는다 하여 머리를 꾸미거나 몸치장하는 것을 삼가고 항상 성서를 읽으며 교부들의 저서와만 친근하고 묵상과 수덕에 힘쓰면서 사람의 눈을 끌지 않도록 마음을 썼다.

이러한 성격은 수도 생활에 알맞은 것이었으나 그녀는 부모의 뜻에 따라 비탈리아노다 하는 사람과 결혼했다. 그는 훌륭하고 듬직한 성품이었으나 하느님을 믿지 않았다. 그녀는 성서에 "믿지 않는 남편은 믿는 아내로 말미암아 거룩하게 된다"(1고린 7, 14)는 말씀을 기억하고 남편을 회개시키는데 온 힘을 쏟아 부드러움과 친절, 그야말로 가려운 곳에 손이 닿듯이 정성을 다해 돌보며 안으로는 남편의 개종을 위해 하느님께 기도하기를 게을리 하지 않았다. 아이가 생겼을 때도 하느님의 귀중한 선물로 여겨 깨끗하고 바르게 양육하기 위한 노력 또한 아끼지 않았다.

그들은 재산도 풍족했는데 그것을 결코 자신들의 호화와 사치에 낭비하지 않고 오히려 가난한 이들을 도와 주며 손님들을 접대하고 고아의 양육에 선용했다.

이와 같이 고르고니아는 가톨릭적 선덕의 생활을 하며 모든 이들의 모범이 되었으나 자신은 조금도 거만한 기색이 없이 틈만 있으면 기도는 물론 고행까지도 하며 죄인들의 벌을 대신 보속했다.

그러던 동안 372년에 중병에 걸려 생명이 시시로 위독했지만 성인처럼 죽음을 조금도 두려워하지 않고 천국이 가까움을 기뻐하며 고요한 정신으로 그녀의 나이 45세에 "주님, 내가 이렇듯 안심하는 것은 다만 당신 덕이옵니다"(시편 4, 8)라는 말씀을 남기고 성스럽게 임종했다.

【 교 훈 】
성녀 고르고니아가 하느님을 믿지 않은 남편에게 향한 태도는 아직도 선교국인 우리 나라에서 그런 입장에 있는 여성에게 깨우침이 되지 않을 수 없다. 우리 교회 안에 그와 같은 현모양처가 많이 나오면 하느님께는 영광을 드리는 것이요 선교 상으로는 크나큰 공헌이 될 것은 말할 여지가 없는 것이다.

고르코모의 거룩한 순교자들
[Sts. Martyres Gorcomienses]

폴란드는 독일 제국의 일부였다가 후에는 스페인의 영토가 되었는데 그때 일부 주민들은 칼빈의 이설에 유혹되어 국가 독립을 계획하고 반란을 일으켰다. 이는 정치적 전쟁인 동시에 종교적 전쟁이었다. 왜냐하면 반란군의 대부분이 칼빈의 이교도들이었고 가톨릭 교도들은 국왕 편이었기 때문이다.

전쟁은 칼빈파가 승리해 이후 오랫동안 가톨릭 측을 전쟁에서부터 박해했다. 칼빈파의 점령지역에서는 많은 가톨릭 신자가 배교를 거절했다는 이유로 살해당했는데 유명한 고르코모의 순교자들도 바로 이때 희생되신 분들이다. 이 순교자들은 모두 19명인데, 11명의 프란치스코 회원, 1명의 도미니코 회원, 2명의 노르베르토 회원, 1명의 아우구스티노 회원과 기타 4명의 재속 사제들이었다. 이들이 만약 그들의 말을 듣고 배교했다면 피살되지 않았을 것이다. 그들은 갖은 수단과 방법을 다 동원한 배교를 강요당했다. 특별히 성체 안에 계신 예수의 실존하심과 교황의 수위권을 부정할 것을 강요받아 이를 거부하고 진리를 옹호하며 생명을 바쳤다.

그 내막은 이러하다. 전쟁은 칼빈파 측이 우세했으나 폴란드는 아직 전국이 이단화되지 않았고 지방 지방에 많은 가톨릭 신자가 살고 있었으며 주민의 대부분이 가톨릭 신자인 도시 또한 적지 않았다. 인구 5천이 가까운 고트코모 시도 그중의 하나였다. 그 도읍의 국왕 측의 군비는 극소수의 수비대에 불과했으므로 적군은 손쉽게 이를 침공할 수 있었다. 시민들은 결사적으로 이에 대전해 싸웠으나 식량과 탄환이 부족했으므로 더 이상 방위를 지탱해 나갈 수 없는 지경에 이르렀다. 그리하여 보복이 없을 약속 하에 항복했으나 적군은 이 약속을 지키지 않고 도시에 들어오자마자 가톨릭 교인들을 체포하기 시작해 어떤 사람들은 현장에서 직결 처분 당하고 그 재산을 몰수당하고 말았다. 그러나 성직자에 대해서는 경우가 달랐다. 프란치스코회 수도원장 니콜라오의 납치를 시작으로 계속 투옥했다.

수도원장은 재물의 은폐 장소를 밝히라는 신문을 받았다. 수도원에 보물이 있을 리 없고, 자백하려 해도 자백할 길이 없었다. 그러나 적은 완강하여 입을 벌리지 않는다 생각하고 갖은 편태와 고문을 가했다. 수도원장은 고통을 이기지 못하고 현장에서 기절했다. 그들은 그가 아주 절명된 줄로 알았으나 얼마 후 숨을 돌리자 신부들이 투옥된 감방에 다시 수감했다. 이교도들은 감옥에 수감되어 있는 신부들에게도 여러 가지로 괴롭히며 배교하기를 강요했다.

마침내 포로들을 석방하라는 전갈이 내렸다. 그러나 이교도인들은 이에 복종하지 않고 저들을 브리에레에 호송하면서 배교를 강요하며 여러 가지로 학대하고 음식도 제대로 주지 않을 정도였다. 그러므로 그들의 피로는 극도에 이르러 당장 쓰러질 지경이었다. 그럭저럭 브리에레에 도착하자 이교도들이 다시금 배교할 것을 강요했으나 끝끝내 거부해 결국은 교수형을 선고받았다. 전화(戰禍)에 휩쓸린 옛 수도원의 폐허에서 서산을 넘는 햇빛을 받으며 고르코모의 형제들은 교수형의 이슬로 하나 하나 사라져 갔다. 어둠의 악인들은 그 시체의 귀를 베며 팔을 자르고 도끼로 시체를 찍어서

산산이 흩어 버렸으니, 아! 순교자에 대한 모욕도 이 이상의 것은 없었을 것이다.

보다 못해 어떤 신자 하나가 보초에게 돈을 주어 그 시체를 매장하게 했다. 그러나 병사들은 교수대 밑에 구덩이 하나를 파고 그 속에다 순교자들의 시체를 끌어 모아 아무렇게나 묻어 버렸다.

이 순교자들을 공경하게 된 것은 그로부터 얼마 후였다. 그 무덤은 발굴되어 유해는 브루셀에 이송되었고, 1866년 순교한 모든 이는 성인품에 오르는 영광을 누렸다.

【교 훈】

성체 성사 안에 예수께서 실존하심과 교황의 수위권은 가톨릭 교리의 초석이다. 그러므로 이교도인 원수들은 이 점을 먼저 공격하는 것이다. 오늘 우리의 순교자들은 이 진리를 위해 생명을 바쳤다. 우리도 성체 성사를 진심으로 숭배하고 교황을 위해 기도하자. 이것으로써 우리 신앙은 더욱 견고해지고 사후에 천국 영복을 받을 빙거(憑據)가 되는 것이다.

성 고르디오 순교자

[St. Gordius, M. 축일 1. 9.]

성 고르디오는 소아시아에 있는 체사레아 시(市)의 군인이었다. 무용(武勇)이 뛰어나 대위까지 승진할 만큼 용감한 반면 두터운 신앙과 깊은 신심을 지니고 있었다. 그리하여 허리에 찬 큰 칼에 조금도 수치스러운 일이 없을 만큼 여러 가지 혁혁한 공훈을 세웠지만 그리스도교를 신봉하는 자는 사형에 처한다는 칙령으로 종교의 자유를 속박당하자 즉시 군대에서 나와 광야로 가서 오로지 단식과 기도로 날을 보내며 그리스도를 위해 크게 싸울 준비를 하고 있었다. 그 후 충분하게 힘을 양성했다고 믿은 그는 시민 전부가 경마 구경으로 모이는 군신(軍神) 마스의 제삿날을 성전(聖戰)의 좋은 기회로 생각하고 열심히 고대하고 있었다.

마침내 그날은 다가왔다. 경마장의 주위를 입추(立錐)의 여지가 없을 정도로 꽉 메운 군중은 경마의 시작을 시시각각으로 기다리고 있었다. 그때 마침 고르디오는 열교인들을 조금도 무서워함이 없이 터벅터벅 장내에 들어와 가운데로 나아가서 씩씩한 모습으로 이렇게 부르짖었다. "내가 이곳에 나타난 것은 누구의 간청으로 온 것이 아니라 내 온전한 의사로 온 것입니다." 그는 이 말로서 자기가 누구에 의하여 마지못해 온 것이 아니라 자기 스스로 그리스도를 위해 싸우러 온 것을 명백히 하려고 했다.

경마장의 수없이 많은 사람들의 눈동자는 뜻밖에 나타난 그에게 집중되었다. 긴 수염, 여러 번 지킨 단식에 의해 여윈 그의 몸, 누추한 복장, 그리고 손에 지팡이 하나와 빵 자루를 짊어진 그의 모습, 그러한 것을 알아보자마자 즉시 사방에서 욕설이 터져 나왔다. 그의 동료들은 크나큰 환영 갈채로 그를 맞았지만 진리의 원수들이 큰 소리로 "그를 사형에 처하라" 하는 소리에 압도되어 고르디오는 마침내 그 자리에 임한 총독 앞에 끌려나갔다.

총독은 그에게 어디서 왔고 이름은 무엇이냐고 물었다. 그는 태연 침착하게 자신의 고국, 이전의 신분, 도망의 이유와 복귀의 유래를 진술한 후 다시 말을 계속했다.

"내가 오늘 여기에 온 것은 우리의 신앙과 유일하신 하느님을 증명하기 위한 것입니다. 그 목적을 위해 이 기회를 선택하고 전과 같은 행동을 하게 된 것입니다."

이 용감한 말에 총독은 분노하며 만일 그리스도의 신앙을 버리지 않을 것 같으면 여러 가지 고문이나 벌을 주겠노라고 그를 위협했다. 그러나 그는 조금의 동요도 없이 '내 몸을 찢으며 마음대로 벌을 주시오. 그 고통이 클수록 내가 받을 상급도 큰 것이 됩니다. 우리는 하느님과 일치되어 있으므로 몸에 상처를 받으면 부활 때에 빛나는 의복을, 감옥에서 고생하면 천국의 복락을, 죽으면 천사들과 같이 생활할 수 있는 은혜를 받게 됩니다. 그러니 더욱 더욱 나를 학대하여 고통의 씨를 많이 뿌려 주시오. 그러면 후에 나는 복락의 결실을 그만큼 풍성하게 거두어들일 수가 있을 것이오…"라고 대답할 뿐이었다.

2, 3명의 친구가 와서 충고하기를 "마음으로는 그리스도를 믿고 입으로만

잠깐 배교한다고 하여 목숨을 건지는 것이 어떠하냐?"고 말하니 그는 흥분되어 부르짖었다.

"그런 일을 어떻게 할 수 있는가? 하느님께 받은 이 혀(舌)로 창조주를 부인하고 어려서부터 하느님을 찬미해 온 입으로 하느님을 배반하자는 것을… 이 세상의 잠깐 지나가는 생명을 조금 연장하기 위해 영원한 생명을 포기하게 되는 어리석은 짓은 나로서는 절대로 못한다. 아니 그뿐 아니라 그리스도를 위해서는 내 목숨이 천 개여서 그 천 개를 다 바쳐도 아깝지 않다."

그리고 나서 그는 마치 그 굳센 신앙을 증명하듯이 경건하게 몸에 십자가를 긋고 태연한 모습으로 기꺼이 사형터로 갔다.

【교훈】

우리도 일평생 신앙을 위해 치열하게 싸워야 할 때가 가끔 있을 것이다. 그때 성 고르디오를 본받아 열심히 기도하고 자기를 강하게 해야 한다. 그와 같이 하면 불초한 우리도 겁을 낼 필요가 없을 것이다. 그리고 가령 죽는다 해도 마음으로 공경해 드리는 그리스도를 입으로써도 믿고 받든다고 할 수 있지 않겠는가!

성 고스마와 성 다미아노 형제 순교자
[Sts. Cosmas et Damianus, M. 축일 9. 26.]

303년 2월 24일 교회에 대한 가장 잔인한 박해자라고 부를 수 있는 로마 제국의 황제 디오클레시아노는 돌연 칙서를 내려 전국에 있는 그리스도교 성당을 불사를 것과 즉각 배교할 것을 엄명했다.

과거 40년간은 교회에 대한 별다른 탄압이 없어 교회 활동이 활발해져 상류 계급의 명사들이며, 궁중에서 일하는 사람들까지 허다하게 그리스도교를 믿고 각지에 성당을 많이 세웠는데 갑자기 내려진 이런 금교령(禁敎令)에는 누구 하나 어안이 벙벙하지 않을 수 없었다.

먼저 박해의 불길이 일기 시작한 곳은 제국의 수도인 니코메디아가 있는 소아시아 지방인데 성 고스마와 성 다미아노는 그때 순교한 형제이다.
이 두 형제는 아라비아의 명문가 출신이며 어머니 테오다타 밑에서 훌륭한 교육을 받아 신앙이 두터운 이들이었다. 이 두 형제는 의사로서 병에 허덕이는 이들을 구해 줄 뿐 아니라 가난한 환자들에게는 무료로 치료해 주며 인술의 본령을 발휘했다. 그리고 환자의 육신보다 영혼을 더 소중히 생각하고 그들이 암흑에서 진리의 빛을 받도록 열심히 노력했으므로 하느님께서도 이 박애의 의사들을 사랑하셨음인지, 약보다는 기도의 힘으로 중병이 완치된 기적을 가끔 일어나게 하셨다.
그들의 자선과 친절에 대한 평판은 날로 퍼져 그들에게 은혜를 받은 사람은 물론이요, 일반인에게까지 경애와 칭찬을 받게 되었는데 이에 반대로 그런 호평을 시기하는 자들의 미움도 받았다. 그러므로 디오클레시아노 황제의 금교령이 내려지자 고스마와 다미아노는 즉시 잡히게 되어 소아시아의 남부인 칠리치아 주 애게애의 총독 리다아스 앞에 끌려가 갖은 형벌을 받으며 배교를 강요당했다. 그러나 본래 신앙이 굳은 두 형제인지라 단호히 거절했다. 그런 그릇된 요구에 응할 이유가 없었던 것이다.
총독은 그들에게 사형선고를 내리고 그들의 목을 베었으나 본래 그들이 살아 있을 때에도 많은 사람들에게 자선을 베풀었듯이 영광스러운 순교를 한 후에도 천국에서 더욱 많은 은혜를 고민에 싸여 있는 형제 자매에게 내려 줌으로써 더욱 많은 존경과 신뢰를 받게 되었다.
한두 가지 예를 들자면 그들이 순교한 후 백 년이 지나서 유스티니아노 황제는 콘스탄티노플에다 그들을 위한 웅장한 성당을 건축했고, 또 교황 펠릭스 4세는 두 성인을 위한 거대한 성당을 로마에 건립하고 그 제대 앞에는 화려한 모자이크의 사슴을 그려놓고 거기에 황금의 대문자로 '이 대리석으로 건축된 아름다운 하느님의 성전은 순교의 영광을 누린 두 성인에 의해 더욱 광채 찬란하도다'라고 기록했으며, 미사 전례 중 거양 성체 직전에 위대한 순교자들의 전구를 구하는 경문에 성 고스마와 성 다미아노를 첨가했으니 이 모두가 성인들의 공훈을 찬미하고 그들을 경모하는 데서 된 것이다. 두 성인은 오늘날 의사와 약제사들의 수호 성인으로서 존경을 받고 있다.

【 교 훈 】
　의(醫)는 인술(仁術)이라고 하지만, 생존시나 사후에나 영육의 구원을 위해 노력한 순교자 성 고스마와 성 다미아노와 같이 이 말에 맞는 의사는 매우 드물 것이다. 우리는 비록 의사가 아니라 할지라도 그들의 박애 정신만은 충분히 배워 기회 있는 대로 남의 영육상 필요한 자선업을 행하며, 미사 성제나 성체 조배, 특히 기도와 희생이라는 좋은 약으로 사람들의 영혼에 활기를 주도록 노력하자.

성녀 김효임 골롬바와 김효주 아녜스 동정 순교자

[Stas. Columba Kim et Agnes Kim V. M.
　　성녀 김효임 골롬바는 1839년 9월 26일 참수,
　　성녀 김효주 아녜스는 1839년 9월 3일 참수. 축일 9. 20.]

　순교자의 모후이신 복되신 동정 마리아를 본받아 우리 한국 부녀들도 정결의 덕을 지키며 하느님께 열렬한 사랑과 용기로 갖은 능욕과 천대와 부끄러움을 당하며 형벌에 죽기를 두려워하지 않고 성녀된 이가 성인들보다 수가 많음에 놀라지 않을 수 없다. 그 중에서도 동정 성녀 김효임(골롬바)과 김효주(아녜스)는 유난히도 유명하여 우리 한국 여성의 자랑이라 아니할 수 없다.
　언니인 성녀 김효임(골롬바)과 1816년에 태어난 동생 김효주(아녜스)는 서울 근교 밤섬의 부유한 외교인 집안에서 태어났다. 아버지가 세상을 떠난 후 어머니는 자녀 여섯 명과 함께 입교했는데 김효임과 두 자매 김효주(아녜스)와 클라라는 하느님께 동정 서원을 하고 서울에서 30리 가량 떨어진 경기도 용머리에 사는 오라비 안토니오의 집에서 몇 해 동안을 살고 있던 중 박해가 일어났다.
　김효임(골롬바)의 문초에 대한 사정은 가장 자세히 기록되어 있으니 포장에게 대답한 용감하고도 이지적인 그녀의 답변은 그만한 가치가 있는 것이었다. 김효임(골롬바)이 동생 효주(아녜스)와 함께 포장 앞에 끌려나가자 포장은 그들에게 오라를 지우고 나서 물었다.

"너희가 천주교를 믿는다니 참말이냐?"

"예, 우리가 천주를 흠숭하고 공경한다는 것이 사실입니다." 김효임이 대답했다. "너희는 어째서 혼인하지 않았느냐?" "우리의 몸과 마음을 정결하게 보존하고 우리의 대군 대부시며, 천지, 신인, 만물을 창조하신 천주를 섬기고 흠숭해 우리의 영혼을 구하기 위해서입니다."

"뭐! 너희가 인륜을 파괴하는 일이요, 나라에서 엄금하는 일을 감히 한단 말이냐? 천주를 배반하고 너희 책이 어디 있는지 말하고 동 교인을 대라. 그리고 너희 오라비가 어디로 갔는지도 말해라."

"만 번 죽어도 천주를 배반할 수는 없고, 우리 오라비는 어디로 갔는지 알지 못합니다." 그리고 김효임(골롬바)은 어째서 교우들을 고발하지 못하며 교리책을 바치지 못하는지 그 이유를 설명했다. 이에 김효임은 주리를 틀리고 뾰족한 몽둥이로 찔렸으나 조금도 굴하는 빛이 없는 것을 보고 포장은 형리들을 독려했다.

"더 세게 찔러라."

"매를 맞아 죽는 한이 있더라도 이제는 더 아뢸 것이 없습니다." 김효임은 태연 자약하게 대답할 뿐이었다.

이 두 여교우는 옥으로 다시 끌려가 옷을 벗기우고 매를 몹시 맞는 등 모욕을 당했다. 김효임은 붉게 단 숯으로 열두 번이나 지지는 특별한 형벌을 당했으나 안색조차 변하지 않았고 오히려 형리들이 지쳐서 물러났다.

네댓새가 지나자 김효임은 기운을 다시 차렸고 얼굴에는 강한 빛을 회복했으며 붉게 단 숯으로 지짐을 당한 자리도 씻은 듯이 가셨다. 형리들은 이렇게 상처가 아문 것을 보고 이상히 여기며 김효임에게 귀신이 접한 줄로 생각했다. 그리하여 이 귀신이 행하는 이적(異蹟)을 힘 못쓰게 하기 위해 예방을 써서 그녀의 어깨에 붙였다.

또다시 문초를 한 후 포장은 외교 지방에 있어서도 극히 드문 야만적 방법을 고르고 골라 김효임(골롬바)과 김효주(아네스)의 옷을 벗겨 도둑들의 감방에 몰아넣고 이 처녀들을 그들에게 맡긴다고 이르게 했다. 그러나 영혼의 천상 정배(貞配)가 그들을 구하러 오시어 당신 은총으로써 그들을 마치

옷과 같이 덮어 주셨고 그들에게 초인간적(超人間的)인 힘을 내려 주셔서 한 사람이 능히 한꺼번에 열 남자를 당해 낼 만큼의 기운이 생겼다. 예수 그리스도의 동정녀요, 새 아네스와 새 비비아나인 이 두 처녀는 이틀 동안을 이 모양으로 가장 못된 도둑들 가운데서 있었으나 그들도 신비로운 권위에 압도되어 감히 두 처녀를 범할 마음을 갖지 못했다. 형리들도 하는 수 없이 마침내 두 처녀에게 옷을 돌려 주고 여자 감방으로 옮겨 가두었다.

그 후에도 문초를 여러 번 당했는데 그중 한 번은 김효임이 질문을 했다.
"도대체 우리가 사랑하는 이 도리에 무슨 못된 것이 있기에 우리를 이다지도 가혹하게 형벌하십니까?"
"너희는 제사를 지내지 않는다 하니 그것이 참말이냐?"
"관장께서 말씀하시는 제사는 헛된 일입니다. 이 세상에서 옥에 갇혀 있는 사람을 보십시오. 그들은 생일이나 무슨 명절을 당해 아무리 자식들이 맛있는 음식을 차려 놓고 청한다 할지라도 자기들 마음대로 옥에서 나가 그 잔치에 참여할 수 없습니다. 하물며 지옥에 있는 자들이 어떻게 거기서 나와 제사에 참여할 수가 있겠습니까? 그것은 헛되고 거짓된 것입니다. 그래서 우리는 그런 일을 하지 않는 것입니다."

그 후, 김효임은 형조로 이송되었다.
"그 교를 믿지 않고서는 선을 행할 수가 없느냐?" 판서가 물었다. "할 수 없습니다." 김효임이 대답했다. "공자와 맹자는 성인이 아니냐?" "그분들은 이 세상만의 성인이십니다."

이와 같은 모양으로 얼마 동안 주고받은 문답은 기록에 남은 것이 없으나 조심성 있고 재간 있는 그녀의 말이 재판관들을 놀라게 했다는 것은 알 수 있다.

문초가 끝날 무렵에 김효임은 목소리를 가다듬어 말했다.
"관장은 백성의 아버지라 하옵니다. 그러니 제 마음에 있는 것을 관장께 아뢰게 해주십시오." "말해 보아라."

이에 김효임은 자기와 동생이 당한 모욕을 간단하게 이야기하고 나서 아래와 같이 덧붙여 말했다.
"서민의 딸이건 양반의 딸이건 우리는 존중함을 받을 권리가 있지 않사옵니까? 나라의 법에 따라 우리를 죽이신다면 즐겨 죽겠사옵니다. 그러나 법에도 없는 그런 도욕을 당한다는 것은 너무 마음 아픈 일이옵니다."

이러한 내용의 진상을 듣고 또 이와 같이 품위 있고 고상한 호소를 듣자 재판장도 치가 떨렸다. 비록 외교인의 마음이라 할지라도 그가 도의심이 있는 사람이라면 염치심 또한 있는 것이므로 이것은 그가 하늘로부터 왔다는 것을 표시하는 것이었다.

그는 의쿤에 떨리는 목소리로 외쳤다.

"눈과 같이 결백한 이 처녀들을 감히 능욕한 자가 누구란 말이냐?" 그리고 곧 사건의 조사를 명해 그 결과를 의정부에 보고했다. 그에 대한 회답이 알려진 것이 없으니 아마 사건을 묵살하고 말았던 모양이다.

그러나 형조 판서는 이와 같은 처사에 불만을 품고 포장과 여러 포졸을 불러 엄히 질책함과 동시에 혹독한 장형을 가했고 끝내 책임자 두 명은 유배형에 처해 같은 달 16일에 과연 배소로 끌려갔다. 이때부터 여교우들은 악형보다 더 괴로운 이와 같은 모욕을 당하지 않게 되었다.

김효임은 그 후로도 얼마 동안 옥에 갇혀 있는 중에 전염병에 걸렸으나 곧 나았다. 그 후 다시 법정에 끌려나가 세 차례나 곤장을 맞았으나 어떠한 일을 당해도 그의 항심(恒心)이 흔들리거나 용기가 줄어드는 일이 없었다.

김효임(골롬바)은 1839년 9월 26일 교우 9명과 함께 서소문 밖에서 순교했다. 김효주(아녜스)는 온화한 빛이 외모에 나타났고 견실한 덕을 가졌지만 지극히 겸손한 성격이었기에 그것이 밖으로 드러나지 않는 때가 많았다. 그렇기에 그녀의 이름은 언니 김효임(골롬바) 앞에서 약간 빛을 잃는 느낌이 없지 않지만 그녀 역시 일생 중에 또는 죽을 때 훌륭한 신앙과 위대한 영혼의 모범을 보여주었다.

그녀 역시 언니와 함께 박해 중에 잡혀 여러 차례에 걸쳐 곤장을 맞고 주리를 틀렸으며 여러 여인보다 더 가혹한 형벌을 받았으니 모든 여인들이 받은 형벌 외에 뼈를 어그러뜨리고 뾰족한 몽둥이로 찌르는 형벌을 당했다. 그래도 마음을 조금도 굽히지 않음을 보고 재판관은 성이 나서 소리쳤다.

"더 세게 찔러라. 더 세게 찔러."

그러나 재판관은 때때로는 형벌을 중지시키고 온화하고 친절한 말로 그녀의 마음을 끌어 보려고 했으나 소용이 없었다. 아무리 엄포하고 형벌하고 달래도 이 처녀는 도무지 마음이 흔들리지 않았다.

그러던 어느 날, 형리들이 그녀를 외딴 감방으로 끌고 가서 학춤이라는 형벌을 가했다. 한국의 사가들이 서술한 것을 보면 학춤이라는 것은 죄수를 발가벗기고 손을 뒤로 결박지어 팔을 공중에 달아매고 네 사람이 번갈아 가며 매질을 하는 것이다. 몇 분만 지나면 혀가 나오고 입게 거품이 고이며 얼굴빛은 검붉어져서 죄수를 내려 쉬게 한다. 그렇게 하지 않는다면 곧 죽게 되기 때문이다. 그리고 잠시 후에 다시 반복하는 형벌이다.

형리들은 김효주(아네스)를 일찍이 들은 일이 없으리만큼 혹독하게 때리며 여러 가지 조롱과 욕설을 퍼부었다. 그러나 그녀는 더욱더 열심히 자기의 고통을 하느님께 바치며 아무 말도 하지 않았다.

그녀는 마침내 참수형에 언도되어 1839년 9월 3일에 언니보다 먼저 형이 집행되어 하느님의 품으로 고이 떠났다.

【 교 훈 】

성녀 김효임(골롬바)은 연약한 여자의 몸으로 갖은 고초와 형벌을 진심으로 참아 받았다. 그는 제 생명을 바침으로써 하느님께 대한 신앙과 사랑을 드러냈다. 그러므로 우리 한국 수녀들은 성녀 김효임(골롬바)을 본받아 도덕을 진실히 닦으며 몸과 마음을 한결같이 깨끗이 보존하여 끝까지 우리 주 예수의 아름다운 정배로서 살지 않으면 안 될 것이다.

우리는 누구나 성녀 김효임(골롬바)에게 이 위험한 세상에 살면서 신앙생활을 하는 모든 신앙인들, 특별히 여자들을 보호해 주시기를 열심히 기도하자.

성 골롬바노 아바스

[St. Columbanus, Abbas. 축일 11. 23.]

6세기 전반기에 아일랜드의 웨스트 렌스터에서 태어났다. 어린 나이에 모친의 반대를 무릅쓰고 신학과 일반 학문을 공부한 후 수도 생활을 하기로 결정하고 얼마동안 시넬이란 수도자와 함께 루그 에른섬의 클렌 이니스에서 살다가, 뱅골에서 수도자가 되었다. 그 후 그는 12명의 다른 수도자와 함께 590년경 골 지방의 선교사로 파견되었고, 이 선교 활동이 성공적이었으므로 뤽세이유와 폰텐느 지방도 맡았다. 얼마 지나지 않아서 그의 추종자들이 유럽 전역을 선교하면서 프랑스, 독일, 스위스, 이탈리아 등지에 수도원을 세우게 되었다. 그러나 그는 많은 반대를 받았는데, 특히 프랑크계의 주교들로부터 극심한 반대를 받았다. 그는 성좌에 서한을 보내어 실정을 보고하는 한편, 603년에 샬롱에서 개최된 갈리아 시노드에 불참하면서 항의했다. 또한 610년에는 부르군디의 국왕 테오도릭 2세의 결혼을 반대함으로써 이 지역에서 모든 아일랜드 수도자가 추방당하는 곤경을 겪기도 했다. 그 후 그는 롬바르디의 아리안 왕 아질울프의 영접을 받고 이탈리아 선교에 착수했다. 그 당시에 학문과 문화 그리고 영성의 중심지로 큰 기여를 했다. 그는 이처럼 많은 수도원을 세우고 엄격한 규율로 다스렸으며 그리스도교 생활과 수도 생활을 증진시키고 615년 11월 23일에 세상을 떠났다. 골룸바노는 자신의 수도회 규칙, 강론집, 시 그리고 아리우스 이단 반박문 등 수많은 글을 남겼는데 그 중에서 "하느님의 유사성에 따라 창조된 사람의 위엄은 참으로 엄청나다"는 그의 지침서 중 일부를 적어 본다.

모세는 율법서에서 이렇게 기록했습니다. "하느님은 당신의 모상과 유사성으로 사람을 지어내셨다." 형제들이여, 이 표현의 위엄에 주목하기를 간청합니다. 전능하시고, 보이지 않으시고 파악할 수 없으며 표현할 수도 없고 헤아릴 수도 없는 하느님께서는, 흙으로 사람을 지으시고 당신 모상의 위엄으로 그를 높여 주셨습니다. 그런데 하느님과 사람, 영과 흙 사이에 공통되는 것이 무엇이 있겠습니까? "하느님은 영이십니다." 하느님께서 사람에게 당신 영원성의 모상을 주시고 당신 행위의 유사성을 주시는 것은 참으로 관대한 처사가 아니겠습니까? 사람이 그 위엄을 간직할 줄 안다면 하느님의 유사성에 따라 창조된 사람의 위엄은 참으로 엄청납니다.

사람이 하느님께서 그 영혼에게 부여하신 기능들을 올바로 사용할 줄 안다면 하느님과 유사하게 될 것입니다. 하느님께서 우리를 창조하실 때, 우리 안에 심어 주신 그 모든 능력들을 우리가 다시 되돌려 드려야 한다고 계명들을 통해 가르쳐 주셨습니다. 그리고 그 첫 계명은, 태초부터 그리고 우리가 존재하기 전부터 주님이 우리를 이미 사랑해 주셨기에 우리도 주님을 마음을 다해 사랑해야 한다는 계명입니다. 그런데 하느님께 대한 사랑은 우리 안에 그분과의 유사성을 새로이 나타나게 합니다. 그분의 계명을 지키는 사람은 하느님을 사랑하는 것입니다. 주님은 이렇게 말씀하셨습니다. "너희가 나를 사랑한다면 내 계명을 지켜라." 주님의 계명은 서로간에 사랑하라는 계명입니다. 복음서는 이렇게 말해 줍니다. "내가 너희를 사랑한 것처럼 너희도 서로 사랑하여라. 이것이 나의 계명이다."

그러나 참된 사랑은 "말"로써가 아니라 "행위와 진리"로써 실천됩니다. 그러므로 우리는 그 형상을 잃지 않고 올바로 간직된 우리의 유사성을 우리 아버지이신 하느님께 되돌려드리도록 합시다. 그리고 우리의 이 유사성은, 무엇보다도 먼저 하느님이 거룩하신 만큼, 우리 생활의 거룩함으로써 간직할 것입니다. 성서는 말합니다. "내가 거룩하니 너희도 거룩한 자 되어라." 그 다음 또 "하느님은 사랑이시다"라는 요한의 말씀에 따라 주님은 사랑이시기 때문에 우리는 사랑의 실천으로 그 유사성을 간직할 것입니다 그리고 하느님이 선하시고 진실하시기 때문에 선과 진리로써 그것을 간직할 것입니다. 그러므로 우리는 우리 안에 이것이 아닌 다른 그림을 그려서는 안 되겠습니다. 난폭하고 성을 잘 내고 교만한 사람은 폭군의 유사성을 자기 안에 그려 넣습니다.

우리가 우리 안에 폭군의 유사성을 그리지 않도록 그리스도께서 당신의 모상을 우리 안에 새겨 주시길 바랍니다. 그런데 그분은 이렇게 말씀하셨습니다. "나는 너희에게 평화를 주고 간다. 내 평화를 너희에게 주는 것이다." 그러나 평화란 좋은 것임을 알면서도 그것을 보존하지 못한다면 이득 되는 것이 무엇이 있겠습니까? 일반적으로 가장 좋은 것은 또 가장 연약합니다. 귀한 것들은 그것을 간직하는 데 그만큼의 주의와 노력을 요합니다. 말 한 마디로 부서지고 사소한 모욕으로 사라져 버리는 것은 너무도 연약한 것입니다. 그래도 사람에겐 다른 이들에 대해 말하고 다른 이들의 일에 대해 참견하며 잡담을 하면서 시간을 보내고 그 자리에 있지 않은 사람을 비판하는 일 이상으로 좋아하는 일이 없습니다.
 따라서 이사야처럼 "주 하느님께서 나에게 말솜씨를 익혀 주시며 고달픈 자를 격려할 줄 알게 다정한 말을 가르쳐 주셨다"고 말하지 못하는 사람은 침묵을 지킬 줄 알아야 하고, 만일 무엇을 말하고 싶다면 화평의 말을 해야 합니다.

【교 훈】
 성 골룸바노 아바스는 복음 전파의 직무와 수도 생활의 노력을 기묘히 접합해 모든 일을 충실히 이행해 나갔다. 우리도 또한 그 성인을 본받아 만유 위에 하느님을 찾으며 신자 증가에 힘써야 할 것이다.

성 굴리엘모 수도 원장
[St. Gulielmus, Abbas. 축일 6. 25.]

 유럽에서 최초로 번성한 수도원은 5세기에 창립된 성 베네딕토 수도회인데 하느님께서는 9세기부터 10세기에 걸쳐 수도 정신이 해이해진 경향이 보이자 성 로베르토, 성 베르나르도, 성 브루노 등 수도원 개혁자들과 또는 새로운 수도원의 창립자들을 보내시어 그들로 하여금 수도 생활의 쇄신을 도모하게 하셨다. 베네딕토회 은수자 수도원을 창립한 성 굴리엘모도 역시 이러한 일에 선택되신 분들 중의 한 분이시다.
 그는 1085년 이탈리아의 비에몬드에서 가까운 베르첼리의 귀족 가문에서 태어났으나 어렸을 적에 일찍이도 양친을 여의어 경건한 친척 손에서 자라 신심에 비상한 열심을 표시했다. 그 일면을 본다면 겨우 14세로서 일생 동안 고행의 생활을 할 뜻을 하느님께 약속하고 나이도 아직 어린 몸으로 멀리 성 야고보 사도의 묘지가 있는 스페인의 콤포스텔라까지 순례의 길을 떠났다는 사실로 봐도 짐작할 수 있을 것이다. 또한 순례 도중 그는 하느님께 드린 약속을 실행해 쇠로 된 허리띠를 매고 맨발로 걸으며 음식물은 모두 자비심이 많은 사람들에게 구걸했다.

　이탈리아에 돌아왔을 때의 일이다. 소경이 된 어느 농부를 보고 측은한 생각이 들어 하느님께 기도하자 그 즉시 농부는 눈을 떴다고 한다.

　그가 기적을 일으킨다는 소문이 부근 일대에 높아져 그는 이를 귀찮게 생각하고 사람들의 존경을 피하기 위해 광야에 들어가 그곳에서 기도와 묵상을 하며 즐겁게 하느님을 섬기고 있었으나 이전부터의 희망이었던 팔레스티나로 순례의 길을 떠났다.

　성지에 도착해 베들레헴에 있는 아기 예수의 말구유, 나자렛에 있는 검소한 성가정의 가옥 등 주님의 수많은 자취들, 그중에서도 주님께서 십자가에 달려 구원의 대사업을 완수하신 골고타의 언덕을 직접 눈으로 보고 묵상해 그의 신앙은 더욱더 견고해지고 수덕에 대한 열심은 점점 더 증가했다.

　순례를 마치고 돌아오는 길에 산적을 만났다. 모든 것을 잃고 가혹한 지경에 이르렀으나 그 재난도 성지에서 얻은 거룩한 감동과 기쁨을 빼앗을 수는 없었다. 이탈리아에 도착한 굴리엘모는 더 한층 하느님께 직접 계시를 받고 성 베네딕토의 규율 하에 온전히 세속을 떠나 적막 속에서 기도와 고행에 매진하는 은수자 수도원을 창립하기로 했다. 그는 이것을 위해 남부 이탈리아의 아베리노 시에서 가까운 몬테 비르지니아노라는 산 위에 이미 제자가 된 수명의 사제들과 각각 조그마한 초막을 장만하는 동시에 이교의 시인 비르지니오를 따라 지은 산 이름을 동정 마리아의 이름을 따서 몬테 비르지네(Monte Virgine)라고 개칭하고 성모님께 봉헌한 성당에 건축했다.

　굴리엘모와 그의 동료들의 경건하고도 엄격한 생활은 시작됐다. 이 사실을 전해 들은 사람, 혹은 그 성스러운 생활을 목격한 사람들은 누구나 감동하지 않는 사람들이 없었다. 수도원의 평판이 널리 퍼짐에 따라 입회자도 점점 늘어나 굴리엘모는 여러 차례 다른 깊은 산이나 광야 등에 수도원을 세워 열심한 수도자들을 돌봐주었다.

　당시 시칠리아의 사람들은 신앙에 냉랭하고 향락을 즐겨 영적 상태는 매우 한심했다. 그래서 그들의 왕 로제리오 2세는 예의를 갖추고 굴리엘모를 초대해 신앙 생활의 쇄신에 대해 의뢰했다. 그의 노력은 많은 효과를 거두었다. 그러나 그것을 언짢게 여긴 사람들은 어떻게 해서든지 성인을 죄에 떨어뜨리려고 미모의 창녀를 보내 그의 정결을 빼앗으려고 했다. 굴리엘모는 처음부터 그를 쳐다보지 않았으나 창녀의 유혹이 점점 심해져 그는 타고 있는 장작돌 위에 누워 버렸다. 창녀는 대경 실색했다. 그뿐 아니라 불 속에서 나온 그의 몸에 티끌 만한 상처도 없는 것을 보고 비르소 그가 하느님께서 보내신 성자라는 것을 깨닫고 자기 죄를 깊이 통회하여 다시는 죄의 생활을 하지 않았다고 한다.

끊임없는 노력으로 완덕의 절정에 도달하고 여러 가지의 기적으로 하느님의 영광을 드러낸 굴리엘모는 1142년 6월 25일 본 고향, 천국을 향해 이 세상을 떠났다. 그의 성스러운 유해는 손수 건립한 굴레도의 수도원에 안장되었다.

【 교 훈 】
성 굴리엘모는 일생을 기도와 고행으로 바치고 유혹을 극복하기 위해서는 맹화(猛火)도 사양하지 않았다. 우리도 그를 본받아 더욱더 기도와 희생 정신을 기르자. 그렇지 않으면 악마의 함정이 사방에 흩어져 있는 현대에 있어서 안전을 도모하기가 곤란하기 때문이다.

성 대 그레고리오 교황 학자

[St. Gregorius Ⅰ Magnus, Pap. 축일 9. 3.]

성 그레고리오 1세 교황은 유명한 서방측 교회의 네(四) 교회 박사 중의 한 사람이며 교회 및 사회에 진력한 공로의 위대한 점으로 보아 대 그레고리오라고 칭찬을 받고 있다.

그는 504년 로마에서 태어났다. 어머니 실비아는 영광스럽게 성인품에 오르신 분이다. 아버지 고르디아누스(Gordianus)는 귀족으로 정부의 요직에 있었으나 그레고리오의 탄생 후에 가문, 재산, 고관직을 헌신짝같이 버리고 성직자가 되었건 사람인 만큼, 그들의 자녀인 그레고리오가 원래 신심이 두텁고 성덕이 출중했던 것은 우연한 일이 아니다.

그레고리오는 아주 부유한 가정의 아들로서 교육도 충분히 받고 수사학, 법학, 철학 등을 전공하였으며 특히 성 암브로시오, 성 아우구스티노, 성 예로니모 등 교회 학자들의 저서를 읽는 것을 낙으로 삼았다고 한다.

30세에 이르렀을 때에는 이미 유스티노 황제의 신임을 받아 로마 시장의 중직에 취임하는 명예를 획득했으나 아버지가 세상을 떠난 후 전 재산을 상속받아 가난한 사람들을 도와 주며, 시칠리아 섬에 여섯 개의 수도원을 세우고, 로마에 있는 저택을 베네딕토회 수도원으로 개축해 성 안드레아에게 봉헌하고 자신도 즉시 세속을 떠나 수도 생활을 시작했다.

수사가 된 그는 전심 전력 덕을 닦고, 회칙을 엄수하고, 열심히 기도하고, 금식재를 지키는 데 있어서 과격할 정도로 실행한 결과 위(胃)를 크게 해하기까지 해서 이 병은 평생의 고질이 되었지만, 그의 왕성한 정신력은 육체의 허약함을 채우고도 남음이 있었다.

어느 날, 광장을 지날 때의 일이다. 체격이 좋고 훌륭한 청년이 수 명의 노예를 팔려고 나왔다. 그가 어디 출신이냐고 물어 보니 그 청년은 영국(Anglia)이라고 대답했다. 그 당시 영국은 아직 우상교의 미신에 젖어 있었다. 그레고리오는 그의 말을 듣고서 "아! 안글리아(Anglia, 영국)를 안젤루스(Angelus, 천사)로 만들고 싶다"라고 절규하며 영국 선교를 계획하고 지체 없이 교황 베네딕토 1세의 허가를 얻어 수명의 수사를 데리고 북방을 향해 출발했다. 그런데 그의 덕을 사모하던 로마 시민들은 이를 듣고 매우 슬퍼하며 성인을 소환할 것을 교황에게 탄원하며 대소동을 일으켰으므로 교황도 그들의 원의대로 갑자기 명령을 내려 그레고리오 일행을 다시 부르게 되었다.

이같이 학덕이 우수한 성인의 인품은 교황에게도 인정을 받아 베네딕토 1세는 577년 그에게 부제품을 받게 한 후 콘스탄티노플(Constantinoplim)의 교황 사절로 임명했다. 그래서 그는 약간의 수사와 같이 그곳에서 사명을 완수한 5년 후 다시 로마의 수도원으로 돌아왔다.

그 후 그레고리오는 모든 이들의 열망으로 수도원장이 되고, 590년에는 흑사병으로 세상을 떠나신 펠라지오 2세의 뒤를 이어 성직자와 로마 시민들의 일치된 의사에 의해 교황으로 추대되었다. 그러나 겸손한 그는 그 임무에 부당함을 느끼고 어느 날 밤 몰래 산중으로 피해 다른 사람이 교황위에 오를 때까지 숨어 있기로 했다. 그래도 끊임없이 그를 사모하던 로마 시민은 사방 팔방으로 다니며 그를 찾아 다시 교황으로 모시는 데 성공했고, 그러던 중 콘스탄티노플 황제에게서 그를 인정하는 통지도 왔으므로 이제는 그것이 하느님의 뜻이란 것을 깨닫고 기꺼이 590년 9월 3일 교황 위에 올랐다. 그때 그는 50세였다. 그레고리오는 교황 성좌에 있기를 14년, 그간 교회를 위해 진력한 그의 수많은 공적을 서술한다면 아마 커다란 서적을 이룰 것이다. 그는 정치 외교적 수완에도 능숙해 로마에 침공한 란고바르트 인들과 화해하고 그 나라의 레오데린데 황후의 힘으로 그들을 가톨릭에 개종하게 하고 스페인을 가톨릭국으로 했으며, 596년에는 수도원장 아우구스티노와 40명의 선교사를 영국에 파견해 교화(敎化)를 도모케 하고, 외부로는 도나토, 아리우스, 오이디게스 각 파의 이단을 누르고, 내부로는 여러 규정을 정해 교회의 규율을 바로잡고 전례(典禮) 특히 성가(聖歌)를 중요시하여 그 자신도 많은 노래를 지었다. 그레고리오 성가라고 하는 것이 바로 이것이다. 그 외 친히 설교하고 신앙 상의 서적을 다수 저술하여 후세에 남기고 여러 교회에 보낸 훈계 서한은 8백 통 이상이다.

　이처럼 분망한 생활이었지만 가난한 사람들의 구제에도 부단히 마음을 기울여 로마 시중에는 그를 위한 전임위원을 두고 자선을 하고 또한 매일 식탁에 12인의 가난한 이들을 초대해 대접하는 것을 잊지 않았다. 이같이 많은 공적을 쌓으면서도 겸손하던 그는 늘 자신을 '하느님의 종 중의 종'이라 불렀다. 하느님의 영광을 위해 끊임없이 활동하던 이 위대한 교황에게도 세상을 떠날 날이 다가왔다. 604년 3월 12일 성인은 천국의 영광을 누리기 위해 이 세상을 떠났다.

　성 그레고리오의 부제 베드로는 성인이 책을 쓸 때 성령께서 비둘기 모습으로 그의 머리 위에 내려오시는 것을 보았다고 한다. 성 그레고리오 1세의 성화에 귀밑에 흰 비둘기가 속삭이는 모양을 그리는 것도 이에 기인한 것이다.

【 교 훈 】

　성 그레고리오 1세 교황 학자는 하느님 및 교회를 위하여 측량할 수 없을 정도로 많은 공훈을 세웠다. 이 같은 대업은 그가 우선 수도원에서 충분한 수양을 쌓고 인격을 양성했기 때문에 할 수 있었던 것이다. 우리도 남을 위해, 또 사회에 공헌하고자 하려면 먼저 제 자신을 수양하고 모범적인 인물이 되려고 노력하지 않으면 안 된다.

성 그레고리오 7세 교황
[St. Gregorius VII, Pap. 축일 5. 25.]

우리 주 예수께서 성 베드로와 그의 후계자들에 대해 "잘 들어라. 너는 베드로(반석)이다. 내가 이 반석 위에 내 교회를 세울 터인즉 죽음의 힘도 감히 그것을 누르지 못할 것이다"(마태 16, 18)라고 말씀하신 예언은 우리를 속이지 않는다.

외부로부터의 압박과 박해, 내부에서의 분쟁과 소란도 없지는 않았지만 많은 폭풍우 속에서도 로마의 성좌는 천고의 바위와 같이 높고 뚜렷하게 솟아 있어 그 위에 서있는 교회를 태산과 같이 안전하게 지탱했다.

그뿐 아니라 하느님께서는 교회라는 작은 배가 큰 파도에 휩쓸려 금방이라도 침몰될 위기에 처할 것 같으면 반드시 훌륭한 분을 선두에 내세워 교회를 위험에서 보호하신다. 여기에 수록할 성 그레고리오 7세도 교회의 위기에 하느님께 특별히 선택되신 위대한 교황 중의 한 분이셨다

힐데브란트(그레고리오 7세 교황의 전 이름)는 1020년에서 1025년 사이에 이탈리아 토스카니아 지방 소아나라는 작은 마을에서 태어났다. 가정은 가난했지만 본당 사제가 그의 영리함을 보고 로마에 유학시켜 고등교육을 받게 했다. 그 후 수도 생활을 시작했고 클뤼니 수도원과도 연관이 있는 듯하다.

1045년, 가르침을 받은 바 있는 은사 그레고리오 6세 교황에게 초청되어 로마에 갔다. 그레고리오 6세 교황은 이듬해 세상을 떠났으나 그 뒤 5대에 걸친 교황들에게 봉사하며 로마에서 중책을 맡았다.

성 레오 9세 교황은 그의 열렬한 신앙심을 인정해 그에게 로마의 한 베네

덕토 수도원의 개혁을 의뢰했다. 그 회 수사들은 사기가 퇴폐되고 수도 생활의 열심도 놀랄 만큼 식어져 있었다.

그레고리오는 늘어진 인심을 가다듬고 그들의 열심을 일으키기 위해 말보다는 실천으로 도범을 보여 예상외로 빨리 수도회를 쇄신할 수 있었다. 이 비상한 수완은 그가 나중에 행한 바 있는 전 교회에 걸친 혁혁한 혁신의 성공을 미리 약속한 것이라고 생각할 수 있다.

성 레오 9세 교황은 "등불을 켜서 그릇으로 덮어 두거나 침상 밑에 두는 사람이 어디 있겠느냐? 누구나 등경 위에 얹어 놓아 방에 들어오는 사람들이 그 빛을 볼 수 있게 할 것이다"(루가 8, 16-17) 하신 성서 말씀대로 이처럼 훌륭한 그레고리오를 추기경에 오르게 하고, 프랑스 주재 교황 사절로 임명했다.

그 후 그레고리오는 독일의 교황 사절이 되어 황제 하인리히 4세와 여러 가지 절충에 노력했는데 언제든지 그의 직무에 대한 감탄할 만한 열심과 출중한 인격 등은 만족한 결과를 가져오곤 했다.

그는 모든 사람들에게 존경을 받았다. 1073년 알렉산데르 2세 교황이 서거하자 추기경, 주교, 사제, 평신도 등 모든 방면의 사람들에게 교황 취임을 의뢰받게 된 것도 당연한 일이라 하겠다.

전승에 의하면 교황의 장례식을 마친 후 어떤 사람이 "힐데브란트 경이야말로 베드로의 성좌에 오르실 분이다"라고 절규하자 모든 사람이 이에 합해 폭풍우와 같이 환호하며 그레고리오를 들고 교황의 옥좌에까지 모시고 갔다 한다. 여기에서 그는 이것이 하느님의 성의라는 것을 깨닫고 이 중책을 받아들여 기뻐하기보다는 오히려 책임의 중대함을 통감하고 하느님의 도우심을 청했다한다.

당시 교회 내에는 슬프게도 성직 매매의 폐풍이 유행하고 있었고, 성직자의 타락도 우려할 만한 것이어서 단호히 개혁하지 않으면 전 교회를 부패의 병독(病毒)에서 구할 수 없으리라고 평소부터 확신하고 있었기 때문이다.

유감된 일이지만 독일 황제 하인리히 4세도 성직 매매에 관계가 있었으므로 전대의 교황에게 파문당한 일도 있었다. 그래서 그레고리오는 등극 후 바로 로마에서 열린 공의회에서 위와 같은 폐단의 방지책으로 새로이 엄중한 규칙을 정하고 많은 회칙을 교회의 각 지방에 보내 이를 개혁하는 데 힘썼다.

오랜 인습에 젖은 성직자들 중에는 그레고리오 7세의 개혁을 좋아하지 않고 그의 훈계를 따라가지 않는 자도 있었다. 독일 황제 하인리히 4세는 1075년 이와 같은 불만의 주교들을 모아놓고 보름스에서 회의를 열어 그레고리오 7세 교황의 폐위를 기도하고 무례한 결의문을 그에게 보냈다.

그는 우리 주 예수와 같이 진심으로 원수들을 용서할 뿐만 아니라 곁에 있던 로마 귀족이 분개해 결의문을 가지고 온 사신을 죽이려고 했을 때도 그를 보호해 주기까지 했다. 그러나 교회 질서를 어지럽힌 황제 등을 그대로 내버려 둘 수 없었으므로 그는 눈물을 머금고 그들을 파문했다.

하인리히 4세 황제는 크게 분노하며 우트레히트의 주교에게 그를 살해하라고 했다. 그러나 바로 그 시각부터 주교좌 성당이 벼락을 맞아 전기가 끊기는 등 천벌이라고 할만한 여러 가지 불행이 닥쳤고, 독일 국민은 황제를 배반해 하인리히는 곤궁에 빠졌다. 그래서 할 수 없이 독일의 제후들의 트리부르 회의에 참석한 교황을 카노사(Canossa) 성에서 방문하고 자기 죄의 용서를 청해 겨우 파문은 벗어났으나 진심으로 회개한 것은 아니었다.

하인리히 4세는 다시 포악한 태도로 교황을 괴롭혀 다시 한번 파문을 내리자 그는 교황에 대해 갖은 욕설을 퍼부었을 뿐만 아니라 군대를 인솔하고 이탈리아에 침입해 로마를 포위하고 교황을 포로로 삼으려고 해서 교황은 할 수 없이 살레르노(Salerno)로 피신했다.

그곳에서 교황은 병을 얻어 1085년 5월 25일 귀양살이와 같은 적적한 생애였지만 주님과 함께 살았던 자로서의 고요한 최후를 맞았다. 전설에 의하면 그레고리오 7세 교황은 마지막으로 이런 말을 남겼다고 한다.

"이 몸은 정의를 사랑했다. 그랬던 만큼 추방되어 이 유배지에서 죽는 것이다."

【교 훈】

당시의 교회가 부패 타락의 심연에서 구출되어 지옥의 문에 패배 안 된 것은 한 마디로 반석이었던 성 그레고리오 7세 교황이 엄연히 궐기해 몸을 바치며 죄악과 싸운 용감한 희생의 덕분이라 하겠고, "밀 알 하나가 땅에 떨어져 죽지 않으면 한 알 그대로 남아 있고 죽으면 많은 열매를 맺는다"(요한 12, 24) 하신 주님 말씀의 좋은 예라 할 수 있을 것이다. 그렇다면 우리도 그를 본받아 필요한 경우에는 설령 기대하는 결과를 즉시 얻지 못한다 할지라도 언젠가는 내 노력이 보답되리라는 확신을 가지고 자신을 희생으로 바치지 않으면 안 된다.

성 그레고리오 타우마투르고 주교

[St. Gregorius Thaumaturgus, E. 축일 11. 17.]

성 그레고리오 타우마투르고는 동명의 다른 성인과 구별하기 위해 타우마투르고(Thaumaturgus, 기적을 행하는 사람)라는 별칭으로 불려지는데 이는 그가 많은 기적을 행했다는 전설에 기인한 것이다.

그레고리오는 210년경 로마 제국에 아직도 가톨릭에 대한 박해가 사라지지 않았을 때 소아시아의 폰투스 주 네오 체사리아의 한 귀족 가문에서 태어났다. 14세에 아버지를 여의고 집에서 숭배하는 다신교의 허무함을 절실히 깨닫고, 어머니의 뜻대로 동생 아테노도로와 같이 동 로마 제국의 유명한 학교가 있는 곳마다 찾아다니며 유학했다.

팔레스티나의 체사리아에 당도해서는 교회 학자 오르게네스 밑에서 공부하며 그 감화를 받아 가톨릭의 진리를 깨닫고 세례를 받았다. 그레고리오는 성스러운 신앙을 갖게 된 행복에, 스승의 은덕을 깊이 감사하며, 만일 오르게네스를 만나지 못했다면 인생의 의의는 해결하지 못했으리라고 가끔 말했다.

29세에 이르러 고향에 돌아와 변호사업을 시작해 사람들의 신망과 호평을 한 몸에 받았다.

폰투스 주의 교회를 다스리는 아마시아 대주교 페디모는 그레고리오의 사람 됨을 알고 그를 네오 체사리아의 주교로 임명하려고 했으나 겸손한 그는 자기의 부족함을 깨닫고 일시는 광야에 피신까지 했다. 그러나 하느님의 성의임을 깨닫고 그 중직을 맡았다.

당시 네오 체사리아 시민은 대부분이 우상 숭배자들이었고 가톨릭 신자는 수를 헤아릴 수 있을 정도로 작아 그레고리오는 설교로, 혹은 저서로 사람이 마땅히 걸어야 할 길을 알려 주며 손수 거룩한 생활로 모범을 보여 많은 이들을 감화시켰고, 하느님께서도 그를 영광스럽게 해주시고 당신의 영광도 드러내시고자 그의 손을 통해 많은 기적을 행하셨다.

그중 특히 유명한 것은, 그가 성당을 신축할 때의 일이다. 성당 대지 복판에 큰 암석이 있어 공사에 몹시 장애가 되었다. 그래서 그는 철야 기도하면서 이렇게 말씀드렸다.

"주님! 당신 말씀에 너희에게 겨자씨 한 알 만한 믿음이라도 있다면 이 산더러 '여기서 저기로 옮겨져라' 해도 그대로 될 것이라고 하지 않았습니까? 그러니 당신 말씀을 굳게 믿는 우리를 어여삐 보시어 우리를 위해 저 암석을 치워 주소서."

그 이튿날 아침에 와서 보니 과연 암석은 다른 장소에 옮겨져 있었다.

그 외에 리쿠스 강이 가끔 범람했고 그때마다 도시는 큰 해를 입었는데 열심한 그의 기도로 다시는 범람하지 않았으며, 또 유산을 분배받은 형제가 전답 사이에 있는 연못 하나로 투쟁하고 있어 그것을 보고 기도하자 하룻밤 사이에 연못의 물이 말끔히 말라 버렸다는 기적도 있다.

250년 데치오 황제 시대에 다시금 교회 박해가 시작되자 그레고리오는 신자들을 이끌고 산중으로 피난해 무수한 고초를 겪으면서 그들의 생명과 신앙을 지켜 주었고, 또 사마사토의 바오로라는 사람이 이단 사설을 주창하며 많은 이들을 현혹시키자 그는 사도 및 교부들이 전한 진리를 역설해 작은 양들을 이리떼에서 구출하는 등 착한 목자의 임무를 완수했다.

주교로서의 30년 세월이 흘러 어느덧 하느님께서 부르시는 시간이 다가왔다. 임종 때에도 자기 교구의 교세를 생각해 "지금 우상을 믿는 사람들이 몇 명이나 됩니까?" 하고 질문했다. 곁에 있던 사람이 "17명 가량 됩니다" 하니 "그렇습니까, 내가 처음 이곳으로 왔을 때는 신자가 17명이었는데, 지금은 정반대가 되었군요. 주님의 은혜에 감사합니다" 하며 만족한 미소를 띠면서 숨을 거두었다. 때는 270년이었고 나이는 60세였다.

【교훈】
　성 그레고리오 타우마르투고 주교는 네오 체사리아 시민을 회개시키는 것을 사명으로 알고 일생을 여기에 바쳐 그 실현을 보고 편안히 세상을 떠날 수 있었다. 우리도 하느님께 받은 사명을 충실히 이행하자. 그러면 그레고리오 성인과 같이 기적은 행하지 못했을지라도 안심하고 만족하면서 하느님 대전에 나갈 수 있을 것이다.

나지안조의 성 그레고리오 주교 학자
[St. Gregorius Naziancenus, E. D. 축일 1. 2.]

　옛날 소아시아의 동북부에 있는 카파도치아에서는 대단히 많은 순교자와 성인을 배출했다. 그 중에도 4세기에 나온 세 명의 교회 학자, 즉 성 대 바실리오, 니사의 성 그레고리오 및 나지안조의 성 그레고리오는 카파도치아의 세 광채라고 불리며 세상에서 유명하다.
　나지안조의 성 그레고리오는 329년 나지안조에서 태어났다. 어머니는 논나이며 그녀 역시 성인품에 오른 경건한 부인이었다. 아버지는 처음에는 신자가 아니었으나 다년간 시장의 중직에 있었던 근엄한 덕망가로서 후에 아내의 인도로 입교해 노후에는 세상의 명예와 지위를 버리고 나지안조의 주교가 되었다.
　그레고리오는 이러한 부모님의 영향으로 어렸을 때부터 이미 수덕의 생활을 배웠다. 그에게는 누님 한 분과 남동생 하나가 있었는데, 동생 가이사리오는 후에 정부의 요직에서 일했고 누님 고르고니아는 역시 성인품에 오른 분이다.
　그레고리오는 소년 시절부터 카파도치아의 가이자리아, 팔레스티나의 가이자리아, 알렉산드리아 그리고 아테네 등 그 당시 학문의 중심지로 유명하던 각 도시에 유학하고 고향 친구 바실리오와 절친한 사이를 이루어 함께 기거하고 서로 면려(勉勵)하여 도회지(都會地)의 많은 위험한 향락에는 조금도 물들지 않고 열렬한 마음으로 공부와 수덕 생활에 골몰했다.

몇 년 후 그는 당시의 추억을 "우리는 다만 두 길밖에 알지 못했다. 그것은 학교에 가는 길과 교회에 가는 길이었다"라고 기록하고 있는 것만 보더라도 그들이 얼마나 진실하고 선량한 학생이었는지 알 수 있다.

30세에 학문을 마친 그레고리오는 바실리오와 이별하고 고향으로 돌아와 수도원을 꾸미고 그곳에서 공부와 수덕 생활에 골몰하려고 했으나 일을 시작하기도 전에 바실리오가 은둔 생활을 하고 있다는 말을 듣고 그를 따라 함께 은둔 생활을 했다.

한편 주교직에 있기는 하지만 깊은 신학 연구도 없었던 그의 아버지는 갑자기 아리우스파의 이단에 미혹되어 나지안조의 신자들에게 악표양이 될 만한 일까지 하게 되었다. 이것으로 그들 사이에 큰 소란이 일어나 그레고리오는 급히 달려가서 이들을 진정시켜 겨우 무사할 수 있었다.

아버지는 그를 떠나 보내려고 하지 않고 신자들도 또한 머물러 있기를 간청해 그레고리오는 할 수 없이 성품 성사를 받고 사제가 되었으나 그 직책의 중대함과 자신의 부당함을 느낀 나머지 마음이 불안하여 남몰래 친구인 바실리오에게로 떠났다. 그러나 그 이후에 바실리오의 권고로 다시 돌아와 아버지를 도와 열심히 성무에 임했다.

바실리오는 가이자리아의 대주교가 된 후 그레고리오를 주교로 삼아 사시마 신 교구를 위탁하려는 생각이 있었으나 그레고리오는 나지안조시에 머무르며 아버지의 보좌역을 했고 374년 아버지가 세상을 떠난 후에도 주교 대리로서 나지안조 교구를 다스렸다.

379년 아리우스파를 보호하고 있던 바렌스 황제가 세상을 떠난 후 왕위에 오른 사람은 열심한 가톨릭 신자 테오도시오였다. 그래서 이전에 아리우스파의 압박에 시달리던 콘스탄티노플 교회 신자들은 지금이야말로 교회 부흥 시기라 생각하고 교회의 발전을 도모하기 위해 그레고리오를 초빙했고, 그는 그곳에 가서 박학과 웅변으로 이단에 빠진 사람들을 무수히 개종시켰다. 테오도시오 황제는 아리우스파에게 빼앗겼던 하기아 소피아 성당을 그에게 반환하도록 했으며, 그는 시에서 열린 주교 회의의 결과로 그곳의 주교로 임명되었다.

많은 사람들은 이를 듣고 진심으로 기뻐하며 축하했지만 그중에는 반대하는 자들도 있었기에 그레고리오는 교회의 평화를 위해 은퇴할 결심을 하고 요나가 말한 "이 재난이 나 때문에 일어났으면 나를 버려라" 하는 말을 인용해 고별사로 하고 고향 나지안조로 돌아왔다. 부친의 후계자로 아우렐리오를 주교로 추천하고 자신은 본집에 돌아와서 다년간 갈망하던 수도 생활에 골몰하기를 약 10년, 드디어 그곳에서 389년에 고요히 세상을 떠났다. 때는 그의 나이 61세였다.

나지안조의 성 그레고리오는 생존 시에 수많은 서적을 저술했으며, 그 중에서 중요한 것은 강론, 시, 서간 등을 한데 모은 것이다. 아리우스의 이단자들은 알아듣기 쉬운 시로써 교리의 보급을 도모했다. 그리하여 그레고리오도 호교의 작시(作詩)에 전력을 기울여 그로서 시문을 좋아하는 청년들을 이단과 타락에서 구한 일도 적지 않았다.

【 교 훈 】

나지안조의 성 그레고리오 주교 학자는 웅변가로서 가장 유명하다. 그러나 그의 생애에 있어서 가장 주목할 만한 것은 생각해 보면 교회의 평화를 위해 스스로 콘스탄티노플의 주교좌에서 은퇴한 사실이다. 이 같은 희생은 하느님 대전에 최대의 공적이라 할 수 있을 것이다. 우리도 필요시에는 자기를 억제하고 선을 행하는 희생 정신을 닦아야 할 것이다.

성 네레오와 성 아킬레오 형제, 성녀 도미틸라 동정, 성 판크라시오 동료 순교자
[Sts. Nereus, Achileus, Domitila et Pancratius MM. 축일 5. 12.]

교회에서는 네 명의 성스러운 순교자를 함께 기념한다. 그들의 천국에 개선한 날짜는 동일하지 않지만 로마 제국의 그리스도교 박해의 희생자라는 점에서는 다름이 없기 때문이다. 네레오 및 아킬레오 두 형제는 1세기 중엽 로마 군대에 들어가 시내 경비의 임무를 담당하고 있었는데, 황제의 명령으로 마음에도 없는 참혹한 형벌을 행하지 않으면 안 되었을 때도 종종 있었으므로 이에 싫증을 느껴 군대를 떠나 황제의 근친 플라비아 가문의 공주 도미틸라의 시종관이 되었다. 그리고 시기는 정확하지 않지만, 성 베드로 사도에게서 세례를 받았다고 전해 내려온다.

도미틸라는 네레오 형제의 한결같은 부지런한 봉사에 감탄하여 살펴보고서 그들이 그리스도교 신자라는 것을 알았다. 그녀는 이처럼 훌륭한 행위로 이끄는 종교가 그리워져, 그 형제들에게 자기도 신앙에 들어가리라는 뜻을 나타냈다. 형제들은 생각하지도 않았던 주인의 말에 기뻐하며 그 즉시 공주를 교황에게 모시고 가서 교리를 연구하게 하고 세례까지 받게 했다.

도미틸라 공주는 예전에 아우렐리아노라는 귀족 청년과 약혼을 맺었는데 그는 이교도였다. 그리하여 네레오와 아킬레오 형제는 결혼을 하면 혹시 공주의 구원 사정에 지장이 생기지 않을까 하고 매우 염려해 성의껏 공주에게 충고하자 공주도 그 위험을 깨닫고 아우렐리아노와의 혼인을 파기하고 평생 동정을 지킬 결심을 하고 클레멘스 교황으로부터 동정 서원의 뜻인 머리 수건을 받았다.

자기 가족 중에서, 또 로마의 명예로운 군인 중에서 금지된 그리스도교를 봉행하는 자가 나타났다는 것을 알았을 때 황제 도미시아노의 놀람은 어땠을까?

도미시아노 황제는 즉시 도미틸라와 네레오 형제를 불러들여 배교하기를 명했으나 신앙이 견고한 그들이 듣지 않자 황제는 그들을 본시아라는 섬으로 귀양 보냈다.

갖은 영화 속에서 아무 불편 없이 도회지 생활에 익숙했던 도미틸라에게 있어서 이 유배는 얼마나 적적하고 고독했는지! 그러나 그녀는 일체의 모든 불편을 사랑하는 하느님을 위하여 잘 참아나갔다.

그리스도교에 대한 박해는 점차 더 심해갔다. 본시아 섬에는 디누디오 루포라는 사람이 와서 신자들을 압박하기 시작했으나 도미틸라와 네레오 형제 세 사람은 결코 이에 굴복하지 않았다. 다만 "교회를 위하는 것이라면 생명을 바쳐도 조금도 아깝게 생각하지 않습니다"라고 대답할 뿐이었다.

네레오 형제는 고문을 당했지만 끝까지 신앙을 지켜 마침내 테라치나라는 섬으로 다시 귀양가게 되어 그곳에서 순교했다.

도미틸라 공주에 대해서는 약혼자 아우렐리아노가 다시 설득해 보기 위해 레오도라와 에우프로시나라는 두 부인을 로마로부터 보내 온갖 감언 이설로 유혹을 했으나 역시 그녀의 마음을 돌이키지 못했을 뿐만 아니라 오히려 공주 편에서 그들 두 부인을 신자로 개종시켰기에 루포는 그들 세 사람을 테라치나에 보내어 그곳에서 한 집에 몰아놓고 불에 태워 죽였다고 전해져 내려온다.

도미틸라 및 네레오 형제의 유골은 후에 로마에 옮겨져 플라비아 가문의 묘지에 매장되어 교회 신자들의 존경을 많이 받게 되었다.

성 판크라시오는 디오클레시아노 황제 시대에 처형되어 순교한 소년이다. 그는 교회에서 옛날부터 특별히 존경을 받아왔고, 로마에는 지금도 그에게 봉헌된 성당이 있어 추기경좌의 높은 격식(格式)이 마련되어 있다.

판크라시오는 소아시아의 피리지아에서 태어났다. 양친을 여의고 고아가 된 후 백부 디오니시오와 함께 로마에 가서 그리스도교 신자였던 학자의 소개로 마르첼리노 교황을 알현하고 교회의 진리를 깨달아 세례를 받고 열심한 신자가 되어, 겨우 14세 때에 꽃이라면 봉오리와 같은 홍안의 미소년으로서 용감히 피를 흘리며 신앙을 증명했다. 그는 칼레포디우스 묘지에 안장되었다.

【 교 훈 】

성녀 도미틸라, 성 판크라시오 모두 다른 신자의 인도로 입교했다. 이를 보더라도 신자 한 명의 열심한 신앙으로 얼마나 많은 사람의 영혼 구원에 유익이 되는지 알 수 있다. 그런즉 우리도 비신자들에게 진리나 영원한 행복이라는 보배를 주려면 모름지기 자기의 신앙을 뜨겁게 하고 덕행의 광채로 그들을 비추도록 노력하지 않으면 안 된다.

성 노르베르토 주교
[St. Norbertus, E. 축일 6. 6.]

1115년경 황제 헨리 5세의 궁전에는 노르베르토라는 부제가 있었다. 본래 가문이 귀족으로서 수입도 상당히 많았으나 생활 상태는 지위에 맞지 않은 방탕한 생활로 좋지 못한 점이 있었다.

어느 날 부하 한 명을 데리고 말을 타고 어떤 예식을 구경하러 가던 도중 뜻밖에 큰 폭풍우를 만났다. 그때 갑자기 부하가 소리쳤다. "이제 돌아가십시다. 하느님의 벌이 당신 위에 떨어집니다."

그 순간, 엄청나게 큰 번개가 비치면서 땅이 무너지는 것과 같은 천둥이 치자마자 노르베르토는 말과 더불어 땅에 떨어져 의식을 잃고 말았다.

얼마 후 간신히 의식을 회복하게 된 그는 일어나자마자 성 바오로와 같이 "주여, 당신은 저로 하여금 무엇을 하기를 원하십니까?" 하고 부르짖었다. 그리고 하느님의 뜻을 알아보려고 지그부륵의 한 수도원에 들어가 기도와 단식으로 날을 보내며 원장과 더불어 마음의 수양에 진력했다. 그 후 그는 쾰른에 가서 사제 서품 준비를 하고 2년 후 훌륭한 자격을 갖추어 서품받았다.

고향에 다시 돌아온 그는 전혀 다른 사람이 되어 신앙이 극히 두터워져 갖은 고행을 하며 종종 설교도 하면서 모든 사람에게 그리스도교적 생활을 하도록 권고했다. 그러나 그는 가는 곳마다 반대에 부딪쳤다. 특별히 옛 생활을 잘 알고 있는 사람들에게 욕을 먹고 때로는 얼굴에 침 뱉음을 받기까지 했다. 그래도 그는 이전의 죄의 보속으로 여기고 그리스도의 고난을 묵상하면서 무엇이나 눈을 감고 끝까지 인내하며 다 받았다.

그는 이곳 저곳 마을을 찾아다니며 설교했다. 가는 곳마다 박해와 냉대를 받았고 나중에는 교황 사절에게 고소까지 당했다.

노르베르토는 이에 대해 겸손되이 변명했다. 그리고 자기 소유물을 팔아, 얻은 돈을 모두 가난한 사람들에게 나누어 주고, 신분이나 지위를 모두 버리고 마침 교황 젤라시오 2세가 체류 중인 프랑스 남쪽에 있는 프로방스에 갔었는데, 이미 노르베르토의 성스러운 일상 생활을 잘 알고 있던 교황은 기꺼이 그를 맞이하며 이후 당신 곁에 머물기를 청했다. 그러나 그는 그 호의를 그대로 받아들일 수 없었다.

그는 교황에게 간청하여 어디서든지 설교할 수 있는 허가를 얻어 우선 쾰른에 가게 되었다. 맨발로 눈 속을 걷고 야채를 먹는 것에 만족하며 가끔 밤을 새워 가며 기도했다.

프랑스의 바란시안누에 도달했을 때 민중의 간청에 못 이겨 일장의 설교를 하게 되었다. 그는 불어를 조금 밖에 알지 못했지만 청중은 모든 것에 대해 그가 말하려고 하는 점을 깨닫고 깊은 감명을 받았다고 한다. 이것은 마치 예루살렘에서의 성령 강림 날에 사도들 위에 일어난 것과 같은 감탄할 만한 성령의 특별한 은혜라 할 수 있을 것이다.

그는 각 지역을 돌아다니며 설교하고 싶었으나 동행했던 3사람의 동료가 죽었기 때문에 할 수 없었다. 그러나 그때 젊은 성직자가 그에게 와서 동행하기를 간청해 노르베르토는 그 사람과 같이 간부레의 주교 불갈도를 방문하고 부근 일대에서 자유로이 설교할 수 있는 허가를 얻었다. 하느님께서는 그들의 활동에 풍부한 축복을 내려 주셔서 그 성과가 아주 컸다. 그러므로 라온의 주교 발델미이는 교황의 추천에 따라 대우를 극진히 하며 그를 자기 교구에 초빙했다.

노르베르토는 그 청을 받아들여 주교로부터 프레몽트레의 계곡에 있는 소성당을 받았다. 그는 예전부터 기도와 고신극기를 할 수 있는 수도원 창립을 구상하고 있었는데 어느 날 밤 프레몽트레에서 한 무리의 백의의 수도자들이 손에 십자가와 횃불을 들고 행렬하는 꿈을 꾸었다.

1120년 1월 25일, 그가 갈망하던 프레몽트레 수도회가 창립되어 주교는 그에게 흰옷을 주었는데 이것은 그 후 오랫동안 그 회의 수도복이 되었다.

그는 즉시 부근 일대를 다니면서 설교했다. 이에 감동된 사람들이 입회해 곧 35명의 수련자를 받게 되었다. 이들은 모두 사제품을 받은 사람들이었다.

노르베르토는 그들에게 수도회의 정신을 가르쳤다. 특별히 모든 성체 성사에 관계되는 사물, 즉 미사 성제와 기타 모든 공경 예식에 대한 존경과 신심을 드러내는 것을 사명으로 했다.

교회의 용무를 띠고 독일의 슈파이에르에 갔을 때의 일이다. 그는 황제와 교황 사절의 간청에 못 이겨 드디어 막드부르크의 대주교가 될 것을 승낙했다. 그 교구에는 개혁할 일, 정리할 일이 태산 같았다. 그가 임지에 갔을 때에 대주교관의 문지기는 그의 너무나도 남루한 의복을 보고 거지로 잘못 생각해 그를 주교관에 들여보내지를 않았다. 그뿐만 아니라 새로운 대주교에게 반감을 갖고 있는 이들은 매사에 방해하며 심지어는 그를 없애 버리려고까지 했다. 실제로 악한이 칼을 들고 덤볐을 때 다행히 그 위기를 모면하고 아무 상처도 받지 않았다는 것은 기적이라 볼 수 있을 것이다. 그는 대주교의 덕행과 온화하고도 용맹한 마음은 모든 장애를 극복하고도 남음이 있었다.

1132년 노르베르토는 황제의 대관식에 참석하고자 로마에 갔을 때 뜻밖에 중병에 걸려 4개월간 병상에 눕지 않으면 안 되었다. 그 후 간신히 막드부르크에 돌아와 2년간이나 더 직무를 맡아보다가 마침내 1134년 6월 6일, 54세로 선종했고, 1582년에 시성되었다.

【 교 훈 】

성 노르베르토는 바로 옆에 떨어진 벼락에서 주님의 책망을 깨달았다. 사람은 누구나 일생 동안에 범상치 않은 사건에 부딪치게 된다. 그러한 때에 우리도 거기서 주님의 교훈을 인정하고 보다 더 착한 사람이 되려고 노력하지 않으면 안 된다.

성녀 노트부르가 동정
[Sta. Nctburga, V. 축일 9. 14.]

주 예수 그리스도 친히 "인자도 봉사를 받으러 온 것이 아니라, 오히려 봉사하러 왔습니다"(마태 20, 28)고 하신 말씀으로, 멸시되어 있던 타인에의 봉사가 신성화된 이래 성모님을 비롯한 많은 성인, 성녀들이 남을 위해 봉사하는 것을 최대의 영광으로 생각했다.

가브리엘 대천사가 마리아께 하느님의 어머니가 될 것을 알리고 승낙을 요구했을 때 마리아는 "저는 주님의 여종입니다. 당신 말씀대로 저에게 이루어지기 바랍니다" 하고 대답하신 것은 그 좋은 예이다.

지금 말하고자하는 노트부르가 동정녀도 성모의 이런 모범을 따라 꽃이라면 한창 핀 그 시절부터 전 생애를 성스런 봉사에 바친 감탄할 만한 성녀다.

노트부르가는 1265년 남 독일 티롤 주의 작은 마을 라덴부르크에 사는 직공의 딸로 태어났다. 어려운 살림이었지만 좋은 양친의 따뜻한 온정에 백합화 같은 깨끗한 소녀 시절을 지내고, 18세 때 거기서 20리 가량 떨어져 있는 성주(城主) 밑에서 일을 했다.

그녀는 한결같이 주인이 시키는 대로 충실히 일을 하는 한편, 타고난 온순한 성격과 친절로 모든 이에게 사랑을 받으며 동료들에게 좋은 모범이 되었다. 게다가 어려운 가정에서 태어났음인지 가난한 사람들에 대한 동정심이 매우 많아 열심한 주인, 특히 그 부인 구따의 허락을 얻어 매일같이 모여드는 걸인들에게 남은 음식을 나누어 주는 것을 무엇보다도 기쁘게 생각하며 나중에는 자기 먹을 것까지도 그들에게 나누어 주었으며 때로는 이러한 불우한 운명도 하느님께서 주심인 줄 알고 잘 참으며 열심한 생활을 해야 된다고 그들에게 권고하기도 했다.

구따라고 하는 성주의 첫 부인이 사망하고 으치리아라는 여인이 후처로 들어왔는데, 그녀는 대우 인색해 노트부르가의 자선 행위를 쓸데없는 낭비라며 엄금했다. 이는 그녀에게 있어 한없는 슬픔이 되었다. 그러나 주인의 승낙 없이는 남의 물건을 줄 수 없었으므로 그녀는 더욱 자기 음식을 절약해 몰래 아주 어려운 거지에게만 조금씩 나누어 주었다. 그런데 부인은 이를 알고, 그녀가 있으면 이 성은 거지의 집합소가 된다는 이유로 마침내 노트부르가를 추방하고 말았다.

자애가 깊은 그녀는 모든 이들의 칭찬을 한 몸에 받았었다. 그래서 그녀가 해고당함을 안 많은 성주들은 자기에게 와 줄 것을 청했으나 의리가 깊은 노트부르가는 전 주인의 체면을 생각하고, 또 사람들의 환심을 피하려고 에벤 농촌에 있는 작은 농장의 고용인이 되었다.

농장 주인에게 요청한 조건은 토요일이나 대축일 전날 저녁에 부근에 있는 로베르토 소성당의 삼종 소리가 울리면 곧 일을 마치도록 해달라는 것이었다. 이것은 이튿날 고해, 영성체하기 위한 기도와 묵상으로 충분한 준비를 하기 위함이었다. 물론 주인은 이를 승낙했다.

오곡이 무르익은 가을이 와서 곡식을 거둬들이기에 분주한 어느 토요일 저녁, 삼종 소리가 울려오자 전래대로 그녀가 일을 멈추자, 주인은 일이 늦어진다며 잔소리를 했다. 이에 노트부르가는 대답하기를 "그렇게 생각하신다면 하느님의 판단을 구해 봅시다" 하며 가지고 있던 낫을 높이 들고 그대로 손을 떼니 그 낫은 그대로 공중에 머물러 있었다고 한다. 지금도 이 성녀의 상본에 머리 위에 낫을 그리게 된 것은 이에 유래되어 나온 것이다.

노트부르가가 라덴부르크 성을 나온 지 얼마 안 되어서 그녀에게 무정했던 오치리아 부인이 병에 걸려 위험 중에 있었다. 그녀는 이 소식을 듣고 곧 농장 주인에게 허락을 받아 정성 어린 간호를 해주었다. 부인은 악하게 굴었던 예전의 죄를 진실히 뉘우치고 참으로 신자다운 죽음을 맞았다. 노트부르가는 장례식을 마치고 다시 농장에 돌아와 충실히 일을 계속했다.

라덴부르크 성에서는 그 후로도 여러 가지 불행이 계속되었다. 그래서 성주는 후처인 마르가리타와 의논하여 노트부르가를 다시 불러올 것을 결정했다. 그 고용 계약이란 그녀가 마음대로 가련한 거지에게 자선을 베풀 것과, 불쌍한 거지를 개로 하여금 내쫓지 않을 것 등이었다. 그런 조건의 승인 하에 노트부르가는 기쁜 마음으로 성으로 다시 돌아왔는데, 그 후부터 성내에는 다시 행복이 깃들었다. 주인은 약속대로 그녀의 자선행위를 조금도 방해하지 않았을 뿐 아니라 자기들도 지지 않을 만큼 영내(領內)에 사는 백성들에게 자비를 베풀었다.

노트부르가는 그로부터 19년간 성내의 살림을 도맡아 다스리며, 주인의 자녀들의 교육에도 이바지하며 모든 점에 빈틈없는, 그야말로 충실한 종으로서 지내다가 1313년 9월 14일, 드디어 애석하게도 이 세상을 영원히 떠났다.

그녀의 유해는 성 로베르토 소성당에 이송되어 정중히 안치되었다. 그리고 그녀의 무덤 위에는 후일 대성당이 건립되었다.

【 교 훈 】

사람 밑에서 일하는 자로서는 항상 그 주인의 의사를 맞추어 주어야 하므로 매우 어려운 때가 많은 것이다. 그러나 현 사회에서는 자기 생활 때문에 이런 어려운 점에도 불구하고 남의 밑에서 일을 하는 사람이 많다.

성녀 노트부르가는 이러한 사람들에게 대해 둘도 없는 표본이고, 그녀의 천국에서의 영광은 그들에게 무엇보다도 기쁨과 위로와 희망을 던져 줄 것이다. 이 성녀가 고용인, 하인들의 수호 성인으로 공경을 받고 있는 것은 실로 이런 점에 있는 것이다.

미라의 성 니콜라오 주교

[St. Nicolaus, E. 축일 12. 6.]

가톨릭 나라의 어린이들에게 가장 인기를 끄는 성인이라면 너나 할 것 없이 성 니콜라오 주교를 생각할 것이다. 흔히 말하는 산타클로스 할아버지가 곧 이분을 달함인데, 우리 나라나 선교국에서는 크리스마스날 선물을 가져온다고 전래되고 있지만, 실지 독일이나 기타 가톨릭 나라에서는 그 축일인 12월 6일에 친족 중의 한 명이 성 니콜라오로 분장하여 착한 아이에게는 상을 주고, 나쁜 아이에게는 훈계를 주는 습관이 있다. 실제로 니콜라오 성인은 아이들의 보호자일 뿐 아니라 신앙을 옹호한 유명한 주교였다.

그는 270년 소아시아의 파타레에서 부호의 아들로 태어났다. 신분에 맞게 일반 학문은 물론 종교에 관해서도 훌륭한 교육을 받았다.

양친을 모두 일찍이 여의어 많은 재산을 상속받았는데 그 재산을 모두 자선 사업에 사용했다. 많은 일화가 전해져 오지만 그중에서 가장 유명한 이야기는 다음과 같다.

세 명의 딸과 함께 살고 있는 어느 아버지가 집안이 가난해 한 명도 출가시킬 수 없음을 항상 걱정하고 있었다. 그는 여러 가지로 궁리한 끝에 마귀의 유혹으로 딸들을 모두 악마의 소굴로 팔아 버리려는 생각을 했었다.

이 소식을 들은 니콜라오는 매우 놀라며 그 가련한 딸들을 돕고자 했으나 원래가 겸손한 성격의 그인지라 낮에는 못하고 밤중에 남 몰래 한 명의 딸이 출가하기에 넉넉한 돈을 그 집 담 너머로 던져 놓고 돌아왔다. 그리고 그 다음 밤도 또 다음 밤도 그렇게 하여 세 명의 딸이 출가할 만한 돈을 준 것이다.

거듭되는 이러한 은덕의 주인을 모르는 딸들의 아버지는 사흘 째되는 밤에는 자지 않고 지켜 그 사람이 바로 니콜라오임을 알게 되었다. 니콜라오는 발각되자 몹시 당황하며 비밀로 해줄 것을 부탁했다. 그러나 세상에는 비밀이 없는 법! 어느새 그 자선의 미담이 널리 온 세상에 퍼지게 되어 오늘에 이른다.

그가 훌륭한 준비로 사제가 된지 얼마 안 되어서의 일이다. 미라의 대주교가 서거하고 그 후임을 이어갈 적당한 사제가 없어 주교들이 열심히 기도했다. 그러던 어느 날 밤, 하늘에서 이런 소리가 들려왔다. "내일 아침 제일 먼저 성당에 들어오는 니콜라오라는 사람이야말로 하느님의 눈에 가장 적당한 인물이다." 그때 마침 니콜라오는 미라에 머물러 있었는데, 이튿날 아침 성당에 조배하러 갔다가 제일 처음 들어간 사람이 되었고, 주교들이 이름을 물어 그가 대답하자 곧바로 주교로 축성되었다. 어리둥절한 그는 처음에는 극구 사양했으나 하느님의 뜻에 따르는 의미에서 기쁘게 승낙하여 그 책임을 맡았다.

디오클레시아노 황제 시절, 황제는 교회를 전부 불태울 것과 주교, 사제는 물론 평신도까지 모조리 죽이라는 엄명을 공포했다. 그러나 중심지와 떨어진 지방에서는 그곳 지방관리의 재량에 의해 약간의 관대한 처분이 있었던 곳도 있었다.

니콜라오 역시 체포되어 끝까지 신앙을 져버리지 않아 심한 고문을 당하고 투옥되었고 그는 그 상태로 콘스탄티노 홍제가 가톨릭의 신앙 자유를 선포할 때까지 있었다.

그는 마침내 석방되어 교회 부흥, 특히 신자들의 쇄신과 이교도들의 개종에 전력을 기울였으며 그 당시 한창 번성하고 있던 아리우스파에 대항해 싸웠고 니케아 공의회에도 참석했다.

니콜라오는 열렬한 신앙과 아울러 박애 사업에도 뜻이 깊었다. 그의 교구는 가난해 식량까지도 먼 곳에서 구입할 형편이어서 교구 내의 가난한 사람들은 궁핍에 쪼들려 끼니를 거를 때가 많았다. 그러나 이때마다 하느님의 충실한 종 니콜라으의 놀라운 기적으로 그들을 몇 번이나 구했다.

어느 해의 일이다. 식량을 가득 실은 수 척의 배가 폭풍에 밀려 미라 해안에 표착(漂着)되었다. 그때 미라 시민은 기아에 허덕이는 때였으므로 니콜라오는 각 선장에게 백 톤씩의 밀을 기증해 줄 것을 간청했다. 주교의 정성 어린 간청에 못 이겨 선장들은 이를 승낙해 식량을 분배해 주었다. 그런데 출항 후 그 수량을 살펴본즉, 신기하게도 줄어들었을 식량이 이전과 같았으므로 기적임을 안 선원들은 감탄을 금하지 못했다 한다.

니콜라오는 남의 허물을 뒤집어쓰고 사형을 받게 된 억울하고도 가련하기 짝이 없는 3명의 청년을 구해 준 일도 있고, 억울한 죄목을 쓰고 사람들의 비난, 공격을 받으며 처형될 뻔한 수명의 고관을 하느님의 힘으로 기적적으로 구출해 준 일도 있으며, 더욱이 선원들의 위험에 기적을 행하여 그들을 구해 준 일은 여러 번 있었다. 그가 지금도 가톨릭 신자인 선원들의 수호 성인으로 되어 있는 이유는 이러한 기적에 기인해서이다.

그는 341년에 세상을 떠났다. 살아있을 때에 많은 기적으로 불쌍한 사람을 도와 준 그는 사후에도 많은 사람들의 존경을 받으며 하느님께서도 그의 전구로 수많은 기적을 행하셨다.

1087년 그의 유해를 이탈리아의 바리에 이승했다. 그 후 그 묘지에서 여러 기적이 일어났으며 지금도 많은 사람들이 끊임없이 순례한다.

【 교 훈 】

성서는 선행을 하는 데 있어서 "자선을 베풀 때에는 위선자들이 칭찬을 받으려고 회당과 거리에서 하듯이 스스로 나팔을 불지 말라. 나는 분명히 말한다. 자선을 베풀 때에는 오른손이 하는 일을 왼손이 모르게 하라"(마태 6, 2)고 하셨다. 우리도 수많은 선행을 다른 사람 모르게 쌓은 성 니콜라오는 본받자. 그리하면 숨은 곳에서 보시는 주님께서 공심판 때에 드러나게 상을 주시고 천국에서 한층 풍부한 보상을 주실 것이다. 자기의 선전과 같은 선행은 후세에서는 별로 공로로 남지 못한다.

톨렌티노의 성 니콜라오 증거자
[St. Nicolaus a Tolentino, C. 축일 9. 10.]

톨렌티노 시는 이탈리아의 항구인데, 니콜라오가 톨렌티노의 성인이라 불리게 된 것은 그가 톨렌티노 시의 출신은 아니지만 장년부터 생을 마칠 때까지 그 도시에서 살면서 사람들의 영혼 구원을 위해 활동했고, 또 그의 성덕으로 시민의 거울이 되어 사후에 그 도시의 주보 성인으로서 공경을 받게 된 것이 그 이유 중의 하나요, 둘째로는 미라 시의 출신인 동명의 성인과 구별하기 위함이다.

그의 양친은 매우 열심한 신자였으나 오랫동안 자녀가 없는 것을 한탄하며, 미라의 성 니콜라오의 전구를 청하면서 하느님께 자녀 하나를 낳게 해주실 것을 애원하며 파리에 있는 성인의 무덤을 참배하고 왔더니 과연 얼마 후에 옥동자를 낳게 되어 성인께 감사하는 마음으로 그 아이의 이름을 니콜라오라고 했다.

니콜라오의 출생지는 성 안젤로라는 시골이었다. 어릴 때부터 독서를 즐겼으며 공부할 생각으로 톨렌티노 시에 있는 성 살바도르 성당 비서 신부를 만나 그 뜻을 전했을 때 그 신부도 소년의 재주가 뛰어남을 알고 장래 사제로 양성하기 위해 쾌히 장학금을 알선해 주었다.

1265년 열아홉 번째 봄을 맞이한 어느 날, 성 아우구스티노 관상 수도회의 사제 한 분이 '세상의 허무함과 하느님께 봉사하는 자의 행복'이란 제목으로 강론하는 것을 듣고 이에 대단히 감동하여, 그렇지 않아도 세속과 교제하기를 싫어했던 그는 수도자가 되기를 결심하고 즉시 그 수도회의 입회를 청했다. 이에 수도원장도 청년의 좋은 뜻과 재주의 비상함을 기뻐하며 곧 승낙했다.

성 아우구스티노 관상 수도회의 일원이 된 그는 그 회의 준엄한 규율을 충실히 지키며 동료들이 감탄할 정도로 어려운 고신 극기의 생활을 했다. 그 소식을 들은 부모, 친족들은 그의 몸을 생각하여 좀더 쉬운 수도회에 들어가도록 권고했으나 아무 효과가 없었다. 그리고 때로는 그런 고행을 책하는 사람이 있으면 그는 이렇게 대답했다. "나는 편안한 생활을 찾아서 이 수도원에 들어온 것이 아닙니다."

니콜라오는 성품 성사를 받아 사제가 되었고 그의 특별한 임무는 순회 강론(巡廻講論)과 고해 성사를 주는 것이었다. 자신에 대해서는 극히 엄격했지만 타인에 대해서는 극히 부드러웠으며 자비로운 아버지와 같은 온정으로 죄인을 회개시키기에 노력했다. 그러므로 많은 사람들이 그에게 성사를 보기 위해 사방에서 모여든 것도 이상한 일이 아니었다. 더욱 신자들의 감탄을 사게 된 것은 죄인들의 보속을 자신이 도맡아 극기 생활로 대신해 주려고 노력했다는 점이다.

심한 고행과 활동은 그에게 피로를 가져왔다. 니콜라오는 마침내 병석에 눕고 예수 수난의 성화를 바라보면서 조용히 눈을 감았다. 때는 1306년 9월 10일이었으며, 나이는 60세였다.

【 교 훈 】

죄악의 완전한 소멸을 고해 성사를 보는 것만으로는 부족하다. 이 세상에서나 혹은 연옥에서 보속으로 완전한 때를 씻어야만 되는 것이다. 그러므로 성 니콜라오가 죄인의 보속을 한 몸에 지니고 무서운 고신 극기로 대신한 것은 마치 세상의 속죄를 위하여 십자가의 희생 제물이 도신 예수와 흡사하며 대단한 사랑의 행위라 아니할 수 없다. 우리도 이런 방법으로 타인에 대한 사랑과 정성을 표시할 수 있다. 부모는 자녀를 위하고 자녀는 부모를 위하여, 혹은 부부간에 서로서로 사랑하는 상대를 위하여 대신 보속을 해줌으로써 이런 좋은 일을 이룰 수 있는 것이다.

성 다마소 1세 교황
[St. Damasus Ⅰ, Pap. 축일 12. 11.]

다마소는 305년에 태어났다. 그때 로마 제국은 디오클레시아노 황제 시절로, 고금 미문의 잔혹한 박해가 있었으나 다행히 그의 양친은 관헌의 마수를 피할 수 있었다. 다마소는 부모의 사랑을 받으며 무럭무럭 자라났다. 그가 여덟 살이 되었을 때, 천하를 장악한 콘스탄티노 대제가 교회의 자유를 선포하여 교회에는 마침내 봄빛이 깃들이기 시작했다.

그의 가족은 모두 독실하고 경건한 사람들이었다. 아버지는 후에 성직에 오르고 어머니는 수도 서원을 했으며, 여동생 이레네는 종신 동정을 지켰다.

그는 355년 교황 리베리오의 보좌 신부가 되었으며 얼마 후 콘스탄티노 대제가 교황을 추방하자 다마소는 로마 성직자 일동에게 변함없는 충성을 서약하고, 교황의 위임을 받아 그의 부재중 교회를 대리 통치했고, 그리고 10년 후 리베리오 교황이 서거하자 그는 정식 선거를 통해 그 후계자가 되었다.

그때 울시티노라는 한 부제가 야망에 눈이 어두워 몇몇 군중의 힘에 움직여 교황이라 자칭하며 나섰으므로, 양 교황간에 투쟁이 일어나 큰 소동을 빚었다. 당시 로마 시장인 유벤티노는 거짓 교황 울시타노에게 시외에 퇴거하기를 요구했다.

그러자 울시티노는 무력으로 승부를 가리지 못했음을 원통히 여겨, 이번에는 갖은 거짓말과 비난을 다마소에게 퍼부었다. 다마소는 조금도 마음을 어지럽히지 않고 곧 주교 회의를 열고 정식 교황 여부의 흑백을 가렸다.

그 후 다마소는 다시 한번 정식으로 성 베드로의 정통 후계자임을 인정, 공포했다. 다마소는 소동을 일으킨 울시티노와 그 동료들을 용서 없이 처벌

할 수 있었음에도 불구하고, 관대한 마음에서 이를 불문에 붙이고 덕으로써 그들을 감화시켜 마침내 그들은 항복하고 말았다.

그 당시 아리우스 이단이 고개를 들고 교회를 전복하고자 했으므로 교황은 그 이단에 마음을 두고 있는 주교들을 파면하는 동시에 올바른 신앙에 있는 주교들을 옹호했다. 성 아우구스티노와 성 암브로시오 등 유명한 교부들이 교황을 원조하여 대활약을 한 것도 바로 이 시기였다.

다행히 황제 발렌티니아노도 교회측에 가담해 특별 칙령을 내려 교황권을 존중하고 정통 신앙을 따르도록 유시했다. 이렇게 호교를 위해 투쟁하는 중에도 그는 신앙의 기반이 되는 성서의 중요성을 통감하고, 성 예로니모에게 라틴어로 성서를 번역하도록 부탁해 이것을 신자들에게 사용하도록 했다. 오늘날의 유명한 불가타 성서(대중 라틴말 성서)가 바로 이것이다.

그 외 다마소는 로마에 몇 개의 성당을 건축하고, 순교자의 유골을 모셔둔 카타콤바의 보존을 위해 그 매몰된 것을 발굴케 하고, 성인들의 묘를 대리석으로 개축해 손수 지은 비명(碑銘), 송덕(頌德)의 시편을 조각가 필로카로를 시켜 새로운 글씨체로 조각하게 했으며, 다윗의 시편에 영송(榮誦)을 첨가해 성직자로 하여금 읊게 했다.

이렇게 여러 가지 빛나는 자취를 남긴 다마소는 교회를 통치하기 18년, 80세의 고령으로 세상을 떠났다. 그의 유해는 그가 생전에 알데아티나 가로(街路)에 세운 성당에 안장되어 오늘에 이르고 있다.

【 교 훈 】

성 다마소 1세 교황이 그 반대자들에게 취한 태도는 우리가 배울 만한 훌륭한 거울이다. 그는 상대자의 거짓말이나 중상에도 마음을 산란히 하지 않고 성스러운 생활을 하며 지식인들의 비판을 바라고 결백을 보존하였으며, 상대자에게 복수를 가하지 않고 너그러운 덕으로 죄를 용서해 주며 성덕으로 그들을 감화시켰다. 이는 물론 하루아침이나 밤에 이루어지는 경지는 물론 아니나, 적어도 가톨릭 신자라면 이런 성덕을 목표로 전진해야 할 것이다.

예수의 성녀 데레사 동정 학자
[Sta. Teresia a Iesu (de Avila), V. D. 축일 10. 15.]

아빌라의 성녀 데레사는 역시 동명의 예수 아기의 성녀 데레사와 구별하기 위해 대 데레사라고 부를 때도 있는데 사실 그녀는 이름에 못지않는 드문 대 성녀이며 교회와 종교를 위한 발군 공적(拔群功績)을 남긴 분이다.

데레사는 1515년 3월 28일, 스페인의 아빌라에서 태어났다. 양친은 신심이 두터운 귀족으로 자녀들을 모두 가톨릭 정신에 입각하여 교육시켰다. 그의 아버지는 독서를 즐기는 분으로 자녀들에게도 유익한 독서를 시키기 위한 좋은 서적을 마련해 주었는데, 데레사는 일곱 살 때부터 네 살 위인 오빠 로드리고와 같이 성인 행적을 읽으며 순교자들의 장렬한 죽음을 보고 매우 감동되어 어린 마음에 자기도 교회를 위해 생명을 바치겠다는 뜻에서, 부모의 반대를 꺼려 몰래 집을 나갔는데 다행히 큰 아버지에게 발견되어 집으로 다시 끌려왔다.

12세 때 어머니를 여읜 데레사는 성모상 앞에 꿇어 눈물을 흘리며 돌아가신 어머니 대신 자기의 어머니가 되어 달라고 기도했다. 그러나 돌봐주는 어머니도 없고, 또 많은 사람들의 나쁜 표양 때문에 세속적으로 흘러감을 염려한 아버지는 그녀가 14세 때, 아우구스티노 수녀원에 위탁하여 교육을 시켰다. 데레사는 그곳에서 자라며 차차 마음이 바로 잡혀가는 중에 병에 걸려 친가에 요양하러 가게 되었다. 그때 신심이 두터운 큰 아버지를 만났는데 그는 데레사에게 다정스러이 세상의 허무함을 설명해 주었다.

집에 돌아와 요양하면서 성 예로니모가 성녀 바울라와 성녀 에우스토치움에게 보낸 서간을 읽고 마침내 수녀가 될 것을 결심하고 19세 때 아빌라에 있는 가르멜 수녀원에 입회했다.

수련자가 된 그녀를 시험하기 위해 장상들은 환자수녀를 간호하는 임무를 맡겼다. 그 환자의 병은 아무도 그 근처에 가기를 두려워하는 종류의 병이었다. 그러나 데레사는 잘 참고 감정을 억제하며 그 불행한 환자 수녀를 친절히 보살펴 주었다. 이것이 하느님의 성의에 맞았음인지 그때부터 데레사는 마음에 말할 수 없는 감미로운 위로를 맛보았다. 이렇게 되자 이제는 환자를 간호하는 것이 매일의 기쁨이었고 나아가서 자기도 그러한 병에 걸렸으면 하고 원하게 되었다.

그 기도가 허락이 되었음인지 병석에 눕게 되자 아버지는 다시 그 딸을 집에 데려다 요양시키기로 했다. 데레사는 투병 8개월 만에 겨우 건강이 회복되어 수녀원에 돌아갔으나 역시 몸의 허약을 면할 길 없었다.

그녀는 육체적으로 고통을 당하는 동시에 정신적으로도 고민에 싸였다. 즉 완덕에 나아갈 열렬한 동경을 품고 수녀원에 들어왔는데, 원래 수녀들의 수도 정신이 이완되었음인지, 혹은 경제적 관계로 외부와 교제를 끊지 못한 탓이었는지, 너무나 속화되어 있어 환멸과 비애와 불만을 초래했다.

그러던 중 데레사는 2가지 이유로 일대 각성할 기회를 얻었다. 그중 하나는, 어느 날 성당에서 기도를 하다가 예수께서 매질을 당하시는 장면을 그린 상본을 쳐다보고 자기도 모르게 감동되어 자기의 냉담한 처지를 깊이 부끄럽게 여긴 것이요, 또 하나는 열심히 읽고 있던 아우구스티노의 고백록에 비추어 자기 영혼의 한심스러운 처지를 발견하고 갑절의 열심을 분발시켜야 되겠다고 통감한 사실이다. 그때부터 영적(靈的)으로 다시 살아났다. 고해 사제의 명령에 의해 기록된 자서전에는 다음과 같은 말이 있다. "그때까지 내 생활은 내 자신의 것이었으나, 그 후부터의 내 생활은 내 안에 계시는 예수의 생활이었다."

자기 안의 예수의 생활, 이것이 바로 유명한 데레사의 신비 생활의 기본이다. 그녀는 별로 학식이 깊은 것은 아니었지만, 그녀의 저서는 지금까지 신비 신학의 기초로서 존중되고 있다. 이는 전지 전능하신 하느님께서 그녀에게 심오한 신비계의 진리를 계시하시고 가르쳐 주시는 대로 기록한 책으로서, 말하자면 데레사 안에 계신 주님 자신이 적으신 책이라고 볼 수 있는 것이다.

그녀의 신비 생활에 관한 저서는 여러 가지가 있으나 그중에서도 유명한 '영혼의 성'은 수도자로서 반드시 볼 만한 것이다.

데레사는 영혼을 신비계로 끌어들이는 동시에 밖으로는 가르멜회 개혁을 도모했다. 평소에 냉랭하고 신심이 박약한 수녀들은 사회인과 합류하여 데레사와 그 동료들을 과격파들이라고 비난하고 공격했다. 그래서 데레사

등은 지극한 곤경에 봉착했는데, 본래 사(邪)는 정(正)을 이기지 못하는 법인지라, 마침내 그 개혁은 성공하여 각처에 있는 여자 수도원은 물론, 남자 수도원에까지 커다란 자극을 주었고, 그녀는 수도원 창설 내지 개혁을 위한 의논 상대로서 유일한 존재가 되었다.

거기에 하느님께서도 데레사를 기꺼이 여기사 가끔 신기한 일이 그녀에게 일어나도록 해주셨다. 이탈리아의 유명한 조각가 베르니니의 작품으로 된 그녀의 성상에 표시된 바와 같이, 그녀의 가슴에 박힌 성흔(聖痕)도 역시 그 일례이다. 즉 그녀가 기도를 하고 있을 때 손에 불 창을 든 천사가 나타나 사정없이 그녀의 심장부를 찔렀다. 그와 동시에 하느님께 대한 뜨거운 사랑이 그녀의 가슴이 타 없어질 듯이 우러남을 느꼈다. 그것에 대해 정신적 체험에 불과하다고 해석하는 사람도 있지만, 대부분은 데레사가 육체적으로도 그 상처를 받았다고 해석한다.

앞서 말한 바와 같이 그녀의 신비 생활은 아름다운 장미꽃이 피는 길이 아니고 가시덤불이 가로놓인 험악한 길이었다. "나를 따르려는 사람은 누구든지 자기를 버리고 매일 제 십자가를 지고 따라야 한다"(루가 9, 23) 하신 주님의 말씀은 그녀에게 여실히 적용된 셈이다. 고행, 겸손, 희생 등은 그녀가 평소에 지닌 십자가였다. 그녀는 그런 십자가를 열애했다. 이는 "주님! 당신을 위해 고통을 받겠습니다. 그렇지 못하면 차라리 죽겠습니다"고 한 그녀의 말이나, "데레사의 사랑을 받으려면 그녀를 학대하거나 또는 그녀에게 부끄러움을 당하게 하는 것이 제일 빠른 길이다"고 한 아빌라의 주교의 말에 비추어 알 수 있다.

데레사는 극기 수덕의 길을 걷는 도중 1582년 9월 2일, 67세에 중병을 얻어 병석에 눕고, 뒤이어 10월 4일 밤중에 사랑하는 하늘의 배필을 만나 뵈러 영원한 길을 떠났다. 임종이 임박하자 그녀는 주님과 영원한 일치를 할 기회가 왔음을 즐겨 기뻐하며, 얼굴에 희색을 감출 수 없어 몇 번이나 "주님! 저는 거룩한 교회의 딸입니다"를 거듭 외치고 숨을 거두었다.

그녀는 1622년 사후 40년만에 교황 그레고리오 15세에 의해 시성되었다. 그 후부터 세계적으로 데레사를 존경하게 되었으며, 그녀를 교회의 여 박사 또는 신비 신학 박사라고 부르게 되었다.

【 교 훈 】

성녀 데레사가 교회에서 신비 생활의 지도자로 존경을 받은 것은 우선 자기를 버리고 하느님과 고해 사제의 지시를 잘 따른 순명의 결정인 것이다. 사실 "누구든지 자기를 높이는 사람은 낮아지고 자기를 낮추는 사람은 높아진다"(마태 23, 12) 하신 주님의 말씀은 우리를 속이지 않으신다. 그러니 우리도 사람을 지도하려면 먼저 우리 자신이 하느님의 계명을, 많은 사람의 모범이 될 만큼 지켜야 할 것이다.

포교 사업의 수호자 예수 아기의 성녀 데레사 동정

[Sta. Teresia a Iesu Infante, V. 축일 10. 1.]

예수 아기의 성녀 데레사와 같이 하루아침에 모든 사람의 경탄과 감동을 일으킨 성녀는 드물다. 그녀는 프랑스에서 태어나고 프랑스에서 사망했다. 그러나 그녀에 대한 공경은 얼마 안 가서 온 세상에 전파되었다. 그녀는 불과 24세라는 젊은 나이로 세상을 떠났으나 사후 단시일에 성인품에 오른 분도 드물다.

그녀는 1873년에 태어나 1897년 9월 30일에 사망했으므로 현대의 성녀라고 할 수 있다.

그녀의 출생지는 북 프랑스의 알랑송이다. 부모는 다같이 매우 신심이 두터웠으며 아홉 명의 아이를 낳기 전부터 하느님께 바쳤다. 데레사는 아홉 명 중에서 막내로 어려서부터 경건했다. 이것은 그녀의 본래 성격 외에 양친의 훌륭한 표양을 본받았기 때문일 것이다. 그녀는 겸손하고 양순하며 부모를 극진히 사랑했는데, 특히 아버지를 잘 따랐다.

그녀는 8세에 리지외에 있는 베네딕토회 소속인 학교에 들어가 그 기숙사에서 기거하게 되었는데 그때부터 동료들 간에 모범이 되었다. 9세에 중병에 걸려 위독하게 되었으나 동정 성모 마리아의 전구하심으로 완쾌되었다. 그 병실에는 성모상이 놓여 있었는데, 그 성상이 자기를 보고 미소를 띠고 있었다는 것이다.

데레사는 15세 때에 리지외에 있는 가르멜회 수녀원에 들어가고 싶었으나 나이가 너무 어리다는 이유로 승낙을 받지 못했다. 그녀는 예수께 모든 것을 바치고 조용한 수도원에서 일생을 주님께 바치고자 했었던 만큼 이러한 거절은 큰 슬픔을 주었다. 그때 그의 아버지는 다른 신자들과 같이 로마에 순례 여행을 떠났다. 데레사도 아버지와 함께 로마에 갔었는데 그녀는 지금의 나이로 가르멜 수녀원에 들어갈 수 있도록 교황께 청원하려고 했다. 그러나 어떤 절차를 밟아야 할지 도무지 알 길이 없었다.

순례자 일동이 교황을 알현하고 교황으로부터 말씀을 들을 때였다. 순례자 각자는 교황의 반지에 친구하고 나오는 것이었는데 데레사는 자기 차례가 되자 용기를 내어 간단한 말로 자기 나이는 비록 어리지만 꼭 수녀원에 들어가고 싶다고 말씀드렸다. 교황은 그런 일은 소속 교구 주교께 말씀드리라고 했으나 그녀는 되풀이하여 열심히 애원했다. 그러자 교황은 "딸아, 안심하여라. 하느님의 뜻이라면 꼭 수녀원에 들어갈 수 있을 것이다" 하고 위로해 주었다. 귀국하자 데레사는 곧 주교께 편지를 보냈고 얼마 후에는 수녀원에 들어갈 허락을 받았다. 그러나 수녀원장은 그녀를 시험하려고 다시 3개월 더 기다리라고 하며 돌려보냈다. 데레사에게는 크나큰 희생이었지만 참고 순명했다.

마침내 소원이 이루어져 그녀가 동경하던 가르멜 수녀원에 들어가게 된 것은 1888년 4월 9일이었다. 그때는 이미 어머니가 세상을 떠난 후이므로 그녀의 아버지가 데레사를 수녀원에 데려다 주고 돌아왔다. 어린 것을 떼어 놓고 돌아서는 아버지의 마음은 얼마나 슬펐으랴! 그는 이미 세 명의 딸을 같은 수녀원에 보냈고 데레사까지 네 명째였던 것이다. 그러나 그는 하느님을 위하는 마음에서 사랑하는 사람과 헤어지는 쓰라림을 잘 참았다. 그의 이 거룩한 희생은 훌륭하게 보답되었으니, 마지막으로 하느님께 바친 막내딸이 위대한 성녀가 되어 모든 사람의 존경을 받게 된 것이다.

성인이 되려면 항상 분투 노력해야 한다. 데레사도 불요 불굴의 노력과 무수한 시련을 겪고서 성역에 도달한 것이다. 그녀의 고행과 희생에 대해서는 오직 하느님께서만 잘 아시는 일이지만 사람의 눈에 뜨인 것도 몇 가지 있다. 그러나 데레사에게 어떤 장점이 있는가에 대해서는 원장이나 동료 수녀들도 오랫동안 모르고 지냈다. 그녀의 성덕의 뛰어남을 깨닫게 된 때는 이미 데레사의 여생이 얼마 남지 않았을 때였다.

그녀는 어린이와 같은 완전한 순명의 덕을 배우기 위해 온갖 노력과 희생을 다했다. 어떠한 천한 일이든 이를 즐겨 하고 자기를 완전히 극복하는 극기의 덕을 닦기에 전심했다. 그녀는 본래 체질이 약해서 병에 걸리거나 혹은 불편을 느낄 때가 많았다. 그러므로 그녀가 얼마나 고생을 했고 또 얼마나 분발심을 가지고 살았는가는 오직 하느님께서만이 아실 것이다.

데레사는 하느님을 열애하고 또 다른 사람도 뜨겁게 사랑하여 모든 영혼을 구하려는 열에 불타고 있었다. 그래서 그녀는 죄인들의 회개를 위하여, 사제들을 위하여, 특히 먼 지방에 가 있는 선교 사제들을 위하여 끊임없이 기도했다. 그리고 마지막에는 오랜 중병으로 병석에 누워 있으면서 견디기 힘든 고통을 한마디 불평 없이 참아 견디며 머나먼 지방에서 선교하는 사람들을 위해 바쳤다. 그러므로 이 훌륭한 선교사인 데레사를 교황께서 전 세계 신학교와 선교 사업의 수호 성인으로 정한 것은 지당한 일이었다.

데레사는 사후에도 좋은 일을 많이 하겠다고 했다. 그녀가 임종 때 "내가 천국에 가면 지상에 장미의 비를 내리도록 하겠습니다"라고 한 것은 그런 의미였고 장미의 비는 은총을 말하는 것이었다. 실지 그녀는 천국에서 많은 사람의 영혼을 구하고 또 많은 죄인들을 회개의 길로 인도한 것이다.

그녀는 1897년 선종하고, 1923년 시복, 1925년 영광스런 시성식을 받았다. 데레사를 공경하는 신심은 그 사후 즉시 전 세계에 전파되었다. 그 원인은 데레사의 전구로 인해 많은 기적이 있었다는 것뿐 아니라 그녀의 훌륭한 덕망에도 기인한 것이다. 데레사는 별로 세계 역사 상에 남을 만한 대사업을 이룩한 것은 아니다. 다만 하느님을 열애하는 마음에서 매일 매일의 자기의 본분, 더구나 사소한 일까지 빈틈 없이 충실히 지켰기 때문에 이런 큰 영광을 차지한 것이다.

【 교 훈 】

우리도 성녀 데레사의 길을 따르자. 이는 '작은 길'이라고 불리며, 매일의 임무를 충실히 이행하며 모든 기쁜 일, 슬픈 일을 겸손되이 잘 감수하면서 하느님께 감사하는 것을 뜻하는 것이다. 이는 사람의 눈에는 뜨이지 않을 보잘것없는 일인지는 모르나, 하느님 대전에는 진실로 위대한 가치가 있는 것이다.

성녀 도로테아 동정 순교자
[Sta. Dorothea, V. M. 축일 2. 21.]

성녀 도로테아에 대해서는 로마에 있는 성인록에 "성녀는 카파도치아의 가이자리아에서 그 지방 총독 사프리디오의 명령으로 체포되어 고문을 당하고 뺨을 맞고 끝으로 참수의 형을 받아 순교했다"라고 간단히 기록되어 있을 뿐이지만 그 당시부터의 전설을 조사해보면 더욱 자세히 알 수가 있다.

그것에 의하면 도로테아는 가이자리아에서 초대 그리스도교 신자 중에서 신분도 높고 덕행으로도 뛰어났는데, 이교인이고 방탕자인 가이자리아 총독한테 구혼(求婚)을 받았을 때 상대자의 부도덕함을 싫어하고 또 자기 신앙의 입장을 생각하고 이를 거절했다. 그러자 단념하지 못한 총독은 그녀의 결심을 번복시키기 위해 한 꾀를 내어 신자이면서도 품행이 좋지 않은 소녀 둘을 보내어 그들의 유혹으로 도로테아의 정결을 손상시키려고 했던 것이다.

이 계획은 완전히 실패해 두 소녀는 오히려 도로테아의 열렬한 신앙에 감동되어 회개하고 다시 바른길로 돌아왔으므로 사프리디오는 대노하여 즉시 그들 전부와 도로테아도 그리스도교 신자로서 체포하고 감옥에 가두었다. 그 후 도로테아는 고문을 당하게 되어 횃불로 옆구리를 지짐을 당하고 형언키 어려운 형벌을 당했지만 하느님께 의탁하며 끝까지 잘 인내했다. 이런 씩씩하고 용감한 태도를 보고 감탄한 사람은 그녀의 변호인이었던 데오필로라는 이교인이었는데, 그는 경탄한 나머지 "어떻게 당신은 그와 같은 고통을 인내할 수 있습니까?" 하고 물으니, 그녀는 "영혼의 정배 예수 그리스도께서 이런 기이한 힘을 내려 주십니다" 하고 미소를 띠면서 대답했다.

"천국이란 무엇입니까?"

"천국이란 우리 인간이 상상도 할 수 없을 정도로 즐겁고 아름다운 꽃밭과 같은 곳입니다."

데오필로는 매우 믿을 수 없는 것처럼 농담삼아 "그러면 당신이 천국이라는 곳에 가게 되면 그곳의 장미꽃을 보내 주지 않으렵니까?" 하니까 도로테아는 진심으로 "네, 반드시 보내드리겠습니다" 하고 약속했다.

그 후 곧 그녀는 교회를 위해 순교함으로써 깨끗한 동정녀로서의 생명을 하느님께 바쳤다. 또한 그녀로 인해 회개의 은혜를 얻은 두 소녀도 자기의 피를 흘리며 전죄를 보속하고 순교의 화관을 받았다. 그리고 데오필로가 농담으로 부탁한 것도 사실 받게 되었는데, 그것은 도로테아가 순교한 이튿날 아침, 데오필로의 집 문 앞에 나타난 아름다운 한 청년이 "이것은 도로테아가 보내서 가져온 것입니다"라고 하면서 그때는 한창 겨울이었음에도 불구하고 향기 돋기는 장미꽃과 맛이 있을 과일 한 바구니를 그에게 전하자마자 즉시 보이지 않게 되었다. 이와 같은 확실한 기적을 본 데오필로는 즉시 교회를 믿을 결심을 하고 그 후 얼마 안 되어 도르테아의 뒤를 따라 순교했다고 한다.

【 교 훈 】

성녀 도로테아의 전설 중 특히 우리가 유의할 점이 하나 있다. 그것은 착한 생활은 죄인을 개종시키고 이교인을 진리로 인도한다는 것이다. 그러므로 우리도 도로테아를 본받아 정결한 생활로써 이교인들을 진리로 이끌도록 노력하자.

성 도미니코 사제

[St. Dominicus, C. 축일 8. 8.]

가톨릭의 큰 수도회 중에서도 도미니코회는 규모가 크며 유명한 수도회 중 하나이다. 그 창립자가 바로 지금 말하려는 스페인의 칼렐루에가 출신인 성 도미니코 데 구스만이다.

그의 아버지는 펠릭스 데 구스만이요, 어머니는 귀족 폰 아자 가문의 요안나인데 두 분 모두 신심이 두터운 분들로서, 그중 요안나는 1828년 복자 위에 오른 분이다. 도미니코는 이러한 부모에게서 1170년 맏아들로 태어났다. 그는 부모님의 철저한 감독아래 훌륭한 교육을 받았으며, 7세 때에는 어머니의 삼촌이 되는 경건한 신부에게서 교육을 받았다.

 그는 14세의 소년으로 일찍이 팔렌시아 대학에 입학해 그로부터 10년간 열심히 학문을 연구하고 24세에 사제 서품을 받았다. 서품 후 그는 스페인의 오스마 주교좌 성당의 참사 회원이 되었다. 이 참사 회원들은 장백의(長白衣)에 두건(頭巾)이 달린 망토를 착용했는데, 이것이 도미니코회의 수도복이 된 것이다.

 젊은 신부 도미니코는 모든 임무를 자기 양심에 만족될 정도로 완수했으며, 때로는 사람들의 구원을 위해 철야 기도를 했다. 얼마 후 참사회 부원장이 되었고, 1201년에 원장이 되었다.

 그러나 그를 더욱 세상에 알리기 위함이 하느님의 뜻이었던지, 1203년 스페인 왕 알폰소가 그의 왕자를 남 프랑스 왕후(王侯)의 딸과 결혼을 성립시키기 위해 사절을 보낼 때 도미니코도 일행에 끼게 되었다. 그는 만나는 사람에게 모두 큰 감명을 주었는데, 그것은 그가 연마한 성덕과 두터운 애정, 우아한 성격이 그들에게 신성한 위풍을 보여주었기 때문이다.

 사절단은 남 프랑스에까지 도착했으나 아무 성과도 거두지 못했으니, 그 목적하던 공주는 이미 이 세상을 떠난 뒤였기 때문이었다. 일행은 할 수 없이 방향을 바꾸었는데 돌아오는 길엔 알비파의 이단으로 인해 소란한 지방을 통과하게 되었다. 거기에는 교황 사절로 시토 수도원장인 아놀드와 베드로 카스텔로가 1년 전부터 파견되어 있었다. 이 두 분은 설교와 권유와 기타 모든 힘을 다하여 이단자들의 회개를 위해 일했으나 아무 효과도 거두지 못했다. 그런데 하루는 "당신들이 이단자들의 회심을 바란다면 그들처럼 가난하고 겸손하며 고행의 생활을 하지 않으면 안됩니다" 하고 권고하는 사람이 있었다. 이러한 충고를 한 사람은 디에고 주교였다. 도미니코도 그 의견에 흔쾌히 동의하고 교황 사절을 도와 청빈의 검소한 생활을 하며 엄격한 고행을 실행했다. 이 성전(聖戰)의 전우 디에고 주교는 애석하게도 1207년 임종했다. 그러나 도미니코는 여전히 그런 생활을 계속하여 1215년에 이르렀다.

그동안 이교도의 미움을 사게 되어 여러 번 암살 당할 뻔했으나 그때마다 주님의 특별한 도움으로 그 난을 면했다.

원수들은 술책을 바꾸어 이제는 공개 토론을 하자고 하였다. 도미니코는 물론 이를 받아들여 보기 좋게 그들을 논파하여 대단한 성과를 거두었다. 그가 강론 때 특별히 강조한 것은 사람들에게 가끔 성모송을 외우라는 것이었다. 그리고 그 수는 일정 수에 달하도록 하라는 것인데, 이것이 묵주 기도의 시작이었다. 그의 제창은 큰 반향을 일으켜 마침내 많은 신자들이 성모송을 외우기 위해 묵주를 사용했다.

도미니코는 종교상의 여러 가지 폐단은 종교 지식의 결핍에 기인하는 것으로 생각하고, 설교와 종교 교육을 주로 하는 수도회가 필요하다는 것을 늘 느껴왔기에 디에고의 별세 후 도미니코는 수명의 동료 신부들과 설교와 종교 교육을 위해 온 힘을 기울이고 있었다. 그동안 툴루즈 주교의 도움으로 새 수도회를 조직하고 그 수도복은 전술한 바 참사 회원복을 그대로 착용했다. 또 두 서너 교구에서 그 교구의 주교가 될 것을 요청해 왔으나, 겸손한 도미니코는 모두 거절해 버렸다.

1215년에는 6명의 회원이 모였다. 도미니코는 그들을 툴루즈에 있는 어느 가옥에 거주케 하고, 착사인 알렉산테르를 원장 겸 지도자로 정하고, 자기는 인가를 얻기 위해 로마 교황청으로 향했다. 교황 인노첸시오 3세는 개인적으로는 그를 인정하고 싶었으나 당분간 새 수도회는 일절 인준치 않기로 결정한 관계로 매우 당황했다. 그러나 주님의 묵시도 있고 해서 결국 임시 허가를 했다.

도미니코는 하느님의 묵시로 아시시에 있는 프란치스코가 성인인 줄 알고 프랑스로 귀환하기 전에 그를 방문하고 진실한 우정을 맺었다.

그가 툴루즈에 다시 왔을 때는 회원이 이미 17명이나 되었다. 그는 성 아우구스티노의 규율을 기초로 회칙을 편찬하고, 그 회의 목적인 선교와 수도 생활에 있어서도 세밀한 규칙을 제정했다. 그리고 회칙의 인가를 얻기 위해 그는 다시 로마로 향했다. 그때는 이미 전 교황 인노첸시오 3세는 서거하고 그 후계자인 호노리오 3세가 '설교 수도회'라는 명칭하에 그 규칙을 인가했다. 그리고 친히 도미니코의 설교를 청취하고 그 회원 중 한 명을 측근 신학

고문으로 세우도록 했는데, 그 제정은 오늘에 있어서도 시행되고 있다.
    도미니코는 급히 서둘러 툴루즈로 돌아와 회원들을 세계 각국에 파견할 생각으로 이들 보호자인 풀코 주교에게 말했는데 주교는 깜짝 놀라는 것이다. 이때 도미니코는 "보리알을 쌓아 두면 썩어질 뿐이지만, 뿌려 두면 많은 열매를 맺지 않습니까!"라고 대답했다.
    이리하여 마치 예수께서 제자들을 보내심같이 회원들을 2, 3명씩 전 유럽에 파견하였다. 이러한 출발은 1217년 9월 13일부터였다. 그들은 각기 그 나라에 가서 수도원을 설립하고 수련자들을 모집하였다. 그로부터 4년 후인 1221년 말에는 실로 2백 명의 설교 수도자들을 내게 되었다.
    그 다음은 여자들을 위한 도미니코 제2회인 여자 수도회와, 재속 신자들을 위한 제3회도 생기고 다같이 급속한 발전을 보았다. 도미니코 자신은 로마로 가서 거기서 활약하는 한편 전 수도회 통솔 및 관리의 임무를 맡았다. 호노리오 3세 교황은 그에게 성 식스토 수도원과 그 성당을 맡겼고, 다음은 성녀 사비나 수도원과 성당을 맡겼다. 이곳이 도미니코회 총본부가 되었다.
    먼 거리에 있는 수도원들을 도보로 순회하는 등의 힘든 활동은 그의 체력을 대단히 소모시켰다. 그러나 그는 덕을 닦고 사랑의 사업을 하는데 여념이 없었다. 그는 규율, 특히 청빈에 관한 회칙을 엄수했다. 그러므로 1220년 총회 때에 그 회 회원은 재산의 소유를 금하며 자선으로써 생활하도록 결정을 내린 것은 당연한 일이라 하겠다. 그리고 나서 1년 후 비테르보에서 임종이 가까움을 알고 열렬한 사랑으로써 죽음의 준비를 했다. 그리고 "내가 죽거든 형제들 무덤 맨 가운데 묻어주시오" 하고 여러 번 원장에게 부탁하고, 1221년 8월 6일에 영원한 고향을 향해 떠났다. 그 축일은 8월 4일에 지내다가 다시 8월 8일로 옮겼다.

【 교 훈 】
    성 도미니코를 본받아 자주 묵주 기도를 하자. 그는 묵주 기도의 힘으로 알비파 이단을 분쇄하는 데 큰 힘을 얻었고, 그 후로도 묵주 기도로 이교도들을 쳐부순 일이 여러 번 있었다. 그러므로 지금도 묵주 기도를 열심히 바치면 자신에게나 타인에게 풍부한 은총이 반드시 내릴 것이다.

성 디다코 증거자
[St. Didacus, C. 축일 11. 12.]

무릇 겸손과 청빈의 두 가지 덕 없이는 아무도 성인이 될 수 없다. 특히 이런 덕에 뛰어난 성인이 몇 분 있으며, 성 디다코도 그중의 한 분이다.

그는 스페인의 니콜라스 데 푸에르토 출신이다. 부모는 현세적 재물에는 그리 혜택을 받지 못하였으나 천상적 보물에는 매우 풍족한 분이었다. 디다코가 어려서부터 기도와 수덕을 즐긴 연유도 부전 자전의 이치에 있는 것이리라. 그는 철이 들기 시작하자 근처에 은수 생활을 하고 있는 어떤 사제의 지도를 받았으며, 그와 같이 살고 기도하며 일했다. 그러던 중 자기도 은수자가 될 생각을 품었다. 그러나 하느님께서는 그를 다른 방면으로 부르셨으니, 그는 아시시의 성자를 배우기 위해 아니사파에 있는 성 프란치스코 수도원에 들어갔다.

디다코는 수도 생활 초기부터 겸손, 순명, 정결의 복음적 권고와 수도원 규칙 준수에는 타인의 모범이 되었다. 한편 무슨 일을 하든지 하느님을 생각하는 마음이 잠시도 떠나지 않았고, 아울러 타인에 대한 사랑도 나날이 깊어 갔다. 그래서 동료의 구원을 위해서라면 언제라도 생명을 내던질 각오였다. 뿐만 아니라 세상에서 가장 가난한 자신의 처지도 잊고, 가급적 빈곤한 자를 돕기에 지성을 다했다. 그래서 자선받은 물건까지 그들에게 분배해 주며, 물품이 부족할 때에는 눈물로 하느님께 기도하며 저들을 위로하시고 도와주심을 간청했다. 이에 주님께서도 정성어린 애정을 갸륵히 여기셨을 것이다. 그가 수도원 문지기로 있으면서 걸인들에게 식사를 분배할 때에, 부족한 빵을 기적으로 많아지게 한 일도 여러 번 있었다.

디다코가 가장 좋아하는 신심은 예수의 수난을 묵상함과 성모를 공경하는 것이었다. 성모 마리아께 대한 신심을 가급적 널리 전파시키려고 힘썼으므로, 성모께서도 그의 사랑의 보상으로 가끔 기이한 일을 행하셨다. 가장 유명한 실례를 들어 보기로 하자.

어느 가난한 빵집 주인인 과부에게 일곱 살 난 아이가 있었다. 이 아이가 하루는 너무 심한 장난을 하고 어머니의 책망이 두려워 빵 굽는 가마에 들어가 숨어 있다가 그 길로 잠이 들어 버렸다. 그것을 알 리 없었던 어머니는 이전 대로 빵을 구우려고 아궁이에 불을 집어넣으니 안에 있는 어린이가 뜨거워 견딜 리가 만무했다. 어린이는 살려 달라고 크게 소리쳤다. 뜻하지 않은 일에 너무도 놀란 어머니는 거의 실신하여 길거리로 뛰쳐나왔다. 마침 디다코 수사가 그곳을 지나가다 그 과부를 근처 성당에 데리고 가 성모상 앞에서 기도를 시작하니, 그때서야 제정신으로 돌아온 부인은 울면서 아이를 구해 달라고 간청했다. 디다코는 그 집으로 달려갔다. 하느님의 이름으로 아이에게 솥에서 나오기를 명했다. 이 명령에 그 아이는 신기하게도 아무런 화상도 입지 않고 뛰어나왔다. 이 소식에 모였던 동네 사람들은 다만 놀라서 어안이 벙벙할 뿐이었다. 디다코는 그 아이를 데리고 성당에 가서 성모께 감사하며 봉헌했다 한다.

 1402년에 카나리아 군도가 발견되자, 이 섬에 사는 야만족에 대한 전교 책임을 프란치스코회가 맡았다. 이리하여 1422년에는 그 군도의 한 고도에 수도원이 건축되었고, 1423년을 경과하여 새로이 원장을 선출하게 되었는데, 영예의 당선자는 다른 사람 아닌 디다코였다. 그는 사제도 아니었고 별로 학식도 없었다. 그러나 선출한 자들이 말하듯이, 경건하고 하느님의 특별한 빛을 받은 성인이었다. 디다코는 순명의 덕에 의하여 이 중책을 수락하고 그 섬을 향하여 떠났다. 그의 가슴속에는 그 섬 사람들을 개종시키던가, 그렇지 않으면 순교까지라도 할 각오가 있었다.

 과연 디다코는 수도원장으로서 사람들의 기대에 어긋나지 않았다. 하느님의 비추심으로 현명히 수도원을 다스렸으며 이교도들을 개종시키는데 큰 성과를 거두었다. 그러다 5년 후에는 본국으로 소환되고, 다음 해에는 시에나의 성 베르나르디노의 시성식에 참여하기 위해 로마로 가지 않으면 안 되었다. 그때 대사의 특전이 내렸으므로 각국에서 무수한 프란치스코 회원이 참여하러 모였다. 로마의 성지를 순례하며 기도하게 된 것을 디다코는 다시 없는 기쁨으로 여겼을 것은 물론이다.

 그에게 박애 사업을 할 기회가 왔다. 즉 로마에 온 많은 프란치스코회 수사들이 병에 걸렸으므로 그는 부지런히 간호를 도맡아 했다. 병자들을 위해 그 이상 정성스럽고 친절히 돌봐 주는 사람이 없었다는 것은 일반의 정평이 되었다. 또한 그의 기도로 병이 기적적으로 완쾌된 환자도 수명 있었다. 그러나 겸손한 그는 일차를 성모의 은총에 돌리고 조금도 자만하지 않았다. 그가 병을 고치는 방법이란, 성모상에 봉헌된 등불의 기름을 따라 환자에게 발라주는 것이었다. 스페인에서도 이런 방법으로 많은 환자들을 치유케 했다.

2, 3개월 후에 다시 본국으로 돌아온 디다코는 쓸쓸한 알카라 수도원에 파견되어 매일을 기도와 묵상으로 지낼 수 있었으나, 그가 기적으로 병을 고친 소문은 방방곡곡에 전파되었다.

그는 1463년 11월 12일, 손에 십자가를 굳게 쥐고, 십자가 상에 달리신 예수께 대한 기도로 대신하며 조용히 세상을 떠났다. 그의 묘지에서는 계속으로 기적이 일어났고, 1588년에 시성되었다.

【 교 훈 】

성인이 되기 위해서는 깊은 학문이 필요치 않다. 다만 겸손과 하느님께 대한 깊은 사랑뿐이다. 그것으로 자기를 완전히 하느님께 맡기는 사람은 하느님께 인도되고 비추임을 받아 세속 지혜가 미치지 못하는 고귀하고 참된 성역에 도달할 수 있는 것이다.

성 디도 주교

[St. Titus, E. 축일 1. 26.]

성 디도는 성 디모테오(1월 26일)와 같이 성 바오로 사도에 의해 개종한 후 가장 사랑받던 제자 중의 한 사람이었다. 그는 모든 일에 지혜로웠고 그의 활약은 참으로 뛰어났다. 그의 생애에 대해서는 성 바오로의 서간에 기록되어 있는 것 외에 알려진 것이 없지만 그것은 극히 중요한 자료가 된다.

성 디도는 그리스인인데 그의 출생지는 명백치 않다. 성서에 그에 대한 기사는 안티오키아에 있을 때부터 시작했다. 그는 앞서 말한 대로 성 바오로의 감화로 개종했다. 바오로 사도가 그를 "공통된 신앙에서의 나의 친아들"이라고 부른 점으로 보더라도 짐작할 수 있다.

51년 성 바오로는 디도와 다른 사람을 데리고 예루살렘으로 올라갔는데, 그때 거기서는 중대한 문제에 대한 회의가 있었다. 그 당시 그리스도교 신자들 중에는 이전 유다교를 믿던 사람도 적지 않았으므로 그들은 그리스도교에 개종한 후도 구약의 율법을 지켜야 된다고 믿고 있었다. 그런데 한편에서는 이교에서 개종한 그리스도교 신자들도 많이 있었으므로 그들도 구약의 율법을 지켜야 되느냐 안 되느냐가 큰 문제가 되었다.

성 베드로와 성 바오로는 지킬 필요가 없다는 편으로서 지금까지 이교도 출신의 신자들에게도 그와 같이 가르쳐 왔는데 이제 와서 여러 의견이 나왔지만 성 베드로는 마침내 교황의 무류지권(無謬之權)으로 개종자는 유다의 율법을 지킬 필요가 없다고 단정했다. 그 결과는 디도에게도 중요했다. 그 이유는 그도 전에는 이교도였던 연고이다.

디도는 그 후 다시 안티오키아에 돌아가서 성 바오로가 두 번째의 전도 여행을 떠나 프리기아 및 갈라디아를 지나 아테네, 고린토의 방면에 갔을 동안 그곳에 체류하고 있었던 것 같다.

'그리스도를 믿는 자'라는 뜻으로 크리스찬이라고 칭한 것은 안티오키아의 신자가 처음이었다. 안티오키아의 교회는 성 바오로가 안 계시는 동안 신앙의 기초를 견고히 하고 신자의 수를 증가시켰다. 이것은 디도의 활동이 절대적 역할을 한 셈이다. 그 이유는 성 바오로는 그러한 결과를 보고 경건하고 열심히, 또한 지혜로운 자에게만 맡길 수 있는 고린토 교회의 주교라는 직분을 그에게 위탁했기 때문이다.

고린토라는 곳은 성 바오로가 손수 전교하고 교회를 설립한 곳이었다. 그러나 그는 오랫동안 그곳에 머물러 있지 못했다. 그러므로 고린토 교회의 신자들은 신앙으로 뭉치지 못하고 가장 수치스러운 죄까지 공공연하게 범했다. 성 바오로는 이러한 슬픈 소식을 듣고 스스로 그곳으로 가려고 생각했지만 그때는 마침 두 번째의 전도 여행을 마치고 세 번째의 전도 여행의 준비 중에 있었으므로 도저히 여가가 없었으므로 다음은 그의 제자인 디모테오와 에라스토를 파견했지만 그들의 활동도 그 교회를 구출하지 못했다.

그러던 중에 고린토에서 약간 안심할 만한 보고가 들어왔다. 그러므로 성 바오로는 될 수 있으면 후에 자신이 가 보려고 생각했지만 즉각 어떤 인망 높은 이를 보낼 필요를 느끼고 디도를 선택해 보내기로 했다.

처음에 디도는 책임의 중대함을 생각하고 주저했지만, 성 바오로가 이웃을 사랑하는 덕을 가르쳐 예루살렘이나 아카이아에 있어서 곤란을 당하고 있는 형제들을 위해 기부를 모을 것을 의뢰했으므로 그는 마침내 승낙을 하고 즉시 동반자를 데리고 출발했다. 성 바오로는 트로아스에서 그와 다시 만나려고 했으나 그가 나타나지 않았기 때문에 마케도니아에까지 가서 디도를 만나 기쁜 소식을 듣게 되었다. 디도는 모든 일을 현명히 처리한 것이다.

이 두 사람은 종종 같이 여행하며 크레타 섬에도 갔다. 그리고 그곳에 몇 군데의 교회를 세우고 디도가 주교로서 머물렀다. 성 바오로는 안심하고 그 지방을 떠났지만, 결코 사랑하는 제자를 잊지 않고 2년 후에 디도에게 한 통의 서간을 보냈다. 현재의 성서 안에 있는 디도서가 바로 이 서간이다. 그 서간 중에서 성 바오로는 주교로서의 생활 및 임무에 대해서 훈계하고 지도했으며 한 년 더 사랑하는 제자를 만나고 싶어서 그를 키프로스로 불러 거기서 한 겨울을 같이 지냈다.

다음해 그는 디도를 달마디아로 파견하고 전교하도록 했으나 그것도 잠깐 동안이었고 오래지 않아 디도는 크레타로 다시 돌아와 그 섬 및 부근의 작은 섬에서 널리 복음을 전하는 것에 노력했다. 실로 그는 사도 성 바오로의 제자로서의 적합한 경건하고, 열심하며, 영리함으로 유익한 인물이었고, 또한 극히 희생심이 많은 사람이었다. 그의 강론과 깨끗한 행동은 얼마나 사람들을 선으로 인도했는지 모른다. 그가 승천한 때는 94세라는 고령이었다.

【 교 훈 】

성 바오로와 성 디도 사이에는 성스러운 우정이 맺어 있었다. 우리는 그들을 본받아 우리의 우애를 성스럽게 만들자. 그것은 하느님을 위해 서로 사랑하는 것이다. 그와 같이 하면 타인에 대한 사랑은 고결하고, 충실하고, 정결한 것이 되어 조금이라도 악한 생각이나 말이나 행위를 갖지 않게 될 것이다.

성 디모테오 주교 순교자
[St. Timotheus, E. et M. 축일 1. 26.]

주 예수 그리스도께 특별한 성소를 받은 대 사도 성 바오로는 필립비 인들에게 보낸 편지 중에 "주 예수께서 허락하신다면 나는 디모테오를 여러분에게 어서 보내고 싶습니다. 그래서 그편에 여러분의 소식을 들으면 내 마음도 기쁘겠습니다. 나와 같은 마음으로 여러분의 일을 진심으로 걱정해 주는 사람은 그 사람밖에 없습니다. 모두들 자기 일만 돌보고 예수 그리스도의 일은 아랑곳하지 않습니다. 그러나 디모테오는 여러분도 잘 알다시피 흠잡을 데 없는 사람으로 자식이 아버지를 섬기듯 나를 섬기면서 복음을 위하여 함께 일해 왔습니다"(필립 2, 19-22)하고 대단히 디모테오를 칭찬하고 있다. 실제로 성 바오로의 편지, 그 중에서도 디모테오에게 보낸 편지를 살펴보면, 그가 얼마나 디모테오를 사랑하고 신뢰하고 있었던가를 충분히 알 수가 있을 것이다.

디모테오는 구세주께서 태어나시기 바로 전에 소아시아의 남쪽에 있는 리스트라라는 곳에서 태어났다. 아버지는 이교인이었지만 어머니 오이니게와 숙모 로이스는 경건한 유다교 신자였으므로, 디모테오도 여러서부터 천주 십계와 모세의 율법을 배웠고 덕행을 존중함을 알게 되었다.

그 동안 어머니와 숙모(叔母)는 유다에 있어서 예수 그리스도의 여러가지 기적과 고난과 부활 등의 이야기를 전해 듣고 그리스도교를 믿게 되었다. 그리고 45, 6년경 성 바오로가 첫 번째 전도 여행 도중 리스트라 도시를 방문했을 때, 그는 그녀의 집에 머무르게 되어 친절한 접대를 받았다고 전해지고 있다.

그 때 디모테오는 친히 이 대 사도에게서 세례를 받게 되었으며 본래 성격이 온순한 그는 바오로에게 사랑을 받게 되고 그도 역시 바오로를 친부모와 같이 사모하게 되어 마침내 그의 두 번째 전도 여행에는 동반(同伴)까지 하고, 세 번째 전도 여행 때에도 선구자로서 그리스에 먼저 들어가서 은사가 오기를 기다렸다가 예루살렘까지 같이 가게 되었다.

예루살렘의 광신적인 유다교인들은 성 바오로를 '율법의 파괴자'라고 미

위하며 어느 날 그를 체포해 죽이려고 했으므로, 그의 무죄함을 잘 알고 있었던 로마 총독 펠릭스는 사도를 원수들의 손에서 구하기는 했으나, 유다인들의 마음을 진정시키기 위해 그를 2년간이나 감옥에 가두었다. 그러므로 디모테오는 할 수 없이 성 바오로를 떠나게 되었지만, 스승이 다시 자유의 몸이 되자 그를 따라서 에페소로 돌아왔다.

그 동안 한 가지 기묘한 일이 생겼다. 그것은 에페소 교회의 신자로 예언을 할 수 있는 은혜를 받고 있었던 몇 사람이, 일제히 동시에 디모테오가 주교가 된다는 계시를 받았다는 사실이다. 그러므로 성 바오로는 그 지방의 장로들과 같이 디모테오의 머리 위에 안수(按手)하고, 그를 그 교회의 주교로 임명했다.

이것은 확실히 적재 적소(適材適所)라고 할 수 있는 것인데, 에페소와 같이 중요하고 성대한 교회를 맡을 수 있었던 사람은 다년간 성 바오로를 따라다니며 친히 그의 지도를 받은 독실하고도 성덕이 높은 디모테오를 제외하고는 다른 데서는 도저히 만날 수가 없었을 것이다. 그것은 성 바오로가 "그러나 그대는 나의 가르침과 생활, 나의 생활 목표와 믿음, 나의 참을성과 사랑, 나의 인내를 본받아 살아왔습니다"(2디모 3, 10)라고 격찬한 사실을 보아도 잘 알 수 있다.

디모테오는 이 때 사도에게 이와 같은 찬사를 받을 만큼 그의 마음이 정직하고 선량하고, 또 어떠한 고난 박해에도 굴하지 않을 뿐 아니라 스스로 자진하여 엄한 고행을 해나갔다.

"이제는 물만 마시지 말고 위장을 위해서나 자주 앓는 그대의 병을 위해서 포도주를 좀 마시도록 하시오"(1디모 5, 23)하고 성 바오로는 그의 고신극기의 과도함을 충고했다.

살아 있을 때에 성 바오로를 충실히 따른 성 디모테오는 죽을 때에도 은사와 같이 장렬한 순교를 했다. 그것은 에페소 시의 이교도들이 디아나라는 여신(女神)에게 대한 제사에 광분(狂奔)한 때였다. 고령에 대한 디모테오가 그 여신은 우상에 불과하다는 사실을 지적하자, 발광하던 군중은 앞뜰에 그를 체포해 놓고 곤봉으로 사정없이 때려 그를 참살했다고 한다.

【 교 훈 】
　대 사도 성바오로를 따라다니며 시종일관(始終一貫) 변함없이 충실하게 전교에 활약하고 마침내 순교한 성 디모테오의 거룩한 생애를 회고해 볼 때, 우리도 전교에 전심 전력하고 입으로만 "아버지의 나라가 임하시며"라고 기도할 것이 아니라, 세상의 빛과 소금으로서 또 행동으로 사람들을 감동시키고 그들을 교회로 이끌도록 힘쓰자.

성 디오니시오 주교 순교자
[St. Dionisius, E. M. 축일 5. 12.]

　성 바오로 사도가 그리스의 수도며 당시의 모든 학술의 중심지인 아테네에서 전교할 때 아레오파지타에도 가끔 다녔다. 아레오파지타는 말하자면 우리 나라의 대법원과 같은 곳으로 그 나라의 최고 법정인데, 그곳은 또 집회 장소로도 사용되어 대개 학자들이 자주 모여서 여러 가지 학문상의 토론도 하는 곳이었다. 바오로는 교양도 높고 그리스어에 능통하며 또 그리스 철학에도 조예가 깊었는데, 어느 날 학자들과 일류 명사들이 모인 가운데서 일장의 열변을 토했다. 즉 예수 그리스도에 대한 이야기와 가톨릭에 관한 설명이었다. 처음에는 모두 조용히 듣고 있었으나, 이야기가 점점 진행되어 사후의 심판이며 세상의 종말에 이르렀을 때는 갑자기 떠들썩하기 시작하여 야유를 퍼붓는 자가 있는가 하면, "그 따위 이야긴 나중에 듣자" 하고 핀잔하는 자도 있었다. 당시 아테네의 학자들은 지식 면에 있어서는 대단히 훌륭했으나, 도덕 면에는 좋지 못한 일이 많이 있었으므로, 도대체 죽은 자의 부활이니 심판이니 죄의 벌이니 하는 말은 듣기도 싫어했었다.
　그러나 착실한 몇 사람은 그 연설을 듣고 숙고한 결과 신앙을 얻게 되었다. 아레오파지타의 명망 높은 재판관 디오니시오가 그중의 한 사람인데, 전하는 말에는, 예수께서 돌아가시는 날 천지가 갑자기 어두워짐을 보고 "해가 어두워지는 것은 보통 일이 아니다. 아마 천지를 창조하신 신이 고통을 겪는가 보다. 그렇지 않으면 세상이 멸망하는가 보다" 하고 말했다 한다.

디오니시오는 충분히 교리를 연구하여 세례를 받은 후 아테네 교회의 사제가 되고, 그 뒤 그 시의 주교가 되었다. 주교가 된 후에 그의 전교 활동은 눈부신 바 있었으며, 그의 설교는 대단한 성과를 거두어 그의 덕행은 만민의 거울이 되었다.
　은사 성 바오로와 같이 디오니시오도 성스러운 순교를 했다. 그는 처음에는 불에 태우는 형벌을 받았으나 조금도 화상을 입지 않으므로 나중에는 목 베임을 당하였다. 그 외에 그의 일생에 관한 사적은 유감스럽게도 더 이상 알 길이 없다. 다만 성 바오로의 제자로 신앙을 위해 순교하였다는 것뿐이다.

【 교 훈 】
　성 바오로의 강론을 들은 많은 학자들 중에서 성 디오니시오와 같이 신중히 듣고 그 뜻을 알아들어 신자가 된 이는 몇 명에 불과하다. 하느님의 말씀은 귀로만 들을 것이 아니고, 마음으로 새겨 들어야만 참된 이익을 거둘 수 있을 것이다.

라

성 라디슬라오 왕
[St. Ladislaus, Rex. 축일 6. 27.]

　중세기의 초기 교회는 비상한 세력으로 유럽의 북부 여러 나라에 전파되었는데 그것은 아일랜드와 영국 등에서 온 선교사들의 헌신적 노력과 더불어 당시 배출한 제국의 성왕들의 호의로써 베푼 원조에 의한 점도 무척 많았다. 그 가장 현저한 예로는 헝가리의 국왕 성 스테파노, 그 아들 성 엠메릭에서 볼 수 있으나 스테파노 왕이 세상을 떠났을 무렵에는 국민들 사이에 아직도 이교의 풍습이 많이 남아 있었다.
　그의 손자 안드레아 1세가 세상을 떠난 1065년, 그의 태자 솔로몬이 왕위에 올랐다. 그러나 그는 살인 도박을 일삼고 백성의 피를 짜내고 자신은 금전 옥루에 호화로운 생활을 하는 등 차마 눈으로 볼 수 없는 소행이 많았으므로 국가의 원로들은 그를 폐위시키고 대신으로 그의 사촌 동생인 라디슬라오를 내세워 국왕으로 모셨다.
　라디슬라오는 전왕 솔로몬과는 딴판이어서 본시 만민을 거느릴 여러 가지의 소질을 구비하고 있었는데 그중에도 인자한 마음에 신앙심이 두터웠고 자신의 영광보다 민생의 안녕과 행복을 존중하는 훌륭한 임금으로서 폐위된 전왕에 대해서도 조금도 언짢은 기색을 보이지 않았음에도 불구하고 솔로몬의 편에서는 제 잘못은 생각지 않고 라디슬라오를 원망하며 다른 민족의 힘을 빌려 돌연 헝가리를 쳐들어왔으므로 라디슬라오도 할 수 없이 싸움에 응하여 마침내 이를 격파시키고 말았다.
　그 뒤 라디슬라오는 성왕 스테파노의 뒤를 이어 점점 덕을 닦는 데 노력하고 몸은 만민의 임금으로서 화려한 궁중에 살면서도 마치 하나의 수도자처럼 엄격한 생활을 하며 매일 아침 미사에 빠지지 않고 종종 천사의 빵을 영하고 어진 정치를 할 수 있는 은혜를 구하며 온전히 하느님의 뜻의 실현만을 도모하였으므로, 그 나라는 곳곳마다 평화의 소리가 들리며, 백성들 중에는 드물고 인자한 왕을 칭찬하지 않는 자가 없었다.

그는 또한 술을 끊고 그 몸도 하느님의 성전으로 만들기를 노력하며 온갖 위험한 쾌락을 피하고 신하에게 훌륭한 모범을 주는 한편 아직 국내에서 볼 수 있는 이고 시대의 풍습의 근절에도 대단히 힘을 썼다. 그러므로 당시의 교황 그레고리오 7세도 그를 깊이 사랑하고 그 보수로서 국왕 스테파노와 그의 아들 엔메릭 두 성인의 유골을 그 성당의 제단 위에 안치하고 일반 신자의 존경을 받을 수 있도록 허락했다. 성왕 스테파노의 오른손이 조금도 부패하지 않은 것을 발견한 것도 이때의 일이다.

라디슬라오 왕은 이 기적을 보고 더 한층 그의 유덕을 본받으려고 결심하고 점점 더 자선 사업에 힘쓰며 수많은 수도원을 세우거나 훌륭한 성당을 건축하고, 두 교구를 신설할 뿐 아니라 종종 주교, 사제, 대 수도 원장 등의 회의를 소집하고 안으로는 신자들의 신앙 도덕을 장려하고 밖으로는 교세의 발전을 도모했다.

라디슬라오는 주님의 성의를 자기 마음에 심고 나라를 다스리기를 18년, 마침 교황 우르바노 2세의 절규에 의해 전 유럽은 성지 예루살렘을 사라센인의 손에서 탈환하려고 궐기하여 십자군을 결성하던 때라 그도 하느님과 교회를 위하여 마음껏 싸워 보려고 1095년 용약 출정(勇躍 出征)했다. 그런데 이것도 하느님의 섭리였던지 그 중도에서 병에 걸려 결국에는 재기할 기회를 잃고 훌륭한 각오로써 그 해 6월 29일 천국으로 떠났다.

【 교 훈 】

성 라디슬라오는 몸은 비록 왕위에 있었으나 조금도 교만하지 않고 겸손되이 하느님의 뜻을 실현하려고 노력했다.

우리도 그를 본받아 현세의 명예에 마음을 붙이지 말고 오로지 중대사인 구원을 목표로 용감히 매진해야 한다.

성 라우렌시오 부제 순교자
[St. Laurentius, M. 축일 8. 10.]

258년 로마 황제 발레리아노가 가톨릭 탄압에 대한 신 법령을 반포함으로 인하여 관리들의 신자에게 대한 박해는 더욱 치열해졌다. 그 이듬해 교황 식스토 2세는 카타콤바에서 미사를 지내는 도중에 체포되어 즉각 참수형을 받았다. 교황이 관헌에 잡혀갈 때에 그 뒤를 따른 라우렌시오 부제는 눈물을 흘리며 "아버지여! 불쌍한 자녀들을 버리고 어디로 가십니까? 거룩하신 아버지여! 보잘것없는 저를 버리고 어디로 가십니까? 당신은 미사 때에 꼭 저에게 복사를 요청하셨습니다. 어디가 맞지 않으셔서 우리를 버리고 홀로 가십니까?" 하며 부르짖었다. 이는 오직 안타까운 심정에서 흘러나온 말이었다.

교황은 이 말을 듣고 깊이 감동하여 그를 위로하며 "내가 너를 버리는 것은 아니다 너는 남아서 더욱 힘든 투쟁을 해서 승리를 얻을 것이다. 나야 늙었으니 간단한 전쟁으로 끝날 것이지만 너는 아직 젊으니 더욱 빛나는 승리를 얻어야 한다. 3일 후에는 너도 나를 따라올 것이다"라고 말했다.

라우렌시오는 빈한한 가정의 출신이었다. 그러나 그의 선량한 모습은 곧 교황에게 인정을 받아 학업을 마친 후에 로마의 일곱 부제 중 수석 부제로 임명되었다. 그리하여 그의 임무는 교회의 재산 관리, 가난한 이들의 구호품 분배를 비롯하여 교회 내의 잡무를 모조리 보살피는 것이었다.

관리들은 그가 그런 중책을 띤 인물임을 잘 알았다. 그래서 그의 재산 처리를 기다려서 그를 체포하는 동시에 그 재산을 몰수하고자 교황과 같이 연행하지 않았던 것이다. 라우렌시오는 슬기로웠다. 그는 그것을 눈치채고 재산의 대부분을 재빨리 가난한 사람들에게 분배해 주었다.

그는 과연 3일 후에 체포되었으며 재산 목록의 제출과 동시에 그 재산의 소재를 추궁당했다. 라우렌시오는 전 재산을 정리한다는 이유로 잠깐의 여유를 청했다. 그리고 3일 후에 무수한 빈민과 과부와 고아와 노인들을 데리고 관가에 나타나서 "자! 보시오. 이분들이 다 교회의 재산입니다"라고 했다. 기대에 어긋났고 멸시를 당했다는 생각에서 관리들은 격분하여 라우렌시오를 적철(炙鐵) 의에 구워 죽이는 참혹한 형벌에 처했다.
　라우렌시오는 이런 비인간적 형벌을 받으면서도 눈썹 하나 까딱하지 않고 잘 참았다. 오히려 시종 농담하였다. 이글이글 타는 불 위에 놓인 적철(炙鐵)에 누워 있으니 살이 부글부글 타며 익었다. 이때 그는 형리들에게 "자! 한쪽은 다 익었으니 좀 뒤집어 주시오" 하였고, 잠시 후에는 법관을 향해 "이제 다 익은 것 같으니 뜯어 잡수시오" 하고 농담을 하며 목숨을 거두었다.
　성 아우구스티노는 라우렌시오를 일컬어 "라우렌시오는 영성체로써 예수의 살과 피를 먹고 마셨다. 그 힘으로 인해 그런 지독한 고통도 웃으며 참을 수가 있었던 것이다" 했다.
　그의 유해에서는 순교할 때나 그 후에도 끊임없는 향기가 풍겼다. 신자들은 경건하게 그의 장례식을 거행했다.
　오늘에 와서 그의 무덤 위에는 화려하고 거대한 성당이 건축되었으며, 그 외에도 각 지방에 성 라우렌시오에게 봉헌된 크고 작은 성당이 무수하다. 그는 부제 스테파노 순교자 못지 않게 전 세계의 신자들에게 존경을 받고 있다.

【 교 훈 】
　어려울 때, 괴로울 때, 박해를 받을 때는 성 라우렌시오를 연상해 보자. 성인과 같이 용감히 그 십자가를 지고 희생을 아끼지 않는다면 오히려 그 고통이 감소될 뿐 아니라, 그런 고통 중에도 웃으면서 하느님께 감사와 찬미를 드릴 여유를 가질 것이다. 우리는 십자가의 길에 있는 바와 같이 "천국의 길은 십자가의 길이오, 고난의 길인즉, 당신 수난의 공로로 인하여 우리도 용감하게 그 길을 걸을 수 있도록 도와 주소서" 하는 기도를 가끔 하느님께 바치도록 힘쓰자.

성 앵베르 라우렌시오(범세형, 范世亨) 주교 순교자
[St. Imbert, Larernt Marie Joseph E. M.
1839년 9월 21일 군문 효수(軍門梟首). 축일 9. 20.]

한창 심한 박해 중에 주교와 전교 신부들은 어떻게 되었는가? 앵베르 범 주교는 서울을 떠나 열심한 교우 손경서(안드레아)에게 인도되어 6월 3일 이래 수원(水原) 산골로 피신하니, 이곳은 바다로 깊숙이 뻗어 나간 반도 끝에 있는 매우 외딴 작은 마을이었다. 나 모방(Maubant, Pierre Philibert 羅 베드로) 신부와 정 샤스탕(Chastan, Jacpues Honore 鄭 야고보) 신부는 그때까지도 지방 공소를 순회하고 있었는데 6월 말경에 주교의 부름을 받고 교우들이 당면한 이 중대한 난국(難局)에 대하여 의논하러 주교의 잠복소(潛伏所)로 갔다.

그들이 한국을 떠나면 혹 박해가 그칠는지도 모르니 한국을 떠나야 할 것인가? 혹은 교우들을 독려하기 위해 남아 있어야 할 것인가? 앵베르 범 주교는 자진해서 자기 혼자 한국에 남아 있을 테니 두 신부는 중국으로 일시 몸을 피하라고 했다. 그러나 내통자(內通者)와 밀정(密偵)들이 교우들을 샅샅이 뒤지고 포졸들이 행길과 지름길로 싸다니며 군사들이 국경을 엄중히 지키고 있는 이때에 여행을 한다는 것은 거의 불가능한 일이라고 생각되어 이 계획은 버리고 말았다. 이리하여 주교는 신부들에게 가장 비밀히 숨어 있으되 최악의 경우를 대비하여 준비하고 있으라는 당부를 하고 7월 3일에 주교와 전교 신부들은 서로 작별했다.

당시 배교자들의 토설로 인하여 서양 사람들이 한국 안에 있다는 사실을 모르는 사람이 없었고, 김 대비는 그들을 체포하라는 법령을 내림과 동시에 그들을 잡는 자에게는 후한 상금을 주겠다는 현상(懸賞)까지 걸었다.

거짓 교우 김순성(金順性 혹은 淳性 요한, '여상'이라는 이름도 있다)이 정부에 나가 자기에게 필요한 만큼의 포졸을 주기만 하면 그들을 잡아 바치겠노라고 하니, 관헌들은 크게 기뻐하여 곧 승낙했다. 그러나 그는 전교 신부들이 자기의 수사망을 빠져 나갈 것을 예상하고 모략을 쓰기로 작정했다. 이것은 반역자들이 가장 잘 쓰는 무기였으니, 김순성은 훌륭한 반역자라 할 수 있겠다. 그는 그의 흉계를 꿈에도 짐작 못하는 교우 친구들을 찾아 시골로 내려가 서울에서 진행되고 있다는 소위 굉장한 소식을 전했다. "서울에서는 교리에 가장 밝은 교우들이 대관들 앞에서 우리 교의 진리를 설명했더니, 하느님의 은혜로 대관들과 대신까지도 흔미한 꿈에서 깨어나서 만약 저들에게 복음을 잘단 해설해 준다면 모두 청종할 것이네. 자유의 시대가 마침내 이르렀네. 그러니 주교나 신부께서 출두하신다면 온 조정이 우리 교에 들어올 것은 의심이 없네. 나는 정하상(바오르)이 주교께 올리는 상서를 가지고 왔으니 주교께서 어디 계신지 가르쳐 주게."

신입 교우 두 명이 이런 감언(甘言)에 속아넘어가 정화경(안드레아)이 아마 주교의 처소를 알 것이라고 말하니, 유다(반역자)는 포졸들을 거느리고 즉시 정화경의 집으로 갔다. 정화경은 청산 태생으로 천주교를 더 자유롭게 봉행하기 위하여 고향을 떠나 얼마 되지 않던 가산을 탕진하고 교우들의 일을 헌신적으로 돌보 주는 훌륭한 교우였다. 그는 손경서(안드레아)와 함께 주교의 피난처를 장만하느라고 무한 고생을 한 사람으로 과연 그 비밀을 알고 있었다. 그러나 불행히도 그의 고지식함은 끝갈 데를 몰랐다.

그는 김순성의 이야기에 조금도 의혹을 품지 않고 흔희 작약(欣喜雀躍)하였다. 그러나 밤새 깊이 생각하고 나니 그래도 겁이나므로 조심하는 것이 좋겠다고 생각하여 자기 혼자 가서 사정을 알아보고자 했다.

그러나 김순성과 일꾼이나 농부로 변장한 포졸들이 동행하겠다고 강요하므로 이를 승낙하고 길을 떠났다가 도중에서 막연하게나마 의심이 나서 동행들이 따라오면 더 가지 않겠다고 해서 물리치고 유다와 단둘이 길을 계속 갔다. 김순성은 주교의 잠복소에서 몇 리 가량 떨어진 곳에 머물고 정화경 혼자서 주교를 찾아가 김순성에게서 들은 이야기를 주교께 모두 옮겼다. 주교는 즉시 사실을 짐작하고 "그대는 마귀에게 속았도다" 하고 말하였다. 그러나 김순성이 가까이 와 있었으므로 비록 도망을 칠 수 있다 하더라도 만약 그리하면 비탄에 잠겨 살려 달라고 애원하는 교우들에게 대한 포졸들의 성을 돋우는 것밖에는 되지 않을 것을 생각하고 자수하기로 결심했다. 이것은 1839년 8월 10일 밤중에 생긴 일이었다.

이튿날 아침 주교는 마지막 미사를 드리고 모방 신부와 정 샤스탕 신부에게 아래와 같은 편지를 보냈다.

예수 마리아 요셉, 8월 11일
친애하는 형제들이여 하느님을 찬미하사이다. 그리고 그의 가장 거룩하신 뜻이 이루어지이다! 이제는 뒤로 물러날 여지가 없습니다. 우리를 찾으러 온 것이 포졸들이 아니라 교우들이니, 정 안드레아가 밤중 새로 한 시에 나를 찾아왔습니다. 이 불쌍한 교우는 아주 훌륭한 이야기를 듣고 나를 불러다 주기로 약속한 것입니다. 그러나 신부들은 가능한 대로 보낼 내 지령(指令)이 있을 때까지 깊이 숨어 있으되 나를 위해 기도해 주시기를 바라나이다.

카프사 주교 로랑・마리・죠셉・앵베르

주교는 조그마한 옷 봇짐을 싸 가지고 아무도 동행하지 않고 혼자서 유다 김순성이 기다리고 있는 마을을 향하여 길을 떠났다. 얼마 안 가서 포졸 다섯 명을 만나니 주교를 따라가려 하는 정화경을 자기 집에 돌려보내 주도록 그들에게 청하여 승낙을 받았다. 도중에 그는 포졸들과 호기심으로 지나가는 길에 모여온 스무 명 가량 되는 사람들에게 하느님의 말씀을 전하였다.

그는 서울로 압송되었다. 서울 성문에 이르자, 포졸들은 국사범(國事犯)을 결박할 때 쓰는 오라로 그를 묶었다. 이 오라는 길이가 대략 2미터로 구리로 만든 고리 혹은 알이 열두 개가 꿰어 있고 끝에는 역시 구리로 만든 작은 용(龍)이 달려 있었다. 포졸 한 명이 이 오라를 주교의 어깨 위에 걸치고 가슴 앞에서 어기어 등뒤로 돌린 후 그것을 옭아매고 용의 꼬리 모양으로 생긴 끝을 손에 쥐었다.

이리하여 주교는 대관 앞에 끌려나가 그의 명령으로 우선 포청옥에 갇혔다. 그리고 바로 문초를 시작했는데, 나머지 서양 사람의 피난처를 대라고 주리를 틀고 나서 아래와 같이 물었다.

"너는 어찌하여 한국에 왔느냐?"
"사람들의 영혼을 구하러 왔소."
"몇 명이나 가르쳤느냐?"

"2백 명 가량 가르쳤소."
"천주교를 배반해라."
이 말을 듣자, 주교는 몸을 떨며 소리를 높여 "아니오. 하느님을 배반할 수는 없소" 하고 대답하였다.

관원은 더 문초하여야 소용이 없다는 것을 깨닫고 매질을 시켜 옥에 다시 가두게 하였다.

그 후 범세형 주교는 다시 문초 당해 한번 고문당하고 매질은 아홉 번이나 당하였다. 그리고 또다시 9월 16일에 문초를 당하고 다섯 대의 곤장을 맞았다.

그리고 9월 19일에 출두했을 때에도 곤장 다섯 대를 맞았다.

마침내 1839년 9월 21일 앵베르(범세형) 주교는 모방(나백다록) 신부, 샤스탕(정아각백) 신부와 더불어 사형 선고를 받고 참수되었다.

주교와 두 신부의 시체는 사흘 동안 내버려 두었다가 강변 모래톱에 매장했다. 교우들은 이 귀중한 유해를 거두기에 매우 노력했으나 변장한 포졸들이 엄중히 경계하고 있어 어찌할 수가 없었다. 집형 후 나흘째 되던 날 교우 세 명이 시체를 훔쳐 내려다가 그중 한 명이 붙잡혀 옥에 갇혔으므로 시기를 기다리는 수밖에 없었다. 20여 일이 지난 후 교우 7, 8명이 죽음을 무릅쓰고 재차 시체를 훔쳐 낼 계획을 세워 마침내 성공했다.

그들은 시체를 큰 궤에 넣어 노고산(老姑山)에 매장해 여러 해 동안 그곳에 묻었다가 1843년에 교우들이 삼성산(三聖山)으로 이장했다. 그 후 한국 교회에는 더 다행스러운 날이 찾아와서 거룩한 유해는 뮈텔 주교가 새로 지은 서울 명동 대성당 지하실로 이장했고 마침내 때가 이르러 제대에 안치되었다.

【 교 훈 】

성 범세형 주교는 주님의 말씀대로 양들을 위해 목숨을 바쳤다. 참다운 목자는 언제나 양들을 위해 모든 것을 희생하며 생명까지 아끼지 않는다. 우리는 하느님께 참다운 목자를 보내 주시기를 청하며 우리의 목자를 위해 기도할 것을 잊지 말자.

성 라우렌시오 유스티니아니 주교 증거자
[St. Laurentinus Justiniani, E. C. 축일 9. 5.]

대다수의 성인들과 마찬가지로 라우렌시오도 신심이 두터운 부모에게서 태어났다. 부친이 일찍이 사망하여 5명의 자녀를 양육할 중책이 연약한 모친에게 지워졌다. 그녀는 이런 중책을 다하기 위해서는 자기의 힘이 너무나 부족함을 알고 오직 전능하신 하느님께 신뢰하며 열심히 기도하고 부지런히 일했다. 그로 인하여 하느님께서는 풍성한 은혜를 주셨고 자녀들은 건강하고 선량하게 자라났다. 이는 무엇으로도 바꿀 수 없는 모친의 기쁨이었다.

그중에서 라우렌시오는 뛰어난 아이였다. 그는 1381년에 태어났고, 재주가 비상하며 온화한 성격으로 누구에게나 친절과 존경심을 베풀었다. 그는 어릴 때부터 매우 진실하여 무슨 큰 일을 이룰 것처럼 보였다. 가끔 야심(野心)을 토하는 일이 있었으므로, 모친은 이를 경고하고, 그의 거만함을 막기 위해 "교만은 지옥에 떨어지는 길"이라고 가르쳐 주었다.

그런데 이젠 모친의 근심도 필요치 않게 되었다. 왜냐하면 라우렌시오가 품고 있었던 야심이란 성스러운 생활을 하는 것이었기 때문이다.

그는 그의 자서전에 이렇게 기록했다.

"내가 19세 때의 일이다. 나는 세상에서 평화를 찾으려 했으나 발견하지 못했었다. 그런데 어느 날 밤 꿈에 태양과 같이 빛나는 분이 나타나 '내 아들아! 너는 어디서 평화를 찾으려 돌아다니느냐? 네가 찾는 것은 곧 나다. 만일 네가 온전히 나에게 몸을 바치면 나는 네가 원하는 것을 틀림없이 줄 것이다'라고 하셨다. 그래서 '당신은 누구십니까?' 하고 물으니, 그의 대답은 '하느님의 예지(叡智)'라는 것이었다. 나는 즉석에서 '나는 당신의 것입니다'라고 했다. 이는 하나의 꿈에 불과했으나, 내 마음은 점점 더 감동되는 것을 깨달았다"라고 했다.

그는 이러한 일을 친척인 사제에게 전부 말했다. 그리고 자기를 온전히 하느님께 바칠 생각도 그에게 밝혔다. 열심한 사제는 과연 라우렌시오가 수도 생활의 성소를 받았는가의 여부를 시험하기 위해, 우선 그에게 고신 극기의 생활을 하도록 명했다.

어머니 또한 같은 의혹을 가지고 있었다. 그래서 라우렌시오를 결혼시키기 위해 적당한 배우자를 고르는 중이었다. 그러나 라우렌시오는 어머니의 뜻에 동의하지 않고 오히려 고별의 인사를 하며 어느 사제회에 입회했다.

입회 후 그는 즉시 고행의 생활을 시작하여 회원 일동의 모범이 되었다. 그는 엄동 설한과 혹서를 잘 참으며 병고를 인내하고 겸덕을 존중히 여겨 아무리 천한 일이라도 기쁜 마음으로 했다. 사람의 비방을 들어도 변명하는 일이 없을 뿐더러 오히려 사과했다. 공부에도 매우 열심했다. 그래서 규정된 연령에 달하자 성품을 받고 사제가 되었다.

그는 더욱 하느님께 봉사하기 위해 조용한 곳을 찾았다. 그러나 하느님의 뜻은 그것이 아니었음인지 아직 젊은 몸으로 수도회의 원장에 임명되었다. 그는 순명 서원 때문에 하는 수 없이 그 중책을 수락했고 현명하게 수도회를 잘 다스렸다. 그래서 그는 그 수도회의 창립자와 같은 대우를 받게 되었고 교황 에우제니오 4세는 그 회를 인가해 주었다.

라우렌시오는 누구나 다 평등하게 사랑했으나 그들의 열심이 줄지 않게 하기 위해 끊임없는 훈계를 했다. 그는 폐가 약해 목소리가 작았던 관계로 대 웅변가는 되지 못했으나, 소수의 사람들 앞에서는 그의 깊은 신앙과 많은 학식으로 실로 출중한 강론을 할 수 있었다. 그는 많은 서적을 저술하였다.

50세 때에 그는 교황으로부터 베네치아의 대주교로 임명되었다. 그는 이러한 중책을 감당하지 못할 부족한 사람이라며 백방으로 사양하고 다른 적당한 사람을 지명하도록 교황께 간청했다. 교황은 이를 거절하며 순명 서원을 들어 엄명했으므로 하는 수 없이 이를 수락했다. 그러나 그는 전과 같은 생활을 그치지 않고 여전히 고행의 생활을 하며 될 수 있는 데까지 청빈을 지켰다.

대주교로서의 그는 이상적으로 교구를 잘 다스리고 관대와 엄중을 잘 조절하고 가난한 사람들에게 자기 소유물을 분배하며 교회의 권리 옹호를 위해 용감히 활약하고 아래 사제들에게 좋은 표양을 주었다.

라우렌시오의 명성은 사방에 퍼져 교황은 그를 베네치아 최초의 총주교로 임명했다. 그는 겸손되이 그 직위를 수락했으나 그로부터 4년 후인 1455년에 74세를 일기로 세상을 떠났다. 그는 본래 허약한 체질이었는데 엄격한 극기 생활에도 불구하고 비교적 무병한 편이었으며, 임종 때에도 부드러운 침상을 거절했으며 사후의 장례식도 극히 간소하게 할 것을 부탁했다.

그가 세상을 떠난 후 67일 만에 그의 장례식이 거행되었는데 그동안 그의 시체는 조금도 변함이 없었다. 그의 시성식은 1524년 교황 클레멘스 7세에 의해 거행되었다.

【 교 훈 】

우리는 온전히 우리 자신을 하느님의 의향에 맡기자. 그러면 주님께서는 우리를 인도해 주실 것이며, 모든 것을 인내할 힘을 주실 것이다.

성 라우렌시오 루이스와 동료 순교자

[St. Laurentius Ruiz et MM. 축일 9. 28.]

17세기 초(1633-1637) 라우렌시오 루이스와 그의 동료 순교자 16명은 그리스도께 대한 사랑으로 일본 나가사키에서 피를 흘렸다. 이 순교자들은 성 도미니코회 회원과 그 협조자들로서 9명의 사제, 2명의 수사, 2명의 동정녀, 3명의 평신도들인데 그중 한 사람이 필리핀 출신의 라우렌시오 루이스로 평범한 가정의 가장이었다. 이들은 모두 서로 다른 시기와 상황 아래 필리핀과 대만과 일본에서 그리스도교 신앙의 씨앗을 뿌리며 그리스도교의 보편성을 경이롭게 드러냈고 자신들의 삶과 죽음의 표양을 통해 미래의 그리스도교를 위한 불굴의 선교 정신을 훌륭하게 심어 주었다.

그에 대한 역사적 자료는 많지 않다. 그래서 이곳에는 요한 바오로 2세 교황께서 라우렌시오 루이스와 동료들의 천상 영광을 공표하기 위해 마닐라에서 거행한 장엄 미사 강론 중 일부를 옮겨본다.

그리스도께서는 복음을 증거한 그들이 사람들 앞에서 당신께 대한 신앙을 충실히 고백한 순교자임을 하느님 아버지 대전에서 증명해 주실 것입니다.

오늘 여기서 수많은 사람들이 한 목소리로 노래하는 이 영광송은 1637년

12월 27일 성 도미니코 성당에서 저녁 기도 때 울려 퍼진 사은 찬미가 (떼데움)를 되살리고 있습니다. 그 시간에 나가사키에서 일어난 순교의 소식이 그 성당에 전해졌습니다. 16명의 그리스도인들, 그들 중에는 스페인의 데온 출신으로 도미니코 회원이며 장상이었던 안토니오 곤잘레스 신부, 마닐라 태생으로 비논도라는 변두리 지역 출신의 한 가장인 라우렌시오 루이스가 있었습니다. 순교자들은 체포되어 죽음을 맞이하는 동안에도 자비와 권능의 아버지께 시편 기도를 노래했습니다. 그들의 순교는 장장 3일이나 계속되었습니다.

믿음은 세상을 이깁니다. 믿음의 선포는 진리를 알고자 갈망하는 모든 이를 태양과 같이 비추어 줍니다. 이 세상의 가르침은 여러 가지 형태가 있지만 그리스도교 전통은 하나이고 동일한 것입니다. 주 예수는 모든 종족과 언어와 민족과 국가로부터 모여든 당신의 종들을 당신 피로 구속하시고 우리 하느님을 위해 사제의 왕국을 이루도록 하셨습니다. 16명의 복된 순교자들은 세례와 서품의 사제직을 수행하여 스스로의 피를 흘림으로써 하느님께 사랑과 예배의 위대한 행위를 완수하였습니다. 그들은 십자가의 제단 위에 희생 제물이 되신 그리스도와 한 몸이 되어 사제이시고 제물이신 그리스도를 가장 가깝게 닮을 수 있게 되었습니다. 이는 동시에 형제들을 향한 최고의 사랑의 행위였습니다. 우리도 형제들을 위해 우리 자신을 내어놓도록 부르심을 받은 사람입니다. 성자께서 우리를 위해 자신을 먼저 내놓으심으로 본보기를 보여 주셨기 때문입니다.

라우렌시오 루이스는 이를 성취했습니다. 성령의 인도로 위험에 가득 찬 여행을 마치고 예상치 못하던 최후를 맞이하여 재판관들 앞에서 자신이 그리스도인이며 하느님을 위해 죽을 것임을 고백하였습니다. "그분을 위해서라면 내 생명을 수천 번이라도 바치겠습니다. 결코 배교자가 되지는 않을 것입니다. 그대들이 원한다면 나를 없애 버릴 수 있을 것입니다. 나는 하느님을 위해 죽는 것이 내 소원입니다."

여기서 우리는 그의 생명과 신앙이 절정에 달함을 보고 또한 그 죽음의 이유를 알 수 있습니다. 이 순간에 이 젊은 가장은 신앙 고백을 했고 비논도의 성 도미니코 수도회의 수사 학교에서 배운 그리스도교 교리를 완성시켰습니다. 교리의 유일한 중심은 오로지 그리스도인데 그는 그 그리스도를 자신의 목표로 삼았고 그리스도 자신이 전달자의 입술을 통해 가르치셨기 때문입니다.

라우렌시오 루이스가 그 부모로부터 물려받은 좋은 모범은 우리 자신들에게도 우리의 삶이 그리스도를 지향하여야 함을 일깨워 줍니다.

그리스도인이라는 것은 바로 이를 의미합니다. 매일같이 자신을 봉헌하는 것, 이는 모든 이가 생명을 얻고 더욱 풍성하게 얻게 하기 위해 세상에 오신 그리스도의 봉헌에 응답하는 것입니다.

【 교 훈 】

성인들 특별히 필리핀 사람으로 한 집안의 가장이었던 라우렌시오는 주님을 위해 영광된 피를 흘리고 목숨을 바쳐 그리스도를 사랑했으며 죽음에 이르기까지 주님의 모습을 닮았다. 우리도 또한 순교의 피는 흘리지 않을지라도 매일의 삶 속에서 진실하게 하느님을 찾을 것이며 이에 수반되는 모든 어려움들을 달게 받아야 할 것이다. 순교의 정신으로….

브린디시의 성 라우렌시오 사제 학자

[St. Laurentius a Brindisi, C. D. 축일 7. 21.]

체사레 데 로씨는 나폴리 왕국의 브린디시에서 1559년에 태어나 그곳의 콘벤투알 회원으로부터 교육을 받았으나, 16세 때에 카푸친 수도회에 입회해 라우렌시오라는 수도명을 받았다. 그는 신학, 철학, 성서, 그리스어, 히브리어 등 여러 외국어를 파두아 대학에서 연구한 뒤에, 사제로 서품되었고, 북 이탈리아를 순회하면서 복음을 선포했다. 그는 수도회의 학생들에게 신학을 가르치는 등 여러 고위 직책을 맡았으나 유다인 개종을 위해 주로 활동했다. 또한 그는 독일로 파견된 적도 있으며 프라하와 비엔나 그리고 고리지아에 수도원을 세우기도 하여 이 수도원이 후일에는 보헤미아, 오스트리아 그리고 스티리아 관구로 발전케 했다. 루돌프 2세의 요청을 받고, 그는 독일 군사 지도자들을 격려해 터키인들과 싸우게 하는 한편, 자신도 군종신부가 되어 전투에 참가했다. 1602년, 그는 카푸친회의 총장으로 선출되었고, 또 필립 3세를 설득해 가톨릭 연맹을 만들려는 황제의 의향에 따라 스페인으로 파견되었을 때, 마드리드에도 수도원을 세웠다. 그는 외교적, 정치적 문제가 있을 때마다 황제 혹은 교황의 특사로서 활약해 큰 공을 세우는 등 이름난 설교가로서 유럽을 여행하면서 설교해 많은 수혼을 거두었다. 그러는 중에서도 그는 가톨릭 신앙을 해석하는 수많은 저서를 남겼는데, 특히 유명한 것은 창세기와 에제키엘서의 주석서이다. 그는 1619년에 리스본에서 세상을 떠나 1881년에 시성되었고, 1959년 요한 23세에 의해 교회박사로 선포되었다.

여기에 그의 강론 중 일부를 수록한다.

우리는 하늘의 천사들과 거룩한 영들과 함께 하느님의 모상으로 창조되었습니다. 만일 우리가 천사와 동등한 우리 영적 생명을 영위하려 한다면 그 생명의 양식으로서 성령의 은총과 하느님의 사랑을 필요로 합니다. 그러나 은총과 사랑은 믿음 없이는 아무것도 아닙니다. 믿음 없이는 하느님을 기쁘시게 해드릴 수 없습니다. 그리고 믿음은 하느님 말씀의 전파 없이는 우리에게 올 수가 없습니다. "믿음은 듣는 데서 오고 듣는 것은 그리스도의 말씀을 통해서 옵니다." 우리 육신적 생명을 위해서 씨 뿌림이 필요한 것처럼 우리의 영적 생명을 위해서 하느님의 말씀의 전파가 필요합니다.

그리스도께서는 "씨 뿌리는 사람이 씨를 뿌리러 나갔다"고 말씀하십니다. 씨 뿌리러 나간 사람은 정의의 전파자입니다. 정의의 전파자는 어떤 때 하느님 당신 자신이셨습니다. 하느님 친히 정의의 전파자가 되셨다는 것을 성서에서 읽을 수 있습니다. 사막에서 말씀하시는 소리가 내려와 정의의 법을 모든 백성에게 공포하셨을 때 그러했습니다. 또 어떤 때 전파자는 주님의 천사였습니다.

통곡의 처소에서 주님의 천사는 하느님의 법을 깨뜨린 것에 대해 백성들을 꾸짖었고, 이스라엘 자손들은 그의 말을 들었을 때 마음이 쫓기어 목소리 드높여 통곡했던 것입니다. 그리고 신명기에서 읽을 수 있는 바와 같이 모세도 모압의 벌판에서 모든 백성에게 하느님의 법을 전파했습니다. 마지막으로 하느님이시고 사람이신 그리스도께서는 하느님의 말씀을 전파하러 오셨고 그분은 이전에 예언자들을 보내신 것처럼 이 일을 계속하도록 사도들을 파견하셨습니다.

그러므로 복음 전파는 사도의, 천사의, 그리스도의, 그리고 하느님의 직무입니다. 하느님의 말씀은 여러 가지 선으로 너무도 충만하여 마치 온갖 좋은 사물의 보고와도 같습니다. 이 말씀에서 믿음, 희망, 사랑, 모든 덕, 성령의 모든 은혜, 복음의 모든 지복 직관, 모든 선업, 이승에서의 모든 공로 그리고 천국의 모든 영광이 옵니다. "여러분 하느님께서 여러분의 마음속에 심으신 말씀을 공손히 받아들이십시오."

하느님의 말씀은 지성의 빛이요 의지의 불로서 인간이 하느님을 알고 사랑할 수 있게 해줍니다. 하느님의 영의 은총으로 살아가는 내적 인간에게 있어 그 말씀은 빵이요 음료인 것입니다. 그러나 그것은 밀봉의 꿀보다 더 달콤한 빵이고 우유나 포도주보다 더 나은 음료입니다. 영혼에게 있어 그것은 공로의 영적 보고이며 따라서 황금 또는 보석이라고 부릅니다. 말씀은 악으로 인해 완고하게 굳어진 마음을 두드리는 망치이고, 육신과 세상과 마귀에 대항하여 온갖 죄를 죽여 버리는 칼입니다.

【 교 훈 】

복음 선교는 모든 신자들의 사명이다. 비단 사제나 수도자의 몫이 아니라 그리스도를 믿는 사람들이면 복음을 전파해야 할 의무가 있는 것이며 교회의 근본적 소명인 것이다. 사도 바오로도 이런 말씀을 하셨다. "내가 복음을 전한다 해서 그것이 나에게 자랑거리가 될 수는 없습니다. 그것은 내가 마땅히 해야 할 일이기 때문입니다. 만일 내가 기쁜 소식을 전하기 않는다면 나에게 화가 미칠 것입니다"(1고린 9, 16).

우리도 사도 바오로나 브린디시의 성 라우렌시오 사제와 같이 말이나 행동으로나 또는 글로써나 여러 가지 자기에게 맞는 방법으로 복음을 전파해야 할 것이다.

성 라이문도 논나투스 증거자
[St. Raymundus Nonnatus, C. 축일 8. 31.]

사라센인들은 8세기경, 전 유럽을 침략해 특별히 스페인을 완전히 정복하고, 무수한 남녀 신자들을 북 아프리카 지방에 끌고 가서 노예로 팔았다. 그 때 남아있던 신자들은 노예가 된 형제 자매를 구출하기 위해 갖은 방법을 강구하고 마침내 머르세데의 성모 마리아회라 칭하는 노예 구제 수도회를 조직하게 되었는데, 성 라이문도 논나투스는 동 회원 중 가장 유명한 사람이었다.

그는 1204년에 스페인의 포르테로에서 태어났다. 논나투스란 '출생 안 된 자'라는 뜻인데, 모친이 그를 해산할 때 사망하여 절개 수술을 통해 끄집어 냈다는 데서 온 것이다.

부모는 많은 재산은 없었으나 결백하고 신심이 두터운 분들이었다. 부친은 어미 없는 라이문도를 불쌍히 여겨 잘 길러서 후일 기사(騎士)나 혹은 학자로 출세시키려는 큰 기대를 가지고 있었다. 사실 라이문도는 그 기대에 어긋나지 않을 만큼 재주를 가지고 있었으며, 학식도 출중하고 성격도 극히 경건해 세속적 야심은 조금도 엿볼 수 없는 사람이었다.

학교를 졸업하고 부친의 뜻대로 산에 있는 농장을 보살폈는데, 그는 그 조용한 곳에서 기도와 묵상을 마음대로 할 수 있다는 것을 가장 큰 행복으로 생각했다. 그리고 틈만 있으면 부근에 있는 성 니콜라오 성당을 방문하고 성모 마리아의 성상 앞에 엎드려 주님의 뜻이 무엇인가를 가르쳐 주시기를 열심히 기도했다.

그 결과 성령의 비추심으로 깨달은 성모님의 권고는 "최근 설립된 메르세데의 성모 마리아회에 들어가 노예가 된 형제를 구하라"는 것이었다. 라이문도는 즉시 바르셀로나에 가서 그 회의 창립자 성 베드로 놀라스코에게 동회에 입회시켜 줄 것을 간청했다. 부친은 아들의 이러한 결심에 처음에는 쾌히 승낙하려 하지 않았으나, 그의 거듭되는 요청과 또 그의 대부인 카르도네 남작의 후원으로 마침내는 승낙했다.

젊은 수련자는 기쁨과 감사에 충만하여 갑절의 열성으로 오로지 수덕에

만 매진했으므로, 3년 후에는 일찍이 북 아프리카의 알제리아 지방에서 노예 생활을 하고 있는 신자들을 구출하기 위해 파견되었다. 그는 가능한 한 그들에게 육신의 자유를 주도록 노력하는 동시에, 그들의 영신적 고민, 즉 그들을 죄악에서 구출하기 위해 수고를 아끼지 않았고 마호메트교를 믿는 사라센들에게 가톨릭 교리를 설명해 주며, 그들을 어둠에서 광명으로 인도하기에 여념이 없었다.

이리하여 많은 노예를 석방시키고 준비해온 몸값(代價)도 다 떨어지자 라이문도는 본국에서 배상금이 올 때까지 자신이 볼모가 되어서라도 노예가 된 신자들을 구출하려 했다. 이것을 본 사라센 중에는 이러한 비할 데 없는 애인 덕에 감화를 받아 교회에 나오는 사람이 많았다.

그러나 그것 때문에 완강한 자들에게 미움을 산 일도 한두 번이 아니었다. 그런 자들은 라이문도를 잡아다 때리며, 주리를 틀고 굶기는 등 갖은 형벌을 가했으며, 한 번은 막대기에 끼워서 죽이려 했으나, 인질을 죽이면 배상금을 받지 못한다는 이유로 그의 생명을 겨우 살려준 일도 있었다.

잔인 무도한 사라센들은 배상금이 올 때까지 라이문도를 음산한 감옥에 유폐시키고 그의 입술을 뻘겋게 달은 못으로 구멍을 뚫고 자물쇠를 채워 말을 못하게 하고, 겨우 식사 때만 자물쇠를 열어 밥을 먹였다. 이렇게 하기를 8개월, 그의 고통은 얼마나 컸을까? 그러나 그는 조금도 원망치 않고 예수의 수난을 묵상하며 잘 참아 받았다.

그의 비참한 처지를 전해 들은 본국의 수도회 총장은 그에게 곧 귀국하라는 명령과 동시에 배상금을 급송했으며, 당시의 교황 그레고리오 4세는 라이문도의 선교의 공적과 희생심의 위대함에 감탄하여 그를 추기경에 올릴 뜻을 전했다. 그러나 그 무수한 형벌과 노동에 체력이 약해진 라이문도는 1240년 스페인에 상륙하자마자 열병에 걸려, 교황의 초청을 받아 로마로 향하던 도중 코르도바에서 세상을 떠났다. 때는 그 해 8월 31일이었다.

신자들 간에는 이 자선 사업의 영웅 라이문도의 유해를 어디다 모시느냐에 대한 이론이 일어났다. 결정하지 못하고 대신 눈을 가리운 말에다 그 유해를 실어 보내니 신기하게도 그가 청년 시절에 좋아했던 성 니콜라오 소성당 근처에 발을 멈추는 것이었다. 그래서 그곳에다 정성되이 장례를 지냈다.

그 후 그 묘지를 둘러싸고 대수도원과 웅장한 대성당이 건립되었다. 그리고 그의 시성식은 1655년, 교황 알렉산데르 7세에 의해 거행되었다.

【교 훈】

주님께서는 "내가 당신들을 사랑한 것처럼 당신들도 서로 사랑하시오"라고 명하셨으며 우리를 사랑하신 나머지 당신을 원수들의 손에 붙이셨다. 성 라이문도 도나투스는 바로 이 말씀을 그대로 실천했다. 형제 자매를 구원하기 위해 자기를 원수들의 손에 내맡겨서 많은 외교인들을 영원한 행복으로 인도했다. 우리도 남을 사랑하려면 입술만으로 하지 말고 행동으로 할 것이며, 자선 사업에 노력해야 한다.

페냐포르트의 성 라이문도 사제

[St. Raymundus a peñafort, C. 축일 1. 7.]

페냐포르트의 성 라이문도는 스페인 국왕의 친척되는 귀족 페냐포르트 가문에서 태어났다. 그런고로 어려서부터 충분한 교육을 받고, 20세의 약관으로 일찍이 바르셀로나 시(市)의 대학에서 철학 강의를 하게 되었다. 그러나 겸손한 그는 이 특별한 출세에도 오만하지 않고, 도리어 면학에 힘썼으며, 이탈리아의 볼로냐에 유학하여 그곳 대학에서 다시 법학을 전공했다.

공든 탑이 이루어져 그는 법학박사 학위를 얻어 동대학의 교수에 임명되었으나 우연히 고국 바르셀로나의 주교가 로마에 순례하던 도중 볼로냐에 들리게 되어, 라이문도의 명성을 듣고 그에게 귀향할 것을 간절히 청하여 마침내 데리고 가 자기의 주교좌 대성당의 성직자로, 나중에는 부주교로 등용했다.

라이문도는 항상 영적으로 하느님을 맞이하여 살아나가며, 자기의 일상 생활의 책임을 양심적으로 완수하여 나가는 중에 어느덧 45세가 되었다. 그 전에 이미 세상 명예의 허무함을 통감한 그는, 결심한 바 있어 당시 겨우 창립된 도미니코회의 수사가 되어 나중에는 윗사람의 명령을 받고 강론 신부가 되는 동시에 고해신부가 되었다.

그 당시 스페인, 프랑스, 이탈리아 등 남 유럽 제국은 아프리카에서 빈번히 침략해 온 마호메트 교도인 사라센 인에게 위협을 당하고 있었다. 그들은 해안 지방의 시골 마을에서 마음대로 약탈을 하며 그리스도교 신자들을 노예로 끌고 가, 감옥에도 가두고 고역도 시키는 등 말할 수 없는 학대를 하며 몸의 대금을 내고 속량해 오지 않으면 영원히 포로된 사람들을 석방하지 않았다. 그러므로 이를 염려한 베드로 놀라스코 성인은 성모 마리아의 권고를 받고, 스페인 국왕 야고보와 더불어, 사라센 인의 수하에 있는 가련한 신자들을 구출하기 위해 메르세데의 성모 마리아회를 창립했다. 라이문도는 전술한 바와 같이 국왕의 친척인 동시에 그의 고해신부였을 뿐 아니라, 베드로 놀라스코와도 친구였고 또한 교회법에도 능통했기 때문에, 동 수도회의 회칙을 기초하는 책임을 맡고 이를 완성했다. 그러므로 그도 메르세데 성모 마리아회 창립자의 한사람으로 찬양을 받고 있다.

그 후 라이문도는 교황 그레고리오 9세의 총애를 받아 부름을 받고, 로마에 가서 그의 비서인 동시에 고해 신부가 되었다. 그가 자기 직무에 얼마나 엄중하고 충실했던가를 일례를 들어본다면, 교황의 궁전 앞에는 가끔 가난한 사람이 자선을 청하러 모여 오는데, 그들에 대한 수위의 태도가 너무나 냉정한 것을 깨달은 라이문도는 교황의 고해를 듣고 죄의 보속을 명할 때에 더욱 그 빈민을 위로해 줄 것을 충고했다. 교황은 솔직한 그의 말을 대단히 기뻐하여 즉시 수위에게 주의를 시키고, 그 후에도 기회 있는 대로 여러 사람에게 이것을 말하면서 그를 칭찬했다고 한다.

그는 교황의 명령으로 교회법을 개정하게 되었는데, 3년이란 햇수를 소비하며 이를 완성했다. 교황은 그 공로로 스페인의 사라고나 시의 대주교로 임명하려고 했을 때, 세상의 명예를 원치 않은 그는 그 영전(榮轉)을 사양하므로 교황도 그의 겸손에 감동되어 그대로 두셨다고 한다.

라이문도는 대주교의 중책은 면하게 되었지만, 다음은 자기가 속하는 수도회의 총장으로 선거됨에 있어서는 순명의 서원을 발했으므로 할 수 없이 약 2년간 총장직에 있으면서 회를 위하여 진력했다. 그러나 그 직책을 그만두자 즉시 본국으로 돌아와서, 일개의 평수도 사제로 지내며 이단 이교자들의 개종에 노력했다.

라이문도는 1275년 1월 7일 거의 백세에 이르러서 세상을 떠났다.

성인이 얼마나 정의를 존중했는가에 대한 이야기는 다음과 같다. 스페인 국왕 야고보의 고해 신부로 있을 때다. 왕이 어떤 부인과 너무 가깝게 지내는 것을 눈치챈 그는 조금도 서슴지 않고 "폐하, 아무쪼록 저 부인과 멀리 하소서"라고 솔직하게 충고했다. 왕은 분노하여 그를 마요르가 섬에 유배 보내고, 섬의 사람에게도 그에게 배를 빌려주지 못하게 엄금했으나, 그가 바닷가에 서서 기도하고 하느님께 굳은 신뢰심으로 망토를 바닷물 위에 펴고서 이를 올라타니까 망토는 마치 경쾌한 배와 같이 떠나가 무사히 바르셀로나에 도착할 수 있었다고 한다.

【 교 훈 】

페냐포르트의 성 라이문도는 고해 신부로서 지극히 직무에 충실하여, 교황에 대해서나 국왕에 대해서도 서슴지 않고 생각하는 것을 충고하며 올바른 길을 보여주었다. 고해 신부가 이만큼 위대한 권한을 가지고 있는 것은, 무한히 정의로우신 하느님의 대리자이기 때문이다. 그러므로 우리는 그의 명령이나 권고나 주의를 중요시하며 잘 지켜 나아가자. 그와 같이 함으로써 천국의 길을 아무 일 없이 걸어갈 수 있는 것이다.

성 라자로 주교

[St. Lazarus, E. 축일 2. 11.]

라자로라는 이름이 루가 복음(16, 20이하)과 요한 복음에 기록되어 있으나, 이는 오늘의 라자르와 동명 이인이요 동일 인물이 아니다. 전자는 무자비한 부자에 대한 비유에서 나오는 거지이며, 실제 인물인지 아닌지는 불분명하고, 후자는 예루살렘 근처인 베타니아에 사는 분으로, 두 명의 누이동생 마르타, 마리아와 같이 독신 생활을 한 분이었다. 지금 설명하고자 하는 라자로가 곧 베타니아의 주교인 것이다.

그는 예수께서도 친구라고 부르실 만큼 주님과 친밀히 지낸 인물이며, 주님께서 예루살렘을 왕래하시던 도중에도 가끔 그의 집에 들리셨다. 그는 비록 주님의 곁을 항상 따라다니던 제자는 아니었지만 그분의 가르치심을 잘 받아들인 열심한 신자였다.

주님께서 수난 당하시기 직전 유다국 동쪽인 페레아에서 전교하실 때 라자로가 갑자기 병에 걸려 위독 상태에 빠졌다. 신앙이 두터운 자매들은 이 사정을 주님께 전하면 틀림없이 좋은 일을 해 주실 것이라 믿고, 사람을 보내어 "주님, 주님께서 사랑하는 이가 앓고 있습니다"하고 전했다. 그러나 주님께서는 무슨 이유에선지 즉시 베타니아로 가려고 하시지 않으셨다.

그 전갈을 받은 지 이틀 후에야 제자들에게 말씀하시기를 "라자로는 죽었습니다. 당신들이 믿도록 하기 위해서는 내가 오히려 거기에 없었던 것을 당신들 때문에 기뻐합니다"(요한 11, 15) 하시며 제자들을 거느리시고 베타니아로 가시니, 과연 그 말씀대로 라자로는 이미 이 세상 사람이 아니었고 장례 지낸 지 4일이나 되었다.

예수를 영접한 라자로의 자매들은 "주님, 주님이 여기 계셨더라면 제 오빠는 죽지 않았을 것입니다" 하고 슬퍼하며 눈물을 흘렸다. 이 말에 예수께서 "나는 부활이요 생명입니다. 나를 믿는 사람은 죽더라도 살 것입니다" 하고 대답하시고 안내를 받아 라자로의 무덤에 가셨다. 그때 라자로의 집에는 조문객이 여럿 있었는데, 그들도 주님을 따라 같이 무덤에 갔다. 예수께서 무덤에 당도하시자 우선 무덤의 돌문을 치우도록 명하시고 잠깐 동안 하늘을 우러러 기도하시고 큰 소리로 "라자로야 나오너라" 하고 외치셨다. 그러자, 보라! 죽었던 라자로가 꿈틀꿈틀 움직이더니 얼굴은 수건으로 감싸여 있고 손과 발이 따로 묶인 채 걸어 나오는 것이 아닌가! 예수께서 곁에 있는 자에게 그를 풀어주라고 하시니 죽은 지 4일이 지난 몸이 조금도 상함이 없었다. 마르타와 마리아를 비롯하여 참석했던 모든 사람들의 입은 이 기적에 놀라 저절로 벌어지고, 감탄하는 소리가 이구동성으로 튀어나왔다. 이것이 유명한 라자로 부활의 대강 줄거리다.

그래서 라자로는 감사하는 뜻에서 하루 저녁은 주님과 그 제자들을 초청하여 성대한 잔치를 베풀었다. 그 기회에 라자로는 예수의 설교를 들었으며,

또 죽었다 살아난 라자로를 보려고 많은 이들이 각처에서 모여들었다. 그러나 평소에 예수를 싫어하던 바리사이들은 그 기적을 듣자 더욱 증오심이 커졌고, 죽이려는 계략을 꾸며 마침내 십자가형에 처했던 것이다. 그리고 한편 그들은 예수가 하느님이심을 여실히 증거한 활증(活證)을 인멸시키기 위해, 기회만 있으면 라자로를 처치하려 했으나 그 뜻은 이루지 못했다.

라자로는 예수의 생존시나 또 승천하신 후에도 그분의 가장 막역한 친구로서 신자들 간에 중요한 위치를 차지했다. 그는 부활하신 주님을 보았고 승천하시는 예수를 전송했다. 그리고 성령의 은총을 받자, 은사요 친구였던 정든 예수를 위해 여생을 바칠 결심을 하고 곧 실천에 옮겼다.

그가 활약한 무대가 어느 곳인지 분명치는 않다. 쿠프로 섬의 키디온이라고도 하고, 프랑스의 마르세이유라고도 전해진다. 그건 어떻든, 그가 주교로서 일생을 교회를 위해 봉사한 것만은 의심 없는 사실이다.

라자로가 4일간이나 매장되었던 묘는 예수의 가장 큰 기적처로 초대 신도들이 정중히 보존했으며, 그 후 성 예로니도의 말씀과 같이 그 묘 위에 화려한 성당을 건축하고, 성지주일 전일에 예루살렘에서부터 행렬을 지어 이 성당에 참배하는 것을 매년의 행사로 하여 현재에 이른다.

중세기에 이르러 라자로는 병원의 수호 성인으로 공경을 받게 되었다. 영국, 프랑스, 독일 등 우럽 각국에서 병원을 라자레트라고 부르는 것은 곧 이러한 연유에서이다.

성 빈첸시오가 창설한 라자로 수도회가 있는데, 창설 당시 그 본부가 원래 병원이었음을 따서 이름지은 것이다.

【 교 훈 】

성 라자로가 자신을 한 번 부활시켜 주신 예수의 은혜에 보답하기 위해 성대한 잔치를 베풀고, 또 여생을 바쳤는데 우리는 수많은 은총을 받고도 자칫하면 원망하고 은혜를 배반하는 태도를 취한다. 그는 이런 우리에게 참으로 큰 훈계를 주고있다.

성 라파엘 대천사

[St. Raphael Archangelus. 축일 9. 29.]

완전한 신령(神靈)이신 모든 천사들의 불가사의하고도 위대한 움직임에 관해서는 성서에 여러 가지 사실이 기록되어 있으나, 그 이름을 명백히 밝힌 천사는 다만 세 분으로 성 미카엘, 성 가브리엘과 성 라파엘 뿐이다.

우리가 이미 아는 바와 같이, 천사들에게는 특별히 우리 인간을 수호하는 임무가 있는데, 그에 대해 성서상 가장 세밀히 기록되어 있는 것은 단지 성 라파엘 대천사에 관한 것뿐이며, 이에 대한 사적을 잘 읽으면 누구든지 수호 천사께 대한 신뢰심을 견고히 하는 동시에 성 라파엘 대천사께 대한 존경심을 깊게 할 것이다.

기원 전 722년, 아시리아의 포로로 그 수도 니느웨에 연행된 유다인 중에 토비트라는 의인이 있었다. 매우 열심한 신심가며 자비심이 두텁고, 곤경에 빠진 사람을 보면 아무라도 그대로 보고 지나가지 못하는 사람이었으므로 이교인들도 그를 유덕(有德)한 위인으로 크게 존경했다.

아시리아에 포로가 된 유다인들은 처음엔 별로 압박도 받지 않았고 비교적 자유롭게 지냈으나 수년이 경과한 후 산헤립 왕은 차츰 박해를 가하고 때로는 많은 사람을 학살했다. 그때 토비트는 그 희생자들의 시체를 밤에 몰래 매장하다가 결국 왕의 노여움을 사서 피신할 수밖에 없었다.

설상가상으로 그는 눈까지 멀게 되어 집안 살림은 말이 아니었다. 그래서 멀리 메대 지방 라게스 읍에 사는 친척에게 자기 아들 토비아를 보내어 전에 빌려준 돈을 받아 오도록 했다. 그러나 토비아는 한 번도 라게스에 가 본 일이 없는 소년으로 그곳이 어디에 붙었는지 조차 알 길이 없어 실로 난처한 일이었다.

토비아는 밖으로 나가서 메대로 가는 길을 잘 알 뿐만 아니라 자기와 함께 가 줄 사람을 찾아보았다. 그러던 중 그는 어떤 사람을 만났는데 그가 하느님의 천사인 줄은 몰랐다. 토비아가 그 사람에게 "당신은 어디서 오셨습니까?" 하고 묻자 "나는 당신의 동족 이스라엘 사람으로서 여기 일자리를 찾아 왔습니다" 하고 대답했다. 토비아가 다시 "당신은 메대로 가는 길을 잘 아십니까?" 하고 묻자 그는 이렇게 대답했다. "알고말고요. 거기 여러 번 가 보았습니다. 그리로 가는 길이라면 안 가 본 길이 없어서 모두 다 잘 알지요" 하고 대답하므로 토비아는 속으로 기뻐 날뛰며, 그곳에 가려는데 길을 모르니 좀 데려다 주기를 청했다. 그 사람은 쾌히 승낙했는데, 이 사람이 라파엘 대천사임은 아무도 몰랐다. 이렇게 토비아는 그와 함께 여행을 떠났는데, 도중 여러 가지 신기한 일이 일어났다.

　티그리스 강변에 다다랐을 때였다. 토비아가 발을 씻으려고 물 가에 내려갔을 때에 커다란 물고기가 물에서 뛰어 올라 토비아의 발을 잘라서 먹으려고 했다. 새파랗게 놀라 그는 소리를 질렀다. 그때 그 사람이 소년에게 "그 물고기를 놓치지 말고 붙잡아라" 하고 말해서 토비아는 그 물고기를 붙잡아 가지고 뭍으로 끌어 올려 위험을 모면했다. 그러자 그 사람은 토비아를 시켜 물고기의 배를 갈라서 쓸개와 염통과 간은 꺼내어 잘 보관하고 나머지 내장은 다 더리게 했다. 나중에 그 물고기의 염통과 간은 악마를 퇴치하는 데 쓰였다.

　그 후 그 사람은 토비아에게 라구엘의 딸 사라를 아내로 맞이하기를 권했다. 사라는 일곱 번 결혼했으나 일곱 번 모두 남편이 죽어 과부가 되었으므로 그 지방에서는 귀신 들린 자, 혹은 남편을 잡아먹는 요부니 하는 좋지 못한 평판이 있는 여인으로, 토비아도 언짢게 여겨 주저했다. 그러자 그 사람은 "내 말을 잘 들어라. 그 귀신에 대해서는 아무 염려 말고 사라와 결혼하도록 해라. 틀림없이 오늘밤에 그 여자가 네 아내가 될 것이다. 네가 신방에 들어가게 되면 그 물고기의 간과 염통을 꺼내어 향불 위에 올려놓아 냄새를 피우도록 하여라. 그러면 귀신이 그 냄새를 맡고 달아나서 다시는 그 여자 곁에 얼씬도 하지 않을 것이다. 네가 그 여자와 동침하려 할 때에 우선 둘이서 함께 일어나 하늘에 계신 주님께 기도를 드리며 자비와 구원을 베풀어 주시기를 간구하여라." 토비아는 그 말대로 했던 바, 과연 아무 탈이 없었고, 훌륭한 아내를 얻었다.

　그 사람은 토비아를 다른 일로도 많이 도와 주었다. 토비아가 혼인 잔치를 하는 동안 손수 메대의 라게스에 가서 돈을 받아오고 토비아 부부를 니느웨까지 데려다 주었다.

그의 집에서는 장님인 아버지가 아들이 돌아옴을 고대하고 있었다. 노모는 매일 집 근처 언덕에 올라가 아들의 모습이 보이지나 않나 하고 돌아오는 길만을 바라보며 날을 보냈다. 그러는 동안 하루는 그토록 기다렸던 그리운 아들의 모습이 눈에 띄었다. 이를 본 노모는 뛰어가 영감께 소식을 알리고 두 노인이 마중 나와 그립던 아들을 껴안고 눈물을 흘리며 기뻐했다. 그리고 토비아는 미리 그 사람이 가르쳐 준대로 물고기의 쓸개를 꺼내어 아버지의 눈에 발라 드린 다음 양손으로 아버지의 눈의 구석에서부터 흰 막을 벗겨 내었다. 그때 신기하게도 아버지의 눈이 열려 전보다도 좋은 시력으로 회복했다. 모두는 기쁨에 넘쳐 소리 높이 하느님을 찬양했다.

토비아는 그 사람에게 여행 도중에 받은 여러 가지 두터운 은혜를 깊이 감사하며, 그 인사로, 받아온 돈의 절반을 주려고 했다. 그러자 라파엘은 토비트와 토비아를 불러 다음과 같이 말했다.

"나는 이제 두 분에게 아무것도 숨기기 않고 사실을 다 말씀드리겠습니다. 나는 영광스런 주님을 시중드는 일곱 천사 중의 하나인 라파엘입니다."

이 말을 들은 두 사람은 당황하다 못해 겁에 질려 그 천사 앞에 엎드렸다. 그러나 라파엘 대천사는 그들을 위로하며 다음과 같이 말했다.

"두려워하지 말고 안심하시오. 영원토록 하느님을 찬양하시오. 내가 당신들과 함께 있었지만 그것은 하느님께서 시키셔서 한 것이고 나 자신의 호의에서 한 것은 아니었습니다. 그러니 언제나 당신들의 찬양과 찬미를 받으실 분은 하느님이십니다."

이 말을 남기고 하늘로 올라갔다. 토비트와 토비아는 하느님께서 당신의 천사를 보내시어 그 놀라운 일들을 보여 주신 데 대하여 찬양과 찬미와 감사를 드리고 그 후부터는 더욱 경건하게 올바른 생활로 사람들의 모범이 되었다.

라파엘이라 함은 '하느님의 묘약' 혹은 '하느님의 의사'라는 의미인데 과연 그는 토비아를 위험에서 구하고 사라를 악마의 손에서 구출했다. 또한 토비트의 눈을 뜨이게 한 것은 명실공히 그 이름에 잘 부합되는 것이다. 그러므로 교회에서 라파엘을 모든 여행자들의 수호자로 존경하는 것도 결코 우연한 일은 아니다. 그리고 토비아 같이 그의 훈계를 잘 듣기만 하면 모든 위험, 더욱이 영신적 위험에서 구원될 것은 자명한 일이다.

【교 훈】
 우리는 본고향 천국을 향하여 위험한 이 세상 객지를 거니는 나그네다. 그래서 하느님께서는 우리를 돌보기 위해 각자에게 수호 천사를 정해 주셨다. 그는 토비아를 상대한 성 라파엘 대천사 같이, 그 모습은 우리에게 나타내지 않을지 모르나, 잠시도 우리 곁을 떠나지 않고 위험을 경고하며 선을 권유함에는 똑같을 것이다. 그러니 이에 유의하여 잘 순종하면 마치 토비아가 성 라파엘 대천사로 인해 재산을 탛아서 무사히 집으로 돌아온 것 같이 우리도 풍성한 공로를 가지고 하늘의 아버지 곁으로 갈 수 있을 것이다.

성 레미지오 렘 주교 증거자
[St. Remigius, E. C. 축일 10. 1.]

 프랑스는 많은 성인들을 냈으나, 그중에도 특별한 존경을 받고 있는 성인은 성 레미지오 주교일 것이다. 그는 최초로 프랑스의 국왕 클로비스를 영세시켜 가톨릭국이 되게 했다.
 레미지오는 북 프랑스의 리옹 시의 근교에 사는 귀족 에밀리오와 그 부인 셀리나와의 아들이요, 3남 1녀 중의 막내다. 자녀들은 모두 부모의 열심을 본받아 훌륭하게 자라났는데, 그중에도 레미지오는 이미 부모도 노년에 이르러 얻은 아들이므로 특별히 총애가 깊었고 고등교육까지 받았으며, 재주가 뛰어난 그의 성적은 매우 우수하였으며, 또 신앙이 두텁고 열심하여 사람들의 주목을 끌었다.
 458년 렘 고구의 주교가 서거하자, 동 교구의 신자, 성직자들은 레미지오를 그 후임 주교로 추대했다. 당시 불과 20세였던 그는 여러 가지 구실로, 특히 연소함을 핑계로 백방으로 사양했으나 결국 부임하지 않으면 안 되었다. 전설에 의하면 그의 주교 축성식 때에 그 머리 위로 이상한 빛이 번쩍였다고 한다. 이렇게 주교가 된 레미지오는 자신에 대하여는 매우 엄격하고 다른 사람에 대하여는 애정이 두터웠으며, 그 탁월한 지혜로써 담당 교구를 잘 다스렸다. 하느님께서는 그에게 여러 번 기적을 행하게 하셨는데, 그의 기도로써 맹인의 눈이 뜨이고 대 화제가 즉시 멈추었던 일도 있다.

그러나 무엇보다도 큰 업적은 클로비스 왕을 개종시킨 것이다. 왕비는 열심한 가톨릭 신자로서 끊임없이 그에게 개종을 권했으나 그는 아직까지 개종하지 않았고, 또 그 나라 사람 대부분이 아직 가톨릭을 믿지 않았다. 그러나 게르만족(族)과 전쟁이 일어나 거의 패망하게 되었을 때 비로소 왕은 충심으로 이렇게 기도를 했다. "나의 아내 크로티르디스의 신이여! 나를 구해 주소서. 그러면 당신을 믿겠나이다." 그러자 즉시 기도한 보람이 있어 마침내 대 승리를 거두었다. 그리하여 그는 약속을 어기지 않고 3천 명의 신하와 함께 교리를 배워 496년 성탄축일 때에 다같이 세례를 받았다. 그날 온 시가는 극히 아름답게 꾸며졌으며 한층 화려하게 꾸며진 대성당에서 왕의 세례에 앞서 레미지오 주교는 엄숙한 어조로 이렇게 선언했다. "머리를 숙여서 당신이 태워 버리신 분을 공경하고, 당신이 공경한 분을 태울지어다."

그 후 클로비스 왕은 신앙에 있어 매우 열심했으며, 레미지오 주교도 가끔 왕궁에 나가 왕의 신앙을 견고케 했다. 왕의 세례 이후에 교세(教勢)는 현저한 발전을 보였으며, 그는 교회의 수도원을 다수 건립하고 새로운 교구도 증설했다.

그 후 레미지오가 북 유럽 제국의 교황 사절이 되면서부터 그의 활동은 한층 왕성해지고 하느님의 특별한 도우심으로 기적을 행하여 도처에서 많은 사람들의 칭송을 받았다. 그렇게 지내는 동안 그는 96세의 고령에 달했다. 그러나 그는 여전히 전교에 노력하며 또한 교회의 권리를 옹호했다. 그는 항상 애정이 두터우며 심지어는 지나치게 관대하다는 비난을 받은 일조차 있었는데, 그때마다 "하느님께서 우리를 창조하신 것은 분노를 위함이 아니오, 오직 구원을 위해서다"라고 대답했다.

그렇지만 그도 역시 시련을 면할 수 없었다. 즉 너무 연로하여 눈병을 앓고 앞을 못 보게 된 것이다. 그는 이 부자유함을 잘 인내하고 그 병을 하느님의 선물로 달갑게 받아들였다.

이 세상을 떠나기 직전에 잠시 동안 그의 건강은 회복되고 다시 앞을 볼 수 있게 되었으나 하느님의 계시로 죽는 날을 알게 된 그는 그동안 모든 것을 정리하고 선종의 준비를 했다. 그리고 열심한 마음으로 미사 성제를 거행하고 주교관에 있는 사람들에게 성체를 영하여 주고 난 후 그들에게 이별을 고하고 편안한 마음으로 그의 영혼을 하느님의 품안에 맡겼다. 때는 532년 10월 1일이며, 나이는 96세, 주교 봉직 74년이었다.

【 교 훈 】

성 레미지오의 강론이 대단한 성과를 거둔 것은 클로비스 왕을 비롯하여 청취자들이 겸손되이 그의 말에 순종했다는 데 있으니, 우리도 겸손한 마음으로 강론을 들을 것이며 유익한 점은 이를 깊이 묵상하자. 이것은 역시 독서에서도 마찬가지로, 읽은 책 속에서 교훈을 구하고 자기를 잘 성찰해 볼 것이다.

성 레안데르 대주교

[St. Leander, Archiep. 축일 2. 27.]

성 레안데르는 6세기 중엽, 스페인의 카르타제나 시(市)에서 태어났다. 가정은 귀족으로 전부터 열심한 그리스도교 신자로서 유명하다.

레안데르는 청년시대에 베네딕토 수도원에 들어가서 오래지 않아 탁월한 학문과 덕망으로 사람들에게 존경을 받고 있었던 터라 584년 세빌리아의 대주교가 서거하자마자 그의 후계자로 선택되었다.

그는 대주교가 된 후에도 결코 수덕을 게을리 하지 않고 자기 교구의 사제와 신자들을 선으로 인도하는 데 주력했다.

이보다 먼저 스페인에는 고도족(族)이 침입해 전국을 정복하고 있었는데 그때 마침 그들 사이에 아리우스 이단이 번성하고 있었으므로 레안데르 대주교는 이를 심히 우려하여 국민의 개종을 열심히 기도했다. 그 뿐 아니라 친히 궐기하여 아리우스 이단의 부당성을 지적하며 사람들의 계몽(啓蒙)에 노력한 결과 많은 사람들이 자기의 잘못을 깨닫고 교회에 개종하는 자가 속출하여 스페인의 아리우스파의 세력도 어지간히 자취를 감추게 되었다.

그때 왕자 헬메디르도도 같이 개종했는데 그것은 오로지 왕비인 군다의 아름다운 표양과 레안데르 대주교의 지도 덕분이었다고 말할 수 있다.

부친인 레비디르도 왕은 그것을 알고 대단히 노하여 왕자를 죽이고, 레안데르 대주교에게 추방을 명했다. 그러나 며칠이 못되어 자기 비행을 후회하고 그를 다시 불러들인 후 중병으로 병석에 눕게 되자 왕은 둘째 왕자 리카르도에게 교회의 진리를 가르칠 것을 허용했다. 그리하여 두 번 째 왕자도 죽은 형과 같이 레안데르 대주교의 지도 아래 열심한 가톨릭 신자가 되어 왕위에 오르자 이를 국교로서 전국민에게 믿도록 했다.

아리우스 이단에서 개종한 사람들은 누구나 레안데르 대주교를 거울로 삼고 전에 그를 미워하며 비난하던 사람들도 지금은 자비로운 아버지처럼 사모하며 선과 덕을 닦음으로써 그의 뜻에 거역하는 일이 없도록 노력했다.

스페인이 이단에 점령되려고 할 때 이를 미연에 방지하며 바른 길에 머물게 한 것은 온전히 레안데르 대주교의 노력의 결실이었다고 해도 과언이 아니다. 그러므로 대 그레고리오 1세 교황은 그의 공적을 듣고 대단히 기뻐하며 친히 서한을 보내어 칭찬과 감사의 뜻을 표했다고 한다.

레안데르 대주교는 외부로는 이단에 대해 교회의 진리를 잘 옹호했고, 내부로는 신자들을 다스리는 데 모든 세심과 노력을 다했다. 그리하여 그는 세빌리아의 주교 사제 회의를 개최하여 도덕에 대해, 혹은 전례에 대해 여러 가지 유익한 규정을 정했다.

이와 같이 레안데르 대주교는 알뜰히 목자로서의 책임을 완수하여 끊임없는 활동과 오랫동안의 피로로 인해 건강을 잃고 병상에 눕게 되어 결국 주님의 부르심을 받아 천국으로 떠났다. 때는 600년이었다.

【 교 훈 】

성 레안데르 대주교는 스페인 국민을 사랑하고 그들의 구원을 열렬히 원한 나머지 일신의 건강도 희생해 가며 그들을 진리로 인도하고 거룩한 신앙을 새겨 주는데 전력을 다했다. 우리도 그와 같이 조국을 사랑하며 언제든지 나라의 번영 융성을 하느님께 기원하며 필요한 때에는 몸도 바칠 각오를 하지 않으면 안 되겠다.

성 대 레오 1세 교황 학자
[St. Leo I Magnus, Pap. D. 축일 11. 10.]

교회와 조국을 위해 위대한 공로를 세운 점으로 세상 사람들에게 대 레오라고 공경을 받고 있는 이 성인은 로마의 유명한 가문에서 출생하여 극히 재주가 많아, 어려서부터 모든 학문을 습득하고 특히 웅변에 있어서 가장 탁월했다. 이러한 천재적 재능을 하느님을 위해서만 사용하려고 한 그는 사제가 되고 교회의 고의 성직자가 되어 440년 교황 식스토 3세 서거 후에 그의 후계자로서 만인에게 추대되어 교황위에 올랐다.

그 당시는 옛날에 강국이었던 로마 제국도 바야흐로 멸망하려고 하고, 사방에서 야만 민족들이 봉기하여 국경을 침범하여 도처에서 난리가 일어나 한창 성하던 로마 문화도 일시에 몰락되지나 않을까 하는 불안한 시대였다. '하느님의 채찍'이라고 불리는 훈니(Hunni)족의 두목 아틸라(Attila)는 용감한 대군을 거느리고 천 유럽을 유린하고 독일에 있어서는 라인 강 부근의 도시를 거의 전부 태워 없애 버리고 그 여세로써 이탈리아에 침입하여 일로(一路) 로마를 향해 진군하였다. 그때 인심의 동요는 말할 수 없이 심했다. 이런 공포와 전율의 도가니 속에서 위기 일발에 있는 군중을 구출하기 위해 과감히 나선 이는 바로 교황 레오 1세였다.

더구나 그는 몸을 보호할 무기나 군대도 없이 다만 하느님의 도우심을 구하면서 성직자로서의 의장을 성대히 갖추고 승리에 도취된 아틸라 앞에 나타나서 함부로 사람을 죽이고 집을 태워 버리는 것이 죄악이란 것을 누누이 설명해 주었다. 그러자 의외에도 아틸라는 교황의 위풍에 감복되었던지 순순히 그의 권고에 순종하여 즉시 군대로 하여금 이탈리아를 떠나게 했다.

그 후 레오 교황은 또 한 번 로마 시를 멸망에서 구출한 때가 있었다. 그것은 아프리카 완달족의 두목 젠세리코(Genserico)가 부하들을 인솔하고 로마에 침입하여 전 시가를 다 태워버리려고 했을 때다. 마찬가지로 완달족도 교황의 간청을 들어 아무 해도 끼치지 않고 그곳을 떠났다고 한다.

레오 교황의 가장 큰 공적은 외부의 적을 물리친 것보다 오히려 교회 내부의 적 즉 위험한 이단 사설을 억제한 일일 것이다. 그는 심원한 학식과 강력한 웅변으로 교회를 순결하게 보호하는데 성공했다.

무릇 제4차 공의회를 칼케돈(Chalcedonense)에 소집하여 그리스도의 강생에 관한 에우티케스(Eutyches) 및 네스토리우스(Nestorius)의 양 이단을 단호히 배격했던 것이다. 이 회의는 지금까지의 모든 회의 중에서 가장 대규모이고 권위있는 것이었다.

여기에 출석한 주교는 무려 630명이나 되었다. 교황 자신은 불행히 참석할 수 없었지만 성자의 강생에 대한 가톨릭 전통의 신앙을 그는 명석한 말로써 손수 편지를 써서 공의회에 보냈던 바 참석했던 주교들은 그것을 낭독하자, 감동되어 "이것이야말로 사도 전래의 신앙이며, 성 베드로가 레오 교황을 통하여 이같이 말씀하신 것이다" 하며 동시에 절규했다고 한다.

이리하여 이 공의회는 단지 교회에 평화를 가져올 뿐 아니라 아울러 교황권을 견고케 하는데 대단히 유효했다.

성 베드로 이후 가장 위대한 교종으로 존경을 받는 대 레오 교황은 재직 21년 간 지혜와 힘으로 교회를 무난히 다스리고 461년 11월 10일에 세상을 떠났다. 그는 현재 교회 학자 중의 한 사람으로 공경을 받고 있다.

【 교 훈 】

성 대 레오 1세 교황은 신앙을 정결히 보호함과 동시에 도덕까지도 순박하게 보존하려고 노력했다. 그리고 스스로 성스러운 생활을 하며 모든 이에게 거울이 되었다. 그 이유는 천국의 복락을 누리기 위해서는 믿음만으로 충분하지 않고 신앙이 가르치는 대로 행동하는 것이 필요하기 때문이었다. 성서에 "믿음에 행동이 따르지 않으면 그런 믿음은 죽은 것입니다"(야고보 2, 17)는 말씀이 있다. 그리스도교 신자로서 비난 없는 훌륭한 생활을 하는 것은 참으로 교회의 명예이다. 이와 반대로 책임을 망각한 신자들의 악한 생활만큼 교회의 체면을 손상시키는 것은 없다. 그러므로 우리는 항상 교회에 손상되는 일이 없도록 해야한다. 진실로 교회를 사랑하는 자의 최대의 공로는 성스러운 생활을 하는 것 외에 아무것도 없다.

성 레오나르도 은수자
[St. Leonardus, Erem. 축일 11. 6.]

 프랑스 국왕 클로비스가 하느님의 도움으로 보기 좋게 게르만족을 격파해 대승리를 얻자 가톨릭에 입교했는데, 그때 같이 입교한 장군 중에 레오나르도라는 사람이 있었다. 이 사람은 명문 출신으로 무술이 능하고 기풍이 늠름했기 때문에 궁중에서도 모든 사람들의 선망의 대상으로 훌륭한 장군이었다. 그는 왕과 다른 귀족과 더불어 세례를 받았는데, 그 중에서 진실로 가톨릭의 진리를 해득함에 있어서는 그를 따를 자가 없었다.
 지금까지는 국왕의 무장으로서 충성을 다 바친 그가 심기 일변하여 이제는 하느님의 병사가 되어 여생을 하느님께 봉사하기로 결심하여, 세속을 버리고 레미지오 주교를 찾아 그 밑에서 열심히 학문과 덕행을 연마했다. 레미지오 주교는 이를 매우 기꺼이 여기고 그에게 성품 성사를 주어 국내 비신자를 회개시킬 책임을 맡겼던 바, 모든 면에 철저한 성격인 레오나르도는 그야말로 헌신적인 노력으로 놀라운 전교 성적을 올렸다.
 그의 성덕이 천하에 알려지자 클로비스 왕은 그를 궁정 책임 신부로 초청하던가 또는 주교로 승격시키기를 바랐다. 그러나 겸손한 그는 그 후의를 모두 사양했는데, 왕은 "다른 무슨 소원은 없는가? 내 힘으로 가능한 것이라면 무엇이나 들어주겠다"는 고마운 말을 했다. 그때 레오나르도는 "그러면 한 가지 소원을 말씀드리겠습니다. 제가 감옥에 가서 제 마음속에 있는 죄수를 지적할 터이니 그들을 석방해 주시기 바랍니다"라고 대답했다. 그리하여 국왕의 승낙을 얻고 즉시 감옥에서 수명의 죄수를 석방시켜 주고, 수덕 생활을 하기 위해 인기척 없는 조용한 곳을 찾아서 길을 떠났다.
 레오나르도는 오를레앙 근처에까지 와서 그 곳 어느 수도원에 들어갔다. 그 수도원 원장은 막시미아노로 그는 그 밑에서 웃어른의 덕행을 본받아 평화로운 나날을 보내며 오로지 수덕에만 전심하였다. 다른 동료 수사들은 레오나르도의 성덕을 칭송하며 서로 다투어 그의 덕을 본받을 정도였다.

성스러운 원장이 세상을 떠나자, 그 후임을 맡게 될 것을 짐작한 레오나르도는 훌쩍 길을 떠나 사람의 자취 없는 적막한 곳을 찾아들었다. 그 여행 도중에도 기회 있는 대로 전교를 하며 많은 사람을 회개시켰다.

그는 리모쥬 근처에 거처를 정하고 그때부터 은수 생활을 시작했다. 먹는 것이라곤 잡초와 과일뿐이었고 아무도 모르게 심한 고행을 하며 끊임없는 기도와 묵상으로 날을 보냈다. 그러나 성덕의 빛은 언제까지나 감출 수 없는 것이니, 어느 사이에 그곳을 알고 그의 지도와 위로의 말을 갈망해 모여드는 신자들의 수가 날로 늘어갔다. 그중에는 비신자까지도 많이 끼여 있었으며, 레오나르도의 열렬한 권면에는 모두 마음을 가다듬어 맑은 샘물로 세례를 받았고, 이들 개종자 중에는 그대로 머물러 그 지도하에 경건한 생활을 열망하는 사람들도 생겨 레오나르도는 그들을 위해 소성당과 초막을 마련했다. 이것이 훗날 유명한 노블락 수도원의 요람이 되었다.

하느님께서도 그의 행실을 기꺼이 여기시어 그의 기도에 기적으로 보답하여 주셨으니, 하루는 그가 기도할 때 수정같이 맑은 샘이 땅 속에서 솟아난 일이다. 또한 그의 기적의 힘에 마지막 희망을 걸고 먼 곳에서 찾아온 난치(難治)의 환자가 대개는 즉석에서 완쾌되어 하느님을 찬미하면서 돌아갔으며 영혼의 병자인 죄인들도 그의 권유를 거스르지 못하고 회개해 훌륭한 생활로 다시 살아난 자의 수는 이루 헤아릴 수 없을 정도였다. 이렇듯이 하느님의 영광을 위해 일생을 보낸 레오나르도가 그 갚음을 받기 위해 천국으로 떠난 때는 559년 11월 6일이었다.

【 교 훈 】

충실하게 하느님을 섬기며 그분의 뜻을 따른 자의 기쁨은 세속적 인간으로는 도저히 맛볼 수 없는 일이다. 반만 하느님을 섬기고 반은 세속 쾌락을 추구하는 자는 점점 불행의 구렁에 빠지게 된다. 물론 자기 신분에 알맞게 일을 함은 누구나 다할 본분인 바, 이는 성 레오나르도의 예로 미루어 아는 바와 같이, 진심으로 하느님을 사랑하는 데 아무 지장도 초래하지 않는 것이다.

포르투 마우리치오의 성 레오나르도 증거자
[St. Leonardus a Portu Mauritio, C. 축일 11. 26.]

포르투 마우리치으 시는 이탈리아의 제노아 지방으로서, 바다에 인접한 작은 도시에 불과하지만, 성 레오나르도를 낸 점에서 세계적으로 유명해진 곳이다.

이 성인은 1676년에 이곳에서 태어났다. 양친은 선량한 이들이었으며, 더욱이 선장인 아버지는 신심이 매우 두터워 동료들의 모범이 되었다. 레오나르도가 기도와 선덕을 귀하게 여긴 정신도 그에게서 물려받은 것이다. 그는 12, 13세에 로마에 유학했는데, 선생과 동료들은 그를 제2의 알로이시오로 대했다. 그는 그때부터 시간 있는 대로 어른, 아이 할 것 없이 권유하여 교회에 나가 하느님의 말씀을 듣도록 했다고 한다.

처음에 레오나르도는 의학을 전공하러 대학에 들어갔다. 그러나 얼마 후 수도원에 들어갈 생각이 우러났고, 어느 수도회를 택하느냐는 번민 중에 있을 때, 하루는 길가에서 두 사람의 프란치스코회 수사를 만나 매우 깊은 감명을 받았다. 그래서 몰래 그 뒤를 밟아 수도원에 이르러 부속 성당에 들어갔을 때, 때마침 수사들은 "아! 주여, 저희들로 하여금 주님을 뵈옵게 하소서" 하는 기도를 하고 있었다. 그는 이 말씀이야말로 주님께서 자기를 부르시는 것으로 알고 즉시 그 수도회에 들어갈 결심을 했다. 그러나 그가 기거하고 있던 집주인인 백부는 이 말을 듣자 노발대발하여 자기집에서 내쫓았다. 그러나 경건한 그의 아버지만은 아들의 기특한 심정을 기꺼이 여겨 수도원에 들어갈 것을 승낙했다. 때는 1697년이었다.

그는 수도원에 들어간 첫날부터 모든 규율을 면밀히 준수 실행하며 매주 한 가지 덕을 목표로 세워 이를 완전히 자기 것으로 만들고 마음을 어지럽게 하는 일이 없었다.

그는 다른 선교사들과 같이 순교의 영광을 열망하여 중국에 파견되기를 청했다. 그러나 여러 가지 장애가 있어 불행히도 그 뜻을 이루지 못했다. 항상 그것이 한이 되어 "나는 그리스도를 위해 죽을 자격이 없는 자다" 하고 가끔 말했다.

레오나르도는 얼마 후 성품 성사를 받아 사제가 되어 철학 교수로 임명되었다. 그러나 얼마 안되어 건강을 해치게 되었고, 의사의 진단은 폐렴이었다. 로마 및 포르투 마우리치오에서 2, 3년 동안 요양했으나 조금도 차도를 보지 못했다. 이제는 모든 의약을 끊고 오직 성모께 의지하여 만일 완쾌시켜 주시면 여생을 죄인의 회개를 위해 바치겠다는 서원을 했다.

 얼마 후 기묘하게 병이 차차 치유되어 전과 같은 건강을 회복했다. 그리하여 서원의 실행 단계에 들어갔다. 우선 수도원 성당에서 설교를 하며 십자가의 길 등을 열심히 했다. 아직은 다른 곳에서 설교하는 허락을 얻지 못한 때였으나, 그 허락을 받은 후는 2, 3일 혹은 1주일에 걸쳐 하루에도 몇 번 씩 설교를 하며 눈부신 활동을 했다. 사람들은 이 모임을 묵상회라 불렀는데, 지금도 이 용어와 행사가 계속된다.

 레오나르도의 계획은 대성공이었다. 첫해에는 제노아 지방에서 각 시골과 읍을 돌아다니며 설교를 했으며, 1709년부터 40년간은 이탈리아의 각 지역을 순회했는데, 도처에서 대환영을 받고 청중은 물밀 듯이 모여왔다. 설교가 끝나면 고해 성사를 주었다. 그토록 많은 청중에게 혼자서는 도저히 성사를 줄 수 없었으므로, 상부에서는 그에게 수명의 보좌 신부를 허락했다. 이 보좌 신부들을 거느리고 각 지방을 순회하며 묵상회를 열었다. 그들은 레오나르도의 지시에 순종하며 엄격한 생활을 하고 거의 매일같이 단식을 지켰으며, 신자들의 기부로 생계를 유지하면서 요긴한 것 외에는 모두 가난한 사람들에게 나누어 주었다. 또한 병자 외에는 다른 사람을 방문하지 않고, 공동으로 기도하며 모범된 생활을 했다. 그의 설교가 그토록 큰 성과를 거둔 것도 이러한 고신 극기의 성스러운 생활이 밑받침된 것이다. 그가 묵상회를 가질 때마다 역설한 것은 특히 예수 수난에 관해서였다. 그의 말 한 마디가 모든 이의 폐부를 오려 내는 듯했고 듣는 이로 하여금 뜨거운 눈물로 통회의 정을 발하게끔 했다. 또한 주님의 수난 상을 마음속 깊이 새겨주기 위해 매 묵상회 끝에는 꼭 자기가 엮은 십자가의 길을 했다.

 레오나르도는 또한 성모께 대한 설교에도 무관심하지 않았다. 앞서 말한 것같이 그는 성모 마리아를 힘입어 병마에서 구출할 수 있었던 것을 결코 잊지 않았다. 이를 감사하는 뜻에서 도처에서 성모 공경을 장려하고 성모를 찬송하는 행렬을 지어 그 성상을 모시고 전 시가를 행진했다. 한편 연옥에 대해서도 강론을 하며, 연옥에서 고통을 겪는 영혼들을 위해 많은 미사를 지내고 열심히 기도했다.

1749년에는 교황 베네딕토 14세가 레오나르도를 로마에 초청해 그 곳 다섯 성당에서 묵상회를 개최하게 했는데 그때 군중들이 물밀 듯이 밀려와 도저히 성당 안에서 할 수 없어 옥외에서 설교하게 된 것도 한두 번이 아니었다. 제노아와 그 외의 지방에서도 대성황을 이루었다. 레오나르도는 코르시카 섬에까지 건너가 설교도 하며 그들의 분쟁을 화해시키는 조정 역할을 했으니, 그의 발길은 전 이탈리아에 안 간 곳이 없다. 주님께서도 이를 가상히 여기시어 그의 손으로 기적을 많이 행하게 하셨다.

1749년에 교황은 다시 그를 로마에 초청하여, 1750년 성년에 대해 신자들의 마음을 준비시키도록 했다. 물론 그때도 수많은 청중을 흡수하여 야외에서 설교했고, 교황도 친히 여러 차례에 걸쳐 참석했다.

다음해 그는 로마의 각 수도원에서 묵상회를 개최했는데 그때는 순교자의 피에 물든 콜로세움에서 처음으로 대규모의 십자 행렬을 했다. 그 후에도 각지에서 묵상회를 열었으며, 1751년 11월, 교황의 세 번째 초청으로 다시 로마에 갔을 때는 이미 그의 나이 75세의 고령이었다.

그 여행에서 레오나르도는 병을 얻었고, 동반자는 그에게 미사까지 중지시키며 절대 안정을 권유했다. 그러나 그는 "한 번의 미사는 모든 보물보다 더 큰 가치를 지닌다.'고 말할 뿐이었다.

죽음이 가까움을 느낀 그는, 처음 수도복을 입은 로마의 성 보나벤투라 수도원에 가기를 희망했다. 하느님께서도 소원을 들어 주셔서, 11월 26일 저녁 6시경에 인연 깊은 수도원에 도착하여 그 날 밤 11시경, 이 세상을 떠났다.

전생애 75년, 그 중 수도 생활이 54년, 또 그 중 40년은 이탈리아 전 지역에 걸친 설교 여행이었다. 그의 유해는 지금도 로마에 있는 성 레오나르도 성당에 안치되어 있다. 1867년에 교황 비오 9세에 의해 시성식이 거행되었다.

【 교 훈 】

성 레오나르도의 생애의 대부분은 설교였다. 예수 수난, 성모께 대한 존경을 그에게 배우자. 그리하여 미사 후나 혹은 다른 적당한 시간에 십자가의 길을 열심히 바치자. 성 레오나르도는 매일같이 "나의 예수여, 나를 가련히 여기소서"라고 기도했다. 이 기도로 자기 및 타인의 죄의 용서를 청했다. 우리도 마음으로 이를 따르자. 반드시 예수께서 자비를 내려 주실 것이다.

로마 교회의 초기 순교자들
[Sts. Protomartires de Roma. 축일 6. 30.]

네로 황제 때인 서기 64년 로마가 화재를 입은 후 교회에 가해진 첫 번째 박해에서 수많은 신자들이 잔인한 고문을 받고 순교했다. 역사가인 타치투스(Annales 15, 44)와 로마 주교 클레멘스의 고린토 인들에게 보낸 편지(5-6장)가 이 사실을 증언해 준다.

성 클레멘스 1세 교황의 고린토 인들에게 보낸 편지의 일부를 적어본다.

이제 과거의 예를 떠나 좀더 근래에 있었던 영웅적인 분들에게로 시선을 돌려 우리 시대의 숭고한 모범을 보기로 합시다. 우리 교회의 가장 견고하고 거룩한 기둥이었던 그분들도 질투와 시기로 말미암아 박해를 받아서 죽음을 맞을 때까지 투쟁했습니다.

먼저 거룩한 사도들을 바라봅시다. 베드로는 이 죄스런 질투심 때문에 한두 가지도 아닌 여러 가지의 고통을 겪었습니다. 그리고 수난 받은 후 마침내 자신이 마땅히 받아야 할 영광을 얻었습니다. 바오로도 이 질투심과 분쟁 때문에 인내의 상급을 받게 되었습니다. 그는 일곱 번이나 사슬에 매이고 피신도 하고 돌로 맞기도 했습니다. 그는 동, 서방의 복음 전파자가 되고 신앙으로 말미암아 높은 명성을 얻었습니다. 또 온 세상의 정의를 가르치면서 서방의 극변까지 이른 후 통치자들 앞에서 신앙을 증거하고 순교의 팔마를 받았습니다. 이렇게 하여 바오로는 이 세상을 떠나 성도들의 거룩한 안식처로 올라가 우리에게 인내의 가장 위대한 모범이 되었습니다.

거룩한 생활을 영위한 이분들 외에 질투심 때문에 생긴 고문과 고초를 당한 수많은 성도들의 무리가 있습니다. 그들도 우리에게 놀라운 모범을 보여 주었습니다. 이 질투심 때문에 다나이다와 디르체아 같은 여인들도 박해를 받았습니다. 그들은 지독히 잔인하고 가증스런 고초를 당한 다음 신앙의 목적지에 다다라 연약한 몸을 지니고 있는데도 불구하고 고귀한 상급을 받았습니다. 질투심은 아내의 마음을 남편에게서 멀어지게 하여 "내 뼈에서 나온 뼈요, 내 살에서 나온 살이로구나"라는 우리 선조 아담의 말을 욕되게 하였습니다. 질투심과 분쟁은 큰 도시마저 뒤엎었고 강대한 민족들을 뿌리째 뽑아 버렸습니다.

사랑하는 형제 여러분, 내가 이렇게 쓰는 것은 다만 여러분이 지켜야 할 의무를 지적하기 위해서가 아닙니다. 이것으로 나 자신도 교훈을 삼기 위해서입니다. 여러분이나 나나 같은 경기장에 서 있고 같은 싸움을 앞에 두고 있습니다. 쓸데없고 헛된 걱정거리는 뒤에 제쳐 두고 영예롭고 거룩한 우리의 전통에로 방향을 돌려 무엇이 아름답고 무엇이 즐거우며 무엇이 그분 마음에 드는 것인지 분간하도록 합시다. 그리스도의 피에다 우리 시선을 두도록 하고, 우리 구원을 위해 흘리심으로써 온 인류에게 회개의 은총을 얻어 준 그 피가 하느님이 보시기에 얼마나 보배로운지 깨닫도록 합시다.

【 교 훈 】

우리는 달릴 길을 꾸준히 달린 성인들을 본받아 세상의 모든 유혹에도 이겨내서 마지막 승리의 월계관을 받아야 할 것이다. 보이지는 않겠지만 모든 성인들도 우리를 위해 기도하시고 같은 나라에서 함께 살 수 있기를 고대하고 계신다. 그러니 우리는 매일의 유혹을 용감하게 이겨 승리해야 할 것이다.

성 로무알도 아바스

[St. Romualdus, Abbas. 축일 6. 19.]

로무알도의 일생은 하느님의 자비하심이 무한하다는 것과 죄인이라 해도 진실로 통회하고 은총의 인도하심에 잘 따른다면 얼마든지 완덕에 도달할 수 있다는 것을 표시해 주는 좋은 예이다.

그는 이탈리아의 라벤나에서 태어났다. 양친은 귀족이었지만 그들의 생활 상태는 온전히 비그리스도교적이어서 아들 로무알도도 이를 모방하여 어려서부터 마음의 순결을 잃어버리고 부모와 같이 무질서한 생활을 했으나 신앙만은 여전히 보존하고 있었다. 이것은 불량한 사람으로서는 대단히 드문 일이다.

그는 종종 말을 타고 인기척 없는 고요한 곳에 가서 교회에 위반되지 않은 생활을 하고 싶다든가 혹은 성인과 같은 완덕의 생활을 하고 싶다든가 하는 충동을 받은 때도 있었다. 그러나 한 번 타락한 구덩이에서 여간해서는 빠져 나올 수가 없었다.

그러나 마침내 무서운 사건이 일어났고, 그 기회에 하느님의 은총은 그의 회개를 재촉하지 않을 수 없었다. 그 사건이란 것은 그의 부친 세르키오가 사소한 일로 친척의 한 사람과 불목이 되어 결국 결투로서 그를 찔러 죽인 일이다. 그때 청년이었던 로무알도는 동반인으로 억지로 부친과 같이 가게 되어 상대자의 비참한 죽음을 보자 마음 깊이 충격을 받고 라벤나 교회의 클라세 수도원에 가서 40일간 살인죄를 범한 부친과 그리고 그곳에 참석한 자기를 위해 속죄의 고행을 하기 시작했다.

속죄가 끝나 마음이 진정된 후 로무알도는 다시 전과 같은 생활로 돌아가려고 하니 한 수사는 그를 온전히 회개시키려는 결심을 하고 열심히 수도원에 들어갈 것을 권했다. 그러나 그는 여간해서 들으려 하지 않으므로 그 수사는 마지막으로 "그러면 우리의 교회의 보호자인 성 아폴리나리오를 만나도록 하면 어떻겠습니까?"라고 하니 그러한 일이 있을 수 없다고 생각한 그는 "좋습니다. 그와 같이 하면 수사가 되리다" 하고 약속했다.

그 날 밤 로무알도는 수사에게 인도되어 교회에 갔다. 그리고 기도하고 있으려니까 과연 성인이 발현하셔서 몇 개 되는 제대를 하나 하나 돌아본 후 다시 자기 무덤으로 사라졌다. 다음 날 밤도, 그 다음 날 밤도 똑같았다. 이와 같이 하여 로무알도는 완전히 개심하고 수도원에 들어갈 것을 결심하게 되었다.

수도원에 들어갈 때 그는 겨우 21세였지만 처음부터 모든 일을 정성껏 행하며 특히 기도와 극기를 좋아했다. 그러나 애석하게도 이 수도원에는 세속적 정신이 충만하여 수도자들도 그리 열심하지 않았으므로 로무알도는 가만히 있을 수가 없어서 여러 차례 이를 충고했지만, 그로 인해 많은 사람이 그를 미워하게 되고 그중에는 그를 죽이려고 한 사람까지도 있었다. 다행히 하느님의 보호로 그는 그런 사실을 알고 스스로 자원하여 그 수도원을 떠났다. 그러나 그대로 세속에 다시 돌아간 것은 아니고, 완덕에 도달할 열망으로 베네치아 교회에 살던 마리노라는 은수자의 제자가 되었다.

978년경 베네치아의 대통령인 베드로 오르세올로가 세속을 떠나 마리노와 로무알도에게 의논하여 프랑스 그잔에 있는 성 미카엘 수도원에 들어갔을 때 마리노와 로무알도 그 수도원 부근에 초가를 마련하고 종전의 엄격한 생활을 계속하는 한편 농업에도 종사했다.

그 무렵 로무알도는 여러 가지 시련을 당했다. 과거의 연상이 그를 괴롭혔고 악마도 내외로 그를 보채었다. 그러나 그는 번민이 아무리 심하다 하더라도 잘 참으며 굳은 신뢰로써 기도하며 모든 것을 죄의 보속으로 다 바쳤다. 그러므로 그의 덕은 날로 진보하는 동시에 그의 부친 또한 회개의 은혜를 얻어 수도원에 입회했다.

아버지에게는 수도원 생활이 너무 엄격했음인지 오래지 않아 다시 세속으로 돌아가려고 했다. 그것을 안 로무알도는 급히 이탈리아의 아버지에게로 돌아와 정성을 다해 위로하고 권면하여 인내로써 수도원에 머무를 것을 간곡히 애원했다. 부친도 그의 말에 순응하여 세속에 돌아갈 것을 단념하고 수도 생활을 계속하다가 오래지 않아 선종했다고 한다.

그 후 수년간은 로무알도에 있어서 대단히 복잡한 시대였다. 그는 이탈리아 국내에서 이곳저곳 조용한 곳을 찾아 다녔다. 적당한 곳은 얼마든지 있었지만 그가 일단 자리를 잡고 초막을 지어 놓으면 어느새 또 못살게 되었다. 그 이유는 그가 거처하는 곳을 알게 되면 사방에서 지도를 받으러 사람들이 조수(潮水)와 같이 몰려들었기 때문이다. 제자로 삼아달라는 사람도 있었고 우리의 수도원장이 되어 달라는 수사들도 있었다. 로무알도는 이런 생활보다 인간을 떠나 고요한 곳에서 경건히 하느님을 섬기기를 더 원했던 것이다.

996년, 독일의 황제 오토 3세는 이탈리아를 방문했을 때에 자기의 보호하에 있는 클라세 수도원도 방문하게 되었는데 그곳의 무질서함을 보고 개혁할 결심으로 이에 적당한 인재를 수도자들에게 선택하라고 한 결과 누구를 막론하고 로무알도를 원했다. 그러므로 황제는 친히 성인을 방문하고 그 중대한 책임을 맡아 주기를 간청하므로 그도 할 수 없이 승낙하고 그곳에 갔으나 그의 허다한 노력에도 허사였다. 그리하여 그는 주교와 황제에게 청해 다시 조용한 자기 거처로 돌아왔다.

그에게 위로가 된 것은 수명의 제자들의 열심한 생활이었다. 그 중에서도 후에 러시아에서 전교하다가 순교한 보니파시오와, 헝가리에서 전교하다가 동시에 순교한 요한과 베네딕토 이 3인은 특별히 뛰어났다.

보니파시오가 순교했다는 소식을 들었을 때에 로무알도는 그곳으로 급히 가려고까지 생각했으나 그때 마침 중병으로 누워 있었으므로 목적을 달성할 수 없었다.

그 후 로무알도는 어떤 부자에게서 카말돌리라는 한적한 토지를 기부 받아 그곳에 제자들을 위한 수도원을 설립하고 동시에 카말돌리회를 창설했다. 이 수도원은 오늘날까지 계속 그 엄격한 생활양식을 지켜오고 있다.

로무알도는 시도리오 산상에도 한 수도원을 설립했는데 그곳에 방탕한 생활을 한 귀족 출신의 한 청년이 들어왔다. 이 청년은 회개를 맹세하면서도 품행은 여전히 전과 같이 나빴다. 그러므로 로무알도는 그를 선도하기 위해 백방으로 노력했지만 청년은 회개하지 않을 뿐 아니라 도리어 스승의 권면과 책망에 대해 원망하며 로무알도도 자기와 같이 남몰래 방탕한 생활을 하고 있다고, 없는 사실을 들어 나쁜 소문을 퍼뜨렸다. 사람들은 이것을 사실로 믿고 대노하여 로무알도를 교수형에 처하든가 혹은 그의 초막을 태워버리든가 하라고 모두 흥분했다. 그는 미사를 지내는 것까지 금지되었다. 로무알도는 묵묵히 그러한 수치를 인내하며 이에 순종했다. 그러나 어떤 때는 하느님 친히 발현하셔서 미사를 지내라고까지 하셨다.

그는 나이가 많아 임종이 가까운 줄을 알았다. 그래서 하루는 홀로 있고 싶다며 수도자들을 모두 내보냈다. 평소 고독을 즐겼던 그는 임종 때에도 하느님과 홀로 임종하려고 했던 것이다.

이튿날 아침 그가 나타나지 않으므로 제자들이 방에 가서 보니 스승은 이미 고요히 임종한 상태였다고 한다. 때는 1027년 6월 19일이었다.

【 교 훈 】
우리는 일상의 병고와 고생과 또한 타인이 주는 수치를 잘 참아 받음으로 많은 보속을 하지 않으면 안 된다. 성공을 못했을 때나 배은 망덕을 당했을 때나 비난을 받음으로 마음이 아플 때는 성 로무알도와 같이 하느님께 대한 신뢰를 잃지 않도록 해야 한다. 그러면 반드시 그 대가를 받을 때가 있을 것이다.

성 로베르토 벨라르미노 주교 학자
[St. Robertus Bellarmino E et D. 축일 9. 17.]

이탈리아의 벨라르미노 가문에서 태어난 이 성인은 성 베드로 가니시오와 같이 예수회 수사 신부로 16세기 프로테스탄트 교파가 세상을 어지럽게 할 무렵 교회의 진리를 옹호하기 위해 하느님께 특별히 간택된 분이었다.

그는 1542년 10월 4일 플로렌스 주의 몬테 풀치아노 시에서 태어났다. 일찍이 고향에서 중학교 다닐 때부터 탁월한 재주와 학문에 대한 열심으로 종종 스승들을 놀라게 했다. 그는 18세 때에 예수회 입회를 신청하자 그의 재주의 비상함을 알고있던 원장은 이를 쾌히 승낙했다. 20세가 되자마자 일찍이도 수사학의 교수로 임명되어 잠시 그 임무를 완수한 후 다시 철학, 신학을 연구하고자 벨기에의 루벵에 가서 그곳에서 28세에 성품 성사를 받고 사제가 되었다.

그가 자신의 박학과 웅변으로 설교를 함으로써 세상 사람들을 놀라게 한 것은 서품 전 신학 연구 때부터인데 특별히 교회의 진리를 지극히 명석하게 설명하므로, 프로테스탄트 신자들도 그의 명성을 사모하여 일부러 영국에서부터 설교를 들으러 와 그의 조리 있는 설명을 듣고, 이단에서 개종하는 사례가 적지 않았다.

루뱅 대학을 졸업한 벨라르미노는 즉시 모교의 교수로 임명되어 6년간 신학 강좌를 담당했다. 그동안 그의 평판은 멀리 로마에까지 퍼져 1576년 교황 그레고리오 13세는 그를 초빙하여 대학의 변증학 교수로 임명했다.

그 임무를 맡고 있었던 12년 동안, 변증 호교학을 잘 강의하며 당시 새로 일어난 이단설의 오류를 지적 논파하자 마치 쾌도로 난마(快刀 亂麻)를 절단하는 거와 같았고, 펜으로는 '현대 이단에 대한 그리스도교의 변박서'라는 서적을 저술하여 사람들을 가르치는 바가 컸었다. 그 명석한 논지와 온화한 필치는 읽는 자로 하여금 진심으로 동감케 하고 진리를 찾는 성심이 있는 자라면 한 번만 읽고도 반드시 교회로 개종하지 않을 수 없다는 정평까지 있어서, 많은 이단자들의 개종을 초래했으므로 이단자들은 대단히 놀라며, 칼빈파의 수장 베자 같은 이는 급히 그 저서를 읽는 것을 금했다. 한편 교회측에서는 이 서적에 대해 크게 환영하며 받아들였다.

그의 강의는 항상 수많은 학생을 끌었고 그 중에는 각국에서 온 많은 개신교 청강생들이 모여왔는데 그로 말미암아 영원한 진리를 깨달은 자는 이루 헤아릴 수 없을 정도로 많았다.

그 후 학생들은 자기 고향에 돌아가 사람들에게 그리스도교가 참된 종교임을 전하여 그 영향은 점차 커졌고 벨라르미노의 교회에 대한 공로는 실로 측량할 수 없었다. 성 알로이시오도 그의 제자 중의 한 사람으로서, 이 순결한 청년이 그처럼 빨리 성인이 된 것은 주로 은사였던 벨라르미노의 열심한 훈육에 기인한다.

얼마 후에 그는 나폴리 왕국에 있는 예수회 수도원의 관구장으로 선출되었으나 교황 클레멘스 8세는 곧 그를 로마에 다시 불러들여 교황청의 고문으로 임명하고 1599년에는 교회의 최고 직분인 추기경에 임명했다. 또한 벨라르미노는 두 번이나 교황의 후보자로 추천되었으나 언제나 겸손한 마음으로 이를 사양했다.

벨라르미노의 저서는 상당한 수에 달하지만 그 중에는 학문에 관한 것도 있는가 하면 '선종의 길'과 같은 신심서가 있고, 그래도 제일 유명한 것은 교리서인데 이는 실로 60개 국어로 번역되고 4백회 이상이나 재판된 기록을 갖고 있다.

벨라르미노는 이같이 교회를 위하여 다년간 진력한 후 79세의 고령에 달하여 임종이 가까운 줄을 알고 수도원의 한 구석에서 죽기를 열렬히 원했던 바 다행이 그 원이 채워져 1621년 8월 말경 그리운 수도원에 돌아와 9월 17일 그곳에서 선종했다. 마지막으로 병자 성사를 받을 적에 그는 누워서 받으려고 하지 않고 아주 쇠약해진 몸을 일으켜 마루 위에서 무릎꿇고 받았다고 하는데, 이를 보더라도 그가 얼마나 열심했던가를 짐작할 수 있을 것이다.

그가 임종할 때 몸에 걸쳤던 추기경의 의장은 20년 전 교황으로부터 받은 그대로였다. 그는 오랜 세월 동안 옷을 새로 맞춘 일이 없었다. 그는 자기 재산을 생전에 모두 가난한 사람, 고학생, 경영이 곤란한 병원, 수도원 등을 위해 기부했으므로 그가 죽은 후 장의 비용도 없었다고 한다. 이 성인이 얼마나 수도자다운 가난의 덕을 지켰는가를 알 수 있을 것이다.

로베르토 벨라르미노의 시성 조사는 일찍이 1627년에 시작되었다. 그러나 이에 반대하는 자도 없지 않았으므로 한때 시성 조사는 중지되었으나 다시 시작하여 드디어 1930년 6월 29일 성 베드로, 바오로 두 사도 축일을 계기로 장엄하고도 성대한 예식이 거행되어 공공연히 성인품에 오르게 되었다. 그의 유골은 본인의 의사에 의해 1923년 로마에 있는 성 이냐시오 대성당에 운반되어 성 알로이시오 제대 옆에 안장되었다.

【 교 훈 】

성 로베르토 벨라르미노는 교회를 진심으로 사랑하고 있었다. 그가 심신의 전 능력을 기울여 악을 시정하며 호교에 진력한 것은 실로 이런 사랑 때문이다. 우리는 자모이신 교회에 대한 희생적 사랑을 그에게서 배우지 않으면 안 되겠다.

리마의 성녀 로사 동정

[Sta. Rosa de Lima, V. 축일 8. 23.]

1492년에 아메리카 대륙을 발견한 콜롬부스에게 그 지방의 신기한 이야기를 전해 들은 스페인 사람들 중에는 신대륙이 마치 무진한 보물로 충만되어 있는 옥토인 줄 생각하고 제각기 그 보물을 점유하고자 고국을 떠난 이가 적지 않았다. 특히 그로부터 40년이 경과한 후, 페루를 점령한 스페인 사람들은 토인들을 학대하며 심지어는 그들의 생명까지 빼앗는 심한 폭행까지 자행하여 선교사들은 그들의 비그리스도교적 행위를 경고했으나 아무 효과가 없었다. 그러니 이러한 대죄악을 충분히 보속하지 않으면 하느님의 풍성한 은총이 결코 이 나라에 내려올 수 없게 되었으나, 다행히 나약한 여성으로, 영웅적 희생을 바침으로써 주님의 분노를 풀고 하느님의 나라를 이 땅위에 건설할 기초를 닦은 분이 있었는데, 이분이 바로 로사 동정녀다.

그녀는 1586년 페루의 수도인 리마에서 태어났다. 세례명은 이사벨라(작은 엘리사벳)였는데, 용모가 매우 아름다워 가히 장미꽃의 아름다움을 연상시키므로, 이름을 로사(장미꽃)라 부르게 되었다.

그의 양친은 마음씨가 훌륭한 분들로 처음에는 상당한 재산도 있었으나 운이 나빠서 모든 것을 다 잃어 가난한 가정이 되었다. 그러나 그들의 신앙은 조금도 동요됨이 없었고, 오히려 하느님께 더욱 굳은 신뢰심을 갖게 되었다. 그들의 10여명 자녀 중에 로사는 장녀였다.

로사는 철이 들기 시작할 때부터 하느님의 기이한 섭리로 보속, 희생, 박애(博愛) 등의 숭고한 정신에 관심을 갖게 된 것 같았다. 그것은 즉 아직 어린이로서 몸에 대수술을 받았을 때에도 이를 악물고 고통을 참으며 조금도 눈물을 흘리지 않았다든지, 또 매주 3일간은 소량의 빵과 물로써 지내며, 편안한 침대 대신 판자 위에서 자는 것 등이었다.

이러한 경향은 커감에 따라 더욱 뚜렷이 나타났으며, 여러 가지로 고행하는 방법을 강구하고 그대로 실행했다. 그녀는 자기의 미모가 사람들의 마음을 미혹케 할까 염려하여 후추가루로 얼굴을 비볐으며, 아름다운 머리카락을 잘라서 약간이라도 그 미를 손상시키려 애를 썼다.

뜰 한 구석에는 작은 방을 꾸미고 그 안에서 몇 시간이고 기도와 묵상으로 지내며 죄인들에게 자비를 내려 주시기를 하느님께 기도했다. 그리고 나머지 몇 시간은 자수나 기타 편물에 소비하고, 수면 시간은 불과 두세 시간 정도였었는데, 실로 이러한 엄격한 생활은 하느님의 특별한 섭리에 의한 것으로, 주님의 특별한 도움이 아니고서는 인간으로서는 도저히 행할 수 없는 일이었다. 실제로 하느님께서 혹은 성인들이 나타나서 그녀를 위로해 주고 격려해 준 것이 한두 번이 아니었다.

육신의 고행에 힘쓰던 그녀는 가끔 하느님께 버림을 받은 것과 같은 고적함과 가지가지 영신적 고민의 시련도 당했다. 그것은 말하자면 게세마니 동산에서 예수께서 받으신 고통과 비슷한 것이었다. 그러므로 신심이 두터운 부모들도 그녀의 정신을 이해하지 못하고 고행을 그만두고 빨리 결혼하라고 재촉했고, 그 말을 듣지 않는다하여 엄히 책망하며 때로는 심한 매질까지 한 적도 있었다. 이러한 고통을 아무에게도 하소연할 곳이 없는 로사는 조금도 안색을 변하지 않고 더욱 부지런히 가정 일을 보살피면서, 남몰래 조용한 곳에서 부모를 위해 주님의 은혜를 청했다. 그리고 하느님께 맺은 정결 서원을 더욱 공고히 하기 위해 20세 때 성 도미니코 제3회에 들어가 부모의 슬하에 있으면서도 가장 완전한 수도 생활을 하고 영혼 구원을 위해 자신을 전부 봉헌했다.

그녀의 방은 비좁지만 그녀의 열성을 기뻐하시는 하느님의 은혜로 마치 지상 낙원과 같이 되어, 그 주위에는 아름다운 장미꽃들이 만발했고, 새들은 두려운 기색도 없이 마음대로 방안에 들락날락하고 재잘거리며 기도하는 성녀와 같이 창조주를 찬미했다.

극기 생활에 권태를 낼 줄 모르는 로사는 주님의 모습을 따르고자 편태를 하고 가시관을 만들어서 자기 몸을 괴롭히며 석회 가루로 손을 태워 그 아픔을 하느님께 바치기도 했는데, 만약 지도 신부의 명령이 없었다면 얼마나 더 무서운 극기와 희생을 했을지 모른다.

이 같은 수도 생활은 하느님의 풍부한 은총을 초래하지 않을 수 없었다. 그는 여러 번의 탈혼 중에 영신계의 진리를 맛보았으나, 겸손한 마음으로 타인에게는 일절 비치지 않고 지도 신부의 명령에 순명하는 뜻으로 그 일부를 밝혀 줄 뿐이었다.

매일 같은 준엄한 고행의 결과 로사는 건강을 잃고 매우 아픈 병고를 당했다. 전신을 태우는 듯한 고통은 아무리 치료를 받아도, 아무리 약을 써 보아도 낫지 않았다. 이런 고통을 기쁘게 생각하고 세상 사람들의 죄의 보속을 위해 주님께 바치기를 3년간, 최후가 가까움을 안 로사는 골고타의 예수의 수난을 묵상하고 3일째 되는 날, 예수의 이름을 세 번 부르고 조용히 눈을 감아 세상을 떠났다. 때는 1617년 8월 24일이었다. 그녀의 탄복할만한 희생은 천국에서 풍성한 상급을 받았을 것이다. 그녀는 아메리카의 제1의 성녀요, 남미(南美)의 꽃으로 찬양 받았으며, 그녀의 전구로 많은 기적도 일어났으므로 1671년에는 성인품에 오르게 되었다.

【 교 훈 】

우리는 성녀 로사의 전기를 읽고 그 고신 극기의 생활을 탄복하는 동시에 한 가지 점에 주의를 환기시키고 싶다. 그것은, 하느님께서는 무한히 인자하시지만 또한 무한히 공의하시므로 어떠한 죄악이라도 적합한 보속이 없이는 그저 넘겨버리지 않으신다는 것이다. 그러므로 우리는 일상 생활에서 잘 참고, 성녀 로사의 전구를 구하며, 더욱 희생의 정신을 기르도록 노력해야 할 것이다.

비테르보의 성녀 로사 동정

[Sta. Rosa de Viterbo, V. 축일 9. 4.]

하느님께서는 성인들을 통해 기적을 행하신다. 우리는 모든 성인들의 기적에서 하느님의 은총을 본다. 그 중에서도 더욱 현저히 나타난 기적은 비테르보의 성녀 로사의 일생에서 볼 수 있다.

그녀는 1235년 이탈리아의 비테르보에서 태어났다. 양친은 가난했으나, 자식으로는 로사 하나 밖에 없었으므로 될 수 있는 데까지 주의를 다해 교육 시켰다. 그러나 그녀의 교육에 많은 역할을 한 것은 부모의 힘보다 오히려 하느님의 은총이었다. 아직 걸음도 제대로 걷지 못한 어린 로사가 근처에 있는 성 프란치스코회 성당에 가서 경건한 모습으로 미사에 참여하고 있는 것을 본 부모나 사람들은 탄복하지 않을 수 없었다. 어린 로사는 강론 때에 방울 같은 눈동자를 굴리며 신부의 강론 말씀을 한마디도 빼놓지 않고 기억하고 돌아와, 부모에게나 혹 다른 아이들에게 그대로 들려주었다.
 2, 3년 후부터 로사는 이미 고신 극기의 생활을 시작했다. 그녀는 자기 방에 조그마한 제단을 꾸며놓고 대부분을 그 앞에서 기도하며 지냈다. 잘 때에는 한 장의 판자를 요로 삼았고 너무 엄한 단식(斷食) 때문에 사람들은 그녀의 건강을 걱정할 정도였다. 의복은 소박한 것을 택하고 맨발로 다니며 자는 시간은 하루에 불과 몇 시간밖에 안 되었다. 그래도 항상 그녀의 얼굴은 기쁜 빛이 감돌며 모든 사람들에게 친절하고 거지들을 반가이 대하며 자기 몫인 음식을 나누어 먹이기도 했다.
 그 당시 로사에 대한 몇 가지 기적이 전해져 내려온다.
 어떤 가난한 집 아이가 하루는 꽃병을 깨뜨렸다. 로사는 불쌍한 생각으로 그 꽃병 조각을 모아 그 위에다 십자가를 그렸다. 그랬더니 즉시 그 병은 전과 같이 되어 금이 난 흔적도 없었다고 한다.
 로사는 열 살 때 중병에 걸렸었다. 임종이 가까웠다고 생각될 때 그녀는 묵시를 보았다. 즉 천당, 연옥, 지옥의 모양이었다. 그러자 성모님이 나타나서 그녀에게 예쁜 관을 씌워 주시며 성 프란치스코 제3회에 들어갈 것을 권고하시고, 앞으로의 생활 방식과 그녀가 해야 할 일들, 또 그녀가 받을 박해와 고통에 대해서도 친절히 깨우쳐 주셨다. 이리하여 그녀는 완쾌한 후 거치른 옷에다 끈으로 만든 띠를 허리에 둘렀다.
 그녀는 탈혼 중에 어린 예수를 보았다. 그때 예수께서는 이미 가시관을 쓰시고 피가 낭자하게 흘렀다. 그것을 본 로사는 애처로운 생각에 잠겨 자기 몸을 피가 나도록 매질했다고 한다.
 그 당시 황제 프리데리코는 교회를 박해하고 그 군대는 이탈리아까지 침입하여 많은 학살을 감행했다. 비테르보와 그 부근의 촌락도 그 마수를 피할 길이 없었다. 바로 이때 로사는 분연(奮然)히 일어나 세상의 불신, 부도덕, 호화와 사치며 기타 부정을 책하는 일장 연설을 했는데, 그 웅변 태도며 그 말의 구절 마다가 하늘에서 울려나오는 것 같았다. 로사는 네거리와 광장 등 사람이 많이 모이는 곳을 택하여 누구에게도 보일 수 있는 높은 돌이나 기둥에 서서 연설을 했다. 불과 12세인 이 소녀의 열변은 대단한 반향을 일으키지 않을 수 없었다. 많은 사람이 그 말에 감탄하여 회개하고 죄의 보속을 했다.

　프리데리코의 부하들은 이 소녀를 대단히 불쾌히 생각하여 비테르보 시장으로 하여금 로사의 가족을 즉각 추방하도록 했다. 그 부친은 "지금은 겨울이요, 돈도 없고 정처도 막연하니 잠깐만 여유를 주십시오. 지금 우리를 추방한다면 우리는 뜰에서 굶어 죽을 것입니다" 하며 애원했으나 시장은 조금도 동정함이 없이 "너희들은 죽어도 좋다. 어서 빨리 나가라"고 도리어 재촉했다. 이에 부친은 하는 수 없이 처자를 거느리고 정든 곳을 떠나 사방을 헤매다가 솔리아노라는 곳에 이르렀다.

　이곳 사람들은 불쌍한 그들에게 친절을 베풀어주었다. 그래서 그들은 이곳에 자리를 잡고, 로사는 설교를 시작했는데, 그 반향은 역시 대단했다.

　1250년 12월 5일, 로사는 사람들에게 곧 행복할 것을 예언했다. 그러자 그 달 13일에 프리데리코 황제가 사망하고, 국내에는 평화가 깃들이게 되었다. 로사의 가족들은 그리운 비테르보 시에 귀환하는 도중 어떤 마을을 통과했는데 그곳은 배교한 어떤 여자의 악한 표양으로 인해 배교자가 많았다. 로사는 그저 묵과할 수 없다고 생각하고 그 여자의 비행을 질책했으나 상대방도 상대인지라 여러 가지 항변으로써 쉽게 승복하지 않았다.

　로사는 "말로써 시비가 결정되지 않으니 기적으로 결정합시다" 하고 소경 하나를 데려다 놓고 고치라 하였다. 그런 여자가 이런 일을 할 수 있을 리가 만무했다. 그 여자는 실패했고 로사는 훌륭히 그 소경의 눈을 뜨게 했다. 그런데도 그 여자는 마음을 돌리지 않았다. 그래서 이번에는 둘이 다 같이 이글이글 타는 불 속을 건너가자고 청하였다. 상대는 두려워 승낙할 기색을 보이지 않았다. 로사는 장작에 불을 지펴놓고 그 가운데에 우뚝 섰다. 그녀는 의복 하나 그을리지 않았고 몸에도 조그마한 화상 하나 없었다. 그때서야 그 여자도 얼굴빛이 변하며 놀랐고 마침내 회개하고 그녀와 더불어 많은 사람들이 다시 신앙의 길로 돌아왔다.

　로사의 가족이 비테르보에 들어섰을 때 시민의 환영은 대단했다.

　15세가 된 로사는 수도원에 들어가기를 원했으나 그 소원은 이루어지지 않았다. 그래서 그녀는 다시 자기 작은 방에서 전과 같이 홀로 기도와 극기의 생활을 계속했다. 2년 후 그녀는 17세의 꽃 같은 몸으로 그의 깨끗한 영혼을 하느님 손에 맡겼다. 그녀의 유해는 처음 비테르보 교회에 매장했다가 뒤에 다른 교회로 이장했다. 그때는 이미 5년이 경과한 해였지만 아직 얼굴색이 하나도 변하지 않았다고 한다. 그 뒤 반년이 지났을 무렵 그 교회는 대 화재로 전소되어 성녀 로사의 영구(靈柩)와 의복은 다 소실되었으나 유해만은 무사하여 현재에 이르고 있다.

【교 훈】
하느님께서는 가끔 약한 자를 택하시어 큰 일을 이룩하신다. 성녀 로사는 그 한 예이다. 우리는 이 소녀가 행한 보속 생활을 생각하며, 보속은 고사하고 매일의 의무도 충실히 이행하지 못하는 자신을 부끄러워해야 할 것이다.

성녀 로살리아 동정
[Sta. Rosalia, V. 축일 9. 4.]

1624년 이탈리아의 팔레르모 시에는 무서운 페스트가 발생하여 어떠한 치료 수단도 효과 없이 희생자가 속출했으며 사람들도 매우 불안했다.
사람들은 하느님의 도우심 외에는 구할 길이 없다하여 모든 성인의 호칭 기도를 외우며 시가행진을 했는데, 이상하게도 마치 주님의 묵시나 받은 듯이 제각기 다른 길로 열지어 가는 성가대원들이 성녀 로살리아의 이름을 호칭 기도문에 덧붙여 노래했다. 더구나 이상한 것은 이 행렬이 끝나자 그처럼 맹위를 떨치던 열병도 즉각 멈추었다는 것이다.
로살리아는 어렸을 때에 부친과 같이 팔레르모에 와서 부친이 왕궁에서 근무하는 동안 그녀는 왕비 마르가리타의 총애를 받아 그 감독 하에 좋은 교육을 받았다
성년이 되어 어떤 귀족에게 출가시키려는 무렵 로살리아는 돌연 종적을 감추었다. 그녀는 우선 어떤 수녀원에 숨었다가 곧 인기척 없는 동굴 속에서 살았다. 그 소재지를 안 사람은 왕비 마르가리타 뿐이었으며, 그녀는 더 조용한 장소를 로살리아에게 택하여 주며 일생을 그 곳에서 지내도록 했다.

로살리아는 기도와 묵상으로 세월을 보냈다. 비바람을 가릴 만한 집이 페레그리노 산 위에 있었는데, 때때로 한 신부가 찾아와 그곳에서 미사를 지내 주었다. 로살리아가 아무도 모르는 이런 산중에서 일생을 마쳤으므로 그녀의 죽음과 묘지를 안 사람도 극히 드물었다. 그러나 하느님께서는 그녀의 묘소와 그녀의 이름을 세상에 알리셨다.

팔레르모에서 시가행렬이 끝난 후였다. 성녀는 어떤 노인에게 나타나서 "페레그리노 산에 가 보세요. 거기에 내 무덤이 있습니다"했다.

노인이 가보니 과연 가르쳐 준 장소에 무덤이 하나 있었다. 그래서 무덤을 헤쳐 보니 한 부인의 시체가 나왔다. 생전의 모습 그대로였다. 그러나 과연 성녀 로살리아의 시체인가? 이러한 의문을 둘러싸고 의사와 신부들이 세밀한 조사를 한 결과 거의 틀림없다는 결론을 내리게 되었는데, 여기서 새로운 증거가 나타났다. 즉 묘지의 동굴 속에서 발견된 돌 한 개에는 성녀 자신이 새겼는지 혹은 다른 사람이 새겼는지 다음과 같은 글이 기록되어 있었다.

"퀴스퀴나 및 로제스의 영주 시니발도의 영양 로살리아는 하느님의 사랑을 위해 이 동굴에 거처하기로 정했다."

팔레르모 시민들은 즉시 그녀를 주보 성녀로 결정했다. 성녀가 살던 곳에는 아름다운 성당을 건립하고, 주교좌 성당 옆에는 조그마한 성당을 세워 그곳에 성녀의 유해를 안치했다.

성녀 로살리아는 팔레르모 시민의 신뢰를 어기지 않고 주보로서의 임무를 다했다. 우선 전술한 페스트 종식을 시작으로 1693년의 대지진 때에도 구원의 손을 뻗쳐 다른 도시 촌락에서는 수많은 사상자가 났지만 팔레르모 시민만은 그 참화를 면했다. 그 뒤 성녀 로살리아에게 대한 흠모는 각국에까지 퍼졌고, 특히 페스트와 지진에 대한 구원의 성녀로 공경을 받게 되었다.

【 교 훈 】

성녀 로살리아는 인기척 없는 산중에서 살며 하느님을 섬기다가 거기서 외로이 사망했다. 세상은 그녀의 성명, 공로, 무덤, 그 무엇도 몰랐다. 그러나 하느님께서는 때가 되자 그녀의 이름, 묘지의 위치, 기적을 통해서 그녀의 성덕을 알려 주셨다. 이와 같이 우리의 공로도 하나 빠짐없이 갚음을 받을 것이다. 실지로 선행은 사람이 모를수록 하느님 대전에는 더욱 가치를 내는 것이요, 공심판 때에 배가(倍加)의 영광으로 사람들 앞에서 상급을 받을 것이다.

성 로코 증거자

[St. Rochus, C. 축일 8. 16.]

로코는 1295년 프랑스의 몽펠리에에서 태어났다. 부모는 상당한 재산의 소유자였으며 또한 신앙이 몹시 두터운 분들이었다. 그들은 늙도록 자식이 없었는데, 하느님께 열심히 기도를 한 결과 아들 하나를 얻게 되었다. 그가 바로 뒤에 성인으로서 만인의 존경을 받게 된 로코였다.

양친은 로코가 하느님께서 주신 자식인 줄 알고 이를 소중히 여겨 바른 길로써 교육하며, 정결하고 경건하게 키우는 데 온 힘을 다했다.

선량한 아버지는 로코가 아직 어렸을 때 세상을 떠났는데, 그 마지막 가쁜 숨을 쉬면서도 아들에게 훈계하기를, "나는 지금 내 전 생애를 청산하여 하느님께 셈을 바치러 갈 것인데, 내 일생에 아무런 큰 과실이 없었으니 하느님께서 관대히 처분해 주실 줄로 안다. 진실로 하느님을 섬기는 것은 무엇보다도 귀중한 것이다. 너도 항상 이런 정신을 가지고 살며, 가끔 예수 수난하심을 묵상하며, 탐욕을 억제하고 자선하는 마음을 길러서 가련한 이들을 도와 주도록 해라. 빈민 구제에 내 유산을 사용한다면 너도 장래에 하느님의 사랑을 받을 것이요, 사람들의 칭찬도 받을 것이다" 하였다.

얼마 안 되어 어머니도 세상을 떠나셨다. 그래서 로코는 막대한 재산의 상속자가 되었다. 그는 아버지의 유언을 잊지 않았으며, "당신이 완전해지려고 하면 가서 당신이 소유하고 있는 것을 팔아 가난한 사람들에게 주시오. 그러면 하늘에서 보물을 차지하게 될 것입니다. 그리고 와서 나를 따르시오"(마태 19, 21) 하신 예수의 말씀을 그대로 실천하여 가진 모든 재산을 처분하여 가난한 사람들에게 나눠줬으며 이것 역시 남의 칭찬을 두려워하는 겸손한 마음에서 가급적 남이 모르도록 했다. 그리고 처분 안 된 물건은 백부에게 맡기고, 그는 볼품 없는 의복 한 벌을 몸에 두르고 맨발로 홀가분하게 고국을 떠나 로마로 향했다. 이는 1315년 그가 20세 때 일이다.

당시의 이탈리아는 전란이 멈추지 않았으며, 게다가 페스트가 만연했다. 로코는 국민들이 고통에 시달리는 것을 차마 볼 수가 없었다. 그러던 중 그 지방 사람들은 젊은 로코까지 만일의 경우 전염병의 희생물이 될까 하여 귀국하기를 권유했다. 그러나 그는 끝까지 거기에 머무르며 밤낮을 가리지 않고 병실에서 고열로 신음하는 환자들을 간호해 주었다. 그의 친절과 겸손한 모습은 보는 사람에게 큰 감명을 주었으며, 환자들에게는 용기를 북돋아 주었다. 더구나 그의 기도로써 난치의 병도 완쾌되는 일이 여러 번 있었으므로 환자들은 더욱 그의 간호를 받으려고 원했다.

한 동네에서 전염병이 완화되면 다른 동네로 가서 거기서도 같은 봉사를 했다. 환자들은 대부분 가정에서 돌보아 주는 사람도 없이 쓰러지고 말았다. 그래서 로코는 각 가정을 방문하여 될 수 있는데 까지 최대의 노력을 기울여 그들을 도와 주었으며, 특히 그들의 구원 사업에 대해서는 그들과 같이 기도하며 권면하여 그들의 선종을 준비시켜 주었다. 이와 같이 그는 로마와 그 부근의 도읍이며 북 이탈리아 지방에까지 가서 활약했다. 그러던 중 그 자신도 페스트에 걸리게 되었다. 그럼에도 그는 자기보다 더 중한 환자에게 간호를 아끼지 않았다.

하느님께서는 그의 성덕을 더욱 빛나게 하기 위해 그 병을 더욱 위독하게 하시면서 그로 인한 고통을 이기는 은혜를 주셨다. 그는 전신에 화농(化膿)을 일으켜 그 상처의 아픔은 아무리 참으려해도 신음 소리가 저절로 나왔다. 그래서 남에게 장애가 되지 않기 위해 집밖으로 나왔다. 그러자 무자비한 주민들은 그를 읍 밖으로 쫓아내고 말았다.

할 수 없이 그는 막대기 하나를 의지하며 기진맥진한 몸을 이끌고 근처에 있는 숲으로 향할 수밖에 없었다. 거기서 죽음만 기다렸다. 그러나 주님께서는 결코 그를 잊지 않으셨다 - 초막 근처에 솟아오르는 샘물이 있었는데, 그 물을 마시자 즉시 심신이 경쾌해짐을 느꼈다. 주님께서는 그의 식사에 대해서도 걱정해 주셨다 - 근처에 개 여러 마리를 기르는 부잣집이 있었는데, 하루는 개 한 마리가 방금 구워 놓은 빵 한 개를 물고 숲으로 들어가는 것을 주인이 보았다. 그래서 주인은 그 개를 감시하고 있었는데, 그 개는 여러 번 그런 일을 거듭하는 것이었다. 주인은 이상히 여겨 그 개의 뒤를 따라 가 보니 그곳에 로코가 기진하여 누워있는 것이었다. 이 개는 로코에게 음식을 날라다 준 것이다. 이 신기한 사실에 감화를 받은 주인은 그때부터 로코의 뒤를 잘 보살펴 주었으므로 그는 얼마 후 완쾌되었고, 그 주인도 경건한 생활을 하게 되었다고 한다.

병에서 완쾌된 로코는 볼품 없는 거지 신세로 고향 몽펠리에르 돌아갔다. 그러나 옛날의 로코를 알아보는 사람은 아무도 없었다. 그때 고향은 전쟁중이었고, 사람들은 로코를 간첩으로 생각하여 체포한 후 감옥에 넣었다. 이것은 그에게 닥친 새로운 시련이었다. 그는 투옥된 채로 5년이란 세월을 보냈다. 로코의 고통은 말로 표현할 수 없을 정도였다. 체력은 쇠진하여 임종이 가까움을 안 로코는 옥리에게 부탁하여 사제를 청했다. 고해를 들은 사제는 로코의 성덕에 탄복되어 급히 총독에게 달려가 배상금을 내고 로코를 석방하도록 주선해 주었다. 그러나 로코는 그 혜택을 받기도 전에 1327년 8월 16일, 32세를 일기로 영원히 세상을 떠나고 말았다. 그는 지금도 전염병자들의 주보로 전 세계 신자들의 존경을 받고 있다.

【 교 훈 】

성 로코는 위험한 환자들을 간호해 주며 많은 사람들에게 은혜를 베풀었지만, 정작 자신은 그런 불행한 병에 걸렸을 때 그만 박절히 쫓김을 당했다. 우리도 남에게 배은망덕함을 받았을 때 성 로코를 본받아 원망치 말고 잘 참으며, 오히려 하느님께 신뢰하고 그들을 용서하는 마음을 갖자. 그리하면 우리도 배은망덕으로 인하여 고통을 당하시고 지금도 당하시는 예수 그리스도의 참된 자녀가 될 것이다.

성 루가 복음 사가

[St. Lucas, Evang. 축일 10. 18.]

성 루가하면 우리는 즉시 성모 마리아의 모습을 화폭에 담은 성인 화가를 생각할 것이다. 그러나 그가 과연 그림을 잘 그렸는가의 여부는 분명치 않다. 다만 옛 전설에 맨 처음 성모상을 그린 분이라는 것이다. 성 루가는 본래 의사인데 성서를 저술한 이후 그의 이름은 세상에 알려졌다.

그의 고향은 학교 교육의 중심지인 시리아의 안티오키아 시였다. 가톨릭이 전파되기 시작한 40년경에 이미 그 시에는 가톨릭 신자 단체가 조직되었고, 루가는 그 중의 열심한 한 청년이었다.

그는 어려서부터 공부하기를 즐겼으며 그리스어에도 능숙했고 학문을 넓히기 위해 그리스와 이집트에 여행도 했다.

그때 안티오키아 시에는 성 바오로와 성 바르나바 사도들이 전교를 하고 있었다. 그는 그들의 생활을 보고 존경하게 되었고 특별히 바오로 사도를 깊이 존경하고 따랐다.

바오로의 제2차 전도 여행에 수행한 루가는 그와 고난을 같이 겪으며 힘껏 도왔고, 바오로가 마케도니아에서 예루살렘에 귀환했을 때에도 그 곳에 머물렀으며 필립비 시에서는 주님의 영광을 위해 열렬히 전교했다. 그리고 바오로 사도가 제3차 전도 여행에서 트로아스에 도착되었을 때, 루가는 급히 그곳으로 가서 오래간만에 서로 상봉했으며, 그 후는 서로 갈라지지 않고, 바오로가 유다인에게 잡혀 가이사리아 감옥에 갇혔을 때, 로마에 호송되었을 때, 형장에 끌려나갈 때에도 항상 그 뒤를 따랐다.

그 당시 벌써 주 예수께 대한 그릇된 전설이며 교회에 대한 낭설이 유포되어 있었다. 그래서 그리스어에 능통한 루가는 바오로 사도의 권유도 있고 하여 주님의 올바른 모습을 전하는 성서 저술에 착수, 친히 성모 마리아를 찾아 뵈옵고 주님의 탄생 전후를 파악하여 이에 중점을 두고 상세한 저술을 했다. 또 본인이 의사이므로 병자에게 특별한 관심을 두어 주님께서 그들을 대하신 자비심과 그 기적들을 많이 수록했다. 한편 루가는 주님의 사제직에 관해서도 각별히 유의하여 집필했으므로, 각 성서 저자의 상징인 마태오는 천사, 마르코는 사자, 요한은 독수리며, 루가는 희생을 의미하는 소가 된 것이다.

루가의 저서로서는 사도행전이 있다. 이는 우리가 다 아는 바와 같이 가톨릭 초창기에 있어서의 교회사(敎會史)로서, 전 28장 가운데 먼저 12장은 베드로 사도에 관한 사적이 수록되어 있고, 다음은 바오로 사도에 관한 사적인데, 여기에 한 가지 관심을 둘 것은 바오로 사도와 친밀히 지낸 자신에 관한 말은 한 구절도 없다는 것이다. 이로써 우리는 그의 겸덕을 엿볼 수 있다.

루가는 복음서와 사도행전에서 데오필로라는 한 로마인을 기록했는데, 데오필로는 바오로나 루가에게서 세례를 받은 열심한 신자로, 그를 통하여 많은 사람들의 신앙을 견고히 하고자 했다.

루가는 초대 신자들 간에 대단한 존경을 받았다. 성 바오로가 고린토인들에게 보낸 서간 중에 "우리는 디도에게 형제 한 사람을 딸려 보냅니다. 그 사람은 모든 교회에 복음을 전하는 데 명성을 떨친 사람입니다"(2고린 8, 18)라고 기록되어 있는 것도 바로 루가를 두고 한 말이다.

바오로 사도가 67년에 로마에서 장렬한 순교를 한 후, 루가는 그리스로 가서 아카이아 지방에 전교하고 다음은 소아시아 지방에 가서 주님을 위해 갖은 고초를 다 겪고 마침내 80 고령으로 귀천하여 풍부한 보수를 주님의 손에서 받았다. 교회에서는 그를 순교자 반열에 넣고, 또 의사를 업으로 하는 이들은 그를 주보로 모시게 되었다.

【 교 훈 】

성 루가는 전교하면서 틈틈이 복음서 및 사도행전을 기록하여, 주님의 바른 모습과 교회 초창기의 사정을 후세에 전한 것은 참으로 우리에게 말할 수 없는 귀중한 선물이다. 현대에 있어 특히 선교하기 위해서나 구원을 위해 문필의 역할이 중요시되고 있는 만큼, 주님을 사랑하고 그 영광을 바라는 이는 힘껏 출판사업에 조력해야 할 것이다.

성녀 루도비카 수절

[Sta. Ludovica de Marillac, Vidua. 축일 3. 15.]

가톨릭 교회에서는 어느 시대에서든 가난한 자, 병자와 기타 구제를 요구하는 사람들에 대하여 자선 사업을 위해 헌신하는 것을 인류의 복리에 공헌하는 모든 사업 중에서 제일 숭고한 것으로 생각했다. 이 같은 불행한 사람들에 대한 사랑은 하느님의 정배인 교회가 그의 거룩한 창립자로부터 계승 받은 유물인 것이다. 이 박애(博愛)의 활동은 처음 몇 세기 동안은 개인 개인이 많이 해 왔으나, 그 뒤 차차 이 방면의 활동을 목표로 하는 신심회가 생겨 나중에는 그러한 수도원까지 나타나게 되었다.

17세기에는 성 빈첸시오 드 폴이 박애의 자매회라는 병자 간호의 대규모적인 한 회를 창설했다. 그의 협력자로서 큰 공헌을 한 이는 1934년 3월 11일 비오 11세 교황에게 시성된 마릴락의 성녀 루도비카이다.

루도비카는 1591년 프랑스의 파리에서 출생하여 아직 어렸을 때에 어머니를 여의었다. 그리고 나서 아버지는 후처를 얻었으나, 루도비카에게는 깊은 애정을 가지고 건전한 교육을 받게 했다.

루도비카가 가장 원한 것은 자기 일생을 온전히 하느님께 봉헌하는 것이었으나, 지도 사제의 권고를 들어 아버지의 희망을 따르는 의미로 22세 때에 왕비 메지디의 마리아의 비서관 안토니오 레 그라(Antonius Le Gras) 백작에게 출가하여 그 뒤 12년 동안 아내로서의 충실한 책임을 완수하고 특별히 남편이 중병에 걸려 위독했을 때는 성심성의로 간호해 주었다. 그런데 그의 간절한 간호도 무색하게 백작이 죽게 되자 루도비카는 곧 교회에 가서 고해 성사와 영성체를 한 후 여생을 빈민 구호에 헌신하기로 맹세했다.

그 당시 프랑스 전국을 순회하며 강론을 하고 있던 빈첸시오 드 폴은 여행 중 여러 가지 비참한 것을 목격한 뒤 여러 도시와 농촌에 그 교구의 주임 신부의 허가를 얻어 자선 사업의 회를 설립한 후 그러한 회를 순찰, 보호하는 데는 루도비카가 가장 적합한 부인이라 인정하고 이를 그녀에게 맡겼다.

이렇게 되자 처녀로서 루도비카와 함께 일하고 싶어하는 사람이 증가했으므로 자연히 한 수도원이 이루어져 이를 '사랑의 동정녀회'(Societas

Puellarum a Caritate)라고 이름하고 파리의 대주교의 인가를 얻었다. 루도비카는 회원인 동정녀들의 자애 깊은 어머니였다. 그것은 빈첸시오 드 폴이 그들의 영신상의 지도자였고 아버지였던 것과 같은 것이다. 빈첸시오는 매일 그들에게 버린 애를 주워서 데리고 온 때도 있었고, 가난한 자, 병자를 부탁하는 때도 있었다.

루도비카가 이 세상을 떠난 것은 1660년 3월 15일이었고 그녀의 나이 69세였다.

이 회는 지금 '자비의 수녀회'라 불린다.

온 세상에서 하느님의 영광을 드러내고 있는 이와 같은 사업은 하느님을 멸시하는 공산주의가 '하느님과 모든 종교의 타도'를 부르짖는 현대에 있어서, 특히 가난한 자나 병자에 대한 참된 사랑은 그들을 선동사주(使嗾)하는 데 있지 않고 이들을 사랑하고 희생을 무릅쓰고 보호하는 데 있다는 것을 세상에 표시하는 중대한 사명을 지니고 있다.

【 교 훈 】

우리도 성녀 루도비카가 가난한 이들을 위해 뜨거운 사랑을 가지고 진력한 활동을 조금이라도 따르도록 힘쓰자. 왜냐하면 성 야고보 사도도 말한 바와 같이 "하느님 아버지 앞에 떳떳하고 순수한 신앙 생활을 하는 사람은 어려움을 당하고 있는 고아들과 과부들을 돌보아 주며 자기 자신을 지켜 세속에 물들지 않게 하는 사람"(야고 1, 27)이라고 했기 때문이다.

성 루도비코 주교

[St. Ludovicus, E. 축일 8. 19.]

북 이탈리아의 창공에 번쩍이던 가톨릭 신학계의 두 혜성 프란치스코 회의 성 보나벤투라와 도미니코회의 성 토마스 데 아퀴노의 존재가 사라진 1274년 남 이탈리아 상공에 또 하나의 혜성이 나타났다. 이는 프랑스 툴루스 주교로 성덕의 빛이 더욱 찬란했던 루도비코 성인이다.

그는 시칠리아 섬의 왕 가롤로 2세의 아들이며 헝가리의 왕 스테파노 5세의 딸 마리아를 모친으로, 또 프랑스 왕 루도비코는 아버지의 친족이고, 투린기아의 성녀 엘리사벳은 어머니의 친척이 되는 고귀한 신분으로서, 그의 정결한 마음, 그의 독실한 신앙은 일찍이 타인들의 감탄을 사게 되었으나, 이처럼 아무런 부족함이 없었던 왕후의 집안에도 하느님의 시련은 내려졌다. 즉 가롤로 왕에게 불만을 품은 시칠리아 사람들이 반란을 일으켜 왕을 생포하여 스페인의 바르셀로나에 유폐한 일이다. 왕은 4년 후에 겨우 석방되었으나 그 대신 공작(公爵) 50명과 왕자 3명을 인질로 남기게 된 것이다. 루도비코도 그 중 한 사람으로 바르셀로나에 감금되어 갖가지 냉대와 모욕을 받았다.

그는 이러한 처지에서도 조금도 하느님께 대한 신뢰심을 잃지 않고 잘 인내하며 동료들을 위로하고 격려했다. 그리고 감금 중에 프란치스코회 신부의 지도를 받아 세속적 영화의 허무함과 사람의 어리석음과 나약함을 알고 더욱 더 세속을 싫어하며 하느님만을 사랑하려는 굳은 결심과, 부호의 아들로서 모든 것을 끊고 오직 가난한 생활만을 택한 아시시의 성 프란치스코를 사모하여 때가 이르면 그를 본받아 모든 것을 헌신짝같이 버리고 신성한 복음적 생활을 하려는 동경심을 갖게 되었다.

한때 중병으로 위독하게 된 루도비코는 만일 하느님께서 도움을 베풀어 낫게 해 주신다면 꼭 프란치스코 수도회에 들어가 일생을 그분께 봉헌할 것을 맹세했던 바, 즉각 기적적으로 완쾌되었다. 그 후 자유의 몸이 되어 나폴리에 돌아오자마자, 즉시 수도회 총장을 방문하여 자기의 수도원 지망을 표명했다. 그러나 총장은 부왕의 의사를 두려워하여 우선 승낙을 받아올 것을 명했다.

루도비코는 아버지에게 하느님께 일생을 바치고 싶다는 소망을 알렸으나 본래 그런 것을 반대하던 아버지는 펄쩍 뛰며 "세상을 버린다는 건 말도 안된다. 너는 아라고니아 왕의 여동생을 왕비로 맞아들여 내 상속자가 되지 않으면 안 된다. 하느님과 맺은 서원은 교황께 알리면 되지 않는가?" 하며 완강히 거절했다. 그러나 루도비코의 결심은 아무도 꺾을 수 없었다. 그는 "후세에 상속받을 천국의 보물에 비하면 현세의 왕위나 궁전은 아무것도 아넙니다" 하며 시종일관 뜻을 변치 않으므로 하는 수 없이 아버지도 차남인 로베르토에게 그 상속권을 넘기기로 하고 루도비코의 수도원 입회를 승낙했다.

루도비코는 열심히 학문을 연마하여 사제가 된 후 교황 보니파시오 8세의 집전 아래 주교로 축성되었다.

그가 하느님과 맺은 서원대로 성 프란치스코 수도회에 입회한 것은 그 후의 일이고, 장엄한 종신 서원을 발한 것은 1296년 예수 성탄 축일 전날이었다.

그는 한때 시칠리아의 왕자였고, 교황께 특별한 총애를 받는 주교였지만, 교구에 부임할 때는 몸에는 검소한 수도복을 걸치고 맨발로써 부임했다. 그에게는 아버지이며 스승인 아시시 성자의 겸손과 청빈을 방불케 하는 점이 있었다. 그는 신분에 맞지 않을 정도로 검소한 방에 거주하며 엄한 고행의 생활을 보내고, 그 수입의 태반을 가난한 사람들에게 분배하며 매일 극빈자 25명씩을 자기 식탁에 초대하는 것을 잊지 않았다. 병자에 대해서는 그야말로 어진 어머니와 같이 대했고, 죄인의 회개를 위해서는 밤낮을 가리지 않고 전심으로 노력했다. 그러자 그의 성덕은 온 천하에 알려져 그 주교를 탐내지 않는 이가 없었다.

하느님께서는 그를 빨리 불러 가셨다. 1297년 7월 뜻하지 않은 열병에 걸려 루도비코는 병석에 누운 지 1개월만에 병자 성사를 공손히 받고 8월 19일, 열렬한 기도 중에 그의 순결 무구한 영혼을 하느님께 바쳤던 것이다. 그의 나이 24세요, 그 생애는 세상 사람이 생각하는 평균 생명의 반도 못되는 짧은 세월을 이 세상에서 보냈으나, 남들이 백년에도 이룰 수 없는 공적을 남겨 놓았다.

【 교 훈 】

성 루도비코는 왕관과 궁중의 영화를 헌신짝같이 내던지고 오로지 하느님을 섬기는 데만 전력했다. 그 구도의 정신, 희생의 정신은 실로 감탄의 가치가 있는 것이다. 우리는 그렇게는 못하더라도 적어도 명예욕에 급급하여 영혼 구원에 손해가 되지 않도록 노력해야 하겠다.

성 루도비코 9세 왕 증거자
[St. Ludovicus, Rex. C. 축일 8. 25.]

13세기는 세도(世道)와 인심이 퇴폐하고 신앙 도덕이 위기에 봉착한 한편, 하느님의 섭리는 아시시의 성 프란치스코, 성 도미니코, 성녀 클라라 등 위대한 성인 성녀들을 배출하여 그 위기를 구원케 하신 때였다.

성 프란치스코가 창립한 제3회 회원들의 훌륭한 모범은 세상 사람들의 사기를 돋우었고, 그 감화력은 유럽 각국에 뻗쳤을 뿐 아니라 어마어마한 제왕의 궁전에까지 미쳤다. 후에 프란치스코회의 보호자로서 추대를 받은 프랑스의 황제 성 루도비코는 아시시 성인의 청빈 및 사도적 열성에 감격하여 열심히 그 뒤를 따르기에 노력한 결과 성인으로 공경을 받게 된 분이다.

이 고귀한 신분인 성자는 1215년 4월 25일, 프랑스 포아시 궁전에서 루이 8세의 아들로 태어났다. 그가 후에 성인이 된 최초의 원인은 신심이 두터운 어머니 블랑슈의 영향이었을 것이다. 실로 그 어머니 블랑슈는 천성의 미인이요, 탁월한 재주와 그 위에 신앙과 성덕에 출중했으며, 그 아들 루도비코에게 어릴 때부터 경건한 생활의 길을 가르쳤다.

"나는 어떤 어머니에도 못지 않게 너를 애정으로써 대한다. 그러나 한 번이라도 주님의 마음을 거슬러 대죄를 범한다면 너는 내 앞에서 오히려 죽는 것을 보는 것이 더 나을 것이다" 하며 부드러운 어린 마음속에 죄악을 두려워하는 정신을 깊이 박아 주었다. 그리고 루도비코는 이런 어머니의 교훈을 생전 잊지 않았다.

어머니 블랑슈는 종교 교육만으로 그치지 않고, 지육(知育) 체육(體育) 문무를 겸한 교육을 등한히 하지 않았다. 원체 다재(多才)인 루도비코는 하는 것마다 안 되는 것이 없었으며, 어려운 라틴어도 자유로이 구사할 수 있어, 어려운 성 아우구스티노 와 성 예로니모의 서적을 매일 매일 조금씩 읽으며 이것으로써 그의 신학적 지식을 넓히는 동시에 하느님께 대한 사랑의 방편으로 삼았다.

1226년, 부친 루이 8세 왕이 세상을 떠났을 때 그의 나이는 12세에 불과했으므로, 어머니 블랑슈가 정권을 맡았다. 그녀는 아들의 왕권을 노리는 샹파

뉴의 티보를 비롯하여 야심많은 귀족들과 대항했고 어떤 때에는 전쟁도 불사했으나, 그녀의 현명함과 성덕으로 국가를 어려움에서 여러 번 구출했다.

1234년에 왕자 루도비코가 프로방스의 공작 레이문드의 딸인 마르가리타와 결혼하자 어머니 블랑슈는 곧 정권을 아들에게 넘겼다.

루도비코는 자기의 약함과 왕위의 중책을 생각하여 구약 시대의 솔로몬 현왕과 같이 장수(長壽), 부유, 전승(戰勝) 등을 탐구하지 않고, 오로지 국내에 선정을 베풀기 위해 칙서를 냄에 있어서도 성령의 지휘로 비춰 주시기를 청했다. 그러므로 그의 세대에는 과거나 미래에도 없을 선정이 베풀어졌으며, 국민 전부가 태평을 즐기게 되었고, 어디서든지 왕의 성덕을 구가(謳歌)하지 않은 데가 없었다.

처음엔 신하들 가운데 임금의 나이 어림을 비웃는 사람도 없지 않았으나 얼마 안 되어 그들도 왕의 권위 앞에 굴복했다.

왕은 빈민 혹은 불행한 국민에 대해서는 한없는 동정을 베풀었고, 만일 어떤 고관이라도 이유 없이 그들을 압박하든지 부정한 행위를 한 자에게 대하여는 추호도 용서함이 없이 처벌했다. 또 고리대금, 허식 및 결투 등 사회의 악을 배제하고 몸소 실천하여 국민에게 모범을 보여주며 완덕의 생활을 장려했다.

기도는 보통 신앙인의 척도다. 루도비코가 기도하기를 즐겨한 것은 만민이 다 아는 바이다. 매일 두 대 혹은 세 대의 미사에 참여하고 고해 신부와 더불어 성무 일도를 바치며 지금처럼 자주 영성체가 허락되지 않았던 그 당시에도 그는 2개월에 한 번씩 꼭 영성체를 했다. 성체를 모시러 나올 때는 마치 주님의 대전에 대령하듯이 엄숙한 태도였으며, 천상의 만나를 받아 모시는 모습은, 마치 천사가 내려온 듯이 그의 경신(敬神)하는 마음이 얼굴에 뚜렷이 나타나 보였다 한다.

하루는 어떤 신하가 그의 신심을 비난하며 너무 많은 시간을 소비한다고 하자 왕은 "만일 내가 미사 참여가 아닌 사냥이나 노름으로 더 많은 시간을 소비했다면 귀관들은 나를 질책하지 않았을 것이다. 그러나 일단 종교 문제라면 비난을 하니 실로 가소로운 일이 아닌가"라고 대답했다고 한다.

이와 같이 경건하고 독실한 루도비코인지라, 그의 마음속에 들어있는 것이 자연 외부에 나타났으며, 모두 미덕이 되지 않을 수 없었다. 그 중에도 신분에 적합치 않은 절제 금욕의 생활이며, 빈민 병약자에 대한 자애심은 보는 사람들에게 감탄을 주었다. 이 모든 것은 그가 성 프란치스코 제3회의 회원이 된 결과에 지나지 않는다. 또 그는 성직자들을 깊이 존경하며 그들 중에서 왕실 고문까지 선택했고, 프란치스코회의 수사들에게 대해서는 각별한 신뢰와 경의를 표명했다.

이러한 임금의 자선 미담을 두서넛 들어보자. 그는 매일 120명의 빈민에게 음식을 주었고 특히 사순절 동안에는 더욱 많은 빈민을 대접했으며, 손수 불쌍한 나병 환자의 몸을 씻겨 주고 이들을 친구로 삼기도 했다. 이러한 자비심은 국내에 뿐만 아니라 멀리 사라센 민족에게 노예가 되어있는 신자들에게까지 뻗쳐 그들의 석방을 위한 원조를 아끼지 않았다.

동 로마 황제 바르두인 2세는 루도비코의 성덕을 감탄하여 수도 콘스탄티노플에 국보로서 보관하고 있던 예수의 가시관을 그에게 선물로 보내기로 했다. 이 소식을 들은 루도비코는 기쁨을 이기지 못하고 수천명의 신자를 거느리고 맨발로 2, 3마일이나 되는 먼길까지 마중 나와 손수 그 성물을 받들어 모시고 행렬하며 이미 아름답게 꾸민 소성당에 안치했다.

그 후 왕은 중병에 걸렸으나 기적적으로 완치되어 이를 감사하는 뜻으로 사라센 인의 수중에 있는 예루살렘 성지를 탈환하기 위한 십자군을 일으키고, 1248년에는 대군을 거느리고 출정했다. 처음에는 매우 순조롭게 연전 연승(連戰連勝)했으나 불행히도 악성 유행병이 만연하여 다수의 사병들이 사망했으므로 군의 사기는 상실되고 사라센 군에 패배하여 왕 자신도 포로가 되고 말았다.

그는 요구하는 거액의 대가를 치르지 못하여 마침내는 생명의 위험에까지 직면했으나 인자하신 하느님의 안배로 간신히 그 대가를 치르고 자유의 몸이 되었다. 그는 그곳에 남은 장병을 모아 팔레스티나의 아콘에 가서 자기 홀로 성지(聖地)의 이곳 저곳을 순방했다. 그러는 동안 어머니 블랑슈의 서거 비보를 받고 할 수 없이 귀국했으나 그 사이 관리들의 풍기는 문란하고 탈세 등으로 사복을 채우고 백성들을 압박하는 자가 많았으므로 그는 즉시 숙청에 손을 대어 오리(汚吏)들을 엄벌에 처하며 피해를 입은 백성들에게 사재(私財)를 털어 보상해 주었다. 그리고 십자군 유가족들의 위문 구호에 만전지책(萬全之策)을 강구하고 다수의 성직자들을 양성하며 학문을 장려하기 위해 유명한 소르본 대학을 창설했다.

루도비코 왕은 예전의 십자군의 대 실패를 잊지 못하고 1267년에는 파리에 신하 일동을 소집하고 그들에게 성물과 가시관을 제시하며 뜨거운 눈물로써 일대 열변을 토하여 그들의 찬동을 얻어 십자군의 재기를 도모했다. 이리하여 그는 다시금 대군을 친솔(親率)하고 아프리카의 주니스에 상륙하게 되었으나 뜻밖의 열병에 걸려 병석에 누운 지 6일만에 평생의 소원이던 지상의 성지를 점령하지 못하고 하늘의 성지, 영원한 예루살렘으로 개가를 올리게 된 것이다.

임종 때 그는 양손을 십자가에 못 박힌 사람과 같이 벌리고, "주여, 나는 거룩한 당신 집에 들어가 주님의 성전에서 당신을 숭배하며, 당신의 거룩한 이름을 찬미하나이다" 하며 시편을 숨가쁘게 읊고 나서 조용히 눈을 감았다고 한다. 그로부터 2, 3개월 전에 사라센의 사자(使者)에게 "내가 당신의 황제에게 세례의 은혜를 줄 수만 있다면 나는 쇠사슬에 얽매어 사는 노예의 신세도 서슴지 않겠다"고 한 일이 있었는데, 지금은 그보다도 더 위대한 생명을 희생한 것이다.

생전에 성인으로 존경을 받던 왕의 서거 비보가 전국에 전해지자, 국민들은 그의 덕을 추모하며 자비로운 아버지를 잃은 슬픔으로 울지 않는 이가 없었으며 그의 전구로 수많은 기적이 일어나, 당연 성인 위에 오르게 되었고, 지금까지 둘도 없는 성왕으로서 그 이름이 청사에 남게 되었다.

【 교 훈 】

우리는 성 루도비코 왕의 생애를 보고 한 가지 사실을 확실히 알 수가 있다. 즉 거룩한 의지만 있으면 신분 여하나 환경 여하를 막론하고 십계명과 복음의 교훈을 지킬 수 있다는 것이다. 그러니 우리도 성 루도비코와 같이 주님의 성의를 따를 확고한 결심을 갖고, 주님께서 주시는 은총을 잘 받아들이면 성인들과 같이 천국의 예루살렘에 무난히 입성할 수가 있을 것이다.

성 루도비코 베르트랑 증거자
[St. Ludovicus Bertrand, C. 축일 10. 9.]

16세기는 스페인의 국운이 가장 강대하던 때요, 융성의 일로를 걷고 있던 동시에 많은 성인들이 연달아 나오고, 한편 이교국(異敎國)에 대해서도 성전의 용사 즉 선교사들을 많이 파견하여 가톨릭의 전파에도 크게 성과를 거둔 때였다. 유명한 성인 프란치스코 하비에르가 일본에까지 건너가 선교한 때도 바로 이때였고, 많은 스페인 선교 신부들이 미국으로 건너가 대활약을 개시한 것도 이때였는데 성 루도비코도 그 중 한 분이었다.

그는 1526년에 스페인의 발렌시아에서 태어났다. 아버지는 직업이 공증인(公證人)이었는데 정직 청렴으로 칭송을 받은 매우 원만한 인사였다.

루도비코는 성 빈첸시오 페레르가 세례 받은 같은 성당, 같은 세례대에서 세례를 받았고, 장성한 후에 같은 도미니코회에 들어가게 된 것도 실로 흥미 있는 일이라 하겠다. 수사가 된 루도비코가 얼마나 규율을 열심히 지켰으며 또 얼마나 깊이 수도회 정신을 체득했던가는, 그가 겨우 신부가 된 25세라는 나이에 이미 수련장에 선발되었다는 것으로도 짐작할 수가 있을 것이다. 또한 그의 훈계를 받은 형제 중에는 대학 교수며, 사제, 기타 많은 인재가 나왔는데, 참으로 예수께서 말씀하신 바와 같이, 나무의 좋고 나쁨을 따지려면 그 열매로 알 수 있듯이 이상과 같은 사실로 미루어 그들의 은사인 루도비코의 위대함을 알 수 있을 것이다.

당시의 도미니코회는 프란치스코회나 예수회와 서로 지지 않으려고 선교에 전력을 기울이고 있었는데, 루도비코 역시 아직 많은 외인들이 진리의 빛을 보지 못하고 있음을 탄식하며 그들에게 복음을 전함이 가장 급선무로 생각하여 스스로 멀리 타국에 가서 온갖 고난을 무릅쓰고라도 그들의 구원을 위해 생애를 바치기로 결심했다. "주님을 위해서라면 설사 감옥에 갇히는 한이 있어도 후회하지 않겠습니다."-이같이 말한 것만 보아도 그가 얼마나 영혼 구원에 불탔던가를 엿볼 수 있다.

마침내 뜻이 이루어져 그가 남미에 파견된 것은 1562년, 36세 때였다. 그는 부임하자 곧 성서와 성무 일도서 외에는 아무것도 휴대하지 않고, 또한 맨발로 돌아다니며 원시림에 사는 토인들에게 교리를 가르쳤다. 그 같은 노력은 헛되지 않았다. 처음으로 진리의 빛을 받은 그들의 기쁨은 말할 수 없이 커서 제각기 앞을 다투어 하느님의 사랑 받는 제자가 되고자 했으니, 당시 역사가가 전하는 바에 의하면 영세자 수가 무려 2만명에 달했다는 것이다.

루도비코가 주로 활동한 지역은 츠벨라, 카프코아, 테레니프 지방이며, 그는 7년간이나 그 지역에 머무르면서 성스러운 생활에 따르는 기적으로 모든 사람의 존경을 한 몸에 지녔다. 그러는 중 1569년 갑자기 장상의 명으로 귀국하게 되었다. 그 확실한 이유는 전해진 바 없으나, 아마도 남미에 건너간 스페인 상인들이 토인들에게 비인도적으로 대하는 것을 루도비코가 만류하지 못한 탓이었으리라. 하여간 귀국한 그는 얼마 후 발렌시아에 있는 오누프리오 수도원의 총장으로 임명되어, 그로부터 임종할 때까지 12년간 고행과 설교로써 일관했다.

전하는 바에 의하면, 그가 그처럼 고행하게 된 연유는 하느님께로부터 그의 아버지가 연옥에서 보속을 하고 있다는 계시를 받고, 조금이라도 그의 고통을 덜어드려 속히 천국에 들어가도록 대신 속죄하기 위함이었다 한다. 과연 8년 후 그의 아버지가 천국에 들어갔다는 묵시를 받고 성인은 하느님께 진심으로 감사를 드렸다.

루도비코는 또한 유명한 설교가 프란치스코 아레만니의 병세가 위독하여 그 생명이 금명간이라는 소식을 듣고 심히 애석히 여겨 자기가 대신 죽을 것을 하느님께 간청했다 한다. 그대로 되었음인지, 1581년 사순절에 발렌시아 대성당에서 설교를 하는 도중 졸도하여 그 길로 병석에 누워 그해 10월 9일 병자 성사를 받고 조용히 영원한 길을 떠났다. 때는 그의 나이 56세였다.

【 교 훈 】

사람의 구원을 위해 힘쓰라고 예수 그리스도께서 특히 권유하신 즉, 성직자는 물론 평신도까지도 이 권유를 소홀히 여길 수 없다. 그러니, 우리도 성 루도비코의 선교에 대한 열성을 본받아 직접 선교하던가, 혹은 간접으로 기도나 자선, 훌륭한 모범으로 이에 협조하여 응분의 힘을 하느님의 영광에 바쳐야 할 것이다.

성녀 루치아 동정 순교자
[Sta. Lucia, V. M. 축일 12. 13.]

성녀 루치아는 초대 교회의 위대한 동정 순교자이며, 성녀 아가타, 성녀 아네스, 성녀 체칠리아와 더불어 미사 통상문 중 성인들을 기억하는 감사송에 기록된 분이다.

루치아란 광명, 빛이란 뜻인데, 실상 교회의 빛이 된 그녀에게는 가장 적합한 이름이라 할 것이다.

그녀는 전후 3백년에 걸친 장구한 로마 제국의 교회 박해 말기에 시칠리아 섬의 사라쿠사에서 태어나 디오클레시아노 황제 때 장렬한 순교를 했다. 양친은 모두 열심한 신자로, 딸을 손에 쥔 구슬같이 귀엽게 길렀다. 아버지가 일찍이 사망하자, 어머니 에우티키아는 딸의 신변을 안정시키고자 어느 귀족과의 혼담(婚談)을 승낙했다. 그러나 루치아는 이미 하느님께 몸을 바치기로 하고 종신 서원까지 발했던 터라, 그 말을 듣고 당황하지 않을 수 없었으나, 그 사실을 어머니에게 알리면 오히려 그의 마음을 몹시 괴롭게 할뿐임을 생각하고, 작은 가슴을 부둥켜안고 오직 하느님의 안배하심만을 열심히 청했다.

그러던 얼마 후 어머니가 병에 걸려 도무지 낫질 않았다. 그러자 친절한 이웃 사람들은 50년 전에 순교한 성녀 아가타의 무덤에서는 가끔 기적이 일어나 병이 잘 낫는다며 그곳에 참배하여 성녀의 전구를 청하라고 권유했다. 이 말에 어머니는 루치아의 부축을 받아 그 무덤에 참배하고 열심히 성녀의 전구를 청하자 과연 난치의 병이 봄볕에 얼음 녹듯 말끔히 완쾌되었다. 전설에 의하면 그때 성녀 아가타가 루치아에게 나타나 이렇게 말했다고 한다. "당신은 당신 스스로 하느님께 구하여 어머니의 병을 고칠 수 있는데 어찌하여 저에게 전구를 청하십니까?"

루치아와 어머니는 이런 기적에 매우 기뻐하며 진심으로 하느님과 성녀 아가타에게 감사를 올렸다.

그녀는 지금이야말로 자기의 비밀을 털어놓을 절호의 기회라 생각하고 어머니께 이렇게 말씀드렸다. "어머니! 이러한 큰 은혜에 보답하기 위해 무슨 좋은 일을 해야겠는데, 실제로 저는 오래 전부터 죽을 때까지 동정을 지킬 서원을 했습니다. 그러니 그렇게 일생을 보내도록 허락해 주십시오." 이 말에 어머니는 놀라지 않을 수 없었으나 원래 신앙의 뿌리가 굳은 그녀였는지라 기꺼이 승낙했다. 다만 결혼 준비를 위한 재산을 당장 가난한 사람들에게 나눠주자는 데는 반대하고 자기가 죽은 후 소원대로 하라고 했다. 그러나 하느님의 은총을 받은 루치아는 "선업은 죽어서 하는 것보다 살아서 하는 것이 더욱 하느님의 뜻에 맞는 것이며, 또한 그 공로도 더 크지 않습니까?" 하며 결국 어머니를 납득시켜 결혼 준비로 장만한 재물을 모두 가난한 사람들에게 나누어 주었다.

그러나 루치아를 취할 생각이었던 귀족은 이 소식에 매우 분개하여, 그녀가 가톨릭 신자임을 파스카시오 지사에게 밀고하자 루치아는 즉시 재판정에 끌려가 배교를 강요당했다. 물론 그것에 굴복할 루치아가 아니었다. 오히려 정정당당하게 도리를 설명하며 이를 단호히 거절했다. 그러자 지사는 "이 잔꾀부리는 요망스러운 계집아! 정 그렇다면 고문 도구를 사용할 것이다. 그러면 아마도 겁이 좀 나겠지!" 하고 위협했다. 그러나 루치아는 "주님께서는 우리가 재판정에 끌려갈 적에 '무슨 말을 어떻게 할까?' 하고 미리 걱정하지 말라고 하시며 말할 것은 그때마다 마음에 임하시는 성령께서 가르쳐 주시리라 하셨습니다. 그러므로 나에게는 어려울 것이 하나도 없습니다" 하자, 지사는 조롱하는 어조로 "야, 네 마음속에도 그 성령이라는 것이 산단 말이냐?"고 다시 물으니, 그녀는 "네, 성스러운 신앙을 지닌 순결한 마음속은 곧 성령의 궁전입니다"고 대답했다. 지사는 "그렇다면 네 정조를 빼앗고 그 궁전을 파괴해 주마!" 하고 비웃으며, 루치아를 굴복시키기 위해 부하를 시켜 그녀를 요부의 소굴로 끌고 가게 하였다. 바로 그때 그녀가 하늘을 우러러 하느님의 보호하심을 청하자, 기이하게도 그녀의 육체는 갑자기 반석과 같이 무거워져서 힘센 장정 5, 6명이 밀고 끌어도 꼼짝달싹 안 할 뿐만 아니라 나중에는 몇 가리의 소를 매달아 끌어 보았으나 조금도 움직이지 않았다. 이렇게 되자 파스카시오는 어찌할 바를 몰랐다. 그래서 그는 그 주위에다 장작을 쌓고 사정없이 불을 질렀다. 불은 거세게 타올랐으나 루치아는 불속에서도 타는 기색이 조금도 없었다. 마침내 극도로 당황해진 지사는 형리를 시켜 목을 베도록 했다. 그녀는 목이 베어진 후에도 오랜 시간 생명이 존속하여 그 사이 하느님을 품에 모시는 성체를 영하고 희색이 만면한 가운데 영원한 배필을 찾아서 하늘로 향했다.

【교 훈】
성녀 루치아의 어머니가 기적적으로 병을 고치고 이를 감사하는 뜻에서 딸의 종신 동정을 승낙한 것은, 그녀가 진심으로 하느님께 감사하는 마음이 깊었기 때문이다. 우리 또한 매일같이 하느님의 무수한 은혜를 받고 있는데, 과연 이것을 마음 깊이 감사하게 생각하고 힘 닿는 데까지 보답하겠다는 생각을 갖고 있는가 반성하며 성녀 루치아의 어머니에게 배우도록 하자.

성녀 김 루치아 순교자
[Sta. Lucia Kim Mart. 1839년 9월 옥사. 축일 9. 20.]

순교자들의 영혼에서 우러나는 가장 고결하고 가장 일반적인 감정이 신앙과 용기라는 것은 의심할 여지가 없다. 그러나 이러한 감정을 보잘것없는 여인에게서 발견한다면 회장이나 혹은 공소의 으뜸인 교우에게서 발견할 때보다 우리는 한층 더 감탄할 것이다. 이제 말하려고 하는 김 루치아의 전기를 읽을 때에 우리는 자연스럽게 이런 생각을 깊이 하게 된다. 그녀는 우리 주 예수께 대한 그토록이나 깊은 사랑과 영웅적인 애덕을 대체 어디서 얻었던 것일까? 물론 이와 같은 성덕에 도달하고 거기에 머물러 있기 위해서는 하느님의 은총이 필요했을 것이다. 그러나 이 은총은 또한 열렬한 신심과 진실한 겸손에 의해서 내려졌을 것이다. 그녀에 대해서 우리가 아는 약간의 사항을 읽을 때에 "주님께서 여종의 비천한 신세를 돌보셨습니다. 이제부터는 온 백성이 나를 복되다 하리니 전능하신 분께서 나에게 큰 일을 해 주신 덕분입니다" 하신, 여인 중에 가장 거룩하신 여인이요, 성인 중에 가장 위대한 성인이신 성모 마리아의 노래 구절을 자연 되풀이하게 된다.

김 루치아는 보통 '곱추 루치아'라고 불렸는데, 어려서부터 교우였던 모양이다.

그녀는 외교인에게 출가해 남편이 교우와 상종하는 것과 교우의 본분을 지키는 것을 방해했으므로 그녀는 이것을 너무 비관하여 남편을 버리고 여러 교우들 집으로 피해 다녔다. 교우들은 루치아를 기쁜 마음으로 받아들였다. 김 루치아는 집안 일을 도와 주고 아이들과 병자와 허약자를 돌보며 그 은혜에 보답하고 자기의 열성으로 사람들을 감화시켰다.

그녀는 무식한 부인이었지만 하느님을 진심으로 사랑하고 영혼 구하기에 열중해 여러 외교인들을 입교시켰다. 그녀의 논거와 대답은 상식이 풍부하고 독특한 것이었다.

"지옥이 그렇게 좁다고 하니 어떻게 사람을 그리 많이 집어넣을 수가 있을까?" 하고 어떤 외교인 양반이 물었다. 그때 그녀는 "당신의 그 작은 마음에 비록 만 권 서적을 품고 있어도 그것 때문에 좁다고 생각하신 적은 한 번도 없었겠지요" 하고 대답했다.

이 말을 들은 외교인 양반은 그녀의 말에 대답할 말이 없어 "천주교인들은 무식한 사람도 모두 조리 있는 말을 한단 말이야" 하며 물러갔다.

옥에 갇혀 있을 때에도 그녀는 쇠약하고 또 71세라는 노령임에도 불구하고 옥중의 병자들을 도와 주며 얼마 안 되는 자기 돈을 그들에게 나누어 주었다.

포도대장이 교우들의 이름과 주소를 대라 하자 그녀는 할 말이 없으며 죽기로 작정했노라고 말할 뿐이었다. "더 이상 강박하지 마십시오. 나는 천주교인이니 어서 형장으로 보내 주십시오. 즐거이 가겠습니다."

김 루치아는 태형 30대를 맞았는데 매가 그녀의 마른 몸에 닿을 때마다 마치 뼈를 때리는 것 같은 소리가 났다고 어떤 증인이 말했다.

이 형벌을 받은 후에 그녀는 다시 옥에 갇혔는데, 옥 안에 들어오자 기진해 쓰러져서 다시는 일어나지 못했다. 사나흘 후인 9월 어느 날, 함께 갇혀 있는 여교우들의 간호를 받으며 예수 마리아의 이름을 부르면서 운명했다.

【 교 훈 】

성녀 김 루치아는 배우지 못해 무식함에도 불구하고 하느님의 뜻에는 매우 능통하여 진리를 위해 생명을 바쳤다. 우리도 그녀를 본받아 세속의 것 보다 하느님의 학문에 열중하여 진리를 위해 살도록 힘쓰자.

성 루치아노 사제 순교자
[St. Lucianus, Presbyter. M. 축일 1. 7.]

성 루치아노는 시리아의 사사모다에서 태어나 12세 때 부모를 잃었다. 그는 부모가 남겨 놓은 재산을 가난한 사람들에게 모두 나누어 주고 에데사의 마카리오라는 학자의 슬하에서 성서 연구를 시작했다. 그가 얼마나 성서에 대한 연구가 깊었던가는 뒤에 그가 사제가 되어 여러 가지 성서의 옛 사본(寫本)을 보면서 그 중에서 부주의로 인해 잘못 기록한 장소나 악의(惡意)로 고쳐 기록한 곳을 일일이 교정한 사실을 보더라도 알 수 있다.

그는 또한 엄격한 금욕 극기(禁慾克己)의 생활을 즐기고 끊임없이 많은 기도를 올리고, 특히 밤중에도 깨어 기도하며 육류를 취하지 않고 포도주를 입에 대지 않고 더위와 추위를 잘 참았다. 게다가 모든 사람들에게 친절로써 말을 삼가며 어디에서든지 하느님의 말씀과 영혼에 대한 이야기 외에는 하지 않기도 했다.

그는 안티오키아에 가서 그곳에 학교를 세워 무보수로 아이들에게 학문과 종교를 가르쳤다. 그가 목적한 것은 다만 그들을 덕망이 높은 그리스도교 신자, 거룩한 신앙의 용감한 옹호자가 되도록 하는 것 외에는 아무것도 없었다. 루치아노는 착한 신자들에게는 자비로운 아버지와 같이 공경을 받았으나 악한 사람들, 특히 개신교인들에게는 학문과 덕행이 탁월했기 때문에 도리어 미움을 받았다. 어떤 때는 아리우스파(派)의 이단자들이 그를 중상 모략하여 그가 주장하는 설은 그 저서에 의하면 온전히 아리우스파와 동일하다고 말한 적이 있었다. 이에 대해 그는 즉시 자기의 정당한 신앙을 명백히 했으며, 성 요한 크리소스토모도 그를 변호해 준 일이 있지만, 루치아노는 이같이 진리를 위해 이단과 싸운 결과 9년 동안이나 감옥 생활을 하게 되었다.

간신히 감옥에서 나온 그는 니코메디아의 어느 마을을 향해 여행을 떠났는데 마침 그곳에선 박해가 심해 40명이나 되는 신자들이 그 고통에 못 이겨 삽시간에 배교하게 되었다. 그러나 루치아노가 그 배교자들에게 일장의 설교를 하자 그들은 모두 눈물을 흘리며 전죄를 통회하며 전과 같이 믿음을 지키기를 선언하여 용감히 순교했다. 그 박해로 말미암아 많은 배교자가 있었으나 그의 설교도 인해 그들도 역시 회개했다.

311년 막시미아노 황제 시대에 유혈의 박해가 다시 일어나자, 학문과 덕망이 높아 유난히 원수들에게 미움을 받고 있던 루치아노도 결국 법관 앞에 끌려나갔다. 그러나 그가 황제에게 바친 '그리스도교 옹호의 반박문'은 황제를 대단히 감동시켜 "너는 참으로 훌륭한 학자다. 배교만 하면 재산이나 명예나 네가 원하는대로 주리라"는 말까지 들었으나, 그의 마음은 끝까지 흔들리지 않고 "나는 그리스도교 신자입니다"라고 대답했으므로 재차 투옥되었다.

투옥된 후 수일간이나 음식을 주지 않았기 때문에 몹시 배가 고팠다. 그때 그의 앞에는 우상에게 바쳤던 좋은 음식이 식탁 위에 산더미처럼 차려 놓여져 있다. 그러나 루치아노는 신자들에게 약한 표양이 될까 봐 아무것도 먹지 않았다. 먹기보다는 차라리 굶어 죽는 것을 더 원했다.

그는 또다시 황제 앞에 끌려나갔다. 그곳에서도 그는 "나는 그리스도교 신자입니다"라고 되풀이할 뿐이었다. 그는 그 말 이외에는 모두 의미 없는 것으로 생각했다. 그러므로 관리들은 헛수고만 하여 그를 다시 감옥에 돌려보낼 수밖에 없었다.

같은 해 주님 공현 대축일에 많은 사람들이 그를 면회하러 왔을 때 루치아노는 등에 판자를 대고 반듯이 누워있기만 할 수 있어서 몸을 조금도 움직이지 못할 정도였다. 그러나 그는 자기의 고통을 잘 참으며 아무런 원망스러운 기색도 없이 오히려 방문 온 사람들에게 "용기를 잃지 말고 끝까지 신앙을 잘 지키시오"라는 말로 격려했다.

신자들이 그에게 성체를 받고자 하자 몸도 움직이지 못하는 그는 자기 가슴을 제대로 삼고 그 위에 빵과 포도주를 놓도록 하고서, 성찬 제정과 축성문을 외우고 둘러 있는 사람들에게 영해 주었는데, 이것도 하느님의 섭리에 의한 것이리라. 그 기이한 미사 성제는 간수들의 간섭을 받지 않고 무사히 끝마칠 수가 있었다.

루치아노가 순교한 것은 그 이튿날인 1월 7일이었다. 성 요한 크리소스토모의 기록에 의하면 그는 목을 잘리었다고 하나, 사람들의 말에 의하면 황제는 이 거룩한 사제를 공공연하게 사형에 처하는 것을 두려워하여 감옥에서 몰래 죽였다고 한다. 아무튼 그는 순교한 후에도 박해를 받았다. 황제가 어떠한 수단으로도 그의 마음을 움직일 수가 없었던 것을 노하여, 그 시체에 큰 돌을 매달아 깊은 바다속에 던졌던 것이다.

그러나 2, 3일 후에 그의 시체가 바닷가에 떠 있는 것을 신자들이 발견하고 이것을 비디니아라는 곳에 정중히 매장했다. 그 후 그리스도교를 보호한 콘스탄티노 대제는 이 성스러운 순교자를 존경하는 마음에서 그 장소에 도시를 건설하여 헬레노폴리스라고 이름지었다. 성 루치아노의 유골은 가롤로 대제 때 프랑스의 아루루에 이전되어 오늘까지 보존되어 온다.

【 교 훈 】

성 루치아노는 법관 앞에서 시종일관 "나는 그리스도교 신자입니다"라고 선언하며 조금도 주저함이 없었다. 그는 그와 같이 선언할 수 있는 것을 자기의 최고의 명예이며 또 하느님께 받은 최대의 은혜라고 생각했다. 우리도 그를 본받아 항상 남 앞에서 부끄러워하지 말고 가톨릭 신자란 것을 드러내자. 사실로 교회를 믿고, 또한 많은 성인이나 순교자와 형제의 인연을 맺게 되는 것을 커다란 명예로 생각해야 한다. 주 예수 그리스도는 "누구든지 사람들 앞에서 나를 안다고 증언하면 나도 하늘에 계신 내 아버지 앞에서 그를 안다고 증언하겠습니다. 그러나 누구든지 사람들 앞에서 나를 모른다고 하면 나도 하늘에 계신 내 아버지 앞에서 그를 모른다고 하겠습니다"(마태 10, 32-33)하고 말씀하셨다. 그러니 우리도 용감히 우리의 신앙을 고백하자.

성녀 루트가르다 동정
[Sta. Lutgardis, Virg. 축일 6. 16.]

성녀 루트가르다의 일생은 주 예수 그리스도의 완전한 합일을 지향하는 노력의 연속이었다. "여러분이 이 세상에서는 이미 죽었기 때문입니다. 여러분의 참 생명은 그리스도와 함께 하느님 단에 있어서 보이지 않습니다. 여러분의 생명이신 그리스도가 나타나실 때에 여러분도 그분과 함께 영광 속에 나타나게 될 것입니다"(골로 3, 3-4)라는 이 성 바오로의 말씀은 루트가르다의 생애를 설명한 것으로 볼 수 있다.

루트가르다는 1182년 벨기에 돈글에서 귀족의 자녀로 태어났다. 어머니는 대단히 신심이 깊은 분으로서 루트가르다를 경건하게 키우려고 노력했으나, 아버지는 신심이 없는 세속적인 인간으로서 현세의 쾌락, 허영, 사교 등에 딸의 마음을 돌리려고 했으므로 루르가트다는 이처럼 상반된 교육 방침의 희생이 되어 선을 행하는 것 보다 악을 따르는 편이 더 쉬운, 그야말로 의지가 굳지 못한 소녀로 자라났다.

그녀는 결혼할 나이에 이르면 아버지의 의사에 따라 어떤 귀족 청년과 결혼하기로 되어있었다. 그런데 불행하게도 아버지가 결혼 지참금도 딸에게 줄 수 없을 정도로 상업에 실패하여 큰 손해를 보자, 처음부터 사람보다 금전을 탐내고 있었던 청년은 즉시 약혼을 파기하고 루트가르다를 만나지 않았다.

그 당시의 루트가르다의 부끄러움은 어떠했으랴! 그녀는 그때 비로소 사람의 마음은 믿을 수 없는 것이라는 것을 확실히 깨닫고 어머니의 권고대로 이후는 수도원에 들어가서 하느님께만 의탁하며 살아가려는 결심을 했다.

성소(聖召)의 유무(有無)를 알고자 일심으로 기도하고 있던 어느 날 그녀는 뜻밖에 예수의 발현을 보았다. 즉 예수께서 유혈이 낭자한 옆구리의 상처를 보이시며 "보라, 그대가 사랑해야 할 것을! 이 상처에서야말로 그대는 무상의 기쁨을 발견하리라" 하고 말씀하셨다. 이후 그녀는 주 예수 그리스도를 배필로 삼고 그분의 성의에 합당한 것을 구하며 밤낮 덕을 닦을 결심을 더욱 굳게 했다.

18세 때 꿈에도 그리던 수도 서원을 발한 그녀는 오로지 사랑하는 주님께 봉사하기 위해 수녀의 본분인 기도, 노동, 고행 등에 골몰했다. 그리하여 하느님께서도 그녀를 보다 높은 완덕에 이르게 하려는 의도 아래 병으로 인한 육체적 고통이나 남에게 오해를 받는 등의 정신적 고통을 거의 끊임없이 내려 주셨다. 그녀는 이 모든 시련을 기쁨으로 받아 그녀의 영혼은 하루하루 더 굳게 주님과 결합되었고, 예수께서도 그녀에게 발현하시어 신비적 생활의 오묘함을 명백히 밝혀 주셨다고 한다.

    이러한 은혜는 온전히 자기를 끊고 열심히 기도하는 사람이 아니면 좀체 베풀어지는 것이 아닌데, 루트가르다의 기도를 사랑하는 마음은 실로 놀랄 만한 것이었다. 그녀는 회칙에 정해진 책임 기도를 완수함은 물론, 틈만 있으면 기도와 묵상 등으로 하느님과 일치하는 것을 기쁨으로 삼았다. 그리고 그녀가 구한 소원은 실제로 신기하게 채워졌다. 한 예를 들자면, 어느 날 그녀가 잘 알고 지내던 한 수도원장이 세상을 떠났는데, 그 사람은 생전에 남에 대한 동정심이 모자랐었다. 그래서 루트가르다는 그의 사후의 운명을 근심하고 그를 위해 기도하면서 고행을 했다. 그런데 그 후 얼마 안 되어 그가 천국의 영광에 싸여 나타나서 "당신이 해준 기도의 은혜로 연옥의 보속을 40년이나 덜 받게 되었습니다" 하고 감사하며 사라졌다는 것이다. 이처럼 그녀가 특별히 죄인을 위해 진력한 한 가지 이유는 젊었을 때의 불미한 생활을 다시금 통회하는 마음에서 이루어진 것이다.

    하느님과 깊은 신비적 합일의 은혜를 받게 된 루트가르다는 직접 예수께 지도를 받은 적도 한두 번이 아니다. 그가 7년간의 단식재를 세 번이나 명받은 것도 그 실례이다. 그 최초의 단식재는 당시 유행하고 있던 알비파 이단을 소멸하기 위해, 다음 것은 죄인의 회개를 위해, 그리고 마지막 것은 바야흐로 교회를 급습하려는 박해를 미연에 방지하려고 함이었다.

    루트가르다는 이와 같이 주님의 뜻대로 수도 생활에 골몰하고 다른 자매들의 훌륭한 모범이 되었으므로 그가 겨우 25세의 젊은이로서 수도원의 원장에 추천된 것은 별로 놀랄 것이 못된다. 그러나 겸손한 그녀는 그것을 원하지 않고 수도원에 청하여 고향을 떠나 브라반드 주의 아비에르 수도원에 가서 약 40년 간 경건한 수도 생활을 계속했다. 마지막 11년간은 주님의 특별한 섭리로 완전히 장님이 되었으나 그 부자유스러운 고통도 주님의 고난에 합쳐 성부께 바치며 세상의 구원에 동참했다.

이렇게 수많은 공적을 쌓으며 세상에서 주님과 일치하고 있던 루트가르다가 풍부한 보수를 얻으며 영원히 배필로서 즐길 수 있는 천국으로 가게 된 것은 1246년 6월 16일이었고, 그의 나이 64세 때였다

【교 훈】
세상 사람은 성녀 루트가르다의 생애를 가치 없는 것으로 생각할 지 모른다. 그러나 그것은 너무나 물질적, 자연적인 입장에서만 보기 때문이다. 영적, 초자연적 입장에서 본다면 그녀의 기도 고행은 얼마나 인류사회를 위해 재난을 면하게 해주고 복을 가져오게 했는지 모를 정도이다 우리는 이 성녀의 생애에서 기도의 커다란 힘과 또한 그 필요성을 배우지 않으면 안 된다.

성 루포 주교
[St. Lupus, E. 축일 7. 28.]

5세기에 유명한 프랑스 시인이며 주교인 성 시도니오스 아폴리나리스는 당시의 트로이의 주교 성 루포에 대하여 "아버지들의 아버지요, 주교들의 주교요, 갈리아 교회의 착한 목자들의 영수(領袖), 도덕의 모범, 진리의 기둥, 하느님의 벗이요, 증인을 위한 하느님의 중개자이다" 하고 격찬했다. 이런 찬사로 보아 루포가 얼마나 완덕의 소유자인가를 알 수 있으며, 또 당대의 사가들은 비교적 상세히 그의 전기를 기록해 두었다.

루포는 투르 지방에 명망이 높은 가정에서 태어났고 어려서 세례를 받았으며 충분한 교육도 받았다. 청년 시대에는 변론하기를 좋아하여 한때는 변호사로서 일을 한 적도 있었다. 그는 투르의 주교 힐라리오의 동생이며, 신심가인 피메니올라와 결혼하여 얼마간 수도자들과 같은 경건한 생활을 했으나 하느님을 섬기려는 열망을 이길 길이 없어서 서로 합의하고 헤어져 루포는 루랑에 있는 유명한 베네딕토 수도원으로, 그리고 피메니올라도 어떤

여자 수도원으로 들어갔다.

세속에 있으면서도 수도 생활을 매우 동경하던 그였던지라, 수사가 된 후 그의 수덕 생활은 참으로 경탄할만 했다.

수도자들은 극기, 금욕의 정신이 쇠퇴하지 않도록 가끔 스스로에게 매질을 가한다. 그러나 루포에 대해서는 과도한 극기 때문에 몸을 해칠까하여 원장이 가끔 그에게 충고해 줄 정도였다.

루포는 2, 3장의 판자로 침대를 대신하고, 밤낮 구별없이 기도하며 가끔 철야하고, 매주 두세 번은 단식을 지키며 욕망을 억제하고 오로지 하느님만을 섬겼다.

그의 성덕은 저절로 사방에 알려졌고, 트로이의 주교 울소가 별세하자 그 교구 신자들은 후계자로서 루포를 선정하도록 적극적으로 운동했다.

물론 겸손한 루포는 그 중책을 면하기 위해 재삼 사퇴했으나 신자들은 이를 용납하지 않았으며, 다른 주교들의 권유도 있었고, 수도원장의 명령도 있었으므로 할 수 없이 이를 승낙하지 않으면 안 되었다.

그는 주교라는 높은 지위에 있으면서도 결코 자기의 엄격한 일상 생활의 원칙을 변경하지 않았다. 그가 중인들에게 설교한 것은 자기 자신도 꼭 지켰는데, 이것은 그 시대로 보아서 매우 필요한 것이었다. 왜냐하면, 한편에는 영국 베네딕토회의 펠라지오라는 수사가 이설을 주장하여 인심을 유혹시켰고, 또 한편에서는 훈족(몽고족)이 전 유럽을 휩쓸고 프랑스에까지 침입하여 약탈을 일삼았으므로 인심의 부패는 말할 수 없었기 때문이다.

펠라지오의 이설이란 원죄와 은총의 필요성을 부정하고, 사람은 자력으로 선을 행할 수 있고 성인이 될 수도 있다는 것인데, 루포는 이 설의 오류성을 명백히 지적하여 사람들로 하여금 이에 유혹되지 말고, 혹 유혹된 이는 조속히 교회의 품안으로 돌아오기를 권유하며, 기도와 고행으로써 하느님께 도움을 청하여 교세 회복에 전력을 다했다. 그리고 그는 교황청의 명을 받아 주교 젤마노와 함께 영국으로 향하여, 설교와 기적으로써 이단의 근원지인 그 지방 사람들에게 펠라지오의 설이 그릇됨을 명백히 증거하며 많은 사람들을 오류에서 구출하였다.

이는 역사적 사실은 아니지만 믿을만한 전설인데, 루포는 훈족의 내침(來

侵) 시 주교 예복으로 정장하고 많은 사제들을 동반하고 적장 아틸라를 나가서 맞으며 "당신은 서양 제국에 내려진 하느님의 채찍이라고 자임(自任)하고 있지만, 만일 그것이 사실이라면 결코 하느님의 뜻에 어긋나는 일을 해서는 안됩니다"라고 엄격한 항의를 했다. 이런 항의로써 트로이 지방은 그의 침략에서 면했다는 것이다. 아틸라가 로마인 및 고트인의 연합군에 의해 패배당하고 몽고로 도주한 것은 그 후 얼마 안 되어서 된 일이다.

52년이라는 장구한 세월을 맡겨진 양의 무리를 치기에 여념이 없이 보냈고, 교회를 위해 수많은 공로를 세운 루포 주교는 478년, 그 보수를 받기 위해 세상을 떠났다. 성인으로서의 아름다운 최후였다.

【교훈】

우리는 성 루포가 명예, 재산, 기타 아무런 부족함이 없는 가정을 버리고 수덕 극기의 생활을 택한 성스러운 결심에 감탄을 금할 수가 없다. 이는 곧 자기의 조그마한 가정을 희생하여 예수 그리스도의 큰 가정을 위해 일하고, 착한 목자로서 주님과 같이 일생을 바친 것이다. 우리도 역시 협동적 사업이나 사도적 활동을 개인적 그것보다 중요시하는 정신을 갖지 않으면 안 되겠다.

성 룻제로 주교

[St. Ludgerus E. 축일 3. 26.]

그처럼 영화를 자랑하던 로마 대제국도 4세기 민족 이동의 결과 허무하게 멸망되었고, 쇠퇴해진 이 민족을 대신하여 유럽의 패권(霸權)을 잡은 것은 새로 일어난 프랑크 민족이었다. 자그만치 3백년 동안이나 로마 역대의 황제들에게 극심한 박해를 받아온 가톨릭교도 프랑크 민족에게는 종교의 자유를 얻어 기뻐할 수 있었고, 프랑크족에 의해 독일, 영국, 프랑스, 오스트리아 제국에 전파되었다. 그러나 독일의 서북 지방에 사는 프리시아 인이나 색손 인들은 가톨릭 선교사를 배반하고, 만만히 가톨릭교에 돌아올 기색이 보이지 않았지만, 하느님의 섭리는 이상하여 이런 완고한 프리시아인 중에서 한 독실한 주교가 나타나 동포의 사도로서 눈부신 활약을 함으로써 드디어 그들의 대부분을 개종시키는 데 성공했으니, 이 사람이 바로 후에 성인이 된 룻제로이다.

그는 744년경에 태어났다. 백작(伯爵)인 아버지와 백부는 교회를 믿은 탓으로 프리시아인의 왕의 비위에 거슬려 추방당한 경력까지 가지고 있던 분이다.

그러므로 그의 경건한 성격은 그의 가족의 내력이었는지도 모른다. 하여튼 룻제로는 어려서부터 신심이 깊었고 특히 성 보니파시오의 친구인 그레고리오가 지도하던 베네딕토회의 우트렉트 학교에서 교육받은 그는 프리시아 사람으로서 프리시아와 색손 인들에게 복음의 씨를 뿌린 사람이 되었다.

룻제로는 영국에 건너가서 장남의 권리인 아버지의 백작위를 계승하는 것까지 단념하고 오로지 철학, 신학의 연구에 몰두하고, 부제가 되고 나서는 영국을 떠나 네덜란드에서 사제품을 받았다.

주교에게 사명을 받은 룻제로는 성 보니파시오 순교의 지방(성인은 그를 만나고 나서 2, 3개월 후에 순교했다.) 독금에 가서 먼저 신자가 아닌 프리시아인을 개종시키는 일을 했다. 룻제로는 자기 사명을 전후 7년간 전심전력으로 수행한 결과 차차 세례를 받으며 가톨릭으로 개종하는 사람들이 많아져 만족하고 있던 찰나 색손인의 왕 위드긴도와 더불어 프리시아인도 프랑크 왕국에 대해 반란을 일으켰으므로 모처럼 보이기 시작했던 포교의 효과는 비참하게도 수포로 돌아가고 말았다.

룻제로는 결코 실망하지 않았다. 그는 그것도 하느님의 성의라고 생각하고 사도 성 베드로와 성 바오로의 무덤이 있는 로마 지방을 순례하여 그들이 전교시에 당한 온갖 고통을 회상하며 다시 새 용기를 얻어 그 후 성 베네딕토가 창립한 몬테 카시노의 수도원에 가서 고요히 앞으로의 활동을 준비했다.

오래지 않아 독일로 돌아온 룻제로는 카를로 대제에게 프리시아 지방의 다섯 마을에서 전교하라는 명령을 받았다. 전에 그가 땀을 흘리며 뿌린 교회의 씨는 이제야 훌륭히 결실되어 환희 속에서 거둬들일 수가 있었던 것이다. 그러던 중에 수년이 지나서 도리르 주교가 서거하자 카를르 대제는 그를 그의 후계자로 추천했으나 겸손한 그는 이를 사양하고 그 대신 색손 지방까지 전교할 수 있는 허가를 신청했다. 카틀로 대제도 그의 마음을 이해하여 아직 이교의 암흑 속에 빠져있는 서쪽 색손 지방에 그를 파견했다. 그의 소망대로 이루어진 룻제로는 기쁘게 임지에 가서 많은 인내로써 색손인의 교화에 노력했다. 그 결과 그렇게도 완고했던 색손인도 그의 성심과 겸손, 온화한 태도에 감복하여 점차 가톨릭교의 진리에 귀를 기울이게 되었고, 세례를 원하며 신자가 되는 사람들이 많이 나왔다.

804년, 재차 주교로 천거 받은 그는 이번은 거절할 수 없어 취임을 승낙하고 그 뒤 고령의 몸으로도 불요 불굴의 활동을 계속하고 있던 중 809년 3월 26일 하느님의 부르심을 받아 그분의 품으로 가서 영복의 월계관을 받게 되었다.

그의 포교지였던 독일의 웨스트파렌이나 라인 지방은 이상하게도 1200년이 경과한 오늘에도 다른 지방에 비해 견고한 신앙을 보존하고 있는데, 이는 오로지 룻제로의 열심과 신앙심의 덕분이라 할 수 있을 것이다.

【교 훈】

성 룻제로는 한 번 전교에 실패한 뒤에 용기를 새롭게 하고 다시 일어났다. 그의 불요 불굴의 정신이야말로 하느님께 대한 굳은 신뢰심과 더불어 우리에게 대한 모범이 될만한 아름다운 점이다. 우리는 성인과 같이 무슨 일을 하든지 전심전력으로 하며, 성공이나 실패는 모두 하느님의 섭리에 의탁하는 태도를 지녀야겠다.

성 리고베르토 대주교

[St. Rigobertus, Archiep. 축일 1. 4.]

성 리고베르토가 살아있던 때 그의 조국 프랑스는 가장 비참한 상태에 빠져 있던 시대였다. 메로빙 조(朝)의 왕의 권리는 쇠퇴하여 정치는 궁내장관

(宮內長官)이 마음대로 하게 되어, 그 결과 역사에 그의 이름은 남아 있지만 국왕의 이름은 전혀 기록되지 않고 있는 형편이다. 이러한 상태였으므로 국내에는 포악한 정치가 행해졌고, 국경에서는 전란(戰亂)이 계속되어 백성들은 고통의 도가니 속에서 살게 되었다. 이와 같은 난세(亂世)에는 구세(救世)의 궁인들이 가끔 나타나고 있으나, 그들도 역시 이러한 시대에서 많은 고통을 당하지 않으면 안 되었다. 성 리고베르토도 그 일례(一例)일 것이다.

이 성인이 탄생한 연대는 알려져 있지 않다. 그는 소년 시대에 일찍이 부모의 슬하를 이별하고 지식과 덕을 연마하기 위해 오르베의 수도원으로 갔다. 이 수도원은 리고베르토의 일가 중의 한 사람인 성 레올 대주교께서 세운 것이다. 리고베르토는 신심이 극히 두텁고 또한 학문에도 수재였다.

그는 후에 스스로 수도자가 되어 처음부터 모든 사람이 감탄할 만큼 엄격한 수도원의 규칙을 지키고, 지혜롭기도 남보다 출중하고, 또한 타인을 극진히 사랑하며 모든 점에 모범이 되었기 때문에 오래지 않아 수도원장이 되고, 수년 뒤에는 라임스의 대주교로 임명되었다.

라임스에 부임하자 교회의 퇴락(頹落)된 부분을 복구하고 신자들로 하여금 교회의 법규를 잘 지켜 나가도록 노력했다, 한편 사제의 양성에 진력하고 자기 몸으로써 그들에게 좋은 표양을 주며 가난한 이, 불행한 이에게 자비로운 아버지 같은 사랑으로 대했다. 그리고 교회의 재산을 관리하는데도 세심한 주의를 기울였다.

리고베르토의 명성은 점차 높아갔다. 그 시기의 궁내장관인 피핀도 그와 교제하기를 즐기며, 가끔 그에게 물어보기도 했다.

어느 날 피핀이 부근에서 사냥을 하고 있을 때 대주교는 몇 개의 선물을 보내며 자신도 장관을 방문했다. 피핀은 그의 호의를 대단히 만족하게 여겨 무엇이나 원하는 것이 없느냐고 물었다. 그때 대주교는 즉시 "그렇다면 지금 각하께서 서 계시는 땅을 주셨으면 합니다"라고 청하자 피핀은 "아니 이뿐 아니라 다른 더 넓은 땅까지도 드리고 싶소. 당신은 내 점심 시간에 이 부근을 마음대로 돌아다녀 보시오. 그 돌아다닌 지역 전부를 당신께 선사하리이다" 하고 말했다.

리고베르토는 그와 같이 하여 많은 토지를 차지했지만, 즉시 그 전부를 교회에 바치고 자기는 아무것도 차지하지 않았다. 그 토지는 그 후 곡식이 잘 되어 가뭄의 피해나, 홍수의 우려도 없었다고 한다. 피핀은 이 성인을 대단히 존경하고 있었으므로 그로 하여금 자기 아들에게 세례를 주게 하고, 후에는 그 아들을 그의 손에 맡겨 지식을 배우고 덕을 닦게 했다. 그러나 역사의 기록에 의하면 가롤로 말델이라고 알려져 있는 그의 아들은 은사 리고베르토의 은혜를 잊어버리고 그에게 여러 가지 사람의 도리에 벗어난 짓을 여러 번 했다 한다.

피핀이 죽은 후에 가롤로 말델이 그의 뒤를 계승하여 궁내장관의 직책에 오르려고 했다. 그러나 실페리 왕의 궁내장관은 이미 라긴푸레트라는 사람이 임명되기로 되어 있었다. 그로 인해 두 사람의 사이에 치열한 결투가 일어난 것은 물론이다.

그때의 일이다 가롤로 말델이 어느 날 라임스에 와서 그 교호 대주교인 리고베르토에게 장관으로 성대한 환영을 받으려고 했다. 그러나 그 둘의 결투는 아직 해결을 못 보았으므로, 따라서 가롤로 말델도 아직 궁내장관이라고 인정할 수 없었기 때문에 대주교는 이를 거절했다.

리고베르토가 취한 행동은 정당했지만, 가롤로 말델은 대단히 분노했다. 그러자 그때는 별일 없이 끝났으나 후에 그가 719년에 결투에 승리를 거두자 재빨리 그에게 복수했다. 교회의 재산을 닥치는 대로 몰수하고 대주교직을 박탈하고 이것을 사제도 아닌 세속 사람에게 넘겨주었다. 이것이 교회에 대한 대죄가 아니고 무엇인가. 리고베르토는 대단히 상심(傷心)했지만, 그리운 라임스를 떠나 조용한 장소를 택하여 그곳에서 오로지 하느님의 사업에 몰두했다.

어느 날 그는 자신 대신에 라임스의 대주교가 된 남자를 만나게 되었다. 그러자 상대편에서는 만일 리고베르토가 그 조상 전래의 재산을 양도해 주면 대주교직을 다시 돌려주겠노라고 제안했다. 그러나 리고베르토는 그것을 승낙할 수가 없었다. 그 이유는 그것이 성직 매매의 죄가 되고 또한 그가 조상에게 상속받은 재산은 이미 모두 교회에 기부했기 때문이었다. 그렇기에 대단히 성이 난 상대편은 자기의 신청을 모두 철회(撤回)하고 다만 그의 간절한 요청으로 주교좌 성당의 여러 제대 중 한 제대에서 미사를 지내는 것만 허락할 뿐이었다.

그때에 리고베르토는 젤니구르라는 작은 마을에서 가난하게 기도와 고행 생활을 하면서 가끔 여러 곳의 교회를 순례했다.

741년에 가롤로 말델이 사망하자 교황 자카리오는 불의 부당하게 추방된 리고베르토를 대주교에 복직시킨 동시에 전에 있었던 남자를 파면시켰다.

이와 같이 리고베르토는 재차 대주교가 되었으나 고령으로 말미암아 예전과 같은 활동을 도저히 할 수 없어 교황께서는 그 성스러운 노인을 위로하는 마음으로 따로 보좌 주교를 두어 그를 돕게 했다.

공로를 많이 세운 리고베르토가 하느님께 거룩한 생애의 상을 받기 위해 천국에 오른 때는 749년 1월 4일이었다.

【 교 훈 】

성 리고베르토께 배워야 될 것은 박해 때에도 항상 하느님께 대한 변치 않는 신뢰를 가지는 것이다. 불의한 자는 한때는 영광을 누릴 수 있다. 그러나 덕과 정의는 최후에 반드시 승리할 것이다.

성녀 리드비나 동정

[Sta. Lidwina, Virg. 축일 4. 14.]

우리는 어찌하여 또는 무엇 때문에 고생하지 않으면 안 되는가? 이것은 옛적부터 인간 사회에서 하나의 커다란 수수께끼로 남아있다. 이 의문을 풀어주시기 위하여 하느님께서는 구약 시대에 있어서는 욥 성인을 보내 주셨고, 신약 시대에 와서는 성녀 리드비나를 보내시지 않으셨나 생각된다.

그녀는 1380년 3월 18일(그 해의 성지주일) 폴란드의 쉬에담 시에서 아홉 형제 중 유일한 여자아이로 태어났다. 날 때부터 천성이 온순하고 나이에 비해 퍽 영리하고 조숙하여 12세 때 이미 청혼이 들어왔으며, 장성함에 따라 점점 청혼자가 증가했다. 그러나 그녀는 어려서부터 성모 마리아를 특별히 공경하며 그를 본받아 평생 동정을 지키기로 결심했으므로 쏟아져 오는 혼담을 도리어 귀찮게 여기며 되도록 남의 마음을 끌지 않는 몸이 되었으면 하고 늘 기도했다.

이러한 기도를 하느님께서 들어주셨음인지 15세 되던 해의 주님 봉헌 축일에 얼음지치기를 하며 놀고 있던 그녀의 친구 중의 한 명이 넘어지며 그녀에게 달려오는 바람에 그녀도 같이 넘어지게 되어 갈비뼈 하나가 부러지는 등 큰 상처를 입었다.

그 후부터 그녀는 병상에 눕는 신세가 되었고 오래지 않아 늑막염에 걸려 아무리 의사의 치료를 받아도 아무런 효험도 없이 병세는 날로 악화될 뿐이었다. 그래도 처음 3년간은 가끔 힘들게 일어나서 성당까지 운반되어 미사에 참여한 때도 있었지만, 그 뒤부터 세상 뜰 때까지의 35년간은 온전히 병상에 누워서 지내지 않으면 안 되었다. 그리고 식사도 처음에는 가끔 찐 사과 한 개나 혹은 수프에 담근 빵 한 조각을 먹을 뿐이었지만 얼마 뒤 그것마저 삼킬 수가 없어 한 주일에 포도주 반병, 끝내는 마스 강의 물로 간신히 목을 축일 뿐, 최후의 19년간은 전혀 아무 음식물도 취하지 않고 영적으로 생명을 보존했다.

그녀의 병고를 자세히 기록한다면 늑막으로 몸속에 고름이 끼어 벌레가 생기고, 전신의 곳곳에는 부풀어오르고, 그것이 터져서는 상처가 되고, 특히 얼굴은 엉망이 되어서 이마에서 아래턱까지 그러한 상처가 징그럽게도 내품고 있는 상태였다. 처음에 주인은 그녀를 푹신푹신한 요에 눕혔으나 고름에 더러워지므로 그 다음부터는 밀짚 요를 사용했다. 그러나 그것이 상처에 달라붙었으므로 마지막에는 판자대기 위에 눕도록 했다.

그런 상태로 그녀는 7년간이나 머리와 왼팔만 움직였을 뿐 언제나 똑바로 누워 있을 뿐이었다. 이상한 것은 그녀의 신체에서 늘 고름 썩는 피가 흘렀음에도 불구하고 조금도 악취가 안 났을 뿐 아니라 일종의 형언키 어려운 향기가 병실 내에 가득히 풍겼다는 것이다. 그러나 그 상처의 고통은 감히 펜과 말로 나타낼 수 없고 게다가 치통(齒痛)과 흑심한 두통 등은 계속적으로 닥쳐와서 단 하나의 위로였던 수면조차 이룰 수가 없었다.

이와 같은 육체적 고통도 대단했지만, 병상에서의 정신적 번민은 한 층 더했다. 처음 얼마 동안은 그녀를 가련히 생각하고 종종 찾아와 주던 부근 사람들과 친구들은 병세가 길어짐에 따라 저절로 발길이 끊어져 누구 하나 찾아오는 사람이 없었고, 설상가상으로 양친과 간호해 주던 베드로닐라라는 조카도 세상을 떠나게 되고, 올케는 그를 귀찮게 여기며 때로는 그녀의 얼굴에 침을 뱉을 때도 있었다. 이때에 리드비나의 슬픔과 비통은 어떠했을까! 그러한 그녀의 마음을 위로해준 것은 다만 고해신부인 요한 보스코의 권고로 인해 시작한 예수 수난의 묵상뿐이었다.

하느님께서는 시련과 더불어 반드시 은총도 주신다. 그녀는 종종 수호천사가 곁에 나타나는 특별한 은혜로 말미암아 형언키 어려운 마음의 용기를 얻었다고 한다. 또한 그녀에게 있어 모든 고통의 인내력을 준 것은 말할 것 없이 주님의 성체였다. 이러한 그녀의 열렬한 간청을 잘 이해한 사제는 병세가 허락하는 정도로 성체를 영해 주고, 때로는 그녀의 병실에서 미사 성제까지 지내준 일이 있었는데, 그런 날이면 리드비나는 더할 나위 없이 기뻐했다.

그녀는 몇 번이고 탈혼 상태에 빠졌고 그때마다 우리 주 예수의 수난을 바로 눈앞에서 보며 예수와 깊은 내적 일치를 체험하면서 무한한 행복감을 느꼈다. 그리고 그녀가 당하고 있는 병고가 주 예수와의 일치에 도달하는 하나의 길이란 것을 깨달았기 때문에 그녀는 "비록 성모송을 한 번 외우기만 하면 이 병이 즉각 완치된다 할지라도 저는 그것을 외우지 않을 것입니다. 저는 제 뜻대로 병을 고치려고 하지 않습니다. 다만 하느님의 뜻만을 따를 뿐입니다" 하고 말했다.

리드비나의 불쌍한 처지를 보고 부모의 마음이 얼마나 아팠을지 가히 짐작할 수가 있다.

어느 날 그녀의 부모가 무의식중에 한탄을 털어놓았을 때 그것을 들은 '텔프'라는 신심이 두터운 의사는 "저 같으면 리드비나와 같은 딸이 있다면 슬퍼하기보다 오히려 기뻐할 것입니다 .만일 리드비나 양을 돈과 바꾸어서 제 딸로 만들 수 있다면 리드비나 양의 체중과 같은 금화를 주어도 아깝게 생각하지 않을 것입니다" 하고 대답했다고 한다.

그러던 중 점차 리드비나의 기이한 병세에 대해서 근방 일대에 큰 소문이 퍼졌다. 그녀를 만나 하느님께 전구를 청하며 또 강한 그녀의 신앙의 말을 들으려 모여드는 방문객이 날로 증가했다. 고통으로 큰 보속을 할 수 있다는 것을 알고 있던 그녀는 사람들을 회개시키거나 위로해 주기 위해 자신의 병고를 하느님께 봉헌하고 잠을 이루지 못한 밤에는 철야 기도로써 밤을 세우는 때도 흔히 있었다.

리드비나의 전구로 은혜를 받은 사람들은 감사의 뜻으로 금전과 물품을 보내왔다. 그러면 그녀는 그것을 조카인 베드로닐라를 통해 가난한 사람들에게 나눠주었고, 그녀가 죽은 후에는 고해 신부를 통해 나눠주었다. 그리하여 그녀의 병실은 많은 사람들의 영육간 구원 사업의 근거지가 되었다.

이와 같이 거동도 못하는 부자유스러운 병상 생활을 보내기를 38년, 이제야 리드비나에게도 해방의 날이 다가오기 시작했다.

어느 날 수호천사가 그녀에게 나타나 한 개의 장미가지를 보이면서 "이 봉오리가 모두 활짝 필 때 당신은 이 세상을 떠날 것입니다"라고 했다.

1433년 예수 부활 대축일 때 그 가지에는 아름다운 꽃들이 만발하여 그녀는 최후의 날이 임박한 것을 알았다. 과연 담석증(膽石症)과 숙환(宿患)으로 마침내 부활 대축일 후 3일째 되는 날, 즉 4월 14일에 선종하여 현세의 고통 대신 천국의 영원한 복을 누리게 되었다. 또한 이상하게도 그녀의 시체는 모든 상처의 흔적이 은전히 가셔서 아름답게 빛나고 혈색도 좋아져, 생전과는 전혀 다른 미묘한 양상을 나타냈으므로, 사람들은 일찍이도 그녀를 성녀와 같이 공경하고 그 유해를 보러 오는 이가 좀처럼 중단되지 않아 간신히 사후 4일째 되는 날 성대한 식을 거행하며 시담의 묘지에 안장했다. 그 후 그 곳에서 많은 기적이 일어났으며 지금은 그 묘지 위에 화려한 성당이 건립되어 있다.

【 교 훈 】

성녀 리드비나는 일생을 산송장과 같은 폐인으로서 보낸 가련한 사람으로 생각하는 사람도 있겠지만, 거동도 못한 그녀가 병상에서 많은 사람들에게 영육간을 통하여 베푼 커다란 은혜를 생각하면 아주 훌륭한 공로를 세운 여대장부라고 감탄하지 않을 수 없다. 실제로 어떠한 고통도 신심을 가지고 자기 자신이나 또는 모든 사람들의 죄의 보속을 위해 인내한다면 결코 헛되지 않을 것이다. 그러므로 성 바오로도 "나는 여러분을 위해 기꺼이 고통을 겪고 있습니다. 그리고 나는 그리스도의 몸인 교회를 위해 그리스도의 남은 고난을 내 몸으로 채우고 있습니다"(골로 1, 24)라는 서한을 골로사이 인에게 보냈던 것이다.

성녀 리오바 동정
[Sta. Lioba, Virg. 축일 9. 28.]

8세기경의 독일은 곰과 들소들이 수없이 많은 울창한 원시림이 온 땅을 뒤덮었고, 인구 밀도는 희박한 미개지로 당시의 주민인 게르만 민족은 하느님을 모르고 우오타, 트나르, 프라이아 등의 헛된 신을 숭상하며 참나무를 신목(神木)이라 하여 이에 공물(供物)을 바치는 등 매우 유치한 종교 관념을 가지고 있었다.

베네딕토회의 선교사 성 보니파시오가 영국에서 건너와 전교를 함에 따라 그들도 차차 참 하느님을 알게 되고 교회를 믿음으로써 그들의 면목도 일신하게 되었다.

733년의 일이다. 독일의 사도 보니파시오가 고국에서 한 통의 편지를 받았는데, 그 내용은 이러했다. "존경하올 신부, 저는 우리 주 예수의 가벼운 멍에를 멘 가장 작은 종 레오바기다입니다. 저와 인연이 깊은 신부께 우선 마음으로부터 하느님의 풍부한 은총을 빌어봅니다. 신부, 8년 전에 세상을 떠난 저의 아버지와 지금 병석에 누워 계신 어머니 에바를 위해 기도해 주시기를 바랍니다. 저는 한낱 소녀로서 의지할 곳 없는 가련한 자이오니 만일 신부의 동생으로 삼아 주시면 얼마나 행복하겠습니까? 저는 물론 다른 데 친척도 있습니다만 신부만큼 신뢰할 분이 없습니다. 마지막으로 마귀의 모든 유혹에 대해 신부의 열렬한 기도를 청하며 이만 마칩니다."

이 기특한 편지를 쓴 주인공은 바로 성녀 리오바요, 그는 성 보니파시오 다음으로 독일 민족의 회개를 위해 큰 공을 세운 분이며, 마치 성녀 프리스카와 성 바오로 사도의 사이와 같이 기도와 노력으로써 성 보니파시오를 도와서 포교 사업에 크게 이바지한 성녀이다.

　이 성녀에 대한 깊은 전설에 의하면, 그의 양친은 연로할 때까지 자녀가 없었다. 신심이 두터운 어머니 에바는 요한 세례자의 어머니 성녀 엘리사벳의 전구를 구하며 자녀를 주시기를 열심히 기도했다. 그러던 어느 날 밤 가슴에서 황금 방울소리가 아름답게 울려 나오는 꿈을 꾸었는데, 그 후 얼마 안 되어 잉태하여 리오바를 낳았다는 것이다.

　하여튼, 브니파시오는 그녀의 편지를 받자 그녀의 소망대로 남매의 인연을 맺는 동시에 곧 그녀를 독일로 불렀다. 학식이 있는 그녀를 여성 예비 신자들의 교리 교육을 맡도록 했는데 이는 진실로 적재 적소에 사용한 것이라 하겠다. 왜냐하면, 그녀의 굳은 의지는 한 번 마음먹으면 그 일을 관철하는 실천력이 있었고, 깊은 애정과 친절, 수하 사람들을 다스리는 수단, 자기에게는 엄격하고 타인에게는 관대한 습성, 한 절도 우울한 곳이 없는 명랑한 성질 등 교육자에게 있어 필요치 않은 것이 없었기 때문이다.

　이리하여 리오바는 자기에게 맡겨진 소녀들과 수녀들을 친자녀와 같이 친절히 가르치고, 항상 하느님의 평화를 그들의 마음속에 누리도록 교육하였다. 그러므로 주민들은 서로 다투어 자녀들을 그녀의 손에 맡기고 그들이 그녀의 감화를 받아 덕에 나아감을 보고 무척 기뻐했다. 이러한 호평에 보니파시오는 마우 흡족하여 제대에서 성스러운 제물을 바칠 때에도 하느님께 감사하는 마음을 금할 수 없었고, 성스러운 여동생을 위해 주님의 은총을 구하지 않은 때가 없었다. 또 하느님께서도 그녀의 활동을 기특히 생각하시어 그녀로 하여금 두 번이나 뚜렷한 기적을 행하도록 하셨다 하나는 대화재가 리오바의 기도로 즉시 진화된 것과, 또 하나는 대폭풍우가 내습하여 일대 혼란을 일으켰을 때에, 그녀가 성당 현관에서 십자를 긋자 즉시 바람이 멈추고 무사했다는 것이다.

　리오바의 소문이 세상에 자자하자 황제도 그 얘기를 들었고, 황후 힐데가르다는 가끔 그녀를 초청하여 친자매와 같이 대했다. 그리고 황후는 궁전에서 같이 있기를 청했으나, 궁전의 호화스러운 생활보다 수도원의 골방을 좋아하는 리오바는 이를 극구 사양하고 마지막으로 그녀와 이별함에 있어 "그리운 언니라고도 말씀을 올릴 전하! 아무쪼록 건강하시길 바랍니다. 공심판 때에 다시 만나 뵈옵겠으나, 그때에 서로 부끄럽지 않게 만날 수 있도록 예수 그리스도께 많이 기도합시다" 하고 작별 인사를 하고 서로 손을 잡고 한동안 아무 말도 없이 헤어짐을 서운하게 여겼다.

리오바에게 초자연적 견지에서는 무상의 영광이었지만, 자연적 입장 즉 인정상으로는 참기 어려운 일이 일어났다. 즉 그의 성스러운 오빠요 가장 존경했던 보니파시오가 752년에 견진 성사 거행 직전에 악독한 이교도인의 칼에 맞아 순교한 사실이다. 그녀는 매우 심한 이별의 괴로움을 억제하고 하느님을 위해 모든것을 잘 참아 이겼다.

보니파시오의 성스러운 순교의 성혈로 인해 한층 더 많은 개종자가 일어나자 그녀는 전보다 더 열성을 내어 활약했다. 이렇게 하여 무수한 공적을 남긴 리오바는 782년 9월 28일, 하느님의 사랑에 불타는 깨끗한 영혼을 그의 손에 맡기고 하느님의 나라에서 오빠처럼 존경하던 보니파시오와 영원한 행복을 누리게 되었다.

【 교 훈 】

우리는 전교를 위해 위대한 공적을 남긴 성녀 리오바께 이 나라의 예비신자들에게 더욱 풍부한 하느님의 은총이 내리기를 전구하며 또 기회 있는 대로 하느님의 나라를 널리 펴기 위해 온 힘을 다해야겠다.

성녀 마르가리타 동정 순교자

[Sta. Margarita, V.M. 축일 7. 20.]

마르가리타라는 본명을 가진 성녀는 많다. 그들 중에 가장 선배이며 종가(宗家)라고 볼 수 있는 성녀는 바로 이 마르가리타이다. 그리스 동방정교에서는 이분을 대 순교 성녀로 공경한다. 우리 로마 서방 교회에서도 이분을 14명의 구난(救難) 성인 중의 한 사람으로서 성녀 아녜스, 체칠리아, 가타리나와 더불어 유명한 동정 순교 성녀로 받들고 있다.

그녀의 일생도 역시 초대 교회의 다른 성인 성녀와 마찬가지로 역사상 명확한 기록은 남아있지 않다. 전하는 바에 의하면 그녀의 고향은 소 아시아의 안티오키아라고 한다. 아버지는 우상숭배교의 제관인 에데시으였고, 어머니는 일찍 사망했으므로 마르가리타는 유모의 손에서 자라났다. 그녀가 신자가 된 것은 실로 이 열렬한 가톨릭 신자인 유모의 힘이었다.

신자가 된 그녀는 태도가 돌변하여 아버지의 의심을 사게 되어 하루는 그녀가 개종한 데 대해 아버지의 심문을 받았다. 마르가리타는 바로 이때야말로 자기 신앙을 고백할 때라 생각하고 솔직하게 가톨릭 신자라는 것을 고백했다. 평소에 딸의 미덕을 사랑하던 아버지였지만 이러한 고백에는 놀라지 않을 수 없었고, 사랑이 컸던 그만큼 그의 증오도 컸다. 그는 곧 딸을 집에서 쫓아냈다. 집을 나온 마르가리타는 어디로 갈 것인가! 결국 유모와 같이 지낼 수밖에 없었고, 높은 신분이었지만 유모와 같이 천한 일을 기쁜 마음으로 하며 하느님을 공경하는 평화스러운 나날을 보냈다.

정부의 인사 이동이 있어 올리브리오라는 사람이 그 지방 지사로 임명되었다. 완강한 그의 아버지는 부녀지간의 애정도 버리고 그 딸 마르가리타를 가톨릭 신자라고 고발해 버렸다. 마르가리타는 곧 법정에 호출되었다.

마르가리타의 꽃과 같은 미모는 지사의 마음을 매혹시켜 그녀를 한번 본 지사는 감언이설로 그녀를 달랬다. "그대는 노예의 몸인가 자유의 몸인가? 노예의 몸이라면 자유롭게 해 줄 것이고, 자유의 몸이라면 내 아내로 삼을 것이다." 그때 그녀는 "나는 자유의 몸이며 가톨릭 신자입니다" 하고 대답했다. 그러자 지사는 "가톨릭 신자라면 그 교를 버려라. 그렇지 않으면 무서운 형벌을 받을 것이다" 하고 위협했다. 이런 위협으로 선뜻 마음이 움직일 마르가리타는 아니었다. 완강히 그의 요구를 차버렸다. 지사는 마치 모욕이나 당한 듯이 격분하며 마르가리타에게 갖은 고문을 가하고 어두운 감방에 가두어 버렸다.

　평소에 마르가리타의 성덕을 증오하던 악마는 무서운 용으로 변모하여 나타나 그녀를 단숨에 집어삼키려 했다. 마르가리타는 조금도 두려움 없이 성호를 그으며 하느님의 도움을 구하자, 그 용은 아무 해도 끼치지 못하고 도망쳐 버렸다. 마르가리타의 상본에는 흔히 그녀가 용의 머리를 밟고 십자 모양의 막대기로 그 머리를 찌르는 모습이 그려져 있는데, 이는 곧 이 전설에서 유래한 것이다.

　며칠 후 그녀는 다시 지사 앞에 끌려나가 갖은 형벌을 받았다. 마르가리타는 이 모든 고통을 잘 인내하고 마침내 목을 베여 그 깨끗한 생명을 하느님께 바침으로 자기의 신앙을 끝까지 지켰다. 확실한 연대는 모르나 이는 아마도 디오클레시아노 황제 때인 307년경이었으리라.

　많은 시인과 문인들이 박해의 광풍에 휩쓸려 사라진 꽃 마르가리타의 장렬한 최후를 아름다운 말로 그려냈으며, 각 지방에는 그녀에게 봉헌된 성당이 많이 건립되었고, 많은 부인들은 그녀를 수호 성녀로 삼아 영구히 그녀의 아름다운 이름을 부르게 되었다.

【 교 훈 】

　자녀로서는 그의 부모를 곧 하느님의 대리자로 알고 이에 절대 순명해야 할 것이다. 그러나 이런 순명은 부모가 하느님께 합당한 명령을 내릴 때에만 한한 것이다. 불의의 요구를 한다는 것은 그 자체가 하느님의 대리자로서의 자격을 상실하는 것이므로 순종할 이유가 없는 것이다. 성녀 마르가리타가 가톨릭을 버리'라는 아버지의 명을 거역한 것도 바로 여기에 있는 것이다. 그러나 성녀 마르가리타는 아버지가 자기에게 이렇듯 부당한 대우를 했다하여 결코 원망하거나 복수하려는 마음을 가진 일은 없다. 우리도 이러한 관계를 잘 알아듣도록 힘쓰자. 즉 부모의 부당한 요구를 거절할 권리는 있으나, 이를 증오하고 이에 해를 가할 권리는 없는 것이다. 오히려 그를 위해 기도하고 그의 회개를 바라는 것이 자녀로서 할 본분이다 하겠다.

스코틀랜드의 성녀 마르가리타 왕후
[Sta. Margarita de Scotland, Vid. 축일 11. 16.]

마르가리타라 함은 진주(眞珠)를 의미하는 라틴어로 그 말이 의미하는 대로 마르가리타 왕후도 수많은 스코틀랜드의 여러 왕비 중에서 아름다운 진주와 같은 덕행을 가진 성녀였다.

그녀는 앵글로 색슨 조(朝)의 최후의 국왕 성 에드워드의 왕녀로서, 덴마크 사람이 잉글랜드에 침입해 아버지가 헝가리에 피난하고 있을 때인 1046년에 태어나 교육을 잘 받으며 경건히 자라나 후에 침입자가 국외로 쫓겨나자 부모와 함께 곤국으로 돌아왔다.

그 뒤 얼마 안 되어 언니 크리스티나가 수도원에 들어갔고, 설상가상으로 1066년에 왕인 아버지가 세상을 떠났다. 이렇게 되자 전부터 호시탐탐(虎視眈眈) 기회를 노리고있던 정복자로서 유명한 플라스노르만디의 왕 윌헬모는 이 기회를 놓쳐서는 안 된다는 듯이 대군을 인솔하고 침입해 왔으므로 마르가리따는 오빠 에두가르도 등과 더불어 대륙으로 피난을 가는 도중에 타고 있던 배가 스코틀랜드의 해안에 표착(漂着)하여 그 나라의 왕 말콜 3세의 보호를 받게 되었다.

여러 차례 망명의 신세가 된 마르가리타는 점점 세상의 허무함을 깨닫고 하느님께 마음을 올리며 스코틀랜드 왕의 은혜를 잊지 않고 진실로 감사의 뜻을 표하고 사람들에게 성덕의 모범을 보여주어 그녀를 가슴 깊이 존경하지 않는 이가 없었다. 특히 나이가 아직 젊었던 말콜 3세는 그녀의 훌륭한 인격에 감동되어 간곡히 왕비가 되어줄 것을 간청했으므로 마르가리타는 주위의 사정으로 보아 그에게 일생을 의탁하는 것이 하느님의 성의라 생각하고 쾌히 이를 승낙했다.

 스코틀랜드의 왕비가 된 마르가리타는 자기 일신의 영화를 찾지 않고 다만 백성을 염려하고 본래 국사에 신경을 쓰지 않던 왕을 격려하여 선정(善政)을 하게 하고, 여섯 왕자와 두 왕녀의 어머니로서 손수 그들의 교육을 담당하고, 특히 종교상의 지도에 전력을 기울여 그들 모두가 경건한 인물이 되었는데, 그 중에서 후에 왕위에 오른 다윗과 잉글랜드의 왕비가 된 마르릴라 두 사람은 특별히 성인이라는 소문이 높았다.

 마르가리타는 모든 백성, 그 중에도 가난한 자와 병자에게 따뜻한 자비심을 발휘하여 종종 생활비를 떼어 그들을 도와 주었고, 고아들과 가난한 사람들에게 식사를 제공하지 않고서는 식탁에 앉지 않았다. 그러므로 국민들은 모두 그녀를 문자 그대로 국모로 존경하고, 그녀가 외출할 때에는 삽시간에 주위가 인산 인해를 이루는 것이 상례였다고 한다. 다행히 왕도 매우 인자한 사람으로서 마르가리타의 자선 사업을 금지하지 않았을 뿐 아니라, 도리어 이에 협력해 준 적도 한두 번이 아니었다.

 마르가리타가 이처럼 가련한 이들을 위해 진력한 것은 원체 그 열렬한 신앙에서 발한 것이었다. 그래서 자선 뿐 아니라 하느님께 대한 다른 의무에 있어서도 결코 게을리 한 적이 없고, 한밤중에도 일어나 궁중의 성당에 가서 날이 샐 때까지 기도에 골몰한 적도 가끔 있어 그 곳에서 거행되는 매일 아침 미사 성제에는 빠짐없이 참여했다. 더구나 그녀는 겸손의 마음이 깊어 종종 고해 신부에게 자기의 결점에 대해 주의를 주도록 간청했다고 한다.

 마르가리타는 이외에 성당 건축과 유지를 위해 재산을 희사하기를 즐기며 왕의 즉위의 대식전이 거행된 즘펠무린에 화려한 세 성당을 세워 거룩하신 삼위께 봉헌하고, 그곳을 왕과 자기와 자녀들의 묘소로 정하고, 또한 자신들의 구원을 위해 기도해 줄 것을 그 성당의 성직자에게 의뢰했다. 그리고 사제복을 손수 만들던가 혹은 타인에게 만들게 하여 가난한 사제에게 선사하는 것도 잊지 않았다.

 마르가리타가 이 같은 성스러운 생활을 보내기를 23년, 외적이 스코틀랜드를 침공하자 왕은 황태자와 더불어 이를 맞아 싸우기 위해 군대를 진격시켰으나 두 사람 모두 전사했다. 이리하여 비탄에 빠진 마르가리타는 마침내는 중병에 걸려 그들의 뒤를 따랐는데 때는 1093년 11월 16일이었다.

처음으로 그녀의 이름을 성인 명부에 기입한 교황은 인노첸시오 4세이고, 그녀를 다시 스코틀랜드의 수호 성녀로 모신 교황은 클레멘스 10세이다.

【 교 훈 】

성녀 마르가리타는 왕비의 높은 지위에 오르자 책임의 중대성을 느끼고 모든 백성을 측은히 여기며 국모로서의 책임을 완수하고, 남편에 대해서는 정숙한 아내, 자녀에 대해서는 사랑 깊은 어머니였다. 우리도 주님의 섭리대로 어떠한 경우에 처하게 되더라도 충실히 그 의무를 수행하고 높은 지위에 오르면 오를수록 책임도 중대하다는 것을 느끼고, 영예를 탐하지 말고 더 한층 조심하여 노력하도록 결심하는 것이 필요하다.

코르토나의 성녀 마르가리타 통회자

[Sta. Margarita a Cortona, Paenit. 축일 2. 22.]

어느 날 예수 그리스도께서 시몬이라고 하는 바리사이에게 초대를 받아 만찬을 같이 한 때의 일이다. 한창 연회가 베풀어졌을 때 더러운 죄인으로 세상 사람에게 배척을 받고 있는 한 여인이 들어와서 통회의 눈물을 흘리며 주님의 발에 값진 순 나르드 향유를 붓고 자기 머리털로 그 발을 닦아드렸다. 그것을 본 주인은 상을 찌푸리면서 어찌하여 주님께서는 저런 여인이 가까이 오는 것을 허락하는가 하고 이상히 생각하고 있을 때, 그의 마음을 들여다본 예수께서는 "이 여인은 이토록 극진한 사랑을 보였으니 그만큼 많은 죄를 용서받았다. 적게 용서받은 사람은 적게 사랑한다" 하고 여인을 변호했다. 이것은 성서에 있는 유명한 이야기이지만, 지금 말하려고 하는 마르가리타도 처음에는 윤락(淪落) 생활을 하고 있었지만, 뜻밖에 은총의 빛을 받고서 하느님을 많이 사랑하고 많은 죄의 용서를 받고, 여러 가지 고행으로 전죄를 보속하고 덕행을 많이 닦아 새롭게 된 성녀다.

　그녀는 이탈리아의 코르토나의 근처에서 태어났다. 양친은 가난했지만 선량한 백성이었으며 마르가리타는 시골 처녀로서는 볼 수 없게 영리했다. 그녀의 별과 같은 눈동자, 꽃과 같은 얼굴은 일찍부터 모든 사람들의 눈에 띄었다. 불행하게도 친어머니는 그가 아직 어릴 때에 세상을 떠났고, 그 후 아버지는 즉시 후처를 얻게 되었는데, 그녀는 성질이 나쁜 여자였으므로 마르가리타는 매사에 계모(繼母)의 학대에 못 이겨 17세 때 집을 나와 몬테브르자노 성(城)에 하녀로 들어갔다.

　성주(城主)인 공작(公爵)은 향락을 즐기는 남자였으므로 미모의 마르가리타를 여러 가지 감언으로 꾀어 마침내 그녀를 자기의 처로 삼았다. 이와 같이 마르가리타는 야비한 애욕에 양심도 마비된 것과 같이 9년간이나 이런 부당한 생활을 계속하면서 자녀까지 낳았다.

　자비하신 하느님께서는 돌연 번개와 같은 은총의 빛으로 죄악의 암흑에서 헤매는 그녀의 영혼을 각성시켰다. 그것은 주인인 공작이 어느 날 갑자기 암살된 사건이었다. 그의 시체는 성에서 얼마 떨어지지 않은 수풀속에 숨겨져 있었는데 마르가리타에게 발견되었을 때는 이미 부패하기 시작했었다. 이를 본 마르가리타의 마음은 형용키 어려운 충격을 받았다. 그녀는 이때 처음으로 현세의 허무함을 확실히 깨달았다.

　"아! 이 사람의 영혼은 지금 어떻게 되었을까?"

　이 같은 생각을 할수록 그녀의 가슴에는 과거에 범한 많은 죄가 솟아올라 자기 영혼의 캄캄한 장래에 대해서 무서움에 떨지 않을 수가 없었다.

　그녀는 이 사건을 기회로 흙구덩이와 같은 생활에서 발을 씻고 아무리 어렵더라도 바른 길로 돌아가서 지금까지의 죄의 보속을 하지 않으면 안 되겠다는 굳은 결심을 했다. 그리하여 그 날 밤 즉시 자녀를 데리고 성을 떠나 밤새도록 걸어서 이튿날 아침 아버지의 집에 당도했다. 그러나 전부터 그녀를 미워하고 있던 계모는 지금 세상 사람들에게 음탕녀로 멸시받고 있는 그녀를 얌전하게 받아들일 리가 만무했다. 그리하여 마르가리타는 그곳에도 있을 수가 없어 할 수 없이 집에서 나왔지만 몸도 의지할 곳 없는 난처한 처지에 놓이게 되었다.

"이왕 이렇게 양친에게도 버림받은 신세인데 세속의 뭇 남자들을 상대하며 짧은 일생을 향락으로 재미있게 지내 버릴까?" 하는 생각이 갑자기 떠올랐지만, 그녀는 머리를 흔들었다. "아니다, 아니다, 이것은 마귀의 유혹이다. 마귀의 유혹에 빠져서야 될 말인가? 너는 그처럼 굳게 결심한 것을 잊었단 말인가?" 그후 마르가리타는 코르토나의 프란치스코회의 성당에 들어가 뜨거운 통회의 눈물을 흘리며 오랜만에 모든 고해를 하고 마음의 때를 깨끗이 씻은 후 친절한 고해 신부의 권고에 따라 한 칸 짜리 누추한 집을 빌려 아이와 같이 살면서 엄격한 고행 생활을 시작했다. 그리고 자기의 죄가 널리 퍼져 많은 사람들에게 악한 표양이 된 것을 보상하기 위해 어느 주일, 성당 문 앞에서 그곳에 모인 신자들 앞에 무릎을 꿇고 죄의 용서를 청하고 손에 들고 있던 채찍을 내놓으면서 모든 사람들에게 마음껏 때려달라고 간청했다. 이러한 일은 예사로운 결심으로는 도저히 할 수 있는 일이 아니다. 그녀의 이러한 비장한 결심의 태도는 모든 이들을 감동시켜 동정의 눈물을 흘리게 했다.

마르가리타는 더욱 보속을 철저히 실행하기 위해 '통회의 프란치스코회'라 불리는 제3회에 입회할 것을 열렬히 원했지만, 무엇보다도 과거가 과거인 만큼 만일을 염려하여 입회가 허용되지 않았으나 3년이 지난 후 통회가 확실하다는 것이 인정되어 겨우 입회할 수 있었다.

그녀의 고행과 보속의 노력은 그 후에도 그칠 줄을 몰랐다. 오히려 그녀의 열성은 날이 갈수록 더 증가되어 심한 악마의 유혹에도, 병환으로 인한 고통 중에도, 주저함이 없이 가시덤불에 싸여있는 것 같은 통회의 힘한 길을 바로 걸어나갔다.

그와 같은 탄복할만한 정성이 자비 깊으신 예수의 성심에 통하지 않을 수가 없었다. 그 옛날 시몬의 집에서 죄 많은 여인을 기쁜 마음으로 용서해주신 주님께서는 마르가리타에게도 몇 번이고 발현하셔서 육신과 영혼이 녹아 없어질 정도로 천상의 위로를 내려 주셨다고 한다. 그리고 그녀의 참된 표양으로 인해 회개한 죄인은 코르토나 읍내만 하더라도 상당한 수에 달하며, 일반 신자들의 신앙에 대한 열의도 놀랄 만큼 높아졌다고 한다.

이와 같이 불굴의 보속 생활을 행하기 실로 18년, 오랜 고행으로 몸이 지쳤는지, 용감한 마르가리타도 이제는 몸의 허약함을 깨닫기 시작했을 때 불의(不意)의 병이 원인이 되어 17일간 앓다가 마침내 1297년 2월 22일을 일기(一期)로 세상을 떠났다. 그때 그녀의 얼굴에는 완수할 것을 온전히 완수한 안심된 기색이었고 입에는 기쁜 미소가 떠올랐다고 한다.

그녀의 유해는 하느님의 특별한 섭리로 지금까지 조금도 변함없이 마치 살아있는 사람처럼 보존되어 있다.

【 교 훈 】

코르토나의 성녀 마르가리타 통회자(痛悔者)의 탄복할만한 하느님께 대한 사랑과 보속의 정신을 생각해 보면 "회개할 것 없는 의인 아흔 아홉보다 죄인 한 사람이 회개하는 것을 하늘에서는 더 기뻐할 것입니다"(루가 15, 7) 하신 주님의 말씀도 깨달을 수 있을 것이다. 우리도 우리 자신을 위해, 또 남을 위해 더욱 죄의 보속을 하려고 노력해야 한다. 성녀의 표양을 보며 더욱 이 점에 대해서 생각해 보자.

성녀 마르가리타 마리아 알라코크 동정

[Sta. Margarita Maria Alacoque, V. 축일 10. 16.]

사람에게는 각기 하느님께 받은 사명이 있다. 특히 성인들의 사명은 더욱 중대한 의의를 가지고 있다. 신분이 귀하다고 더 큰 사명이 부여되거나, 또는 천하다고 더 작은 사명이 맡겨지는 것은 아니다. 오히려 "하느님께서는 지혜 있다는 자들을 부끄럽게 하시려고 이 세상의 어리석은 사람들을 택하셨으며, 강하다는 자들을 부끄럽게 하시려고 이 세상의 약한 사람들을 택하셨습니다"(1고린 1, 27) 하신 성 바오로의 말씀 같이 세속에서 어리석게 보이는 이가 대 사명을 띠고 혁혁한 공적을 남긴 일이 적지 않다. 예컨대, 예수 성심 공경의 제창자로 최근에 성녀가 된 마르가리타 마리아 알라코크도 지금은 가톨릭계에서는 모르는 사람이 없이 유명하지만, 그 전에는 전혀 알려지지 않은 일개 수도자에 불과했다. 주님께서는 이러한 사람을 선택하여 그 중대한 사명을 맡기셨다.
 마르가리타는 1647년, 프랑스의 불고뉴 주 코트쿠르 성에 사는 알라코크 가에서 태어났다. 아버지는 그녀의 출생 후 오래지 않아 세상을 떠났고, 네 명의 자녀를 거느린 어머니는 가세가 기울고 생활이 곤란해지자 마르가리타를 샤를르에 있는 성 클라라 수녀원에 맡겨 교육을 받게 했다. 마르가리타는 수녀원에서 2년간을 행복하게 지냈는데, 하느님의 뜻이었는지 몸을 움직이지 못하는 신병에 걸려, 하는 수 없이 집으로 돌아와 4년간을 침상에 누워지냈다. 의사의 진단으로는 도저히 회복될 가망이 없다는 것이었다. 본인은 물론 부모 형제들까지 치유의 유일한 희망은 병자의 나음이신 성모 마리아 밖에 없다는 생각으로 '만약 마르가리타가 완쾌되면 꼭 수도자로 하느님께 봉헌하겠다'는 서원 하에 열렬한 기도를 올렸다. 그러자 신기하게도 그 난치병이 순식간에 완쾌되었는데, 속담에 "목구멍만 넘기면 뜨거운 줄 모른다"는 식으로 병을 고친 마르가리타는 다시금 세속의 쾌락에 마음이 끌려 그녀가 했던 서원을 이행할 생각을 하지 않았으나 큰 죄악에 빠지지는 않았다. 그녀는 기도하기를 즐겼으며, 어떤 때에는 성체 앞에 꿇어 오랜 시간 동안 관상했다.
 그동안 집안 살림은 더욱 궁색해졌다. 그래서 마르가리타는 가끔 이웃집에서 식량을 얻어서 조금이라도 어머니의 수고를 덜어 드리도록 했다. 외출복이 한 벌밖에 없어 남의 옷을 빌려 입고 주일 미사에 참석한 적도 있었다. 혼기가 가까워지자 마르가리타에게 혼담이 들어왔다. 그 중에는 집안의 곤궁을 넉넉히 메워 줄만한 재산가도 있었으므로, 어머니며 형제들은 "예전에 발한 서원은 무효다"라든가 또는 "그러한 서원은 풀 수 있다"는 등의 말을 하며 결혼하기를 재촉했다. 그러나 주님을 두려워한 마르가리타는 그 서원을 깨뜨릴만한 용기가 없어 마침내 모든 혼담을 물리치고 1671년 5월 25일, 24세의 나이로 살레시오회 수녀원에 들어갔다. 수녀가 된 마르가리타는 주 예수 그리스도를 자기 배필로 정하고 주님께 대한 것만을 생각하며 하나에서 끝까지 그의 마음에 들도록 온 힘을 다했다. 그랬기에 주님께서도 그녀를 직접 인도해 주시며, 더욱이 당신의 성심 공경을 마르가리타를 통해 전파시키고자, 어느 날 기도에 몰두하고 있던 그녀에게 나타나시어, 위에는 십자가가 있고 주위에 가시관이 둘러있는, 사랑의 불에 타는 당신의 심장을 내 보이시며 "보라! 사람을 사랑하기 때문에 많은 고통을 겪는 이 마음을! 나는 여기에 대해 감사를 받아야 될 것이거늘 그 보답으로 받는 것은 오히려 냉담과 망각뿐이다" 하시며 대신 보속할 것을 명하셨다. 보속 방법으로 예수 성심 축일을 정할 것과 매달 첫 금요일에 고해, 영성체 할 것, 매 목요일에 성시간을 지킬 것과, 가정을 예수 성심께 봉헌할 것을 가르쳐 주셨으며 그 후에도 가끔 발현하시어 여러 가지를 계시해 주셨다.

마르가리타는 주님의 발현과 계시 일체를 장상들에게 전했다. 그러나 그들은 쉽사리 그녀의 말을 믿지 않았으며, 도리어 그녀에 대한 여러 가지의 조사로 시련이 시작되어 고통을 받게 되었다. 맨 처음 그녀의 말을 믿은 사람은 그녀의 고해 신부인 클라우디오 드 라 콜롬비에르였다.

그녀는 수련장이 되어 수련 수녀들에게 주님의 성심을 열애할 것과 올바른 신심을 갖도록 가르쳐 주었다. 예수 성심께 대한 신심은 그 당시는 매우 새로운 것이었으므로 교회 당국의 여러 가지 심사를 받아야 했는데, 1688년 7월 2일에서야 지당한 신심 행사임이 인정되어, 그 수녀원의 주보인 성모 마리아 축일에 비로소 그 수녀원에서 예수께서 원하시던 성심 공경 신심 행사가 이루어졌을 때, 그녀의 기쁨과 감격은 이루 말할 수 없었다.

마르가리타는 자기의 사명이 성취되었음에 너무 안도감을 느껴서인지, 혹은 긴장된 마음이 풀려서인지 얼마 후 병에 걸려 1690년 10월 17일에 43세를 일기로 그 공로의 보수를 받기 위해 천국으로 향했다. 그녀의 사후 그녀가 제안한 예수 성심께 대한 신심은 순식간에 온 세상에 전파되었고, 1920년 5월 13일에는 교황 베네딕토 15세에 의해 시성식이 거행되었으며, 그녀의 분묘가 있는 파레 르 모니아르 성당에는 매년 수많은 순례자들이 모인다.

【 교 훈 】

성녀 마르가리타 마리아 알라코크는 주님의 계시 대로 가르친 예수 성심께 대한 신심으로 현재에 이르기까지 얼마나 많은 영혼들이 주님의 넘치는 은혜를 받았으며 앞으로도 받을 것인가! 그러나 장본인인 성녀는 그 찬란한 결실을 보지 못하고 오직 그런 낯선 신심을 발설했다하여 갖은 의혹과 형언키 어려운 고통을 받다가 세상을 떠났다. 이것이 그 성인에게 부여된 사명이었던 것이다. 우리도 우리의 사명을 수행함에 있어 고통스러운 경우에는 이 성녀를 생각하고 본받기로 하자.

성 마르첼리노와 성 베드로 순교자
[Sts. Marcellinus et Petrus, MM. 축일 6. 2.]

마르첼리노는 디오클레시아노 박해 때에 로마의 뛰어난 사제였고, 베드로는 구마자였다. 이들은 새로운 개종자를 얻고, 그들의 신앙을 든독히 하는 데 온갖 정열을 쏟았다. 그러나 개종자 가운데 어느 간수의 아내와 딸 때문에 그들은 체포되어 고문을 받다가 실바 니그라라는 숲으로 끌려가서 참수형을 받아 순교했다. 열심한 귀부인인 루실라와 피르미나는 그들의 유해를 몰래 운구하여, 비아 라비카나의 앗 두아스 라우로스라는 성 티부르시오 카타콤바에 안장했다. 이들은 순교에 대한 기록은 형집행인으로부터 그 기록을 입수한 성 다마소 교황이 전해주며, 그는 그들의 묘비명을 세웠고, 콘스탄티노는 황제는 교회에 평화를 주며 그들의 무덤 위에 대성당을 세웠다.

이들에 대한 자세한 기록은 거의 없는 형편이어서 교회 초기 학자 오리게네스 사제가 전한 순교 권고사의 일부를 옮겨본다.

우리가 불신앙에서 신앙으로 옮겨감으로써 죽음에서 생명으로 옮겨갔다면 세상이 우리를 미워하는 것은 놀라운 일이 아닙니다. 죽음에서 생명으로 옮겨가지 않고 아직 죽음에 머물러 있는 사람은 죽음의 어둠에서 나와 소위 말하는 살아 있는 돌로 지은 생명의 빛이 비추는 건물에 들어간 이들을 사랑할 수 없습니다. 예수께서 "우리를 위해 생명을 바치셨으니" 우리도 그분을 위해 우리 생명을 바칩시다. 그런데 우리가 생명을 바치는 것은 그리스도를 위해서가 아니고 우리 자신을 위해서 또 우리의 순교를 보고 감화를 받게 될 이들을 위해서입니다.

그리스도인들이여, 우리가 자랑할 시간이 왔습니다. 성서는 말해 줍니다.

"그뿐만 아니라 우리는 고통에 대해 자랑합니다. 고통은 인내를 가져오고 인내는 시련을 이겨내는 끈기를 가지고 오며 끈기는 희망을 가지고 온다는 것을 알고 있습니다. 이 희망은 우리를 실망시키지 않습니다. 우리가 받은 성령께서 우리의 마음속에 하느님의 사랑을 부어 주셨기 때문입니다." "우리가 그리스도와 함께 당하는 고난이 많은 것처럼 그리스도로 말미암아 받는 위로도 많습니다." 그러므로 그리스도의 고난을 기쁘게 받아들입시다. 우리가 많은 위로를 받기 원한다면 많은 고난을 받아들여야 합니다. 애통하는 이들도 위로를 받겠지만 아마도 같은 정도로 받지 못할 것입니다. 다 똑같은 정도의 위로를 받는다고 하면 사도 바오로는 다음과 같이 말하지 않았을 것입니다. "우리가 그리스도와 함께 당하는 고난이 많은 것처럼 그리스도로 말미암아 받는 위로도 많습니다."

그리스도의 고난에 참여하는 이들은 참여하는 고난의 정도에 따라 위로에도 참여할 것입니다. 확신에 찬 사도의 다음 말씀에서 이것을 배울 수 있습니다. "우리가 그리스도와 함께 당하는 고난이 많은 것처럼 그리스도로 말미암아 받는 위로도 많습니다." 하느님께서는 예언자들을 통해서 말씀하십니다. "은총의 시기에 나는 너의 소원을 들어주었고 구원의 날에 너를 도와 주었다." 그런데 우리가 그리스도안에서 하느님께 대한 봉사 때문에 경비병에 둘러싸여 패배자처럼 하지 않고 승리자처럼 엄숙히 사형대로 끌려 나가는 날보다 더 은총이 넘치는 때가 있겠습니까?

그리스도의 순교자들은 그리스도와 함께 으뜸들과 권세들을 완전히 눌러 이기고 그리스도와 함께 승리를 거둡니다. 그들은 그분의 고난에 참여하므로 그분이 고통을 통하여 얻은 것에도 참여하게 됩니다. 세상을 하직하는 날 말고 구원의 날이 또 있단 말입니까? "나는 간청합니다. 우리가 하는 전도 사업이 비난받지 않기 위해서 여러분은 사람들의 비위를 상하게 하는 일은 조금도 하지 마십시오. 오히려 온갖 인내심으로 무슨 일이나 하느님의 일꾼으로서 일하십시오." 다음의 말씀을 여러분 자신의 것으로 삼으십시오. "이제 내 바랄 것이, 주여, 무엇이오니이까? 내 소망, 그것은 당신께 있나이다."

【 교 훈 】

성 마르첼리노와 성 베드로를 포함한 모든 순교자들이 그랬던 것처럼 우리가 대항해 싸워야 할 원수들은 인간이 아니라 권세와 세력의 악신들과 암흑 세계의 지배자들과 하늘의 악령들이다. 그리고 우리는 이 모든 원수들이 공격해 올 때 그들을 무찌르고 승리를 거둘 수 있도록 하느님의 무기로 무장해야 한다. 즉 굳건히 서서 진리로 허리를 동이고 정의로 가슴에 무장을 하고 발에는 평화의 복음을 갖추어 신고 손에는 언제나 믿음의 방패를 잡고 있어야 하며, 머리에는 언제나 구원의 투구를 쓰고 하느님의 말씀인 성령의 칼을 손에 쥐고 원수인 악마를 물리쳐 승리해야 할 것이다.

성 마르코 복음 사가
[St. Marcus, Evangelista. 축일 4. 25.]

사도행전 (12, 6-18)에 의하면 헤로데 아그리파 왕의 박해로 체포되어 감옥에 갇히게 된 성 베드로는 어느 날 밤 두 천사의 힘으로 기묘하게 옥에서 구출된 후 마르코라 하는 요한의 어머니 마리아의 집에서 머무르다가 원수들을 피하기 위해 다시 로마로 출발했다. 여기서 마르코라고 불리는 요한은 복음 사가(史家)로서 유명한 성 마르코이다. 성 베드로, 성 바오로가 각각 시몬과 사울이라는 유다 이름을 갖고 있었던 것처럼 마르코도 유다식으로 요한이라고 불렸다.

그의 어머니 마리아에 대해서 잘 알려진 바는 없지만 성서에 예루살렘의 예비 신자들이 주로 그녀의 집에 모여 기도와 미사 참여를 했다는 기록으로 보아 신앙심이 깊은 신자로 아마 넓은 저택을 갖고 있던 부유한 과부였던 것 같다. 그런 그녀의 아들인 요한 마르코는 어머니의 훌륭한 표양과 훈육을 받아 경건하고도 독실한 청년이었다.

전승에 의하면 마르코와 그의 어머니 마리아는 성령 강림날에 성 베드로에게 영세한 三천명의 신자 중의 한 명이었다고 한다. 베드로는 마르코를 유난히 아꼈다. 이는 대 사도 베드로가 소아시아의 신자들에게 보낸 서간의 끝머리에 그를 '내 아들'이라고 부른 것으로 보아도 알 수 있다. 또한 실제로 마르코는 사도적 정신의 열성으로 보아도 성 베드로의 아들이라 불리울 가치가 있었다. 처음 그는 성 바르나바와 같이 성 바오로를 따라 제1차 전도여행을 떠났으나, 도중에 어떤 사정으로 말미암아 예루살렘으로 돌아와 곧 다시 바르나바와 같이 키프로스 섬에 가서 주님의 복음을 전했다.

그 후 마르코는 로마에 가서 성 베드로를 도와 교회의 발전에 진력했다. 그가 신자들의 희망에 의해 성 베드로의 설교를 자료 삼아 간단 명료하고 강력한 필치로써 복음서를 저술한 것은 바로 이때였다. 주님의 공생활 3년 동안 밤낮으로 그의 곁을 떠나지 않고 친히 거룩한 감화와 교육을 받은 성 베드로가 사랑하는 주님을 사모하는 줄거리는 마르코의 소박한 필적을 통해 지금도 우리에게 보여주고 있다. 이 복음서야말로 세상 끝나는 날까지 불멸의 빛을 발하는 대 금자탑의 하나로서 필자 마르코의 공적도 영구히 찬란하게 빛날 것이다.

그는 네로 황제의 박해 때 성 베드로, 성 바오로 양위 사도가 순교한 뒤 로마를 떠나 이집트의 알렉산드리아로 가서 그곳의 주교로서 은사 성 베드로의 정신을 따라 사람들을 인도하며 교회를 상당히 발전시키던 중에 그도 동양에서 자기 피로써 성스러운 신앙을 증명하지 않으면 안 되었다.

그가 부임한지 불과 10년도 못되어 그리스도교에 대한 박해가 일어나 의인들은 그를 체포하여 목에 줄을 매어 읍내를 돌게 하고 마침내 참살하고 말았던 것이다. 이 순교의 최후에도 성 베드로의 제자로서 손색이 없었다. 지금 두 성인은 천국에서 영복을 누리고 계실 것이다.

성 마르코의 유해는 후에 이탈리아의 베네치아에 옮겨져, 유명한 성 마르코 대성당에 지금까지 보존되어 있다.

서양 각국에서는 성 마르코 축일에 풍년 기원제를 행하는 습관이 있는데, 이것은 매우 오래된 행사로 그의 시초는 이교인들이 서리(霜)의 신에게 오곡 성숙을 기원하는 제사에 대항하여 시작된 그리스도교적 행사이다. 그 뒤 잠시 중지되었으나 그레고리오 1세 교황 치하에 부활되었고 날이 갈수록 발전되어 오늘에 이른다.

【 교 훈 】
　성 마르코는 주님의 가르치심을 복음서에 기록했을 뿐 아니라 또한 이를 몸소 실천했다. 우리도 또한 성서를 읽는 것만으로는 부족하다. 그 속에 있는 교훈을 힘닿는 데까지 실행해야겠다. 그렇게 함으로써 영혼의 구원을 얻을 수 있을 것이다.

성녀 마르타 동정
[Sta. Martha, V. 축일 7. 29.]

　요한 복음에 보면 "예수께서는 마르타와 그 여동생과 라자로를 사랑하고 계셨다"(요한 11, 5)고 기록되어 있다. 비록 이 3남매에 대해 아무런 확실한 전기는 없다 해도 그들이 얼마나 주님의 사랑을 받은 유례없는 행복한 사람들이었는지는 가히 짐작할 수 있다. 높으신 하느님의 외아들이신 예수 그리스도의 사랑을 받은 이상, 그들은 악인일 수 없는 일이고, 또 성서 여러 곳에 그들에 대한 기록을 보아도 마르타 역시 얼마나 미덕의 여성이었던가를 확실히 알 수 있다.
　마르타는 오빠 라자로와 더불어 예루살렘에 가까운 베다니아에서 살았다. 그녀는 매우 신심이 두터운 사람으로 예수의 기적에 대한 소식을 듣고 바로 그분을 세상에 오실 구세주로 인정했다. 그 후 가끔 주님의 방문을 받고 그때마다 정성껏 대접해 드리는 것을 무한의 영광으로 삼았다. 그리고 전승에 의하면 막달레나의 별장에 살면서 윤락의 생활을 하고 있던 동생 마리아를 걱정하며 매일 기도하고 그녀의 회개를 위해 주님의 협조를 청했다 한다.
　소원은 성취되었다. 주님의 힘으로 인해 마리아에게서 일곱 마귀가 축출되고 마리아는 마치 새로 태어난 듯한 정숙한 부인이 되어서 다시 형제의 곁으로 찾아오게 되었으며, 기도와 보속의 생활을 하게 되었다. 이와 같이 형제가 한결같이 신앙이 두터웠기 때문에 주님께서는 그 집을 방문하시기를 기뻐하셨고, 언제든지 초청이 있을 때에는 반가이 이어 응하셨다.

어느 날 예수께서 그 집에 가시니 마르타는 매우 고맙게 생각하고 분주히 주님께 대접할 음식을 장만했다. 분주히 일하는 틈에 얼핏 눈에 띈 것은 동생 마리아가 주님의 발 아래에 앉아서 그 말씀하시는 이야기만 듣고 있는 것이었다. 이것을 본 마르타는 불쑥 불쾌감이 일어났다. 그녀는 바삐 쫓아다니는데 동생이라는 것이 본 척도 안하고 태연히 앉아서 이야기만 듣고 있으니 참을 수가 없어 주님께 "주님, 제 동생이 저에게만 일을 떠맡기는데 이것을 보시고도 가만 두십니까? 마리아더러 저를 좀 거들어 주라고 일러주십시오" 하고 말했다.

마르타가 주님의 식사 준비를 위해 부지런히 일을 한 것은 오직 주님의 마음을 기쁘게 해 드리기 위한 사랑의 정에서였다. 그러나 주님께 대한 사랑의 최대한 표현은 전심을 기울여 주님과 일치하여 같이 있는 것이다. 기도나 묵상이 존중되고 장려되는 것도 그 수단으로서 가치가 있기 때문이다. 이런 것을 모르고 외부적인 것에만 정신을 쓰는 것은 무의미한 것이다. 예수께서는 이러한 기회로 마르타에게 그런 중대한 진리를 가르쳐 주셨다. "마르타, 마르타, 너는 많은 일에 마음을 쓰며 걱정하지만 실상 필요한 것은 한 가지뿐이다. 마리아는 참 좋은 몫을 택했다. 그것을 빼앗아서는 안 된다."

세상일에 분주하면 하느님께 대한 것을 생각할 수 없게 된다. 마리아는 하느님께 대한 것을 듣고 생각할 좋은 일을 택한 것이다. 영리한 마르타인지라, 주님의 이러한 말씀을 즉시 이해하고 그 후부터는 어떠한 일을 하던지 기도와 묵상하는 마음을 잊지 않고 항상 주님과 일치하는 생활을 하여 일체를 주님께 의탁하며 지냈다.

그녀의 깊은 신뢰심과 굳은 신앙심의 실례를 성서에서 찾는다면 라자로가 병에 걸려 눕게 된 때다. 마르타는 곧 예수께 사람을 보내어 "주님, 주님께서 사랑하시는 이가 앓고 있습니다" 하였다. 이렇게만 소식을 전해도 자애 깊으신 예수께서는 곧 오셔서 오빠의 병을 치유해 주실 줄 알았던 것이다. 그런데 어찌된 셈인지 주님께서는 오시지 않았고, 여러 방법으로 약을 써 보았으나 아무 효과도 없이 라자로는 마침내 사망하고야 말았다. 예수께서는 장례식이 지난 지 3일 후에서야 제자들과 함께 베다니아 근교에 오셨다. 이 소식을 들은 마르타는 동네 밖까지 마중 나가 눈물을 흘리며 말했다.

"주님, 주님께서 여기에 계셨더라면 제 오빠는 죽지 않았을 것입니다. 그러나 지금이라도 주님께서 구하시기만 하면 무엇이든지 하느님께서 다 이루어 주실 줄 압니다."

이 얼마나 두터운 신뢰심인가! 이와 같은 큰 신뢰심을 보아서 라자로를 부활시켜 주시고자 하셨으리라. "네 오빠는 다시 살아날 것이다" 하고 주님께서 말씀하셨다. 그러나 마르타는 종말의 부활을 말씀하시는 줄 알고 "마지막 날 부활 때에 다시 살아나리라는 것은 저도 알고 있습니다" 하고 대답했다. 예수께서는 "나는 부활이요 생명이니 나를 믿는 사람은 죽더라도 살겠고 또 살아서 믿는 사람은 영원히 죽지 않을 것이다. 너는 이것을 믿느냐?" 하시며 다시금 당신의 전능에 대한 믿음과 신뢰를 요구하셨다. 이에 대한 마르타의 대답은 참으로 훌륭한 것이었다. "예, 주님, 주님께서는 이 세상에 오시기로 약속된 그리스도이시며, 하느님의 아드님이신 것을 믿습니다."

이 장엄한 선언은 사도 성 베드로가 신비스런 성체께 대한 약속을 받은 후에 한 신앙 고백과 좋은 대조가 되는 것으로 마르타는 주님께 기대했던 것, 즉 오빠의 병 치료가 어긋나 사망한 후에 한 것이므로 마르타의 고백이 더욱 칭찬의 가치가 있는 것이다.

이에 예수께서도 그 갸륵한 심정에 탄복하시고 전대 미문의 대 기적을 행하시어 사후 4일이 되어 부패되어 가는 라자로의 육신을 소생케 하시고 완전한 건강체로 만들어 주셨다.

마르타는 주님의 공생활 중 모든 힘을 다해서 도와드렸고, 그 후 주님께서 원수들에게 잡혀 갈바리아 산에 이르실 때에도 동생인 마리아와 같이 그 뒤를 따랐고, 참혹한 십자가의 형을 받으시며 임종하실 때에도 그 곁을 떠나지 않고 비통한 눈물만 흘리며 서있었다. 그리고 예수께서 승천하신 후에도 그의 교회를 위하여 한층 더 열성을 다해 헌신하며 초대 교회의 신자들을 도와 주었다. 그 후 어떻게 되었는가에 대해서는 역사적으로 기록된 바 없으나, 전승에 의하면 헤로데 아그리파의 교회 박해시 잡혀 프랑스 지방으로 유배 갔다고는 하나 확실한 것은 알 수 없다.

【 교 훈 】

성녀 마르타의 굳은 신앙과 두터운 신뢰심에 다만 감탄할 뿐이다. 우리도 그녀에게서 이런 점을 배우며 주님께서 그녀에게 훈계하신 말씀을 잊지 말고 일상 생활의 책임을 완수하는데 있어 항상 하느님과 일치하는 목적 하에 일을 하도록 힘쓰자. 그러면 우리의 노동도 일종의 기도의 효과를 나타낼 것이며, 우리의 사업에 많은 축복을 받게 될 것이다.

성녀 마르티나 동정 순교자
[Sta. Martina, V. et M. 축일 1. 30.]

성 베드로 사도 등의 순교를 시초로 로마 제국에 일어난 그리스도교의 박해는 무려 3백년간이나 지속되었지만 계속하여 끊임없이 같은 정도로 행해진 것은 결코 아니다. 어떤 때는 말할 수 없이 치열했고, 어떤 때는 박해가 있는가 없는가 할 정도로 소강(小康) 상태도 있었다. 또한 로마 제국의 광범위한 영토는 동쪽으로 소아시아에서 서쪽으로는 스페인에까지 이르렀으므로 그 어느 지방, 예를 들어 스페인에서는 맹렬한 박해가 있었어도 다른 지방인 소아시아에서는 비교적 무사하던 때도 있었다.

3세기 시초, 즉 220년부터 235년경까지의 알렉산데르 세베로 황제 시대에 전교회는 비교적 평안한 시대였다. 그것은 황후 마메아가 종교 사상에 흥미를 갖고 히폴리토나 오리게네스라는 유명한 교회 박사와 교제하고 있었기 때문이다. 그러나 그 황제 치세(治世)의 초기에는 나라의 중신(重臣)인 어느 원로(元老)의 유아(遺兒) 마르티나가 백합화와 같은 순결을 보존하면서 훌륭한 순교의 영광을 받은 일이 있었다.

마르티나는 아직 11, 2세라는 어린 몸으로 이미 양친을 여의고 홀로 고독한 생활을 했다. 세상의 허무함을 일찍 깨달은 그녀는 자신을 예수 그리스도께 봉헌할 다짐을 하고, 우르바노 교황 앞에 나아가서 동정의 서원을 한 후 상속받은 재산의 대부분을 자선 사업에 희사하고 다만 자기 생계를 유지할 것만을 남겼다.

이전부터 그녀의 재산에 욕심을 낸 이교인이 있었다. 그는 마르티나에게 청혼했지만 동정 서원을 발한 그녀가 그것을 깨끗이 거절하자 이교인은 대단히 원망하며 그녀를 그리스도교 신자라고 밀고했다.

그 당시 그리스도교에 대한 당국의 방침은 백 년 이전에 트리아노 황제 때 제정된 "그리스도교 신자는 구태여 수색은 안하지만 만일 고소 당하는 자가 있다면 이를 체포 감금하고 확실히 신자라고 인정되었을 때는 엄벌에 처한다"는 규정을 중요시하고 있었기 때문에 그녀는 즉시 결박되어 법정에 끌려나가 우상을 숭배하기를 강요당했다. 그러나 신앙이 견고한 마르티나로서는 도저히 이런 모독적인 행위를 할 리가 만무했다. 그녀는 거절한 벌로 여러 가지의 형벌과 고문을 당하고 마침내 맹수의 밥이 되는 사형 선고를 받게 되었다.

마침내 형을 집행하는 날이 다가와 그녀는 사형터인 원형극장의 중앙에 끌려 나오고 그 다음에 허기진 사자와 호랑이가 끌려 나왔다. 주위에 늘어선 수만의 관중은 지금 곧 저 맹수들이 연약한 소녀에게 달려들어 그녀의 몸을 찢고 삼켜 버리지나 않을까 하고 숨까지 멈추며 바라보고 있었다. 그런데 이것이 웬일일까? 맹수들은 마르티나를 보자 고양이처럼 온순해져서 마치 길들은 모양으로 머리를 그녀에게 비비며 그녀 발 앞에 무릎을 꿇지 않겠는가! 이것을 본 가혹한 군중은 바라던대로 되지 않은 것을 불평하면서 분풀이하듯이 부르짖었다. "화형(火刑)에 처하라! 화형에 처하라!"

형리들은 그녀를 활활 타고 있는 장작더미 위에 서도록 했으나 그녀의 결백한 몸은 이번에도 또한 조금도 상하지 않았다. 이것을 목격한 몇 사람은 그녀를 보호해 주시는 하느님의 힘을 확실히 깨닫고 "나도 그리스도교를 믿는다"고 절규하여 그 자리에서 순교했다고 한다.

실패를 거듭한 법관은 대노하여 그녀를 마법사(魔法師)라고 생각하고 마침내 교수형에 처하여 마르티나의 영혼은 사랑하는 정배의 품으로 가서 정결과 순교의 두 보석(寶石)으로 빛나는 화관을 그의 손에서 받았던 것이다.

성녀의 유해는 전에 성 베드로, 성 바오로 두 사도가 체포되어 있던 마메르디노의 감옥 위에 건설된 성당에 안장되었으며 성녀의 유물도 지금까지 그곳에 보존되어 온다.

【 교 훈 】
 연약한 소녀의 승리를 생각할 때 우리는 "강하다는 자들을 부끄럽게 하시려고 이 세상의 약한 사람들을 택하셨습니다"(1고린 1, 27) 하신 성 바오로의 말씀을 상기하지 않을 수 없다. 성녀는 오로지 하느님의 힘을 신뢰하고 무모한 법관과 형리의 많은 고문과 고통에도 굴복하지 않았다. 우리도 일상생활의 고통이나 근심을 하느님의 정의에 맡기고 잘 참아 나가자. 그러면 뒷날 이 성스러운 동정 순교자와 천국에서 함께 즐거움을 누릴 수 있을 것이다.

성 마르티노 1세 교황 순교자
[St. Martinus 1 Pap, M. 축일 4. 13.]

 그는 이탈리아 움브리아의 토디에서 태어났다. 로마 교구 소속의 사제로서 교황 테오도로 1세의 대사로서 콘스탄티노플에 파견되어 근무하면서 동방 교회의 사정에 통달하고 덕이 뛰어난 인물로 평가되어 649년에 교황으로 선출된 후 52일 만에 황제의 승인을 받았다. 그러나 후에 황제는 그를 교황으로 승인한 것에 후회했다.
 교황좌에 오른 후 교황은 같은 해 공의회를 소집해 그리스도론에 관한 교회의 정통 교리를 밝힐 필요성을 느껴 제일 먼저 동방 교회 안에 만연되어 있던 단의론을 주장하는 이단을 단죄하고 칼케돈 공의회의 결정을 강력히 주장했다.
 653년 콘스탄스 황제에게 포위되어 콘스탄티노플로 압송되어 그곳에서 심한 고초를 당했다. 그 후 크리미아의 케르손으로 유배되어 고문의 후유증으로 656년에 세상을 떠났다. 그래서 그를 순교자로 공경하고 있는 것이다.
 유배지에서 신자들에게 보낸 그의 서간을 옮겨본다.

 사랑하는 형제들이여, 여러분에게 보낸 편지에서 우리가 끊임없이 바라는 것은 여러분을 위로해 주고 여러분이 우리에 대해 갖고 있는 염려를 덜어 주는 것입니다. 또 여러분과 함께 주님 안에서 우리를 염려해 주는 모든 형제들인 성도들에게도 같은 것을 바라고 있습니다. 이 편지를 괴로운 유배지에서 쓰고 있습니다. 우리 하느님이신 그리스도의 이름으로 진실을 말합니다.

우리는 세상의 모든 소란으로부터 멀리 떨어져 있고 죄를 범할 기회가 없으며 생계 수단마저 박탈당했습니다. 이 지방 원주민들은 모두 이교도들이어서 이교도의 관습을 지니고 있기에 야만인들 가운데서도 인간 본성 중의 하나인 동정의 행위로 나타나는 그 자애심마저 이들은 완전히 결하고 있습니다.

내게 속했던 사람들과 친구들과 친척들에게서 나에게 대한 인정이나 동정심이 없는 것을 보고 나는 몹시 놀랐고 또 지금도 놀라고 있습니다. 그들은 불행 중에 있는 나를 완전히 잊어버리고는 내가 정말 세상에 있는지 없는지조차 알고 싶어하지 않습니다.

고발하는 사람이나 고발당하는 사람들이 다 같은 재료와 흙으로 만들어진 사람들이 아닙니까? 모두 다 마찬가지로 그리스도의 법정에 서야 하지 않겠습니까? 무슨 양식으로 그 앞에 나아가겠습니까? 그들로 하여금 하느님의 계명을 실행치 못하게 하는 근거 없는 그 두려움은 무엇입니까? 무슨 악령이 나를 이렇게 먼 곳으로 데리고 와서 나를 잊혀진 사람으로 만들었습니까? 내가 온 교회에 그렇게도 큰 방해물로 보였고 그들의 원수처럼 여겨졌다니 말입니다.

그러나 모든 사람이 다 구원을 받고 진리를 알게 되기를 원하시는 하느님께서 성 베드로의 간구로써 그들의 마음을 정통 신앙 안에서 견고하게 해주시고 그들을 튼튼하게 해주시어, 모든 이단자들과 우리 교회의 모든 원수들로부터 지켜주시길 기원합니다. 특히 현재 그들의 지도자로 나타난 목자를 지켜 주시고, 그들이 하느님과 천사들 앞에서 글로써 약속한 신앙에서 떠나 파멸로 떨어지거나 또는 고백한 것 중 아주 미소한 것이라도 버리지 말게 해주시기를 바라며, 또한 비천한 이 몸과 함께 우리 주님이시며 구세주이신 예수 그리스도의 손에서 정통 신앙이 가져다 주는 정의의 월계관을 받게 되기를 바랍니다.

나의 비천한 육신이 끊임없는 고통 속에서 지내고 식량도 모자란 가운데서 지내더라도, 주님은 당신이 원하시는 대로 나를 이끌어 주실 것입니다. 주님이 가까이 계시니 염려할 것이 있겠습니까? 주님께서 지체치 않으시고 얼마 안 있어 내 여정의 목적지까지 이끌어 주실 그 자비에 나는 희망을 두고 있습니다.

주님의 이름으로 여러분 모두에게 인사를 보내며, 하느님께 대한 사랑 때문에 묶인 나에게 동정을 베푼 모든 이들에게 인사를 보냅니다. 지극히 높으신 하느님께서 굳세신 손으로 여러분을 온갖 유혹에서 보호해 주시고 여러분을 그 나라로 구원하여 주시기를 바랍니다.

【 교 훈 】

성 마르티노 1세 교황 순교자는 어떠한 위협에도 겁내지 않고 온갖 형벌을 잘 이겨냈다. 물론 하느님의 은총과 보호하심으로 이루어진 일이기도 하지만 성인에게서 배울 수 있는 점은 실망을 모르셨다는 점이다. 우리는 무슨 일을 시작하기도 전에 벌써 근심과 실망을 한다. 약한 인간이기에 그럴 수도 있지만 하느님을 믿는 자녀는 실망을 해서는 안 된다. 왜냐하면 하느님은 우리의 아버지이시기 때문이다. 그러니 우리는 용기를 가지고 항구하게 현세의 모든 어려움을 이겨나가 마지막에 정의의 월계관을 받아 쓰는 영광을 누려야 할 것이다.

성 마르티노 데 포레스 수도자

[St. Martin de Porres, C. 축일 11. 3.]

'빗자루 수사', '흑인의 성자'라고 하는 마르티노는 1579년 페루의 리마에서 태어났다. 그의 아버지는 요한 데 포레스로 스페인인이었고 어머니는 흑인이었다.

그는 젊은 시절에 이발사겸 외과의사의 견습생이 되었고, 그 후 3년 뒤에는 도미니코회 재속 제3회원으로서 수도복을 입었고, 다시 리마의 도미니코회인 로사리오 수도회에 정식 입회하여 평수사가 되었다.

그는 이발사, 외과의사, 의류 수선, 진료소 등 여러 직책을 담당했지만 혼자서 그 많은 일들을 아무런 어려움 없이 처리했다. 그의 영혼속에는 하느님이 함께 계신 것이 역력히 드러났던 때문이다.

그는 병자 치료를 그 도시의 모든 주민에게까지 확대했고, 또 가난한 이들에게 음식을 나눠주는 직책까지 맡았다. 그는 외국 선교사가 되어 선교하기를 자주 열망했으나, 자기 육체에 대한 순교로써 만족해야 했다.

그에게는 수많은 초자연적 은혜가 내려졌으니, 그는 미물인 벌레조차도 사랑했으며, 쥐조차 친구로 지낼 수 있었다.

어느 날은 그의 원장이 빚에 몰려 곤경에 처한 사실이 있을 때 그는 이렇게 말했다. "저는 그저 가련한 종이고, 수도원의 재산이니, 저를 파십시오." 그는 참으로 겸손하고도 엄격한 생활을 영위했고 성체에 대해 큰 신심을 지녔다.

그는 리마의 성녀 르사와 가까운 친구였고, 성 요한 마시아스와도 가까웠다. 그는 일개 평수사에 불과했으나 1639년에 세상을 떠났을 때 그의 장례식에는 고위 성직자와 귀족들이 그를 운구했다

그는 1962년에 시성되었고, 사회 정의의 수호 성인이다

우리 나라에서도 이미 그에 관한 서적이 많이 나와있다. 아이들을 위해서는 '빗자루 수사'가 만화로 나와있고, '흑인의 성자 마르티노'나 '우리도 성인처럼'이라는 제목으로 비디오도 나와있다. 여기에 수록되어 있지 않은 많은 귀감거리가 있으니 꼭 보길 바란다.

많은 내용을 적을 수 없지만 다만 교황 요한 23세께서 성인의 시성식에서 했던 강론을 옮겨보기로 한다.

그리스도께서는 우리에게 사랑의 길을 가르쳐 주셨습니다. "네 마음을 다하고 목숨을 다하고 뜻을 다하여 너희 하느님을 사랑하라." 그리고 '네 이웃을 네 몸같이 사랑하라." 성 마르티노는 자기 생활의 모범으로 우리가 이 사랑의 길을 통하여 구원과 거룩함을 이룰 수 있다는 것을 보여 주고 있습니다.

그는 그리스도께서 우리를 위해 고난받으시고 당신 몸에 우리 죄를 친히 지시고 십자가에 달리셨다는 것을 알고서 십자가에 못박히신 그리스도께 대한 심원한 사랑으로 이끌리었습니다. 그리고 주님이 당하신 잔혹한 고초를 바라볼 때 하염없이 눈물을 흘렸습니다. 또한 각별한 사랑으로 지극히 높으신 성체를 공경하여 성당 감실 앞에서 조배하는데 장시간을 보냈고, 열렬한 마음으로 이 영혼의 양식을 영하고자 했습니다.

성 마르티노는 또 거룩하신 스승의 가르침에 따라 부패되지 않은 신앙과 겸손과 마음에서 우러나오는 극진한 애정으로 자기 형제들을 사랑했습니다. 그리고 사람을 하느님의 자녀와 자기의 형제로서 대하고 겸손에 넘치는 마음으로 다른 모든 이들을 자기보다 의롭고 어진 사람들로 여기어 그들을 자기보다 더 많이 사랑했습니다.

다른 이들의 잘못을 변호해 주고, 자기가 그 범한 죄로 말미암아 다른 이들보다 더 큰 고통을 받아 마땅하다고 확신한 나머지 참기 지극히 어려운 모욕까지도 용서해 주었습니다. 죄인들을 회개에로 이끌고자 노력을 아끼지 않았고 병자들을 성심껏 간호해 주었으며, 극빈자들에게 양식과 의류와 약품을 조달해 주었습니다. 거의 노예처럼 취급받던 농부들과 흑인들 그리고 혼혈인들을 자기 능력이 미치는 한도까지 돌보아 주고 그들에게 온갖 도움과 친절을 베풀어주었으므로 마침내 백성들로부터 "자비의 사람 마르티노"라는 칭호를 얻게 되었습니다.

자신의 말과 표양과 덕행으로 사람들을 신앙에로 그렇게도 힘있게 이끈 이 거룩한 사람은 아직도 놀라운 방법으로 우리 마음을 천국에로 이끌어 주고 있습니다. 그러나 불행히도 많은 사람들이 이 높고도 거룩한 것들을 제대로 평가하지 못하고 영광으로 여기지 못하고 있습니다. 오히려 악의 유혹에 끌려가 이러한 덕행들을 멸시하거나 싫어하고 소홀히 하기까지 합니다. 성 마르티노의 모범이 그리스도의 발자취를 따르고 그분의 거룩한 계명을 지킴이 얼마나 즐겁고 복된 것인지 많은 이들에게 가르쳐 주었으면 합니다.

【 교 훈 】

성 마르티노는 참으로 겸손한 사람이었다. 모든 은총은 겸손에서 시작되고, 모든 악은 교만에서 시작된다고 해도 과언이 아닐 것이다. 흑인이라는, 혼혈인이라는 이유로 모든 핍박을 다 받았으면서도 그러한 사람들을 사랑할 수 있었던 것은 그의 겸손함 때문이리라. 우리도 성인의 겸손을 본받아 모든 사람들 아니 더 물까지 사랑하는 은총을 성인을 통해 하느님께 빌어 보자.

"남에게 해야 할 의무를 다하십시오. 그러나 아무리 해도 다할 수 없는 의무가 한 가지 있습니다. 그것은 사랑의 의무입니다"(로마 13, 8).

투르의 성 마르티노 주교
[St. Martinus, E. 축일 11. 11.]

헝가리의 수도 부다페스트 근교에 있는 성 마르티노 산 위에 세워진 거대한 수도원은 이 나라 가톨릭의 중심지라고 할만큼 창설 이래 천 년이라는 세월을 거쳐 면면히 내려오는 유명한 곳이다. 이 산의 이름은 317년에 그 산밑에 위치한 사바리아에서 출생한 성인의 이름을 딴 것이다.

마르티노의 아버지는 로마군의 대령으로 북 이탈리아의 파비아에서 헝가리에 전임되어 사바리아 시에서 근무했으며, 아들 마르티노를 로마에 유학시켰다. 마르티노는 그곳에서 그리스도교를 알게 되어 아직은 예비 신자면서도 이집트의 은수자들을 존경했고 수도자가 되기를 갈망했다. 그러나 세례도 받기 전에 아버지는 불과 15세인 어린 소년을 군대에 입대시켰고, 군인으로서 프랑스에 주둔하게 되었다.

당시 로마군에는 가톨릭 신자가 많이 있었고, 그 중에는 후일의 영예로운 순교자도 섞여 있었다. 그런 훌륭한 사람을 본받아 마르티노는 근무 중에도 열심히 교리 공부를 했다.

어느 추운 겨울날의 일이다. 그가 말을 몰고 아미안 교외로 나가자 난데없이 어느 가련한 거지가 나타나서 자선을 청했다. 원래 인정이 많은 그였는지라 무엇을 주려고 호주머니를 뒤져보았으나 불행히도 가진 돈이 없었다.

그러자 허리에서 장검을 빼어 자기의 외투를 서슴지 않고 반을 잘라서 거지에게 주었다. 그런데 그 날 밤 꿈에 그 외투 조각을 입고 나타난 이는 바로 예수였고 예수께서는 곁에 있는 천사에게 "이 외투는 아직 예비 신자인 마르티노가 준 것이다" 하고 말씀하시는 것이었다. 마르티노도 오늘 아침에 나타난 거지가 바로 예수였음을 생각하니 놀라지 않을 수 없었다. 이것이 유명한 성인의 일화이다.

그후 오래지 않아 그가 간절히 바라던 세례를 받자 군대를 퇴역하고 그 당시 포아티에의 주교 성 힐라리오를 찾아가 사제 서품까지 받았다. 이때 마르티노는 혈기 왕성한 20세 청년이었다.

그는 아직도 신앙을 모르는 부모를 생각하니 그대로 견딜 수가 없어 곧 그들을 진리의 품안으로 이끌기 위해 고향으로 갔다. 순박한 어머니는 아들의 가르침을 잘 받아들여 곧 하느님의 자녀의 무리에 들었으나 완고한 아버지는 도저히 응하려 하지 않았다.

마르티노는 조금도 실망치 않고 온 힘을 다하여 전교했으며, 그 시에서 약간의 신자를 얻었으나, 아리우스파 이단자들의 미움을 사게되어 그들에게 잡혀 형벌을 받고 추방을 당했다.

마르티노는 하는 수 없이 힐라리오를 찾아가려 했으나 그도 역시 아리우스파에게 같은 공격을 당해 프랑스 국외로 추방되었다. 그는 할 수 없이 밀라노에 가서 수도원을 설립하려 했으나 그것마저 뜻대로 되지 않아 결국 제노아 건너편에 있는 작은 섬으로 건너가 은수 생활을 시작했다.

그러다가 360년에 소아시아 지방에 있던 힐라리오 주교가 이탈리아를 거쳐 프랑스로 귀환한다는 소식을 듣고 로마까지 마중나가 주교를 만나 동행했으며 그 주교로부터 토지를 얻어 리지에에 수도원을 세웠는데, 이것이 서양에서는 가장 오래된 수도원 중의 하나다.

마르티노에게는 다음과 같은 이야기도 전해 내려온다.

어느 날 예비 신자 한 사람이 세례를 받지 못하고 그냥 죽었다. 마르티노는 이것을 매우 애석히 여겨 하느님께 열렬히 자비를 베푸시기를 구하자 그 사람은 즉시 소생하여 세례를 받았다는 것이다. 이 같은 기적이 종종 있었으므로 그의 명성은 자연히 널리 퍼졌고 수도원을 창설한지 11년만에 투르의 주교가 서거함을 기회로 그 교구 성직자, 신자 일동이 마르티노를 그 후임으로 추대했다. 그러나 겸손한 그는 그런 지위를 피하여 몸을 감추려 했으나, 결국 하느님의 의향임을 깨닫고 그 청원을 수락했다. 그때 그의 나이 54세였다.

그로부터 주교 재직 30년, 그는 부여된 모든 임무를 완수하는 한편, 권위 있는 주교의 신분임에도 수도 생활에 대한 미련을 잊지 못하고, 부근에 수도원을 세우고 많은 동료들을 모집하여 그들의 스승이며 아버지가 되어 잘 지도했다.

당시 프랑스의 시골에는 우상 숭배자들이 더 큰 세력을 가지고 있었는데 마르티노는 조리있고 열성있는 설교로 그 불합리성을 지적하여 납득시킴으로써 많은 우상 숭배자들을 진리의 품안으로 끌어들였다. 청년시기에 지녔던 큰 자비심은 날이 갈수록 더욱 깊어갔고 영육간의 고민으로 우는 자들의 눈에서 눈물을 거두어 줌을 다시없는 기쁨으로 여겼다. 실지 빈민이나 죄수가 마르티노 주교에 의해 구원된 수는 셀 수 없을 정도이다.

성스러운 생활로 80의 고령을 맞이한 마르티노는 그의 교구의 맨 끝인 칸데 지방을 순시하는 도중 병을 얻어 위독한 상태에 빠졌다. 제자들은 병상 머리맡에 모여 앉아 눈물을 흘렸고, 그는 하늘을 우러러 "주님! 제가 살아남은 것이 사람들에게 유익하다면 내 늙은 몸을 이끌고라도 얼마든지 일하겠습니다" 했다. 임종시에는 마귀가 심한 유혹으로 괴롭히려 했으나 마르티노의 하느님께 대한 신뢰심은 반석같이 요동치 않았고, 참으로 뭇 사람의 거울이 될만한 거룩한 죽음으로 세상을 떠났다.

이 비보가 전해지자, 거의 온 국민이 애도의 뜻을 표하는 동시, 포아티에와 투르 양 지방은 성인의 유해 쟁탈전까지 벌일 정도였다. 결국 성인이 주교로 오래 있었던 투르에서 장례식이 엄숙히 거행되어 거의 전시민이 이에 참가했으며, 특히 2천여 명의 수도자들의 장례 행진은 주목을 끌었다.

마르티노는 프랑스의 사도와 주보 성인으로 추앙을 받고 있으며, 그 명성은 전교회를 통해 높아져 위대한 성인 중의 한 분으로 존경을 받는다.

【 교 훈 】

성 마르티노는 '안으로는 수도자, 밖으로는 사도'라는 칭호로 불렸는데,

영혼 구원을 위한 사도적 사업에 큰 성공을 이룩한 것은 기도와 극기의 수도 생활로써 그 원동력이 되는 덕을 쌓아 한 시대의 큰 모범이 되었기 때문이다. 주님의 말씀대로 형제들의 눈에서 티를 꺼내려면 먼저 자기 눈에 있는 티를 꺼내야 될 것이다. 우리도 이 말씀을 명심하여 모든 일에 타인의 표양이 되어야 한다.

이집트의 성녀 마리아 통회자

[Sta. Maria de Aegypto, Paenitens. 축일 4. 2.]

이 성녀는 성녀 마리아 막달레나와 코르토나의 성녀 마르가리타와 더불어 죄인에게 대한 하느님의 자비하심을 나타내는 생생한 증거로 세상에서 유명한 통회자 중의 한 사람이다.

그녀는 4세기의 중엽 상(上) 이집트에서 태어나 12세까지 그리스도교적 교육을 받아 성모 마리아께 특별한 신심을 갖고 있었으나 타고난 아름다운 미모가 화근이 되어 세속 쾌락에 쏠리는 마음이 강해졌고, 따라서 농촌에 있기를 싫어하여 경솔하게도 부모의 슬하를 떠나 당시 번화하고 사치스러운 알렉산드리아 시에 가서 17년이란 긴 세월 동안 몸과 마음이 모두 더러워지는 창부의 생활을 보냈다.

그러던 어느 날 성 십자가 공경을 위해 성지 예루살렘으로 떠나는 순례자의 무리가 알렉산드리아 시에서 배를 타는 것을 보고 타향에 대한 호기심이 갑자기 생긴데다 더욱 새로운 쾌락을 구하려는 마음에 즉석에서 그 일행에 참가했다. 그러나 원체 불순한 동기로 순례의 무리에 참가했으므로 도중에서나 성지에 도착하고 나서도 여전히 사람을 유인하여 향락의 생활을 계속하며 털끝만큼도 반성하는 기색이 보이지 않았다.

어느덧 성 십자가 축일이 다가와서 동료들이 성당에 들어가는 것을 보고 그녀도 무심코 그 안으로 발을 옮기려고 했으나 이상하게도 마치 눈에 보이지 않는 줄로 결박된 것처럼 한 발자국도 앞으로 나아갈 수가 없었다. 그때에 그녀의 놀람은 어떠했을까! '이것은 내 몸이 더러우므로 하느님께서 거절하시는 것이다' 하고 생각한 그녀의 가슴에는 몇십 년 동안 느껴 보지 못한 강한 통회의 정이 솟아올랐다.
  할 수 없이 물러서서 성당의 앞뜰을 보니 그곳에는 성모상이 무척이나 자기를 가련히 여기시는 것처럼 인자하신 눈으로 내려다보시는 것이었다. 죄녀인 마리아는 이를 쳐다볼 때 그대로 그의 앞에 엎드려서 실컷 울고 싶은 심정이었다. 동시에 오래된 깨끗했던 소녀 시절의 행복스럽던 추억이 되살아났다. 아! 될 수만 있으면 그 당시와 같이 정결하고 깨끗한 몸으로 돌아가고 싶다….
  그녀는 하느님 대전에서 통회하고 죄의 용서를 청하려고 다시 자기 자신도 모르게 성당으로 발을 옮기게 되었다. 그러자 이상하게도 이번에는 아무 장애없이 안으로 들어갈 수가 있었다. 세상 사람들과 자기의 죄로 인해 십자가에 못 박혀 돌아가신 주님을 쳐다본 마리아는 통회의 간절함과 주님의 뜨거운 사랑의 정으로 가슴이 찢어지는 듯한 감정을 느꼈다.
  그녀는 감실 앞에 엎드려 회개할 것을 맹세했다. '지금까지의 죄를 보속하기 위해서는 어떻게 해야할까?…' 이와 같은 그녀의 의문에 대답해 주는 듯 그녀의 마음에 울려오는 소리가 있었다.
  '요르단 강 건너 저 광야에 가서 고행을 하며 보속하라!'
  마리아는 그 자리에서 일어나 그 말씀대로 순종했다. 요르단 강가에는 성 요한 세례자에게 봉헌된 성당이 있다. 그녀는 거기서 오래간만에 고해 성사와 영성체를 하고 용기를 내어 강을 건너 광야에 가서 47년간이란 오랜 세월에 걸친 속죄의 생활을 시작했다.
  그녀는 세상에서 잊혀진 사람이 되었다. 바람과 비를 막는 의복도 어느덧 다 떨어져 나가 몸에 붙어있지 않았다. 양식은 광야에 있는 나무 뿌리나 야채뿐이었다. 처음 17년간은 죄악 중에 살아온 17년간의 보속이었던지 마귀의 심한 유혹이 고생하지 않으면 안 되었다. 물을 마시려고 하면 포도주의 맛이 생각나고, 채소를 먹으려고 하면 전에 실컷 먹던 고기 맛이 떠오르고, 고신 극기를 하려고 하면 과거에 빠져있던 쾌락이 생각나서 몹시 괴로워했다. 그러나 그녀는 잘 싸우면서 그 기간을 보내자 그 후는 아주 심한 고행을 해도 심중에는 말로 표현하지 못할 위로와 평화를 누릴 수가 있었다.

세월이 흘러 마리아도 연로하여 백발이 되었다. 하루는 한 노인이 가까이 오고 있는 것이 보였다. 마리아는 처음에는 놀라 무서워했지만 자세히 보자 그의 인자한 인품은 어느 점으로 보든지 하느님께 봉사하는 덕망이 높은 사람 같았다. '반드시 저분은 나에게 고해와 성체의 두 성사를 주시기 위해 하느님께서 파견한 분이실 것이다'하고 생각한 그녀는 하느님의 은혜에 감사의 정을 금치 못하여 이번에는 이쪽에서도 반가이 달려나가 맞았다.

노인의 이름은 조시모로 요르단 부근에 자리잡고 있는 어느 수도원의 원장으로서 사순 시기의 단식재를 지키고자 이 광야를 찾아온 것이다. 마리아는 오래간만에 그에게 고해 성사를 하고 성체를 모시기를 원했다. 조시모는 그녀의 청을 쾌히 승낙하고 성 목요일에 고대하던 천상의 빵을 모시고 와서 오랜 고행으로 보속을 한 마리아에게 이를 영해 주었다. 그때의 그녀의 기쁨과 행복은 이루 측량할 수가 없었다. 이렇게 하느님과 일치하게 된 그녀의 마음은 점점 더 하느님께 대한 사랑에 불탔다.

이런 일이 있은 1년 후, 그녀는 속죄의 생활을 마치고 씩씩하게 하느님의 품으로 올라갔다. 그녀의 임종 날짜는 확실치 않다. 그러나 그 뒤 다시 광야를 찾아간 조시모 수도원장은 그녀의 유해를 발견하고 이를 정성껏 매장했다. 때는 431년 4월 2일이었다.

【 교 훈 】

이집트의 성녀 마리아는 17년간의 죄의 생활에 대해 17년간의 보속의 생활을 하지 않으면 안 되었다. 죄와 그 악한 영향에서 피하기 위해서는 통회나 고해만으로는 부족하다. 자진하여 속죄할 필요가 있는 것이다.

성녀 마리아 고레티 동정 순교자

[Sta. Maria Goretti, Virgo. M. 축일 7. 6.]

마리아 고레티를 20세기의 성녀 아녜스라고 하는데, 이것은 그녀가 생전에 아녜스라는 이름을 갖고 있었기 때문도 아니요, 또는 아녜스와 같은 이탈리아 사람이기 때문도 아니다. 다만 가톨릭 초창기의 성녀와 같이 갖은 압력을 받으면서도 죽음으로써 깨끗한 동정을 지켰다는 점에서이다.

마리아 고레티는 성녀 아네스처럼 훌륭한 저택에 살지도 못했으며 아무 부족함이 없이 충분한 교육을 받을만한 부유한 가정의 딸도 아니었다. 그녀의 양친은 고용살이를 하면서 하루하루의 수입으로 생계를 꾸려나가다가 그의 아버지가 사망할 때까지 로마 남쪽 코리날도라는 벽촌에서 농사를 지었다. 그들의 재산이라고는 손바닥만한 농토와 기거를 할 수 있을 정도의 조그마한 집 한 채뿐이었다. 마리아는 1890년 묵주 기도 성월, 즉 10월 16일에 셋째 딸로 태어났다. 그녀의 양친은 성모를 공경하는 뜻으로 그녀를 마리아라 불렀고, 또 태어난 날이 바로 아빌라의 성녀 데레사 축일 다음 날이므로 데레사를 덧붙여 마리아 데레사라 했다. 그러나 보통은 마리에타 ('작은 마리아'라는 뜻)라 불렀다.

원래 군인 출신인 그녀의 아버지는 과중한 노동을 이기지 못했던지 마리에타가 아홉 살 때에 세상을 떠나고 말았다. 마리에타는 부모의 말씀을 잘 들어 곧잘 시중을 해 드렸기 때문에 부모의 총애를 받았다. 아버지는 "내가 죽은 다음에도 내 말과 같이 엄마의 말씀도 잘 들어야 한다"고 거듭 거듭 부탁하고 세상을 떠났다고 한다. 아버지의 사망과 유언, 이 두 가지 사실이 마리에타의 작은 가슴에 얼마나 큰 감명을 주었던지 그녀는 갑자기 어른과 같이 점잖았다.

고레티의 집은 성당이나 학교에서 너무 멀리 떨어져 있었기 때문에 자연히 아이들은 학교에도 갈 수 없었고 교리를 배우는데도 큰 지장이 있었다. 그대신 열심한 어머니가 손수 표양을 보여주며 적당한 때에 훈계도 하고 아이들의 모르는 점을 가르쳐 주기도 했다. 그 중에도 특히 어린 마음에 새겨준 것은 어디든지 계시는 하느님의 눈을 두려워해야 한다는 것이었다. 그녀의 조그마한 방에 걸려 있는 성모님의 상본은 훌륭한 성당 안에 화려하게 장식되어 있는 그것보다 더 소중한 것이었다.

마리에타는 다섯 살 때에 오빠 안젤로와 더불어 세례 성사를 받았다. 그러나 첫영성체는 열 한 살 때에야 겨우 받았다.

첫영성체를 받기 전의 일이다. 마리에타는 어머니를 재촉하며 신부께 가서 첫영성체를 할 허락을 얻어 달라고 떼를 썼다. 그러자 어머니는 "마리에 타야, 너는 너무 어려서 신부가 허락하시겠니? 게다가 문답도 다 못 배우고 기도문도 못 외우고, 또 의복이며 미사 수건이며 신은 무슨 돈으로 다 산담? 나는 밤낮 이렇게 바쁘기만 하니 언제 무슨 준비를 하겠니?" 하고 대답했다. 마리에타는 슬픈 표정으로 대답했다. "엄마, 그러면 난 언제든지 영성체를 못하겠네. 난 예수님 없이는 못 살아!" 어머니의 마음도 아팠다. "내가 왜 너를 학교에 못 보내 주었겠니? 이렇게 집안이 곤란하니…모든 것을 다 용서해다오" 하고 사과하셨다. "그럼 엄마, 내가 더 부지런히 일할게. 일을 쉴 때에는 나를 곤카 아주머니 댁에 보내주세요. 그곳엔 주일이면 신부도 오시고 또 아주머니도 글을 읽을 줄 아신다고 하시니…." 이리하여 마리에타는 그때부터 9개월 동안 그 곳에 다니며 영성체 준비를 했고, 1901년 6월 16일에 첫영성체를 했다. 그녀의 의복, 미사 수건, 화관, 구두 같은 것은 모두 이웃의 고마운 교우들이 준비해 주었다.

성체 안에 계시는 예수님은 실지로 그녀에게 큰 힘을 주었다. 그녀는 일찍이 정조를 위해 싸우지 않으면 안 되었고, 만일 주님이 이를 도와 주시지 않았던들 그녀는 패배했을지도 모르기 때문이다.

아버지의 사망으로 인해 고레티의 가정은 더욱 경제적 곤경에 빠지게 되었다. 마침내는 그 건물의 일부를 제레네리 가족에게 전세로 내주지 않으면 안 되었는데 그 사람들은 고레티 모녀를 마치 여종같이 부렸다. 그 중에도 더욱 못된 사람은 제멋대로 놀고 있는 이제 불과 17세 밖에 안 된 남자 알렉산데르였다. 그는 마리에타에게 방 청소 같은 지저분한 일을 시킬 뿐 아니라, 심지어는 마리에타의 유일한 보물인 처녀성까지 빼앗으려 했던 것이다. 그는 그의 야욕을 채우려 시도해 보았으나 마리에타의 강력한 저항으로 인해 뜻을 이루지 못했고 이러한 사실을 어머니께 누설할 경우엔 죽인다고 협박까지 했다. 마리에타는 이 나쁜 남자가 자기 뿐 아니라 어머니와 오빠까지 괴롭힐까 염려하여 아무 말도 못하고 다만 어디 갈 때에는 자기 혼자만 집에 남겨두지 말기를 어머니께 요청했을 따름이다. 그러나 어머니는 이런 것은 어린아이들이 흔히 가질 수 있는 공포심이라 생각하고 그 요청을 들어주지 않고 집안 일과 어린 동생을 그녀에게 맡겨 놓고 다른 사람들과 같이 일을 하러 떠났다.

1902년 2월 7일, 그리스도의 성체와 성혈 대축일의 전날이었다. 그 날 그녀는 다른 친구와 같이 미사를 드리러 갈 약속이 있어 아침부터 성체께 대한 묵상에 잠겨 있었다. 예전과 같이 한나절이 되자 일하러 갔던 사람들이 모두 돌아왔다. 알렉산데르는 자기 방에 마리에타를 유인하기 위해 일부러 그의 더러운 내의를 침대 위에 벗어놓고 실과 바늘, 헝겊을 갖다 놓고 "마리에타야 내 내의 좀 기워라" 하며 큰 소리로 불렀다. 그의 본심을 안 마리에타는 하는 수 없이 틈을 타서 그 내의를 가지고 나와 기워 주었다. 알렉산데르는 다시 뜻을 이루지 못하고 다른 사람들과 일하러 나가지 않으면 안 되었다.

그러나 몇 시간 후 알렉산데르는 혼자서 돌아왔다. 마리에타는 소름이 끼치도록 놀랐다. 그는 자기 방에 들어가자마자 "마리에타야, 이리와라" 하고 불렀다. 대답이 있을 리 없었다. 재차 불렀을 때 "무슨 일이세요?" 하고 대답했다. "무슨 일이든 좋은 일이니 이리와" "아니, 당신이 나에게 무엇을 시키려는데요? 그것을 알려주기 전엔 안 갑니다" 그러자 그는 뛰어나와 무례하게 마리에타를 끌고 방안에 들어가 문을 잠갔다.

"당신이 하려는 것을 하느님께서도 용서하시지 않습니다. 나도 그런 일을 하면 가만있을 줄 알아요?" 하며 고레티는 그에게 끝끝내 대항했다. 도저히 안 될 줄 안 알렉산데르는 그때를 위해 미리 준비해 두었던 단도를 꺼내어 고레티를 닥치는대로 찔러 열 네 군데의 상처를 입혔다. 고레티는 쓰러졌다. 고레티가 죽은 줄 안 범인은 어디론가 도망치고 말았다.

얼마 후에 돌아온 어머니가 유혈이 낭자한 마리에타를 발견하고 아연실색했음은 말할 것도 없다. 즉시 차에 실어 네쓰노 병원에 옮겨 갖은 치료를 다 해보았으나 아무 효과도 거두지 못했다. 하느님께서 그녀의 순결한 순교에 대한 영관(榮冠)을 씌워 주시기 위함이셨으리라.

"엄마! 물 한 모금만" "마리에타야, 그건 안 된다. 선생님이 안 된다고 하신다" "한 방울만 입술 축일 정도로" "마리에타야, 십자가에 못 박히신 예수님을 생각해라. 엄마도 왜 모르겠니, 그렇지만 너를 위해서는 안 된단다."

이처럼의 고통은 스물 네 시간을 끌었다. 노자로서의 봉성체를 주기 위해 오신 신부는 그녀에게 이렇게 말을 건넸다. "마리에타, 너도 알다시피 주님께서는 십자가에서 원수들을 용서하시고 그들을 위해 기도하시지 않았니? 너도 너를 이같이 참혹히 만든 그 사람을 용서해 주겠니?" "예, 신부, 저도 그 사람을 용서하고, 그 사람도 사후 천국에서 내 옆에 올 수 있게끔 기도하겠어요." 그리고 그 입에서 마지막으로 울려나온 말은 "엄마, 아빠가…"였다.

마리아 고레티는 그로부터 45년이 경과한 1947년 4월 27일 성 베드로 대성당에서 초등 학생들을 합한 30만이란 대군중이 운집한 가운데 복녀품을 받았고, 그로부터 3년 후인 1950년 6월 25일에 성인품을 받아 성인이 되었다. 또한 그녀를 위한 많은 저서와 논설이 세계 각국어로 발표되었고, 그녀에 관한 영화도 제작되었다. 그를 살해한 범인은 오랫동안 감옥 생활을 한 후 회개했다. 마리에타의 어머니는 다행히도 딸의 시복식과 시성식에 참여할 수 있었다. 예식에 참여한 많은 청소년 군중은 그녀를 높이 찬양했다.

【 교 훈 】

예수께서 말씀하시기를 "마음이 깨끗한 사람은 행복하다" 하셨다. 불과 열두 살밖에 안 된 마리아 고레티로서 그 말씀의 진실성을 확증했다. 우리도 그녀와 같이 살고 또 그녀와 같이 죽는다면 이 말씀은 우리에게도 성취될 것이다.

성녀 마리아 도미니카 동정

[Sta. Maria Dominica, V. 축일 11. 7.]

가장 최근의 성녀로서 1951년 6월 24일 비오 12세에 의해 시성된 분은 일본에까지 건너와 대 활약을 한 도움의 성 마리아회의 창립자이며 모르네제의 천사라고 불리는 마리아 도미니카이다.

그녀는 1837년 5월 7일 이탈리아의 모르네제 시골에서 태어났다. 양친은 농부로 하인들을 두고 포도원을 경영했는데 모두 열심한 신자여서 그 아이의 종교 교육에 각별히 유의하고, 어머니가 성당에 나갈 때는 반드시 어린 마리아를 데리고 갔다. 마리아는 성당에 가는 것을 매우 좋아했으나 강론 듣는 일은 싫어했다 하니, 이는 아직 어린아이로서 어려운 말을 알아듣지 못한 까닭일 것이다. 그러나 차츰 성장하여 첫 고해, 첫영성체의 준비를 받을 때쯤 되어서는 강론을 그리 싫어한 편도 아니었다.

마리아가 첫영성체를 한 것은 열두 살 때였다. 그로부터 비오는 날이나 바람 부는 날에도 빠짐없이 매일 미사에 참여하고, 주일마다 영성체를 했으며 교리 성적은 주일 학교에서 항상 으뜸을 차지했다. 모르네제 본당에서는 매일 밤 성당에 모여 끝기도를 드리는 습관이 있었는데, 혹시 그녀가 집을 지킬 차례가 되어 성당에 나가지 못할 경우에는 창문을 열고 멀리 성당을 바라보며 마음으로 같이 기도하기도 했다.

그 당시 시골에는 아직 학교가 없었으므로 틈틈이 아버지에게서 읽기, 쓰기, 산수를 배웠다. 그리고 낮에는 아버지를 도와 부지런히 일을 했으므로, 나중에는 일군들이 도미니카와 함께 일하면 한 번도 쉴 새가 없다고 짜증을 낼 정도였다.

1854년 12월 8일은 복되신 동정 마리아의 원죄 없으신 잉태의 교리가 교황 비오 9세에 의해 믿을 교리의 하나로 결정 공포된 날이다. 이 날을 기념하여 본당 신부 페스타리노는 '복되신 동정 마리아의 원죄 없으신 동정녀회'를 조직했는데 도미니카도 가장 연소자로 이 회에 입회했다.

그 당시 모르네제에는 장티푸스가 만연되어 그의 백부 일가족은 전부 병석에 누웠다. 도미니카는 백부의 간청으로 그 집에 가서 환자들을 간호하며 침식을 헤아리지 않고 간호한 보람이 있어 다행히 모두가 구사히 완쾌되었다. 그러자 이번에는 본인이 그 병에 전염되어 오랫동안 다단한 고열로 심한 고통을 받았다. 다행히 생명만은 구했으나 그 후부터는 몸이 무척 쇠약해져서 힘든 일은 그 전처럼 하지 못했다. 그래서 재봉일을 배워 이를 소녀들에게 가르치는 한편, 그들의 신앙심을 북돋아주기 위해 베드로닐라와 같이 양재 학원을 설립했으며, 그 후 이를 어린이 놀이방으로 변경했다.

그 당시 페스타리노 신부와 친하게 지낸 요한 보스코가 도미니카의 사업을 주목하게 되어 페스타리노 신부를 통해 그녀에게 메달을 보내주기도 하고, 때로는 충고도 해 주거 생활 규칙을 정하여 주는 등 호의를 보여주었다.

때마침 버림받은 청소년을 구하기 위해 살레시오회를 조직한 요한 보스코는 역시 의지할 곳 없는 부녀자들을 돕기 위한 수녀회를 조직하려 했는데 복되신 동정 마리아의 원죄 없으신 잉태 동정녀회 회원들의 동의를 얻어 그 회를 그대로 그 수녀회로 정하고 도미니카의 놀이방을 수녀원으로 사용해 1872년 8월 5일 성모 대성당 축성 기념일에 11명의 수녀들의 착복식을 거행했다.

요한 보스코는 도미니카를 그 회의 수녀원장으로 임명하기를 바랬으나 그녀가 도저히 승낙치 않아 하는 수 없이 '안나 수녀회'에서 수녀 2명을 초빙해 지도를 맡겼다. 그러나 2년 후 요한 보스코가 재삼 도미니카에게 부탁하자 그녀는 더 이상 거절할 수 없어 원장의 임무를 맡아 수하 수녀들을 자비로운 어머니의 애정으로 다스리며, 가르치고 훈계하며, 격려하고 위로해 주었다. 요한 보스코가 제정한 회칙을 몸소 엄수하는 동시, 수하 수녀들에게도 이를 엄수케 하며 훌륭한 총장으로서 모든 책임을 완수했다. 그리고 그 회는 성모 마리아의 도움을 받기 위해 '도움의 성모 마리아회'라는 명칭으로 세상에 알려져 있다.

이 회는 가난한 경제적 사정으로 그 운영상 막심한 곤란을 겪었다. 그러나 도미니카는 요한 보스코의 의견에 따라 결단을 내려 여러 곳에 분원을 세우고 많은 성소자들을 이 회에 입회시켰다. 마침내는 미국에까지 분원이 서게 되었고, 그녀의 하느님께 대한 두터운 신뢰는 모든 어려움을 극복하여 어느 수도원이고 모두 번창케 했다.

1881년에는 남미 아르헨티나에도 분원이 섰다. 총장 도미니카는 부임지로 출발하는 수녀들을 전송하고 제노아까지 갔으며, 또 프랑스를 방문하여 마르세이유에 도착, 북 이탈리아의 리그리아 주를 통과 도중 불행히도 폐렴에 걸려 마침내 그 해 5월 14일에 44세를 일기로 세상을 떠났다.

그녀는 평소 성모의 날인 토요일에 임종하도록 기원했는데 그 소망이 이루어져 그녀의 선종일이 곧 토요일이며, 또한 도움의 성모 축일을 앞두고 9일 기도를 시작한 첫날이었고, 또 그 달이 성모의 달임을 생각하면 매우 뜻깊은 일이다. 그녀의 마지막 말은 "예수, 마리아, 요셉이여! 내 마음과 생애와 정신을 당신 손에 맡기나이다"라고 세 번 거듭했다 한다.

【교훈】

"강하다는 자들을 부끄럽게 하시려고 이 세상의 약한 사람들을 택하셨습니다"(1고린 1, 27). 건강에도 또는 학문에도 혜택을 받지 못한 이가 도움의 성모 마리아회를 창설했고 지금까지 융성한 발전을 이룩토록 한 성녀 마리아 도미니카는 위의 사도 성 바오로가 하신 말씀의 실증이다. 이런 일을 보아도 어떠한 사업에 있어서나 주님의 축복이 없으면 성공할 수 없고, 또한 겸손하지 않으면 주님의 도움을 받을 수 없다는 것을 깨달아 먼저 겸손지덕을 쌓도록 힘쓰자.

성녀 마리아 막달레나
[Sta. Maria Magdalena. 축일 7. 22.]

성서에 나타난 성녀 중 성모 마리아를 제외하고는 마리아 막달레나 만큼 우리의 관심을 끄는 성녀는 없다. 그러면 그녀의 사적(事蹟)은 어떠한가? 상세한 것은 역시 알 수 없으나 이 성녀에 대한 성서의 몇 구절을 읽어보아도 그녀가 얼마나 주님께 대해 열렬한 애정을 가졌었는가, 또 자기 죄악을 얼마나 침통하게 후회했는가를 알 수 있고, 아울러 위대한 성녀라는 것을 저절로 느끼게 된다.

막달레나에 대한 기사는 루가 복음에 있다. "악령이나 질병으로 시달리다가 나은 여자들도 따라 다녔는데 그들 중에는 일곱 마귀가 나간 막달라 여자라고 하는 마리아, 헤로데의 신하 쿠자의 아내인 요안나, 그리고 수산나라는 여자를 비롯하여 다른 여자들도 여럿 있었다. 그들은 자기네 재산을 바쳐 예수의 일행을 돕고 있었다"(루가 8, 2-3)고 실려져 있다. 여기에도 있는 바와 같이 막달레나는 주님의 힘으로 악마의 손에서 구원을 받은 이래 감사하는 마음으로 주님의 곁을 떠나지 못하고 있는 힘을 다해 도와 드렸다.

초대 교회에서부터 내려오는 전승에 의하면, 막달레나는 라자로와 마르타의 동생이요, 어렸을 때 양친을 잃고 유산의 분배를 받아 갈릴레아 지방인 막달라읍에 가서 호화로운 타락의 생활을 했다는 것이다 그것 외에 별

다른 죄악은 없지만 주님의 허락하심에 의해 잠시 악마의 손에 인도되었는가에 대해 상세한 것은 알 길이 없다. 다만 예수의 도움으로 모든 죄를 통회하고 난 후로는 잠시도 주님께 대한 열렬한 사랑이 식은 바 없다는 것만은 확실하다. 그러므로 성모의 순결 무구한 주님께 대한 사랑이 백합화에 비할 수 있다면, 마리아 막달레나의 통회의 피눈물로 모든 죄를 씻은 사랑은 진홍빛 장미에 비할 수 있을 것이다. 실제로 그녀는 주님께서 가시는 곳은 어디든지 그림자와 같이 따라다녔다. 갈릴레아의 광야를 헤맬 때도, 사마리아에서 기적을 행하실 때도 그 곁에 있었다. 이는 힘닿는 데까지 주님을 도와 드리기 위함이었고 또 한 가지는 그의 가르치심을 잘 듣고 깨달아 실행하기 위함이었다. 예수께서 마리아 막달레나를 칭찬하신 것도 이런 점에서였다.

예수께서 베다니아에 있는 그녀의 오빠 라자로를 방문했을 때의 일이다. 마르타는 주님의 입맛에 맞는 좋은 음식을 장만해 드리려고 부엌에서 분주히 서둘며 일을 했다. 그런데 이런 점에 조금도 유의치 못한 마리아 막달레나는 예수의 발아래 쪼그리고 앉아서 그 이야기하시는 말씀에만 정신이 팔려서 듣고 있었다. 이것을 본 마르타는 좀 불쾌했던지 노골적으로 불평을 터뜨려 놓았다.

"주님, 제 동생이 저에게만 일을 떠맡기는데 이것을 보시고도 가만 두십니까? 마리아더러 저를 좀 거들어 주라고 일러 주십시오"했다.

예수의 대답은 어떠했을까? "마르타, 마르타, 너는 많은 일에 마음을 쓰며 걱정하지만 실상 필요한 것은 한 가지 뿐이다. 마리아는 참 좋은 몫을 택했다. 그것을 빼앗아서는 안 된다"(루가 10, 40-42) 하셨다. 이는 물론 기도와 묵상 생활을 소홀히 하고 외부적 활동에만 정신을 쓰는 자들을 경계하시는 말씀인 동시에 막달레나의 구도(求道)에의 열성을 칭찬하시는 말씀이다.

이보다도 더 칭찬을 받은 일이 있다. 이는 바로 예수의 수난 6일 전의 일이다. 역시 베다니아에서 어떤 사람이 예수와 그 제자들을 초청하여 만찬회를 베풀었다. 마르타가 시중들고 있는 동안 마리아는 고귀한 나르드 향유 한 근을 가지고 와서 예수의 발에 붓고 자기 머리털로 그 발을 닦아 드렸다. 이는 단지 예수의 마음을 기쁘게 해 드리기 위함이었는데 이것을 본 제자들 중에는 "이 향유를 팔았더라면 삼백 데나리온은 받았을 것이고 그 돈을 가난한 사람들에게 나누어 줄 수 있었을터인데 이게 무슨 짓인가?" 하고 투덜 거렸다. 그때 마리아의 사랑을 아신 예수께서는 그들을 책망하며,

"참견하지 마시오. 왜 이 여자를 괴롭힙니까? 이 여자는 내게 아름다운 일을 해 주었습니다. 가난한 사람들은 언제나 당신들 주변에 있을 터이니 하려고만 하면 그들을 도울 수 있습니다. 그러나 나는 당신들과 언제나 함께 있지는 않을 것입니다. 이 여자는 자기로서 할 수 있는 일을 다 했습니다. 그래서 내 장래를 위해 미리 내 몸에 향유를 부어준 것입니다. 나는 분명히 말합니다. 온 세상 어디든지 복음이 전파되는 곳마다 이 여자가 한 일도 전해져서 사람들의 기억에 남을 것입니다" 하고 말씀하셨다.

이때 막달레나의 기쁨은 얼마나 컸을까?

이러니 그녀는 더욱 주님의 은혜를 깨닫고 더욱 주님과 일치하게 된 것이다. 예수의 수난이 시작되자 수년간 그의 슬하에서 그의 교육을 받은 제자들도 적이 두려워 도망치거나 숨었다. 그러나 막달레나만은 그런 비겁함을 드러내지 않았다. 성모와 같이 갈바리아 산위에까지 그의 뒤를 따라갔다. 예수께서 십자가에 못 박히신 때는 그 밑에 쓰러져 십자가를 힘껏 부둥켜안았다. 십자가에 계신 주님의 피와 땀은 끊임없이 흘러내려 그녀의 부드러운 눈시울에서 뜨겁게 솟아나는 눈물과 합류되었다. 주님의 고통은 곧 그녀의 뼈에 사무쳤고 온통 부어오른 그녀의 두 눈에는 주님의 최후가 비치었다. 그녀는 슬퍼하는 부인들과 더불어 장례식에까지 참여했고 제일 마지막까지 성모의 곁을 떠나지 않고 위로해 드렸다.

그 후 삼일 째 되는 날, 즉 안식일이 끝나는 일요일 아침 일찍이 그녀는 주님의 시신에 향유를 발라 드리기 위해 무덤에 갔다. 그런데 주님의 시신은 없었다. 그녀는 어떤 사람이 주님의 시체를 훔쳐간 것인 줄 알고 매우 놀라며 사도들에게 급히 전하고 그 주위를 눈물을 흘리며 찾아 다녔다. 요한 복음서에는,

"왜 울고 있느냐? 누구를 찾고 있느냐?"라고 기록되어 있다. 마리아 막달레나는 그분이 동산지기인 줄 알고 "여보세요. 당신이 그분을 옮겨갔거든 어디에다 모셨는지 알려 주세요. 내가 모셔 가겠습니다" 하고 말했다. 그러자 "마리아!" 하고 부르는 귀에 익은 목소리가 들렸다. 깜짝 놀라 돌아본 막

달레나의 앞에는 그리웠던 주님께서 서 계셨다. 주님께서는 미리 말씀하신 대로 부활하신 것이다. 막달레나는 너무 기뻐서 "라뽀니 (선생님이여)!" 하며 땅에 엎드렸다. 그리고 그녀는 주님께서 분부하신대로 뛰어가서 제자들에게 이런 기쁜 소식을 전했다. "나는 주님을 뵈었습니다. 주님께서는 이런 말씀을 하셨습니다"라고.

그 후 막달레나에 대한 더 세밀한 것은 알 수 없다. 전하는 말에 의하면 그녀는 오빠인 라자로와 같이 남 프랑스 지방에 귀양가서 여생을 은수 생활을 하며 지냈다는 말도 있고, 예루살렘의 총주교 모데스토나 투르의 주교 성 그레고리오가 전하는 바에 의하면, 성모와 성 요한과 같이 에페소에서 일생을 마쳤다는 설도 있다.

【 교 훈 】

예수께서 말씀하시기를 "이 여자는 이토록 극진한 사랑을 보였으니 그만큼 많은 죄를 용서받았다. 적게 용서받은 사람은 적게 사랑한다" 하셨다. 우리도 나약한 인간으로서 아무리 큰 죄악을 범했다 하더라도 결코 실망하지 말고 성녀 마리아 막달레나와 같이 주님께 대한 열렬한 사랑을 갖도록 힘쓸 것이다. 그러면 죄의 용서도 받고 보속도 자연히 없어질 것이다. 주님을 사랑하는 것이야말로 모든 덕의 원천이다.

성녀 마리아 막달레나 데 파치 동정

[Sta. Maria Magdalena de Pazzi, V. 축일 5. 25.]

파치의 성녀 마리아 막달레나는 1566년 이탈리아의 플로렌스의 명문 파치 가문에서 태어났다. 세례 때에는 시에나의 가타리나라고 이름지었다. '될 나무는 떡잎부터 알아본다'는 격언과 같이 그녀에게는 일찍이 어려서부터 성덕의 싹이 트여 만 2세가 되자마자 성체 속에 주님께서 계시다는 것을 깨닫고 이에 한없는 애정을 표시했다고 한다. 친구들과 놀 때에도 문득 하느님을 생각하고는 즉시 성당에 달려가 몇 시간이고 마음껏 기도에 몰두하기도 했다. 주님의 고난에 대해서도 아이답지 않은 깊은 이해와 동정을 가지고 자신도 편안히 있을 수 없다하여 제 손으로 가시관을 만들어 쓰고 침상에 누워 그 아픔으로 인해 잠이 오지 않을 때는 그 고통을 세상 사람들의 죄의 보속으로 바쳤다. 이처럼 경건하고도 출중한 아이였으므로 그 당시에 특별한 관면(寬免)으로 열살 때에 첫영성체를 허락 받은 것은 당연한 일이라 하겠고, 그때에 그녀는 평생 동정의 서원을 했다고 한다. 아버지가 코르토나의 시장으로 부임된 후 그녀는 플로렌스의 수녀들에게 위탁되어 교육을 받게되었다.

몇 해가 지나서 코르토나에 돌아온 아버지는 그녀를 출가시키려고 했으나 그녀는 서원 한 바도 있고 또 수도원에 들어가서 일생을 하느님께 바치려는 결심이 있었으므로 아버지는 대노하여 여러 가지로 그녀를 괴롭히며 억지로 자기의 의사에 복종시키려고 했다. 그러나 그녀는 끝까지 자기의 신념을 관철시켜 드디어 16세 때에 플로렌스에 있는 가르멜회에 들어가고 말았다. 마리아 막달레나는 그녀의 수도명이다.

그녀가 가르멜회를 선택한 이유는 아직은 일반인들에게 영성체가 자유로이 허락되지 않았던 당시에 있어서 이 수도회만은 매일 영성체를 할 수 있는 허가가 있어 성체 안에 계신 주님과 매일 일치할 수 있었기 때문이다.

1584년 서원을 한 후에 그녀는 탈혼의 은혜를 받았다. 그때 막달레나는 "나에게는 우리 주 예수 그리스도의 십자가 밖에는 아무것도 자랑할 것이 없습니다"(갈라 6, 14)라고 한 사도 성 바오로의 말씀을 외우자 그녀의 얼굴은 해와 같이 빛나며 헐언키 어려울 만큼 위엄있는 태도로 변해 두 시간이나 자기를 잊고 황홀경에 빠진 것이다. 그동안 그녀는 사랑하는 주님과 신비적 일치를 체험했다. 이러한 신비로운 일치는 그 후로도 종종 일어났으나 막달레나는 고통의 인간이라 불리는 예수 그리스도의 배필로서 적합할 만큼 여러 가지의 고통을 맛보지 않으면 안 되었다. 우선 중병에 걸려 거의 위독 상태에 빠졌던 것을 비롯하여 그것이 간신히 회복되자 이번은 무서운 정신상의 고민과 아주 심한 유혹을 당하게 되었다. 특히 그녀를 모독, 절망, 탐욕, 불순명 등의 대죄에 떨어뜨리려고 하는 악마의 끊임없는 노력에는 그녀도 몹시 속을 태우지 않으면 안 되었다. 그 고통이 너무 심할 때엔 그녀는 눈물을 흘리면서 다른 수녀들 앞에 엎드려 "부디 불쌍한 죄인인 저를 위해 기도해 주십시오" 하고 간청한 적도 몇 번 있었다.

이 같은 가혹한 시련은 실로 6년이란 장기간에 걸쳐 계속되었다. 그러나 그녀는 그것을 잘 참아 1590년 성령 강림 대축일을 맞이하자 하느님께서 예정하셨던 고민의 잔도 이미 최후의 한 방울까지 다 없어졌는지 그렇게도 심하게 밀려오던 유혹의 물결도 갑자기 그치고 겹겹이 맺혀있던 우울한 검은 구름도 깨끗이 다 벗겨져, 그녀의 가슴속에는 비할 데 없는 평화의 햇빛이 환하게 비치게 되었다.

막달레나는 그 동안에 배운 희생의 정신을 일평생 잊지 않았다. 이 사실은 그녀가 '죽음보다도 고통'이란 말을 항상 명심하고 있었다는 것만으로도 확실히 알 수 있다.

그녀는 후에 수련장이 되고 또한 부원장이 되어 깊은 초자연적 지식과 뜨거운 사랑을 기울여 그녀에게 위탁된 수녀들을 완덕의 길로 잘 인도했으나 곧 다시 중병에 걸려 갖은 고통을 인내한 후 1607년 5월 25일, 깨끗한 영혼을 하느님께 바쳤다.

그 뒤 그녀에 의한 기적은 무수히 일어나 20년 후에는 복녀위에 오르고 마침내 1669년에는 교황 클레멘스 9세 때 성인품에 오르게 되었다.

【 교 훈 】

파치의 성녀 마리아 막달레나와 같이 우리도 고통을 하느님께 제정된 천국에의 관문(關門)이라 생각하고 함부로 이를 싫어하지 않도록 조심해야 한다. 왜냐하면 주 예수를 위시하여 어떤 성인 성녀든지 고통을 받지 않고서 천국에 들어간 분은 없기 때문이다.

성녀 마리아 막달레나 포스텔 동정

[Sta. Maria Magdalena Postel, V. 축일 7. 16.]

교회를 멸망시키려는 박해자들은 먼저 지도층에 있는 수도자나 성직자들을 없애고자 노력한다. 이는 그들의 상투적 수단으로서, 목자만 없애면 그 양들은 자연히 멸망되리라고 생각하기 때문이다. 그러나 목자를 잃었을 때에도 열심한 신자가 그 임시 지도자로 나서서, 형제 자매를 인도하고, 박해의 풍랑을 겪어 가며 그들을 구원의 기슭에까지 훌륭히 도착하도록 하는 적도 있다. 성녀 마리아 막달레나 포스텔은 바로 이러한 난구에서 사람들을 격려하며 그들의 신앙을 견고히 한 열부였다. 그는 1756년 11월 28일 프랑스 북부 노르망디 주의 바르프레올에서 태어났으며, 세례명은 율리아였다.

양친은 독실한 천주교 신자로서 어릴 때부터 율리아에게 종고적으로 충실한 교육을 베풀었다.

어느 날이었다. 어머니가 겨우 세 살밖에 안 되는 율리아를 데리고 근처 성당에 가서 기도를 하고 있었는데, 철모르는 율리아는 혀도 제대로 구르지 않는 말로 저잘거리며 성당 안을 뛰어다니며 장난을 했다. 그래서 어머니는 "그렇게 버릇없이 놀면 하느님의 착한 아이가 되지 못한다" 하고 책망했다.

이 책망을 듣고 어린 마음에도 몹시 놀랐던지 즉각 얌전하게 앉아 있었고, 그 후에도 어머니의 말씀을 잊지 않았다고 한다.

그 뒤 율리아가 얼마나 열심했는가는 불과 아홉 살밖에 안 되는 어린아이가 첫영성체를 했다는 사실로써 알 수 있다. (그 당시에는 그렇게 빨리 첫영성체를 할 수 없었다.) 첫영성체 때 그녀는 종신 동정을 지킬 결심을 했다. 그리고 틈만 있으면 성체 조배를 갔다. 그녀가 성체 조배하러 성당으로 급히 서둘러 가는 모습은 보는 사람으로 하여금 "마치 작은 성녀같다"고 탄복할만큼 경건했다. 양친은 그녀의 교육을 바론뉴에 있는 베네딕토 수녀원에 의탁했다. 이 후 율리아는 수녀원 기숙사에서 살았고, 다시 부모의 슬하에 돌아온 때는 그녀가 16세된 해였다.

그녀는 빈민을 위한 어린이 학교를 신설하고 그들의 교육을 위해 이바지하는 한편, 밤기면 항상 성당에 가서 성체대전에서 지내는 것을 무상의 낙으로 삼았으며 믿지 않는 이들을 위해 기도하며 철야하는 적도 가끔 있었다. 율리아는 하느님께서 주신 은총으로 냉담자를 회개시키는데 특별한 힘이 있었다. 어느 날 오랫동안 성사 생활을 하지 않는 부인을 만났다. 율리아는 빨리 성사 생활을 다시 하도록 권고하자 그 부인은 "성당에 입고 갈 옷이 없다"고 핑계를 대는 것이었다. 율리아는 즉시 자기 예복 두 벌 중에서 나은 것을 내주며 "자, 이만하면 되겠지요"라고 했다.

그녀는 "할 수 있는 한 선행을 다 하라. 그러나 남 모르게!"라는 구절을 자기의 좌우명(motto)으로 삼고 덕을 닦으며 16년간을 보낸 도중 1789년 역사상 유명한 프랑스 대혁명이 일어나 전국을 소용돌이 속으로 몰아넣었다. 교회의 일대 박멸을 기도하는 잔악한 혁명가들은 미사 성제며 성무 집행을 일절 금하고 신부, 수사, 수녀를 막론하고 만나는 대로 체포하여 단두대로 보냈다. 이렇게 되자 신자들이 성당에 모인다는 것은 상상조차 못할 일이었다. 그래서 율리아는 죽음을 각오하고 자기 집 지하실에 비밀 성당을 꾸미고 미사 성제를 거행하게 하며 성체를 모시도록 했으며 신자들의 집을 방문하여 그들을 위로하고 그들의 신앙 생활을 격려하며 어린아이들에게 교리를 가르치며 특히 혁명가들을 위해 기도와 극기, 보속을 많이 했다.

1798년 그녀가 성 프란치스코 제3회에 입회한 것도 이것으로 인한 극기, 보속을 더욱 많이 하기 위함이었다. 매주 목요일은 예수 수난을 묵상하는 날로 정하고 가끔 철야 기도를 하며 지냈다. 그리고 미사드릴 신부가 오면 신자들에게 연락하여 같이 미사에 참여하도록 했다.

신자들이 위험을 느낄 때에는 자기 몸으로써 이를 수호했다. 혁명가들은 율리아의 태도를 수상히 여겨 여러 차례 그녀의 가택을 수색했으나 다행히도 지하 비밀 성당은 발각되지 않았다. 율리아는 이러한 박해 중에도 나약한 여자의 몸으로서 할 수 있는 한 사제의 대리 노릇을 다했다. 병자를 찾아가 임종 준비를 시키며, 밤중에 사제에게 청하여 병자 성사를 받게 하고, 사제에게 청할 수 없는 경우에는 손수 성체를 깨끗한 보자기에 옮겨 이를 지극히 공손하게 병자에게로 모시고 갔다. 이러한 일은 율리아에게 있어서 가장 기쁜 일이었다.

나폴레옹이 국내를 안정시키고 혁명 소동이 끝나자 신앙은 자유를 찾았다. 율리아는 그 후 샤르부르에 초청을 받아 학생수가 약 300명 되는 한 초등 학교의 교장이 되었으나, 혁명 중에 학생들의 종교 지식이 너무 결핍되었으므로 홀로 교육할 길이 없었다. 그래서 여성 교우들을 모집하고 교육을 목적으로 한 여자 수도회를 창설하고 싶어 그녀는 카바르 신부에게 수도회 창설에 관한 의견을 들으러 갔다. 사제는 "물론 좋습니다만 그 자금을 어디서 충당합니까?" 하고 물었다. 그때 율리아는 양손을 펴 보이며 "신부, 보십시오. 이게 제 전 재산입니다"라고 대답했다. 가냘픈 여자의 몸으로서 또 맨손으로써 그러한 성스러운 사업에 매진했고 또 큰 사업을 이루었으니, 이 과연 얼마나 장한 일인가. 그가 수도 서원을 발한 것은 1807년이다.

율리아가 수도명으로 마리아 막달레나라는 새로운 이름으로 고친 것은 사람들이 종전의 자기의 공적을 잊게 하기 위함이었다. 그녀는 자기 수도회 사업의 일체를 자비하신 성모님께 맡기고 하느님의 섭리하심만을 기다렸다. 수도회 창설 당시에는 여러 가지 난관에 부딪쳤다. 그러나 그녀의 굳은 신뢰는 하느님 대전에 무한히 가상스럽게 여겨져 모든 난관을 극복하고 급기야 목적을 달성하기에 이르렀던 것이다.

그녀가 수도 생활을 시작한 것은 41세 때였다. 그로부터 80고령에 이르기까지 수도원 규칙을 엄수하며, 제의와 성당 소품을 만들기를 좋아하며, 정결한 일생을 보내고, 1846년 7월 16일 가르멜 산의 복되신 동정 마리아 축일에 선종했다.

마리아 막달레나가 얼마나 타인의 영혼 구원에 열중했는가는, 그녀가 항상 외우는 다음과 같은 그녀의 기도문 중에서 엿볼 수 있다.

"주여, 내가 바느질 할 때에 그 한 땀 한 땀마다 영혼 하나를 구해 주소서. 아멘."

【 교 훈 】

성녀 마리아 막달레나 포스텔은 혁명 중에도 생명을 아끼지 않고 사제를 도와 주었다. 이는 영혼 구원을 위해서는 사제가 반드시 필요하다고 생각했기 때문이다. 그녀는 이러한 정신으로 많은 사람의 영혼을 구했다. 그러니 우리도 타인의 영혼을 구원하기 위해서는 사제들을 도와 드려야 된다는 것을 잊지 말아야 한다.

성녀 마리아 미카엘라 동정
[Sta. Maria Michaela, Virg. 축일 8. 25.]

성체 성사! 이는 우리 가톨릭 신자들의 신앙의 중심인 동시에 모든 성덕과 희생, 결백, 자비의 원천이다. 그러므로 타인의 구원을 주 목적으로 하는 박애적 수도원의 창립자들은 누구나 다 그 회원들에게 영성체, 성체 조배의 정신을 고취 함양하지 않은 이가 없었다. 성녀 마리아 미카엘라도 그 중의 한 분이다.

그녀는 1809년 1월 1일에 스페인의 마드리드에서 태어났다. 아버지는 스페인 독립 전쟁에서 명예의 부상을 입은 역전의 용사이며, 어머니는 마리아 루이스 황후의 여관(女官)이었다. 그래서 미카엘라는 아무 부족함이 없이 자라났으며, 아홉 살이 되자 열심한 신자인 양친은 주님의 뜻에 적합한 교육을 시키기 위해 그녀를 프랑스의 포오 시에 있는 우르술라 수녀원에 맡겼다.

13세 때 아버지가 사망하여 그녀는 다시 어머니께로 돌아왔고, 어머니는 4명의 자녀를 거느리고 과다라야라 고성(固城)으로 이사해 자녀들의 교육에만 전념했다. 미카엘라는 지하실을 이용하여 조그마한 학원 비슷한 것을 시작하고, 근방에 있는 아이들을 모아 재봉을 가르치며, 또 고해, 영성체에 대한 준비를 시켜 주고 가끔 그들을 데리고 성당에서 성체 조배를 했다. 그리고 그들이 성장하면 다른 곳으로 보내어 그들의 보수를 자기가 지불하면서 그들을 영육간으로 도움을 주었다.

그녀는 그 근방에 환자가 있다는 말을 듣기만 하면 수고를 헤아리지 않고 곧 달려가서 성심껏 간호를 해주며, 가난한 이에게는 옷과 음식을 마련해 주었다. 더욱이 1834년에 콜레라가 만연되었을 때에는 환자의 집마다 돌아다니며 그들의 간호에 분투했고, 그 사람들에게 학원을 통해서 만든 의복 4천 벌을 나누어 주기까지 했다. 그동안 그녀의 어머니도 같은 전염병에 감염되어 미카엘라는 이후 3년간 침식을 잃다시피 정성을 다해 간호해 드렸으나, 백 약이 무효하여 마침내 세상을 떠나고 말았다. 그러나 어머니의 훌륭한 임종에는 미카엘라의 정성어린 위로와 격려가 큰 힘을 주었다.

어머니 간호로 피로해서인지 미카엘라의 건강은 갑자기 악화되어 갔다.

프랑스 주재 스페인 대사관에서 근무하던 오빠 디에고는 누이의 건강을 염려하여 그녀를 파리에 데려가 여러 명의에게 보였으나, 끝내 그녀의 건강은 전과같이 회복되지 않았다. 그래서 미카엘라는 다시 스페인에 돌아와 어느 독지가 부인의 도움을 얻어 빈민 가정 구제회를 세우고, 천주의 성 요한 병원을 중심으로 성스러운 자선 사업에 발을 들여놓았으며 1845년 4월 1일에는 가엾은 윤락 여성을 위해 구호소를 개설했다.

1848년 미카엘라는 다시 파리에 있는 오빠를 방문했다. 마침 중부 유럽에는 정부 및 자본가에 대한 불온한 공기가 떠돌아 노동자 외에는 길거리를 마음놓고 다닐 수 없이 험악했는데, 미카엘라는 자선 사업의 간판이 있으므로 무산 계급으로 간주되어 마음대로 시가를 왕래하고, 오빠 가족의 필요한 일용품을 구입할 수 있었으며, 기타 여러 가지 일도 도와 주었다. 다만 매우 유감스러운 일은, 긴장 상태로 인해 어느 성당이든지 문이 꼭 닫혀 있으므로 마음대로 미사에 참여할 수 없었던 점이다. 그때까지 그녀는 다섯 시에 일어나서 성당에 나가 열 시까지 계속되는 미사에 다 참여하는 열심한 신자였으니, 얼마나 섭섭했으랴!

미카엘라는 불행한 윤락 여성 구제회를 설립하고 처음에는 그들의 지도를 프랑스에서 온 수녀에게 맡겼는데, 그 결과가 신통치 않았으므로 그 후에는 세속 사람을 채용했다. 그래도 그 성과가 여전히 좋지 않자 그녀는 이런 어려운 사업을 육성하기 위해서는 희생 정신이 있는 수녀의 양성이 절실히 필요함을 느끼고 카라사 신부의 권고를 받아 새로운 수녀회를 창설하고 1857년 1월 9일에 첫 서원식을 거행했다. 그때 서원자는 미카엘라까지 도합 8명이었다.

그때부터 그녀는 원장으로서 자매들을 지도하며 열심히 노력한 결과 그 사업이 사회에서도 크게 환영을 받아 회원들의 수도 날로 증가되었고, 곧 사라고사, 톨레도에 분원을 설립하게 되었다. 미카엘라는 자기들의 사업에 하느님의 특별한 은총이 없어서는 안됨을 깊이 깨닫고 수도원 성당에 모신 모든 은총의 근원이신 성체를 끊임없이 조배할 것을 회원의 의무로 정했다. 후에 그녀를 '성체의 성녀'요, 그 회를 '성체조배회'라고 칭하게 된 것은 이러한 이유에 기인한 것이다.

1865년 발렌시아 시에 악성 콜레라가 발생하고 또 그 곳 수녀원 내에도 환자가 생겼다는 소식에 미카엘라는 급히 그곳으로 가서 그들을 정성껏 간호해 주었다. 그러다가 자기도 그 병에 감염되었고, 8월 24일 밤 병상을 둘러싼 자매들의 성모께 대한 기도문을 들으며 하늘을 우러러 온 얼굴에 희색을 띈 채 숨을 거두었다. 이 사랑의 희생자의 나이는 56세였다.

그 후 그녀가 세운 수녀회는 우리 나라는 물론 이탈리아, 아르헨티나, 칠레, 베네수엘라, 콜롬비아, 아프리카 등지에 발전되어 무수한 수녀들을 천국으로 인도하고 있다.

【 교 훈 】
성녀 미카엘라는 부유한 귀족 태생으로 현세의 모든 쾌락을 마음대로 누릴 수 있었음에도 불구하고 굳세게 이 모든 것을 일축하고 불행한 여인들을 위한 구제 사업을 일으켜, 실로 사회를 위해, 사람을 위해 훌륭히 활동했다. 그녀의 희생, 박애의 정신은 현대에 사는 우리로서 특히 배워야 할 바이다.

복녀 마리아 요세파 동정

[Bta. Maria Iosepha, V. 축일 12. 15.]

지금으로부터 바로 35년 전에 복녀위에 올라 아직 중년 인사들의 기억에서 사라지지 않는 분이 계시니, 이는 곧 마리아 요세파 동정녀이다. 그녀는 전 세기의 사람인 만큼 우리와 가장 가까운 세상에 널리 알려진 분이다. 그러기에 어느 성인, 성녀보다도 행적이 분명하고 아울러 우리가 따를 수 있는 점도 많다 할 수 있을 것이다.

요세파(Iosepha)라는 본명은 여자 이름으로서는 종종 듣는 바이나, 요세파라는 성녀는 로마 순교록이나 그 외의 성인 명부를 아무리 찾아 보아도 나오지 않는다. 그러므로 요세파라고 이름지은 사람들은 그 이름을 지닌 공인된 성녀를 주보로 모실 수가 없어서 본명 축일도 성모 마리아의 배필 성 요셉의 축일에 지내곤 했다. 그런데 다행히도 1938년 11월 8일, 마리아 요세파라는 한 여성이 복자위에 오름에 따라 이후 요세파를 본명으로 하는 이들은 그의 보호를 구하며 그 모범을 따를 수가 있게 된 셈이다.

마리아 요세파는 1811년 이탈리아의 사보나 시에서 가까운 알비소라 마을의 로세르 가문에서 태어났다. 때는 마침 나폴레옹 1세가 전 유럽에서 패권을 잡고 있을 무렵이다. 그녀의 가정은 매우 구차한 데다가 여러 자녀로 말미암아 생계도 극히 어려운 처지였다.

그녀는 세례명으로 예로니마 베네딕타라 지었고, 이미 어려서부터 다른 이들의 영혼 구원 사업에 열심하여, 주일에는 부근의 아이들을 많이 모아 성당에 데리고 가서 같이 미사에도 참여하고 성체 조배도 하고, 때로는 그들과 더불어 근방에 있는 성모님의 경당을 찾아가서 기도도 바치고 성가도 부르며 그날 그날을 보냈다.

그녀는 이미 말한 것과 같이 양친이 가난했으므로, 비록 어린 몸이었지만 조금이라도 집안 살림을 도우려고 일찍부터 뜨개질을 배우고, 이웃 사람들의 일을 맡아 열심히 일하여, 번 돈은 모조리 어머니에게 드렸다.

12세 때에 그녀는 사보나 시에 있는 카푸친 수도원의 성당을 방문하고 성 프란치스코의 제3회에 입회할 것을 신청하여 수도자로 지냈다.

수도자로 지내면서 그녀의 수도 생활이야말로 눈부신 진보가 있었고, 규칙을 세밀한 데까지 알뜰히 지키므로 모든 수도자들의 모범이 되었고 거울이 되었다. 몇 해 후, 한 수도원을 창립하고 지도자가 된 그녀가 가난한 덕을 사모하며 하느님께 대한 사랑과 이웃 사람에게 대한 사랑으로 단연 두각을 나타내게 된 것은 이 제3회원 시대에 닦은 수련의 선물이었을 것이다.

그 후 예로니마 베네딕타는 사보나 시에 와서 일하게 되었다. 사보나 시는 제노아 만(灣)에 자리잡은 소도시로서 인구는 약 5만인데 대부분은 해외 무역을 업으로 하고 있었다. 따라서 사람들의 분위기는 말할 수 없이 문란하고 아동 중에도 불량한 아이들이 많았다. 게다가 그 당시엔 아동 교육이 극히 관대하여 학교에 가지 않는 아이들도 허다하고, 세상 사람들도 하등 이를 이상하게 생각지 않으므로, 불량하게 된 소년 소녀들은 떼를 지어 시가를 배회하며 사람들을 괴롭히는 것이었다. 그래서 시 당국자나 교회 당국자는 이 사태를 매우 염려하지 않을 수 없었다. 그 중에도 데 리마 주교는 선도 구제를 목적으로 우선 가난한 집안의 아이들에게 동정과 이해가 깊은 예로니마 베네딕타를 생각하고, 하루는 그녀를 3인의 여성 교우와 함께 가까이 불러놓고 소년, 소녀 감화의 대사업을 위탁했다. 그녀는 그 책임의 중대함을 통감했지만 하느님의 섭리하심을 신뢰하며 기쁘게 주교의 요청을 받아들였다.

사보나 시의 부근에는 순례자들이 조배하는 소성당이 있는데 그곳에는 자비의 성모 마리아 성상이 안치되어 있다. 예전에 교황 비오 6세가 장엄한 예식을 거행하며 이 성모상에 화관을 씌울 적에 어린 예로니마도 그 식에 참여하고 깊은 감격을 느꼈으며 영원히 사라지지 않을 깊은 인상을 받았다. 그렇기에 지금 그녀가 수도원을 세우고 아동 구호 사업에 착수함에 있어 이 회를 '자비의 성모회'라고 이름지은 것도 당연한 일이라 하겠다. 또한 그녀는 성 요셉께 대한 존경심도 매우 두터워, 사업에 필요한 비용을 주선해 줄 것을 성 요셉에게 간청했다. 그리고 일생을 희생으로 바치며 새로운 생활로 들어가는 기념일에 이름을 마리아 요세파라고 고쳤던 것이다.

그녀는 주교의 명령에 의해 자기가 창립한 자비의 성모회의 원장이 되어 자매들의 지도에 헌신했으며 언제나 솔선하여 그들에게 좋은 표양을 주는 것을 잊지 않았다. 그 교훈은 그의 영적 자매들에게 계속 지켜지고 있는데, 그 몇 가지를 간추려 보면 다음과 같다.

† 노동을 할 때에도 마음을 하느님께로 올려야 한다.
† 박애 정신의 근본은, 병상에 누워 있는 환자에게 약을 주는 것 보다도 고생하는 이와 더불어 고생하고, 통곡하는 이와 더불어 통곡하는 데 있다.
† 자비의 성모회의 가족이 된 자는 혼자서 천국에 들어가서는 안 된다. 자기가 사랑으로 맡은 아이들과 병자들을 데리고 가지 않으면 안 된다.

간단한 교훈이지만 그녀의 인품과 수덕의 출중함을 여실히 나타내는 것이라 하겠다.

자비의 성모회의 사업은 크게 세상의 환영을 받아, 이미 마리아 요세파의 생존시 이탈리아 국내에 62개소, 남미(南美)에 6개소의 분원이 설치되는 등 대 발전을 하였다. 그녀가 죽은 후에는 더욱 더 발전하여 오늘에 와서는 248

개소의 수도원이 설치되고 수천 명의 자매들이 활약하고 있다.
　마리아 요세파가 수도원을 창립한 후 오로지 자선 사업을 경영하기를 무려 40년, 1880년 12월 7일을 일기로 세상을 떠났다. 그 성스러운 일생은 하느님의 뜻에 일치되어, 사후 그녀의 전구로 인해 기적도 많이 일어났으므로, 시복 조사가 이루어져 1938년 11월 6일 복자 위에 오르게 된 것은 참으로 경축할 일이라 하겠다.

【 교 훈 】
　복녀 마리아 요세파는 항상 복되신 동정 마리아의 배필 성 요셉을 매우 신뢰하며 그의 보호를 구하기 위해 수도명에 그의 이름을 덧붙이고 그 덕을 본받기에 힘썼다. 우리도 자기 본명 성인을 본받아 덕을 닦으며 그의 보호를 구하자.

성녀 마리아 프란치스카 사베라 카브리니 동정

[Sta. Maria Francisca Xavera Cabrini, Virg. 축일 12. 22.]

　각국의 인구 증가와 더불어 이민 문제가 시끄럽게 논의되는 이때에 '이민(移民)의 어머니'라고 불리는 한 성녀의 생애를 이야기함은 무익한 일은 아닐 것이다. 그분은 1917년에 세상을 떠난 마리아 프란치스카 사베라 동정녀이다.
　그녀는 1850년 7월 15일, 북 이탈리아의 로디지아노에서 태어나, 같은 날 세례를 받고 본명을 마리아 프란치스카라 했다. 거기에 사베라가 붙은 것은 그녀가 장성하여 전교에 대한 관심을 갖게 됨에 따라 전교의 대주보인 프란치스코 하비에르를 사모하는 의미에서 자원하여 붙이게 된 것이다.
　그녀는 어려서부터 머리가 영리하고 신앙심이 깊었으며, 부모의 허락을 얻어 아직 13세의 어린 몸으로 종신 동정 서원을 발했다. 그 후 그녀는 교원 자격을 얻어 일생 동안 여성 교육을 위해 바치려고 고직을 위한 수녀원에 들어가려 했으나 지도 신부의 의견에 따라 비달도 시에서 2년 동안 더 교편을 잡았고, 그 후 코토네이 시에 가서 보육원을 경영했다.

코토네이 시에는 유명한 성모 마리아의 소성당이 있다. 그녀는 가끔 보육원 아이들을 데리고 그 성당에 가서 조배를 했는데 실상 자기 자신이 성모께 대한 특별한 신심을 갖고 있었다.

그녀가 보육원 생활을 하는 동안 로디의 주교는 그녀의 사람됨에 관심을 두고 그녀에게 새 수녀회를 조직할 것을 권유했다. 그녀도 그것이 주님의 뜻인 줄 알고 회를 조직하여 '예수 성심 전교회'라 불렀다.

19세기 후반에 들어서 이탈리아는 남, 북미(南, 北美) 등 해외에 많은 이민들을 보냈는데 그들은 빈곤한 생활을 견디면서 처녀지를 개간했다. 그러나 교회나 학교는 고사하고 신부나 교리 교사를 초청할 능력이 없어 그들의 영적 상태는 매우 위험한 처지에 놓였으며, 유서 깊은 본국 사람들에 비해 정신적으로 매우 불행한 처지에 놓여 있었다.

프란치스카는 그러한 사정을 듣고 그 지역에 가서 비록 규모가 작을지라도 학원이나 병원을 설립하여 공익을 도모하겠다는 생각이 간절했다. 그래서 교회 장상, 특히 교황 레오 13세도 그런 의사를 갖고 있다는 소식에 힘을 얻어 즉시 일에 착수, 수하 수녀들과 함께 미국을 향하여 출발했다.

프란치스카는 본래 그리 건강한 편은 아니었다. 그러나 그녀의 왕성한 정신력과 탁월한 진취성으로 아메리카는 물론, 남미 도처에 이탈리아 이민을 찾아서 여러 가지 사업을 일으키며 67개소의 수녀원을 세웠다. 자본이 넉넉지 못했으므로, 그녀의 희생심과 하느님께 대한 굳은 신뢰심이 없었던들 그와 같이 광범위하게 사업을 확장하지는 못했을 것이다.

그녀는 예수 성심에 대해 지대한 공경과 신뢰를 가지며, 수녀들을 성심의 보호하심에 맡겼다. 그리고 모든 덕에 있어, 특히 겸손과 청빈에 있어 스스로 수녀들의 거울이 되었다.

1917년 12월 22일, 그녀는 자기 회의 병원 증축을 위해 시카고 시에 체류 중에 중병을 얻어 세상을 떠났다. 그녀의 나이 67세, 그 유해는 뉴욕에 이송되어 마사 카브리니 여자 고등학교 부속 성당에 보존되어 있다. 그녀는 1946년 7월 7일 교황 비오 12세에 의해 성인품을 받았다.

【 교 훈 】

　남의 신앙이 위험한 처지에 있음을 보고 이를 근심하며 그 영혼 구원을 위해 노력한 것은 그녀가 살아있는 신앙을 갖고 있음을 말해준다. 성녀 프란치스카 사베라는 그런 분으로서, 다른 사람의 영혼 구원을 위해 자기 몸을 던지고 희생했다. 우리도 우리 동프가 그런 위험에 처해 있을 때 그 영혼 구원을 위해 성녀와 같은 정신으로 활동하자.

성 마인라도 증거자

[St. Meinradus, C. 축일 1. 12.]

　805년 스위스의 보덴세 하천가 술겐이란 마을에 사는 덕망이 높은 어떤 부부사이에 남자 아이가 태어났다. 세례 때에 지어 준 이름은 마인라도였다. 다섯 살 때 아버지는 그를 독일 라이헤노우의 베네딕토 수도원에 보냈다. 이 곳은 예전부터 사제 교육의 도장(道場)으로서 유명하다. 그는 이 수도원에서 학문과 윤리에 대해 오랜 기간 교육을 받았는데 그의 경건한 생활과 신앙에 대한 열정은 수도원의 모든 사람들을 감동시켰다. 그러므로 그가 성장하여 수도원에 들어가길 원하자 사람들은 기꺼이 그를 받아들여 그 수도원의 수사가 되는 것을 허락했다.

　그는 오래지 않아 사제품을 받아 튜 호숫가의 오벨 보린겐이란 곳에 파견되어 그곳 수도원 학교에서 소년들의 교육을 담당하게 되었다. 이처럼 그는 수사로 혹은 교육자로 몇 해를 지냈지만, 본래의 고독을 좋아하는 마음에서 마침내 그 직책을 치르고 사람들을 떠나 홀로 기도와 묵상 생활을 하려는 결심으로 깊은 산속으로 들어가 그곳에 오막살이를 짓고 그 안에서 7년간이나 단식과 끊임없는 기도로 지냈다.

　그의 덕행에 대한 소문은 잠깐 사이에 고요한 산속에서 부근의 여러 도시와 마을에까지 퍼졌다. 영신적 고민이나 육신의 고통을 당하고 있는 많은 사람들은 그에게 위안과 도움을 받으려고 먼 지방에서까지 그 초막을 방문하여 그에게는 참으로 힘든 일이었다. 그리하여 그는 그 초막을 버리고 더욱 깊은 산속에 들어가 다시 새로이 초막을 짓고 그 안에 성모 마리아의 상본을 모셨다.

지금은 그 장소에 유명한 아인디데룬 수도원이 설립되어 있고, 그 은총을 가득히 입으신 성모님의 상본을 참배하러 오는 사람은 세계 각국에서 매년 몇 천명에 달한다. 그러나 그 당시에는 인기척이 없었고, 특히 그 부근에는 낮에도 어두울만큼 커다란 나무들이 꽉 들어차 있었다. 그러한 쓸쓸한 곳에서 마인라도는 20년 동안이나 살았다. 그의 친구는 오직 둥지에서 떨어진 어린 새끼를 주어다가 귀중히 길러낸 두 마리의 까마귀뿐이었다. 식사 때에는 그렇지 않아도 부족한 음식물을 그 새에게도 분배해 주었다.

그는 이처럼 세상 사람들에게서 떠나있지만, 슬퍼하는 이, 고민하는 이는 성인의 거처를 어떻게 알았는지 자꾸 찾아왔고, 그는 도움을 구하러 오는 사람에게 무정하게 문을 닫아버리는 일은 없었다. 어떤때는 훈계 말씀으로 또 어떤때는 기도로써 슬퍼하는 이와 절망에 빠진 이를 위로하며 격려해 주었다.

흉악하기 짝이 없던 강도 둘이 어느덧 성인에 대해서 알게 되었다. 그들은 마인라도가 자신을 방문하러 오는 많은 사람들에게 선물로 받은 많은 금품을 반드시 어딘가에 감추었으리라고 생각하고 그것을 빼앗으려고 그의 거처를 찾아갔다.

마인라도의 두 까마귀는 악인들을 보자마자 미리 위험함을 깨달았음인지 요란히 짖었다. 그때 마침 성인은 초막속의 작은 기도소에서 미사를 봉헌하고 있었는데 하느님의 특별한 은총의 빛으로써 자기의 죽음이 다가온 것을 알았다. 그러나 그는 조금도 산란함이 없이 미사 성제를 끝마치고 나서 문을 열고 빵과 포도주를 들고 강도들을 맞이했다.

그들이 원하는 것은 돈이었다. 마인라도는 자기에게는 돈도 없고 보물도 없다고 주장했지만 강도들은 그 말을 믿지 않고 마당에 그를 결박하여 목을 졸라매어 죽였다.

전승에 의하면 그가 죽는 순간 제단 위에 있는 촛불이 저절로 꺼져 그것을 본 강도들이 놀라며 도망치자 두 마리의 까마귀들이 요란스럽게 짖으면서 그들의 뒤를 따랐기 때문에 마침내 강도들은 튜라는 마을에서 그대로 사람들에게 체포되었다고 한다.

　마인라도가 세상을 떠났을 때 그의 나이는 58세였다. 사람들은 그 유해를 그의 초막 옆에 장사지냈다. 그는 생존시와 같이 죽은 후에도 사람들에게 위로와 도움을 주었다. 독일이나 스위스의 각 지방에서 그 무덤을 참배하러 오는 이는 그치지 않았고, 하느님께서는 또한 충실한 종 마인라도를 위해 많은 기적을 행하심으로써 그에게 영광을 내려 주셨다.

　백 년 후에 그의 무덤 위에는 웅장한 성당이 건설되었고, 그 옆에는 베네딕토회의 아인디데룬 수도원이 높이 솟아있다.

【 교 훈 】

　성 마인라도는 고독의 존귀함을 충분히 깨달았다. 우리도 온전히 세속을 떠나지는 못할지라도 가끔 홀로 고요한 곳을 찾아 세상의 요란함을 피하고 자기의 영혼에 대해 깊이 성찰하고 우리 마음속에 잠잠히 말씀하시는 하느님의 말씀을 명백히 듣기로 힘쓰자.

　성 베르나르드는 "고요한 곳에 홀로 있는 것은 대 학자의 슬하에서 배우는 것보다 하느님과 영적 진리를 더 많이 깨달을 수가 있다'고 말했다.

성 마카리오 은수자

[St. Macarius, Eremita. 축일 1. 2.]

　옛날 아주 번화하던 이집트의 대 상업도시 알렉산드리아는 사업이나 생활의 방도를 구하기 위해 다른 나라에서 많은 사람들이 모여드는 곳이었다. 이곳에 330년경 과자 가게를 하며 살아가던 마카리오라는 사람이 있었다. 그는 30세가 되었을 무렵 (335년경?) 그리스도교를 알게 되어 열심히 연구하여 세례를 받고 나서, 하느님의 은총의 감미로움을 깨달아 장차 어떠한 일이 생긴다 하더라도 그것을 결코 잃어버리지 않을 결심으로 영혼의 위험을 피하기 위해 다른 사람들의 뒤를 따라 광야에 들어가서 기도와 고행과 노동의 생활을 하기 시작했다.

그가 처음 손수 만든 초가는 거의 몸 하나 두지도 못할 만큼 작고 좁은 것이었다. 그러나 자기의 엄한 고행 생활을 다른 이에게 알리는 것을 싫어하여 그는 따로 넓고 밝은 초가를 만들어 방문자가 있으면 거기에서 만나보기도 했다.

마카리오는 매일 단식재를 지키고 7년 동안 더운 음식물이라고는 입에 대지 않았다. 그리고 밤에는 바닥에 까는 것도 없이 맨바닥 그대로 누워 그것도 잠깐 눈을 붙일 뿐이었다.

그는 결코 게으르지 않았다. 기도하던가 사람을 가르치는 일 외에는 반드시 수족을 움직여 자기 생활을 위해 혹은 타인을 위해 열심히 일을 했다.

가난하고 엄격한 생활 속에서도 그는 언제나 쾌활하고 친절하게 찾아오는 사람들을 극진히 대했다. 그는 자기의 고행을 숨기느라고 애썼지만 어느덧 그것은 세상에 퍼져 그의 덕을 사모하며 지도를 받고자 하는 사람들, 기도를 간청하는 사람들이 줄을 이었다. 그 중에는 천릿길도 무릅쓰고 그를 찾아오는 사람들도 있었다.

그는 모든 사람들에게 착한 마음으로 세상을 살아가길 권했다. 그로 인해 죄악의 생활에서 회개한 이가 얼마나 많았는지 모른다. 때로는 그에게 기도를 청하면 병자도 낫고 악한 버릇도 고쳐지곤 했다.

그의 생활은 모든 사람들에게 좋은 귀감이 되었다. 그를 따라서 세속을 떠나 산속에 숨어 수도에 골몰하려는 청년들이 점차 증가했다. 그들은 마카리오 지도하에 수덕에 힘쓰며, 완덕에의 길로 나아가도록 정진했다.

마카리오는 그들을 더욱 잘 지도하고 또한 그들에게 매주일 미사 참여의 의무를 이행케 하기 위해서는 사제가 되어야 한다는 교회 장상의 의견에 따라 겸손되이 순명하는 마음으로 신품 성사를 받았다.

그는 참으로 겸손했다. 그것은 다른 은수자 모두를 자기보다 훌륭한 사람으로 생각한 것만 보더라도 알 수 있을 것이다. 이에 대해서 다음과 같은 이야기가 있다. 어느 수사가 아직 자신에게 불만을 품고 더욱 덕행을 닦기 위해 어느 날 수도원 원장을 찾아가서 그의 지도를 구했다. 그러나 마카리오에게는 어느 점으로 보든지 충고할 결점이 없었다. 그러므로 그는 "당신은 저의 지도를 받을 필요가 없이 덕이 높습니다" 하고 그대로 돌려보낼 수밖에 없었다는 것이다. 그는 완덕의 절정에 도달하고 있었음에도 불구하고 이처럼 더욱 다른 사람들의 권면을 받으려고 했으니 이 얼마나 위대한 겸손 가였는가!

그 후에도 그는 더욱 분발하여 거룩한 자가 되려고 힘썼다. 그러나 그에게도 시련이 없었던 것은 아니었다. 여러 가지의 유혹도 있었지만, 하느님의 도우심으로 모두 이겨 나갔다. 어떤 때 그는 광야를 떠나 세속에 돌아가서 병자들의 간호 사업 같은 것에 헌신하는 것이 더 좋은 일이 아닐까 하고 오랫동안 번민한 때도 있었다. 그러나 그는 "그리스도께 대한 사랑을 위해 계속 이 초가(草家)에 더 물자" 하고 스스로 용기를 내어 끝까지 그 결심을 변경시키지 않았다. 그의 제자 중에도 그와 같은 고민을 하고 있었던 이가 있었으나 마카리오는 그에게도 세속에 돌아가지 않도록 했다.

마카리오에 있어서 다른 시련은 신앙을 위한 박해였다. 즉 그 시대에는 아리우스파(派)의 이단이 널리 퍼져있었으나, 그는 많은 사람들을 권면하여 굳게 그리스도교의 신앙을 지키게 할 뿐 아니라, 배교자까지도 많이 회개시켰으므로 아리우스파 교도들은 그를 독사와 같이 미워하며 그를 멀고 먼 벽지(僻地)로 귀양을 보냈다. 그러나 그는 조금도 슬퍼하는 기색없이 그리스도의 사랑으로써 그 박해를 감수하고 도리어 그런 환경을 이용하여 벽지에 주님의 복음을 전한 결과 많은 개종자가 생겼다고 한다.

그러던 중에 그는 기회를 얻어 전에 살던 광야에 있는 초가로 돌아올 수가 있었다. 그리그 전후 합하여 약 60년을 광야에서 지낸 후 394년에 세상을 떠났다. 그때 그는 거의 95세의 고령이었다.

【 교 훈 】

성 마카리오의 전기를 읽고 생각하는 것은 이 성인의 표양은 평범한 사람으로서는 도저히 따를 수가 없다는 것이다. 사실 우리는 광야에 들어갈 수도 없고, 또한 그와 같은 엄한 고행을 할 필요도 없다. 그 같은 생활만이 하느님의 뜻에 합당한 것은 아니기 때문이다. 그러나 우리는 그의 전기에서 다음 두 가지 점을 배울 필요가 있다.

(1) 단식재나 금육재 등의 참회, 고행을 교회의 정신을 따라 충실히 이행

하고 될 수 있는 대로 무익한 핑계나 구실을 피할 것.

(2) 유혹이 올 때에 용감히 물리치고 시련과 환난 중에 있을 때, 성 마카리오와 같이 "그리스도께 대한 사랑을 위해 이 고통을 잘 참아 나가자!"고 스스로 격려하며 잘 인내할 것이다.

성 마태오 사도 복음 사가
[St. Matthaeus, Ap. et Evang. 축일 9. 21.]

예수 그리스도의 제자 중, 입으로 말할 뿐만 아니라 붓으로도 전교를 하여 복음 사가(福音史家) 라는 칭호를 받은 분이 두 분 있다. 한 분은 예수의 애제자(愛弟子) 성 요한 사도요, 또 한 분은 4복음서 중 제일 앞에 나오는 복음서를 저술한 성 마태오 사도이다.

마태오의 옛 이름은 레위로 유다인인데, 당시 그 나라를 점령한 로마 제국의 세금 수금 관리로 주님의 제2고향이라고도 볼 수 있는 가파르나움 세관에서 근무했다.

그 당시 세무 관리(稅務官吏)들은 규정된 세금을 받아들이는 것 외에 여러 가지 부당한 행위를 하며 사람들을 착취해 사욕을 채우는 직업이었으므로 사람들은 세리를 독사와 같이 싫어했으며, 조국인 유다를 배반하는 자로 취급했고, 때로는 세리와 죄인을 합쳐 같은 뜻으로 사용하기도 했다. 마태오도 다른 세리와 같이 부정한 행위를 했는지는 알 수 없으나, 하여간 재산을 많이 모았고, 제자들 중에서 가장 학문과 사교에 뛰어난 분이었다.

복음서에서 알 수 있는 점은 그는 다른 복음 사가와는 달리 당당히 자기 전직을 명기한 것으로 보아 그가 얼마나 겸손지덕이 뛰어났는지를 알 수 있다. 마태오가 언제 주님과 친근해졌는지는 확실히 알 수 없으나, 주님께서 가파르나움 지방을 자주 왕래하셨으므로 아마도 공생활 초기였으리라고 추측된다.

어떤 날 그는 여전히 세관에 앉아 있을 때 주님께서 지나가시며 "나를 따르라"는 고마운 말씀을 하셨다. 마태오가 전부터 주님의 제자가 되고자 하는 생각을 가졌었는지는 모르나 "나를 따르라"는 이 한마디 말씀에 즉시 수입이 많은 세리직을 버리고 그 제자의 일원이 되었고, 이에 감사하는 뜻으로 마태오라고 개명했다. 이는 '주님의 은덕을 받은 자'라는 의미다.

그 후 그가 새로운 생활로 들어가는 기념으로 예수와 그의 제자는 물론 지식인과 친구들까지 초청하여 큰 잔치를 베풀었다. 바리사이들이 주님의 제자들에게 당신들의 스승은 어찌하여 비난받는 세리와 죄인들과 비천한 이들과 더불어 식사를 같이 하느냐고 비난을 했을 때, 주님께서는 "성한 사람에게는 의사가 필요하지 않으나 병자에게는 필요합니다. 나는 선한 사람을 부르러 온 것이 아니라 죄인을 부르러 왔습니다" 하시며 책망하신 것은 바로 이때의 일이다.

마태오는 모든 고난을 주님과 함께 했으며, 예수께서 돌아가신 후 그는 다른 제자와 더불어 주님의 부활, 승천에 대한 증인이 되었고, 성령을 받은 후 9년간 유다 지방에 머물러 전교를 하고 42년에 타국으로 전교를 떠나기 전에 복음서를 저술하고, 사도들의 설교로 입교한 신자들의 신앙을 북돋아 주고자 했다. 이 복음서는 아람어로 저술되었는데 이는 당시 유다인들이 잘 읽도록 하기 위함이었다.

그는 전교하기 위해 이디오피아로 향하여 사방에 복음을 전파했다. 전승에 의하면, 그는 그 어느 곳에서고 무수한 사람을 개종시켰으며, 에우지포 왕의 왕자를 중병에서 기적으로 구출한 결과 왕과 왕비, 왕자와 공주까지 그리스도교를 믿게 되었다 하며, 이피제니아라는 공주는 동정으로서 하느님께 일생을 바쳤다고 한다.

그러나 힐타코라는 사람이 왕위에 올라 이피제니아의 미모를 사랑하고 마음에 두어 그녀를 왕비로 취하려 했으나 그녀가 단호히 이를 거절하자 왕은 대단히 분노하며 그것이 마태오 사도의 술책이 아닌가 생각하고 이에 증오심을 품고 사도를 잡아 갖은 고문과 형벌을 가한 후 그를 땅에 못박아 죽게 했다. 때는 90년경이며, 그의 유해는 후에 남 이탈리아의 살레르모에 이송되어 오늘날까지 그곳에 잘 보존되어 있다.

【 교 훈 】
　성 마태오는 주님의 부르심에 충실히 따라 사도가 되고 성인이 되었다. 하느님께서 우리를 부르심은 각양각색이나 무엇이든지 그 뜻을 잘 따르면 가장 행복한 사람이 될 것이다. 그러므로 우리는 주님께서 주신 성소가 어디 있는가를 열심히 구하고 일단 이를 구한 다음에는 충실히 이에 따르도록 노력해야 한다.

성 마티아 사도
[St. Matthias, Ap. 축일 5. 14.]

　하루는 사도 성 베드로가 사도들을 대표하여 "보시다시피 저희는 모든 것을 버리고 주님을 따랐습니다. 그러니 저희는 무엇을 받게 되겠습니까?"라고 질문하자 주님께서는 "당신들은 나를 따랐으니 새 세상이 와서 사람의 아들이 영광스러운 옥좌에 앉을 때에 당신들도 열 두 옥좌에 앉아 이스라엘 열 두 지파를 심판하게 될 것입니다"(마태 19, 27-28) 하고 대답하셨다. 이런 위대한 권능을 받게 되는 사도들이 얼마나 훌륭한 인물이었던가는 비록 사도들의 생애의 기록을 상세히 모른다 할지라도 위의 말씀으로 인해 충분히 알 수가 있다.
　실제로 예수께 선택된 사도들에 대한 전승은 극히 소수다. 성 바오로 사도만은 예외이지만 다른 사도들은 그들이 전교한 장소와 죽을 때의 사적만 알려져 있다. 대부분은 그것마저 확실하지 않다. 그것은 무슨 이유였던가? 그들은 모든 일에 있어서 주 예수만을 사람들의 존경의 목표로 삼았고, 자신들은 다만 그 구원 사업의 도구로 선택되었다는 것만으로 만족하며 겸손했기 때문이라고 생각된다. 성 마티아에 대해서도 믿을 수 있는 기록은 사도행전의 한 구절뿐이다.
　사도행전에 의하면 주님께서 승천하신 후 예수를 배신한 유다를 제외한 11사도를 위시하여 120명 가량의 제자들이 한 방에 모여 일심으로 기도할 때 성 베드로는 형제들 중에 일어서서 말하기를 "형제여러분, 예수를 붙잡은 자들의 앞잡이가 된 유다에 관하여 성령께서 다윗의 입을 빌려 예언한 성경(말씀)은 이루어져야만 했습니다만 시편에 '다른 사람으로 하여금 그의 자리를 차지하게 해주십시오'라고 기록되어 있습니다. 그러므로 우리는 우리 주 예수께서 우리와 함께 지내 오시는 동안, 곧 요한이 세례를 주던 때부터 예수께서 우리 곁을 떠나 승천하신 날까지 줄곧 우리와 같이 있던 사람 중에서 하나를 뽑아 우리와 더불어 주 예수의 부활의 증인이 되게 해야 하겠습니다"(사도 2, 16-22 참조)하고 제안하여 바르사바라고도 하고 유스도라고도 하는 요셉과 마티아 두 사람을 후보자로 세우고 열심히 기도를 하고 나서 하느님의 뜻을 알기 위해 그들에게 제비를 뽑게 한 결과 마티아가 선택되어 12사도의 대열에 들게 되었다. 이와 같이 마티아는 하느님 자신의 선정에 의합된 이였으므로 단연 그의 덕행도 출중하고 신앙도 두터웠다는 것은 틀림없다.

　전승에 의하면 마티아는 사도로 뽑힌 후 즉시 예루살렘을 떠나 이교도 나라를 순회하며 열심히 전교했고 마침내 이디오피아에서 큰 도끼어 찍혀 죽음으로써 진리를 위해 생명을 바쳤다고 한다. 또 다른 전승에 의하면 콘스탄티노 대제의 모후 헬레나는 성 마티아의 유골을 발견하고 자기가 사는 독일의 트리르 지방에 옮겼다고 하며, 지금도 그 읍의 대성당에 성 마티아의 유골이 보존되어 있다고도 한다.

【 교 훈 】

"첫째였다가 꼴찌가 되고 꼴찌였다가 첫째가 되는 사람들이 많을 것입니다"(마태 19, 30) 하신 주님의 말씀은 유다 이스가리옷과 성 마티아에서 그 실례를 볼 수 있다. 유다는 12사도의 한 명이었으나 탐욕의 노예가 됐을 뿐 아니라 신앙까지 상실하여 사도라는 영광을 빼앗기고 말았고, 성 마티아는 나중에 부름을 받았지만 굳세게 신앙을 보존하여 영광의 사도 반열에 들게 되었다.

　그렇다면 우리도 거룩한 신앙을 최후까지 충실히 지켜나가도록 결심을 새롭게 하며 또한 이를 위한 은총을 하느님께 구하지 않으면 안 되겠다

성녀 마틸다 왕후
[Sta. Mathildis, Vidua. 축일 3. 14.]

마틸다 왕후는 9세기 말경 독일 웨스트파렌 주(州)의 테오도리고 후작 가문에서 태어났다. 그녀의 어머니는 덴마크의 왕녀 라인힐다. 그 당시는 자녀를 수도원에 의탁하여 교육을 받게 하는 것이 상류 사회의 관습이었으므로 마틸다도 관습에 따라 숙모가 원장으로 있는 헬포르드 여자 수녀원에 맡겨져 필요한 일반 지식과 함께 종교 교육도 받으며 경건히 자랐다. 그러던 중 그녀는 어려서 삭소니아의 공작인 하인리히와 결혼하고, 안락한 부부 생활을 하며 3남 2녀를 낳았다.

결혼 후 3년째인 912년의 일이다. 독일 황제 콘라도 1세가 승하하고 하인리히가 그의 후계자로 추대되자 자연히 마틸다도 국모로 존경을 받게 되었지만 겸손한 그녀는 조금도 교만한 기색을 보이지 않고 도리어 빈민을 돕고 병자를 문안하고 백성을 돌봐 주는 것을 잊지 않았다. 그 뿐 아니라 남편이 천성적으로 성미가 급하고 쉽게 화를 잘 내는 성격임에도 늘 그녀는 온화하고 온순한 태도로 대하고, 또한 죄수를 석방하고 죄인을 관대히 처분해 줄 것을 종종 부탁한 일도 있었다. 그래서 모든 국민은 그녀의 덕을 존경하며 그녀를 자모처럼 공경했던 것이다. 게다가 그녀는 수도원이 한 나라 문화에 미치는 영향이 막대함을 깨닫고 남편과 함께 수도원을 몇 군데 세우고 그 중의 하나인 궤돌린브르크 수도원을 자신들의 묘소(墓所)로 정하기까지도 했다.

936년, 하인리히 황제는 중병에 걸려 마틸다의 극진한 간호에도 불구하고 세상을 떠났다. 때는 아침이 아니었으나 그때 왕후는 아직 식사도 들지 않은 사제를 다행히 만나 한시라도 빨리 죽은 남편을 위해 미사를 드리게 한 후 자신도 미사에 참여하면서 진정으로 죽은이를 위해 기도했다.

미사가 끝난 뒤 마틸다는 그 사제에게, 진심에서 우러나는 마음의 표시로 자신의 황금 팔찌를 증정하고 황제의 관 앞에 가서 다시 이별의 슬픔에 잠겼지만, 이내 아직 어린 오토, 하인리히 두 왕자를 불러놓고 "보는 바와 같이 황금의 왕관을 쓰던 황제라 하더라도 때가 이르면 일반 평민과 똑같이 죽어 하느님의 심판 마당에 서지 않으면 안 된다. 그러니 그대들은 신분이 높을수록 더욱 제 몸을 수양하고 선을 행하며 악을 피해 훌륭한 성군이 되어 하느님의 뜻에 의합한 자가 되고 사후에 영원한 행복을 누리도록 각별히 조심해 달라"고 간곡히 타일렀다.

새로 황제위에 오른 오토는 바바리아 후작이 된 동생과 어머니의 훈계에도 아랑곳없이 오랫동안 서로 싸워 마틸다에게 많은 걱정을 하게 했다. 후에 간신히 화해를 하자마자 이번에는 "마틸다 황태후가 가난한 자를 구하기 위해 재산을 낭비하고 있다"는 악한들의 모함을 곧이 듣고 형제가 합세하여 어머니의 재산을 거두어 버렸다.

마틸다는 이러한 자식의 불의에 몹시 마음이 상했지만 자신이 궁전에 있으면 도리어 풍파의 원인이 되리라 생각하고 아무 말 없이 그곳을 떠나 엔게룬 수도원에 들어가서 밤낮 하느님만을 섬기며 불효한 아들들을 위해 용서와 회개의 은혜를 간구했다.

마틸다가 궁전을 떠난 뒤에는 국내에 여러 가지의 재앙과 불행이 계속 일어났으므로 성직자들이나 제후들은 이를 천벌로 생각하고 왕비를 통해 황제에게 황태후를 도로 모셔올 것을 간청했으므로 오토도 깊이 자신의 죄를 뉘우치고 어머니를 영접하러가서 진심으로 죄의 용서를 청했다.

마틸다 황태후는 이와 같이 다시 궁중의 사람이 되었지만 호화로운 생활에는 조금도 마음을 쓰지 않고 다만 마음대로 불쌍한 사람들을 구할 수 있게 된 것을 좋아할 뿐이었다. 그녀의 자선 사업의 공적은 그녀가 죽은 후 6년에 걸쳐 편찬된 전기에 자세히 실려 있지만 그 일부를 들어보면 "성녀는 하루 두 번씩 빈민에게 식사를 제공했고 자신의 음식 중에서 맛있는 것은 불쌍한 이에게 나누어주었다"고 하였다. 또한 토요일은 남편의 기일(忌日)도 되고 주일의 전날도 되므로 특별히 더 많이 어려운 이들을 도와 주고 아울러 빈민을 위해 목욕물까지 마련해 주며 손수 심부름을 해 주는 대도 한 두 번이 아니었다.

마틸다의 기도에 대한 열성은 실로 감탄하지 않을 수 없었다. 그녀는 종종 밤중에도 시녀(侍女)와 함께 일어나 성당에서 기도했다. 그리고 평일에는 다윗의 시편 150편을 빠뜨리지 않고 외웠다고 한다.

955년, 마침 성녀가 궤돌린부르크의 수도원에 머물고 있을 때 바바리아 후작이던 아들 하인리히의 부고가 왔다. 그러자 마틸다는 즉시 수녀들에게 그를 위해 하느님의 자비를 빌어주기를 부탁하고, 아울러 고인이 된 남편과 자녀의 행복을 빌 목적으로 노르트하이젠에 여자 수도원을 세웠다. 그 뒤 천국으로 갈 날이 가까워 온 줄을 안 마틸다는 남편의 옆에 묻어주기를 원하며 그의 묘가 있는 궤돌린부르크 수도원에 가서 968년 3월 14일에 세상을 떠났다.

【 교 훈 】
본문에도 있는 바와 같이 성녀 마틸다는 자신의 남편과 자녀의 죽음에 대해서도 무엇보다도 먼저 사제에게 미사를 청하거나, 혹은 수녀들에게 기도를 청했다. 이것은 그녀가 얼마나 성실한 신앙을 갖고 있었는지에 대한 좋은 증거가 된다. 왜냐하면 진실로 교회에서 가르치는 것처럼 영생을 믿는 이들은 외부로 훌륭한 장례를 지내고 값비싼 비석을 세우는 것보다 미사나 기도를 바치는 것이 죽은이들을 위해 더 도움이 되고 영광이 되는 것을 알기 때문이다.

성녀 막달레나 소피아 바라 동정

[Sta. Magdalena Sophia Barat, V. 축일 5. 25.]

가톨릭에는 여자 수도원이 많이 있는데 그 중에도 성심 수녀원은 크고 유명한 수녀원이다. 이 수녀원이 경영하는 여성 교육 기관은 거의 세계 각국에 걸쳐 설립되어 있다. 우리 나라에도 서울 용산에 그 학교가 설립되었다. 그렇기에 그 회의 창립자인 성녀 막달레나 소피아 바라의 생애에 대해서 살펴보는 것도 매우 흥미 있는 일이다. 왜냐하면 성녀의 정신이야말로 그 수녀원 영성의 원동력을 이루고 있기 때문이다.

그녀는 통 제조업자인 자끄 바라의 딸로서 1779년 12월 12일, 프랑스 부르군디의 죠아니에서 태어났다. 양친은 그렇게 높은 신분은 아니었으나 두

분 모두 신심이 깊었고, 딸도 경건히 교육시키며 양육했다.
　막달레나가 첫영성체를 한 것은 겨우 10세때로 프랑스 대혁명이 일어나기 바로 전이었다. 그에게는 루이라는 나이가 열 한 살이나 위인 오빠가 있었는데 그는 어려서부터 사제를 지망하고 있었으며 스스로 여동생의 교육을 담당하겠다고 부모님께 말하였다. 양친도 기뻐하며 이를 허락하였으므로 루이는 수업을 흥미있고 한층 더 효과를 내기 위해 여동생의 친구 두 사람도 같이 가르치기로 하고 먼저 시간표를 작성했는데, 그 중에는 초등 학교에서 배우는 과목 뿐 아니라, 고등 학문인 문학, 역사, 지리, 수학, 박물 등에서부터 라틴어, 그리스어 등 어학까지 포함되어 있었다. 루이는 전에 이러한 것을 배운적이 있었던 것이다.
　그는 종교나 신심에 관한 지식을 가르치는 것도 잊지 않았다. 오히려 종교 과목에 대해서는 다른 과목보다 더욱 힘을 썼다고 할 수 있을 것이다. 왜냐하면 이 시대는 마침 혁명이 이루어진 시대로서 종교에 대해 배울 기회는 매우 드물었기 때문이다.
　오빠 루이는 세심한 주의를 다해 동생을 교육하였다. 그런데 양친은 -때로는 배우고 있는 막달레나 자신도- 도대체 무엇 때문에 이처럼 많은 학과를 공부할 필요가 있는가 하고 의심할 때도 있었다. 그러나 이는 모두 전지전능하신 하느님의 섭리에 의해서였다. 즉 주님께서는 장차 그녀를 상류 계급의 젊은 여성의 교육에 봉사하는 수녀회의 창립자로 만들기 위함이었으므로, 지도자, 교육자로서 손색이 없는 교양을 갖추기 위해 모든 방면의 지식을 받도록 한 것이었다.
　소피아가 자신을 하느님께 봉헌할 결심을 한 것은 그보다 더 이전부터였다. 그러나 당시의 세상 사태로는 그 결심이 불가능하게 생각되었다. 그래서 그녀는 하느님께 기도하면서 서서히 시기를 기다리기로 했으나 그러는 동안 전에 알지 못했던 근심과 비애를 체험하지 않으면 안 되었다. 그것은 오빠인 루이가 다른 많은 사제들과 같이 혁명군의 손에 체포되어 무서운 박해를 받아 살해될 뻔한 일이다. 그러나 다행히 그는 기적적으로 생명을 건질 수가 있었다. 소피아의 기도는 자비하신 예수의 성심에서 획득하는 데 성공했던 것이다.

후에 나폴레옹이 천하를 장악하자 다시 백성은 신앙의 자유를 얻었다. 그때 사제로서 파리에서 활약하고 있던 막달레나의 오빠는 그녀에게도 파리로 올 것을 권했다. 양친은 처음에는 주저했으나 드디어 이를 승낙했다. 이리하여 그녀는 매우 기뻐하며 오빠가 있는 곳으로 갔다.

오빠인 루이도 전부터 수도 생활을 하려는 생각을 가지고 있었다. 어느 날 그는 동료인 바렌 신부에게 이런 자신의 심중을 드러내는 기회에 여동생이 수녀가 되려는 것까지도 말했다. 바렌 신부는 친구 루이의 말을 듣고 예전에 가장 친했던 데 트리네리 신부를 연상했다. 이 신부는 성인처럼 덕이 높은 분이었다. 그는 살아있을 때 예수 성심께 각별한 신심을 봉헌하고 사람들의 영혼 구원에 진력할 수 있는 수녀원의 창립을 계획했으나 애석하게도 목적을 달성하지 못하고 세상을 떠났다. 바렌 신부는 루이의 동생이야말로 친구의 계획을 실현하는 사명을 하느님으로부터 받은 여성이 아닌가 생각하고 하루는 그녀를 만나 이를 권고해 보았다. 처음에는 소피아도 주저했지만, 마침내 하느님의 뜻이란 것을 깨닫고 그러한 수녀원의 창립을 결심하게 되었다.

소피아의 이런 결심을 듣고 전에 같이 공부한 다른 두 친구와 온순하고 선량한 마음을 가진 소녀도 그녀와 함께 했다. 바렌 신부는 그들 네 명을 위해 우선 일과를 정해 주었다.

그해 즉 1800년 11월 21일, 바렌 신부가 봉헌하는 미사에 네 명의 젊은 여성은 경건하게 참여했는데, 거양 성체가 끝나자 그들은 자진해서 몸과 마음을 하느님이신 예수 성심께 바치는 기도를 소리 높이 외쳤다. 이 날의 선서가 성심 수녀원의 시초가 되었다.

얼마 안 되어 이 작은 수녀원은 비로소 처음으로 작은 초등 학교와 부속 기숙사를 도울 수 있었다. 그리고 그 경영을 위해 물론 작고 보잘것없는 것이지만 또한 최초의 수녀원도 설립하고 묵상을 하며 활동 준비를 했다. 선서 기념일이 오면 그들은 서원을 새로이 발했다. 수녀원은 예수성심의 풍부한 강복을 받고 지원자들도 입회하여 점차 커졌으며 성심의 정신을 그 수녀원의 영성으로 삼았다. 그 정신이라 함은 겸손, 타인에 대한 사랑, 희생심, 청빈, 인내, 순명 등의 여러 덕행을 포함하고 있는 것이다.

수녀회의 발전은 정지할 줄을 모르며 계속 새로운 학교를 세워 나갔다. 본격적인 규율도 차차 완성되었다. 막달레나 소피아는 23세로서 총장이 되어, 죽을 때까지의 62년간 그 직책에 있으면서 충실히 임무를 완수했다.

오랜 세월에 걸쳐 수녀원은 계속 발전했으나, 총장 자신은 끊임없는 고통을 맛보지 않으면 안 되었다. 본래 그녀는 건강한 몸이었으나 잦은 여행과 피로함, 게다가 가끔 중병에 걸려 점점 건강을 잃었기 때문이다. 실제 생명이 위험한 대도 한두 번이 아니었다. 그러나 주님께서는 늘 그녀를 죽음의 위험에서 구해주셨다.

고통은 그녀의 육체뿐 아니라 영혼에도 도래했다. 자신에 대한 자매들의 비방과 모함 등을 포함한 모든 시련은 그녀의 가슴을 괴롭혔다. 그러나 그녀는 묵묵히 일체를 인내했다. 다만 한 번이라도 수녀원의 행복이나 사람들의 영혼 구원 문제에 관한 것이라면 분연히 일어나 조금도 양보하는 바가 없었다.

막달레나 소피아가 총장으로서 불요 불굴의 활동을 한 것은 그녀의 인간에 대한 타오르는 사랑 때문이었다. 그녀는 교육가로서의 모범이었다. 수녀회의 교육 사업에 관해 그녀가 내리는 현명한 지도는 점차 그녀의 진가를 인정하지 않을 수 없었다. 그녀의 통솔 하에 수녀회는 작은 겨자씨로부터 높이 올려다 볼 큰 나무에 이르기까지 성장했다.

공을 많이 세운 소피아는 1865년 5월 25일, 85세의 고령으로 세상을 떠났다. 사후 하느님께서는 수많은 기적으로써 그녀에게 영광을 주셨는데, 그로 말미암아 그녀는 1908년 5월 24일 복자위에, 그리고 1925년 같은 날에 성인품에 오르게 되었다.

【 교 훈 】

하느님의 섭리를 신뢰하라. 사소한 일도 하느님의 계획에 필요한 때가 자주 있다. 사람들은 곧잘 우연이라고 말하나 하느님께는 우연이라는 것이 하나도 없는 것이다.

성 막시밀리아노 마리아 콜베 사제 순교자
[St. Maximilian Maria Kolbe, C. M. 축일 8. 14.]

폴란드의 즈둔스카볼라에서 1894년 1월 8일에 태어난 그는 라이문도라는 이름으로 세례를 받았고, 청년 시기에 콘벤투알 성 프란치스코회에 입회하여 막시밀리아노라는 수도명을 얻었다.

1911년에 첫서원을 했고, 1917년에는 천주의 성모 마리아께 대한 자녀다운 효성에 불타는 마음에서 성모의 기사회를 조직하여 1918년에 로마에서 사제로 서품받고 폴란드로 귀향하여, 월간 "성모의 기사"를 창간했다. 이 단체는 그의 고향과 다른 나라에까지 널리 전파되었다.

1927년, 그는 와르소에서 25마일 거리가 되는 곳에 무염성모의 마을을 세웠는데, 이와 비슷한 마을을 선교사로 일본에 파견되어 그곳에도 세우고 성모님의 보호와 도우심 밑에서 신앙 전파에 노력했다.

일본 선교 생활을 마치고 폴란드로 돌아가 무염성모의 마을 원장으로 있던 중에, 독일의 폴란드 침공시에 게슈타포에 의해 체포되어 악명높은 크라쿠프 교구 내 아우슈비츠 노동 수용소에 갇혀 무수한 고통을 당하다가, 어느 죄수의 탈출로 인간 댓가로 아사 감방으로 끌려가는 한 기혼자의 절규를 듣고, 자신이 그 사람 대신으로 아사 감방으로 들어 갔으나, 기적적으로 목숨을 연명하다가 결국은 석탄산 주사를 맞고 민족들의 전쟁이 더욱 가혹해지던 1941년 8월 14일에 자진하여 사랑의 제물로 생명을 내놓았다.

그는 이렇게 성모께서 주신 정결의 영광과 순교의 영광을 모두 받았다. 성 막시밀리아노 마리아 콜베 사제의 편지를 읽어보자.

친애하는 형제여, 나는 하느님의 영광을 현양하자고 그대에게 권고하려는 열의를 느끼며 한없는 기쁨을 맛보고 있습니다. 현대에 와서 무관심주의라는 시대적 유행병이 세속 사람들 사이에서 뿐 아니라 수도자들 사이에서도 여러 형태로 전염되고 있다는 사실을 우리는 괴로운 마음으로 목격하고 있습니다. 그러나 하느님께서는 무한한 영광을 받으셔야 마땅하신 분이므로, 비록 우리 자신이 인간적 나약성 때문에 그분께 마땅한 영광을 드리기에 무능하겠지만, 부족한 우리 능력을 다하여 하느님께 영광을 드리는 것이 우리의 가장 중요한 일차적 의무라고 생각합니다.

하느님의 영광은 그리스도께서 당신 피로써 구속해 주신 영혼들의 구원에서 가장 뚜렷이 빛나시는 것이므로 사도적 생활의 가장 높고 중요한 노력은 되도록 많은 영혼을 구원해주고 성화시키는 일입니다. 이런 목적을 달성하기 위하여 어떤 방법이 가장 효과적인 것인지, 즉 하느님의 영광을 도모하고 영혼들을 성화하는 길에 대하여 몇 마디 말해보겠습니다. 하느님께서는 무한한 지식과 지혜를 갖추신 분이시기에 당신의 영광을 더하기 위하여 우리가 계속 무엇을 어떻게 해야 할 것인지도 분명히 알고 계시며 특히 지상에서 당신을 대리하는 장상들을 통하여 당신 뜻을 밝히 드러내 보이십니다.

그러므로 하느님의 뜻을 우리에게 밝히 드러내 보여 주는 것은 순명이요 또 순명 하나 뿐입니다. 물론 장상이 오류에 빠질 수는 있겠지만, 우리 자신이 순명함으로써 오류에 빠지는 일은 있을 수 없습니다. 혹시라도 장상이 하느님의 법을 조금이라도 명백히 어기는 일을 명령하였을 때에 한해서 순명에도 예외가 인정되겠지만 이런 경우에도 신자가 하느님 뜻의 해석자는 될 수 없을 것입니다.

하느님 홀로 무한하시고, 지극히 지혜로우시고, 지극히 거룩하시고, 지극히 인자하신 주님이시며, 우리의 아버지이시고, 시작이시요 마침이시며 지혜와 능력과 사랑 전부이십니다. 따라서 하느님 밖에서 발견되는 것은 무엇이나 다 하느님과 관련되는 한 그 가치를 지니게 됩니다. 그분 홀로 만물의 창조주이시고, 인간들의 구원자이시며 전 창조의 목적이시기 때문입니다. 그러므로 하느님께서는 지상에서 당신을 대리하는 장상들을 통하여 흠숭하올 당신의 뜻을 밝히 드러내시며, 우리를 통하여 당신께로 이끌어 주시고 우리를 통하여 다른 사람들도 당신께로 이끄시며 더욱 완전한 아덕으로 당신과 결합시키시기를 원하고 계십니다.

그러니 하느님의 자비를 통하여 우리 자신의 품위가 얼마나 존귀하게 되었는지 알 만합니다. 그러므로 우리는 순명으로써 우리의 허약한 한계를 초월하여 우리 자신이 하느님을 닮게 되고, 하느님께서 무한하신 당신의 지혜와 슬기로써 올바로 행동하도록 우리를 인도해 주십니다. 뿐만 아니라 어떠한 피조물도 저항할 수 없는 하느님의 뜻을 따름으로써 우리 자신은 다른 모든 사람들보다 더욱 강하게 되는 것입니다.

이것이 지혜와 슬기의 길이요, 이것이 최고의 영광을 하느님께 드릴 수 있는 유일한 길입니다. 만일 달리 더 합당한 길이 있었다면 분명 그리스도께서 당신의 말씀과 모범으로 그 길을 우리에게 가르쳐 주셨을 것입니다. 그러나 성서는 그리스도의 긴긴 나자렛 생활을 "부모에게 순종하며 살았다"로 요약하였습니다. 나머지 생애도 순명의 표지로 우리에게 암시해 주고 있으니, 여러 군데서 예수께서는 아버지의 뜻을 준행하시기 위하여 이 세상에 내려오셨다고 알려줍니다.

형제들이여, 그러므로 우리는 사랑합시다. 하늘에 계신 아버지를 극진히 사랑합시다. 우리의 순명이 바로 이 완전한 사랑의 증거이어야 하겠습니다. 순명이 우리 자신의 뜻을 희생하라고 요구하더라도 순명이 사랑의 증거입니다. 하느님을 사랑하는 데에 진보하기 위해서는 십자가에 못박히신 예수 그리스도 외에 읽어야 할 더 고상한 책을 우리는 모릅니다.

이 모든 것을 우리는 원죄 없으신 동정녀를 통하여 얻을 수 있습니다. 지극히 인자하신 하느님께서 성모 마리아에게 당신 자비의 분배를 맡기셨기 때문입니다. 마리아의 뜻이 바로 하느님의 뜻으로 받아들여져야 하겠습니다. 우리 자신을 성모님께 봉헌함으로써 마치 성모님께서 하느님 자비의 도구가 됩니다. 그러므로 우리도 성모님의 지도를 받고, 성모님의 인도를 받아, 그분의 보호 밑에서 마음 놓고 안전할 수 있을 것입니다. 우리의 모든 것을 성모님이 보살펴 주실 것이고, 모든 것을 마련해 주실 것이며, 영육간의 모든 어려움 중에 성모님이 우리를 기꺼이 도와 주실 것이며 어려움과 불안도 그분이 제거해 주실 것입니다.

【 교 훈 】

예수께서는 "이웃을 위해 제 목숨을 바친 것 보다 더 큰 사랑은 없다"고 하셨다. 이 말씀대로 살다 가신 성 막시밀리아노 콜베 사제는 분명히 하늘에서 우리를 지켜보고 계실 것이다. 우리는 때로 가까이 있는 사람들 조차 사랑하기 힘들 때가 있다. 부모를, 형제를, 이웃을…. 그럴 때마다 우리는 악의 유혹에 빠지지 말고 성인의 전구를 청해야 할 것이다. 사랑에는 거짓이 없어야 하기에….

성 메타르도 주교
[St. Metardus, E. 축일 6. 8.]

메타르도 주교는 프랑스 초기 그리스도교의 수많은 성인 중의 한 분으로서 신앙의 전파에 위대한 공로를 세운 분이시다.

그는 457년 피카르디의 살랑시 태생으로 젊어서부터 가난한 이에게 동정이 많았고 그들을 도와 준 적도 종종 있었다. 어떤 때는 자신의 아름답고도 비싼 의복을 벗어 가난한 소경에게 주었다고도 한다. 그는 아버지의 알선으로 궁정에서 일을 보고 있었으나 행동이 너무 바르고 정직했기 때문에 국왕의 비위에 거슬려 거기서 나와 벨만의 주교에게 봉사하게 되었다. 주교는 그에게 신학과 성서에 관한 지식을 베풀어주었는데, 메타르도의 진보는 현저하여 30세에 신품성사를 받을 수 있었다.

메타르도는 사제로서 모범적 인물이었다. 그는 아버지의 사망 후 막대한 재산을 상속받았지만, 이를 사용한 것은 빈민 구제를 위한 것 뿐이었다. 그는 겸손하고 부드러운 마음의 소유자로서 국왕이 부정한 것을 계획했을 때에도 과감히 이에 반대의 의사를 표명하는 등 그 행동에 주저하는 바가 없었다.

은사이던 벨만의 주교가 서거하자 메타르도는 선거에 의해 그 후계자로 임명되었다. 그를 주교로 축성한 이는 성 레미지오인데, 메타르도도 그와 똑같이 클로비스 왕의 개종에 많은 공헌을 했다.

메타르도의 교구는 거의 새로 신자가 된 교우들뿐인데다가 이교도 사이에서 생활하고 있었으므로, 개선될 점이 많이 있었다. 그는 종종 일어나는 분란을 피하기 위해 주교관을 벨만에서 노아용으로 옮겼다.

532년에 친구이던 트리네키 주교가 사망했다. 그래서 메타르도가 장례에 참가코자 갔는데, 그 곳의 사제들과 신자들이 꼭 그를 자기네 주교로 받들겠다고 간청해 마지않았다. 그는 한 주교가 두 교구를 다스린다는 것은 교회법에 어긋난다는 취지를 말하며 한사코 거절했으나 사람들의 간청은 마침내 프랑스 전체 교회의 으뜸인 성 레미지오 주교를 움직여, 그의 명령으로써 메타르도는 순명으로 그 교구를 맡지 않으면 안 되었다. 열심히 두 교구를 다스리기를 13년, 그동안 그는 많은 실적을 올렸다. 그의 열렬한 기도와 준엄한 고행은 많은 사람들 위에 회개의 은총을 풍부히 내리게 했다.

542년, 뜻밖에도 라데군다 왕비가 도망해 그에게로 왔었다. 그녀의 남편 클로비스 왕은 왕비의 유일한 오빠를 살해하였다. 왕비는 이미 왕과 같이 사는 것을 단념하고 수도원에 들어갈 것을 청하며 주교에게 서원을 허락해 줄 것을 간절히 요구했다. 메타르도는 몇 번이나 이를 주저하다가 드디어 그녀의 청을 들어주었다. 그리고 최후에는 왕도 이를 허락하였다. 왕은 본래 잔인한 성격으로서 몹시 대노하고 있었으나 주교께 대해서는 늘 경의를 표시하고 있었기 때문이다. 왕은 자기 죄를 후회하고 그의 강복을 빌었다.

메타르도는 88세의 고령에 달하여 국왕을 위시한 신하 일동의 슬픔과 추모속에 고요히 선종했다. 그의 유해를 모신 고귀한 영구는 국왕이 친히 왕자들과 더불어 묘지까지 메고 갔다고 한다. 또한 왕은 후에 쇠쏜의 땅을 선택해 그곳에 한 성당을 세우고 성인의 유해를 그곳으로 다시 옮겨 모셨다.

【 교 훈 】

성 메타르도 주교와 같이 가난한 이나 불행한 이들도 하느님의 자녀란 것을 생각하고 "너희가 여기 있는 형제 중에 가장 보잘것없는 사람 하나에게 해 준 것이 곧 내게 해 준 것이다"(마태 25, 40) 하신 주님의 말씀을 상기함이 좋을 것이다.

성녀 메히틸다 동정

[Sta. Mechtildis, V. 축일 11. 19.]

12세기부터 13세기에 이르는 동안은 참으로 교회의 황금 시대라고 할 수 있는데, 유럽 사람들은 누구나 신앙에 대단한 열의를 가졌고, 곳곳의 수도원에서는 밤낮을 가리지 않고 하느님을 찬미하는 소리가 울려 퍼졌다. 이 시기의 성인, 성녀의 수가 다른 때보다 훨씬 많다는 사실로 보아도 당시 사람들의 신앙에 대한 열의가 얼마나 대단했던가를 알 수 있다. 그러한 세상이었으므로 사랑하는 자녀를 아직 순결한 어린애 때부터 집을 떠나 수도원에 보내어 교육을 받게한 부모도 적지 않았다. 그리고 이와 같이 수사, 수녀가 된 사람들은 하느님의 정원 안에서 세속의 악습으로부터 보호되어 선과 덕의 꽃을 아름답게 피게 하고 평화스러운 일생을 보냈다.

독일의 즈린기아 지방 헤르베데의 성녀 메히틸다도 그러한 사람 중의 하나였다.

그녀는 1241년에 태어났다. 아버지는 하케노른의 후작(侯爵)이었다. 7세 된 때의 어느 날 그녀는 아버지를 따라 베네딕토회 헬프타 여자 수녀원을 방문했다. 그것은 겨우 9세에 수녀원으로 들어간 그녀의 언니 제르트루다를 만나고자 함이었다. 그때 어린 메히틸다는 그 방문으로 그만 수도원이 좋아져서 늘 여기에 있겠다고 울면서 아버지께 졸랐다. 아무리 타일러도 듣지 않으므로 아버지도 마침내 결심하여 가장 사랑하던 메히틸다도 언니와 같이 하느님께 바치기로 했다.

소원대로 수도원에 머물게 된 메히틸다는 비록 나이는 어릴망정 영적으로는 어른 수녀보다도 뛰어난 점을 가졌고 수도 생활에 가장 필요한 순명, 침묵, 근면의 여러 덕행과 특히 기도의 정신이 철저했다. 이것은 기적적인 일로서 하느님의 특별한 인도에 의한 것이라고 하지 않으면 도저히 이해할 수 없는 것이었다.

이리하여 메히틸다는 18세에 종신 서원을 받을 수 있었고, 그 수도원이 경영하는 여학교의 교사가 되고, 또한 그녀의 천부적인 아름다운, 목소리로 전례 성가(典禮聖歌)의 독창 가수로 선발되어 '예수의 꾀꼬리'라는 별명까지 받았다.

그녀는 매우 쾌활했고 마음의 깊은 곳에서 우러나오는 초자연적 즐거움이 스스로 표면에 나타나듯이 언제나 미소를 띠고 있었다. 그녀의 부드럽고 친절한 태도는 사람의 마음에 좋은 감화를 주지 않을 수 없었다. 그러나 아무 괴로움도 없는 것 같아 보이는 그녀도 남몰래 자기를 괴롭히는 엄격한 고행을 하고 있었다.

그녀는 행복하게도 주 예수께 여러 가지 계시를 받고 성심의 신비를 보는 등 하느님과의 특별한 교제가 허락되었다. 그러나 겸손하던 그녀는 그와 같은 기쁨을 홀로 간직하고 48년 동안이나 누구에게든지 말한 적이 없었다.

메히틸다는 1290년경부터 여러 가지의 병고로 고통을 당했다. 그때야 비로소 그녀는 예수의 명령을 따라 사람들의 신심을 굳게 하기 위해 주님의 성심께서 원하시는 바를 밝히기 시작했다.

같은 수도원의 두 수녀가 성녀의 말씀을 적어 후에 한 책으로 모은 것이 '영혼의 은총의 서'라는 것이다. 그 중의 한 사람은 후에 유명한 성녀가 된 메히틸다의 언니 제르트루다였다. 이 서적이 완성된 후 곧 병고의 십자가를 잘 참아 이긴 메히틸다는 1299년 11월 19일 "아! 자비 깊으신 예수여! 아, 자비 깊으신 예수여!" 하고 사랑하는 주님의 이름을 부르면서 배필이신 예수의 부르심을 받아 고요히 숨을 거두었다고 한다.

【 교 훈 】

우리가 성녀 메히틸다에게 배워야 될 점은 참된 기쁨에 넘쳐흐르는 명랑함이란 변하기 쉬운 인간적 감정에서 나오는 것이 아니고 하느님을 사랑하고, 자기를 끊어버리고, 어떠한 고통도 싫어하지 않는 초자연적인 희생 정신에서 나온다는 것이다. 우리도 천상의 성스러운 기쁨을 맛보려면 우선 성녀 메히틸다를 본받아 더욱 자기를 끊어버릴 필요가 있다.

성녀 멜라니아 수절

[Sta. Melania, Vid. 축일 6. 8.]

"마음이 가난한 사람은 행복하다! 하늘 나라가 그들의 것이다"(마태 5, 3). 주 예수의 이 말씀은 우리가 생각하는 행복이라는 문제를 뿌리부터 뒤집어 놓은 것으로 참 행복은 결코 세속적 부귀와 쾌락에 있지 않음을 설파하시고 양심대로 바른 생활을 하는 사람만이 참된 행복을 맛볼 수 있다고 가르치신다.

그래서 이 말씀을 따라 옛날부터 재산이 많은 사람들도 수도자처럼 검소한 생활을 하며 덕을 닦는 기특한 사람들이 많이 있었다.

4세기경 로마에서 '자선의 사도'라고 불리는 성녀 멜라니아는 그 중 대표적인 분이다.

그녀의 아버지는 유명한 원로(元老) 발레리오 프브리콜라로 집안이 매우 부유하여 조국에 산림, 전답, 기타 소유지가 허다했으며, 으리으리하게 꾸민 별장만도 로마를 비롯하여 각지의 경치 좋은 명승지에 여러 개 가지고 있는 사람이었다. 멜라니아는 그런 가정의 무남독녀 외딸이었으므로 양친의 온갖 총애를 한 몸에 지니고 소망하는 것은 무엇이든 다 얻을 수 있었으며 교육도 골고루 다 받았다.

당시는 콘스탄티노 황제가 가톨릭을 국교로 선포한 지 얼마 되지 않은 때였다. 그러니 대부분의 신자들은 진심으로 영적인 욕구에서 교회에 나오는 것이 아니라 편의상 그저 나올 정도였다. 이러한 사람들은 아직 세속적 사고 방식에서 탈피하지 못했으며 호사스러운 생활을 죄악으로 알기보다 오히려 명예로 알았다. 멜라니아의 양친도 그리스도교를 믿기는 했으나 역시 그런 인물이었다. 그러나 멜라니아만은 이와 달리 큰어머니 바울라와 조카 에우스토치움의 훌륭한 신앙 생활에 감복하고 드러나게 이를 따를 결심까지는 하지 않았지만 내심으로는 그와 같은 생각을 품고 될 수 있는 한 사치스런 생활에 흐르지 않으려 노력했다.

혼기가 된 멜라니아는 양친의 뜻대로 다른 원로의 아들인 피니오라는 청년과 결혼했다. 그 후 멜라니아는 검소한 생활을 하려 했으나 그녀의 남편인 피니오는 그와 반대로 호화스러움을 즐기며 그 재산의 위력을 남에게 내보이려는 허영심이 강한 자였다. 그러나 피니오도 하느님의 섭리로 내려진 불행으로 말미암아 마침내 개심하게 되었다.

그 불행의 시초는 생후 얼마 안 된 차남의 죽음으로부터 시작되어 2, 3일 후 장남도 죽었고, 설상가상으로 멜라니아까지 위독한 상태에 빠졌다. 이에 세상이 허망함을 절실히 깨달은 피니오는 오로지 자기 아내의 생명만은 구해 주시기를 하느님께 열심히 기도했다. 이 기도를 들어주셨음인지 멜라니아는 곧 쾌유되었다. 그는 자기 생활을 개선하기로 결심하여 아내와 의논한 후 서로 남매와 같이 살 서약을 하고 하느님께 아내의 병을 낫게 해 주신 감사의 정에서 그 후부터는 자선 사업에 여생을 바치기로 했다.

그들은 로마를 떠나 조용한 곳을 택하여 그 주위에 사는 가난한 사람 30세대에 양식을 공급해 주며 3천 명의 노예를 석방시켜 주는 선업을 하며 소유한 토지, 별장, 장식품까지 아낌없이 처분해 그 자금으로 병원을 설립하고 또 무료 숙박소도 마련하여 병자, 나그네들의 편의를 도모해 주고 수도원, 성당을 세우며, 또한 30명 노예의 석방 배상금을 제공하는 등 거지, 빈민에게 끼친 혜택은 이루 말할 수 없었다.

410년에 독일과 헝가리 방면에서 고트라는 야만족이 로마에 침입, 난을 피하기 위해 멜라니아는 남편과 어머니와 함께 아프리카를 향해 출항했는데 도중에 대 풍랑을 만나, 배는 곧 침몰할 위기에 처했다. 그때 멜라니아는 간절한 기도를 하느님께 바쳐 무사히 리파리라는 작은 섬에 표착하게 되었는데 그곳 주민의 말이 바로 전에 해적이 와서 많은 주민들을 포로로 끌고 갔다 하므로 멜라니아는 금화 1,500매를 제공하여 그들을 전부 구출해 주었다.

그녀는 아프리카의 타가스테에 가서 유명한 아우구스티노 성인의 지도를 받으며 7년이라는 세월을 보냈는데 그 동안도 자선 사업을 멈추지 않았으며 수도원도 세우고, 또 손수 성서를 베껴 각 지방 교회에 보내는 일도 했다.

로마가 고트족에 완전히 점령당했다는 소식을 듣고 본국에 돌아갈 생각을 단념하고 성지 팔레스티나로 발길을 옮겨 올리브 산에 있는 수녀원에서 419년부터 439년까지 20년을 살았다. 그녀의 남편 피니오 역시 예루살렘에 있는 남자 수도원에 들어가 주님께서 사셨던 곳 근처에서 수도 생활을 하며 덕을 닦았다.

멜라니아는 말년에 이르러 다시 한 번 장거리 여행을 시도했다. 이는 콘스탄티노플에 사는 숙부 볼시아노가 위독하다는 소식에 아직 신자가 아닌 그의 영혼을 구하기 위해 계획한 것이다. 볼시아노는 달려온 멜라니아의 고행에 시달린 모습과 눈물을 흘리며 권유하는 그녀의 말을 듣고, 깊이 감동되어 쾌히 세례를 승낙하고 성사로써 죄를 깨끗이 씻은 뒤 숨을 거두었다.

이 모습을 본 멜라니아는 안도의 숨을 쉬며 "오, 이제야 내 일생의 일은 끝났다!"고 외쳤다.

멜라니아는 곧 예루살렘으로 돌아왔다. 그녀의 수많은 자선과 미덕을 아는 사람들은 귀환 도중 그녀를 가는 곳마다 황후와 같이 환대했다. 그러던 1년 후, 그녀는 주님의 부르심을 받아 439년 성탄 축일 후 주일 후에 천국의 길을 향했다. "마음이 가난한 사람은 행복하다! 하늘나라가 그들의 것이다" 하신 주님의 말씀은 이렇게 성녀 멜라니아 위에 성취되었다.

멜라니아는 역사가로부터 '박애의 천사'라고 불리는데, 실로 그녀의 공로는 하늘의 별과 같이 빛나며 우리에게 많은 교훈과 감동을 불러 일으키고 있다.

【 교 훈 】

우리도 언젠가는 한 번 주님의 심판대에 오를 것인데, 그때 하느님께서 자선기록을 뒤지시며 이렇다 할 공로가 없다 하시면 우리는 어떻게 할 것인가! 그러니 지금부터라도 몸과 마음을 다해 성녀 멜라니아에게 그 박애의 정신을 배우고 영혼상, 육신상의 자선 사업에 힘써야 할 것이다.

성녀 모니카

[Sta. Monica, Vid. 축일 8. 27.]

어느 날 신앙심이 깊은 과부 요안나 샹탈이 품행이 방정치 않은 아들의 영혼의 구원을 염려하여 그를 위해 기도하고 있으니 "성 아우구스티노의 고백록 제8편을 읽어라!" 하는 소리가 들렸다. 이 말을 듣고 읽어보니 거기에는 역시 방탕한 생활을 하던 청년 아우구스티노를 위해 그의 어머니 모니카가 몇 년 동안이나 기도를 계속한 끝에 그녀의 소원이 풀어져 자식이 회개했을 뿐만 아니라 열심히 수덕에 힘써 매우 위대한 대 성인이 되었다는 것이 기록되어 있었다. 요안나는 이에 탄복하고 노력에 노력을 하며 성녀 모니카를 본받았다고 한다.

이런 경건한 자모의 거울인 성녀 모니카는 332년 아프리카 북쪽의 타가스테에서 태어났다. 그녀의 양친은 신심이 두터운 명문 출신이었으나 집안은 매우 가난했다. 모니카가 어렸을 때에 주로 그녀의 교육을 담당한 것은 독실한 노부인으로서 다소 엄격했지만 매우 충실한 여자였다. 어린 모니카는 선량한 성격을 지닌 재미있고 온순한 아이로서 기도나 성당에 가는 것을 무엇보다도 좋아했다. 또한 가난한 사람들을 동정하는 마음이 남달랐고 특히 병중에 있는 빈민에게는 따뜻한 동정의 손을 펴 가끔 자기의 음식물까지 아낌없이 나누어 주는 때도 있었다. 또한 그녀는 용감스런 순교 이야기를 듣는 것을 좋아해서 가족 중에서 누가 순교자의 이야기만 하면 언제나 열심히 듣는 편이었다.

이와 같은 성격으로 보아 동정으로 일평생을 하느님께 바치는 것이야말로 모니카에게 적합한 성소였다고 생각된다. 그러나 양친은 그녀를 결혼시키려고 결정했으므로 그녀는 온순히 부모의 뜻에 따랐다. 상대자는 가톨릭 신자가 아닌 파트리치오라 하는 이교인이었다.

그는 가난한데다 나이도 모니카의 배 이상이나 되는 사람으로 난폭하고 걷잡을 수 없는 한량이었다. 처음에는 그래도 젊은 아내를 사랑했던 것 같았으나 후에 마음이 변해 냉정한 태도를 취했다. 그것만으로도 모니카에게는 큰 고통이었는데 게다가 시어머니마저 까다로운 성격으로 매사에 모니카를 괴롭혔던 것이다. 아직 젊은 부인에게 있어서 이것은 사실 모두가 참기 어려운 것이었다. 그러나 모니카는 자신의 신앙과 기도의 힘으로 최후에는 승리를 얻어 남편과 시어머니를 회개시킬 수 있다는 것을 확신하고 있었다. 그녀는 언제나 온순하고 친절하여 절대로 남을 헐뜯어 말하는 적이 없었다. 이리해서 우선 그녀의 아름다운 태도에 감복하여 신앙을 갖게 된 것은 시어머니였다. 그 후 남편 파트리치오도 모니카의 일상 생활에 감명을 받아 행동을 고치며 종교 이야기에도 점차 귀를 기울이게 되어 마침내 세례를 받고 신앙심이 깊은 신자가 되었다.

모니카는 세 자녀를 낳았다. 그 중 두 자녀인 나비지오라는 남아와 페르페투아라는 여아는 어머니를 닮아 탄복할만한 아이였으나 다만 장남인 아우구스티노는 오랫동안 그녀를 괴롭힌 불효자였다.

그의 악으로 기울어지기 쉬운 성질은 이미 소년 시대부터 나타났다. 그는 카르타고의 학교에 있을 때에 신앙을 저버리고 못된 향락에 빠졌으며, 또 오래지 않아 마니교에 들어갔다.

이런 일을 안 어머니 모니카의 슬픔은 이루 말할 수 없었다. 자기 아들의 학교 성적이 우수하다는 점은 그에게 아무런 위로도 주지 않았다. 그것은 지금 이대로만 나간다면 아들의 앞길에는 멸망이 있을 뿐이라는 것을 잘 알고 있었기 때문이었다.

그러던 중 남편 파트리치오도 죽어 모니카는 모든 가사를 도맡아 하지 않으면 안 되었다. 그녀는 아우구스티노의 품행이 아무리 나쁘다 하더라도 절대로 그를 꾸짖거나 나무라지 않았다. 도리어 부드러운 태도로 그의 마음을 돌리려 했다. 그러기 위해서 그녀는 남몰래 눈물을 끊임없이 흘리며 하느님께 기도했다. 그는 아들의 죄의 보속으로 고신 극기를 행하고, 가난함 중에서도 될 수 있는 한 자비를 베푸는 사랑스런 마음가짐을 소홀히 하지 않았다.

어느 날의 일이다. 아들을 생각하다 참지 못하게 된 모니카는 타가스테의 주교를 방문하고 자기 고민을 털어놓았다. 주교께서는 눈물을 한없이 흘리며 말하는 모니카의 말을 다 듣고 나서 "안심하십시오. 그런 눈물의 아들은 결코 멸망될 수 없습니다" 하고 말했다. 그녀는 그 말씀을 천상으로부터 받은 대답으로 생각하고 더할 수 없는 위로를 받았다.

그녀는 아들이 가는 곳은 어디든지 따라갔다. 카르타고에도 갔다가 이탈리아의 밀라노에도 갔다. 그녀는 아들을 생각하는 어머니의 정으로 잠시도 그의 곁을 떠나지 않았다. 당시 밀라노의 주교로 있었던 성 암브로시오의 강론을 아우구스티노는 가끔 들으러 갔다. 그러는 동안에 성스러운 어머니 모니카의 기도의 효험이 겨우 나타나게 되어 하느님의 은총이 풍성히 아들 위에 내리게 되었다. 아우구스티노는 직접 암브로시오를 방문하기에 이르렀다. 두뇌가 명철했던 주교는 즉시 이 청년의 영혼 상태를 간파하고 온화한 태도로 일일이 확증을 들어 그리스도교의 진리를 설명해 주었다. 아우구스티노는 반대할 수가 없었다. 이리하여 그의 마음은 대단히 감동되었으나 아직 자기 거취를 결정짓지 못하고 있을 때 거룩한 이집트의 은수자들의 전기를 읽게 되고 그 고행의 생활에 매우 감동되어 "이 사람들이 한 것을 어찌 난들 못할 것이냐!" 하고 부르짖었다. 그의 마음은 이제야 안정되어 즉시 그는 교회의 품으로 들어왔다. 바라고 갈망하던 것이 마침내 실현된 것을 본 어머니 모니카의 기쁨은 이루 말할 수 없었다. 그녀는 이제는 세상에 바랄 것이 없는 것처럼 생각되고 이렇게까지 해 주신 하느님의 은총에 대해 눈물과 더불어 감사하지 않을 수 없었다.

아들이 개종한 후 모니카는 아프리카의 고향으로 돌아가는 도중에 오스티아에서 중병에 걸려 급히 달려간 아우구스티노와 그 동생의 간호를 받으며 고요히 세상을 떠났다. 때는 387년 5월 4일이었고, 그녀의 나이 56세였다.

【 교 훈 】
성녀 모니카의 생애는 부단한 기도의 힘의 좋은 예이다. 그녀는 열심히 기도를 계속해서 끝끝내 아들의 회개를 실현시키고야 말았다. 그녀는 또한 어머니가 되는 모든 사람들에게 아름다운 표양을 보여주었다. "이 같은 눈물의 아들은 결코 멸망될 수 없다"고 한 명언도 우리의 가슴에 새겨 두어야 한다. 하느님께서는 모니카의 경우와 같이 자기 자식을 위해 눈물속에 끊임없이 기도하는 이에게는 누구에게든지 그의 원하는 바를 들어주신다.

성 미카엘 대천사

[Festum St. Michaelis Archangelus. 축일 9. 29.]

성 미카엘은 성 라파엘 및 성 가브리엘과 같이 성서 상에 나타난 3대천사 중의 한 분이다 .이 3대천사는 각각 그 임무가 다르다. 라파엘 대천사는 구약 시대의 의인 토비트의 아들 토비아를 그 장도의 여행에서 보호하기 위해 파견되었으며, 가브리엘 대천사는 요한 세례자의 탄생을 그 아버지 즈가리야에게, 또 동정 마리아께 그녀가 구세주의 어머니가 될 것을 알리기 위해 파견되었으며, 미카엘 대천사는 구약, 신약 도처에 나타남을 보아 그가 주로 악마를 축출하는 임무를 가졌으니, 예컨대 루치펠 마귀가 하느님께 대 반역을 일으켰을 때 '미·카·엘' 즉 "하느님같이 구는 자는 누구냐?"라고 소리치며 그 악마의 무리들을 모조리 지옥으로 쫓아내고, 악마에게 시달리는 사람들을 구해 주었던 것이다.

요한 묵시록에는 이렇게 기록되어 있다. "그때 하늘에서는 전쟁이 터졌습니다. 천사 미카엘이 자기 부하 천사들을 거느리고 그 용과 싸우게 된 것입니다. 그 용은 자기 부하들을 거느리고 천사들과 맞서 싸웠지만 당해 내지 못했습니다. 그래서 하늘에는 그들이 발붙일 자리조차 없었습니다. 그 큰 용은 악마라고도 하고 사탄이라고도 하며 온 세계를 속여서 어지럽히던 늙은 뱀인데, 이제 그 놈은 땅으로 떨어졌고 그 부하들도 함께 떨어졌습니다"(묵시 12, 7-9). 이와 같이 미카엘은 어둠의 위력에 대해 위대한 권능을 가졌으므로 교회에서는 마귀를 물리치기 위한 기도 중에는 반드시 그의 도움을 구한다. 구마경의 제일 마지막 부분에는 "천상 군대의 영도자시여, 하느님의 힘으로 영혼을 멸망시키기 위해 세상을 두루 다니는 사탄과 악신들을 지옥에로 밀어 떨어드리소서"라고 되어 있다. 예술가들이 미카엘 대천사의 상을 그리거나 조각할 때 발에 밟힌 악마를 칼로 찌르는 형상으로 표현하는 것은 이러한 의미에서이다.

미카엘 대천사의 사명은 그것뿐만이 아니다. 그는 하느님의 의향에 의해 유다국 뿐만 아니라 여러 나라의 수호 천사로 선택되었다. 출애굽기에는 "이제 나는 너희 앞에 천사를 보내어 너희를 도중에 지켜주며 내가 정해 둔 곳으로 너희를 데려 가리라. 너희는 그를 존경하여 그의 소리를 잘 따르고, 거역하지 말아라. 그는 너희 잘못을 용서하지 않을 것이다. 그는 나의 대리자이다. 너희가 그의 말을 잘 들어, 내가 하라는 대로 실행하기만 하면 나는 너희 원수를 나의 원수로 삼고 너희 적을 나의 적으로 삼으리라. 나의 천사가 앞장을 서서 너희를 아모리족, 헷족, 브리즈족, 가나안족, 히위족, 여부스족이 있는 곳으로 데리고 들어가리라. 내가 그들을 멸종시키겠다"(출애 23, 20-23) 하고 기록되어 있다.

이는 선택된 유다 민족에 대한 하느님의 말씀으로 여기에 천사라하심은 곧 미카엘 대천사를 가리키는 것이라 하겠다. 그 증거로 다니엘 예언자가 다른 많은 유다인들과 같이 포로가 되어 페르시아에 잡혀갔을 때, 속히 고국에 돌아가게 해 주심을 하느님께 청하니 어느 날 모시옷을 입고 순금 띠를 띤 한 사람이 나타나 "다니엘아, 너 하느님께서 귀엽게 보아주시는 사람아, 내가 일러주는 말을 듣고 깨달아라. 두려워 말아라. 네가 알고 싶은 일이 있어서 네 하느님 앞에서 고행을 시작하던 그 첫날 하느님께서는 이미 네 기도를 들으시고 대답을 내리셨다. 그 대답을 가지고 내가 너를 찾아 온 것이다. 이리로 오는 길에 나는 페르시아 호국신에게 길이 막혀 이십 일 일이나 지체해 있었다. 마침 일곱 수호신 가운데 한 분인 미카엘이 도우러 왔기에 나는 그를 거기 남겨 두어 페르시아 호국신과 겨루게 하고는 너의 겨레가 훗날에 당할 일을 일러 주려고 왔다. 나는 이제 곧 페르시아 호국신과 싸워야 한다. 그리고 돌아서면 그리스 호국신이 달려들 것이다. 나는 반드시 이루어 질 일을 기록한 책에 있는 것을 너에게 일러 준다. 그들과 대항하는 데 지금은 너희의 수호신 미카엘 외에 나를 도울 이가 없다"(다니 10) 하였다.

구약 시대의 선택된 백성 유다 민족은 신약시대에 있어 가톨릭교의 전표(前表)요 상징(象徵)이었다. 그러므로 교회가 성립되자 옛적 유다 민족의 수호자였던 미카엘은 이제는 초자연적으로 선택된 백성인 전그리스도교 신자들의 수호자이다. 특별히 임종자의 도움이 되는 천사이므로 교회에서는 연미사 제헌경에 "죽은 모든 믿는 자를 지옥불과 깊은 구렁에서 구하시며 저들을 사자의 입에서 구하시어 지옥이 저들을 삼키지 말게 하소서. 그 거룩한 빛의 기수이신 성 미카엘은 저들을 인도하소서" 하며 기도하고 있다. 즉 마지막 숨을 넘기는 영혼을 영원한 불행으로 빠뜨리기 위해 사자와 같이 부르짖으며 최대의 공격을 가하는 악마를 성 미카엘 대천사가 안전하게 막아 주어 저들을 영원한 천국으로 무사히 도착하도록 하려는 자모이신 교회의 감미로운 천사이다.

【 교 훈 】

성서 본문에도 있는 바와 같이 성 미카엘 대천사는 천사들 중에서도 가장 권세 있는 천사이다. 우리는 우리 교회가 이러한 유력한 천사의 보호를 받고 있다는 것을 마음 든든히 생각하고 감사하는 동시에, 그에게 간청할 바는 우리 임종시에 악마의 맹렬한 공격을 막아 주기를 항상 빌어야 할 것이다.

성 미카엘 대천사 발현
[Festum Apparitionis S. Michaelis Archarg. 축일 5. 8.]

남부 이탈리아의 아프리아 주에 갈가노라고 부르는 작은 산이 있다. 이 산은 아드리아 해에 돌출하여 말프레드니아 해만을 감싸주는 제일 뾰족한 끝을 이루며, 그 절벽은 지나가는 뱃사공들의 좋은 길잡이가 되고 있지만 산록 일대는 트박한 지대로서 농업과 목장을 업으로 삼고 있는 수많은 주민들은 누구나 가난하고 어려운 생활을 감수하고 있다.

전설에 의하면 5세기 말경 교황 젤라시오 1세 시대에 이 부근에 성 미카엘 대천사가 발현하여 이 자리에 성당을 세우도록 권했다고 한다. 그 후 이 말씀에 따라 건립되어 성 미카엘 대천사에게 봉헌된 성당에는 참배하러 오는 순례자가 사방에서 모여들어 그의 도움을 구했고, 특히 중세기에는 그 순례자들이 가장 많았다고 한다.

성 미카엘 대천사의 발현은 비단 그 때 그 지방에 국한된 일이 아니다. 구약 성서를 보더라도 하느님의 선택된 백성을 보호하기 위해 그가 발현한 사실이 기재되어 있지만, 신약에 와서도 그의 주요한 발현이 세 번 있었다. 첫째는 위와 같은 갈가노 산에 있어서의 발현, 둘째는 비잔틴에 있어서 콘스탄티노 대왕에게의 발현, 세 번째는 로마에 있는 천사성에 있어서의 발현이다.

이 마지막 세 번째 발현에 대해 간단히 더듬어 보자. 성 대 그레고리오 1세 교황 시대의 일이다. 로마에 페스트가 만연하여 나날이 수많은 희생자가 나게 되었다. 교황은 이를 두척 염려한 나머지 하느님의 자비와 도움을 간청하기 위해 시민들에게 명하여 시내 행진을 행하게 하고, 자기도 친히 이에 참가했다. 그리하여 시내를 돌고 아드리아노 황제의 무덤 위에 세워진 성(城)이 있는 곳까지 오니 성벽 위에 성 미카엘이 나타나서 손에 들었던 창검을 칼집에 꽂는 광경이 똑똑히 보였다. 이것은 시민들 위에 내려졌던 하느님의 노하심을 거두신다는 것을 표현하는 것이었다. 그 후 그렇게까지도 극성을 부리던 질병도 깨끗이 자취를 감추어 모든 사람들은 그제서야 안도감을 느낄 수 있었다고 한다. 위의 성벽이 천사성이라 불리게 된 것은 그때부터라 하겠다.

이와 같이 하느님께서 천사를 이 세상에 보내시는 이유는 여러 가지 있겠으나 우선 첫째 이유는 당신의 뜻을 사람들에게 전하시려고 하시는 것인데, 예컨대 성 가브리엘 천사가 성모 마리아와 사제인 즈가리야에게 나타난 것과 같은 것이다. 성 미카엘의 발현은 다소 이와는 다르겠지만, 보통은 그 초월한 영적 힘으로써 사람들을 악마의 손아귀에서 보호하며 그에 대한 우리의 신뢰를 두텁게 하는 것을 목적으로 하는 것같이 생각된다.

천사의 발현으로 말미암아 우리 인간이 얼마나 많은 이익을 얻을 수 있는가는 갈가노 산상에 있어서의 성 미카엘 대천사의 결과를 보더라도 쉽게 알아들을 수 있을 것이다. 즉 그 성당을 참배한 이는 누구나 모두 풍부한 은총을 받았는데, 그 중에도 팔레스티나로 출정하는 십자군의 장병들은 우선 이 성당을 방문하고 성 미카엘의 보호를 구하여 전쟁에서 그들을 보호하기를 기도하고 커다란 은혜를 받았다.

전교회의 보호자로서 지금 이 대천사가 뭇사람의 커다란 존경을 받게 된 것은 주로 위의 전투에 참가해 그의 새로운 보호를 받고 무사히 본국에 개선한 사람들이 그의 은혜를 보답하기 위해 성 미카엘에 대한 신심을 선전했기 때문인데, 이를 보면 성 미카엘이 갈가노 산에 발현한 결과가 어떠했던가를 충분히 알 수가 있을 것이다.

【 교 훈 】

격언에도 '근묵 자흑(近墨者黑)'이란 말이 있다. 정결하려고 하는 자는 정결한 자와 교제하지 않으면 안 된다. 그런데 피조물 중 가장 정결한 자는 천사이므로, 우리는 평소 가끔 그에게 기도하고 영적 교재를 깊게 하며 그들을 본받아 그들의 보호를 구하도록 노력해야 할 것이다.

성 바르나바 사도

[St. Barnabas, Ap. M. 축일 6. 11.]

성 바르나바는 본래 요셉이라는 이름이었으나, 주 예수 그리스도의 제자가 된 후부터는 동료에게 바르나바('웅변가'라는 뜻)라는 별명으로 불리게 되었다.

그는 키프로스 섬 출신으로서 유다교를 신봉했으나 신앙을 굳건히 하기 위해 하루는 예루살렘의 신전에서 참배하고 있을 때 우연히 예수의 설교를 듣고 매우 감동하여 드디어는 개종을 하고 27인의 제자 중에 들게 되었다. 그리고 주님 승천 후에는 성모 마리아를 위시하여 12사도, 112인의 제자들과 더불어 성령 강림에 참여하고 그 성스러운 은혜를 받았다.

초대 교회의 신자들은 실로 서로 사랑하는 마음이 깊었다. 그들은 자기의 재산을 공동의 것으로 만들고 상호 기도와 선행에 온 힘을 기울였다. 바르나바도 전부터 밭 하나를 소유하고 있었는데 그것을 팔아 형제자매들이 함께 사용할 수 있게 하기 위해 대금을 사도들에게 제공했다.

그러던 중에 전에 그리스도교를 박해하던 사울이 다마스커스에서 회개의 은혜를 받고 베드로를 만나러 예루살렘에 왔을 때 그의 옛 행적이 바르지 못했던 터라 아무도 그를 상대 안했지만 바르나바는 그를 신용하여 정성껏 접대하고 신자의 집회 등에도 데리고 가서 그를 사람들에게 소개하는 수고를 아끼지 않았다. 그로 인해 그들 두 사람 사이에는 아름다운 우정이 깃들게 되었다.

안티오키아에서 많은 사람들이 우상교에서 그리스도교로 개종하자, 사도들은 바르나바를 그들의 목자로 임명했다. 그래서 그가 즉시 부임해 본 결과 신자의 수가 예상보다 많아 혼자서는 어찌할 수가 없었다. 그리하여 바르나바는 다르소에 돌아온 사울의 힘을 빌리려고 그를 초대해 같이 신자의 지도와 교세의 발전에 진력하기를 1년, 예루살렘이 대기근(大饑饉)이란 말을 듣고 구제를 위한 기부금을 모집하고 사울과 같이 이를 가지고 그곳으로 급히 갔다.

다시 안티오키아에 돌아와 얼마 안 되어서의 일이다. 그들이 수명의 예언자와 교사와 같이 단식재를 지키며 미사 성제를 봉헌하고 있는데, 성령께서 예언자의 입을 빌어 말씀하시기를 바르나바와 사울을 각국에 선교사로 파견하라는 것이었으므로 두 사람은 다시 단식과 기도로써 마음의 준비를 하고 축복을 받아 주교가 되어 선교사로서 그 곳을 향해 출발했다. 이때에 바르나바의 사촌으로서 요한 마르코라는 이도 행동을 같이 했다.

그들은 우선 바르나바의 출생지인 키프로스 섬을 방문해 설교로써 수많은 사람들, 그 중에도 그 섬의 총독 셀지오 바오로를 회개시키고 나서 소아시아의 여러 나라를 순회하며 복음을 널리 전하는 등 곳곳에서 풍부한 수확을 거둘 수가 있었다. 이것이 바르나바와 사울 두 성인의 유명한 제1회의 전도여행이다. 그들이 얼마나 우상교도로부터 그 인격을 칭찬받고 공경받았는가는 리스트라에서 일어난 사건을 보더라도 잘 알 수 있다. 그들은 읍에서 설교를 한 후 사울, 즉 바오로가 태어나면서부터 불구였던 앉은뱅이를 낫게 해 주자 사람들은 이를 보고 소리지르기를 "저 사람들은 사람 모양을 하고 우리에게 내려온 신들이다"(사도 14, 11) 하며 바르나바를 모든 신의 두목 제우스라 부르고, 바오로를 말 잘하는 귀신 헤르메스라 부르며 이를 신관(神官)에게 알리어 많은 황소와 화관을 가지고 와서 두 사람에게 제사를 바치려고 했다. 이를 본 그들의 놀람은 어떠했을 것인가? 그들은 비통에 싸인 나머지 자기 옷을 찢고 일심으로 상대의 오해를 풀어 올바르게 되게 하려고 노력했던 것이다.

바르나바와 바오로는 일단 안티오키아에 돌아오자 잠시 휴양하고 오로지 기도로써 다음의 전도여행을 준비했다. 그때 마침 유다교에서 개종한 사람과 이교에서 개종한 사람간에 여러 문제가 일어나 두 사도는 같이 예루살렘에 올라가서 공의회에 참석하고 교황 성 베드로에게 판정을 받았다.

전에 전교했던 곳의 교세를 시찰차 제2회 전도여행에 출발하려던 때였다.

바르나바는 이번에도 사촌인 요한 마르코를 동반하고자 했으나 바오로는 요한이 저번 여행에서 도중에 돌아와 충분히 전교에 노력하지 않았다는 점을 들어 이에 반대해 여기서 서로 의견이 달라져 각자 자기 행동을 취하게 되어 바르나바는 요한과 함께 키프로스 섬에 가서 결국 그 지방에 머무르면서 신자들을 도우며 세월을 보냈다. 그 뒤 그에 대해서는 이탈리아의 밀라노까지 전교하러 갔다고 하나 확실치 않다. 또한 그의 임종 시기도 63년부터 76년 사이라고 짐작되나 자세하지 않다. 그러나 그가 키프로스 섬의 사라미스에서 돌로 얻어맞아 순교한 것은 사실인 것 같다.

전승에 의하면 485년 제노 황제 시대에 그 지방에서 그의 무덤이 발견되어 이를 열자 자기 가슴 위에 손수 기록한 마태오 복음의 사본을 품고 있었다고 한다.

【교 훈】
성 바르나바의 생애를 본다면 전교의 열의, 바오로에 대한 우애, 사촌동생 요한 마르코에 대한 동정 등 무엇하나 우리의 모범이 되지 않는 것은 없으나 가장 배워야 할 점은 그가 안티오키아의 교회를 보살피고 있을 때 자기보다 수완이 좋은 바오로를 초대하면 자기의 활동은 묻혀 버린다는 것을 알면서도 먼저 교회를 생각하고 과감히 이를 실행했고, 예상한대로 바오로의 눈부신 활약을 보고서 진심으로 기뻐한 것은 그의 넓은 도량이라 하겠다. 주님을 위해 일하는 사람들이 가장 경계해야 할 바는 질투심인데, 우리도 진심으로 바르나바의 관대함을 배워야 할 것이다.

성녀 바르바라 동정 순교자
[Sta. Barbara, V. M. 축일 12. 4]

로마 박해 3백년 간의 많고 많은 순교자 중 성녀 바르바라같은 분은 가장 저명한 분이다.

아버지는 니코메디아 태생으로 그리스도교를 반대하는 사람이었으나, 딸

바르바라를 진정 사랑했으며 그같이 영특하고 아름다운 딸을 가졌음을 다시없는 자랑으로 여겼다.
그래서 그 딸이 좋지 못한 사람과 가까이함을 극히 우려했고, 더욱이 가톨릭 신자와도 교제하지 못하도록 견고한 탑을 마련하고 훌륭한 거실을 그 안에 차려 거처하게 했다.
하느님께서는 바르바라를 가련히 여기셨음인지, 그녀는 아버지가 믿는 교를 여러모로 살펴보는 중에 우상교의 공허함을 깨닫게 되었고, 진리와 참신을 알고 싶은 열망을 품게 되었다,.
아버지가 여행으로 오랫동안 부재중인 틈을 타서 바르바라는 하느님의 배려하심으로 가톨릭 신자를 사귀게 되어 그에게서 교리에 대한 설명을 들었다. 그리고 교리를 공부해 세례를 받은 후부터는 흐뭇한 기쁨을 느꼈고 마음의 평화를 얻었다.
여행에서 돌아온 아버지는 딸의 일변한 태도를 알아차리고 부재중 무슨 일이 있었는지 물어보았다.
바르바라는 그리스도교를 믿게 된 후부터 말할 수 없는 만족과 기쁨을 누린다는 것을 솔직히 고백했다. 뜻하지 않은 이 말에 그는 어쩔 줄 모르게 화가나, 그토록 사랑하던 딸을 마구 매질하여 갖은 고통을 주었다. 그리고는 빈사상태에 빠진 바르바라를 결박해 끌고 법정에 나가 아버지 자신이 딸을 고소했던 것이다.
어린 처녀의 몸에 난 그 같은 참혹한 상처를 보고 법관도 눈살을 찌푸리지 않을 수가 없었다. 그는 부드러운 말로 바르바라에게 배교할 것을 강요했다. 바르바라는 한마디로 거절했다. 그러자 법관도 소리를 높여 죽인다고 위협했다. 바르바라는 죽음이 두려워 신앙을 버릴 만큼 의지가 나약한 인간은 아니었다. 명을 거부한 바르바라를 괘씸하게 여긴 법관은 무서운 고문을 가했다. 갈퀴 같은 것으로 온몸을 찢게 하고 마침내는 횃불로 양쪽 배를 태워 기절케 한 다음 감옥에 처넣었다.
그 날 밤의 일이다. 탈혼 중에 예수께서 나타나시어 여러 가지로 위로를 해 주시는데, 기이하게도 온몸의 상처가 말끔히 없어졌다. 이튿날 바르바라를 다시 법정에 호출한 법관은 이 기적을 목격하고 아연실색했으나 다시금 마음을 가다듬고 전날보다 더 심한 고문을 하며 그녀를 괴롭혔다. 온갖 고문을 다 해도 바르바라의 마음은 조금도 움직이지 않았다.

끝내는 참수형의 선고가 내려졌다. 자기 딸을 손수 법정에 끌고 나간 무자비한 아버지는 그 고문 현장에 참석해 법관을 충동할 뿐 아니라, 사형이 선고되자 자신이 형리의 손에서 도끼를 빼앗아 딸의 목을 쳐서 떨어뜨렸으니 참으로 짐승만도 못한 자의 천인 공노할 소행이라 아니할 수 없다.

그렇듯 악독한 짓에 어찌 하늘이 무심하였으랴! 처형이 채 끝나기도 전에 하늘이 어두워지고 마른번개가 번쩍이는 순간 땅이 무너지는 듯한 천둥소리와 더불어 그 아버지는 벼락에 맞아 즉사했다. 이것은 240년에 있었던 사실이다.

바르바라는 죽기까지 신앙을 굳게 지켜 나갔기 때문에 임종자의 주보 성인으로 존경을 받는다. 또 그 용감한 견인지덕 때문에 군인의 주보도 된다.

【 교 훈 】

성녀 바르바라와 같이 진리이신 하느님을 사모하는 정을 발할 것이며, 온갖 고난에도 굽히지 않고 신앙을 사수할 초자연적인 용기를 하느님께 구하자.

성 바르톨로메오 사도

[St. Bartholomaeus, Ap. 축일 8. 24.]

예수께서는 광야에서 40일을 지내신 후 우선 베드로와 안드레아, 야고보와 요한 두 형제들을 사도로 부르시고 이어서 갈릴레아로 향하시던 도중에 베사이다 출신인 필립보에게 "나를 따라 오너라"는 고마운 말씀을 하셨다. 이 필립보는 전부터 예수께 대한 신비한 소식을 많이 들었고, 구세주가 바로 이분이라고 생각해왔기 때문에, 그 부르시는 말씀에 즉시 순응하여 제자들 사이에 가입했으며, 기쁨을 참지 못하고 그녀의 친구 나타나엘을 찾아갔다. 나타나엘은 그때 정원에 있는 무화과나무 밑에 앉아 묵상에 잠겨 있었는데, 손님의 기척을 듣고 나와 보니 필립보가 의기양양한 태도로 서 있었다. 그는 나타나엘에게 말하기를 "나는 모세의 율법서와 예언자들의 글에 기록되어 있는 분을 만났소. 그분은 요셉의 아들 예수인데 나자렛 사람이오"라고 하였다. 나타나엘은 "나자렛인? 나자렛에서 무슨 신통한 것이 나올 수 있겠소?"라고 의심쩍어하며 무시하는 듯한 대답을 하자 필립보는 "그러지 말고, 여러 번 듣는 것 보다 한 번 보는 것이 좋으니 와서 보시오" 하며 강제로 그를 끌어 예수께로 데리고 왔다.

주님께서는 나타나엘이 가까이 오는 것을 보시고 "보라, 이 사람이야말로 정말 이스라엘 사람이다. 그에게는 거짓이 조금도 없다" 하셨다. 나타나엘은 깜짝 놀라며 "어떻게 저를 아십니까?" 하고 질문하였다. 주님께서는 이에 대답하시기를 "필립보가 너를 찾아가기 전에 네가 무화과나무 아래 있는 것을 보았다. 그때 이미 너를 알고 있었다"고 하셨다.

이 말씀에 그는 감탄한 나머지 그 전지하심을 인정하게 되어 저절로 그의 입에서는 "선생님은 진정으로 하느님의 성자시요, 이스라엘의 왕이십니다" 하고 고백한 후 예수를 믿게 되었다. 이런 고백을 한 나타나엘은 과연 누구였을까? 이 분이 바로 지금 얘기하려는 성 바르톨로메오 사도였다. 즉 바르톨로메오라 함은 '톨로메오의 아들(바르)'이라는 뜻이고, 나타나엘은 그의 본명인 것이다. 바르톨로메오의 성품에 대해서는 이상의 예수와의 대화에서 그의 순박성이라든가, 혹은 그의 인격 등을 능히 알 수가 있으나 그의 행적에 대해서는 성서에도 별로 기록된 바가 없고, 다만 초대 교회의 교부들이 약간 기록하여 남겨 놓은 것밖에 없다. 역사가 에우세비오에 의하면 바르톨로메오 사도는 성령 강림 후 곧 고국을 떠나 멀리 동 인도에까지 가서 각처에 복음을 전파하고, 그 다음에는 아람어로 된 마태오 복음을 가지고 이집트의 알렉산드리아에 가서 널리 복음을 전하고 성대한 교회를 이루었다고 한다. 또한 성 요한 크리소스토모에 의하면 그는 소아시아 지방인 프리기아와 리카오니아 등을 거쳐 아르메니아에 도달해 그곳에서 다년 간 전교에 활약하다가 마침내 용감히 순교함으로써 생을 마쳤다고 한다. 즉 그곳에서 아르메니아의 왕 폴리미오와 그 왕비를 개종시키고 그 근방 12도시를 회개시킴으로써 교회는 일대 성황을 이루었으나, 그 대신 이교 사제들의 증오를 사게 되었던 것이다. 폴리미오의 대를 이어 그 형 아스티아제스가 왕위에 오르자, 이교 사제들은 그를 선동하여 바르톨로메오를 체포케 하고 잔인한 사형에 처하도록 했다. 아르메니아의 스도인 알바노 시에서 사도의 순교는 이루어졌다. 표악한 그들은 사도의 전신의 가죽을 산채로 벗겨내고, 나중에는 십자가에 굿 박으며 머리를 베는 등 갖은 혹형을 가했다.

그의 거룩한 유해는 알바노 시에 정중히 매장되었다가 후에 메소포타미아의 다라 지방으로 옮겨졌고, 6세기에 이르러서는 시칠리아 섬 근처에 있는 리파리 섬에 이송되어 잘 보관되어 있었다.

839년에 이르러서는 침략자 사라센 인들의 능욕을 면하기 위해 이탈리아의 베네벤토에, 983년에는 로마로 운반되었고, 오늘날에는 티베르강 가운데 있는 한 섬에 건축된 성 바르톨로메오 성당에 마련된 아름답고 고운 홍대리석 영구 속에 고이 모시게 되었다.

【 교 훈 】

성격이 순박하고 정직한 성 바르톨로메오는 주님의 부르심에 응하여 사도의 반열에 들자 일생을 진리를 위해 바치고 투쟁했다.

"진리 편에 선 사람은 내 말을 귀담아 듣습니다"(요한 18, 37) 하신 예수의 말씀은 사도 바르톨로메오의 경우에도 틀림없이 적중되었다. 우리도 이 사도의 덕을 본받아 모든 일에 있어 진리를 구하고 허위를 증오하는 정신으로 살아가야 할 것이다.

성 대 바실리오 주교 학자

[St. Basilius, magnus archiep. 축일 1. 2.]

4세기에 이르러 그렇게도 오랫동안 계속되어오던 로마 제국의 그리스도교 박해가 완전히 끝나고 의환을 모면하게 된 교회는 겨우 내부의 정리시대로 들어가 그리스도교의 진리를 밝히는 동시에 이단사상을 배격하며 내우(內憂)를 없애려고 노력했는데, 이때에 하느님께서는 신자들 중에서 특별히 학식이 풍부하고 위대한 인물을 많이 나게 하셨다. 이러한 사람들은 교부

(敎父)라고 칭하지만 그 중에도 가장 유명한 분들 중의 한 분은 성 바실리오 대주교이다.

그는 330년 소아시아의 카파도치아주의 수도 체사레아에서 태어났다. 그의 가족은 실로 복을 받은 사람들로 교회의 역사상 가장 뛰어난 가문 중의 하나이다. 아버지 바실리오와 어머니 에밀리아도 성인이고, 조부는 순교자, 조모 마크리나는 신앙으로 인해 추방된 성녀, 누님 마크리나도 성녀이고, 두 동생 즉 니사의 주교 그레고리오와 세바스테아의 주교 베드로 성인, 이러한 식으로 마치 성인, 성녀만으로 이루어진 가정과 같았다. 그러한 가정의 한 사람이었으므로 바실리오도 어려서부터 선량한 감화를 받고 경건하게 자랐는데, 수사학(修辭學)을 가르치던 아버지에게서는 주로 일반학문을 배웠고, 종교의 지식은 거의 조모 마크리나에게 배웠다. 이 성스로운 조모의 훌륭한 모범과 교훈은 그의 어린 마음에 깊은 인상을 심어 주어 그 후 일생 동안 잊은 때가 없었다고 한다. 바실리오는 고향의 학교를 졸업한 후 수도 콘스탄티노플에 올라가 유명한 학자 리바니오에게 수사학 등을 배우고 다시 그 당시 학문의 서울이라 불리우던 그리스의 수도 아테네에 유학했다. 후에 나지안조의 주교 성 그레고리오를 알게 되어 친분을 맺고 서로 격려하며 학문 습득과 인격 수련에 전심 노력한 것도 이 당시의 일이다.

바실리오는 다년간 공부한 보람이 있어 드디어 영예로운 학위를 취득하자 아테네에 머무르라는 은사들의 간곡한 권유도 뿌리치고 고국에 돌아와서 즉시 아버지의 뒤를 이어 수사학의 강좌를 담당하게 되었는데, 그의 학문을 배우려는 학생들이 다투어가며 그의 산하에 모여들게 되어 그의 명성은 삽시간에 부근 일대에 퍼졌다. 그런데 누님인 마크리나는 바실리오가 현세의 명예 같은 것에 빠져 인생의 참된 목적을 망각하지나 않을까 염려하고 자신이 하느님께 자신을 봉헌하기 전에 그에게도 수도자가 될 것을 열심히 권유했기 때문에 바실리오는 그 지성에 감동되어 아직 받지 않았던 세례도 받고 또, 수도연구를 위해 이집트의 데바이스의 광야로 은수자들을 방문하고 그들의 지도를 따르면서 같이 성스러운 생활을 했다.

이런 귀중한 체험에 의해 수도의 신성함을 깨달은 바실리오는 돌아가서 고국에도 은수자의 생활을 소개, 장려해 보려고 하던 차에 의외로 그의 부재중에, 어머니와 누님이 여자 수도원을 세우고 부인들을 모아 기도와 고행의 생활을 시작하고 있는 것을 알았다. 그래서 바실리오도 그 수도원과 개울 하나 사이에 둔 곳에 남자 수도원을 세워 이곳 저곳에 살고 있던 은수자들을 모으고 재산은 빈민에게 희사하고 예전에 데바이스의 수사들에게 배운 수도 생활을 하기로 하고 형제들을 위해 영적 지도서를 쓰기도 하고 회칙을 편찬하기도 했다. 이 모임은 지금도 그리스 교회에 유명한 바실리오 수도원의 시초이며, 그들의 목적하는 바는 자신의 수덕 외에 다른 사람들의 영혼 구원을 도모하는 데 있었고, 그 수단으로서 수도원 부속학교를 설치해 아동 교육을 담당하고 병원 등을 열어 사회사업에 공헌했던 것이다.

당시의 체사레아 대주교 디아네오는 아리우스파로 기울어 졌다고 소문이 난 자로 평생 바실리오하고는 교제도 안했었는데, 임종시에는 그를 초대해 니체아 신경에 의한 가톨릭 신앙을 선언하고, 바실리오의 깊은 위로 중에 숨을 거두었다고 한다.

그의 후계자 에우서비오는 그를 사제로 서품하고 체사레아에 머물게 하도록 했으나, 바실리오의 수도 생활을 대한 동경은 억제할 수 없어 사퇴하고 본 수도원으로 돌아갔다. 그러나 바렌스 황제가 아리우스파의 이단에 기울어져 가톨릭의 세력을 말살시키려고 체사레아에 자기 파의 주교를 임명했다는 소식을 듣자 바실리오는 그냥 있을 수 없어 다시 그곳으로 가서 붓과 혀로 그리스도교를 옹호했으므로 도시(都市)의 신자들도 이단에 빠지지 않고 무사했다. 바실리오가 시민을 위해 진력한 것은 그것 뿐이 아니다. 이듬해 대흉년이 들었을 때에 가난한 자의 구제에도 눈물겨운 활동을 했다. 그리하여 그가 체사레아 시의 사람들에게 아버지와 같이 존경을 받고 370년 그 곳의 대주교의 서거 후 일반 교우에게서 그 후임이 되어 주기를 열망 받은 것도 결코 신기한 일이 아니다.

그가 맡은 대교구는 50개의 교구를 포함한 극히 광범위한 교구로서 이를 다스리는 대주교의 임무도 따라서 매우 중했지단 고결한 인격과 학식이 높은 바실리오가 그 직에 오른 것을 보고서 바렌스 황제는 어떻게든지 인망이 높은 그를 아리우스파에 끌어드리려고 총독 모테스토로 하여금 그에게 권고케 했다. 그러나 그러한 유혹에 걸려 진리를 떠날 바실리오가 아니었다.

한 마디에 거절당한 총독은 "그렇다면 어쩔 수 없이 재산의 몰수나, 매질이나, 귀양이나, 사형이나 그 중의 하나는 면하기 어려울 것이다."고 위협했지만, 대주교는 조금도 안색을 변하지 않고 "그러한 것이라면 추호도 무서울 것 없습니다. 나는 수도자이므로 몰수당할만한 재산도 없고, 고행에 익숙되었기 때문에 매질도 그다지 어려울 것 없고 참된 고향은 천국 외에 없으므로 어디로 귀양 보내도 별 문제점이 없고 사형에 처한다면 즉각 천국에 갈 수 있으므로 도리어 그것을 원하는 바입니다…"라고 태연히 대답했다. 이에 총독 역시 어쩔 줄을 몰라 "바실리오의 신앙의 견고함에는 어떻게 할 수 없습니다"라고 보고했으므로 황제도 그 용기와 인내에 감탄하고 친히 그를 만나 벌을 주기는커녕 그의 자선 사업의 보조로 체사레아 부근의 별장지까지 하사했다. 그래서 바실리오는 곧 그 땅에 병원, 고아원, 양로원 등을 세워 한층 더 자선 사업에 노력했다. 이곳은 그 후 큰 읍내처럼 되어 사람들에게 바실리아스라고 불리우게 되었다.

아리우스파 교도들은 이를 못마땅히 생각한 나머지 자꾸 황제에게 그에 대해 무고했으므로 드디어 황제도 이에 기울어져 그를 유배에 처하려고 그 영장에 서명하려 하자 세 번이나 펜이 부러지고 게다가 그 밤부터 황태자가 갑자기 몹시 앓아 위독하게 되었다. 황후는 마음이 불안해져 "이것은 죄도 없는 바실리오를 귀양보낸 천벌이 아니고 무엇입니까?"라고 부르짖어, 그를 귀양가는 도중에서 다시 불러들여 태자를 위해 기도를 청했던 바 그처럼 위독하던 병도 깨끗하게 씻은듯이 완치되었으므로 황제도 결국 자신의 잘못을 깨닫고 그를 귀양에서 면하게 해 주었다.

바실리오는 호교에, 사목(司牧)에, 저작에, 눈부신 활약을 했는데 무엇보다도 가난한 이들의 구제를 낙으로 삼고 말년에는 당신 거처를 바실리아스라 칭하는 자선소 내에 두기에 이르렀다.

그는 이처럼 많은 사목을 하던 중에 병을 얻어 379년 1월 1일, 60세를 일기로 고요히 잠들었다.

【 교 훈 】

성 대 바실리오의 본래의 희망은 생애를 일개의 수도자로서 보내는 것이었다. 그래도 이단에 의한 그리스도교의 위기를 보고 묵과할 수 없어 자기 희망도 희생하며 용감히 호교를 위해 싸웠다. 우리도 그리스도교의 환난을 그저 지나쳐서는 안 된다. 예수께서는 냉담한 신자를 '잠자는 종', '가라지' 등에 비교하여 깨어 기도하며 또한 일하라고 명하셨다. 그렇다면 우리도 기회 있을 때마다 자모이신 교회를 위해 기도하고 또한 일하지 않으면 안 된다.

성 바오로 사도

[St. Paulus, Ap. 축일 6. 29.]

성 바오로는 소아시아의 시리아 다르소에서 출생해 처음은 사울이라고 불렸다. 양친은 유다인으로서 열심히 그 종교의 율법을 지켜나가고 있었는데, 바리사이인이던 아버지는 아들 사울에게도 그 정신을 심어 주려고 애썼다. 그래도 사울은 당시 다르소에서 번성하던 그리스 주의의 교육을 받고, 그리스의 철학, 역사, 문학, 언어 등에 능통했다. 이러한 지식은 그 당시의 문화인에 있어서는 불가결의 것이었고, 그의 풍부한 교양은 후에 그리스도교를 전파하는데 적지 않은 도움이 되었다.

바오로는 당시의 습관에 따라 하나의 손으로 하는 직업을 습득하고 있었다. 그것은 천막을 만들던가 아니면 주단을 짜는 일이었다. 그는 그 기술에 매우 능통해 그것으로 넉넉히 독립적인 생계를 유지해 나갈 수 있었다. 그러나 아버지는 그를 예루살렘에 보내어 유명한 학자 가므리엘의 슬하에서 유다교의 신학과 히브리어를 연구하게 했다.

예루살렘에는 그의 누이가 출가해 있었는데, 그녀의 아들은 후에 바오로를 많이 도와 준 사람이다.

바오로는 학문에 많은 발전을 하고, 규율이 잡힌 엄격한 생활에 익숙해 갔다. 그간 그는 예수나 요한 세례자에 대해서는 아무것도 들은 일이 없었다. 이유는 아직 예수께서는 공동생활을 시작하시지 않았고, 요한 세례자도 활동을 시작하기 전에 바오로는 예루살렘을 떠나 다르소로 돌아갔기 때문이다.

사도들이 복음을 전하고 그 신자의 수가 날로 증가하고 있을 무렵, 바오로는 다시 예루살렘으로 올라갔다. 그리고 타고난 불과 같은 열정과 유다의 율법에 대한 존경심에서 맹렬히 그리스도교에 대해 탄압을 가했다. 그는 성 스테파노를 돌로 쳐죽일 때나 예루살렘과 그 부근의 다른 그리스도교 신자에 대한 박해 때는 언제나 참가했다.

얼마 뒤에 그는 다마스커스에 그리스도교도가 있다는 사실을 듣고 즉시 그들을 체포하려고 군사를 이끌고 그곳으로 향했다. 그런데 그곳에 가까이 이르렀을 때에 갑자기 하늘에서 빛이 번쩍이며 그의 둘레를 환히 비추었다. 그는 땅에 떨어졌고, 그와 동시에 "'사울아, 사울아, 네가 왜 나를 박해하느냐?" 하는 소리를 들었다. 그래서 그는 "당신은 누구십니까?" 하고 물으니 "나는 네가 박해하는 예수다. 네 발로 송곳을 차면 너만 해로울 뿐이다"라는 대답이 있었다. 여기에서 바오로는 공포와 경악으로 떨면서 "주님, 제가 어떻게 하면 좋겠습니까?" 하고 여쭈었던 바 "일어나서 시내로 들어가거라. 그러면 네가 해야 할 일을 일러 줄 사람이 있을 것이다" 하는 음성을 듣고 일어나 눈을 떴으나 아무것도 볼 수 없었다. 그래서 부하들의 인도를 받아가며 다마스커스로 들어가 3일 동안 아무 음식도 취하지 않고 오로지 통회의 기도를 바치고 있었다.

다마스커스에 아나니아라는 주님의 제자가 한 사람 살고 있었는데 주님께서 신비로운 영상 가운데 나타나 "어서 일어나 '곧은 거리'라는 동네에 사는 유다의 집으로 가서 다르소에서 온 사울이라는 사람을 찾아라. 그 사람은 내가 뽑은 인재로서 내 이름을 이방인들과 제왕들과 이스라엘 백성들에게 전파할 사람이다"라고 말씀하셨다. 사울로 말하자면 유명한 박해자였으므로 아나니아는 이상하게 생각했으나 어쨌든 주님의 분부대로 그를 방문하고 사울에게 손을 얹으니 그의 눈에서 비늘 같은 것이 떨어지는 동시에 바오로는 시력을 회복하고 일어나 아나니아에게서 세례를 받았던 것이다.

신자가 된 바오로는 전에 그리스도교의 박해 때 드러낸 열의를 그대로 전교하는데 돌려 그 박학한 지식을 무기로 삼고 눈부신 활동을 시작했다.

그의 복음 선포의 시작은 다마스커스 마을이었는데 유다교도들이 그를 미워하며 죽이려고 했으므로 그는 그것을 피해 광야로 가 그곳에서 3년간 기도하고, 성서를 읽으며, 묵상하면서 사도직을 준비했다. 그 동안의 의식주는 순수 천막을 만들어 마련했다.

그는 한 나라에만 머물지 않고 여러 나라를 다니며 영혼 구원의 길을 가르치는 사도로서 일으섰다. 우선 그는 다시 다마스커스에 갔고, 다음으로 예루살렘을 방문하여 베드로 사도를 만나보고, 다시 고향인 다르소에 돌아가서 오랫동안 그곳에 머물러 있다가 안티오키아로 길을 떠났다. 그는 가는 곳마다 신자들의 단체를 만들었으며, 그만큼 도처에서 교회를 탄압하는 사람들에게 박해를 받았다. 그러나 용감하던 그는 아무리 고난이 많이 닥쳐와도 하느님을 위해 온몸으로 인내했다.

그의 유명한 3차례의 전도여행은 예루살렘에서 안티오키아에 돌아왔을 때부터 시작된다.

최초의 여행은 3년간이나 걸려서 소아시아의 안티오키아, 이고니온, 리스트라, 데르베 등에 교회를 설립했다. 그는 이번 한 번의 여행만 한 것이 아니라, 처음은 중요한 도시만을 방문하고 그곳을 발판으로 삼아 부근 일대에도 점차 신자를 증가시킨다는 전교법을 이용하여 제2, 제3의 전도여행을 했다.

제2차 전도여행도 역시 약 3년간의 세월을 필요로 했다. 이번에는 전에 교회를 세운 도시를 방문하고 기타 소아시아의 여러 도시도 방문했다. 또한 그는 유럽의 필립비, 데살로니카, 베레아, 아테네, 고린토 지방에도 발을 옮겨 에페소 지방을 통해서 예루살렘으로 돌아왔다.

제3차 전도여행은 5년이 걸렸다. 그러나 그 중 3년은 에페소에서 머물렀다. 바오로는 전부터 로마를 방문하고 거기서 전교를 하다가 다시 멀리 스페인까지도 가려고 결심하고 있었으나 그 실현에 앞서 예루살렘에 올라갔을 때 유다교도들에게 체포되어 2년간을 가이사리아의 감옥에서 지내지 않으면 안 되었다. 그러나 바오로는 로마 시민권을 갖고 있었으므로 황제에게 상고하고 그로 인해 로마에 호송되었으나 그곳에서의 감금생활은 매우 관대했으므로 전교도 할 수 있을 정도였다. 이처럼 지내기를 2년이 지난 후에야 겨우 무죄 선고를 받고 자유의 몸이 되었다.

전승에 의하면 바오로는 후에 스페인에 갔다가 다시 동쪽 나라로 갔으나 예루살렘 방면에는 가지 않고 다시 로마로 향했다. 그리고 네로 황제의 박해 중에 체포되어 사형선고를 받아 67년 칼로 참수 당하여 거룩한 순교자로서 일생을 마쳤다 한다.

　바오로의 순교 장소에는 오늘날 한 성당이 건립되었고 그곳에서 얼마 멀지 않은 그의 묘지 위에는 미(美)의 극치를 드러내는 대성전이 웅장하게 서 있다. 이것이 바로 유명한 성 바오로 대성전이다.

　성 바오로는 생존시에 친히 세운 교회나 제자들에게 보낸 서간이 14통이나 된다. 이러한 모든 것은 신약성서로 인정받아 지금도 예수의 가르침을 증명하는 귀중한 문헌으로 되어 있다.

　바오로의 활동은 다른 사도들보다 훨씬 많았다. 그는 수많은 나라에 가서 전교하며 갖은 환난을 당했다. 그는 자기 스스로도 말한 바와 같이 종종 감옥에도 갇히고 죽을 위험을 당하고 냉대와 학대를 받았다. 그는 유다인들에게서 40대에서 하나 모자라는 매를 다섯 번 맞았으며, 로마인들에게서도 태형을 세 번 당하고, 세 번 파선을 당해 일주일 동안 바다 위에서 표류한 적도 있었다. 또한 그에게 가끔 닥쳐온 죽음의 위험, 병고, 기갈, 단식, 추위, 노고, 영적 고통 등, 그는 일체를 그리스도를 위해 인내했다. 예수야말로 그의 모든 것이었다. 그는 "이제는 내가 사는 것이 아니라, 그리스도가 내 안에서 사는 것입니다"(갈라 2, 20) 하신 그의 말대로 사랑하는 예수를 위해 생명을 바치는 것을 그 무엇보다도 가장 열렬히 원했다. 그 희망은 성취되어 그는 지금 성스러운 사도, 영광스러운 순교자로서 천국의 영복을 누리고 있다.

【 교 훈 】

　우리도 사도 성 바오로를 본받아 하느님의 영광과 다른 이들의 영혼 구원을 위해 더욱 큰 열의를 갖고 일하기에 힘쓰자. 그러나 그보다도 먼저 자신의 영혼 구원을 돌보지 않으면 안 된다. 어떤 성인은 기도의 순서를 먼저 자기 자신의 영혼 구원을 위해, 두 번째로는 타인의 영혼 구원을 위해, 그리고 마지막은 모든 연옥 영혼을 위해 기도했다고 한다.

성 바오로 사도의 개종
[Conversio St. Paulus, Ap. 축일 1. 25.]

하느님이시고 사람이신 예수 그리스도께서 갈바리아 산상에서 십자가에 못 박혀 돌아가시며 구속 사업을 완성하신 그 해의 일이다.

어느 더운 여름 날 저녁 시리아의 수도인 다마스커스 시(市)에 두 사람에게 끌려 터벅터벅 걸어 들어오는 눈먼 청년 하나가 있었다. 그 익숙하지 못한 걸음걸이를 본다면 선천적인 소경이 아니라 갑자기 소경이 된 사람 같았다. 과연 그는 두 세시간 전만 하더라도 버젓이 두 눈이 떠 있었던 사람이었고 말을 타고 위세를 부리며 그리스도교인들을 추격하고 있었다. 그렇던 사람이 어찌해 이와 같은 불행한 자가 되었을까?

그의 이름은 사울이라고 부르며 시리아주(州)의 다르소에서 태어난 이스라엘 12지파 중의 벤자민 지파에 속하는 전통 있는 바리사이였다. 유난히 독실한 유다교인이었던 그는 나자렛 예수의 제자들은 모세의 율법을 파괴하는 모독자라 생각하고 이들을 매우 미워하며, 그들을 박해하는 것이 하느님의 뜻에 적합한 줄로 생각했다. 그러했으므로 바리사이 인들이 교회의 최초의 순교자인 성 스테파노를 돌로 쳐죽일 때도 사울은 제일 먼저 찬성했던 것이다.

그 후에도 사울은 예루살렘과 갈릴레아의 그리스도교회를 유린하고 신자의 집에 들어가서는 남녀의 구별 없이 체포하여 철사로 결박해서 예루살렘의 감옥에 처넣는 등 곳곳에서 혹독한 박해를 가했으므로 아직 남아있던 신자들은 박해를 피하기 위해 예루살렘에서 다마스커스로 모이게 되었다. 이 사실을 안 사울은 유다교의 대사제 앞에 가서 그들을 체포할 수 있는 허가를 받고서 부하 여러 명을 데리고 피난하는 신자들의 뒤를 따랐던 것이다.

다마스커스 도시가 거의 보일 정도까지 왔을 때이다. 돌연 하늘에서 번개와 같은 강한 빛이 발하며 그와 동시에 "사울아, 사울아, 네가 왜 나를 박해하느냐?"라는 천둥과 같은 소리가 들렸다. 사울은 그 광채에 눈이 멀게 되고 그 소리에 놀라 땅에 넘어졌으나 잠시 후에 "당신은 누구십니까?"라고 질문하니까 하늘에서는 "나는 네가 박해하는 예수다."고 하셨다. 그때 사울의 마음속에는 커다란 기적이 일어났다. 지금까지 그리스도교를 박해하는 것을 하느님의 뜻과 모세법에 적합한 정의의 사업인 것처럼 생각했던 잘못됨이 일시에 없어졌기 때문이다. 그러므로 사울은 겸손하게 자신의 잘못된 심정을 인정하고 "주여, 저로 하여금 무엇을 하기를 원하십니까?"라고 말하니 "일어나서 시내로 들어가거라. 해야 할 일을 일러 줄 사람이 있을 것이다." 하시는 말씀을 듣고 즉시 일어났으나 웬일인지 앞이 캄캄하여 아무것도 보이지 않았다. 이때 비로소 사울은 자기가 소경이 된 것을 알고 같이 동행하던 사람들에게 인도되어 다마스커스에 들어갔다. 그는 진실한 통회로써 이 시련을 잘 인내했을 뿐 아니라, 3일간 죄의 보속으로 먹거나 마시지도 않고 열렬히 기도를 바치며 하느님의 섭리에 모든 것을 맡겼다.

다마스커스에 있었던 신자들은 예루살렘의 신자들한테 연락을 받아 일찍부터 사울의 박해를 알고 엄중한 경계를 하고 있었는데, 그 중에는 아나니아라는 열심한 주님의 제자가 있었다.

어느 날 (이 날은 사울이 다마스커스에 들어온 지 3일째 되던 날) 열심히 기도하고 있을 때 주님께서 묵시 중에 나타나서 "어서 일어나 '곧은 거리'라는 동네에 사는 유다의 집으로 가서 다르소 사람 사울을 찾아라. 사울은 지금 기도를 하고 있는데 그는 아나니아라는 사람이 들어와서 손을 얹어 다시 눈을 뜨게 해 주는 것을 신비로운 영상으로 보았다." 하고 말씀하셨다. 이 말씀을 듣고 아나니아는 대단히 놀라며 "주님, 그 사람에 대해서는 여러 사람에게서 들은 바 있습니다. 그는 예루살렘에 사는 주님의 성도들에게 많은 해를 끼쳤다고 합니다. 더구나 지금 그는 주님을 믿는 사람들을 잡아갈 권한을 대사제들로부터 받아가지고 여기 와 있습니다." 하고 대답했다. 주님께서는 그에게 다시 이렇게 말씀하셨다. "그래도 가야 한다. 그 사람은 내가 뽑은 인재로서 그는 내 이름을 이방인들과 제왕들과 이스라엘 백성들에게 널리 전파할 사람이다. 나는 그가 내 이름 때문에 얼마나 많은 고난을 받아야 할지 그에게 보여 주겠다."고 말씀하셨다.

아나니아는 대단히 기쁘고 감격된 마음으로 즉시 사울을 찾아가 손을 얹고 이렇게 말했다. "사울 형제, 나는 주님의 심부름으로 왔습니다. 그분은 당신이 여기 오는 길에 나타나셨던 예수이십니다. 그분이 나를 보내시며 당신의 눈을 뜨게 하고 성령을 가득히 받게하라고 분부하셨습니다" 하고 말하자, 즉시 사울의 눈에서 비늘 같은 것이 떨어지면서 다시 보게 되었다. 그는 그 자리에서 일어나 세례를 받았다.

사울은 며칠 동안 다마스커스에 있는 신도들과 함께 지내고 나서 자신의 회개의 진실함을 증명하기 위해 곧 여러 회당에서 예수가 바로 하느님의 아들이심을 전파하기 시작했다.

주님께서 말씀하신 "나는 그가 내 이름 때문에 얼마나 많은 고난을 받아야 할지 그에게 보여 주겠다" 하신 예언 말씀은 이날부터 적용되어 사방에서 유다인들의 박해를 받게 되었다.

하느님께 특별한 성소(聖召)를 받은 그는 특별한 은총도 받아 순교할 때까지 많은 동로를 세워 성 바오로라는 대사도로 지금까지 계속 공경을 받고 있다.

【 교 훈 】

사울이 하느님의 소리를 듣고 즉각 이에 순종한 것은 경탄할만한 겸손이다. 우리도 그와 같이 은총의 부름을 마음에 깨달았을 때는 이에 순종하고, 그 결과로 결심한 것은 만사를 제쳐놓고 실행하도록 노력하자.

성 정하상 바오로 순교자

[St. Paulus Tjeng, M. Coreae. 1839년 9월 22일 참수. 축일 9. 20.]

프랑스 선교사들보다 먼저 순교의 길을 밟은 한국 교우들도 많았으나 그들의 뒤를 따른 교우들은 더 많았다.

이제 정하상(丁夏祥, 바오로)의 덕행과 용맹을 이야기하려 한다.

그는 한국의 유서 깊은 양반의 후예였다.

정씨로 최초에 신앙을 받아들인 약종(丁若種)은 영세할 때에 본명을 아우구스티노라 했는데 그는 1801년에 맏아들 정철상(가롤로)과 함께 교를 위해 목숨을 바쳤다. 그의 아내 유소사(체칠리아)는 1839년에 순교했고 그의 남은 두 자녀 정하상(바오로)과 정혜(엘리사벳)는 아버지와 함께 갇혔다가 그가 순교한 후 석방되었으나 가산은 정부에 몰수당했다.

무일푼이 된 그들은 경기도 양근군(楊根郡) 마재에 있는 큰댁인 학자 정약용(丁若鏞, 요한)의 집을 찾아가 거두어 주기를 간청했다. "그들이 당한 고초를 모두 말하기는 어려울 것이다"라고 한 것은 어떤 증인의 말이다. 그들은 몸 붙여 있던 친척들에게 천대를 받았을 뿐 아니라 하인들과 심지어 종들에게까지도 멸시를 당했으니, 슬프다! 그러나 이것은 재산과 권세로써 존경을 측량하는 나라에서는 지극히 자연스러운 것으로 생각했던 것이다.

그들은 이 비천한 처지가 몹시 괴로웠으나 불평 없이 견뎌 나갔다.

정하상(바오로)은 아주 어려서부터 어머니께 기도문 교리를 배웠다. 그러나 외교인들에게 둘러싸여 살고 있는 그로서는 가톨릭교의 본분을 지키기가 어렵고 불완전할 수밖에 없었다. 스무 살 때에 서울로 올라와서 나중에 순교한 훌륭한 여자 교우 조증이(바르바라)의 집에 머물렀다. 그러나 그는 안온한 일상적 생활보다는 더 높고 위대한 포부를 가지고 있었다. 이 청년은 1801년 이래 신부가 없는 한국 교회의 운명을 우려했던 것이니, 그것은 위대한 마음과 출중한 지력과 열렬하고 깊은 신앙심을 표시하는 것이었다.

정하상(바오로)은 이미 북경을 다녀온 일이 있는 이광렬(요한)과 함께 그곳에 가서 구베아 주교께 선교사제를 청하기로 결심했다. 이 일을 성취하려면 해마다 중국 천자께 보내는 사신 일행의 하인이나 혹은 종이 되다시피 해야만 했다. 그러나 그는 조금도 서슴지 않고 어떤 역관(譯官)의 하인으로 들어갔다. 그는 북경에서 세례와 견진과 성체를 받고 주교와 한 번 만났으나 주교는 신부 한 분도 보낼 수가 없었다.

그 후 여러 해 동안 해마다 이 길을 거듭 행해 주교를 다시 만나보고 한국에 선교사를 보내달라고 간청하였으나 다섯 해 만에야 겨우 그 원을 풀게 되었다. 구베아 주교가 신부 한 분을 변문에 보내기로 약속하고 만날 시기까지 정해 준 것이다. 정하상(바오로)은 약속을 어기지 않고 정한 날짜에 변문에 갔으나 아무도 만나지 못했다. 그는 심 신부라는 이 선교사가 도중에 세상을 떠났다는 소식은 나중에야 알게 되었다. 이듬해에 정하상(바오로)이 다시 북경을 찾았을 때 주교는 그를 매우 냉대하고 외교인들 틈에 끼여 사는 그의 어머니와 누이를 빼내다가 잘 보살피라고 권고한 모양이다. 이 충고를 따라 그는 어머니와 누이를 찾아가 처음에는 서울로, 그 다음에는 시골로 모시고 가서 그들과 함께 몇 해 동안을 살았다. 그곳에서 그는 신부도 없이 다만 요리문답과 한문으로 된 천주교 서적만으로 감탄할 만한 덕행을 닦았다. 40일이나 되는 사순시기를 두 번이나 지켰고 그 동안에는 날마다 단식재를 지켰으며 지극히 가난한 가운데에도 어떻게 해서든지 절약하여 많지는 않았지만 애긍까지도 했다. 그리고 오랫동안 기도하며 자주 묵상을 했다.

서울에 올라온 후 비록 숨어살았으나 그의 신심, 덕행, 강직한 성격, 재주, 사려(思慮) 등은 교우들의 주목을 끌게 되어, 어디서나 그들의 중요한 인도자가 되었고 그들의 목자가 되다시피 하여 한국 교회의 일은 대부분 그가 처리하고 지도하였다. "교우들은 그를 참으로 뛰어난 사람으로 여겼다."고 어느 법정 증인이 말했다.

마침내 유방제(파치피코)신부가 한국에 파견되어 한국 교우들의 소원이 풀리게 되었다.

1833년에 정하상(바오로)은 후에 순교한 남명혁(세바스티아노) 등 여러 친구와 협력해서 유 신부를 서울에 잠입시키기에 성공해 그의 중요한 복사가 되었고 몇 해 후에는 모방 신부와 샤스탕 신부와 앵베르 주교를 또한 인도해 들였다.

앵베르 주교는 정하상(바오로)을 사제가 되기에 적당한 청년이라 생각해서 라틴어와 신학을 가르쳐 신품을 주려고 할 즈음에 박해가 일어났다.

사제가 될 뻔한 이 청년은 제물(祭物)이 되게 되었으니 아무튼 제단에 올라가는 데는 변함이 없었던 것이 아닌가?

그는 순교를 꿈꾸었다. 예수께서 자기를 위해 죽으신 것같이 자기도 예수를 위하여 죽는 것이 바오로에게는 가장 훌륭한 운명으로 생각되었다. 그러나 재판관 앞에서 그는 무슨 말을 해야 옳을 것인가? 자기의 신앙을 해설할 것인가? 한다면 어떻게 해설할 것인가? 그들을 신앙에 이끌어 들이도록 힘쓰기까지 해야 할 것이 아닌가? 그는 이러한 생각에 골몰해 있었다. 그는 혹 초대 교회의 어떤 호교론자들의 이야기를 들었을 법도 하다. 하여간 그는 이들을 본받았다.

천주교 교리를 잘 알았던 그는 이에 대한 명백하고 정확하게 서술하고 결론으로는 누구를 막론하고 하느님의 계명을 지킬 의무가 있다고 선언했다. 그의 예측은 어그러지지 않았고 그의 호교론 또한 헛되지 않았으며 순교에 대한 그의 희망까지도 실현되었다.

7월 11일, 포교들이 정하상(바오로)의 집을 덮쳐 그를 비롯해 그의 노모와 누이까지 잡아 오라를 지워 포청으로 압송한 다음, 정하상(바오로)과 그의 4대 조상까지의 이름을 명부에 올리고 옥에 가두었다.

이튿날 그는 포장 대리에게 자기가 쓴 호교론을 바쳤다. 사흘이 지난 후 포장이 그를 불러내 문초했다.

"네가 한국의 풍속을 저버리고 외국교를 행하며 다른 사람들에게까지 그 교를 전파한다니 그것이 참말이냐?" 그에 답하여 "우리는 외국에서 귀중한 물품을 들여다 사용하면서 단순히 다른 나라에서 들어왔다는 이유만으로 참된 종교인 천주교를 배척하는 것이 옳은 일이겠습니까? 천주교는 누구를 막론하고 신봉해야 할 종교입니다."했다. 심문이 계속되어 "네가 외국교를 칭찬한다! 그러면 국왕과 재상들이 그것을 금하시는 것이 잘못이란 말이냐?" 하니 "그 말씀에는 대답할 말이 없으니 내게는 죽음이 남아있을 뿐입니다."할 따름이었다.

포장은 그의 호교론의 뜻을 묻고 덧붙여 말했다. "비록 네 말이 옳다 하더라도 동지들을 모아 국왕이 금하시는 것을 감히 가르친단 말이냐?"고 말한 후 팔주리를 틀게 했다. 팔주리라 하는 것은 두 팔을 모아 팔꿈치 위에까지 붙잡아 매고 두 개의 굵은 몽둥이를 지렛대처럼 이용해 어깨죽지가 서로 맞닿다시피까지 틀어 팔의 결박을 풀어 놓고 가슴을 발로 밟고 팔을 앞으로 잡아당겨 뼈를 제자리에 돌아오게 하는 것이다. 형리가 숙달된 자이면 뼈가 휘기만 하게 틀지만 처음이고 경험이 없는 자면 뼈가 부러지고 골수와 피가 쏟아져 나오는 것이었다.

이 순교자를 고문한 형리들은 숙달된 자들이어서 뼈를 부러뜨리지는 않았다. 정하상(바오로)은 이 무서운 고통을 강인하게 참아 받았고 배교하라고 다시 엄명했으나 그가 거절하자 다시 옥에 가두었다.

며칠 뒤에 다시 법정에 끌려나가 톱질이라는 형벌을 당했다. 톱질이라는 것은 털바(三綱)를 넓적다리에 감아 두 사람이 한 끝씩 붙잡고 그것을 당겼다 늦췄다하여 바가 살을 파고들어 뼈에까지 사무치게 하는 것이었다.

세 번째 문초 때에 정하상(바오로)은 앵베르 주교와 무릎맞춤을 당했는데 그는 주교를 도와 한국 각처를 두루 돌아다니게 하고 교우들과도 만나게 했다는 것을 서슴지 않고 시인했다.

그는 몽둥이 끝으로 찌르는 형벌과 주리를 당하고 톱질을 한 번 더 당했다. 그러나 이번 톱질에는 털바 대신에 세모진 몽둥이를 사용했다. 얼마 안 되어 뼈가 드러나고 피가 땅에까지 흘러내렸으나 정하상(바오로)은 태연자약함을 잃지 않았다.

그때까지 아직 자수하지 않은 모방 신부와 샤스탕 신부의 잠복소를 대고 교우들을 고발하라고 강박했으나 그는 굳게 침묵을 지켰다.

옥중에서도 옥쇄장들이 다시 고문을 하며 갖은 질문을 다했으나 아무 대답도 하지 않았다.

두 전교신부가 잡힌 후 그들과 무릎맞춤을 당했고 그들과 함께 의금부로 이송되었다. 세 재판관들 앞에 세 번 불려나가 그때마다 정강이어 매를 맞았다.

끝까지 마음을 굽히지 않은 정하상(바오로)은 마침내 참수형이 언도되어 열망하던 최고의 갚음을 받게 되었다.

선고문에는 정하상(바오로)이 말한 일도 없는 말이 그가 한 것처럼 기록되어 있는데 외교적 용어(外敎的用語)만 추리면 그 뜻은 정확하다 할 것이다. 정하상(바오로)이 들평생 천주교를 위해 활동했다는 것과 자기 정신과 마음의 온갖 정력을 기울여 선교사들을 도와 주었다는 것과, 불굴의 용기로 그리스도께 대한 신앙을 고백했다는 것이 이 선고문에 명확히 기록되어 있다. 이러한 의미에서 여기에 옮겨 보기로 한다.

"내 범죄를 말씀드리건 나는 신유(辛酉)의 후예로 일가의 악역(惡逆)을 더욱 더했고 사도를 행함을 우리 집의 특색으로 했으며 요술을 전파하고 무리를 속였나이다. 그러나 그뿐이겠나이까? 나는 성을 갈고 종적을 감추었나이다. 무엇 때문이었겠나이까? 내 마음에는 우리 나라에 대한 원한이 가득

차고 넘쳐서 그 풍속을 바꾸고자 힘써 마지아니한 것이옵니다. 나는 교를 가르치는 것으로 족하다 생각지 아니하고, 왕년의 문모사건(文模事件)이나 사영(嗣永)의 백서(帛書)같은 반역과 흉악한 음모의 계획을 응원하고 널리 전파하기를 게을리하지 아니하였나이다. 나는 신부와 주교 같은 외국 사람을 수만리 밖에서 불러왔고, 비밀히 숨어서 전심으로 저들에게 복종하고 저들을 위해 진력해 3년 동안이나 그 일을 나의 오직 하나인 직책으로 여겼나이다. 진길(進吉)과 신철(信喆)을 내 심부름꾼으로 보냈으며, 이리하여 시초에는 미미하던 무리가 차차 늘어나 추류(醜類)의 소굴이 되기에 이르렀나이다. 나는 김과 최 등 세 명의 소년을 서양에 보낸다는 지나친 일을 저지르기까지 이르렀나이다."

"지극히 개탄할 바로다! 그의 눈은 나라에서 발포한 금령을 보지 못하는 도다. '내가 잘못한 것이 무엇인고' 라고 말하며 그의 입은 끊임없이 제 도의 사특한 말을 거듭 되뇌이니 이는 분명히 그의 마음을 표시함이로다. 신유(1801)의 흉한 모반(謀叛) 때에도 없었던 일이 이제 일어났으니 백서(帛書)에 쓰인 흉악한 음모가 지금은 실현하기 쉬운 것이로다. 이러한 명백한 증거를 상고해 보면 모든 것이 관련이 있는 것을 알게 될 것이니, 자기 나라를 배반한 것에 대한 벌로 말하면 만 번 죽어도 그 벌이 오히려 너무 가볍다 할지로다. 반역자요, 패역자인 그 자의 죄상이 명백하고 그도 그것을 자백했으니 지체 없이 참수하리로다."

그의 희생과 노력과 여행으로 한국 천주교에 목자를 구해 왔고, 교우들의 영신 이익에 그토록이나 유효한 공헌을 했던 이 순교자는 1839년 9월 22일 오후 네 시쯤 서소문 밖 형장으로 끌려나갔다. 정하상(바오로)은 얼굴에 미소를 띠고 벌써 이 세상 사물에는 조금도 구애되지 않는 것 같았다. 형장에는 그전에 죄인들을 처형한 흔적이 남아 있어 해골과 목잘린 시체가 여기저기 흩어져 있었고, 그 머리는 땅에 떨어져 있거나 말뚝에 매달려 흔들리고 있었다. 과연 법과 풍속에 의하면 "행인들을 훈계하고 저들에게 유익한 공포심을 일으키게 하기 위해" 그것들을 사흘 동안 남겨 두도록 했던 것이다.

군사들이 무릎을 꿇고 있는 정하상(바오로) 주위에 정렬하고 칼을 한 번 휘두르니 순식간에 목이 떨어졌다. 이때 정하상(바오로)은 마흔 다섯 살이었다.

【 교 훈 】

우리의 성 정하상(바오로)은 목자 없는 이 나라에 주교, 신부를 모시기 위해 역관(譯官)의 종이 되어서까지 갖은 풍상을 겪으며 북경에 드나들어 마침내 그 뜻을 이루었느니, 그의 공로는 이 나라 역사에 길이 빛나리라! 우리도 성 정하상(바오로)를 본받아 주교, 신부를 힘껏 도와 드리며 교회를 사랑하고 그 발전에 적극 협력하여 순교자들의 피를 더욱 영광되게 해야 할 것이다.

성 바오로 은수자

[St. Paulus, Eremita. 축일 1. 15.]

성 바오로 은수자는 230년경 이집트에서 출생했다. 부모는 그리스도교 신자였고 재산도 많았으므로 아이에게 확고한 종교교육을 시키는 한편 일반학문도 충분히 받게 할 수가 있었다.

바오로는 15세 때에 양친을 잃었다. 게다가 그때 디오클레시아노 황제가 교회를 가혹히 박해했기 때문에 바오로는 이를 피해 누나 집의 소유지에 숨어서 5, 6년간을 살았다. 그러나 이교도였던 매형은 젊은 바오로가 상속받은 많은 재산을 자기 것으로 만들려고 그를 법정에 고발하려 했다. 그래서 22세인 청년 바오로는 그곳을 피해 광야에 가서 몸을 숨기고 박해가 끝나기를 기다렸다.

광야의 깊숙하고도 인기척 없는 곳에 큰 바위가 하나 있었다. 그는 그 곳을 거처로 삼고 목이 마르면 가까운 샘에 가서 신선한 물을 마시고 한창 더운 여름일 때에는 종려(棕櫚)나무의 잎새 밑에서 쉬었다. 이와 같은 고독한 생활을 하며 기도와 고행으로 잠시 지낸 그는 고독한 생활의 무한한 깊이를 깨닫게 되어 마침내 박해가 끝나서도 일생을 이 광야에서 지내려고 결심하기에 이르렀다.

그는 43세까지 바위 옆에 서 있는 한 그루의 무화과나무의 열매만을 따먹으면서 살았다. 그러나 그 후에는 엘리야 선지자와 같이 신비하게도 매일 까마귀 한 마리가 물어다주는 반 조각의 빵으로 일생을 보냈다.

그가 죽기 바로 전에 하느님의 특별한 섭리로 당시 90세 가량의 고령이었던 위대한 은수자 성 안토니오(축일 1. 17)가 그를 찾아왔다. 두 사람은 지금까지 한 번도 만나본 일이 없었기 때문에 우선 서로 초면 인사를 한 다음, 천상일에 대한 성스러운 이야기를 주고받고 있노라니 때마침 그 까마귀가 날아와서는 여느 때 떨어뜨리던 빵 반 조각이 아니라 한 개의 빵을 떨어뜨리고 갔다. 안토니오가 놀라며 까마귀 날아가는 것을 쳐다보고 있으니까 바오로는 웃으며 다음과 같이 말했다.

"이것은 감사하신 하느님의 자비심입니다. 저 까마귀는 이미 60년 이상이나 이와 같이 나에게 빵을 반 조각을 가져다주었으나, 오늘은 당신이 오셨기 때문에 빵을 배로 보내주신 것입니다."

그들은 그 빵을 먹고 샘의 물을 마시고 나서 하느님의 그 크신 은혜를 찬양했다. 밤에는 두 사람이 소리를 맞춰 기도를 드렸다. 그리고 아침이 되자 바오로는 손님에게 이렇게 말했다.

"저의 마지막 날이 다가왔습니다. 하느님께서는 저를 위해 임종 기도를 바치도록 당신을 보내주신 것입니다. 원하건대 당신은 아타나시오 주교께 받은 망토를 가져와 주시어 그것으로 저의 유해를 덮어 주시기를 바랍니다."

안토니오는 이 말을 듣고 매우 놀랐다. 그 이유는 하느님의 계시가 아니면 그런 망토가 있는지 도저히 그가 알 수 없었기 때문이다. 그는 그가 원하는 대로 급히 망토를 가지고 돌아오는 도중에 바오로의 거룩한 영혼이 천사들에게 인도되어 하늘로 올라가는 것을 보았다. 바위에 가 보니 바오로는 마치 기도하고 있는 것같이 하늘을 우러러 양손을 펴고 무릎을 그대로 꿇고 있었다. 그러나 그의 영혼은 이미 그 육신에 있지 않고 기도하면서 그리운 아버지의 품으로 올라간 것이었다.

안토니오는 그 유해를 성 아타나시오 주교의 망토로 싼 후 동굴 앞에 모셔 그곳의 종려(棕櫚) 나무 밑에 장사 지내려고 했다. 그러나 땅을 팔 기구가 없어서 쩔쩔매고 있을 때 광야에서 사자 두 마리가 나타나서 그 억센 앞발로 삽시간에 굴을 파주었다. 이것은 하느님께서 기적으로써 그를 도와 주신 것이다. 안토니오는 바오로의 유해를 그 안에 매장하고 나서 종려(棕櫚)나무의 잎을 꿰매어 만든 의복을 거룩한 기념품으로 가지고 돌아와 교회의 큰 축일에는 항상 그것을 입었다고 한다.

성 바오로가 하늘로 올라간 것은 343년으로 그의 나이 113세였으며 광야에서 은수생활을 한 지 90년에 이른 때였다.

【 교 훈 】

성 바오로는 청년 시대에 아주 잠깐 동안 숨어 있으려고 광야로 들어갔다. 그러나 하느님과의 교제가 얼마나 감미롭고 즐거운 것인가를 맛본 후에는 이 세상의 재산이나 쾌락을 원하는 마음이 없어졌다. 성 베르나도는 "피조물에게 바라지 않고 창조주께 바라는 즐거움이야말로 참된 즐거움이다. 이것에 비한다면 이 세상의 쾌락 같은 것은 문제가 안 된다"라고 말했고, 또 성 요한 크리소스토모는 "경건하게 덕행의 생활을 하려고 노력한다면 우리의 마음에는 슬픔이나 괴로움이 없을 것이다"고 말했다. 우리도 한번 진심으로 하느님을 섬겨 봄이 어떠할까.

성 바오로 주교 순교자

[St. Paulus, E. M. 축일 6. 7.]

사도 성 바오로는 자신도 말한 바와 같이 개종 후에는 끊임없는 박해를 받아 그리스도를 위해 고난을 받았다. 그 후 3백년이 지나서 콘스탄티노플의 주교 바오로도 똑같은 운명에 놓여져 있었다고 할 수 있다.

그는 데살로니카 태성으로서 후에 콘스탄티노플에 와서 쿠제가 되어 그 시의 주교 알렉산데르를 보좌하고 있다가 주교의 임종 전에 이미 그의 후계자로 결정되었다. 이를 알게 된 신자들은 누구나 진심으로 기뻐했다. 그 이유는 바오로는 덕이 높고 박학한 웅변가로 모든 이들이 보기에 손색이 없는 인물이었기 때문이다. 그러나 그와 비례로 당시 교세의 발전에 맹활약을 하고 있던 아리우스파 이단자들이 그를 가장 미워하고 있었다는 것도 수긍되는 일이다. 콘스탄티노 황제의 신임이 두터웠던 에우세비오라는 사람은 아리우스파의 하나로서 황제 자신도 내심 아리우스파에 마음을 기울이고 있었으므로 그들의 모함을 믿고 아리우스파 이단의 회의를 소집하고 그 결의로써 바오로는 국외로 추방하고 그 후임 주교는 이단의 에우세비오를 등용하기로 했던 것이다.

바오로는 독일의 트리르에 이르렀을 때 그 곳 주교 성 막시미노는 쾌히 그를 영접했다. 그러나 오래지 않아 교황 율리오의 지휘하에 로마에서 공의회가 개최되어 바오로도 참석했는데 회의 결과는 바오로 및 그와 똑같이 쫓겨난 성 아타나시오나 마르셀로도 정식 주교로 인정하고 즉시 각자 임지로 부임할 것을 결정했다.

바오로는 다시 콘스탄티노플을 밟게 되었고 그 곳 신자들의 기쁨은 이루 말할 수 없었으나 교회 원수들이 또다시 고집을 피우며 그를 반대하고 자기파의 에우세비오 주교를 옹호하는 운동을 일으켜 조금 어수선했다.

에우세비오는 곧 사망했다. 그러자 아리우스 교도들이 갑자기 마체도니오라는 사제를 후임 주교로 내세우게 되어 그들은 두 파로 갈려져 서로 양보치 않고 마침내 대단한 소동으로 발전되었다.

황제는 그때 마침 안티오키아에 방문하느라 부재중이었는데 이 소식을 듣고 매우 분노하여 장군 헤르모제네스를 파견하여 소동을 진압하고 바오로를 재차 추방하려고 했다. 바오로를 소동의 장본인으로 무고했던 것이다.

헤르모제네스는 소란을 진정시키는 동안에 오히려 전사했으므로 황제는 즉시 귀환하여 고문관들의 탄원에 의해 시민들의 죄는 용서해 주었지만 바오로 추방의 결의는 끝까지 취소하지 않았다. 그와 동시에 상대방의 마체도니오에 대해서도 소동의 양 책임자를 문책한다는 의미에서 주교직은 주지 않았다.

바오로는 또다시 트리르에 가서 머물지 않으면 안 되었으나 잠시 후 콘스탄티노 황제의 형제인 로마 황제 콘스탄스의 주선에 의해 용서되어 콘스탄티노플에 돌아올 수 있었다.

황제는 하여튼 바오로를 주교로 인정하기는 했으나 그것은 순전히 불만 속에서 이루어진 것이었다. 그랬던 만큼 아리우스파 이교도들은 점점 더 바오로를 미워하며 이를 몰락시키려고 하던 차 350년이 바오로의 옹호자 로마 황제 콘스탄스가 서거하자 콘스탄티노 황제도 이제야 누구하나 거리낌없이 아리우스파가 되어 바오로를 추방하고 마체도니오를 그의 후계자로 선정했다.

추방의 집행령을 전할 관리는 시민의 분노를 두려워한 나머지 볼일이 있는 체하고 바오로를 훌륭한 목욕장의 광장에 초대해 그곳에서 황제의 명령을 전했다는데 곧 이 사실을 알게 된 시민들이 가로에 몰려와서 관헌의 손에서 주교를 구출하려고 했다. 그리하여 관헌은 바오로를 끌고 뒷문으로 빠져 나와 가까이 있는 왕궁에 가 그곳에서 남몰래 수많은 병사를 시켜 데살로니카로 호송하고, 다시 적막한 산속에 끌고 가 그를 쇠사슬로 결박해 감옥에 쳐 넣었다.

바오로를 굶겨 죽이려고 생각한 형리는 일부러 아무 음식도 그에게 주지 않았다. 그리고 6일이 지났는데도 아직 생존하고 있는 것을 보고 참혹하게도 그의 목을 졸라 죽이고 나서 백성에게는 그가 병으로 옥사했다고 거짓 발표했다.

그 후 30년이 지난 381년에 경건한 테오도시으 황제는 그의 유해를 콘스탄티노플에 운반하게 하고 그를 박해했던 마체도니오가 건립한 성당에 안장했다. 그때부터 그 성당을 '성 바오로의 성당'이라 불렀다.

【 교 훈 】

성 바오로 주교의 생애는 실로 박해의 연속이었으나 오로지 신앙으로 모든것을 잘 받았다. 주님께서는 어느 날 사도들에게 "행복하여라. 옳은 일을 하다가 박해를 받는 사람들! 하늘 나라가 그들의 것이다"(마태 5, 10) 하고 말씀하셨다. 그렇기에 바오로 성인도 지금은 천국에서 영원한 복을 받고 있다는 것은 틀림없을 것이다.

성 바오로 미키와 동료 순교자
[Sts. Paulus Miki et MM. 축일 2. 6.]

바오로 미키는 1564년에서 1565년 사이에 일본 무사의 아들로 태어나 안지귀아마에 있던 예수회 대학에서 교육을 받은 후, 1580년에 예수회원이 되었는데, 특히 설교에 능해 복음을 전파하고 큰 성과를 거두어 유명했다.

그는 도요토미 히데요시 치하의 가톨릭에 대한 박해가 일어났을 때 25명의 다른 신자들과 함께 체포되었다. 그들은 모진 고문을 받은 후 1597년 2월 5일에 나가사키에서 십자가에 못박혀 순교했다. 그와 함께 순교한 평신도들은 다음과 같다. 목수이던 프란치스코는 박해 광경을 지켜보다가 십자가형을 받았고, 19세의 가브리엘은 프란치스칸의 문지기였고, 레오 기우야는 미야코 출신의 목수였으며, 요아킴 사가키바라는 오사카의 프란치스코회 주방 일을 하던 분이고, 디에고 키사이는 예수회의 보조자였으며, 베드로 수케지로는 어느 예수회원의 요청으로 죄수들을 도와 주다가 순교했다. 그 외에 고스마 다케야, 벤투라 등이다. 이들은 모두 1862년, 일본 순교자들로 시성되었다.

박해시대 때 어느 저자가 쓴 순교사기를 보면 다음과 같다.

그들이 못박혀 있던 십자가들이 땅 위에 세워졌을 때 놀라웁게도 모든 이들은 파시오 신부와 로드리게스 신부가 준 격려의 말에 응하여 견고한 자세를 취했다. 원장 신부는 거의 부동 자세로 시선을 하늘에다 못박아 놓고 있었다. 마르티노 수사는 시편을 노래하면서 하느님께 감사 드리고 "주여, 내 영혼을 당신의 손에 맡기나이다"라는 시편을 외웠다. 프란치스코 블랑코 수사도 낭랑한 목소리로 하느님께 감사 드렸고 한편 곤살보 수사는 목소리를 좀더 높여 주님의 기도와 성모송을 낭송했다.

우리 형제인 바오로 미키는 자신이 이제까지 서 보았던 강단 중에서 가장 영예로운 강론대 위에 서 있다고 느끼고서 우선 주위에 모여든 사람들에게 자기는 일본인이자 예수회원이라고 밝히고, 자기는 복음을 전했기 때문에 죽는다고 선언하였다. 그는 자신이 받은 그 위대한 특전에 대하여 하느님께 감사를 드리면서, 다음과 같은 말로 자신의 강론을 마쳤다. "이제 이 순간을 맞아 내가 진리를 배반하리라고 믿는 사람은 여러분 중에 아무도 없으리라고 생각합니다. 나는 선언합니다. 그리스도의 길 외에는 다른 구원의 길이 없습니다. 이 길이 나의 원수들과 내게 폭력을 가한 모든 이들을 용서하라고 나에게 가르쳐 주고 있습니다. 그래서 나는 국왕을 용서하고 나에게 사형을 집행하려는 모든 사람들을 기꺼이 용서하며, 그들에게 그리스도의 세례를 받으라고 간청하는 바입니다."

그리고 나서 그는 자기 동료들에게 시선을 돌려 이 마지막 고뇌의 순간에 동료들을 격려하기 시작했다. 모든 동료들의 얼굴에 커다란 기쁨의 표정이 나타났고 특히 루도비코에게서 그러했다. 군중 가운데서 한 교우가 루도비코에게 "당신은 조금 있으면 천국에 있게 될 것"이라고 외치자, 그는 기쁨에 넘친 동작으로 손과 온 몸을 위로 뻗쳐 모든 군중들의 주의를 끌었다.

루도비코 곁에 있던 안토니오는 하늘에다 시선을 못박고는 예수와 마리아의 지극히 거룩한 이름을 부르고 나서 나가사키의 주일 학교에서 배운 "찬양하라, 주님을 섬기는 아이들아"라는 시편을 노래했다. 그 곳의 아이들에게 주어진 과제 가운데는 이와 같은 몇 가지 시편의 학습이 있었다.

다른 이들도 평온한 얼굴로 예수 마리아의 이름을 계속해서 부르고 있었고, 또 어떤 이들은 구경꾼들에게 참된 그리스도교 생활을 영위하라고 격려하고 있었다. 이와 같은 행위들로써 그들은 기꺼이 죽는다는 충분한 증거를 보여 주었다. 그리고 나서 네 명의 회자수들이 칼집에서 일본인들이 사용하는 장검을 꺼냈다. 모든 신자들은 이 무서운 장검을 보자 "예수, 마리아"의 이름을 외치고 슬피 울면서 탄식하여 그 울음소리는 하늘까지 치솟았다. 회자수들은 눈 깜짝할 사이에 한두 차례 칼을 휘둘러 그들을 쳐죽였다.

【 교 훈 】

사도 성 바오로는 갈라디아 인들과 필립비 인들에게 이런 편지를 보냈다. "우리에게는 우리 주 예수 그리스도의 십자가밖에는 아무것도 자랑할 것이 없다." "우리는 그리스도를 믿을 특권뿐만 아니라, 그분을 위해서 고난까지 당하는 특권을 받았다."

이 말씀처럼 우리가 당하는 고난은 우리를 선택하신 하느님께서 주신 특권이다. 항상 해온 말이지만 우리는 이러한 고통, 고난, 십자가를 달게 받아 그분께 나아가야 하며, 이것을 자랑할 수 있어야 한다. 아직 어렵다면 주님과 성인들에게 도움을 청하자.

십자가의 성 바오로 사제
[St. Paulus a Cruce, C. 축일 10. 19.]

십자가의 성 바오로는 1694년 북 이탈리아에 있는 제노아에서 그리 떨어지지 않은 작은 도시에서 태어났다. 그는 철이 들자 열심하고 희생심이 많은 아이로 보통 아이들과는 어딘가 다른 점이 있었다. 그 뿐만 아니라 이 아이에게는 일찍부터 성모 마리아의 특별한 보호가 있었다.

어느 날, 냇가에서 놀다가 실수로 물에 빠져 죽을 위험에 처했을 때 갑자기 성모께서 발현하셔서 무사히 구해 주셨다는 이야기도 있다. 그랬기에 바오로가 성모께 대해 각별한 존경심을 갖고 열렬한 감사의 정을 품고 있었던 것은 당연한 일이라 하겠다. 그리고 은총의 인도하심에 따라 그는 주님 수난을 묵상하며 그 거룩한 모습에 도취되어 자신도 주님을 본받는 뜻으로 여러 가지의 고신 극기를 행하며 매 금요일에는 아주 쓴 초를 마시기도 했다. 이와 같이 바오로는 초자연적으로는 성모 마리아의 보호를 받고 세상에서는 경건한 양친의 교육을 받아 마음도 깨끗하고 몸도 깨끗하게 자라났다.

20세가 되었을 때 주님을 위해 생명을 바치려는 일념에서 군인이 되어 때마침 터키와 싸우고 있던 조국 이탈리아군에 참가했다. 그러나 도중 하느님의 계시를 받아 이와 같은 현세의 전쟁보다는 차라리 초자연계의 영적 싸움에 참가하는 것이야말로 자신의 본래 사명이란 것을 깨닫고 군적을 떠나 고향으로 돌아왔다.

바오로는 동료 수명과 상의하여 알제다로 산이라고 하는 인기척 없는 깊은 산중에 들어가서 기도와 묵상의 거룩한 생활을 시작했으나, 주교께서 세상의 냉담자들의 마음에 다시 열렬한 신앙의 불을 질러 주도록 바오로 등의 적극적 활동을 바라자 그도 이에 동의해 우선 로마에 가서 베네딕토 14세 교황에게 신품 성사를 받는 한편 그의 허가를 얻어 '예수 고난회'라는 한 수도회를 창립하고 자기의 동료들을 그 회에 입회시켰다.

바오로가 성직자가 되어 다시 알젠다로 산에 갔다가 돌아왔을 때의 일이다. 성모 마리아께서 또다시 그에게 발현하셔서 흑색복장의 가슴에 심장이 그려져 있고 그 가운데 십자가와 예수의 이름이 기록되어 있는 것을 보여 주셨다. 바오로는 그것을 보고 새 수도회의 복장을 이같이 제정하라는 뜻인 줄을 깨달았다. 과연 새 수도회의 목적은 주로 회원 자신들이 예수의 고난을 묵상함과 동시에 일반 신자에게도 그 현의를 깊이 박아주는 데 있었으므로 이만큼 적당한 수도복은 다른 데서 볼 수 없었다. 그러므로 그는 정식으로 이것을 자기 회의 수도복으로 결정했다. 또한 이 수도회는 성모의 통고에 대한 존경을 더 가지게 하는 것도 목적으로 삼고 있다. 그것은 그렇다고 하더라도 성 바오로는 그 열렬한 기도와 고행으로써 냉담한 신자나 죄인을 얼마나 많이 회개시켰는지 모르며, 그 회원들의 활동으로 인해 성모 통고에 대한 신심도 놀랄 만큼 단시일에 전파되어 그로 말미암아 의외의 은혜를 받은 사람도 얼마나 많았는지 모른다.

성 바오로는 예수의 고난을 묵상할 때마다 늘 가슴에 주님께 대한 사랑의 열정으로 가득찼고 그로 인해 두 갈빗대가 밖에 나타나기에 이르렀다고 한다.

그는 하느님께 장래 일이나 남의 마음속을 들여다보는 특은도 받았다.

예수 고난회는 실로 놀라울 정도로 발전했다. 수년 후에는 여자 수도회도 창립되었다. 성 십자가의 바오로는 총장으로서 회원들을 전후 40년이란 장기간에 걸쳐 지도하고 자신의 덕행과 좋은 표양으로써 그들의 거울이 되었고, 고령이 되었을 때에 자기가 예언한 1775년 10월 18일, 평화 속에 운명했고, 1867년에 시성되었다.

【교 훈】

세상 사람 중에서 누가 다소의 십자가라도 받지 않는 이가 있겠는가! 모두 자기 환경과 처지에 따라 각기 십자가는 다 있는 것이다. 그 십자가의 고통을 이겨나갈 수 있는 가장 좋은 방법은 십자가의 성 바오로를 본받아 종종 주님의 고난을 묵상하는 것이다. 그 뿐 아니라 이것은 영혼 구원의 은총을 얻는 의미에 있어서도 지극히 효과가 크다. 우리도 성인처럼 가급적 매일 틈을 내어 이를 묵상하도록 노력하자.

성녀 바울라 수절
[Sta. Paula, Vidua. 축일 1. 26.]

부유한 사람들은 대개 가난한 사람들의 비참한 생활을 모른다. 그러므로 별로 악인은 아닐지라도 자연히 인생에 대한 진실성이 없어져 일상 생활이 사치와 향락에 기울어져 호화스러운 생활에 떨어진다는 것은 의심 없는 사실이다. 그러나 또 한편으로는 어떤 기회에 빈민들의 비참한 생활 상태에 충격을 받아 돌연 열심한 자선가가 되는 수도 있다. 여기에서 말하려고 하는 로마의 성녀 바울라도 그러한 사람 중의 하나였다.

그녀는 347년에 태어나 15세 때에 귀족 유리오 가(家)의 톡소시우스라는 청년에게 출가해, 부부가 서로 화목하여 1남 4녀를 낳았다. 집에는 많은 노예와 종들이 있어서 무엇이든지 그녀가 원하는 것은 다 해주고, 양순한 남편은 진정으로 그녀를 사랑해 주고, 또 사교 무대에서는 여왕과 같은 대접을 받는 등 그녀의 생활은 말하자면 이곳에나 저곳에나 꽃이 핀 것과 같이 아름다웠다.

호사다마(好事多魔), 좋은 일에는 마가 들기 쉽다는 격언과 같이, 동거 15년만에 그녀가 가장 사랑하던 남편은 돌연 세상을 떠나 버렸다. 뜻밖에 당한 불행에 그녀는 슬픔을 이기지 못하고 밤이나 낮이나 울음으로써 보냈다. 시간이 조금 흐른 후 그녀의 눈물은 그쳐졌지만, 그녀의 마음은 남편을 생각하던 정이 깊었으므로 그만큼 마음의 고통이 항상 남아있었다.

지금까지 즐거웠던 세상이 갑자기 아무런 매력도 없이 허무한 것으로만 보였다. 그녀는 현세의 허망함을 깊이 깨달았다.

세상 사람들은 재산가인데다 아름답고 아직 30세밖에 안 된 이 과부를 그대로 두지 않았다. 사방에서 비 쏟아지듯이 재혼의 신청이 들어왔다. 그러나 죽은 남편에게 대한 그리움으로 가득 찬 그녀의 가슴에는 그러한 것을 받아들일 여유가 없었다. 그녀는 처음부터 깨끗이 거절했다.

간신히 마음의 동요를 진정시킨 바울라에게 깊은 위로와 힘을 준 것은 복음서와 사도행전이었다. 그때 마침 로마 집정관의 미망인이던 성녀 마르셀라가 동일한 신분의 부인들을 모아 아벤티노의 언덕에 있는 집 한칸을 구입해 수도적 공동생활을 시작했다는 것을 듣고 그녀는 즉시 그곳으로 달려갔다. 마르셀라는 그녀의 슬픔을 없애기 위한 한 가지 방법으로 빈민굴에서 사는 사람들을 위문하러 갈 때 그녀를 데리고 갔다.

지금까지 보지 못한 이러한 비참한 생활상태에 접한 바울라의 놀람은 어떠했을까! 그러나 그녀는 그들의 불행에 다만 쓸모없는 동정의 눈물을 흘린 것은 아니었다. 어떻게 하면 그들을 구할 수가 있을까 하고 적극적으로 생각하기 시작했다.

"주님께서 내게 남편의 막대한 유산을 남겨 준 것은 이러한 가난한 사람들을 구하라고 하는 뜻이 아닐까? 그곳의 이런 불행한 사람들을 도와 준다면 이미 죽은 남편도 내세에서 얼마나 즐거워할 것인가!" 이와 같이 생각하니 바울라는 다음이 너무도 행복했다. 그녀는 지금까지 사치하게 입었던 자기의 의복을 모두 팔고, 또 검소한 음식으로 인내하며, 가난한 사람들을 많이 도와 주었다.

어머니의 변한 모습을 보고 자녀들은 매우 놀랐다. 그러나 바울라는 자신은 부자유를 참는다 하더라도, 자녀들에게는 신분에 적합한 교육을 시키는 것은 망각하지 않았다. 장녀 블레실라는 어떤 사람에게 출가했지만, 그녀의 운명도 어머니와 같아서 오래지 않아 남편이 죽었으므로 젊어서 과부가 되어 어머니에게로 돌아왔다.

같은 경험을 겪은 큰 딸은 어머니의 마음을 잘 이해해 마음을 같이하여 자선과 박애 사업에 같이 진력하게 되었지만, 하느님의 부르심에 따라 후에 어머니보다 먼저 세상을 떠났다. 사랑하는 딸인 동시에 서로 의지할 수 있는 동료를 잃은 바울라의 한탄과 슬픔이 어떠했는가는 가히 짐작할 수 있을 것이다.

다마소 교황은 성서학자로 유명한 성 예로니모를 로마에 초빙했는데 마르셀라는 이 때를 좋은 기회로 여기고 아벤티노의 수양 단체를 위해 성서 강의와 히브리어(語) 수업을 청했다. 그때 바울라도 셋째 딸 에우스토치움과 같이 그 교회 박사의 말씀을 들었는데 그 중 그의 수도 생활에 관한 이야기나 예수 그리스도의 수난 및 죽음의 성지(聖地)에 대한 말씀은 바울라 모녀의 마음을 대단히 감동시켜 그들은 베들레헴에 가서 수도 생활을 할 결심까지 하게 되었다.

그들은 둘째 딸이 출가하는 것을 기다렸다가 넷째 딸과 아들을 친척집에 맡기고 재산을 통틀어 모아 로마를 출발하여 그리워하던 베들레헴에 도착했다. 그곳에 남자를 위한 수도원 하나와 여자를 위한 수도원 세 개를 설립하고 동료들을 모아 성 예로니모의 지도하에 수도 생활을 하게 되었다.

성 예로니모가 말씀한 "아마 바울라보다 자녀를 사랑하는 어머니는 없을 것이다"라는 말씀 그대로 그녀의 자녀에게 대한 사랑은 대단한 것이어서 딸 둘과 아들과 작별할 때 그녀의 슬픔이야 오죽했으리오마는 그녀는 하느님께 모든 것을 다 바치고 완덕의 길을 씩씩하게 나아가기 위해, 눈물을 머금고 그들과 헤어진 것이다.

그녀는 매우 바쁜 수도원장의 직에 있으면서, 다른 자매들의 인자한 어머니가 되어 자신에게는 엄격하고 다른 이들에게는 관대했다.

어린 예수께서 누워 계셨던 말구유가 있던 곳에서 그는 20년이란 오랜 기간 시종 희생과 고행의 생활을 했다. 그러므로 하느님과 같이 지내는 자만이 누릴 수 있는 천상의 평화를 간직하고 그녀가 평안히 세상을 떠난 것은 404년의 일이었다.

【 교 훈 】

성녀 바울라는 모든 선덕을 골고루 갖추고 있었지만 특별히 모성애(母性愛)에 탁월한 점이 있었다고 생각된다. 육신의 자녀에 대한 어머니로서의 책임을 유감없이 완수하고, 그녀의 심신에 행복을 도모할 뿐 아니라 어떤 때는 불행한 빈민의 어머니로서 그들을 잘 대접했고, 뒤에는 수녀들의 정신적 어머니로서 그들을 잘 인도하여 나아간 점에 바울라의 사랑과 덕의 훌륭함이 있다. 오늘날에도 그 성녀의 사랑을 본받는 여성이 많아지면, 사회의 행복은 얼마나 증가될 것인가!

놀라의 성 바울리노 주교
[St. Paulinus a Nola, E. 축일 6. 22.]

313년, 콘스탄티노 대제가 자신도 그리스도교에 개종하는 동시에 유명한 밀라노의 칙령으로써 종교에 신앙의 자유를 준 다음부터는 국민도 서로 다투어가며 세례를 받는 등 교회는 한때 융성해졌다. 그러나 이것은 양적(量的)으로 하는 말이고, 질적(質的)으로는 유감스러운 점이 없는 신자도 적지 않았다. 그 이유는 진실한 마음에서 한 것이 아니라 다만 유행을 따른다는 경솔한 마음에서 별로 교리 공부도 하지 않고 입교한 이가 많았기 때문이다. 그 중에도 그러한 폐풍은 상류 인사층에 더욱 극심해 지금 말하려고 하는 성 본시오 메로비오 바울리노의 양친도 그 중의 하나였다. 즉 신분이 원로원 의원이고 귀족이었던 아버지나 어머니는 명칭이 신자이지 그 일상 생활에는 이교도나 다름없는 생활이 엿보였던 것이다.

성 바울리노는 353년 프랑스의 보르드에서 태어났다. 양친이 지금 말한 것과 같이 종교에 냉정한 사람이었으므로 그의 아들도 그리스도교적인 좋은 감화를 받을 리가 없었다.

첫째 그는 세례조차 받지 못했다. 그리고 다만 세속적인 출세만을 목적으로 당시 대학자이며 대시인으로 평판이 높았던 오소니오의 지도를 받아가며 열심히 공부했다. 본래 그는 재주가 많았음인지 학업 성적은 가장 우수해 겨우 25세의 청년으로서 일찍이 갈리아(지금의 프랑스)의 집정관으로 임명되었다.

막대한 재산을 가지고 있던 그는 경치 좋은 이탈리아의 캄파니아에서 살면서 같은 재산가이며 신앙이 두터운 테레시아라는 스페인 귀부인과 결혼했다. 그때 그는 하느님의 은총에 의해 신앙의 눈을 떴다.

그는 신심이 깊은 아내의 감화로써 열심히 준비해 이때까지 받지 않고 있었던 세례를 고향 보르도의 주교 델피노에게서 받았다. 그때 그는 당시의 위대한 성인 트리의 주교 마르티노도 만나보고 그의 기도로 인해 눈병이 치유되는 은총을 받기도 했다.

바울리노는 열심히 신앙을 보존하고 세례 때 약속한대로 마귀와 그의 모든 행실과 모든 영화를 끊어 버리려고 애썼다. 그리하여 친척 일가의 놀람과 반대에도 불구하고 자진하여 집정관의 영직을 내던지고 스페인의 바르셀로나에 가서 재산의 대부분을 자선 사업에 기부하고 사랑하는 처자와 같이 검소한 생활로 들어가 세상 사람들에게 좋은 모범을 보였다. 이런 그의 대변화를 들은 은사 오소니오는 대단히 놀라며 몇 번이나 서간이나 말로써 다시 세상으로 돌아와 활발히 활동할 것을 권했으나 바울리노는 그 호의에는 감사하면서도 악마의 유혹이 많은 세속의 높은 지위에 취임할 의사는 추호도 없었다. 특히 귀한 외아들을 어려서 잃은 후에는 아내와 서로 의논하여 남매와 같이 지내며 정결한 생활을 하기로 했다.

이리하여 이전의 대부호는 가난하게 살면서 향락 대신에 자선 사업을 하며 매일 기도를 통해 하느님과의 일치를 도모했다. 그러므로 바르셀로나 신자들은 누구나 바울리노의 덕행에 감동하지 않은 이 없어 자꾸만 사제가 될 것을 권했으므로 그도 그 간청에 못 이겨 마침내 393년 예수 성탄 대축일에 신품 성사를 받게 되었다.

성직자가 되었어도 바울리노의 수도 생활은 결코 허술해지지 않았다. 그는 더욱 수양을 하려고 신자들의 만류에도 불구하고 바르셀로나를 떠나 이탈리아의 놀라 시에 가서 자기가 특별히 존경하는 순교자 펠릭스의 묘지 근처에서 살며 홀로 세상을 멀리하고 기도와 고행에 전심했다. 바울리노가 그 성인을 공경하게 된 이유는 전에 그가 무서운 형제 살해의 혐의를 받았을 때 펠릭스의 전구를 구해 다행히 그 혐의를 벗어날 수 있었기 때문이었다.

바울리노의 감탄할만한 일상 생활이 어느덧 세상에 알려지자 수도 생활을 하려는 사람들은 점차 그의 덕을 사모하여 모여와 그의 지도를 받으며 공동생활을 하게 되었다. 그 뿐 아니라 409년 놀라 시의 주교가 서거하자 신자 일동은 충심으로 바울리노에게 그 후임이 되어 줄 것을 간청했다. 그는 그곳에 피할 수 없는 하느님이 뜻이 있음을 알고 취임을 승낙했다. 그의 겸손, 예지, 박애(博愛)는 주교좌라는 높은 촛대 위에 놓이게 되자 한층 더 찬란히 세상을 비추게 되었다. 그는 모든 사람들에게 존경과 사랑을 받았고 같은 시대의 사람 성 암브로시오, 성 아우구스티노, 성 예로니모 등 쟁쟁한 교부들도 그와 서면으로 연락하는 것을 큰 자랑으로 생각할 정도였다.

유럽에 민족 이동이 일어났을 때 놀라 시에도 처음에는 고트족, 나중에는 반달족이 침입해 마음대로 약탈했다. 그럴 때에 바울리노 주교는 그들의 독수에 걸려 고생하는 이나 노예로 된 불쌍한 이를 구하기 위해 얼마나 노력했는지 모른다. 어느 전승에 의하면, 한 노예를 풀어줄 대금이 부족했을 때에 그는 자기가 대신 노예가 되어 그 사람을 자유롭게 해 주려고까지 했다고 한다. 놀라 시가 야만족 침입의 재앙에서 모면하게 된 것은 오로지 주교의 노력에 의한 것이라 해도 과언이 아니다.

바울리노는 놀라의 주교로 20여 년간 알뜰히 그 임무를 완수하고, 431년 6월 22일, 성덕의 상을 얻으러 영원한 환희로 들어갔으며 그의 이름은 지금도 성인 명부에서 찬란히 빛나고 있다.

【 교 훈 】

놀라의 바울리노가 성인이 될 수 있었던 것은 신심이 깊었던 아내 테레시아의 덕분이 아닌가 생각된다. 그 이유는 그녀의 감탄할 만한 모범과 권유를 통해 성 바울리노가 비로소 영적 세계에 눈을 뜨게 되었기 때문이다. 실로 이와 같은 배우자는 하느님의 커다란 선물이라 하겠다. 그러므로 결혼을 원하는 자는 성인의 아내처럼 신앙이 두터운 배우자를 주시기를 기도하고, 이미 결혼한 사람들은 서로 상대방에게 좋은 감화를 주면서 서로 신뢰하고 서로 도우며 천국에의 길을 걷도록 노력해야 할 것이다.

성녀 발데트루다 수절

[Sta. Waldetrudis, Vid. 축일 4. 9.]

성녀 발데트루다는 680년 지금의 벨기에의 헨네가우 주에서 태어났다. 양친은 프랑스의 메로빙 왕실의 친척이 되고, 그 가문에서는 동생인 성녀 알데군다, 그의 남편 성 빈첸시오, 그의 세 자녀 성 란드릭, 성녀 마델베르타, 성녀 발데트루다 등 온 가족이 성인으로 공경받고 있다.

발데트루다는 나이가 차자 양친의 뜻에 따라 마델게르라는 귀족 청년과 결혼했다. 그들은 완전히 그리스도교적 부부의 전형이라 할만큼 자신들의 가정을 기도의 장소로 삼고, 재산은 자선 사업에 희사하고 자녀 넷을 모두 하느님의 사랑하는 자녀로서 깨끗이 길렀다. 그 중 하나는 일찍 죽었으나 나머지 세 남매를 남자는 성직자로, 여자는 수도자로 모두 하느님께 바쳤다. 이처럼 열심하고 경건한 부부였던 만큼 오래지 않아 자녀들의 뒤를 따라 자신들도 수도원에 들어가려고 결심하게 된 것도 당연한 일이라 할 수 있을 것이다.

그들은 결심을 한 후 남편 마델게르가 먼저 수도원을 세우고 수도자가 되어 빈첸시오라고 이름짓고 극기와 수덕의 생활을 하기 시작했다. 아내 발데트루다는 아직 잠시 동안 성에 남아 있으면서 자선과 신심에 골몰하고 있었지만, 어느 은수자의 권유에 의해 가스드리에 산중에 들어가서 은수생활을 하려고 결심하고, 아우도벨도 주교로부터 수녀의 머리수건(冠布)을 받고 오로지 고행과 기도에 몰두하게 되었다. 그동안 종종 마귀는 이전의 안락하던 생활을 상기시키는 적도 있었고, 세상의 쾌락을 상상시킴으로써 그녀의 수도 생활을 방해하려고 했지만, 발데트루다는 항상 굳건한 마음으로 이를 싸워 물리치고 결코 그 유혹에 떨어지지 않았다.

어느 날 모베주의 여자 수도원장인 동생 알데군다가 그녀를 방문하고 그녀 거처의 가난하고 누추함에 놀라며 불쌍히 여기면서 "우리 수도원에 오시면 어떻습니까?" 하고 권했지만 이를 들은 발데트루다는 정색을 하며 "우리를 위해 하늘의 궁전에서 내려 오셔서 인류 세상의 비천한 생활을 감심으로 보내신 주 예수를 생각하면 이런 가난한 곳에 사는 것이야말로 도리어 타당하다" 하며 단연 거절했다고 한다. 그 후 발데트루다의 덕망에 대한 소문은 세상에 알려져 그녀의 덕을 사모하여 그녀의 지도를 받으며 그녀와 더불어 수도 생활을 하고자 모여드는 부인의 수도 점차 증가했으므로 할 수 없이 수도원을 설립했는데, 그 뒤 그 주위에 이주하는 자도 많아져 마침내 몬이란 도시를 이루게 되었다.

그 뒤에도 한결같이 완덕을 닦은 발데트루다는 688년 4월 9일 가스드리에의 수도원에서 선종했으나 그녀의 무덤 위에는 몇년 후 화려한 대성전이 건축되어 지금도 많은 신자들의 존경을 받고 있다.

【 교 훈 】

성녀 발데트루다와 그녀의 남편은 세 자녀를 모조리 하느님께 바쳤을 뿐 아니라 후에는 자신의 몸마저 봉헌했다. 그들은 천당에서 그것을 얼마나 행복하다고 느끼고 있을 것인가! 주님께서 "나를 따르려고 제 집이나 형제나 자매나 부모나 자식이나 토지를 버린 사람은 백 배의 상을 받을 것이요, 또 영원한 생명을 얻을 것입니다"(마태 19, 29) 하신 말씀과 같이 현세에서의 희생은 후세에서 충만히 상급을 받기 때문이다. 그러므로 우리도 짧고 허망한 현세의 쾌락을 버리고 영원하고 불멸한 천당 행복을 차지하려고 노력해야 할 것이다.

성 발렌티노 사제 순교자

[St. Valentinus, Presbyter et M. 축일 2. 14.]

성 발렌티노 사제는 같은 이름의 성인 여러 명 중에서 가장 세상에 알려진 분이시다.

발렌티노는 3세기 중엽 로마 교회에서 가장 인망이 높고 덕행으로도 출중했으므로, 그 당시 교회를 박해하고 있던 클라우디오 황제는 일찍부터 그를 주목하고 그를 불러 배교를 명했다. 그러나 본래 열렬한 신앙을 가진 발렌티노는 배교할 리 만무했다. 그는 어떠한 위협에도 교회를 버리지 않자 황제는 적당한 처치를 하기 위해 그를 로마 시장(市長)에게 보냈고, 시장은 또한 그를 법관 아스데리오에게 인도했다.

발렌티노는 아스데리오의 저택에 들어가자 찬미가를 소리 높이 부르며 "주 예수 그리스도여, 청하오니 이 집에 사는 모든 사람들에게 천상에서 빛을 내려 주시어 저들을 신앙으로 인도해 주소서!"라고 기도했다.

아스데리오는 2년 전부터 소경이 된 딸이 있었다. 그랬기에 지금 성인의 기도 중에 빛이라는 말을 듣고 이를 특별한 의미로 해석해 딸의 눈을 고쳐 주는 줄로 생각하고 딸을 성인 앞에 데리고 와서 시험적으로 딸의 치료를 의뢰했다.

발렌티노는 이때야말로 교회가 하느님께로부터 발생되었다는 사실을 실증하는 절호(絶好)의 기회라 생각하고 기적을 이루어 줄 것을 정성껏 하느님께 기도한 후 그 딸의 눈에 손을 대며 "영원한 빛이신 주 예수 그리스도께서 당신의 시력(視力)을 회복해 주시기를 빕니다"라고 기도하자 딸의 눈은 즉시 완치되었다.

이런 신기한 일을 친히 목격한 법관 아스데리오는 하느님의 능력의 위대함에 놀라 즉시 개종할 것을 결심하고 일가족 40인이 모두 성인에게 세례를 받았다. 그리고 그들에게 견진 성사를 주기 위해 교황 갈리스도가 친히 아스데리오의 저택을 방문했다고 전해진다.

황제 클라우디오는 발렌티노가 신앙을 버리지 않을 뿐 아니라 그의 힘으로 자기가 신임하고 있던 법관의 집안까지 그리스도교로 개종시켰다는 소식을 듣고 대단히 분노하여 즉시 병졸들을 파견해 그들을 체포하도록 하고 아스데리오 등은 오스티아로 끌고가서 참살(斬殺)했고 발렌티노는 가장 미운 자로 취급하여 플라미니노의 회당에서 몽둥이로 때려 죽였다. 이 날이 270년 2월 14일이었다.

【 교 훈 】

법관 아스데리오와 그의 집안이 모두 개종한 것은 성 발렌티노가 그의 저택에 도착해 하느님께 드린 간단한 기도의 은혜였다. 그는 기도를 바칠 때 그와 같이 많은 수확을 거두리라고는 생각하지 못했다. 그러나 하느님께서는 성인의 기도로써 비신자에게 풍부한 신앙의 은혜를 내려 주셨다. 우리도 겸손되이 그리고 정성껏 기도한다면 비록 그 결과는 우리 자신에게 알려지지 않는다 하더라도 하느님께서는 그로 인해 얼마나 위대한 일을 행하시는지 모른다.

성녀 발비나 동정
[Sta. Balbina, virgo. 축일 3. 31.]

성녀 발비나는 2세기초 사람이다. 아버지는 귀리노라는 로마 제국의 군인으로서 대령까지 승진했다. 아버지나 딸이나 모두 처음은 우상교의 신자였지만 나중에 가톨릭으로 개종해 두 분 모두 성인품에 오른 훌륭한 사람들이다.

발비나는 소녀 시대부터 외모가 아름다웠고 재능도 뛰어났으므로 아버지도 특별히 사랑했고 가정도 부유했으므로 많은 청년들에게서 혼담이 들어왔다. 그러나 세상일은 믿을 수가 없는지 뜻밖에도 발비나는 목에 나쁜 부스럼이 생겨 용모가 추해져서 부끄러운 나머지 사람의 눈을 피하지 않으면 안 되었다. 아버지는 이를 대단히 슬퍼하며 각지의 의사에게 보이기도 하고, 갖은 약을 다 쓰기도 하고, 신들에게 기원도 해보고, 점도 쳐보는 등 백방으로 고치려고 해 보았으나 아무런 효험도 보지 못했다.

그때 마침 그리스도의 이름이 방방곡곡에 전파되고 그의 기적의 소문도 대단해 귀리노는 마침내 "만일 로마에 있는 그리스도교회의 두목이 딸의 병을 고쳐 준다면 가족 모두 교회에 나가겠다"는 맹세를 하느님께 드렸다.

이 시기는 아드리아노 황제의 박해 시대였으므로 알렉산데르 교황은 옥중생활을 하고 있었으나 귀리노가 딸 발비나를 데리고 와서 면회하니 그는 그들의 진심을 알고 열심으로 하느님께 기도한 후 손을 묶은 쇠사슬을 발비나의 상처에 대자 곧 그녀의 병은 완치되어 발비나는 전과 같이 미모의 소녀가 될 수 있었다.

아버지와 딸의 기쁨은 이루 말할 수 없이 커서 하느님께 감사를 올리는 동시 교황 앞에 무릎 꿇고 그의 쇠사슬에 친구했다. 그리고 그의 권고에 의해 전에 세운 맹세대로 집안 모두 교리 공부를 시작하고 오래지 않아 훌륭히 세례를 받고 새 생활을 시작했다.

발비나가 완쾌되었다는 소문이 퍼지자 그녀의 병을 싫어해 만나지도 않았던 청년들이 또다시 귀찮게 하기 시작했다. 그러나 이미 그리스도의 사랑을 체험한 발비나는 현세의 사랑 같은 데는 끌리는 마음 없이 일생을 하느님께 봉헌하며 평생 동정을 지킬 결심을 굳게 했다.

전승에 의하면 세례 후에 불을 켠 흰 초를 손에 든 천사가 나타나 그리스도의 배필이 될 것을 권고했다는 말도 있지만 하여튼 세상의 허무함을 깨달은 그녀가 영원을 바라보며 거룩한 일생을 보내려고 결심한 것은 지극히 자연스러운 일이라 하겠다.

그녀는 매일을 그리스도께 봉헌하며 사랑을 표시하기 위해 자선 사업에 헌신하는 것을 자기의 일로 삼았다.

귀리노 대령의 일가족이 그리스도교 신자가 되었다는 사실은 관가에 알려지지 않을 수 없었다. 귀리노는 즉각 법정에 호출되어 판사 아우렐리아노의 준엄한 문초를 받았지만 그는 겁내는 기색도 없이 자기의 신앙을 고백하고 드디어 순교의 영관(榮冠)을 획득했다. 그 뒤 딸 발비나도 아버지의 뒤를 따라 천국에 가게 되니, 이로써 이 성스러운 부녀(父女)는 영원히 헤어지지 않고 서로 만나 즐기며 같이 하느님을 찬미하는 몸이 되었다.

그 후 성녀 발비나의 용감한 신앙의 덕을 사모한 나머지 로마 신자들은 아벤티노 언덕에 한 기념 성당을 세웠다. 발비나 성당이 바로 그것이다.

【 교 훈 】

종교의 목적은 결코 병을 낫게 하는 것이 아니다. 그러나 종교의 힘으로 병이 나았기 때문에 사람이 신앙을 갖게 된다던가 혹은 신앙을 굳게 하는 예는 종종 볼 수 있다. 성녀 발비나도 난치병에 걸린 것이 인연이 되어 영원한 행복을 누릴 수 있게 되었다. 그러므로 이런 경우에 남에게는 재앙처럼 보였던 병이 결코 불행이 아니었던 것이다. 하느님의 섭리는 오묘한 것이므로 우리도 만일 병석에 눕게 될지라도 헛되이 하느님을 원망하는 것보다 차라리 그분의 무한한 자비를 믿고 섭리에 의탁하는 것이 좋을 것이다.

성 베네딕토 아바스

[St. Benedictus, fundator O.S.B. 축일 7. 11.]

대 성인 베네딕토는 처음으로 수도회 규칙에 공동생활에 관한 규정을 제정한 사람으로서 서상 사람은 그를 수도회의 시조(始祖)라고 일컫는다. 이보다 먼저 성 안토니오가 이미 이집트에서 도처에 산재해 있는 독수자, 은수자들을 모아 공동 수도 생활을 행한 예는 있지만 그때는 아직 규칙을 명문(明文)으로 기재하지 않았던 때였다. 그 뒤 수도자들의 생활에는 이완 타락(弛緩墮落)의 징조가 보여 이를 한탄한 베네딕토가 일반 수도 생활을 혁신할만한 기초가 되는 규율을 편성하여 친히 베네딕토 수도회를 설립하고 모범을 보여주었다. 물론 대 사명을 완수하는데 있어서 그의 천부적 재주와 수완이 있었거니와 그에 대한 특별한 하느님의 은총이 작용했다는 것은 부정할 수가 없다.

그는 480년경 이탈리아 중부의 농촌도시 누르시아(Nursia)에서 태어나 초등 학교를 졸업하고 아버지의 허락을 얻어 수도 로마에 유학을 가게 되었다. 로마는 교회 본부의 소재지도 되고 학문의 중심지도 되었으므로 위인, 수재들이 상당히 많으리라 생각한 베네딕토는 희망을 담뿍 지니고 그곳에 갔지만 얼마 안 되어 일찍이 환멸(幻滅)의 비애를 맛보지 않으면 안 되었다. 그것은 학생간에 나태 향락의 기풍이 만연했고 그의 일상 생활에 얼굴을 찡그릴만한 일이 허다했기 때문이다. 그리하여 그는 이곳은 군자가 있을 데가 아니라 생각하고 다시 엔피데로 옮겼다. 그곳에는 소수의 열심한 사제들이 경건한 공동생활을 하고 있어 그도 그들과 함께 생활했다. 그러던 어느 날, 그의 기도로 기적이 일어나 잠깐 사이에 모든 사람들에게 표져었다.

겸손한 그는 이를 고통으로 여기며 남몰래 수비야코의 산중으로 들어가 은수생활을 시작했다. 그의 소재지를 안 사람은 로마노(Romanus) 수사뿐이었는데 그는 가끔 자신이 먹기에도 부족한 빵 중에서 얼마를 떼어 갖다드리곤 했다. 베네딕토는 이런 고마운 빵을 먹고 살며 오로지 기도와 묵상에 골몰했다.

베네딕토는 악마의 유혹으로 아주 심한 정결에 관한 유혹을 당한 일이 있었다. 그때 그는 옷을 벗고 가시덤불에 뛰어 들어가 이곳 저곳을 뒹굴어 온몸이 상처투성이가 됨으로써 간신히 그 유혹을 이길 수 있었고 그 뒤 다시는 그러한 유혹을 당하지 않았다고 한다.

베네딕토는 이와 같은 은수 생활을 3년간 계속했다. 원체 인기척이 없는 산중이었으므로 그간 거룩한 예식에 참여할 기회도 없었고 성사를 받을 사이도 없었다. 온전히 고독 속에서 명상만을 하며 날을 보냈다. 그러다 그는 자기 하나만을 지켜나가는 것이 수도자의 최선의 길이 아니란 것을 깨닫고 그 뒤부터는 천진난만한 목동들을 모아 교리를 가르쳤다. 그러던 중 그의 명성을 전해 듣고 같은 뜻을 가진 이들이 점차 모여와서 지도를 바라자 그런 형제들을 위해 하나의 수도원을 세우고 그들의 원장이 되었다.

어느 날, 부근에 있었던 비코바로 수도원의 원장이 서거했다. 그러자 그 수도원의 수사들이 덕망이 높은 성인을 찾아와 후임 원장이 되어 줄 것을 간곡히 청했다. 베네딕토는 그들의 간청에 못 이겨 마침내 수락했지만 아쉽게도 그 수도원은 규율이 문란하고 퇴폐의 기분이 농후했으므로 그는 철저히 개혁하려고 했다. 그런데 그의 엄격함이 타락에 젖은 수사들에게는 맞지 않았는지 그들은 새 원장을 싫어하게 되었지만 자기네들이 모셔온 이상 공공연하게 배척할 수는 없었다. 그리하여 그들은 터무니없이 성인을 살해하려는 흉계를 꾸며 점심 식사 때 포도주에 독약을 섞어서 이를 권했다. 베네딕토는 포도주를 마시기 전에 전례대로 십자가 표시를 하니 즉각 그 잔은 돌에 얻어맞은 것처럼 깨져 버렸으므로 그는 모든 것을 알고 그들의 무모함을 한탄하면서 그 날로 그 수도원을 떠나 수비야코에 돌아왔다.

수비야코의 수도원은 날로 번성해져 수도자의 수는 더욱 증가했다. 그는 자신이 임명한 원장의 지도아래 있는 12개의 수도원을 조직하고, 일과표의 일부로서 노동을 실시했고, 수비야코는 영성과 학문의 중심이 되었다. 그는 인근의 사제이던 플로렌시오가 자신의 활동을 트집잡자, 갑자기 그곳을 떠나 525년경에 남쪽 몬테 카시노(Monte cassino)에 당도해 그곳에서 수도 생활을 계속하려고 생각했다. 몬테 카시노 인근의 토민들은 우상교를 신봉하고 그 산 위에도 우상을 세우고 있었다. 그래서 베네딕토는 아폴로에게 헌정된 이방인 신전을 파괴하고 그들을 그리스도교로 개종시켰으며, 530년경에는 성 요한 세례자의 성당과 성 마르티노(Martinus) 성당과 수도원을 세웠다. 이곳은 서방 수도원의 발생지가 되었으며, 오늘에 이르기까지 성 베네딕토 수도회의 총본부다.

몬테 카시노의 수도원에는 그의 성덕과 지혜 그리고 기적에 대한 명성이 수없이 퍼져나가 또다시 많은 제자들이 몰려왔다. 그는 수도자들을 단일 수도원 공동체로 조직하고, 상식을 존중하면서도 올바른 금욕생활, 기도, 공부 그리고 일 및 한 명의 원장 아래 있는 공동체 생활을 규정하는 저 유명한 규칙을 썼는데, 이것이 널리 알려져 그는 '서방 수도 생활의 사부'라는 이름을 얻게 되었다. 그 규칙은 처음에도 말한 바와 같이 공동생활을 명백히 규정하고, 순명을 최대의 덕으로 삼고, 재산의 사유(私有)를 금지하고, 일평생 한 수도원에 머무를 것과 교회의 가르침에 따를 것을 명하고 특히 전례를 중요시하여 수도 생활의 중심으로 성무일과를 안배했다. 이것이 서방 교회 수도 생활의 기초가 된 것이다.

그는 순명을 최대의 덕으로 삼으며 중요시했는데, 그가 얼마나 순명의 덕을 존중했는가는 다음의 예로써 능히 알 수 있다. 어느 흉년 때의 이야기다. 한 사제가 그의 수도원에 와서 기름을 청했다. 성인은 이를 쾌히 승낙했는데 재정 담당 수사가 기름이 조금밖에 없다는 이유로 거절하며 주지 않았다. 그 뒤 이 사실을 들은 베네딕토는 그 수사를 불러놓고 "순명의 덕을 파괴하게 한 물건을 이 수도원에 둘 수 없다. 즉각 기름을 그릇과 함께 버려라" 하고 엄중히 명했다고 한다.

베네딕토는 또한 사물의 진상을 알아내는 신비로운 안력(眼力)과 예언의 능력을 가지고 있었다. 그 실례는 적지 않다. 고트(Goth)인의 왕 토틸라(Totila)의 이야기도 그 중의 하나이다. 토틸라는 남쪽 이탈리아 원정(遠征) 도중 성인을 방문하려고 일부러 리트고라는 신하에게 왕의 옷을 입혀 먼저 그를 만나보게 했다. 베네딕토는 왕과 한 번도 대면한 일이 없음에도 불구하고 리트고를 보자마자 "당신의 의복도 아닌 것을 입어서는 안됩니다. 어서 빨리 벗으십시오!"라며 즉각 허위란 것을 간파하고 그 뒤에 온 토틸라에 대해서는 9년 동안 건강하게 살다가 10년째 죽을 것을 예언하면서 "당신은 참으로 참혹한 일을 많이 했습니다. 이제 그러한 것은 빨리 중지하지 않으면 안됩니다" 하고 훈계했다고 한다. 후에 그는 토틸라의 침공으로 황폐해진 롬바르드를 재건하는데 정열을 쏟았고 역사 기록을 보면 토틸라는 성인을 뵌 후 자기의 소행을 삼가했다고 하지만 성인의 예언대로 10년째 되던 해에 죽었다 한다.

베네딕토는 남자를 위해 수도원을 세워 규칙을 작성했을 뿐 아니라 여동생 스콜라스티카 및 그의 동료들의 부인들을 위해서도 수도회 규칙을 정해주며 정신적, 물질적으로 많은 도움을 베풀어주었다.

스콜라스티카는 오빠보다 먼저 죽었으나 생전에는 서로 도와 완덕의 길을 걸었다. 베네딕토가 수사들의 아버지라면 그녀는 수녀들의 어머니가 되어 다같이 자애로써 그들을 인도했다.

베네딕토는 547년 3월 21일 몬테 카시노에서 승천했다. 그날 그는 쇠약한 몸을 제자들에게 부축 받으며 제대 앞에 서서 팔을 벌리고 기도하면서 선종했다고 한다.

여러 지방에서는 8세기말부터 7월 11일에 그의 축일을 기념해 왔으며, 교황 바오로 6세가 1964년 10월 24일에 유럽의 수호 성인으로 선언했다.

베네딕토 회원은 고대 미술문화에 크게 공헌했는데, 어느 학자는 "세상 어떠한 국민이나 귀족도 성 베네딕토의 제자보다 더 우수하게 미술문화를 위해 진력한 자는 없다"라고 극구 찬양하고 있다.

【 교 훈 】

성 베네딕토는 스스로 유명한 대 성인이 됐을 뿐 아니라 아울러 다른 많은 사람들을 지도하며 모두 성인이 되도록 했다. 그가 사회에 끼친 좋은 영향은 측량할 길이 없지만 그의 근본은 단지 하나 뿐으로서 하느님의 뜻을 따르는 것, 즉 오로지 의(義)를 구하는 점이었다. 우리도 그를 본받아 의를 찾도록 하자.

성 베네딕토 요셉 라브르 증거자

[St. Benedictus Joseph Labre, C. 축일 4. 17.]

18세기 중엽 전 유럽의 상류 사회는 일반적으로 사치와 향락에 젖어 있었고, 그 중에도 프랑스 국왕 루이 14세나 15세 그리고 그의 귀족들은 극단적으로 이런 악습에 젖어 있었으나, 성 베네딕토 요셉 라브르는 이런 시대에 태어낮음에도 잠기하게 청빈(淸貧)의 귀중함을 깨달은 이들 중의 한 사람이다.

그는 1748년 3월 26일 프랑스의 아데트 촌에서 라브르 가정의 15자녀 중 장남으로 태어났다. 어려서부터 지혜도 밝고 신심도 깊었으므로 양친은 장차 성직자가 되었으면 하는 생각으로 그의 교육을 사제인 백부에게 의뢰했다.

그는 백부 슬하에서 교육을 받고 있었으나 학문보다도 신심에 관한 것을 더 즐기며 틈만 있으면 성당에 가서 기도를 바쳤고 가난한 이들과 교제하기를 즐기는 편이었다.

마을에 전염병이 유행하자 그는 박애의 정신으로 불쌍한 환자의 간호에 전력을 기울였으나 백부도 불행히 감염, 발병되어 마침내 세상을 떠나게 되자 요셉은 사제가 되려고 했던 공부를 중지하고 수도자가 되리라는 결심을 품고 가장 엄격한 고행을 하는 수도원을 선택해 입회 신청을 해 보았으나 때로는 건강이 좋지 못한 이유로 거절당하고, 때로는 입회 후 자신에게 부적당하다는 것을 깨닫고 자발적으로 수도원을 나오는 등 좀처럼 자기의 목적을 달성하지 못했다.

수도방면의 성소(聖召)에 대해서 생각을 거듭한 후 다시 성령의 비추심을 기도하면서 주님의 뜻이 어디에 있는가를 찾아본 결과 자기는 세속에 살면서 세상의 쾌락을 버리고 청빈 생활을 영위하면서 덕을 닦을 결심을 하자 즉시 마음에 평화가 충만했다고 한다.

그 후부터 요셉 라브르는 맨발로 몸에 소매 긴 소박한 옷을 걸치고, 허리에 투박한 띠를 메고, 가슴에 십자가를 달고, 목에 묵주를 걸고 등에는 배낭(背囊)을 짊어지고, 기도와 성가를 읊으면서 성지 순례를 목적으로 길을 떠났다. 3-4년 동안 그는 서 유럽의 성지 이곳 저곳을 순례했는데, 이탈리아의 로레토, 아시시 그리고 바리, 스위스의 아인지엔델른, 프랑스의 파라이 러 모니알, 스페인의 콤포스텔라 등지에서 많은 감명을 받았다.

끝이 없는 여행에다가 바람과 비를 맞아 의복이 다 떨어졌어도 그는 그것을 갈아입으려고 하지 않았다. 그리고 그 누추한 모습으로 말미암아 남에게 미친 사람 대접을 받을 때는 오히려 하느님을 위해 고통 당하는 기회를 얻은 것을 즐거워하며 박해자에게도 매우 겸건한 태도로 대했다. 그래서 사람들도 나중에는 그를 멸시하지 않고 도리어 존경하기에 이르렀다.

그가 지고 있던 배낭(背囊) 속에는 성서와 미사경본 외에 빵이 두세 조각 들어 있을 뿐이었다. 그것이 결국 라브르 가문의 장남의 전 재산이었다. 그는 여분의 동냥을 얻을 때나 돈을 얻게 되면 즉시 다른 걸인들에게 나누어 주었다. 그리고 그들과 더불어 길가에서 영적 문제와 종교상의 문제에 관해 설명해 주었다. 그는 어디를 가나 항상 맨발로 여행했고, 노천이나 추녀 밑에서 밤을 새웠으며 종종 남이 버린 것을 주워 자기의 식량으로 했다.

베네딕토 요셉 라브르는 이 같은 여행을 계속하면서도 틈만 있으면 애인덕(愛人德)을 닦고 있었다. 어디든지 넘어져 있는 자가 있으면 그가 어느 누구이건 가리지 않고 정성으로 간호해 주었으며 번민하는 이가 있으면 친절히 위로해 주었다. 특히 한 그릇의 음식, 하루 밤의 숙소를 베풀어 준 이에게는 사례의 뜻으로 하느님의 풍부한 축복이 있기를 기도해 주었다. 그는 말수는 적었으나 기도는 많았다.

그가 가장 좋아했던 순례지는 성가정의 가옥이 보존되어 있는 로레토였다. 그 증거로서는 그가 13년 동안 11회나 그 지방을 방문한 사실을 들 수 있다. 또 청빈의 사도 성 프란치스코가 생활했던 아시시 지방도 매우 그리워했던 지방이었다. 그는 또한 로마를 제2의 고향과 같이 사랑했다. 특별히 박해 시절에 맹수의 밥이 되거나 불에 거슬리며 귀중한 생명을 하느님께 바친 순교자들이 있는 원형 극장과 그 부근에 있는 성모 성당을 좋아했다. 그는 어느 성당에서건 성체께 대한 특별 조배가 있다는 말만 들으면 즉시 그곳으로 가서 예식에 참여하고, 성체 안에 계신 주 예수를 흠숭해 드리며 기도에 몰두해 때로는 온종일 그대로 있는 때가 많았다. 사람들은 그가 40시간의 성체 조배가 있는 때에는 언제든 참여한다고 해서 그를 '40시간 조배의 빈자(貧者)'라고 불렀다. 그는 이처럼 1774년부터 로마에 머물면서 건강을 크게 해쳤기 때문에 걸인 수용소를 찾을 형편이 되었다.

1783년의 성주간에 성모 마리아의 성당에서 40시간의 성체 조배가 계속되는 때였다. 전래대로 지팡이에 의지하며 그곳에 참석한 그는 화요일 하루를 기도로 보내고 다음 날 수요일에도 조배하러 갔다가 제대 앞에서 쓰러졌다. 가까스로 정신을 차려 현관 앞에 있는 돌계단까지 나왔으나 다시 정신을 잃었다. 이를 본 자카레리라는 인근의 정육점(精肉店) 주인은 가련히 생각하여 그를 자기 집에 데리고 가 사제를 불렀다. 그리하여 그는 병자 성사를 받아 마음에 평화를 담뿍 안고 그 날 밤 천국으로 올라갔다. 때는 4월 17일이었고 그의 나이 겨우 39세였다.

로마 사람들은 이 새로운 프란치스코 성인의 높은 성덕을 전혀 모르지는 않았다. 사람들에 의해 "성인이 돌아가셨다"라는 소문이 퍼지자 근방 각지에서 수많은 군중이 몰려와 군대가 출동해 경계까지 해야 될 성황리에 베네딕토 요셉 라브르의 유해는 엄숙히 매장되었다.

1881년, 그는 그들의 성인으로 높이 받들여졌다. 성 베네딕토 라브르는 서방 교회 보다 동방 교회에 더 많이 알려진 수덕적인 성소를 받은 분이다. 그는 항상 "그리스도를 위해 바보"가 되는 위대한 성덕을 쌓았던 것이다.

【 교 훈 】

일생을 가난한 순례로 끝마친 성 베네딕토 요셉 라브르의 생활은 누구나 다 모방할 수 있는 것이 아니다. 그러나 남에게 손해를 끼치지 않고 할 수 있는 한 사람들을 정신적으로나 물질적으로나 도와 주려고 노력한 탄복할 만한 태도는 충분히 배울 수가 있는 것이다. 특히 가장 본받아야 할 것은 청빈의 정신 즉 물질보다도 영적 사물을 중요시한 점인 것이다.

성 베네딕토 필라델포 평수사

[St. Benedictus a S. Philadelpho, C. 축일 4. 5.]

성서에 "하느님께서는 모든 인간을 차별 없이 대하십니다"(로마 2. 11) 하신 것처럼 하느님께서는 쉽게 틀릴 수 있는 인간의 판단과는 달라서 마음속까지 들여다보시는 전지(全知)의 판단을 하시고 모든 이에게 풍부한 은총을 베풀어주신다. 이제 말하려고 하는 흑인 성 베네딕토도 그 좋은 예 중의 하나라고 볼 수 있다. 그는 노예로서 무식했지만 하느님의 은총을 헛되이 쓰지 않고 완덕에 이르려 성심껏 노력한 결과, 위대한 성인이 되어 전 그리스도교 신자들에게 존경을 받고있다.

이 성인은 1526년 이탈리아의 메시나 부근에서 태어났다. 부모는 모두 노예 계급에 속한 흑인이었지만, 어머니는 일찍이 자유의 몸이 되었고, 또한 장남인 베네딕토도 같이 해방시켜 주도록 약속이 되어 있었다. 신분상으로는 정말 비천했지만, 양친은 모두 신심이 깊어 자녀를 극히 경건한 사람으로 교육시켰다.

베네딕토는 장성하자 일찍부터 목동으로 소나 양을 지키는 일을 하게 되었다. 그는 틈을 내어 늘 기도나 묵상을 했고 그럴 때마다 성령께서 친히 그에게 지혜를 비추어 주셨다.

그는 겸손의 덕을 닦을 기회를 많이 가지고 있었다. 왜냐하면 다른 목동들은 그의 성실한 점에 감탄하면서도 한편으로는 그의 얼굴빛이 검고 신분이 천한 것을 항상 조소했기 때문인데 그럴 때마다 그는 비상한 인내심으로 모든 것을 참아 내었다. 그리고 여전히 어느 누구에게든지 사랑으로써 친절히 대했다. 이와 같은 그의 덕행은 하느님께 의합하게 되어 한층 더 풍부한 은총을 받게 되었다.

18세 때에 그는 밭을 갈기 위해 황소 두 마리를 사들였다. 어느 날 그가 밭을 갈고 있을 즈음, 그 근방에 유명한 귀족 출신의 란자라는 한 은수자가 그 곁을 지나가게 되었는데, 그때 다른 농부들이 베네딕토를 희롱하는 것을 보고 그들을 꾸짖으며 "이 사람은 훗날 반드시 훌륭한 사람이 되어 유명해질 것이다"라고 말했다. 그리고 나서 2, 3일 후에 그 은수자는 다시 밭을 갈고 있는 베네딕토에게 와서 "여기서 그런 일만 하면 무슨 소용이 있느냐? 소 같은 것은 다 팔고 나를 따라오너라."고 말했다. 베네딕토는 마치 옛날 주님께 부르심 받은 사도들과 같이 즉시 그의 말에 순종했다. 그 은수자에게는 이미 몇 명의 제자가 있었으므로, 교황 율리오 3세는 그의 한 단체를 작은 수도원으로서 인가해 주었다. 사람들은 이 회원들의 성스러운 생활에 감탄하여, 사방에서 교훈을 얻으려 모여들었다. 그러나 회원들은 오히려 그것을 귀찮게 생각하고 오로지 기도와 묵상을 하기 위해 다른 조용한 곳으로 이사했다.

그러나 그곳에서도 오래지 않아 사람들에게 발견되지 않을 수가 없었다. 더구나 베네딕토의 기도에 의해 불치의 종기병 환자가 완치된 후부터는 그 수도원을 찾아오는 이가 더욱 증가했다.

수도자들은 또다시 고요한 곳을 찾아 떠나지 않으면 안 되었다. 그러던 중 그 회의 창립자 란자가 주님의 부르심을 받아 승천하자 사람들은 베네딕토를 후임 원장으로 추대했다.

그는 1562년까지 원장직에 있었는데 그해 교황 비오 4세의 명령에 의해 이 수도원은 프란치스코회와 합치게 되어 베네딕토는 평수사로서 팔레르모 수도원에서 지냈다.

그 수도원에서 그는 규칙을 엄수하면서 단식재도 자주 지키는 등 다른 동료들보다 모든 면에서 열심히 모범을 보였으며 게다가 항상 온순하고 겸손하며 명랑했다. 그의 같은 일은 요리하는 것이었지만, 그는 진실히 자신의 임무를 완수하며 틈만 있으면 늘 열심히 기도했다. 종종 기도에 몰두하여 부엌일을 잊은 때도 있었지만 그럴 때마다 기이하게도 천사가 대신 식사 준비를 해 주곤 했다.

어떤 때는 요리할 생선이 없어서 쩔쩔매는 때도 있었다. 그러나 베네딕토는 실망하지 않고 열심히 하느님께 도우심을 구하며 물통 몇 개에 물을 부었더니 즉시 펄펄 뛰는 물고기가 넘치도록 그 안에 생겨서 모든 사람들이 실컷 먹고도 남았다고 한다. 이와 같은 기적이 몇 번이나 일어났는지 모른다. 하느님께서는 베네딕토의 순진한 마음과 깊은 신앙을 어여삐 보시고 이런 특별한 보수를 내려 주신 것이다.

1578년, 그는 팔레르모 수도원의 원장에 취임하게 되었는데, 이때 수도원 내의 수사들이 만장일치로 천거한 것을 보더라도 흑인인 그가 얼마나 순진하고 모든 이에게 존경을 받고 있었는가를 가히 짐작할 수가 있다. 그는 공부를 많이 하지 못해서 읽거나 쓰는 것조차 모르는 인물이었지만, 학식 많은 사제나 유명한 강론가도 기꺼이 그의 명령에 순종했다. 그것은 그의 성덕이 모든 사람들을 승복하게 한 것이라 생각된다.

그는 설교할 때 성서를 정확히 설명해 줌으로써 사람들에게 깊은 감명을 주었다. 청중들은 성령께서 친히 그의 입을 빌어 말씀하시는 것같이 생각했다.

9년 후 수련장이 되어서도 그는 자신의 책임을 완수했다. 그는 성 바오로 사도의 말씀대로 "모든 이에게 모든 것이 되는 자"(1고린 9, 22 참조)였다.
　그는 여행을 하는 때도 있었는데 그때마다 큰 곤란을 겪었다. 세상 사람들은 그를 성인처럼 공경하여 한 번이라도 그의 얼굴을 보고 싶어서 대대적으로 그를 환영했기 때문이었다. 그러므로 그는 항상 밤에 여행을 해야 했다.
　3년간 수련장의 임기를 채운 베네딕토는 겸손하게도 그 후부터는 다시 부엌에 가서 요리를 담당했다. 그러나 여전히 그의 도움을 간구하는 사람들은 조금도 그칠 줄을 몰랐다.
　얼마 뒤 그는 몸이 쇠약해지고, 그러던 중에 열이 심해졌다. 그는 자기 임종 날짜를 예언했다. 이미 예언된 날 즉 1589년 4월 3일, 눈물 속에 성체를 모시고 모든 이의 용서를 빌고 예수와 마리아의 이름을 부르면서 다음날 고요히 승천했다. 그 날은 마침 성목요일이었다. 지금 그는 팔레르모 시의 주보 성인으로 공경을 받고 있다.

【 교 훈 】
　주 예수께서 "행복하여라 마음이 가난한 사람들! 행복하여라 온유한 사람들! 행복하여라 옳은 일에 주리고 목마른 사람들! 행복하여라 마음이 깨끗한 사람들!" 하고 말씀하신 그대로 성 베네딕토는 모든 덕을 닦았으므로 영원한 행복을 누리게 되었다. 우리도 천국의 행복을 얻기 위해서는 그를 본받아 덕을 닦지 않으면 안 된다.

성 베다 사제 학자
[St. Beda, C. D. 축일 5. 25.]

　"슬기로운 지도자들은 밝은 하늘처럼 빛날 것이며 대중을 바로 이끈 지도자들은 별처럼 길이길이 빛날 것이다"(다니 12, 3).
　이 구약의 예언은 성 베다에 대해서도 적용될 것이다. 그는 베네딕토회의 수도자로서 4세기부터 5세기에 걸쳐 게르만 민족이 이탈리아, 그리스 등에 침입해 찬란한 문화의 꽃을 뿌리 채 멸망시키려고 했을 때 이를 보호해 뒀

날 서양 문명의 귀중한 모태가 되도록 한 것은 주로 그의 공로 덕분이라 할 것이다. 또한 그는 당시의 신학과 기타 일반 학문의 방면에 있어서도 큰 공적을 남겼다.

그는 672년 영국 위어마우스 쟈로우의 세인트 피터와 세인트 폴 수도원 근처에서 태어나 세 살 때 이 수도원으로 보내져서 베네딕토 비스콥 원장과 체오프리드의 지도 아래 교육을 받았다. 어려서부터 총명했던 베다는 매우 급속히 지식이 진보해 교사인 수사까지 놀라게 했으나 그의 경건한 신심도 이에 못지 않게 뛰어나 모든 덕을 닦는데 극히 열심했다. 이리하여 19세로서 일찍이 부제가 되고 나서 신학 연구에 전념하기 11년만에 사제로 서품되었으나 그 뒤에도 연구를 계속해 마침내 신학 박사 학위를 취득했다.

그가 성인이라는 평판은 이미 그 수도원에서부터 영국 전토에 퍼져 주교, 국왕과 같은 권력자도 그와 교제하며 그의 예지와 덕행의 빛이 충만한 말을 듣는 것을 좋아했다. 더욱이 그의 말이 일층 더 권위를 지니게 한 것은 그의 성스러운 생활인데, 일반 사제, 수도자들도 그의 고결한 모범을 우러러보고서는 엄숙히 정장을 하고, 스스로 반성해 개과천선에 노력하지 않을 수 없었다고 한다.

성인이 무엇보다 힘을 쓴 것은 성서 지식의 보급이었다. 그리고 그는 그 보급을 위해 거의 모든 성서의 주해서를 저술했다. 또한 여력을 기울여 물리, 천문, 식물 등의 방면에서도 박학한 지식을 쌓아 많은 저서를 발간했고, 동양 문화를 서양에 소개하는 일에도 크게 공헌한 바 있었다. 이상을 보고도 알 수 있는 것처럼 베다는 직접 선교 사업으로 진리를 수많은 나라에 전한 성 보니파시오, 성 프란치스코 하비에르, 성 프란치스코 솔라노와는 달리 주로 문필로써 사람들 사이에 하느님의 나라를 건설하려고 노력했다.

끊임없는 노고 때문이었는지 위의 질병과 호흡 곤란 등으로 고생하면서도 담당하고 있던 신학생에게 하는 강의를 중단하지 않고 공동 기도에도 출석할 뿐 아니라 한밤중에도 다윗의 시편을 외우며 주님께 감사드린 때가 많았다고 한다.

병약의 몸인 그가 주님께 불리어 그의 찬란한 공적의 보수를 받기 위해 천국으로 떠난 것은 735년 5월 26일 마침 주님 승천 축일이었다.

그는 뛰어난 학자이면서도 겸손했으며 영국사의 아버지로도 불린다. 1899년 교황 레오 13세가 교회 박사로 선언했고, 성 보니파시오는 베다를 일컬어 '성령의 빛이자 교회의 빛', '우리 스승이신 복자 베다'라 했다. 그는 단테의 천국 편에 나오는 유일한 영국인이다.

【 교 훈 】
성 베다는 문필의 사도로서 활약하며 경탄할만한 효과를 내고 많은 사람들을 주님의 품으로 인도했다. 우리도 그와 같이 전교할 때 종교 서적을 사용할 줄 알아야 한다. 실로 문서 전교야말로 현대에 가장 적당하고 또한 가장 유효한 방법인 것이다.

성 베드로 사도
[St. Petrus, Ap. 축일 6. 29.]

예수께서 친히 말씀하신 "스스로 낮추는 사람은 높아질 것이다"라는 말씀은 특히 성 베드로 사도에게 잘 맞는 말씀이다. 그는 원래 비천한 어부에 지나지 않았으나 주님께 친히 사도들의 으뜸, 모든 교회의 지도자로 임명되었다. 이리하여 그는 주님의 대리자가 되었고, 그 권한을 상속한 로마 교황은 교통(敎統) 연면(連綿)해 오늘에 이르기까지 교회를 보살피는 대업을 수행하고 있다.

베드로는 일생을 가난하게 살고 신앙을 위해 순교했다. 그러나 그의 무덤 위에는 세계에서 가장 웅대하고 화려한 성전이 간립되어 끊임없이 각국의 순례자들이 방문해 열심히 그의 전구를 구하고 있다.

그의 이름은 처음 시몬이라고 불렀다. 그러던 것이 반석이라는 뜻인 베드로라 칭하게 된 것은 주님의 명명(命名)에 의한 것이었다. 그의 부친은 똑같이 가난한 어부로서 요나라고 불렸고 그의 모친은 요안나라고 했다. 베드로는 주 예수보다 2, 3세의 연장으로서 겐네사렛 호숫가의 작은 마을 베사이다에서 태어나 동생인 안드레아와 함께 건전히 자랐고, 신앙이 깊은 일반 유다인처럼 그곳의 회당에서 성서를 배웠다. 장성함에 따라 그들 형제는 부친처럼 어부 생활을 하고 나이가 들자 아내를 갖이해 가난한 중에서도 평화로운 나날을 보내고 있었다.

그때 마침 성 요한 세례자가 요르단강 근처에서 설교를 하기 시작했다. 베드로는 동생과 더불어 일찍이 그의 제자가 되었으나 생계를 유지하기 위해서 어업을 그만둘 수는 없었다. 그러나 그 뒤 곧 두 형제는 예수를 알게 되었다. 그 이유는 성 요한 세례자가 요르단강에 가까이 오시는 주님의 모습을 보고 주위 사람들에게 "이 세상의 죄를 없애시는 하느님의 어린양이 저기 가신다" 하고 가르쳤기 때문이다.

안드레아 후에 주님의 사랑하는 저자가 된 요한은 그 말을 듣고 즉시 주님의 뒤를 따랐다. 그러자 예수께서 뒤돌아 서서 그들이 따라 오는 것을 보시고 "너희가 바라는 것이 무엇이냐?" 하고 물으셨다. 그들은 "라삐(선생님), 묵고 계시는 데가 어딘지 알고 싶습니다" 라고 말했다. 예수께서 와서 보라고 하시자 그들은 따라 가서 예수께서 계시는 곳을 보고 그 날은 거기에서 예수와 함께 지냈다.

요한의 말을 듣고 예수를 따라간 안드레아는 시몬 베드로의 동생이었다. 그는 먼저 자기 형 시몬을 찾아가 "우리가 찾던 메시아를 만났소" 하며 시몬을 예수께 데리고 가자 예수께서 시몬을 눈여겨보시며 "너는 요한의 아들 시몬이 아니냐? 앞으로는 너를 게파(베드로, 반석)라 부르겠다." 하고 말씀하셨다.

베드로는 잠시 주님과 함께 머물면서 예수와 같이 가나도 갔고, 예루살렘에도 올라갔다. 그러나 그 후 다시 고향에 돌아가서 전과 같이 일하고 있었다. 그런데 어느 날 아침 안드레아와 함께 호숫가에서 고기를 잡고 있을 때 예수께서 오셨다. 그 날은 하필 소득이 없었다. 전날 밤부터 그물을 쳤으나 고기 한 마리도 잡지 못한 것이다. 예수께서는 그 사실을 다 아시고 "깊은 데로 가서 그물을 쳐 고기를 잡아라" 하셨다. 두 형제는 어차피 헛수고라고 생각하면서도 말씀대로 했다. 그러자 과연 엄청나게 많은 고기가 걸려들어 그물이 찢어질 지경이 되었다. 그들은 다른 배에 있는 동료들에게 손짓하여 와서 도와달라고 했다. 동료들이 와서 같이 고기를 끌어 올려 배가 가라앉을 정도로 두 배에 가득히 채웠다. 참으로 큰 기적이었다. 이것을 본 시몬 베드로는 예수의 발 앞에 엎드려 "주님, 저는 죄인입니다. 저에게서 떠나 주십시오" 하고 말했다. 베드로는 너무나 많은 고기가 잡힌 것을 보고 겁을 집어먹었던 것이다. 그러나 예수께서는 시몬에게 "두려워하지 말아라. 너는 이제부터 사람들을 낚을 것이다" 하고 말씀하시자 그들은 배를 끌어다 호숫가에 대어 놓은 다음 모든 것을 버리고 예수를 따라갔다.

그 뒤 예수께서는 산에 들어가 밤을 새우시며 기도하신 후 날이 밝자 많은 제자들을 불러 그 중에서 열둘을 뽑아 사도로 삼으셨으며 그 중 베드로를 으뜸 사도로 선택하셨다(그러나 그 권력을 공공연히 위탁한 것은 그 후의 일이었다). 그때부터 그는 언제 어느 때나 주님과 함께 있었다. 백인대장의 종을 고치실 때도, 과부의 아들을 살려주실 때도, 간음한 여인을 용서해주실 때도, 야이로의 딸을 부활시키거나 타볼 산에서 변모하실 때나 게세마니 동산에서 고통을 당하실 때 다른 사도는 동행을 허락하지 않았을 경우에도 베드로만은 동행의 영광을 차지했다. 그러나 베드로는 주님께 그러한 선택을 받을 점이 충분히 있었다. 그는 다혈질이고 성격이 급하면서도 주님을 참으로 사랑했다. 주님께서 복음을 전하실 적에 누가 그보다 더 열심히 들었는가? 누가 그보다 더 주님의 몸에 대해 염려했는가? 예수께서 게세마니 동산에서 배반자 유다에게 잡혔을 때 스승을 생각하는 열정에서 상대에게 달려든 자는 누구였던가? 주님께서 재판소에 끌려가실 적에 매우 근심하며 맨 처음으로 그 뒤를 따라가 밤새도록 그곳을 떠나지 않은 자는 누구였던가? 이런 점을 생각할 때 그의 예수께 대한 사랑은 다른 사도들과 제자들을 훨씬 능가하고 있는 것을 인정하지 않을 수 없다.

그러나 그에게도 통탄할 실수는 있었다. 그것은 최후 만찬 석상에서 "비록 모든 사람이 주님을 버릴지라도 저는 결코 주님을 버리지 않겠습니다" 하고 예수께 말씀드리자 예수께서 베드로에게 "내 말을 잘 들어라. 오늘 밤 닭이 울기 전에 너는 세 번이나 나를 모른다고 할 것이다" 하고 말씀하셨다. 그러자 베드로가 다시 "저는 주님과 함께 죽는 한이 있더라도 결코 주님을 모른다고는 하지 않겠습니다" 하고 장담했으나 재판소 마당에서 "당신은 저 갈릴래아 사람 예수와 함께 다니던 사람이 아닙니까?" 하는 질문에 세 번 모두 겁을 집어먹고 "나는 그 사람을 알지 못합니다. 단약 이것이 거짓말이라면 천벌이라도 받겠습니다" 하고 맹세까지 하며 배반한 사실이다. 그때에 닭이 울었고 주님께서는 몸을 돌려 베드로를 똑바로 바라보셨다. 그제서야 베드로는 "닭이 울기 전에 세 번이나 나를 모른다고 할 것이다" 하신 예수의 말씀이 떠올라 밖으로 나가 몹시 슬피 울었다. 이는 베드로가 세상을 뜰 때까지 늘 가슴에 사무쳐 얼굴에 눈물의 골이 패었다고 한다. 주님께서도 그의 진실한 통회를 보시고 그의 약함을 용서해 주셨다. 이것은 자신의 힘을 너무 믿은 인간의 약점의 폭로에 불과했기 때문이다.

예수께서 돌아가신 후 사흘만에 부활하셨다는 희소식이 들리자 베드로는 누구보다도 먼저 무덤을 향해 갔다.

그 뒤 예수께서 티비리아 호숫가에서 세 번째로 사도들에게 발현하셨을 때 베드로에게 "요한의 아들 시몬아, 네가 이 사람들이 나를 사랑하는 것보다 더 나를 사랑하느냐?" 하고 세 번씩 물으셨을 때 베드로는 마음이 슬퍼져서 "주님, 주님께서는 모든 일을 다 알고 계십니다. 그러니 제가 주님을 사랑한다는 것을 모르실 리가 없습니다" 하고 말했다. 그러자 예수께서 "내 양들을 잘 돌보아라" 하고 선언하시며 모든 교회를 다스릴 대권을 그에게 위탁했다.

예수께서 승천하신 후 10일째 되는 날 오순절이 되어 베드로는 성모 마리아와 다른 사도들이 모두 한 곳에 모여 있었는데 갑자기 하늘에서 세찬 바람이 부는 듯한 소리가 들려 오더니 그들이 앉아 있던 온 집안을 가득 채웠다. 그러자 혀 같은 것들이 나타나 불길처럼 갈라지며 각 사람 위에 성령이 내렸다. 그때까지 백성들이 무서워서 숨어 있었던 베드로와 제자들은 성령의 힘으로 용기를 얻어 베드로는 여러 사람 앞에 서서 일장의 설교를 해 한 번에 3천 명이나 되는 사람들이 그의 말을 믿고 세례를 받았다.

그 후 베드로는 '아름다운 문'이라는 성전 문 곁에 태어날 때부터 앉은뱅이가 된 사람을 예수의 이름으로 치유해 주고, 그로 인해 법정에 끌려가 예수의 이름으로는 절대로 말하지도 말고 가르치지도 말라고 명령했지만 베드로는 "우리가 하느님의 말씀보다 당신들의 말을 듣는 것이 하느님 보시기에 옳은 일이겠는지 한 번 판단해 보시오. 우리는 보고, 들은 것을 말하지 않을 수가 없습니다" 하고 단호한 태도를 표시했다. 그 후에도 여러 번 그는 성령의 힘으로 용감히 교회의 지도자로, 예수의 대리자로 최선을 다했다. 신앙을 위해 투옥 당한 일도 여러 번 있었는데 그때마다 천사의 특별한 힘으로 구출된 사실도 있었다.

예루살렘에 박해가 일어나자 베드로는 요한과 더불어 사마리아에 가서 그곳 신자들에게 견진 성사를 주고, 다음 안티오키아를 방문하고 거기에 교회를 창설했으며 요빠에서 기적을 행하고, 예루살렘에서 사도들의 회의를 사회(司會)해 중대한 결의를 선언했다. 그리고 나서 그는 로마로 활동 무대를 옮겼는데 애석하게도 자세한 내막이 알려져 있지 않다. 다만 그 당시 아시아의 두세 교회들에 보낸 서간이 성서 속에 기록되어 오늘까지 남아 있을 뿐이다.

67년 베드로는 네로 황제의 박해 때 체포되어 스승과 같이 십자형을 받았지만 베드로는 스승과 같은 형태로 순교할 자격이 없다고 해서 거꾸로 십자가에 못 박혀 용감한 순교의 죽음을 당했다. 그 유해는 신자들이 정성되이 안장해 지금도 세계 최대의 베드로 대성전 안에 안치 보존되어 있다. 그리고 그에 대한 공경은 사방 각지에서 일어나고 있다.

【 교 훈 】
우리도 죄를 범했을 때는 성 베드로를 본받아 실망, 낙담하지 말고 진실로 통회하자. 그러면 하느님께서도 기꺼이 용서해 주실 것이다

성 베드로 사도 사슬
[St. Petrus ad vincula. 축일 8. 1.]

그리스도교는 초창기에 있어 예수 승천과 성령 강림을 기해 일대 활기를 띠고 일어났으며 예루살렘과 그 근방 도시에 많은 신자들이 증가했으므로 유다교의 지도자들은 자연 불쾌감을 느끼게 되었다. 당시에 유다국을 통치한 자가 바로 베들레헴의 무죄한 어린이들을 학살한 폭군 헤로데의 손자인

헤로데 아그리파 1세라는 자였다. 그도 조부에 못지 않게 거만 잔인한 자요, 의심이 많고 자기의 권력 유지를 위한 방편으로 유다교의 대제관들의 뜻을 맞추면서 당시 예루살렘의 주교이던 그를 처형한 것이다 그는 이것으로 충분히 그 교회를 근절시키는 줄로 알았다.

그런데 그 뒤 그리스도교의 으뜸이 야고보가 아니고 베드로라는 것을 안 헤로데는 파스카 축일 직전에 베드로를 체포해 투옥했다. 그가 베드로를 체포하기 위해 이런 기회를 택한 것은 이유가 있다. 파스카 축일에는 유다 각 지방에서 많은 사람들이 예루살렘에 모여든다. 그러므로 이런 기회에 그리스도교의 두목을 체포해 사형에 처해 버린다면 많은 사람들이 그들의 신앙을 단념할 것이라고 믿었기 때문이다.

하느님의 계획은 다른 데 있었다. 옥중에서 성 베드로는 네 명의 군졸들의 감시를 받았다. 그리고 그 중 두 명은 베드로를 포악한 사슬로 연결해 그들의 다리와 엮어 놓았기 때문에 도망치고 싶어도 할 수 없게 되었다. 그가 사형을 받게 된 전날 밤의 일이다. 그의 투옥을 근심해 온 교회의 신자들이 바친 열렬한 기도가 마침내 하느님께 도달했음인지 큰 기적이 일어났다. 이 기적에 대한 사실은 사도행전 12장에 기록되어 있다.

기록에 의하면 그 날 밤도 베드로는 두 군인과 사슬로 연결되어 그 가운데서 잠이 들었다. 밖에는 간수들이 정문을 지키고 있었다. 그런데 돌연 옥내에는 휘황한 광선이 비치고 한 천사가 나타나 베드로의 옆구리를 흔들어 깨우며 "빨리 일어나라" 하고 재촉했다. 그러자 곧 쇠사슬이 그의 두 손목에서 벗겨졌다. 천사는 계속 "허리띠를 띠고 신을 신어라"했다. 베드로는 환상이려니 생각하면서 천사를 따라나갔다. 제1, 제2 초소를 지나 거리로 통하는 철문 앞에 도달했다. 그때 육중한 철문은 저절로 열렸다. 그래서 천사와 함께 밖으로 나와 거리의 한 구간을 지나자 천사는 어느새 사라져 버렸.

베드로는 그 길로 마르코의 어머니 마리아의 집으로 갔다. 그곳엔 마침 신자들이 모여서 기도를 하는 중이었는데 밤중에 문을 두드리는 소리를 듣고 로데라는 소녀가 문간으로 나와 베드로의 목소리를 알아 듣고 너무 기뻐서 문도 열지 않고 뛰어들어가서 "베드로께서 오셨어요" 하고 소리 쳤다. 그러나 아무도 그 말을 듣지 않고 "너 정말 미쳤구나"할 따름이었다. 소녀는 정말 대문 밖에 와 있다고 우겼다. 그래도 사람들은 "베드로를 지켜 주는 천사겠지" 하고 말했다. 그러자 밖에서는 다시 문을 두드리는 소리가 났다. 이때는 모두들 주춤주춤 일어나서 밖에 나가 문을 열었다. 과연 베드로가 아닌가! 사람들은 모두들 놀라 잠시 아무 말도 없었다. 베드로는 그들에게 그 전말을 이야기해 주고 "야고보와 그 형제들에게 이 소식을 전하라" 하고 그 길로 어디론가 사라졌다. 아마 로마로 향했을 거라 추측된다.

자! 이쯤 되고 보니 헤로데의 기분은 어땠을까? 그는 격분한 나머지 그 경기병들을 문초한 다음 그들을 대신 처형시켰다. 그러나 사람들의 입은 막을 길이 없었다. 베드로가 신기하게 구출되었다는 소문은 순식간에 사방에 퍼져나갔다. 예수를 믿는 이들은 하느님의 전능하심을 찬미하고, 믿지 않던 이들은 교회에 들어오게 되었다. 그 뒤 헤로데는 체사레아 지방에 가서 대중에게 신(神)으로서 공경을 받다가 천벌이 내려 큰 벌레에게 먹혀 죽어 버리고 말았다.

신자들은 베드로가 구출된 큰 기적을 기념하기 위해 그 사슬을 입수해 정중히 보존해서 후세에까지 전해 주었다. 438년 예루살렘의 주교 유베날리스는 신자인 황후 에우도시아에게 그 사슬을 봉정했다. 황후는 그 사슬의 일부를 콘스탄티노플에 보관하고 또 일부는 로마에 계신 알렉산데르 교황에게 보냈다. 그런데 로마에서는 벌써부터 마멜티오 감옥에서 결박하고 있었다는 베드로의 사슬을 보관하고 있었다. 그래서 교황은 그 사슬을 황후에게 보여 주고 있을 때 두 사슬이 서로 닿자 "탁!" 하고 붙어서 연결된 자취도 없이 이어지고 말았다.

이 현저한 기적을 눈앞에서 본 황후는 경탄한 나머지 그 사슬을 위한 훌륭한 성당을 건축했다. 그 헌당식이 바로 8월 1일로서 교황 알렉산데르는 매년 이 날을 성 베드로 사도의 사슬 기념일로 정해 오늘에 이른다.

【 교 훈 】

성 베드로는 투옥되어 사형 받을 몸이었고 헤로데와 유다교인들은 이것으로써 그리스도교를 말살해 버리는 줄로 알았다. 그러나 하느님께서는 위대한 기적으로 그 교회를 보존하신다. 그러므로 이 교회만은 멸할 길이 없다는 확신 하에 아무리 극심한 박해 속에서도 광명과 희망을 잃지 않는 천주교 신자는 참으로 복되다. 또한 그런 위급한 시대일수록 우리는 교회와 교황을 위해 기도하기를 잊어서는 안 될 것이다.

성 베드로 사도좌
[Cathedra St. Petri Romae. 축일 2. 22.]

가톨릭 신자라면 누구든지 다 아는 바와 같이 주 예수 그리스도께서 12사도를 선택해 3년간 이들을 특별히 가르치셨고 그 중에서 성 베드로를 뽑아 교회의 으뜸으로 삼으셨다. 이것은 예수께서 베드로에게 "당신은 베드로 반석입니다. 나는 이 반석 위에 내 교회를 세울 것입니다"(마태 16, 18). 또 "내 어린양들을 잘 돌보시오"(즉 신자와 성직자를 잘 다스리라)(요한 21, 15-17) 하고 말씀하신 것을 보더라도 명백하다.

이처럼 성 베드로가 온 교회의 으뜸이라면 그의 교좌(敎坐)가 있는 교회가 전 그리스도교회의 모교회(母校會)로서, 특수한 지위를 차지한다는 것은 당연지사라 볼 수 있으며 로마 교회야말로 이에 해당된다.

예수 그리스도의 승천과 성령 강림으로써 굳은 신덕을 갖게 된 성 베드로는 그 후 예루살렘을 근거지로 삼고, 혹은 전교에 활약하고, 혹은 사방의 신자들을 방문하 그들을 격려했다. 교회가 점차 발전됨에 따라 헤로데 왕의 박해는 시작되어 예루살렘의 주교 성 야고보는 순교하고, 성 베드르는 체포되고 투옥되었다.

결국 그도 사형에 처하게 될 몸이었지만, 기묘하게 천사의 특별한 도움을 받아 감옥에서 구출되고, 신자들의 요청으로 안전 지대인 안티오키아로 피하게 되었다. 그곳은 신자들도 많고 성대한 교회가 있어서 베드로는 그 교회를 7년간이나 다스리며 신자들에게 착한 목자가 되었고, 다른 사도들에게는 착한 지도자가 되었다.

"너희는 온 세상을 두루 다니며 모든 사람에게 이 복음을 선포하라"(마르 16, 15). 예수께서 승천하실 때 사도들에게 남겨 주신 이 말씀은 항상 베로의 마음에 울려왔다. 전 세계의 서울이라고 할만한 로마, 굉장한 인구를 가지고 있는 로마, 그곳이야말로 교회의 씨를 뿌릴 만한 가장 좋은 땅이 아니었던가? 마침내 이 신천지의 개척을 결심한 베드로는 안티오키아를 후계자 하가보의 손에 맡기고 로마에 가기로 했다.

그가 로마에 도착한 것은 42년이었다. 그 후 25년 동안 그는 주로 이 지방에서 전교에 전력을 다해 많은 신자들을 얻게 되고 대성공을 거두었다. 물론 온 교회를 다스리는 큰 책임을 가진 그는 그동안 이곳 저곳 교회의 시찰과 전교를 위해 순회했을 때도 있었고 예루살렘의 사도회의(使徒會議)에 참석할 때도 있었다. 그러나 로마가 그의 성좌의 소재지였던 것은 언제든지 변함이 없는 사실이었다. 교회는 로마 황제 클라우디오의 시대까지는 비교적 평화를 누릴 수 있었지만, 네로 왕이 황제가 되자 무서운 박해가 시작되었다. 매일 수백 명의 신자가 체포되어 살육되었다. 이런 때 다른 사람보다 몇 배로 위험한 것은 교황인 베드로였다. 신자들은 간곡히 그의 피난을 재촉했다. "당신이 다스릴 신자들은 비단 이곳에만 있는 것이 아니므로 다른 많은 신자들을 위해서도 아무쪼록 귀중한 목숨을 아껴 주십시오" 하고 요청했다. 베드로는 처음에 어찌할 줄을 모르다가 마침내 그들의 요청에 의해 일시 로마를 떠나기로 했다.

옛 전승에 의하면 베드로가 어느 날, 날이 새기 전에 사람 몰래 로마를 떠나려고 유명한 아피아 가로(街路)를 걷고 있을 때, 갑자기 멀리서부터 큰 십자가를 지고 창백히 걸어오는 사람이 있었다. 이상히 생각하면서 베드로가 가까이 가서 그의 얼굴을 들여다보니까 그는 가시관을 쓰고 피를 흘리시며 고통과 비애에 깊이 잠겨 계시는 바로 예수님이었다. 베드로는 즉각 그대로 땅에 엎드려 말했다.

"주여 어디로 가시나이까"(Quo Vadis Domine? 쿠오 바디스 도미네?) 주님께서는 그가 주님을 세 번 배반했을 때와 같은 슬픈 얼굴로 한참 바라다보시면서 대답하셨다.

"그대가 신자들을 버리고 피하려고 하기 때문에 나는 재차 십자가에 못박히려고 로마에 들어가는 길이오!"

이런 비통한 말씀을 듣고 베드로는 얼굴을 땅에 대고 좀체 움직이지 않았다. 그의 눈에서는 솟아오르는 눈물이 그칠 줄을 몰랐다.

곧 일어선 베드로의 얼굴에는 굳은 결심이 보였다. 그는 그곳에서 바로 로마로 돌아왔다. 그는 주님의 훈계로 자기 갈 길을 확실히 깨닫고 지금이야말로 "팔을 벌리고 남이 와서 허리를 묶어 당신이 원하지 않는 곳으로 끌고 갈 것입니다"(요한 21, 18) 하신 주님의 예언 말씀이 이루어지고, 순교할 때가 온 것을 깨달았다. 과연 베드로는 오래지 않아 체포되어 십자가 형(刑)에 처하게 되었는데, 그는 주 예수와 같이 십자가에 못 박히는 것을 부당히 생각하고 스스로 자열하여 거꾸로 못 박혀 장렬히 순교했다.

때는 67년 6월 29일이었다. 지금도 로마에는 성 베드로가 집회(集會)시에 사용했다는 의자가 잘 보존되어 있다. 새 교황이 선발되면 우선 그 의자에 앉음으로써 성 베드로의 후계자로서 거룩한 권리를 받는 표시로 삼는다 한다. 그러나 우리가 축일로 지내는 사도좌는 이런 형태를 가진 교좌나 베드로의 의자를 말하는 것이 아니라, 추상적인 교좌, 즉 예수께서 설정하신 지상 교회의 중심인 교황직을 의미한다는 것은 말할 필요조차 없다.

【 교 훈 】

로마 교황은 주님 친히 설정하신 교회의 으뜸 성 베드로의 후계자이고, 지상의 하느님의 대리자로서, 주님께서 그에게 맡기신 신앙 도덕의 무류지권(無謬之權)을 대대로 계승하고, 암흑의 세상을 천국의 진리의 길로 인도하는 빛이라고 확신하는 우리 가톨릭 신자들은 행복하다. 그러므로 우리는 교황에 대한 신뢰를 더욱 가지며 그의 지도를 잘 따르도록 노력하지 않으면 안 되겠다.

베로나의 성 베드로 순교자

[St. Petrus a Verona, Mart. 축일 6. 4.]

우리의 자모이신 교회는 어떤 때는 외부로부터 받는 박해로 고생하고, 어떤 때는 내부에서 생긴 이단 사설로 어려움을 당했다. 이미 초대 교회 2세기에 일어난 위험한 그노시스파의 이단은 4세기에 이르러 멸망되었지만 12세기에 다시 면모를 새롭게 하여 이탈리아, 프랑스 등지에 나타나 이에 속하는 자를 정결(淨潔)한 자라고 자칭했다. 그러나 실제로는 그 이름에 반해 도리어 정결치 못한 생활을 행했으므로 교회에서는 교황의 명을 받들어 종교 재판소 제도를 만들었다. 주교의 권한에 속하는 이단의 조사를 위해 수도자들로 구성된 특별한 자문기관(諮問機關)을 설치해 이를 위탁하고 이단의 전멸에 힘썼다. 이 종교 재판소의 조사 위원으로 선출된 이는 특히 성 도미니코의 수도회의 학문과 덕행에 뛰어난 수사나 사제가 많았다. 지금 말하려고 하는 성 베드로도 이러한 위원의 한 사람이었다.

그는 1125년 이탈리아의 밀라노 근처에서 태어났다. 부모는 이단을 신봉하고 있었지만 그는 다행히도 어려서부터 가톨릭 학교에서 배웠기 때문에 이단 사설에 물들지 않았고 특히 15세 때 볼로냐 대학에 입학한 후부터는 성 도미니코를 만나 그 위대한 인격에 감동해 결국 그가 창립한 수도원에 들어갈 것을 결심하고, 성 도미니코의 손으로부터 직접 수도복을 받는 영광을 누리게 되었다. 이리하여 그는 대학에 있으면서 열심히 학문에 몰두하는 한편 기도는 물론 고신 극기도 과도히 행한 결과 졸업 후 건강을 잃어 중병에 걸렸으나 하느님의 특별한 섭리로 건강을 회복하고 이번에는 베로나라는 마을에 가서 교회를 위해 활동을 개시했다.

그가 고요한 수도원에서 연마해 온 기도, 고행, 묵상, 면학의 결과는 이제야 공공연하게 세상에 나타나게 되었다. 즉 그의 심오한 설교는 가톨릭 신자들을 먼 지방에서까지 끌었을 뿐 아니라 당시의 이단자들까지도 감동시켜 수많은 개종자를 나게 했다. 그 외에 다년간이나 원수처럼 미워하며 싸워오던 사람들도 그의 온순한 타이름의 말씀을 듣고서는 쾌히 화목했고, 비인간적인 고리대금을 하던 자도 그의 훈계의 말씀을 듣고서는 부정한 이익을 돌려주기도 하고 혹은 불쌍한 채무자의 부채를 면제해 주기도 했다.

이러한 그의 빛나는 실적을 보고 이 같은 사람이야말로 이단을 전멸하는 데 둘도 없는 투사라고 믿게 된 교황은 그를 북 이탈리아의 종교 재판소 심문 조사위원으로 임명했다. 베드로는 과연 이 교황의 신임을 배반치 않고 그런 어려운 직분에 있기를 20년, 그동안 개종시킨 이단자의 수는 이루 헤아릴 수 없을 정도였다. 사실 그가 온화하고 친절하게 열정을 기울여 도리를 분별하고 올바른 교훈을 베풀 때 거기에 대항하는 자는 거의 없었다.

그러나 교회에 대한 공로가 증가되는 그만큼 그에 대한 원수의 증오도 점점 커갔다. 이리하여 그들은 베드로가 그들의 영혼 구원을 갈망하는 나머지 특별한 고행이나 희생을 바치고 있는 막대한 사랑도 깨닫지 못하고, 마침내 그를 죽이려는 무서운 계획까지 세우기에 이르렀던 것이다.

1252년 부활 축일 다음 토요일의 일이었다. 베드로가 코모 마을에서 밀라노로 통하는 길을 성무 일도를 드리면서 걷고 있노라니, 어디선가 괴한들이 뛰어나와 그에게 달려들어 공격하는 5, 6명의 폭도가 있었다. 어느덧 베드로의 머리는 도끼로 찍혔고, 가슴은 단도에 찔려 그는 그 자리에 쓰러지게 되었다.

이전부터 자주 순교자가 되게 해달라고 기도하곤 했던 성인이라 조금도 동요하는 빛이 없었다. 혹독한 고통 중에서도 그는 사도신경을 외우고 소리를 낼 힘도 없어지자 손가락에 피를 적셔 땅 위에 "Credo"(나는 하느님을 믿는다)라고 써가면서 설교에 반감을 품은 살인자에 의해 순교했다. 그는 46세의 나이로 순교한 것이다.

당시의 이단자들은 그를 살해하고 큰 장애물을 없앤 것처럼 기뻐하며 다시 자신들의 교회가 발전될 것을 은근히 바라고 있었다. 그러나 그 기대는 완전히 틀어져 오래지 않아 그 이단은 완전히 자취를 감추게 되었는데 그 전멸에는 저 베드로의 귀중한 생명의 희생이 큰 역할을 했던 것이다.

【 교 훈 】

이 성인께서 피를 흘리며 끝까지 신앙을 선언한 비장한 태도는 우리에게 깊은 감명을 주지 않을 수 없다. 자칫하면 사소한 일 때문에 일상 생활 중에 신앙생활의 본분까지도 게을리 하기 쉬운 우리는 성인에 대해 큰 부끄러움을 느껴야 할 것이다.

성 유대철 베드로 순교자
[St. Petrus You, M. 1839년 10월 31일 교수. 축일 9. 20.]

우리 주 예수 그리스도께서 골고타 산상에서 피를 흘리시고 생명을 바치시며 하느님 아버지께 희생 제물로 바치신 후로 몇 세기를 통해 스승을 따라 피를 흘리며 생명을 초개같이 바친 양들은 이루 헤아릴 수 없이 동서 고금을 막론하고 많은 순교자들이 씨가 되어 교회는 날로 번성해 갔다. 역사를 보면 어느 나라에서든 복음의 씨가 처음 뿌려졌을 때는 으레 박해를 받았고 이 박해 중에서도 하느님의 나라는 점차 퍼져 나갔다.

18세기 말엽에 그리스도교의 진리는 비로소 우리 한국 땅에 뿌려진 후 이 나라에서도 유혈의 박해가 일어나 고결한 순교자의 피가 삼천리 강산을 물들였다. 지위의 상하도 없고 남녀노소의 구별 없이 일편단심 진리를 위해 생명을 바친 이의 수는 무려 1만 명에 돌파했다고 한다. 그 중에서도 특별히 어린이로서 용감하고 세상 사람들의 심금을 흔든 이는 바로 우리의 자랑인 성 유대철(劉大喆, 베드로)이었다.

유대철(베드로)은 겨우 열 네 살밖에 안 된 소년으로 아버지 유진길(아우구스티노)은 순교했으나 어머니는 끝내 외교에 고집해 자기 아들이 기도하는 것을 방해하고 다시 조상을 숭배하도록 종용하는 일이 종종 있었다. "너는 어찌하여 어미의 말을 듣지 않고 어미가 하라는 일을 하지 않느냐?" 어머니는 늘 이렇게 말하는 것이었다.

누이도 이와 같은 말을 했으나 유대철(베드로)은 할 수 있는 일이라면 복종하겠으나 하늘의 왕이시며 만물의 주인의 법을 따르는 것이 옳지 않느냐고 온화하고 상냥하게 대답했다. 그 뿐 아니라 어린이의 입에서 나오는 감명을 주는 이 본분의 말과 함께 어머니와 집안 사람들을 어루만지는 다정한 말을 하기를 잊지 않았다.

1839년 박해가 발발하자 그는 마음속에 순교에 대한 열렬한 원이 일어남을 깨달았다. 당시 옥에 갇혀 있던 아버지와 여러 순교자들이 보여준 훌륭한 모범은 그의 마음에 치열한 열성을 불붙여 주었으며 하느님을 열절히 사랑하는 감격을 이기지 못하고 1839년 7월이나 8월에 관청에 자수했다.

재판관은 그의 집안 내력을 자세히 묻고는 고우의 자식임을 알게 되자 옥에 가두게 했다. 유대철(베드로)은 곧 칩정에 끌려나갔다. 그리고 그에게 한 마디만이라도 배교한다는 말을 하게 하려고 으르고, 엄포하고 고문하는 등 갖은 수단이 사용되었다. 그리고 옥쇄장들은 그 어느 나라의 법률에도 성문(成文)으로 나타나지 않고 오직 형리의 무자비한 상상력으로만 생각해 낼 수 있는 그런 혹형을 어린 유대철(베드로)에게 가했다. 어느 날 저녁에 한 옥쇄장이 담배통으로 그의 넓적다리를 사뭇 내리쳐 살 한 점을 떼어내며 소리쳤다.

"이래도 천주교를 버리지 않겠느냐?"

"그러면요, 이것쯤으로 배교할 줄 아세요?"

이에 옥쇄장은 부젓가락으로 벌건 숯덩이를 집어 입을 벌리라고 했다.

"자요" 하고 베드로가 입을 크게 벌리니 이번에는 옥쇄장도 하도 기가 막혀 뒤로 물러섰다.

"너는 이쯤으로 아마 고생을 많이 한 줄로 생각할거다마는 큰 형벌에 비기면 이건 아무것도 아니다" 하고 어떤 교우가 말하니 유대철(베드로)은 이와 같이 대답했다.

"저도 잘 알아요. 그것은 쌀 한 알을 한 말에 비기는 것과 같은 것이어요."

하루는 오랫동안 매를 맞고 기절한 채 옥으로 끌려왔다. 함께 갇혀있는 사람들이 숨을 돌리게 하려고 애를 써서 깨어나자 나니 그가 말했다. "너무 염려하지 마셔요. 이까짓 것쯤으로는 죽지 않아요."

유대철(베드로)은 문초를 당하기 열 너 번, 고문당하기를 열 네 차례에, 매 100대와 치도곤(治盜棍) 45도 이상을 맞아 온 몸이 상처투성이요, 뼈가 부러지고 살이 헤어져 떨어졌으나 늘 기쁜 낯빛을 잃지 않았다. 이것은 참으로 기이한 일이요, 기적적(奇蹟的)이라고도 할만한 일이며 적어도 그 용기만은 기적적이라 할 것이다. 하느님께 대한 그의 열렬한 사랑은 얼굴까지 변하게 하는 것 같았고 어떤 때는 형벌을 비웃으며 형리들을 놀리는 것 같았다. 베드로가 자기 몸이 헤어져 매달려 있는 살점을 떼어서 재판관들 앞에 던지니 그들은 화도 나고 놀라기도 하고 감탄도 하고 부끄럽기도 하여 이 모든 감정이 가슴속에 뒤범벅이 되어 치를 떨었다.

겨우 열 네 살밖에 안 된 어린아이에게 이와 같은 혹형을 가했다는 이야기를 들으면 혹은 너무 과장된 것이 아닌가 하고 생각하게 될 것이다. 그러나 이 고문과 이 용맹을 목격한 증인은 열 명이 넘으며 그 증인들은 하느님 앞에 맹세를 한 후에 그 사실을 단언한 것이니 우리에게 남은 것은 오직 이와 같이 훌륭한 용기 앞에 머리를 깊이 숙이는 것뿐이다.

물론 관헌들은 유대철(베드로)이 매를 맞으면 그것으로 죽을 줄 알았지만 죽지 않자 마침내 그를 죽이기로 결정했다. 1839년 10월 31일, 형리가 옥안으로 들어가 상처투성이가 된 그 가련한 작은 몸뚱이를 움켜잡고 목에 노끈을 감아 이 영웅적 소년을 졸라 죽였다.

참으로 이러한 위대함과 천진함을 대하고 그 누가 갈바리아에 올라가 신인(神人)이 당하시는 괴로움과 죽음을 볼 필요를 느낄 것인가? 또한 이 순교자는 천국을 상으로 받을 것이요 이 천국은 그와 같은 훌륭한 사랑을 백배로 갚아 주기에 넉넉한 영원한 행복과 영광이라는 것을 거듭 말할 필요를 느끼는 것이다.

성 유대철 베드로는 우리 한국의 가장 훌륭하고 자랑인 순교자이다. 그의 순교사기는 순교자 성 베난시오를 생각나게 해 주며 그의 용맹과 받은 고난은 서로 비슷한 점이 한두 가지가 아닌 것이다. 동서 고금을 막론하고 당신의 기묘한 은총으로 세상을 비추시며 미천한 어린이로서도 불패의 용사를 만드시는 하느님께 불멸의 영광을 드려야 할 것이다.

【 교 훈 】

"누가 감히 우리를 그리스도의 사랑에서 떼어놓을 수 있겠습니까? 환난입니까? 역경입니까? 박해입니까? 굶주림입니까? 헐벗음입니까? 혹은 위험이나 칼입니까?"(로마 8, 35) 성 바오로의 이 말씀은 실로 우리 순교자들의 심경을 그대로 그려낸 것 같다. 우리도 신앙의 영웅인 성 유대철 베드로를 본받아 그리스도께 대한 사랑을 더욱 가지도록 힘쓰자. 그와 같이 하면 우리도 세상에서 어떠한 환난을 당할지라도 궁극의 목적인 하느님께로부터 떠나게 되지는 않을 것이다.

성 베드로 가니시오 사제 학자
[St. Petrus Canisius, D. 축일 12. 21.]

1521년 5월 8일은 교회에 있어서 잊을 수 없는 날이다. 그 이유는 예수회의 창설자 스페인의 성 이냐시오 로욜라가 종고계에 헌신하기 위해 군대에서 나온 날이며, 독일의 이단자 마르틴 루터가 보름스라는 마을에서 개최된 종교회의 결과 추방된 날이고, 또한 독일의 제2의 사도라고 불리는 성 베드로 가니시오가 네덜란드의 니멘겐에서 9차례나 선출된 시장의 아들로 태어났기 때문이다. 평범하게 본다면 모두 우연한 일치로서 세 사람 사이에는 아무런 관계도 없는 것 같지만 실상 하느님의 섭리에 기인되는 깊은 관계가 숨어 있는 것이었다. 이것은 아래 기록되는 성 베드로 가니시오의 전기를 한 번 읽어보면 모두 명백해질 것이다.

베드로의 부친은 니멘겐의 시장에 선출된 적이 전후 9차례나 되었고 또한 국가에 진격한 공로로써 귀족이 된 경력을 가진 부유한 토지의 소유자였다. 그러므로 베드로는 어려서부터 충분한 교육을 받게 되었는데 타고난 재주로 말미암아 학문 면에 탁월한 성적을 나타냈고 15세로서 쾰른 대학에 들어가서 4년 뒤에 벌써 박사 칭호를 획득했다. 종교방면으로는 경건한 부모의 훈육이 있었음에도 불구하고 처음엔 특별히 신앙심이 깊지 않았으나 쾰른의 대학교수 니콜라오 에슈의 감화를 받고 자기 일생의 사명이 이 방면에 있다는 것을 점차 깨닫고 마침내 30세에 정결 서원을 발해 온 몸을 하느님께 봉헌하려고 결심하기에 이르렀다.

다만 어느 수도원을 선택하는가가 그의 고민거리였다. 그의 가장 친하던 친구가 카르투시오 수도회에 들어간 것을 보고 자기도 그의 뒤를 따르려고 생각했다. 그러나 어느 날 성녀와 같은 어느 여 교우에게 "이 아이는 장차 교회를 개혁할 새로운 수도원의 사제가 될 것이다"라는 예언 비슷한 말도 들었고 해서 아직 결정하지 못하고 있는 중에 이냐시오 로욜라가 창립한 예수회에 대한 이야기를 들었다.

그는 우연히 로욜라에게 처음부터 배운 여섯 제자 중의 한 사람인 베드로 파브르 신부가 쾰른 시에 와 있다는 것을 알고 그는 성령의 인도하심에 따라 즉각 파브르를 만나 그 수도회의 목적과 모든 내용을 상세히 문의했다. 파브르는 이에 일일이 친절하게 대답해 준 다음 로욜라가 시작한 심신수련의 방식에 따라 그에게 30일간의 피정을 하도록 했다. 가니시오는 크게 감동을 받아 피정이 끝나자마자 예수회에 입회하기를 원하며 로욜라에게 수도복을 수여해 주기를 간청했다.

그의 소원대로 착복식이 있게 되었는데 그 날은 신비롭게도 1543년의 그의 생일이었다. 그 뒤부터 그는 예수회의 사명, 즉 루터 등의 이단에 대항해 이탈리아, 프랑스, 스페인 등 그 중에서도 가장 혼란을 일으키던 독일 등을 그의 이단에서 건질 목적으로 천성적 웅변과 문필로써 활동을 개시했다.

그는 우선 프로테스탄트들이 주장하는 성서 자유해석의 오류를 사람들에게 깨우쳐 주기 위해 마태오 복음이나 바오로 서간경, 성 치릴로나 성 레오 등 모든 교부의 저서들을 아주 쉬운 문장으로 일반에게 소개했다. 또한 벨기에의 루뱅이나 독일의 보름스 등 프로테스탄트의 세력이 세던 곳에 파견되어 가서 가톨릭을 옹호하기 위해 전력을 기울였다. 그리고 독일 황제가 이듬해 쾰른 시를 통과할 적에 그는 황제를 뵈옵고 쾰른 교구의 이단에 의한 비통한 혼란을 설명해 그 구제 방법으로서 프로테스탄트로 넘어간 대주교 등을 파면시키고, 파문을 내리는 것이야말로 가장 급한 일이라고 하며 황제의 협력을 간곡히 요청했다. 독일의 서부지방이 프로테스탄트의 지배에서 모면하게 된 것은 오로지 이 같은 베드로 가니시오의 노력과 활동의 덕분이라 해도 과언이 아니다.

1545년 가니시오는 신품 성사를 받고 사제가 되어 점점 교회를 위해 진력할 결심을 굳게 했다. 그 당시 그가 속하고 있던 수도원의 원장은 "베드로 가니시오는 진주처럼 귀중하다. 그는 모든 점으로 보아 칭찬을 받아 마땅한 인물이다" 하고 극구 칭찬한 일도 있지만 이것을 보더라도 그가 얼마나 완덕을 구하고 사람들의 존경을 받고 있었던 가를 가히 짐작할 수가 있다.

그 해 트리엔트 공회의에서 베드로 가니시오는 아우구스부르크의 주교 오토 추기경의 명을 받들어 겨우 26세의 약관으로 출석해 모든 주교들 앞에서 당당히 제 의견을 피력하기를 두 번, 훌륭히 그 직책을 완수했다. 공회의가 끝나자 그는 거기서 로마로 가서 비로소 자기 회의 창립자 이냐시오 로욜라와 대면할 기회를 얻었다. 그때의 그의 즐거움은 어떠했었을까! 그는 친히 로욜라를 만나 그 숭고한 인격에 감동되어 "나의 전폭적인 신뢰를 둘 수 있는 사람은 이 사람밖에 없다"는 신념을 일층 더 굳게 가지게 되었다. 한편 로욜라 측에서도 가니시오의 위대한 재능과 하느님께로부터 받은 사명을 간파하고 그에게 존경심을 느끼게 되었다. 그런즉 독일의 바바리아 왕 윌헬모 4세가 루터의 이단을 방지하기 위해 착한 지도자를 파견해 줄 것을 교황청에 간청했을 때 로욜라가 가니시오를 첫째로 추천했던 것도 결코 우연이 아니었던 것이다.

베드로 가니시오는 바바리아 왕국 인골슈탓트 시의 신학자로 독일에 돌아가기로 되었을 때 슬 베드로 대성전을 참배하고 하느님의 강복을 기도하자 주 예수께서 나타나 당신의 성심을 여시어 충만된 은총을 그에게 부여하셨다고 전해 내려온다.

독일로 돌아온 그는 바바리아에만 머무르지 않고 오스트리아의 빈, 보헤미아의 프라하, 폴란드 등지에도 순례하며 교회의 진리를 명백히 하고 이단의 오류를 논파하는데 전력을 다했다.

1556년 독일 전국의 예수회 관구장에 임명된 후부터는 그는 더욱 바빠졌다. 그러나 그가 활약하는 무대는 어디서든지 교회가 세력을 회복하는 반면 프로테스탄트는 더욱 쇠퇴해졌다.

1559년 독일 황제 페르디난도가 아우구스부르크에 회의를 소집하자 가니시오도 초대되어 그곳을 방문했고 그때 가니시오는 황제와 추기경 오토 앞에서 독일에 있어서의 교회 쇠퇴의 비참한 상태를 명료하게 설명하고 나서 아울러 이의 대책에 대해서도 의견을 피력했다. 예컨대 그것은 국내의 왕후(王侯) 귀족들이 더욱 적극적으로 교회를 원조할 것, 소신학교를 많이 설립해 착한 성직자 양성에 노력하며 가난한 사제 지원자 후원의 기부금을 마련할 것, 청년들의 정결을 보존하기 위해 성모 마리아 신심회를 일으킬 것 등이었다. 그리고 그 회의 도중 가니시오는 대성전에서 강론을 했는데 처음엔 겨우 50명 가량의 신자부에 안 왔으나 그의 친절하고도 착한 지도로 인해 수개월 뒤에는 9백 명 정도의 프로테스탄트들이 귀종하는 등 동 시민의 종교열은 일시에 높아졌다. 그가 불행히도 이단에 빠진 자들에 대해 얼마나 동정심과 사랑의 마음을 갖고 있었던가는 언젠가 "아, 나는 그들의 영원한 영혼 구원을 위해 또 그들에 대한 사랑의 표로서 내 피를 흘릴 수 있다면 얼마나 행복할까!"라고 한 말씀으로 넉넉히 알 수가 있다. 또 베드로 가니시오가 신자들을 위해 교리서를 편찬해 진리의 이해와 종교에 대한 흥미를 돋구어 주었다는 사실은 이미 독자도 알고 있을 줄로 믿는다.

그는 전쟁마당에서 맨 앞에 서서 달려가는 용감한 장군과 같이 일신의 위험도 무릅쓰고 프로테스탄트가 가장 성한 지방에까지 들어가서 진리의 총칼을 휘두르며 이단의 전멸을 위해 있는 힘을 다했다. 오래지 않아 그는 공로와 학식을 인정받아 교황이나 황제로부터 주교 및 추기경의 지위에 오르도록 권고 받았으나 겸손한 그는 그 지위에 천만부당하다고 하며 끝끝내 고집하며 사양했다. 그리고 60세가 된 후부터 칼빈파 이단이 성한 프라이부르크 시의 선교사가 되어 수년 후에는 시민의 대부분을 개종시키는데 성공했다. 성인처럼 이같이 하느님의 영광과 교회를 위해 일생을 용감한 전투속에 살아온 베드로 가니시오는 76세의 고령으로 병에 걸려 갖은 고통을 잘 참아 받은 후 마침내 1597년 12월 21일 운명했다. 그는 현대의 프로테스탄트 신학자들조차 '고상한 예수회원, 결점 없는 인품'을 지닌 사람으로 평을 할만큼, 트리엔트 공회회를 연이어 일어난 가톨릭 재건 운동의 대표적인 인물이었다. 또한 그는 그 당시의 논객들 가운데에서 가장 예의바르고 올바르며 예리한 사람으로 정평이 나 있었다. 그는 일찌감치 펜과 신문의 영향을 감지했으므로, 모든 인쇄업자와 출판사에 용기를 주었다. 그는 또 알렉산드리아의 성 치릴로와 성 대 레오 교황의 전집을 편찬했고 성 예로니모의 편지를 비롯해 순교학, 성무 일도 개정, 그리고 가톨릭 교리서 등등 수많은 저서를 내었다. 흔히들 그를 '독일의 두 번째 사도'로 부른다. 그는 1925년 시성되었으며 교회 박사로 선언되었다.

소위 종교 개혁이라는 일대 지진의 근원지라 할만한 독일이 교회 전멸이란 비운을 모면하게 되고, 그 국민 인구의 약 반 수가 참된 신앙을 보존하며 오늘에 이른 것은 온전히 베드로 가니시오의 열심한 기도와 희생과 활동의 덕분이라 할 수 있다. 그가 오늘날 성 보니파시오 다음으로 독일의 제2의 사도로 공경을 받게 된 것도 당연한 일이라 할 수 있을 것이다.

【 교 훈 】

성 베드로 가니시오가 영혼 구원과 진리를 위해 싸운 불굴의 정신은 우리에게 각성을 주는 바가 크다. 일상 외교인들 틈에 사는 우리는 그를 본받아 좀더 전교와 타인의 영혼 구원에 대해 분발하지 않으면 안 된다.

성 베드로 클라베르 사제

[St. Petrus Claver, C. 축일 9. 9.]

옛날에는 노예라는 것이 있어 사람이면서도 물건 취급을 당하여 매매되고, 그 노예를 산 사람들은 그들 마음대로 부려먹을 수가 있었다. 이런 노예의 운명은 비참한 것이었다. 그들은 사람 취급을 받지 못해 조금의 자유가 없었고 온전히 주인 소유물에 불과했다. 그런데 예수께서 "사람을 자기와 같이 사랑하라"는 말씀을 하시자 신자들은 노예까지도 사랑하게 되었다. 교회에서는 될 수 있는 데까지 노예를 보호했으나 도저히 노예제도는 없앨 길이 없었다. 그래서 배상금을 모집하거나 혹은 좋은 훈계로써 그들을 석방시키도록 하는 동시에, 적어도 그들을 위안해 주려고 갖은 노력을 기울였다. 많은 열심한 신자들과 사제들은 기부금을 거둬 이런 좋은 자선 사업에 충당하는 등 이 자선 사업에 전력을 다했다. 그 중에도 이런 가련한 노예를 위해 가장 크게 활동한 최대의 은인은 아마 성 베드로 클라베르일 것이다. 당시의 노예는 대개가 흑인이었으며 그들은 백인보다 더욱 심각한 학대를 받고 있었으므로, 그는 이런 사람들을 위해 특별히 나섰고, 때로는 자신을 흑인의 노예라고까지 불렀다.

그는 스페인의 바르셀로나 근교 베르두에서 태어나 일찍이 신부가 되려는 마음을 가졌었다. 그래서 부모는 그를 바르셀로나에 보내어 공부를 시켰는데 성적도 매우 우수했다. 그곳에서 그는 예수회의 회원들과 자주 접촉하게 된 것이 인연이 되어 뒤에 그 회에 입회하게 되었다.

수련이 끝나자 그는 흑인 노예를 개종시키기 위해 남미(南美)에 파견해 줄 것을 청했다. 그 즉시 승낙을 얻지는 못했으나 1610년에 뉴 그라나다 선교사로 파견되었다. 그는 소원이었던 남미에 도착하자, 규정된 학문 과정을 마치고 신품 준비를 해 1615년 카르타제나에서 서품되었다. 이미 자신은 그만한 학식을 가지고 있었지만 바르셀로나에서 친하게 지냈던 평수사 성 알폰소 로드리게스로부터 완덕에 대한 수덕신학을 배웠다. 그가 흑인 노예에게 전교를 하게된 연유는 성스러운 친구의 덕택이 컸던 것이다.

그는 학문을 닦고 준비를 한 후 흑인 노예들에게 전교하기 위해 부임했다. 카르타제나 지방에서는 광산, 도시, 농촌 할 것 없이 많은 노예들이 강제 노동을 하고 있었다. 그들은 아프리카에서 매년 1만 명 내지 1만2천 명씩 수입(輸入)되어 짐승과 같이 매매되고 혹사되는 것이었다. 그 중에는 혹은 병에 걸리고 혹은 절망적 상태에 빠져 주인이나 감독에게 불붙는 듯한 반감과 증오심을 품은 자도 적지 않았다.

베드로는 이런 가련한 자들을 위로해 주기 위해 부임된 것이라 이미 선내(船內)에서부터 그들을 만나 과일과 과자를 나누어 주며 갖은 친절을 다해 그들과 접근하려고 애를 썼다. 그러나 그들은 이 역시 자기네들을 학대하는 동료인 줄 알고 도저히 마음을 주지 않으려고 했었는데, 베드로의 변함없는 친절에 그들은 안심하고 차차 가까워졌다.

베드로는 그들을 위로하고 하느님의 사연이나 예수에 대해서 그 수난하심과 부활하심에 대해 이야기 할 수 있었다. 아프리카에서 온 흑인들은 아직 천주교를 몰랐으므로 이런 말들은 신기할 따름이었다. 그는 또한 어린이나 병자들을 알뜰히 보살펴 상처를 씻겨 주고 약을 발라 주며 부모보다도 더한 깊은 애정으로써 대했다. 이러한 사랑의 행실이 헛된 일일 리가 없었다. 불행한 사람들은 자비로운 아버지와 같이 생각하고 따르며 타인에게는 결코 걸 수 없는 신뢰를 갖게 되었다.

베드로는 그들을 위해 여러 가지를 궁리했다. 그들의 오락을 위해 악기를 사다 주기까지 했다. 그리고 자기를 가까이 하지 않는 흑인, 혹은 자기를 멸시하고 욕을 하는 흑인들에게도 똑같은 친절로써 대해 주었다. 노예의 주인들은 그의 일을 방해하는 때가 물론 가끔 있었다. 그러나 그는 이 모든 것을 하느님과 노예를 사랑하는 마음으로 능히 극복할 수 있었다.

이러한 사랑의 행위는 전교상에도 대단한 성과를 냈다. 그가 노예를 위해 일한 44년간에 세례를 받은 사람의 수효는 30만을 훨씬 초과했다고 한다. 그는 깊은 산골에 있는 흑인 노예들에게 전교를 하기 위해, 또는 신자들에게 성사를 주기 위해 강을 건너고 늪을 지나며, 밀림 속의 맹수들과 싸우며 먼 데까지 가지 않으면 안 되었다. 이러한 어려움도 달갑게 생각하는 베드로의 열심이 하느님 대전에 의합되었음인지, 가끔 그의 기도로 기적도 일어나곤 했다. 이러한 베드로의 존재는 사방에 알려져 이제는 흑인 노예뿐 아니라 다른 사람들도 그의 도움을 구하러 오는 이가 적지 않았다. 그리고 부탁을 받은 일은 결코 거절하지 않으며 상대가 천주교이건 회교인이건 토인이건 외국인이건을 막론하고 아무 차별 없이 가능한 모든 도움을 주었다. 그는 많은 기도를 바치고 낮에 시간이 없으면 밤에라도 이를 행하고, 게다가 준엄한 고행도 소홀히 하지 않았다. 그렇게 몸을 괴롭히면서도 그런 활동을 했다는 것은 이 역시 사람의 힘으로는 할 수 없는 일이었다. 특히 순명과 청빈에 대한 덕은 모든 사람의 모범이 되었다. 그의 인내심이며 부드러운 마음씨는 사람들에게 큰 감화를 주었는데, 실은 그의 본래의 성질은 그와 반대였으나 수덕의 결과로 이같이 될 수 있었던 것이다.

1650년, 그는 어떤 페스트 환자에게서 병이 전염되어 겨우 생명은 건졌으나 몸이 매우 허약해졌다. 그로부터 4년 후 그를 돕기 위해 사제 한 분이 유럽에서 파견되어 왔다. 몸이 쇠약해져 마음대로 활동을 못하는 그에게는 얼마나 고마운 일이었는지 모른다. 그러나 그는 생명이 붙어있는 동안 자기의 의무를 조금도 소홀히 하지 않았다. 그의 위독함이 전해지자 전 시민은 비탄에 잠기고 위문객들은 쇄도해 왔다. 그가 영원히 쉬게 된 날은 1654년 성 마리아의 탄생 축일이었고, 그의 나이는 74세였다.

【교 훈】
성 베드로를 본받아, 비단 가깝고 뜻이 맞는 친구만을 사랑할 것이 아니라 모든 사람을 똑같이 사랑하기로 결심하자.

성 베드로 놀라스코 증거자
[St. Petrus Nolascus, C. 축일 1. 28.]

회교를 신봉하는 사라센들이 7세기 중엽부터 사방을 침략하고 8세기초에는 스페인까지 점령해 코르도바에 서울을 두고 대단한 세력을 부린 것은 서양사에서 우리가 읽어 이미 아는 일이다. 이때 가장 비참한 이들은 정복당한 스페인 인들과 그리스도교 신자들이었는데, 포악한 사라센의 노예로 학대받으며 죽음보다 더한 고통을 받으면서도 자유를 빼앗긴 약자로서는 도저히 어찌할 수가 없었다.

그 뒤 10세기부터 12세기에 걸쳐서 그리스도교 나라들은 총궐기해 사라센들을 격퇴시키고 이들을 남방으로 쫓아냈다. 그러나 포로가 된 그리스도교 신자들의 비참한 운명에는 변함이 없었다. 그러므로 하느님께서는 그들을 구하시기 위해 성인 몇 분을 보내셨으니, 지금 여기에서 말하려하는 성 베드로 놀라스코도 그 중의 한 사람이었다.

그는 1182년 프랑스 남쪽의 루마 쌩 프에르라는 읍에서 태어났다. 부친은 기사(騎士)였으므로 그도 어려서부터 검술(劍術)이나 창술(槍術)을 배웠고, 학문은 베르나르도 수도원에서 배웠기 때문에 자연히 수사들로부터 좋은 감화를 받고 신심생활에 힘쓰는 바가 있었다.

15세 때에 부친과 사별하면서 막대한 유산을 상속받은 그는 같은 기사(騎士)가 될 바에야 예수 그리스도의 기사가 되려고 결심하고, 그 당시 반란을 일으킨 알비파 이단 토벌(討伐)의 십자군, 몽포르의 시몬 공작(公爵)의 부하로서 종군했는데 공작은 그의 우수한 재주를 알게 되어 자기가 아라곤 왕으로부터 의탁받은 왕자의 교육을 베드로에게 의탁하게 되었다.

그 뒤부터 왕자와 베드로 사이에는 절친한 교제가 시작되어, 뒷날 왕자가 야고보 1세라는 이름으로 왕위에 오른 때에도 그는 가끔 왕궁에 출입하며 왕이 사치하고 호화스러운 생활을 하는 것을 보고 하느님의 뜻과 백성의 사정에 소홀히 하지 않도록 훈계했다고 한다. 베드로가 사라센의 노예가 되어 있는 그리스도교 신자들의 비참한 상태를 알게 된 것은 이때였다. 그는 측은한 마음으로 그들을 구제하려고 결심하고, 그 일을 위해서는 자기의 재산은 물론 생명까지도 바치기를 사양치 않기로 결심했다.

그 뿐 아니라 베드로는 확실히 그 일에 관히 하늘로부터 명령을 받았다. 1218년 8월 1일, 성모께서 그에게 발현하시어 회교도의 노예가 된 그리스도교를 구출하는 수도원을 창설하라고 분부하셨다.

다음 날 그가 야고보 왕에게 가서 그 사실을 말하니 왕도 똑같이 그러한 성모의 명령을 받았다고 했다. 또한 조금 전부터 페냐포르트의 라이문도라는 성인도 왕에게 초대를 받아 아라곤에 와 있었는데 그분도 성모 마리아로부터 같은 말씀을 받았다고 한다. 일이 이렇게 되니 세 사람은 대단히 놀라며 바르셀로나의 주교 베렌가리오를 방문해 자세한 말씀을 여쭙고, 8월 15일을 기해 '메르세데의 성모 마리아회'라는 새 수도원을 창립했다.

이보다 벌써 20년 전에 바르셀로나에서 기사(騎士) 여러 명이 역시 같은 목적을 위해 한 신심회를 세운 일이 있었는데 베드로 등은 그 회의 규율을 기초로 새로운 회칙을 작성하고 즉각 13인의 동료들을 얻을 수가 있었다. 이 수도원이 교황 그레고리오 9세의 인가를 얻은 해는 1235년이었다.

1212년 사라센들은 유명한 톨로사의 격전에서 패배해 거의 스페인에서 소탕 당하고 겨우 남쪽에 있는 그라나다를 지키고 있을 뿐이었다. 베드로는 수도원 창립 후 즉시 그 지방에 가서 불쌍한 노예 400명을 위해 대금을 내고 그들을 자유의 몸으로 풀어 주었다.

그는 또한 "노예인 신자들에게 자유를 줘야 할 때, 만일 필요하다면 자신을 인질(人質)로 바칠 각오를 가져야 한다"라는 회칙의 제4서원에 따라 북부 아프리카에서 노예를 대신해 쇠사슬에 결박되어 투옥 당한 일도 있었다. 그때 사라센들은 그를 죽이려고 돛대도 키도 없는 작은 배에 태워 바다로 띄워 보냈다. 그러나 그는 다행히 하느님의 도우심으로 무사히 스페인의 발렌시아에 도착할 수가 있었다.

베드로는 그러한 고난과 피로와 노령으로 매우 몸이 허약해져서 수도원 총장직을 후임자에게 넘기고 수년간의 여생을 오로지 하느님께 대한 봉사와 보속으로 지냈다. 이와 같이 세상에서 많은 공적을 세운 성인은 1256년, 마침 성탄절 밤에 세상을 떠나 천국에 들어가 영원한 행복을 누리게 되었다. 그는 1628년에 시성되었다.

【 교 훈 】

 우리도 성 베드로 놀라스코를 본받아 더욱 영적, 육적 자선 사업에 노력하고, 어떤 때 그로 인해 다소의 곤란이나 고통이 있다 하더라도 타인을 돕는 일에 한층 더 진력하지 않으면 안 된다. 타인을 사랑한다는 것은 하느님께서 우리에게 명하신 중대한 의무이기 때문이다.

성 베드로 다미아노 주교 학자

[St. Petrus Damiani, E. et. Doct. Eccl. 축일 2. 21.]

 주 예수 그리스도께서 성서에 "여러분은 세상의 빛입니다…. 사람들 앞에서 여러분의 빛을 비추시오"(마태 5, 14-16)라고 말씀하셨는데, 중세기의 유명한 교부 성 베드로 다미아노 추기경이야말로 참으로 열렬한 신앙과 광대한 지식으로써 냉담과 불신의 암흑에 헤매는 그 당시의 사람들을 횃불과 같이 비추고 또한 올바른 길을 표시해 준 '세상의 빛'이었다고 말할 수 있을 것이다.

 그는 1006년 이탈리아 라벤나의 어느 가난한 집안에서 태어났다. 9세 때 이미 양친을 여의고 처음에는 맏형의 집에서 양육되었지만, 이 사람은 가혹한 성질을 가지고 있었으므로 베드로를 야비하게 대했다. 사제직에 있던 둘째형이 이를 보다 못해 자기가 맡아 사랑으로써 양육하는 한편 친히 초등교육을 베풀었다. 그러는 동안 베드로가 세상에서 드문 재주를 가지고 있다는 것을 발견한 그는 그것을 충분히 발휘시키기 위해 동생을 대학에까지 보냈다.

 베드로는 둘째형의 은혜에 보답하기 위해 밤낮 열심히 공부해 대단히 좋은 성적으로 대학을 졸업했다. 그러나 영신에 관해서도 매우 예민한 그는 일찍부터 세속의 명예가 구름과 같이 허망하다는 것을 깨닫고, 어떠한 출세도 할 수 있을 만큼 양양하던 장래를 자기 스스로 포기하고 파엔자 시에서 가까운 산중에 들어가서 작은 초막을 짓고 오로지 기도와 고행으로 나날을 보냈던 것이다.

민가와 세속을 떠나 대자연 속에 살게 된 그는 더욱 성령의 은혜를 받아 점점 더 영신의 신비를 깊이 깨닫고 더 열렬한 신앙을 간직하게 되어, 그의 고신 극기의 생활은 모든 사람들에게 감탄을 불러 일으켰던 것이다. 본래 겸손한 그는 자기 덕행의 빛을 남 앞에 드러내려는 기색은 조금도 없었지만, 숨기는 것보다 더 드러난다는 비유와 같이 성인이라는 소문이 삽시간에 사방에 퍼졌다. 그래서 그의 덕망을 사모하여 교훈을 받으러 오는 이가 날로 증가했다. 그 중에도 베네딕토회 대수도원장은 자기 수도원 내부의 개혁에 많은 도움을 줄 것을 간청하고, 뒤에는 교황까지도 베드로의 인격과 식견(識見) 등을 중히 생각하고 교회 신앙의 수호를 의뢰하게 될 정도였다.

그 당시 교회는 슬프게도 규율이 문란해져, 냉담적인 풍조는 신자들간에는 물론, 수도자, 성직자 계급에까지도 침입해 성직매매의 폐풍이 사방에서 행해졌고, 사제도 동정을 지키지 않는 상태였으므로 교황의 청을 들어 이러한 풍기의 숙청에 헌신한 베드로는 옛적 성 요한 세례자와 같이 이탈리아, 프랑스, 독일 제국을 순회하며 불을 토할 듯한 강론과 엄격한 자기 생활의 모범으로써 사람들의 가슴을 감동시키고, 결국 그들의 마음에 다시 신앙의 거룩한 불을 일으켜 주었다. 그러므로 그레고리오, 클레멘스, 레오, 스테파노, 니콜라오 등 교황이 그를 교회 부흥의 대 은인으로서 존경하고, 또한 독일 황제 헨리코 3세가 성인과 서신으로 연락하는 것을 최대의 영광으로 즐거워 한 것도 이해할 수 있는 이야기였다.

특별히 스테파노 교황과 같은 이는 그의 공로에 보답하기 위해 1057년 그를 오스티아 추기경의 영직에 오르게 했다. 겸손한 베드로는 재삼 이를 사양했지만 불가피한 사정으로 마침내 그 직을 받고 나서 책임이 점점 더 중대하다는 것을 통감하고 배로 열심을 분발해 갱신 사업에 노력했다. 그것으로 인해 일부 인사들에게 오해와 비난을 받은 일도 종종 있었지만, 본래 그런 것에 전혀 개의치 않던 그는 다만 하느님의 영광과 교회의 발전을 위해 분투 노력할 뿐이었다. 이와 같은 정결한 마음을 가진 그의 활동이 얼마나 풍부한 결실을 냈는가는 가히 짐작할 수가 있을 것이다.

노경(老境)에 들어선 베드로는 일체의 활동을 떠나 평소에 원하던 기도 생활로 돌아가 고요히 선종 준비를 하고 싶은 마음만 간절했다. 이 원의는 알렉산데르 교황 때 이루어졌으나 한가한 몸이 되어서도 교회를 위해 중한 임무를 맡게 되었는데, 그것은 독일 프랑크푸르트의 대 회의에 교황 사절로서 참석하고 중대 문제를 해결하는 일이었다.

1072년 회의를 마치고 독일에서 이탈리아로 돌아오는 도중 그의 영혼은 하느님의 부르심을 받아 생전의 위대한 공로에 대한 상을 받기 위해 천국에 들어가게 되었다. 그는 연옥, 성제에 관한 글을 남겼고, 사제 독신제 옹호를 비롯해 사제들에 관한 내용이 많다. 1828년, 교황 레오 12세는 그를 교회 박사로 선언했다.

【교 훈】

성 베드로 다미아노의 훌륭한 행위와 말씀은 그 당시와 후대 사람들에게 많은 감화를 주었다. 우리는 우리의 말, 행동, 기도, 선행 등이 결코 그 장소의 일시적인 것이 아니라 반드시 주위의 사람들이나 후에 일어나는 결과에 영향을 주는 것이라는 것을 잊어서는 안 된다. 그렇게 함으로써 비로소 자신의 결점을 고치고 덕을 닦고 타인을 비추는 '세상의 빛'이 될 수 있는 것이다.

성 베드로 샤넬 사제 순교자

[St. Petrus Chanel, C. M. 축일 4. 28.]

1803년 프랑스 퀴에 읍에서 태어난 그는 청년 시절을 목동으로 지내다가 크라스의 주임 사제 밑에서 공부를 배웠고, 1827년에 서품을 받아 성직 계열에 들어가 몇 년간 사목 생활을 했다. 크로제에서 본당 사제로 일하다가 그 후 1831년 마리아회에 들어가 5년 동안 벨리의 신학교 교수로서 봉직했다. 1836년, 복음을 전파하기 위해 선교사로서 오세아니아주 뉴 헤브리드로 파견되어, 푸투나 섬에서 여러 가지 난관에도 불구하고 주민들을 참된 신앙에로 개종시켰다. 그러나 신앙을 증오하는 풍토 속에 추장의 반대를 무릅쓰고 그 아들에게 세례를 주려다가 주민들로부터 1841년에 살해당하여 순교했다.

베드로 샤넬은 1954년에 비오 12세에 의해 시성되었는데, 마리아회의 첫 순교자이자 오세아니아의 첫 순교자이기도 하다.

베드로는 마리아회에 입회하여 수도 생활을 시작하자마자 자신의 요청에 따라 오세아니아주로 파견되어 아직 그리스도의 이름이 전파되지 않은 태평양의 푸투나 섬에 발을 디뎠다. 그곳에서 그를 어디에나 동행했던 수사는 그의 선교 생활을 이렇게 묘사한다.

"베드로는 태양열로 살갗이 그을고 때로는 배고픔으로 시달리면서 전교 후 집으로 돌아올 때 땀으로 범벅되어 피곤에 눌려 있었지만, 언제나 활기로 차 있었고 흡사 휴식 후 돌아오는 것처럼 정신적으로 생기 있고 쾌활했습니다. 그리고 그것은 한 번만이 아니라 거의 매일같이 그러했습니다. 그는 푸투나 사람들에게 아무 것도 거절하지 않았고 자신을 박해하는 사람들조차 언제나 이해해 주었습니다. 비록 그들의 행동이 거칠고 위협적이라도 그들을 외면하지 않았습니다. 누구를 막론하고 모든 이에게 비할 수 없이 따뜻하고 부드러운 마음을 보여 주었습니다."

그러므로 푸투나 주민들이 그를 보고 "큰 마음을 지닌 사람"이라고 부른 것은 놀라운 일이 아니다. 그는 동료 수사에게 이렇게 말한 적이 있다. "이 어려운 선교직에서는 우리가 성인이 되는 것이 필요합니다." 그는 그리스도의 복음을 꾸준히 전파했으나 수고에 비해 매우 적은 성과를 거두었다. 그래도 굽히지 않고 선교 사업에 용감히 달려들어 주민들의 영적이고 현실적인 필요에 봉사하였다. 언제나 그리스도의 모범과 "한 사람은 심고 다른 사람은 거둔다"라는 주님의 말씀에 의탁하여, 깊은 신심으로 사랑했던 천주의 성모 마리아의 도움을 쉬지 않고 구했다.

그의 그리스도교 신앙의 선포는 푸투나 추장들이 주민들을 자기 지배하에 두려고 장려하고 있던 악령들에 대한 예배에 종지부를 찍었다. 이 때문에 추장들은 베드로가 뿌린 그리스도교 신앙의 씨앗들을 그를 죽임으로 해서 없애 버리려고 하여 그를 처참하게 살해했다.

그러나 순교하기 전날 그는 이렇게 말했다. "내가 죽어도 상관없습니다. 이 섬에 그리스도의 신앙은 너무도 견고히 뿌리를 박았기에 내가 죽는다 해서 제거되지는 않을 것입니다." 순교자의 피는 무엇보다 먼저 푸투나 주민

가운데서 열매를 맺었다. 즉, 그들은 모두 몇 년 지나지 않아 그리스도의 신앙을 받아들였고 오세아니아주의 다른 섬들도 그 수확을 함께 나누었다. 이제는 베드로를 그들의 첫 순교자로 여기고 그의 전구를 비는 그리스도교 교회들이 번창하고 있다.

【 교 훈 】

성 베드로 샤넬 사제는 선교지에서 목숨을 잃었다. 그러나 그는 조금도 원망하지 않고, 그곳에 그리스도의 신앙이 깊이 뿌리 박혔다는 이유로 기쁘게 받았다. 이러한 것이 선교사의 태도라 할 수 있다. 내 목숨 보다 선교지에서 하느님을 전했다는 사실이 더 값진 것이기 때문이다. 우리는 아직도 선교지인 우리 나라에 보다 신앙이 깊은 선교사들이 오길 기도해야 할 것이며, 우리 보다 더 못한 다른 선교국에 갈 때에는 이 점을 명심해야 할 것이다. 우리는 하느님의 나라를 선포해야 할 의무가 있다. 열심히 살면서 행동으로 신앙을 증거하자.

알칸타라의 성 베드로 증거자

[St. Petrus de Alcantara, C. 축일 10. 19.]

주 예수 그리스도께서는 "나를 따르려는 사람은 누구든지 자기 자신을 버리고 제 십자가를 지고 따라야 합니다"(마르 8, 34) 하셨는데 알칸타라의 성 베드로의 생애는 그야말로 이 세상을 그 말씀대로 체험한 금욕, 극기의 본보기였다.

그는 1499년에 스페인 에스트레마두라의 알칸타라 지방 장관의 아들로 태어났다. 장성한 그는 그 시에서 철학을 배웠는데, 얼마 후 아버지가 사망하자 아들의 입신출세를 바라는 어머니는 그를 유명한 살라망카 대학에 보내어 법률을 전공케 했다. 그 학교를 졸업하고 돌아온 베드로는 그의 학식이며 가문으로 보아 어떠한 출세라도 마음대로 할 수 있었음에도 불구하고, 세속의 영예와 쾌락이 허무함을 통감하고 수도자가 되기를 원하여 여러 수도회의 회칙을 검토한 끝에 아시시의 성 프란치스코의 이상에 가장 공명되어 16세 때에 만하데테스에 있는 프란치스코회에 입회했다.

모든 일어 철저함을 좋아하는 베드로는 수도자가 된 처음부터 완덕을 지향하고 생각, 말, 행실에 있어 사소한 점까지 하나도 소홀히 함이 없었다. 그가 얼마나 눈을 삼갔는지, 그가 수년간을 같은 수도원에 살면서 그 수도원 성당의 천장이 어떻게 생겼는지도 몰랐으며 또 같이 기거하는 동료 수사들의 음성은 알고 있으나 얼굴은 통 몰랐다는 사실만 보아도 알 수 있는 일이다. 또 사욕 편정을 제어하기 위해 육신을 매질하며 엄격한 단식을 감행하고, 수면 시간을 최소한 단축하여 기도와 묵상에 전념했다. 나중에는 3일을 한끼만으로 지냈다는 것만 보아도 그의 극기 단련이 보통이 아니었다는 것을 알 수 있다.

베드로가 이같이 으관을 삼간 것은, 육욕이며 기타 외계의 사물에 정신을 팔지 않고 마음껏 하느님과의 일치를 도모하기 위함이었다. 그러므로 그의 기도는 본심에서 우러나오는 것이었고, 가끔 탈혼 상태에 까지 들어갔던 것이다. 그는 독특한 묵상 방법을 사용하며 이것을 사람들에게 가르치기 위해 한 책을 저술했는데 이는 '황금의 글'이라는 책이나 아직 한국말로는 번역이 안 되어 있다. 베드로는 자신에 대해 그렇듯 엄격하면서도 타인에 대해서는 매우 관대하고 친절해 마치 어진 어버이와 같이 대했다.

그는 1524년, 25세에 서품되었다. 그 후 플라센시아의 프란치스코 수도원 원장에 임명되었고 동시에 설교할 임무도 부여되었다. 그 신앙에 타는 열변은 순식간에 세상에 널리 퍼졌고, 그의 설교를 들은 포르투갈의 왕 요한 3세는 그를 궁정에 초빙하기도 했다. 그의 설교와 일상 생활은 궁정에 있는 사람으로서 감동하지 않은 이 없었는데, 특히 여동생 마리아는 세상이 허무함을 깨닫고 서원을 하고 궁정에서 수도 생활을 했으며, 리스본 시에 클라라회 수녀원을 건축해 기증했다. 베드로의 최대의 업적은 밖으로는 루터의 이단이 일어나고, 안으로는 교회 내의 신앙심이 일반적으로 이완된 당시 프란치스코회의 강기(綱紀)를 숙정하며, 한편 신비신학자로서 유명한 예수의 성녀 데레사를 지도해 가르멜 수도원의 개혁에 협조한 것 등이다.

한편 자기 회의 쇄신을 도모하고, 당시 교황 율리오 3세의 강복과 충고를 받기 위해 맨발로 스페인에서 로마까지의 여행을 기도하기도 했다 한다. 이것으로 미루어 그의 열심한 태도에 감동된 수사들은 각성하고 기쁜 마음으로 그의 모범을 따르며 자기들의 생활을 개선했으므로 같은 회이면서 알칸타리노파라는 명칭까지 받고 일반의 존경을 샀다.

1555년, 스페인 및 독일을 통치하던 황제 가롤로 5세가 그 왕위를 동생인 페르디난도에게 넘기고 자기는 센트유스토 지방에 은퇴해 오로지 수덕에 전념했을 때 알칸타라의 베드로를 그의 지도 신부로 청했던 바, 그는 겸손된 마음에서 대단히 황송하게 생각하며 "저는 도저히 그런 중책을 맡을만한 자가 못됩니다. 폐하를 지도하기 위한 적당한 인물이 다른 데 있을 것입니다" 하며 극구 사양했는데, 황제는 그의 겸손 지덕의 미를 깊이 경탄했다 한다.

하루는 어떤 귀족이 신앙의 쇠퇴와 도덕의 타락을 탄식하며 베드로에게 호소하자 그는 "물론 개선해야 될 것입니다. 우선 우리 둘이 먼저 고치는 것으로 시작합시다" 하고 말했다 한다.

베드로는 매일같이 고행과 엄격한 단식으로 지내며, 63세를 맞이하여 1562년에는 드디어 병을 얻어 병자 성사를 받고 그 해 10월 18일에 운명했다. 당시 아직 생존 중인 예수의 데레사에게 베드로가 나타나 "고행은 행복하다. 그는 나에게 영원한 행복을 준다" 하고 말했다 한다. 그는 1669년에 시성되었고, 1862년에는 브라질의 수호 성인으로 공경받고 있다. 그는 위대한 신비가였던 것이다.

【 교 훈 】

우리는 물론 알칸타라의 성 베드로와 같은 고행은 할 수 없지만 죄를 보속하고 유혹을 이기기 위한 다소의 고행은 할 수 있고, 또 오관을 삼갈 수가 있는 것이다. 우선 나날의 불편을 감내하고 죄악의 위험을 피하는 가까운 일부터 시작하자.

성 베드로 율리아노 예마르 사제
[St. Petrus Julianus Eymard, C. 축일 8. 2.]

19세기에 태어나서 일하고 세상을 떠난 베드로 율리아노 예마르 같은 분은 우선 근대적 성인의 표본이다. 그가 하느님께 받은 특유한 사명은 일반 신자들로 하여금 성체께 대한 신심을 두텁게 하는 것이었다.

그는 1811년 프랑스의 그레노블 시에서 가까운 라뮤르 시에서 태어났다. 그의 아버지는 가난한 직공이었으므로 그 자신의 영리함을 알고도 마음대로 공부시킬 수 없어 자기처럼 수공을 배우는 수밖에 없다고 생각했다. 그러나 어려서부터 베드로에게 성체께 대한 깊은 존경심을 박아준 열심한 그의 어머니는 그가 신부가 되기를 누구보다도 바랐으며 베드로도 역시 원했다. 신부가 되려면 공부를 하지 않으면 안 된다. 그래서 그는 일을 마치고는 학교에 다니는 친구의 집에 가서 친구에게 그 날 배운 것을 배우며 특히 라틴어 습득에 전력을 기울였다. 18세에 이르러 그는 '원죄없이 잉태되신 성모회'의 어떤 신부의 알선으로 그 회에 들어가게 되었다. 이에 만족한 그는 늦어진 학업을 보충하기 위해 주야를 가리지 않고 공부를 한 결과 그 도가 너무 지나쳤으므로 건강을 잃고 귀가해 휴양하는 몸이 되었다. 그러나 그는 조금도 낙심치 않고 2년 후 불충분한 준비지만 오직 성모의 도움만 바라며 그레노블 신학교에 시험 친 결과 입학이 되었다. 1834년 23세로서 소망하던 신품을 받게 되었다. 그 후 베드로는 그 소속 교구에 근무하고 5년이 경과한 1839년 '성모회'에 입회해 여러 가지 일을 맡아보았다. 그가 얼마나 성체께 대한 신심이 두터웠는지는 미사를 지내기 위해 두 시간을 그 준비로 묵상했다는 사실로써 충분히 알 수 있다.

리용 시 부근에는 유명한 성모 성전이 있다. 베드로는 천주의 가리아를 사랑하는 마음에서 가끔 그 성당을 방문하고 기도했다. 그때 성모께서는 자주 그에게 나타나시어 성체 공경을 목적으로 하는 수도회를 세울 것을 권유했으므로 베드로는 그 부탁대로 성모회를 떠나 파리로 가서 세 명의 동료와 함께 '성체회'를 세웠다. 이 수도회의 목적은 ① 성체 성사를 가끔 조배하고 ② 성체 성사로써 받은 무수한 은혜에 감사하고 ③ 성체 안에 계시는 예수께서 받으신 능욕을 대신 보속하는 것 등이다. 이 목적을 달성하기 위해 회원들은 지속적 성체 조배를 하는 것인데, 각자가 아침에 한 시간, 오후에 한 시간, 밤에 한 시간 성체를 방문하는 것이다. 최초에 그들은 별로 사도직에 나서지 않았다. 그러나 얼마 후에는 성체께 대한 그 방면에 활동을 많이 했다. 어려서 세례받고 어른이 되기까지 한 번도 성체를 영하지 않은 사람들을 권해 첫영성체를 준비시키고, 성체 조배의 미풍을 가르치기 위해 자주 묵상회를 열었다. 그리고 일반 부인들에게도 지속적 성체 조배를 보급시키기 위해 '성체 수녀회'를 조직하고, 일반 유지들을 모아 '성체회 후원회'를 조직했다. 이리하여 베드로는 교황 비오 10세의 제창인 '성체 신심회'며, '세계 성체 대회'의 선구자가 된 것이다. 그 불굴한 활동이 결국 체력을 감퇴케 하여 불과 57세에 중병에 걸려 1868년 8월 1일 영원히 세상을 떠났다. 1925년 7월 12일 교황 비오 11세에 의해 시복되었고, 몇 해 후에 시성되었다. 그가 창설한 성체 수도회는 현재 전 세계 33개소의 수도원을 소유하고 약 7백명의 회원을 가지고 있다.

【 교 훈 】
성체께 대한 신심을 부흥시키기 위해 선택된 성 베드로 율리아노 예마르 사제는 '원죄없이 잉태되신 성모회'에 입회하려 했다가 건강의 장애를 받아 '성모회'에 들어갔으나, 거기서도 못 있게 되어, 마침내 주님의 뜻을 따라 '성체회'를 세우고 마음의 평화를 얻었다. "하늘에 계신 내 아버지의 뜻을 실천하는 사람이라야 들어갈 수 있습니다"(마태 7, 21) 하신 주님의 말씀은 결코 허무한 것이 아니다. 우리도 항상 하느님의 뜻을 받들어 성체께 대한 깊은 신심을 일으키도록 힘쓰자.

성 베드로 첼레스티노 5세 교황
[St. Petrus Celestinus V, Pap. 축일 5. 19.]

그리스도의 대리자로서 지상 교회를 통치한 교황 중에는 거룩한 순교자가 많은 반면에 또한 학덕이 출중한 인물도 적지 않은데 성 베드로 첼레스티노와 같은 이는 그 중에도 특별한 존재라 할 수 있을 것이다.

이탈리아 아브루치의 이세르니아에서 태어난 피에트로 디 모르네는 시골 농부의 12아들 가운데 일곱 째로 집안이 빈궁한데다가 아버지는 일찍 세상을 떠나 12명의 유아를 길러야 할 중책은 어머니의 허약한 팔 하나에 달려 있었으므로 베드로는 어머니의 승낙을 얻어 부지런히 독학을 하여 사제가 되려고 결심했다. 서품 받기 전 덕행의 부족함을 염려한 그는 우선 마음의 준비를 하기 위해 인기척 없는 모로네라는 산중에 들어가서 은수 생활을 시작했다.

고행과 기도로 나날이 덕행의 길로 매진하는 그의 소문이 세상에 퍼짐에 따라 그의 덕을 사모하며 제자로서 모여든 사람이 상당히 많았고, 모두 그의 지도를 열렬히 간청했으므로 베드로는 사제가 아니고서는 마음대로 남의 영혼을 돌볼 수 없음을 자각하고 드디어 로마에 가서 신품을 받고 한 목자로서의 자격을 얻게 되었다.

첼레스티노는 재차 산중으로 들어갔으나 곧 자기네들의 수덕의 도장으로 삼고 있던 모로네 산이 개간될 운명에 이르렀기 때문에 다시 적각한 곳을 찾아 제자들과 더불어 마이엘라 산에 가서 살았지만 그 후로도 제자는 계속 증가하자 베드로는 작은 것이나마 수도원과 성당을 짓고 교황 우르바노 4세의 인가를 얻어 성 베네딕토의 규율을 채용하기로 했다. 이것은 1254년의 일이었으나 그 후 똑같은 수도원이 16개소나 생겨 그레고리오 10세 교황에게 정식 인가를 받았다. 그 후부터는 일괄하여 첼레스티노 수도원이라 칭하고, 베드로는 1286년까지 친히 원장으로 근무했으나 그의 은수에 대한 동경심은 도저히 버릴 수 없어 그로 말미암아 그 직을 사임하고 재차 은수자의 생활을 시작했다.

베드로가 74세의 고령에 달했을 때 우연히도 2년간이나 교황의 성좌가 공석이었으므르 추기경들은 열심히 그 자리를 채울만한 인물을 물색 중이었는데, 좀체 적당한 후보자가 나서지 않아 곧 추천할 수가 없었다. 이럴 즈음 의장 라디노 마라부랑가는 특히 근심하며 이 시대는 성인과 같은 교황을 요구하고 있음을 자각하고 전부터 덕행으로 유명한 베드로를 추천한 결과 다른 이들도 다 찬성하게 되어 드디어 그에게 천국의 열쇠를 의탁하게 되었다.

　이리하여 즉시 그에게 서신을 보내어 그 소식을 알렸을 때 베드로의 놀람은 이루 말할 수 없었다. 겸손한 그는 노쇠한 몸으로써 그런 중책을 맡는다는 것을 두려워한 나머지 깊은 산의 밀림 속에 숨어 다른 어떠한 사람이 교황으로 선임되기를 기다리려고 했다. 그러나 사람들은 누구나 그가 성좌에 앉을 것을 원하며 일동이 그의 행방을 탐색해 그의 거처를 발견했으므로, 이에 베드로도 이것을 하느님의 뜻이라 생각하고, 즉시 주교의 축성을 받고 마침내 교회라는 노아의 배를 젓는 선두의 중책을 감당해 내게 되었다.

　이에 교황이 된 베드로는 그의 이름도 첼레스티노(천국을 갈망하는 자) 5세라고 고치고 교회의 일은 주로 추기경들에게 분담시키고 자신은 역시 은수에 가까운 수도 생활을 계속하려고 했다.

　그런데 나폴리 국왕 가롤로 2세는 정치적인 야망에서 첼레스티노를 로마에 두지 않고 억지로 자기의 수도 나폴리에 있게 한 후 그를 제쳐놓고 자기가 좋아하는 추기경을 채용하면서 크게 세력을 부렸다. 이는 온전히 선량하고 세속 사정에 어두운 첼레스티노가 교묘히 속은 결과였다. 그때 그를 추천한 책임자인 라디노 마라부랑가는 심적 고통으로 갑자기 죽어서 세상을 떠났으며, 교황도 자신이 그 직책에 부당하다는 것을 절실히 느끼고 건강과 직무의 과중함을 이유로 들어 나폴리 국왕의 동의하에 1294년 12월 13일에 교황직을 스스로 사임하고 자기 수도원으로 돌아와버린 유일한 교황이다.

　이같이 수개월간 교황직에 있다가 그만 둔 베드로는 재차 옛날과 같이 은수생활로 들어가기를 간절히 바라고 있었다. 그러나 가예타니 추기경이 그를 승계해 보니파시오 8세로 등극했으나 선임자의 높은 인기가 수많은 지지자들을 만들어 그를 복위시키려는 운동으로 번졌으므로 그와 같이 인망 있는 인물을 함부로 놔둔다면 이를 옹호하는 이가 많이 나와 교회에 분열의 불상사를 야기 시킬 우려가 있다하여 그를 로마에 끌고 가서 그 부근에 있는 푸모네 성에 감금 유폐하고 자유를 주지 않았다. 그래도 베드로는 조금도 원망 없이 오히려 중책을 벗어난 것을 기뻐하며 제자인 두 수사와 더불어 오로지 기도와 고행의 나날을 보내며 하느님께 교회의 평화만을 기도했다. 첼레스티노는 이 성에서 10개월만에, 즉 1296년 5월 19일에 운명했다.

【 교 훈 】

성 베드르 첼레스티노의 생애를 본다면 혹시 교회에 손해를 끼친 그와 같은 이를 성인으로 공경한다는 것은 오류가 아닌가 하고 생각하는 이가 있을런지 모른다. 그러나 그 의문에 대해서는 그가 교황으로서는 결점이 있었다 하더라도 개인으로서는 높은 덕을 가진 성자였다고 대답하면 족하다. 또한 그가 교황직에 부당하다는 것을 인정하자 즉각 물러선 것은 감탄할만한 일이라 할 수 있는 동시에 그것도 하나의 커다란 공로라 할 수 있을 것이다. 우리는 그에게서 부귀공명에 애착되지 않는 마음을 배워야 할 것이다.

성 베드로 크리솔로고 주교 학자
[St. Petrus Chrysologus, E. D. 축일 7. 30.]

타고난 웅변 때문에 금언(金言)이라는 애칭을 받고 교회의 중진이 된 이탈리아 라벤나의 대주교 성 베드로는 406년 이몰라라는 촌에서 태어나 그 교구 고르넬리오 주교에게 세례를 받았으며 그의 문하에서 공부하고 부제로 서품되었다.

그가 27세 때였다. 서 로마의 황제 발렌티니아노의 수도였던 라벤나의 주교가 서거하자 그 후임을 선정하고 당선자에 대한 교황의 비준을 받기 위해 사절단을 로마로 파견했는데, 고르넬리오 주교도 사랑하는 베드로를 동반하고 이에 참가했다.

그런데 당시의 교황 식스토 3세는 하느님의 특별한 계시를 받았다 하며, 당선자를 제쳐놓고 부제인 베드로를 라벤나의 주교로 임명했다. 이 소식을 들은 사람들의 놀라움, 더욱이 당사자인 베드로의 놀람은 어떠했으랴! 그는 당황하며 극구 이를 사양했다. 그러나 하느님의 성의라는 교황의 엄명을 거절할 수 없어 마침내 주교로 축성되었다. 물론 사절단은 교황의 너무나 의외의 처사에 찬성하지 않았다. 그러나 차근차근 설명을 하자 그 본의를 알게 되어 아주 연소한 베드로를 새 대주교로 추대하는 데 쾌히 동의했다. 그들이 라벤나에 돌아오자 시민들은 하느님께서 직접 선택하신 새로운 대주교를 추대하는 영광에 감격되어 기뻐하며, 황제를 선두로 성대한 행렬을 지어 교외까지 마중 나왔다.

당시 라벤나 시민은 다신교에서 천주교로 귀화한지 얼마 안 되었고, 향락과 사치 등 악풍이 아직도 사라지지 않았을 때에 아리우스파 이단이 민심을 현혹케 했으므로 그곳의 대주교인 베드로의 임무는 대단히 무거웠다. 그래서 그는 취임 벽두에 이렇게 연설을 했다.

"금번 불초 본인이 의외에도 당시 주교의 대임을 맡게 되어, 미력한 나로서는 이 직을 욕되게 하지 않기 위해서 여러분의 협력을 바랄 수밖에 없습니다. 따라서 우선 나는 여러분들이 하느님의 계명을 충실히 이행할 것을 요청하는 바입니다. 실로 이것이야말로 하느님의 영광과 여러분이 구원을 생각하는 나의 충심으로부터의 염원입니다."

이렇게 열성을 피력해 시민의 반성을 촉구했다. 그 폐부로부터 울려나오는 열성의 부르짖음은 냉담한 사람들의 마음속까지 깊이 뚫고 들어갔다. 그들은 베드로의 웅변에 감탄하는 한편, 그의 성스러운 생활 태도에 탄복해 그의 설교를 들으러 수많은 이들이 몰려와 청중은 날로 늘어갔다. 처음에는 다만 호기심에 끌려 그 강론을 듣던 이단자들도 그 명쾌한 논리에 마침내 꿈에서 깨어나 진리에 귀화하는가 하면, 죄인들은 그 폐부를 에는 듯한 훈계에 눈물을 흘리며 회심을 약속하고, 시민들은 음미(淫靡)한 놀음과 춤에서 멀어져, 라벤나는 가톨릭 도시로서의 면모를 갖추게 되었는데, 여기에는 베드로의 열성에 탄복한 황태후 갈라 플라시디아의 조력이 지대한 힘을 주었다.

베드로가 얼마나 열렬히 설교를 했는가는, 때로는 그의 목소리가 아주 쉬어버렸다는 사실로도 알 수 있다. 그런 때는 청중이 마치 자기 일같이 그의 신변을 걱정하고 좀 휴양하기를 권고했는데 이로써 그들의 베드로에 대한 존경심을 짐작할 수가 있다.

그의 설교는 후에 라벤나의 주교인 펠릭스에 의해 편집되었는데, 그 중 176편만 오늘까지 보존되고 있다.

그 일례를 들자면, 정초에 성행하는 언짢은 무도회를 책하여 "악마와 즐겨 놀기를 바라는 사람들이 어떻게 그리스도와 같이 있을 때의 깨끗한 평화의 기쁨을 이해할 수 있겠는가?" 이와 같이 그는 성스러운 분개로 세인의 죄악을 규탄하며 지옥불의 무서움을 설명해 죄인들의 회개를 촉구했다.

주교 축성식에서 그는 충심으로 가난한 이의 아버지가 될 것을 서약했는데 세월이 지나서도 그 서약을 잊지 않고 자주 라벤나 시의 스라무 가에 있는 빈민굴을 찾아 자기 음식을 줄여서까지 그들에게 자선을 베풀었다 한다. 그리고 자기 힘이 미치지 못할 경우에는 황태후 갈라 플라시디아의 도움으로 자선 사업을 했다.

서 로마 제국의 수도 내의 대주교좌에 있으면서 학덕이 겸비한데다 비할 데 없이 탁월한 웅변가인 베드로의 명성은 곧 세상에 알려졌다. 그의 신앙은 반석같이 견고해 흔들리지 않았으며, 동 로마 제국의 수도 콘스탄티노플의 총주교 에우디게스가 어처구니없이 이단에 빠져 베드로를 자기편으로 끌기 위해 권고장을 보냈을 때 그는 "진리를 구하는 자에게 이런 것을 보내는 이는 사도 성 베드로 외엔 아무도 없다. 그러므로 우리는 신앙과 도덕에 관한 한 마땅히 사도 성 베드로의 후계자인 로마 성좌의 결정에 따르지 않을 수 없는 것이다" 하며 그 유혹을 단연코 물리쳤다. 449년에 그가 '에우디게스에게 보낸 반서(返書)'는 지금도 로마 교황의 수위권을 증거하는 중요한 자료로 되어 있다. 베드로는 그 당시 겨우 43세였으나 매일 같은 심로(心勞)는 나이보다 빨리 체력을 소모시켜, 2년 후 죽음이 임박함을 알고 임종 준비를 하기 위해 대주교좌를 떠나 고향인 이몰라에 돌아와 순교자 성 카시아노의 묘를 참배하고, 그 성당 제대에 미려한 성작과 관을 바치고, 그곳에서 병자성사를 받고 451년 12월 2일에 세상을 떠났다.

유해는 성 카시아노의 묘 곁에 안치되었으며, 팔 하나는 황금상자에 봉해 라벤나에 보내어져 그 성당에 보관되어 있다.

그는 자선 활동으로 매우 유명했고 또 뛰어난 설교를 했으므로 "크리솔로고"라는 별명을 얻었다.

그는 교황 베네딕토 13세에 의해 1729년에 교회 박사로 선언되었다.

【 교 훈 】

로마 교황의 수위권, 무류지권은 우리 가톨릭 신자로서 누구나 반드시 믿어야 할 신조이다. 이는 물론 신앙 도덕에 관한 문제이며, 우리의 신앙을 확고부동하게 인도해 주기에 마치 큰 배에 타서 안도감을 느끼는 것과 같은 것이다. 성 베드로를 비롯한 모든 성인들은 다 이 신앙개조를 굳게 믿어 의심치 않았다. 그러니 우리도 천국의 문을 두드리기 위해 안심하고 교황의 지도에 따르자.

성 베드로 푸리에 사제
[St. Petrus Fourrier, C. 축일 12. 9.]

프랑스 출신의 많은 성인 중 눈부신 활동으로 유명한 분은 성 베드로 푸리에이다.

그는 1565년 아직 독립국이었던 로렌의 미르쿠르에서 태어났다. 아버지는 상인으로, 베드로가 어렸을 때부터 열심히 기도하기를 좋아함을 보고 퐁타 무쏭에 있는 예수회 대학에 유학시켰는데, 과연 그의 학업과 아울러 신심방면에 현저한 진보를 보였다. 그는 특히 성모를 열심히 공경했으며, 그의 도우심으로 영혼의 많은 위험을 모면했다. 그의 선생들은 예수회 신부들이었고, 그도 한 때는 예수회에 들어갈 것을 마음먹었으나, 후에 쇼무지에 있는 아우구스티노회를 택해 그 수사가 되기로 결심했다. 그때 그의 나이 20세였다.

푸리에는 그 이듬해 서원을 발했으며, 4년 후인 1589년에 사제 서품을 받았는데 그 첫 미사를 위해 4개월간이나 준비를 했다 하니 그의 열심을 가히 짐작할 수 있다. 그리고 웃어른의 명으로 다시 유학해 6년간 신학과 교회법을 연구하고 박사 학위를 받았다.

그 후 본원에 돌아오자 그의 성스러운 생활태도는 곧 다른 사람들의 반감을 사게 되어 심한 반대를 받았다. 그의 성무에 대한 열성, 그의 경건한 일상생활은 냉담한 이들에게는 무언의 훈계와 견책이 되었다. 따라서 개심을 바라지 않는 그들은 푸리에를 눈의 티처럼 여겨 여러 가지로 그를 괴롭혔다.

베드로 푸리에에게 세 곳의 부임지가 제공되었는데 겸손한 베드로는 그

중 작은 곳을 택해 그의 폐허화된 마텡쿠루 본당의 주임 신부로 파견되었다. 그 후 가끔 다른 곳으로도 전임되었으나 그는 일생 그곳에 머물렀고, 사후에도 그곳에 매장되었다.

마텡쿠루의 신자들은 종교에 대해 매우 냉랭했으나, 베드로의 부임 이후 눈에 띄도록 열심했다. 그의 열성적인 교훈과 아울러 그의 탁월한 성덕은 아무에게도 반대할 여지를 주지 않았다. 얼마 안 되어 사람들은 그를 성인이라고 칭송하게 되었다. 베드로의 일상 생활은 올바름 그 자체였고, 타인의 구원에 대한 열의며 사랑은 참으로 감탄을 금할 수 없었다. 그는 틈만 있으면 기도에 몰두하고 빈번히 단식재를 지키며, 심지어 겨울에도 난로를 사용치 않는 등 엄한 극기 생활을 하며, 수중에 들어오는 금품은 모두 극빈자에게 나누어 주었다. 그는 자기 침대까지도 남에게 희사하고, 자기는 딱딱한 나무판자 위에서 잤다. 그러나 뜨거운 신앙에 사는 기쁨은 그의 얼굴에 빛났고, 그를 대할 때마다 스스로 호감을 가지지 않는 이들이 없었다. 필요한 때는 그도 견책훈계를 게을리 하지 않았지만 어느 경우에서건 사랑과 정의를 잃지 않았다. 그는 이렇게 교우들과 동거동락하며 30년을 살았다. 이때 그는 칼빈파와 수없이 싸워야 했다. 그는 단순하고 엄격한 생활을 해 존경을 받았고, 여러 개의 신심 단체를 성공적으로 이끌었으며, 어린이 교육을 지원해 그야말로 그 지역의 목자로서 추앙을 받았다.

앞서 말한 것처럼 그가 항상 마음에 둔 것은 어린이들의 교육 문제였다. 그 당시는 학교 수가 매우 적었으며, 그나마도 도시에 한했다. 그래서 그는 많은 기도 끝에 4명의 여성 봉사자와 함께 무료 학교를 개설했다. 처음에는 여러 가지 장애와 곤란에 당면했으나 봉사자 수는 날로 증가해 이것이 발단이 되어 1598년에는 하나의 수녀회가 창설되고, 1616년에는 성모의 아우구스티노 수녀회로서 교황청 인가를 받았다. 이 수녀회는 프랑스 국내는 물론, 국외에까지 수많은 학교를 설립 운영하며 오늘에 이르고 있다.

1622년, 투르의 주교는 그의 수도회를 개혁하고 하나의 단체로 통합하라는 지시를 내렸으므로 다음 해에 그는 뤼네빌 수도원의 원장직을 맡아야만 했다. 1629년, 로렌의 수도회는 구세주회와 통합되었고, 베드로가 총장으로 선출되었다. 이처럼 그는 여러 곳에 수도회를 증설해 그 회를 위해 많은 공헌을 했다.

언제나 그 자신은 사람들을 피해서 지내려 했지만 이러한 혁혁한 공로와 성덕으로 인해 그의 명성은 사방에 널리 알려졌으며, 따라서 권세 있는 왕후, 추기경 등이 그의 앞에 찾아와 무릎을 꿇고 지도를 청할 정도였다.

1635년, 국내에 내란이 일어났다. 그는 루이 13세에게 충성 서약을 거부하자, 그의 신변은 위험하게 되어 마텡쿠루를 떠나 프랑슈-콩테의 그레이로 피신해 때를 기다리기 4년, 의외에도 하느님의 부르심으로 세상을 떠나게 되었다.

그레이에서도 그는 모든 이의 존경을 받았으며, 그의 기도로 가끔 기적도 일어났다. 1639년 그 곳에 악성 페스트가 발생하자, 그는 있는 힘을 다해 병자를 돌보며 불쌍한 이를 구제했다. 그리고 그 해 10월에 자기도 그 전염병에 감염되어 병석에 눕는 몸이 되었으나, 그러는 동안에도 힘껏 사람들을 위로하고 충고하기를 멈추지 않았다. 그러던 중 차츰 몸이 쇠약해졌고, 12월 9일에 천국을 향해 길을 떠났다.

【 교 훈 】

성 베드로 푸리에는 항상 활동했다. 우리도 쉴새 없이 일하도록 힘쓰자. 일생은 매우 짧은 것이다. 우리가 활동함에는 선한 의향과 겸손한 마음이 절대 불가결한 것이다. 좋은 의향이 아니면 아무리 분주히 일을 해도 공로는 되지 못하는 법이다. 그러니 우리도 성 바오로의 말씀같이, 먹든지, 마시든지 모두 하느님의 영광을 위하는 마음으로 하자.

성녀 베로니카 율리아니 동정

[Sta. Veronica Julianis, V. 축일 7. 9.]

이탈리아는 옛날부터 수많은 성인, 성녀를 냈는데, 베로니카 율리아니도 역시 1660년에 그 나라의 소도시 우르비노의 메르카텔로에서 태어난 성녀이다. 물론 양친은 명성이 높았고, 특히 그 어머니는 신심이 매우 두터운 분이었다. 베르니카는 우르술라라는 이름으로 서례를 받았는데, 어릴 적부터 신심생활에 매력을 느끼고 수도 생활을 꿈꾸었다.

그가 네 살 때에 어머니와 작별했으나, 그 어린 마음에도 어머니가 십자가를 가리키며 "어려운 때에는 저 예수께 부탁해라" 하신 말씀을 잊지 않고 리마의 성녀 로사와 시에나의 성녀 가타리나를 거울삼아 고신 극기와 기도 생활을 하며 신심생활에 열중했다. 실지 그는 하느님의 특별한 은혜로 하느님의 사정을 깊이 연구하고 있는 것이 외모에까지 나타날 정도였다.

17세 때 그녀의 아버지는 그녀를 출가시키려고 했다. 훌륭한 가문의 청년들이 구혼했으나 그녀는 그런 것에 일절 귀를 기울이지 않았다.

아버지는 답답해서 자기의 뜻에 맞는 사람과 성혼된다면 무슨 요청이든지 다 들어주겠다고 갈랬다. 그러나 그녀의 대답은 단 한 마디 "저는 예수의 것입니다"였다. 이와 같은 대답에는 그의 아버지도 어찌할 수 없었다. 그녀는 아버지의 권유를 끝까지 물리치고, 1677년에 카스텔로에 있는 클라라 수도원에 입회하고 1677년 10월 28일 착복해 베르니카라는 수도명을 받았다.

베르니카는 이때부터 그리스도의 수난을 체험하기 시작해 수도원의 모든 규칙을 충실히 지켰다. 성실한 수도자에게는 시련이 더 심했다. 하느님께서는 악마에게 그녀를 시험하는 허락을 주시어, 지옥의 무리들은 갖은 수단을 다해 그녀를 유혹하며 마음을 산란케 하고 육체를 괴롭혔다. 이러한 유혹은 수년간 계속적으로 그녀를 습격했으나, 항상 인내하고 겸손하게 끊임없이 주님의 도움을 구했다. 이에 마침내 주님께서도 그 온정의 손을 베풀어 그녀를 위험한 처지에서 구하시고 가끔 발현하시어 그를 격려하시며 성모 마리아를 보내시어 그녀를 위로했다.

베르니카는 주님께 대한 사랑이 더 깊어져 덕에 나아가면 나아갈수록 시련은 더 커졌다. 그녀는 가끔 예수 수난에 대해 묵상했다. 묵상 때 가끔 예수의 가시관과 매맞으신 상처에 대한 고통을 실감했는데, 특히 1697년 성 금요일에는 예수 수난을 묵상하는 도중 십자가에 못 박히신 예수께서 직접 발현하셔서 다섯 상처에서 비치는 눈부신 빛이 그녀의 수족과 늑방을 관통해 고통과 더불어 오상의 상처를 남겨 두셨다.

오상은 아시시의 성 프란치스코에게 베푸신 것과 동등한 하느님의 특은이었지만, 동시에 그녀는 이로 말미암아 새로운 고통을 느껴야 했다. 즉 이 소식이 전해지자 많은 사람들이 이를 의심하게 되었고, 그 지방의 주교는 이를 조사하기 위해 친히 그 상처를 검사하며 네 명의 수녀로 하여금 그녀를 감시케 하고, 네 명의 독실한 신부에게 더욱 세밀한 검사를 하도록 명했다.

베로니카는 정신적 고통을 받게 되었다. 전에 시에나의 성녀 가타리나가 간청함과 같이 보이는 상처를 없애 주시고 고통만을 남겨주시기를 주님께 겸손되이 간청했다.

기도가 허용된 것은 그로부터 3년 후인 1700년 4월 5일이었다. 다시 십자가에 못 박히신 예수께서 발현하시어 그 상처에서 광선이 비치자 그녀의 오상은 즉시 사라지고 붉은 점만 나타났으나 고통은 여전했다. 그녀는 이 고통을 주님을 사랑하는 마음으로 잘 참으며 죄인들의 회개를 위해 희생으로 바쳤다. 이렇게 하기를 5, 6일이 지나자 그 흔적마저 없어졌다.

그녀는 관상생활과 활동을 잘 조화시켰고, 34년 동안이나 수련장직을 맡아 수련자들을 어머니처럼 애정으로 대했다. 그녀는 어떤 일이나 항상 깊은 애정과 충실성으로 일을 했다.

1716년에는 원장으로 선출되어 그녀는 겸손한 마음에서 눈물을 흘리며 이를 사양했으나, 하느님께 순명하는 마음으로 잘 받아들였다. 겸손한 그녀는 자기로서는 수도원을 개선해 나갈 아무런 힘이 없다는 것을 진정으로 느꼈기에 수도원에 대한 일체를 성모의 전구하심에 일임하였다. 성모께서도 이를 기특히 여기셨음인지 항상 뚜렷한 증거로써 그녀를 도와주셨다.

수녀원은 날로 번창하고 경건한 수도원으로서 타에 비할 바 없는 훌륭한 수도원이 되어, 가끔 기도로 기적이 일어나곤 했다.

수녀원에서 하느님께 봉사하기 50년, 베로니카에게도 천국을 향할 날이 왔다.

1727년 6월 6일 그녀는 갑자기 쓰러지자 재기할 기회를 얻지 못하고 병고를 감사하는 마음으로 인내하며 열렬한 사랑으로 성체를 모시고 7월 8일 이 세상을 떠났다. 임종 직전에 순명 서원의 기도문을 외우고 무엇인가를 기다리는 눈치였으므로 고해 신부가 즉시 그것을 알아차리고 "천국에 가는 것이 주님께서 부르시는 것이니 순명하는 마음으로 안심하고 이 세상을 떠나십시오" 하자 베로니카는 그 말을 듣고 잠든 듯이 조용히 운명했다.

베로니카는 여러 가지 초자연적 은혜를 받았는데, 18세기의 위대한 신비자로 유명하다. 그녀는 1802년 시복, 1839년에는 시성도 었다.

【 교 훈 】

성녀 베로니카의 서거 후 발견된 수첩에는 "극기 금욕-특히 내심의 그것-을 안한 날은 삶의 가치가 없는 날이다"라고 기록되어 있었다 한다. 우리도 선행을 행하지 않은 날은 삶의 가치가 없는 날로 생각하고 열심한 생활을 택해야 할 것이다.

비나스코의 성녀 베로니카 동정

[Sta. Veronica di Binasco, V. 축일 1. 13.]

성녀 베로니카는 1445년 이탈리아 밀라노 부근에서 태어났다. 부모는 밀라노 교외에서 힘든 노동을 하며 살던 가난한 사람이었다. 그러나 누구보다도 더 열심히 그리스도교 신자다운 생활을 하며 좋은 표양을 주고, 하느님의 은총을 빌면서 시시로 바른 인생의 길을 사람들에게 가르쳤기 때문에 그녀는 어려서부터 열심히 기도생활을 배웠다. 다만 너무나 가난해 딸에게 학교 교육을 시키지 못함을 부모로서 대단히 마음 아파했다. 그러나 그 대신에 그들은 아이의 신심이나 덕행 등의 초자연적 습성을 길러 주는 데 전력을 다했다. 그리고 이러한 것이 인간으로서의 최종 목적이고, 현세의 최고의 학문보다도 몇 배나 귀중한가를 그들은 속 깊이 깨달았다.

그녀는 읽지는 못했지만 어머니의 신심에 힘입어 하느님 사랑만큼은 어느 누구보다 잘 알고 있었다. 그녀는 성실하고 길 잘하는 여자로 손꼽혔고 또 지극히 검손했다. 무슨 일이든지 양심적으로 한다는 것이 그녀 성격의 근본적인 특징이었다. 윗사람에 대해서는 온순하고 경건하고, 동료에 대해서는 친절하고 사랑이 두터웠지만, 그녀가 무엇보다도 즐긴 것은 하느님과 담화하는 것이었다. 그래서 그녀가 들일을 할 때에는 동료들과 될 수 있으면 멀리 떨어져서 잡담보다는 하느님을 관상하는데 시간을 보냈다.

이리하여 그녀는 밀라노의 성 아우구스티노회에 들어갈 허락을 받았다. 그녀는 입회할 때부터 한밤중에 일어나 기도했고 또 읽고 쓰기를 익혔다. 그러나 학업이 극히 부진함으로 원장은 만일 그녀가 세 문장을 알지 못하면 내쫓겠다고 했던 것이다. 첫째는 마음의 순결이었고, 둘째는 다른 사람의 죄나 과오에 대해 불평하지 않는 것, 그리고 셋째는 그리스도의 수난에 대해 매일 묵상하는 내용이었다.

3년의 준비 기간 동안 그녀는 이 모두를 규칙 그대로 실행해 모범적인 수도자로 변신해 마침내 수도복을 입게 되었다.

그녀는 수도복을 입은 후 무거운 십자가를 지지 않을 수 없었다. 그 이유는 3년간이나 중병으로 고생했기 때문이다. 그럼에도 그녀는 결코 수녀로서의 책임을 빠뜨리지 않고 끝까지 양심이 명하는 대로 완전히 이행했다.

어느 날 "당신은 몸이 약하므로 좀 더 몸을 돌보아야 하겠습니다" 하고 어떤 사람이 충고했을 때 "아닙니다. 나는 일할 수 있는 동안 충분히 일해 두지 않으면 안됩니다" 하고 대답했다고 한다.

그녀는 수녀원에서 가장 천한 일을 하기를 좋아하고, 자기는 자매들 중에서 제일 비천한 종이라고 항상 생각하며, 순종과 겸손으로 사랑하고 근심하면서 전혀 사람의 눈에 띄지 않게 그날 그날을 보냈다. 또한 그녀는 마음이 결백하기가 한이 없었지만, 심한 고행을 하며 몸을 괴롭혔다. 그 이유는 덕이 높고 결점이 없는 영혼은 안락하고 연약한 육체에는 머물지 않는다는 것을 잘 알고 있었기 때문이다. 그리고 모든 사람들을 사랑하며 모든 사람들에게 사랑을 받으면서 1497년에 이 세상을 떠났다.

【 교 훈 】

성녀 베로니카는 다른 사람이 본받지 못할 정도로 위대한 일을 한 적은 한 번도 없었다. 그러나 그녀를 거룩하게 만든 것은 날마다 자기에게 부과된 책임을 성실히 완수한 것이다. 우리도 그녀를 본받자! 그리고 매일의 책임을 될 수 있는 대로 완전히 이행하자. 그러면 우리도 천국에 들어갈 것은 틀림없을 것이다.

성 베르나르도 아바스 학자
[St. Bernardus, D. E. 축일 8. 20.]

지금도 클레르보-명랑한 골짜기라는 수도원의 성당 안의 동정 성모 마리아 제단 앞에 묻혀 계신 성 베르나르도는 시토회의 둘째 창설자로 '꿀처럼 단 박사'(Doctor mel-fluuus)라는 칭호를 받고 있다. 그의 탁월한 설교는 수도자들의 성무 일도에 많이 채택되어 있으며, 시시로 많은 감명을 주고 있다. 성 베르나르도의 성모 찬송가는 너무나 유명해 가톨릭 신자라면 누구나 다 아는 바이다. 실제 과거 10세기 동안 이 아름다운 기도문으로 형언키 어려운 위로를 느끼며 새로운 용기를 얻은 이는 이루 헤아릴 수 없을 정도이다. 그러므로 이 같은 훌륭한 기도문을 작성하고, 따라서 많은 사람에게 하느님과 성교께 대한 신심을 가르치며 열심을 일깨운 베르나르도는 이 공로 하나만으로써도 충분히 교회 학자의 칭호를 받을 만한 것이다. 그런데다가 이것은 그의 풍부하고도 깊은 신심에 관한 저작 중 극히 일부분이라 하겠다.

테셀린 소렐과 몽바르드 영주의 딸 알레트의 아들로 태어난 위대한 학자 베르나르도는 1091년에 부르군디의 디종 근교의 가족 성(城)인 폰텐느 레 디종에서 일곱 아들 가운데 셋째로 태어났다. 아버지는 국가의 고관으로서 늘 국사에 분주했으므로, 그의 교육은 자연 신앙이 유난히 두터웠던 어머니의 책임이 되었고 베르나르도에게 있어서 이것은 최상의 행복이었다. 그는 샤틸롱에 가서 공부하면서 청운의 꿈을 펼치고 있었으나 어머니의 죽음으로 많은 충격을 받고서 수도 생활을 추구하기에 이르렀다. 그는 어머니를 여의었어도 그 존귀한 여러 말씀을 마음속 깊이 간직하며 잠시도 잊은 때가 없었다.

그가 21세 되었을 무렵의 어느 날이었다. 그는 불고뉴의 군영에 입대중인 형들을 방문하는 도중, 어느 길가에 있는 한 성당에 들어가서 잠깐 기도를 바치다가 불현듯 어머니의 말씀을 생각하고, 세속을 떠나 수도 생활을 할 각오를 결정하기에 이르렀다.

그는 원래 시토회의 창설자 3명 가운데의 한 명이 아니었지만 흔히들 그를 시토회의 창설자로 부른다. 그가 새로운 수도회인 시토회에 입회한 해는 1113년인데, 그때 그는 자기 형제 4명을 비롯해 모두 31명의 친척과 친구들과 함께 베네딕토회 규칙의 엄격한 해석을 따르기 위해 1098년에 창설된 시토회로 들어갔다. 전하는 바에 의하면, 그들이 성을 떠날 때 아버지의 슬하에 남게 된 막내 동생 니발도를 보고 "우리는 모두 수도원에 들어가므로 이 성이나 영토나 모든 아버지의 재산은 모조리 너의 것이 되는 거야"라고 말하니까, 니발도는 "형님들은 천국의 재산의 상속자가 되는데, 나는 다만 이 세상의 재산의 상속자밖에 못되니 생각할수록 분한 노릇입니다" 하고 대답했다 한다.

그 당시 프랑스에는 유명한 수도원이 둘 있었다. 클리뉴이회와 시토회다. 그 중에서 시토회는 성 노르베르토가 창립한 트라피스트회에 속하며, 생활의 엄격함으로써 유명하여 음식은 언제나 빵과 채소만으로, 절대로 육식을 하지 않고, 6시간의 기도와 6시간의 수면 외에는 심한 노동에 종사할 것을 규정하고 있었다. 그런데 사람이란 본래 편안한 것을 찾는지라, 이 수도원을 지원하는 자는 평소에도 그다지 많지 않았고 게다가 수도원 내에 전염병이 만연해 수사 중에도 쓰러지는 이가 허다했으므로 세상 사람은 점차 공포감을 느껴 시토회의 입회 지원자는 하나도 없게 되었다. 그때의 시토회 수도원장은 스테파노 하르딩이라는 규율 엄정한 영국인이었으나, 이런 일을 무척 유감스러이 생각하며 평소부터 좋은 지원자 주시기를 간절히 기도했는데, 뜻밖에 베르나르도가 여러 동료들과 더불어 입회를 원하자 날뛰듯이 기뻐하며 즉시 그들을 받아들였다.

베르나르도는 트라피스트회의 엄중하기 짝이 없는 모든 규율을 충실히 지킬 뿐 아니라 자진하여 다른 고행도 많이 행했다. 그리고 언제나 "베르나르도야, 너 무엇 하러 여기 왔느냐(Ad quid venisti)?"는 글씨를 앞에 놓고 자신을 격려했다.

이 같은 베르나르도의 수도에 대한 열심이 눈에 들지 않을 수가 없었다. 1115년에 그는 랑그레에 시토 수도원을 세우기 위해 12명의 수도자와 함께 파견되었다. 여기서 그는 자신의 엄격한 규율과 엄격성 때문에 약간의 어려움에 봉착했으나 그의 성덕이 수많은 제자들을 사로잡을 수 있었다. 이때

이 수도원의 이름을 발레 답신트에서 클레르토(명랑한 골짜기)로 바꾸었고, 당시 68개의 시토회 수도원의 모원이 되었다.

그 뒤 그는 38세 때 트로아에서 개최된 성직자 회의에 참석하고, 신전기사(神殿騎士) 수도원의 규율을 혁신할 것을 위탁받게 되었는데, 이것이야말로 베르나르도가 그리스도교를 위해 공공연히 활동을 시작한 시초로서, 그 후로는 주교의 선거나 또한 여러 교리 및 사목 논쟁에 대한 화해 조정 등 중대한 교회의 문제를 그가 관계치 않은 것은 거의 없을 정도로 유럽의 가장 영향력 있는 인사 중의 하나가 되어 통치자와 교황의 자문을 담당하기도 했다. 그는 대립 교황인 아나클레투스 2세의 도구에 대항해 1130년의 인노첸시오 2세 선출의 합법성을 지지했다. 또한 그는 로테르 2세를 황제로 인정하도록 롬바르드인들을 설득시키는 일을 성공적으로 수행했다. 1140년부터 그는 공적으로 설교하는 일을 시작해 여러 지역의 교회에서 부탁을 받아 강론을 하게 되었는데, 사람들은 그것을 듣는 것보다도 성인이라는 소문이 있는 그를 접하고, 그의 기적을 보며, 그의 축복을 받으려는 열정으로 수십 리 되는 먼 거리를 무릅쓰고 모여오곤 했고 이로써 그는 놀라운 명성을 얻었다.

베르나르도는 초청을 받고 이에 응할 수 없는 경우에는 종종 그 교회에 서한을 보내어 훈계나 충고를 아끼지 않았다. 이와 같은 서한 중 지금까지 보존해 내려온 것이 500여 통에 달하고 있는데, 어느 것을 보더라도 경건과 신심이 충만해 교회를 염려하는 마음에 누구나 감동하지 않을 수 없었다.

그의 공로 중 가장 뛰어난 일은 무엇보다도 성지 팔레스티나를 회교도의 수중에서 탈환하는 십자군을 위한 설교일 것이다. 이것은 전에 클레르보의 수도자였던 교황 에우체니오 3세의 명에 의한 것으로 그는 전 유럽 각국을 순회하며 일반 시민들에게 성스러운 전쟁에 가담할 것을 권고했다. 그러나 참가한 각국 장병들은 모두 인간들이라 결국 저들간에 질투와 시기심으로 싸움이 일어나 마침내 십자군 전쟁은 실패로 돌아가고 말았다. 이는 베르나르도에 있어서 커다란 시련이었다. 그러나 그는 모든 것을 하느님의 뜻으로 받아들이고 인내하며, 교회에 손해를 입히지 않고, 또 남에게 누를 끼치지 않으려고 성심성의로 기도하며 보속으로 극심한 고신 극기를 감행했다.

그는 교황직의 의무에 대한 글을 교황 앞으로 보내어서 로마 쿠리아의 남용을 자제하고, 교황이 항상 목전에 두어야 할 종교적 신비에 대해 상세히 설명했다. 교황 에우제니오는 그를 전적으로 신뢰하고 있었으므로 그를 랑그독에 파견해 알비파 이단을 대항해 설교토록 했다.

그는 명령받은 임무를 완수하기만 하면 늘 마치 그리운 고향에 가는 것처럼 클레르보에 부지런히 돌아와서 사랑하는 수도 생활에 골몰했다. 그리고 그가 수도원에 돌아올 때는 반드시 새로운 지원자들을 데리고 오는 것이 상례였다. 그리하여 클레르보의 수도자 수는 점차 증가되어 그의 임종시에는 약 7백 명이란 다수에 달했다. 자신에 대해서는 추상같이 엄격하던 그도, 제자들에 대해서는 봄날처럼 온순히 대하며, 자신의 깊은 신비적 체험에서 베풀어지는 건강한 지도는 누구나 탄복하지 않을 수 없었다.

이러한 여러 가지 활동과 심각한 건강 문제가 있었음에도 불구하고 그는 왕성한 저술가로도 큰 명성을 얻었다. 그의 서한과 아르마그의 성 말라키의 생애 그리고 신애론이 영어로 번역되었고, 자신의 수도자들에게 행한 강론은 '아가'로 묶었다. 그는 자신의 저술과 설교에서 성서를 광범위하게 인용하는 이유를 "말씀을 사람들의 마음속에 깊이 박아주기 위함"이라 했다. 이 때문에 그의 저서와 신심은 오늘의 신자들에게도 깊은 감명을 주고 있다.

그는 모든 점에서 수도자들에게 명상적 생활을 하도록 권고했다. 그는 밤에도 기도했는데 그의 동료 수사들도 밤에 깨어 함께 기도했다. 그는 수도원을 지혜롭게 잘 다스렸으며, 특히 수도원 규칙을 엄중히 보전해 나가려고 무진 애썼다. 그러므로 그의 정신은 그 수도원에 오늘날까지 살아있다.

1152년 베르나르도는 병상에 눕게 되었는데 마침 메츠 시의 귀족과 시민들 사이에 투쟁이 일어나자, 주교는 베르나르도에게 사신을 보내어 그의 조정을 절실히 간청했다. 그러자 그는 쇠약한 몸을 두 수도자에게 부축 받아 그 시에 가서 알선에 노력한 결과 끝내 쌍방을 화해시키는 데 성공했다. 이것이 그의 마지막 활동이었다.

그의 병세는 더욱 심해졌다. 그가 교회를 위해 세운 수많은 공로와 또한 수도원에서 시시로 쌓은 덕행의 보수를 받기 위해 천국을 향해 떠난 것은 1153년 8월 20일의 일이었다. 그때 그의 나이 63세였다. 그는 다양한 기질과 믿음을 가진 사람들로부터 칭송을 받았으며, '꿀처럼 단 박사'(Doctor Mellifluus)란 칭호를 얻었다. 교황 비오 8세가 그를 1830년에 교회 박사로 선언했다. 그는 스콜라학파 이전의 신학자이며, 때로는 "마지막 교부"로 불리기도 한다.

【 교 훈 】

성 베르나르도는 트라피스트 수도원의 제2의 창립자라고 불릴 만큼 엄한 고신 극기를 하면서 국가와 사회에 공헌한 바도 자못 크다. 그의 열의 있는 활동을 보는 사람들은 모두 매우 큰 감동을 받았다한다. 실로 성인에 있어 "등불을 켜서 됫박으로 덮어두는 사람은 없습니다. 등경 위에 얹어둡니다. 그래야 집 안에 있는 모든 사람들에게 빛을 비추어 줄 수 있지 않겠습니까!"(마태 5, 15)라 하신 주님의 말씀이 실현되었다고 볼 수 있다. 그렇다면 우리도 우선 하느님의 나라와 그의 덕을 구하며 덕행의 길로 나아가야만 할 것이다.

성 벤체슬라오 왕 순교자

[St. Wenceslaus, Rex. Mart. 축일 9. 28.]

동구(東歐)는 서구(西歐)에 비해 그리스도교의 전파가 늦었고, 7세기까지는 사람마다 여러 가지 우상을 숭배했다. 그리고 6세기 말엽에 그 지방을 침입한 슬라브족 역시 그리스도교에 대해서는 무지했으나, 이탈리아 혹은 독일의 선교사들이 빈번히 그 지방에 진출해 전교를 했다.

그 결과 보헤미아 지방에서는 845년에 14명의 영주(領主)가 세례를 받게 되었으나 아직도 많은 주민들은 우상을 섬기고 있는 처지였다. 그런데, 그로부터 40년 후에는 보헤미아 왕 볼튜오이와 그의 왕비 성녀 루드밀라가 그리스도교에 귀화하고 그들의 권고로 말미암아 많은 주민들이 개종하게 되었는데, 실지 보헤미아의 사도라고 불리더 그 지방에 가톨릭을 전파한 이는 볼튜오이 왕의 손자어 해당하는 벤체슬라오 왕인 것이다.

프라하 교외에서 보헤미아의 라티슬라브 공작과 북부 슬라브 족장의 딸 드라호미라의 아들로 태어난 그의 원래 이름은 바클라프였다.

벤체슬라오의 아버지 라티슬라브는 매우 신앙심이 깊은 가톨릭 신자였다. 그런데 그 어머니 드라호미라는 가톨릭을 매우 싫어하는 열광적인 이교 신자였으므로, 그 아버지는 자기 아들이 나쁜 영향을 받을까 두려워 그를 신앙심이 깊은 조모 루드밀라에게 위탁해 교육을 받게 했다.

루드밀라는 뒤에 성녀가 된 분으로, 손자의 종교교육을 위해서는 최적임자요, 어린 벤체슬라오도 할머니의 성덕을 본받아 신앙이 두텁고 행실이 바르며 훌륭한 모범소년으로 자라났다. 이와 반대로 그 동생 볼레슬라오는 어머니 밑에서 자랐기 때문에 그 영향을 받아 역시 그리스도교를 싫어하는 자가 되었던 것이다.

라티슬라브 왕이 서거하자 그 왕비인 드라호미라는 신앙이 두터운 시어머니에 대한 불안과, 또 자기 마음대로 세도를 부리려는 야심에서 루드밀라를 교살하는 대죄를 범했다. 그리고 벤체슬라오가 아직 성년이 되지 못한 것을 기회로 보헤미아의 정치를 자신의 마음대로 하게 되었다.

드라호미라의 독재는 보헤미아 제후(諸侯)들의 분노를 사게 되었고, 그녀는 얼마 안 되어 정치에서 손을 떼게 되었다. 제후(諸侯)들은 그녀 대신 성녀 루드밀라의 지와 덕을 물려받은 벤체슬라오를 국왕으로 추대했다. 마음이 착한 그는 동생과의 권력 쟁탈의 추태를 피하기 위해 영토 일부를 분할해 주었다.

이리하여 선조 전래의 국토와 국민을 통치하게 된 벤체슬라오는 조부 볼튜오이의 뜻을 받들어 어머니 드라호미라의 악영향을 일소하고 전국민에게 그리스도교를 신봉하도록 하기 위해 독일에서 많은 선교사들을 초청해 왔다. 그러나 더욱 감탄할 것은 그의 전교에 대한 열성보다 그의 성덕이었다. 독일의 황제 헨리코 1세, 오토 1세 등을 비롯한 여러 나라의 원수들이 서로 다투어 벤체슬라오 왕과 친교를 맺은 것은 그의 덕망이 높았기 때문이다.

벤체슬라오는 특히 성체께 대한 신심이 두터웠다. 전승에 의하면 그는 손수 밀을 심고 거두어 그 가루로 제병을 만들며, 또 미사주를 위한 포도원을 따로 가지고 있었다고 한다. 그가 밤중에 일어나 궁중에 있는 성당에 가서 감실 앞에 엎드려 여러 시간 동안 기도한 예는 종종 있었다. 이만큼 성체를 사랑했던 그인지라, 성체를 이루는 사제들을 존경하며 미사 성제를 중요시함은 당연한 일이었다.

또 이러한 이야기도 있다. 독일의 브름스에서 여러 나라 군주들의 회의가 있었는데, 벤체슬라으 왕은 좀 늦게 입장했다. 이는 아침 미사에 참여하고 왔기 때문인데, 왕들 중에는 늦게 온 것을 못마땅히 생각하는 이들도 있었다. 그런데 오토 1세간은 벤체슬라으 양편에 엄위한 천사가 따라옴을 눈으로 뚜렷이 보았다고 한다.

그러나 이교에 집착한 그의 어머니 드라호미라와 동생 볼레슬라오는 왕이 그리스도교만을 보호하는 것을 매우 불만스럽게 생각해 기회만 있으면 그를 살해하려 벼르다가 마치 볼레슬라오가 아기를 낳은 것을 기회로 향연을 열고 벤체슬라오를 초대했다. 그 초대연에 참석한 왕은 연회가 끝나고 성당에 기도하러 가던 중, 근방에 잠복했던 볼레슬라오가 수명의 부하를 데리고 나타나 창과 칼로 그를 살해했다. 이리하여 벤체슬라오 왕은 지금까지 전교에 큰 공덕을 쌓은 데다가 아울러 순교의 영광을 누린 것이다. 순교라 함은 그리스도교를 위해 일한 탓으로 증오를 사서 그 생명을 빼앗기는 것을 말한다. 그가 하늘로 올라간 날은 936년 9월 28일이었다.

정의의 하느님께서는 결코 악인의 행위를 그냥 버려 두시지 않으셨다. 시어머니를 살해한 드라호미라와 형을 죽인 볼레슬라오는 얼마 후 무서운 천벌을 받았다. 그리고 순교를 한 벤체슬라오는 순교자로 공경받을 뿐만 아니라, 보헤미아의 수호 성인으로 공경받고 있다.

【 교 훈 】

성 벤체슬라오는 그리스도교를 위해 일하다가 생명을 잃었다. 우리도 세례로 인해 초자연적 생명, 즉 하느님의 나라를 무엇보다도 귀중히 여겨, 차라리 현세의 생명을 버리는 한이 있다 하더라도 이를 잃지 않도록 명심해야 한다.

시에나의 성 베르나르디노 사제
[St. Bernardinus di Siena, C. 축일 5. 20.]

성 베르나르디노는 15세기에 있어 이탈리아의 유명한 설교가로 아시시의 성 프란치스코의 제자 중 가장 세상에 알려진 사람 중의 하나일 것이다. 그의 이름 베르나르디노라 함은 작은 베르나르도라는 뜻인데, 클레르보의 성 베르나르도와 흡사한 점이 적지 않은 것도 흥미가 있다.

베르나르디노는 1380년 성모 마리아의 탄생일인 9월 8일 시에나 시에서 가까운 마싸 마리티마의 지사 아들로서 베르나르디노 데글리 알비쩨쉬에서 태어났다.

아직 7세가 못되었을 때 그 시의 시장의 중책에 있던 아버지와 어머니를 여의고 신앙심이 깊은 백모의 손에 양육되었는데, 11세에 이르자 통학을 하기 위해 시에나에 있는 백부의 집에 머물게 되었다. 그의 성격은 사교적이고 극히 쾌활 명랑하고 농담을 좋아했으나 다만 지저분한 말은 뱀과같이 싫어하며 누가 이런 말을 하기만 하면 기탄없이 이를 나무라는 것이었다. 그리고 그의 이와 같은 결백한 점은 친구들 간에도 널리 알려져 그의 앞에서는 누구나 나쁜 말은 삼갔다고 한다. 그가 이와 같이도 정결과 결백을 사랑한 중요한 원인은 평생 동정이신 성모 마리아께 대한 깊은 존경과 신심을 가지고 있었기 때문이다.

이에 대해 다음과 같은 이야기가 있다. 그 당시 시에나의 가모리아 문에는 아름다운 하늘의 모후의 성상이 장식되어 있었는데, 청년 베르나르디노는 특별히 이를 즐기며 틈만 있으면 그곳에 가서 기도와 묵상을 하고 있었다. 그런데 백모 도비아는 그가 매일 집을 비우는 것을 알고 매우 염려하며 하루는 그의 가는 곳을 물으니 "그것은 아름다운 여인을 만나러 가는 것입니다" 하고 대답하는 것이었다. 그러므로 더욱 근심을 하게 된 백모는 이튿날 가만히 그의 뒤를 따랐다. 그때 문 옆의 돌집 안으로 그의 몸이 사라지므로 이곳이야말로 밀회(密會)의 장소인가 하는 설레는 마음으로 그 안을 들여다보니, 예상했던 여인의 모습은 없고 다만 성모상 앞에서 열심히 베르나르디노가 홀로 기도를 바치는 것이 보였다. 그러므로 그가 말하던 아름다운 여인이라 한 이는 바로 성모님이란 것을 알고 백모는 다시금 그의 경건함에 감탄했다고 한다.

베르나르디노는 청년 시절에 하느님이나 성모를 이처럼 공경했을 뿐 아니라 이웃을 사랑하는 데에도 출중했다.

1400년대의 흑사병으로 온 나라가 공포의 도가니에 빠졌을 때인 그의 나이 17세 때. 그는 시에나에서 델 라 스칼라 병원을 운영하던 '우리의 모후'라는 형제회에 입회해 병자를 방문하며 활동하다가 혼자서는 부족해 동료 청년을 모아 생명을 내걸고 병자를 구출하는데 진력한 것도 좋은 한 예이다. 그때 동료 중에는 불행히 감염되어 생명을 잃은 이도 있었으나 베르나르디노는 끝가지 무사했다. 그러나 후에 다른 큰 병에 걸려 위독한 때도 있었으나 하느님의 도우심으로 완쾌되었다. 그 병환 중 그는 세속을 떠날 마음을 더 굳게 하고, 회복 후에는 주님의 뜻이 무엇인가를 알기 위해 잠시 고요한 곳을 찾아가서 기도와 묵상으로 나날을 보냈다.

그는 아시시의 프란치스코 수도원에 들어갈 결심을 했다. 그의 소원은 1403년에 콜롬바요 수도원에서 수도 서원을 하면서 이루어졌고, 그 후 12년 동안을 독수자처럼 생활했다.

그의 성도께 대한 공경심이 얼마나 컸던 가는 그의 착복식, 서원식, 또한 사제가 된 후의 첫미사를 성 마리아 탄생일에 정한 것으로 보아도 알 수 있을 것이다.

베르나르디노는 서품 후 장상으로부터 설교가로 임명되어 1417년부터 밀라노에서 설교하기 시작했는데 이것은 학식이 풍부하고 웅변가이던 그에게는 가장 적합한 임무였으나 다만 곤란한 점은 본래 성량(聲量)이 적은 것이었다. 그러나 성모의 전구를 구하자 기이하게도 쟁쟁한 큰 목소리로 변했다고 한다.

그의 웅변술과 정열적이며 뛰어난 설교는 언제나 청중들을 사로잡았다. 그는 이탈리아 전역을 다니며 설교해 수많은 군중들이 그를 따랐는데, 그가 특히 역설한 내용은 예수 성명에 대한 신심과 시대의 악을 끊어버리라는 것이었다. 어느 날 그가 도박이 죄악이란 이유를 설명하자, 사람들은 즉시 집에서 카드 같은 것을 갖고 와서 그것을 불속에 던진 일도 있었다고 한다.

베르나르디노는 그러한 사람들의 선량한 결심을 일시에만 그치지 않도록 예수의 성명에 대한 신심을 새로이 제창하고 아울러 성모와 성 요셉께 대한 신심을 장려했다. 그 외에도 '자비의 산'이란 금융기구를 설치해 가난한 이들의 편의를 도모하고, 자선병원, 고아원을 일으킬 것을 권고하는 등 공익을 위해 크게 노력했다.

그의 일부 가르침은 볼로냐 대학교로부터 심한 비판을 받았는데, 이 분쟁은 거의 8년이나 계속되었다. 특별히 예수 성명의 신심에 대해서는 악의를 품는 사람들이 교황 마르티노 5세에게 무고해 그로 말미암아 잠시 설교를 금지 당한 적도 있었으나, 그는 조금도 원망하거나 분개하는 빛이 없이 그 시련을 참아냈다. 그 후 교황은 상세한 조사로써 베르나르디노의 무죄함을 알고 설교를 허락함은 물론, 그를 시에나 교구의 주교로 임명하려고 했으나 겸손한 그는 그것을 굳이 사양하며 받지 않았다. 그 후에도 페라라 주교구나 울비노 주교구 관리를 위탁하려고 했으나 베르나르디노는 언제나 그 임무에 부적당한 자임을 내세우며 끝끝내 주교가 되지 않고 일평생 동안 설교가로서 만족했다.

그는 흔히 '민중의 설교가, 베르나르디노'로 불리웠다. 또한 그는 프란치스코의 보다 엄격한 규칙을 회복하자는 수도회 내부의 운동에서 지도자로 활약해 프란치스코회 내에 규율 엄수의 미풍을 장려하기도 했으며, 세상 사람들의 신심을 북돋기 위한 서적을 저술하기도 했다.

그는 플로렌스 공의회에 참석했고, 1444년에는 그의 마지막 순회 선교 여행을 떠났으나, 아브루찌의 아퀼라에서 하느님의 영광을 위해 성심 성의껏 일한 베르나르디노는 중병에 걸려 사랑하는 예수, 마리아의 이름을 부르면서 기력이 다해 운명했다. 그의 나이 65세였다.

그 후 6년이 지나서 교황 니콜라오 5세는 그를 성인품에 올렸고, 그에 대해서 교회 박사의 칭호를 붙이려는 운동이 일어나고 있다. 그는 죽어서도 많은 영광을 누리고 있다고 말할 수 있을 것이다.

【 교 훈 】

성 베르나르디노의 사업 중 가장 유명한 것은 예수의 성명에 대한 신심을 시작한 것이라 하겠다. 이 신심은 성서(사도행전 4, 12)에 그 근거를 두며, 신앙을 강하게 하는데 매우 유익한 방법이므로 우리도 평소부터 예수의 성명을 존중하고 이를 종종 부르며, 이로써 주님께 대한 신뢰를 드러내도록 하자. 교회에서는 주님의 성명에 은사를 붙여 특히 임종시에 이를 외우던가, 혹은 힘이 부치면 다간 마음속으로 외우기만 하여도 임종 전대사를 얻을 수 있도록 되어있다.

성녀 베르나데타 동정
[Sta. Bernadetta (Bernarda), Virg. 축일 4. 16.]

프랑스의 루르드란 곳은 1851년 2월 11일 하느님의 모친께서 14세의 한 소녀에게 발현하신 곳으로 전 세계에 유명해졌는데 그 소녀의 이름은 베르나데타이다.

그녀의 이름은 마리 베르나르드(베르나데타) 수비루스르 1844년 프랑스의 루르드에서 가난한 물방앗간 주인의 맏딸로 태어났다. 어려서는 건강한 아이였으나, 7세부터 병으로 쇠약해져 2, 3년 후에는 큰 병에 걸려 임종 때까지 천식(喘息)의 고즐(痼疾)로 인해 고생하지 않으면 안 되었다. 거기에다가 그의 가정은 큰 시련을 겪게 되었다. 그것은 예기치 않던 불행으로 말미암아 극도로 가난해져서, 정든 집을 떠나 보잘것없는 초막과 같은 거처에 살지 않으면 안 되었던 것이다. 그리고 그 뒤부터는 베르나데타의 몸도 점점 약화될 뿐이었다.

베르나데타의 정신적 번민은 육체적 고통보다 훨씬 더 많았다. 부모와 동생들을 극히 사랑하고 있던 그녀는 맏딸이면서도 병 때문에 가사를 돕지 못하는 것에 마음이 아팠기 때문이다. 그녀가 할 수 있었던 일은 어머니가 생활비를 조달하기 위해 오출할 동안 집에서 어린 동생들을 보살펴 주는 정도였다.

그녀의 가정은 빈궁 중에서도 부끄러워하지 않고, 묵묵히 그의 부자유를 감수 인내했다. 이 같은 탄복할 만한 태도는 견고한 신앙과 하느님께 대한 굳은 신뢰의 발로이기도 했다.

베르나데타는 13세가 되어도 학교에 가지 못했고 따라서 글을 읽을 줄도 쓸 줄도 몰랐다. 학교에 가고 싶은 마음은 태산 같았으나, 당시 그녀는 양을 지키고 있었으므로 도저히 통학할 여가가 없었다. 그러나 그 대신 그녀는 광막하고도 고요한 들에서 많은 기도를 바쳤다. 또한 뜨개질과 바느질도 했다. 그리고 저녁때가 되면 자기 집에 돌아오던가 아니면 아는 집에 들르던가 했었다. 남과 이야기할 때나 남의 말을 들을 때는 항상 공부하는 마음으로 듣고 말했다.

14세가 되었을 때 그녀는 번민하는 듯한 인상에다가 보통보다 작은 소녀로서 민감하나 쾌활한 기질이 있었으며, 다소 발육이 늦은 듯 했다고 한다. 그녀는 이때 그리워하던 학교를 처음 가게 되었다. 그런데 그때 마침 유명한 성모 발현이란 일대 사건이 돌발했던 것이다. 이 성스러운 부인의 발현은 베르나데타에게 커다란 위로와 풍부한 은총을 베풀어주었지만 그것은 한편으로 많은 슬픔과 시련의 원인이기도 했다.

1858년 2월 11일과 7월 16일 사이, 가브 강변의 얕은 굴속에서 그녀는 놀라운 체험을 했다. 18차례에 걸쳐 그녀는 매우 젊고 아름다운 부인을 보았는데, 그 부인이 자신에게 여러 가지 요구를 했다. 이 부인이 나중에 "원죄 없이 잉태되신 성모"로 호칭하게 되는 동정 마리아로 인정받게 되었다.

성모 마리아의 발현도 그녀에게 있어서는 일종의 학교-최고의 영혼의 학교였다. 그녀의 영혼은 정결하고 죄의 물듦이 없었지만, 이 학교에서 성모의 슬하에서 확고한 신앙과 덕행의 기반을 형성했다. 그가 성모께 듣고 나서 전한 말씀을 사람들이 믿게 된 것은 주로 그녀의 이런 신앙과 덕행의 힘에 의한 것이라 할 수 있다.

이러한 기적이 일어나는 곳에는 소문을 듣고 몰려든 수많은 사람들이 있었지만, 베르나데타를 제외하고는 어느 누구도 "부인"을 보지 못하고 그 말씀도 듣지 못했으나, 무슨 혼란이나 정신적인 이상은 전혀 없었다. 그러나 그 발현이 있고 난 다음부터 거짓 환시가 유행병처럼 번졌으나, 교회 당국은 그녀의 체험에 대해 올바른 자세를 견지했다. 몇 년 후 그녀는 의심 많은 불신자들로부터 심한 고통을 받았으나 이 모든 것을 영웅적인 용기와 품위로써 물리쳤다.

성모의 발현은 끝났으나 그녀에 대해서의 엄격한 조사는 그 후에도 오랫동안 계속되었다. 베르나데타는 언제든지 자기가 알고 있는 것을 정직하게 말했다. 이리하여 결국 성모 발현의 장소는 성지가 되어 방방곡곡에서 수많은 순례자들이 매일같이 쇄도하게 되었다. 이러한 사람들은 인간의 보통 심리로써 특별한 은혜를 받은 베르나데타에게 호기심을 품고 한 번이라도 그녀의 얼굴을 보려고 했다. 겸손한 그녀에게는 그것이 얼마나 고통이 되었는지 모른다.

평범한 사람 같았으면 자기가 그처럼 평판이 대단하다면 의기양양하여 교만의 죄에 떨어졌을지도 모른다. 그러나 베르나데타는 여전히 순박하고 가난하고 겸손한 소녀였다. 그녀는 전과 다름없이 집안 일을 돌보며 양치기 일을 했다. 그녀의 양친도 베르나데타와 같이 종종 방문객에게 금품을 받는 때도 있었으나 호의만을 감사하면서 절대로 받아들이지 않았다. 그러므로 여전히 가난하게 살지 않으면 안 되었다. 그들은 성모님의 은혜로 세상 재물을 모았다는 소문을 듣기 싫어했기 때문이다.

베르나데타는 그러던 중 한 가지 희망을 품게 되었다. 그것은 인간 세계를 떠나 수도원에 숨어 그윽한 마음으로 하느님을 섬기고자 하는 것이었다. 그녀는 곧 어느 수도원의 분원에서 안내직을 맡게 되어 그대로 그곳에 머물고자 했으나 하느님께서는 서서히 그녀를 위해 네베르에 있는 애덕회에 입회의 길을 열어주셨던 것이다.

이미 입회를 결심한 베르나데타에게 있어서 한가지 뼈아픈 것은 그리운 성모님을 뵈옵던 루르드의 동굴을 하직해야 될 일이었다. 그러나 그녀는 참기 어려운 모든 것을 희생하고 흔연히 네베르를 향해 출발했다. 때는 1866년 7월 4일이었다.

수녀원에 도착한 베르나데타는 삼 일째 되는 날 모든 수녀들이 모인 가운데서 성모님의 발현의 내막을 말하라는 명령을 받았다. 그녀는 순명지덕으로 겸손하고도 정직하게 말함으로써 사람들에게 많은 감동을 주었지만 그 후는 다시 그 이야기하는 것을 엄금 당했다. 그녀는 도리어 그것을 기뻐했다. 그는 어떤 중대한 이유가 없이는 그 일을 입밖에 내지 않고 다만 마음에만 새겨두어 종종 성모님의 은혜를 깊이 감사드렸다.

　수련기 중에 그녀는 중병에 걸렸었다. 모두들 그녀가 나으리라고는 생각지 않았다. 그래서 서둘러 서원을 허락 받아 기쁨에 넘쳐 서원식을 다 마치고 나자 기적처럼 다시 완쾌되었다. 그러나 교회 규정상 같은 동료들과 같이 수련기를 마쳐야 했다.

　베르나데타가 병중에 취한 태도는 실로 인내의 모범이었다. 그녀는 고요한 수도원에서 병약한 몸으로 일생을 보내 세인이 놀랄만한 대사업은 할 수 없었지만, 그래도 매일의 숨은 희생이나 순명, 극기, 겸손, 인내, 타인애 등의 여러 덕행에 있어서는 출중한 바가 많았다. 이는 하느님 대전에는 하나 하나의 찬란한 보석처럼 보였을 것이고, 쌓이고 쌓인 그의 공덕은 얼마나 많았는지 알 길이 없었다.

　그 후 베르나데타는 여러 번 병상에 누웠다. 그러다 마침내 재기불능이 되어 1879년 4월 16일 루르드에서 성모를 뵌 지 21년째 되는 해까지 표면에 드러나지 않는 삶을 살면서 임종을 맞았다.

　루르드에서 일어난 수많은 기적은 성모 마리아의 발현이 터무니없는 일이 아니란 것을 입증해 주었으며, 베르나데타가 운명한 지방인 네베르에서는 그녀의 기도로 생존시와 사후에 많은 기적들이 생겼다. 하느님께서는 이처럼 그녀의 성스러운 생애를 증명해 주셨다."

　겸손하고도 가난한 동정녀의 덕은 장례 때부터 이미 빛나는 영예를 획득했으나, 성인품에 오른 다음은 한층 더 찬란한 광채를 발하게 되었다. 자신을 스스로 낮춘 베르나데타는 지금에 와서는 전 세계의 존경을 받게 되었던 것이다.

【 교 훈 】

　천주의 성모를 공경해 드리지 않으면 안 된다. 성 마리아는 온갖 은총을 하느님께로부터 받아 다시 우리에게 분배해 주시는 분이시다. 은총을 베풀어주시는 장소는 루르드에 한정된 것만이 아니다. 겸손하게 진심으로 원하기만 하면 언제, 어디서든지 풍부한 은총을 내려주신다.

성 보나벤투라 주교 학자
[St. Bonaventura, Ep. Doct. Eccl. 축일 7. 15.]

성 토마스 데 아퀴노와 더불어 교회 신학계의 쌍벽(雙璧)이 되는 성 보나벤투라, 그가 남겨놓은 업적은 중세기는 물론 현대에 이르기까지 찬란히 빛나고 있다. 이 두 신학자는 그 저서와 제자들의 많음에도 서로 손색이 없으며, 토마스가 그 가르침이 밝고 심원한 의미에서 천사적인 박사라고 불린다면, 보나벤투라는 오히려 경건하고 사랑이 흐르는 면에서 세라핌적인 박사라고 불리어진다. 또 성 토마스가 논리적(論理的)이라면, 성 보나벤투라는 오히려 심리적(心理的)이어서 그 문장의 감미롭고, 아름답고 고움은 비할 바가 없다.

두 분은 다 수도자이다. 성 토마스가 도미니코회의 영향을 받아왔음에 반해, 성 보나벤투라는 아시시의 성 프란치스코회의 영향을 받았고, 양자가 그들 수도회의 제2의 창립자라는 명칭을 받을 만큼 그들은 바른 언행으로 사람들의 거울이 되었다.

보나벤투라가 중부 이탈리아의 바뇨레아에서 태어난 때는 1221년경 아시시의 프란치스코 생존시였다. 죠반니 디 피단짜가 그의 이름인데, 불확실한 전설이긴 하지만 보나벤투라는 아시시의 성 프란치스코로부터 받은 이름이다. 그의 세례명은 요한이었다.

어릴 때에 큰 병에 걸려 생명이 위독했으므로, 신심이 두터운 그의 어머니는 그를 성 프란치스코께 데리고 가서, 만약에 완쾌되면 장래에 수도원에 보낼 서약 아래 성인께 기도와 강복을 청한 결과 즉시 쾌유되었다. 성인도 대단히 기뻐하며 "오! 보나벤투라(기쁜 일이여)"라고 외쳤다. 이때부터 그의 이름을 보나벤투라라고 불렸고, 과연 그가 17세에 때에 그의 어머니는 서약대로 그를 수도원에 보내었다.

수련을 끝마친 후 보나벤투라는 우선 올비에트에서 일반 학문을 연구하고 1238년에 영국의 유명한 알렉산데르 헬이스 문하에서 공부하려고 파리대학으로 갔으며, 그의 총애받는 제자가 되었다.

그는 20세에 신품을 받아 얼마간 그 수도원에서 교편을 잡았으나, 1248년부터 1255년까지 아직 26세의 젊은 몸으로 파리 대학에서 신학과 성서를 가르쳤다.

그 해 성 토마스 데 아퀴노도 같은 대학의 교수가 되었다. 이리하여 두 분은 서로 친구가 되어 거룩한 동반자로 서로 격려하고 연구해 중세기 신학의 기반을 확립함에 전력했다. 이쯤 되니 각국에서 젊은 학생들이 그들의 학덕을 흠모하여 서로 앞을 다투어 그들의 슬하에 운집하게 되었고, 그들의 명성은 그들 주위를 위압하게 되었다.

높은 나무는 바람에도 세차게 부딪치는 법이다. 그들의 명성이 세상에 널리 떨치자 질투를 하는 사람들은 그들을 비방하고 수도회를 공격하기에 이르렀던 것이다. 그들의 수업은 새로운 탁발 수도자를 반대하던 교수들 때문에 중단되어야 했다. 그리하여 그는 쌩-아무르의 윌리암을 비롯한 반대자들의 공격에 대항해 탁발 수도회를 옹호하는 논쟁에 뛰어들어서 "마지막 시대의 환난"과 "그리스도의 가난에 관하여"라는 저서를 남겼다. 마침내 1256년에 교황 알렉산데르 4세가 쌩-아무르를 단죄하고, 탁발 수도회에 대한 공격을 중단시켰다.

그는 이런 이들에게 대해 유화하고 온순한 어조로써 수도회의 존재 이유와 필요성을 부드럽게 설명하고 반박한 결과, 그렇게도 시끄럽던 잡음은 씻은 듯이 없어지고 다시는 그런 사람들이 나타나지 않게끔 되었다. 성인이 사람들의 찬양을 받게 된 것은 위의 사실로도 나타난 바와 같이 그 학식의 풍부함보다도 그 두터운 애정에 더욱 기인하는 것이라 하겠다.

탁발 수도회가 파리에서 다시 부흥될 때, 그는 토마스 데 아퀴노와 함께 신학 박사 학위를 받고 교수로서의 직무를 완수하는 동시에 다수의 서적을 저술했는데, 어떤 날 성 토마스가 방문해 "당신에게 제일 유익했던 책은 무엇입니까?" 하고 질문하니 보나벤투라는 "내가 제일 많이 배웠고, 또 배우고 있는 책은 바로 이것입니다" 하고 십자가를 가리켰다고 하니, 얼마나 경건한 태도이며 아름다운 일이냐!

성인은 파리 대학에서 교수로 재직한 지 8년째 되던 1257년에 열린 프란치스코회의 총회 석상에서 관구장과 기타 요직 전원의 추대를 받아 36세로서 프란치스코회의 총장에 취임했다. 그 당시 회 창립자 성 프란치스코에 대해서는 여러 가지 전설은 있었지만, 아직 통계적이고 조직적인 전기는 한 권도 없었다. 그래서 성인은 회원의 위촉을 받아 비로소 그 편찬에 착수하고 자료의 선택, 정성들인 배열 순서에 그의 달필(達筆)을 휘둘러 과연 기대에 알맞는 훌륭한 전기를 완성했다. 그것이 "보나벤투라의 성 프란치스코전"인데, 전후 700년 간에 걸쳐 수백 판을 거듭했고, 각국어로 번역되어 수많은 애독자를 갖게 되었으니, 가히 그 가치를 인정하고도 남음이 있는 것이다.

그 전기의 집필 중의 일이다. 어떤 날 성 토마스가 2, 3명의 제자와 같이 그를 방문해 문을 두드렸으나 아무 대답이 없었다. 어찌된 일인가 하고 문틈으로 들여다보니 성인은 책상 앞에 꿇어 기도하는 자태로 그냥 탈혼이 되어 있었다. 이것을 본 성 토마스는 "성인이 성인의 행적을 쓰는데 방해해선 안 된다" 하고 사람들을 재촉해 조용히 그 자리를 떠났다고 한다. 이것을 보아도 성인이 성 프란치스코의 전기를 편찬하는데 얼마나 심혈을 기울였는가를 알 수 있다.

1260년, 나르본느에서 열린 수도회의 총회에서, 그는 오랫동안 수도회에 깊은 영향을 주게 되는 회칙에 대한 회헌을 선포했다.

총장이 된 그는 회원들로 하여금 성 프란치스크가 제정한 규율을 엄수하도록 하기 위해 친히 모범을 보이며 필설로써 부드럽게 설득하고 기회 있는 대로 각 수도원을 순방하며 시찰했다. 그러자 다른 동료 수도자들 중에 신앙에 냉담했던 이들까지도 거룩한 열(熱)에 타게 되어 수덕에 더욱 힘쓰지 않을 수가 없었다.

1265년, 교황 클레멘스 4세는 그를 영국의 요크 시의 총 대주교로 임명하려 했으나, 겸손한 그는 마침내 그 직책을 거절했다.

보나벤투라만큼 성모 마리아를 공경한 이는 아마 성인들 중에서도 드물 것이다. 그는 총장이 된 이후에도 매 토요일마다 수도원 부속 성당에서 성모 찬송 미사를 드렸고, 만종(晩鐘)이 울릴 때마다 성모송을 외우며 기원의 현의를 묵상했으며, 수하 수사들로 하여금 기회 있을 때마다 이것을 신자들에게 장려케 했다.

이것이 바로 오늘날 전 세계에서 신자들이 매일 세 번씩 외우는 삼종기도의 시작이었다. 보나벤투라는 프란치스코회의 총장이면서도 파리에 체류하면서 강의와 설교를 했으며, 특히 프랑스 왕 루도비코 9세와 그 왕족들 앞에서 설교하는 영광을 얻었다.

1273년 봄, 그가 53세 된 때 파리 대학의 교수들과 수도자들을 상대로 천지 창조의 6일간에 대한 설명을 하고 있을 때였다. 교황 그레고리오 10세로부터 —그는 1271년에 교황 그레고리오 10세의 선출을 적극 지지했었다—그를 알바노 지방의 주교인 동시에 추기경으로 임명할 터이니 이번은 사양치 말고 승낙한 후 즉시 로마로 귀환하라는 명령의 서한이 도착했다. 그는 즉시 파리를 출발해 로마로 향하던 도중 무제로라는 곳에 있는 작은 수도원에서 일 박을 했는데, 때마침 추기경 임명 칙서를 휴대한 교황 사절이 그곳에 도착했다.

그때 보나벤투라는 무엇을 하고 있었을까? 그는 부엌에서 식기를 씻고 있었다. 물론 이것은 겸손지덕을 닦기 위해서이지만, 높은 지위에 오를수록 더욱 겸손해지는 이 성인에게서 우리는 진실로 배울 것이 많다.

그의 겸손에 대해서는 다음과 같은 일화가 있다.

어느 날, 그는 교황 우르바노 4세로부터 성 토마스와 더불어 성체 찬미가를 작사(作詞)하도록 분부 받았다. 그리하여 두 분은 서로 최선을 다해 작사를 했다가 서로 대조하기 위해 먼저 성 토마스가 지은 가사를 읽었을 때, 보나벤투라는 "아! 참으로 훌륭합니다" 하며 자신가 애써 지은 성시(聖詩)를 즉석에서 찢어 버렸다고 한다. 이는 보통 사람으로서는 어려운 일이다. 토마스의 작품인 "성체 찬미가—엎디어 절하나이다"는 지금도 교회 예식 중에 아름답게 흘러나오는데 우수한 시인이었던 보나벤투라의 주옥같은 이 작품을 어디서 찾을 수 있을지 생각할수록 안타까운 마음이 든다.

1274년에 그레고리오 교황은 로마와 동방 교회의 일치를 토의하려는 리용 공의회의 의사일정을 짜도록 그를 위촉했다.

그 회의의 결과 가톨릭과 그리스 정교회는 일시 합동이 잘 되었는데, 이는 보나벤투라의 정(情)과 이(理)를 경주한 명토론의 결정이었다.

양 교회 합동을 기념하는 축하는 6월 29일, 성 베드로와 성 바오로 사도 축일을 기해 행하여졌다. 그 자리에서 성인은 교황을 비롯해 공의회에 참가한 교회 학자 주교들의 위풍이 당당한 가운데서 일장의 강론을 했는데, 이는 그에게 있어 마지막 강론이 되었다. 쌓이고 쌓인 그의 피로는 그를 병석에 눕게 했고, 다시 회복할 수 없게 되었다.

그가 교황께 병자 성사를 받고 십자가를 우러러 사랑하는 예수의 곁으로 떠난 것은 불행하게도 공의회가 열리고 있는 회기 중인 1274년 7월 14일 밤 리용에서 운명하고 말았다. 장례식은 교황과 다수의 고위 성직자의 참석 하에 대성황을 이루었다.

보나벤투라는 중세 시대의 가장 뛰어난 철학자이자 신학자이며 사상가 중의 한 분이다. 세라핌 박사로 알려진 그는 수많은 글을 썼고, 또 남겼는데, "베드로 롬바르드의 금언에 대한 주석", "아시시의 성 프란치스코 전기", "하느님께 가는 영혼의 여정", "세 갈랫 길", "완덕 생활" 등의 영성 서적을 비롯해, 성서 주석, 약 5백 편의 설교 등이 유명하다. 그의 저서 가운데 그의 심원한 학식과 그의 경건한 심정이 엿보이지 않는 곳은 한 장도 없으므로, 성 토마스 데 아퀴노와 더불어 교회 신학계의 혜성으로서의 추앙을 받음은 극히 지당한 일이라 하겠다.

돌아가신 지 9년 후, 교황 식스토 4세는 그를 성인품에 올렸고, 1588년, 교황 식스토 5세로부터 교회 박사로 선언되었다.

【 교 훈 】

성 보나벤투라는 학식이 깊고 지위가 높았으나 추호도 위세를 부린 적이 없었다. 세인은 약간의 지식으로 이를 내세우고 타인을 무시하는 때가 많이 있다. 사람의 지식이란 참으로 머리카락 한 가닥에 비할 수 있다. 만약 그러한 사람들이 있다면 그들은 성 보나벤투라의 겸손 앞에 얼굴을 붉혀야 할 것이다. 그리고 완덕에 나아가고자 하거든 먼저 겸손을 배워야 할 것이다.

성 보니파시오 주교 순교자

[St. Bonifacius, Archiep. M. 축일 6. 5.]

8세기부터 9세기에 걸쳐 영국에는 신앙에 열의가 가득 찬 신자가 많았고,

특히 사제와 수도자들 중에는 자기 신앙에 노력할 뿐 아니라 멀리 외국에까지 건너가서 전교에 활약한 사람들도 적지 않았는데, 이교 나라 독일에 들어간 사람들 중에서 유명한 사람은 지금 말하려 하는 성 보니파시오 대주교이다.

그는 680년경에 아마도 영국 더본셔의 크레디톤에서 출생한 듯하다. 불과 7세 때에 엑스터 근교의 수도원 학교에 들어갔고, 14세 되던 해에는 윈체스터의 베네딕토 수도원에서 윈베르토의 지도아래 공부했다. 이 수도원은 양친이 교육을 위해 일찍부터 그를 의탁한 곳으로서 종교면에는 물론, 보통 학문에 있어서도 좋은 스승이 많이 있었다.

그는 715년 사제로 서품되었다. 사제가 되자 당시 윈프리드라고 불리던 보니파시오는 교수생활과 설교자의 생활이 성공하자, 프리스 지방의 선교사가 되기로 결심하고, 전교하기 위해 독일에 파견해 줄 것을 간청했으나 장상들은 허락해 주지 않았다. 그것은 그가 학문과 덕행에 뛰어난 인물이었기 때문이었다. 그러나 하느님을 위해 남의 영혼을 구하려고 하는 그의 갈망이 도저히 억제할 수 없는 정도로 맹렬하다는 것을 간파한 수도원장은 주님의 뜻을 인정하고 드디어 강복을 주며 파견하기로 했다. 이렇게 겨우 제 소원을 채우게 된 윈프리드의 기쁨은 얼마나 크고 넘쳤겠는가!

그는 우선 북부 독일에 있는 프리스 지방에 도착했다. 이곳은 전에 아만도, 윈프리드, 빌리브로르트 등의 성인들이 복음을 전해 준 곳인데, 그 후 국왕에 대한 폭동이 일어나 그들 선교 선구자의 노력은 수포로 돌아갔다. 예전과 같이 주민들은 거의 이교도들이고 그들의 그리스도교에 대한 증오심은 전보다 더 커져서 설교를 한다는 것은 도저히 불가능했다. 그러므로 윈프리드 역시 할 수 없이 일단 영국으로 돌아가지 않으면 안 되었다. 이렇게 716년의 첫 번째 시도는 실패로 끝났다.

되돌아간 전의 수도원에서는 누구나 다 기뻐하며 그를 맞아들였다. 그 뿐 아니라 그들은 그를 원장으로 추대하려고 했다. 윈프리드는 백방으로 노력해 간신히 이를 모면했다. 그것은 가능한 빠른 시일에 다시 독일로 돌아가려는 마음을 갖고 있었기 때문이다.

전교 여행의 준비가 다 끝나자, 이번에는 교황에게 축복과 파견 명령을 받기 위해 우선 로마에 갔다. 교황 그레고리오 2세는 기꺼이 그를 맞이하고 또 그의 열정적인 신앙심에 감동되어 새로이 '보니파시오' 즉 '모든 선행을 하는 자'라는 이름을 지어 주셔서 이때부터 그는 보니파시오로 개명했다. 그리고 교황의 이런 호의에 감격한 그는 점점 전교 활동을 할 의지를 견고케 하는 한편 교황에 대한 사랑과 충성을 다시금 깊게 가지지 않을 수 없었다. 그리고 이런 교황에 대한 충성심이야말로 그가 전교에 대성공을 거둔 원인이 되었던 것이다.

718년에 보니파시오는 교황으로부터 게르만족의 이방인들을 개종시키라는 명을 받고 재차 프리스에 가서 거기서 3년간 우트레히트의 주교로서 이미 연로하던 성 빌리브로르트를 도와 활동하고 후에는 독일의 헤쓰와 트린기아 지방으로 들어갔다. 그 부근에는 신자도 많지 않고 또한 신자라고 하는 사람들도 이교도처럼 생활하고 있었으므로, 보니파시오는 곳곳을 찾아다니며 주님의 복음을 전하며 조금도 쉬는 적이 없었다. 이리하여 그는 이교도 뿐 아니라 전에 신자였던 사람들도 다시 개종시켜 전교의 성적은 매우 좋았다.

얼마 안 되어 보니파시오는 교황에게 불려 자차 로마에 가서 교회의 사정을 자세히 보고했더니, 교황은 무척 기뻐하며 손수 그를 축성해 전 독일의 주교로 임명했다. 때는 722년에 해당한다.

그후 그는 독일에 들어와서 이전처럼 활동을 계속하고, 영국으로부터 다시 선교사들을 초대해 그들에게 사제를 양성시키고, 또한 새로 교구를 2, 3개 더 증설해 이를 위탁할 주교를 교황의 허가를 얻어 정했다. 그러나 아직 수많은 이교도들은 여전히 그리스도교의 교리를 즐거이 받아들이기를 좋아하지 않았다. 그들은 참나무를 신목(神木)으로 삼고 그 밑에서 제사를 지내며 귀신을 섬기는 것이었다. 그러므로 보니파시오는 참나무를 넘어뜨릴 결심을 하고 스스로 이를 감행했다. 이교도들은 즉각 천벌이 내려 보니파시오가 당장 죽으리라고 생각했는데 그렇지 않고 아무 일도 일어나지 않았다. 그는 그 뒤 그 나무로 소성당을 지었다. 그 후부터는 그처럼 완고하던 주민도 미신을 믿던 신앙에서 각성해 앞을 다투어 세례를 받게 되었다. 이리하여 개종한 민중의 신앙을 견고케 하고, 또한 그들의 교육을 담당하기 위해 곳곳에 베네딕토회 수도원을 건설했다. 그중 가장 유명한 것은 프르다에 있는 것이다. 그는 종종 그곳에 머물면서 더욱 더 사업을 행할 힘을 얻기 위해 기도와 묵상에 몰두했다.

그는 여 교인들의 교육에도 힘을 쓰며 여자 수도원을 설립하고 영국에서 수녀들을 불렀다. 그들의 원장 성녀 리오바 동정은 보니파시오의 친척이었다.

732년, 교황은 보니파시오를 대주교로 서품하고 독일을 몇 개의 주교구로 나누기를 명했다. 그는 그 임무를 완수하기 전에 우선 교황의 강복과 의견을 묻기 위해 로마로 세 번째 여행을 했다. 그리고 돌아와서는 주교구 설정에 노력하고 많은 장애를 물리치며 그 실현에 성공했다.

그는 스스로 모든 감독을 했다. 대주교관은 마힌츠에 두었으나 노령에도 불구하고 그곳에 가서 휴양하는 일은 거의 없었다. 그는 모든 사무처리를 하고 나서 전에 그의 제자였던 루로를 후계자로 정하고, 자신은 다시 한번 프리스로 가서 그곳 사람들을 개종 시킬 것을 결심하고 수명의 동료와 더불어 그곳에 도착했다. 이번 전교는 대성공이었다. 그러나 그와 비례로 이교도들의 성화도 대단했다. 보니파시오는 그들을 설복시키기 위해 그들에게 갔을 때, 돌연 머리에 칼을 맞아 땅에 넘어지게 되었다. 그리고 나서 그곳에 같이 갔던 다른 사람들도 함께 습격 당해 50명 이상이나 순교자를 냈다.

보니파시오의 유해는 전부터의 소원대로 프르다에 운반되어 그곳에 안장되었다. 그는 오늘에 이르기까지 성스러운 순교자로서 아울러 독일의 보호자로서 공경을 받고 있다.

【 교 훈 】

성 보니파시오의 영혼 구원에 대한 열의는 실로 경탄할 바가 있다. 그는 이방인의 영혼을 구하기 위해 자기의 생명을 버렸다. 우리도 성 보니파시오처럼 타인의 영혼 구원을 위해 생명을 버리지는 못할지라도 자기 자신의 영혼 구원을 위해서만은 생명을 바치면서까지 해야겠다.

성 보니파시오 순교자
[St. Borifatius, M. 축일 8. 17.]

이 성인은 독일의 사도라고 불리는 성 보니파시오 대주교 순교자와는 달리 4세기에 로마에서 자라난 사람이다. 처음에는 성인다운 점이 없이 도리어 그리스도교 신자의 이름을 더럽힐 정도로 죄악의 생활을 보냈으나, 후에 용감히 순교함으로써 모든 것을 보속하고 성스러운 통회자 중의 한 사람으로 공경을 받게 되었다.

그의 청소년 시대에 대해서는 그다지 알려져 있지 않다. 그러나 장년 시절에는 재산가 아그라에 양의 회계를 맡아보며 주인의 신뢰와 총애를 한 몸에 받게 되었다. 그러던 중 그는 독신으로 있던 아그라에 양과 함께 죄를 범하고 돈을 가음껏 써가며 쾌락을 즐겼다. 그러한 보니파시오였지만 원래 자비심이 많았으므로 때론 주인의 승낙을 얻어 위탁받은 재산 중에서 불쌍한 사람들을 돕기도 하고 가난한 나그네들을 대접하기도 했다.

"자비를 베푸는 사람은 행복하다. 그들은 자비를 입을 것이다"(마태 5, 7). 하느님께서는 이 약속대로 자비를 베푸는 사람에게는 반드시 보답해 주신다. 그리하여 아그라에와 보니파시오에게 자기 죄악을 뉘우치는 은혜를 내려 주셨다. 아그라에는 어느 날, 동 로마 제국에서 이루어진 박해에 용감하게도 순교한 사람들의 이야기를 듣고 향락과 사치만을 일삼는 자신을 비교해 보며 점점 두려움과 통회의 정을 느끼게 되어, 보니파시오에게도 회개할 것을 권했으므로, 그도 같이 개과천선할 것을 결심하고 순교자의 유해를 보고 싶어하는 주인의 원의에 응해 이제까지 범한 죄의 보속으로 유해를 모셔 오기 위해 출발했다.

그는 여행 비용과 순교지의 신자들에게 자선하기 위해 필요한 돈을 타 주인과 작별하는 자리에서 농담으로 "사람의 운명은 어떻게 될런 지 모르는 일이라 내 자신이 순교해 백골이 되어 돌아올지도 모르는 거요." 하고 말하자 아그라에는 이를 엄히 나무랐지만, 두 사람 모두 이 말이 실현되리라고는 전혀 꿈에도 생각지 못했다.

보니파시오 일행은 긴 여행을 계속하면서 무사히 목적한 순교지인 소아시아에 도착해 성 바오로의 태생지 다르소에서 숙박했다. 그 곳은 박해가 가장 심한 지방으로서 보니파시오가 마을의 광장에 가 보니, 때마침 총독 심부리디오가 그리스도교 신자를 심문하고 참혹하게 고문을 하거나 혹은 사형에 처하는 것이었다. 보니파시오는 이러한 광경을 보고 신앙을 위해 생명을 바친 순교자의 용감성에 감격한 나머지 "그리스도교 신자에게 저런 용기를 베푸신 하느님께서는 찬미를 받을지어다!"라고 절규한 후 순교자들의 곁으로 달려가 그들을 묶은 쇠사슬에 입맞춤하고 한없는 위로와 격려를 보냈다.

　총독은 이를 보자 즉시 체포하게 하고 "그대는 어디서 온 자이며 이름은 무엇인가?" 하고 질문하니 보니파시오는 아무런 두려움없이 그리스도교 신자란 것을 명백히 하자 즉각 철봉으로 매를 맞고 갖은 형벌을 당하고 나서 드디어 참살 당해 영광의 순교자 반열에 들게 되었다.

　숙소에서는 같이 따라온 사람들이 아무리 그가 돌아오기를 기다려도 나타나지 않으므로 모두 찾으러 나갔으나 의외로 광장에서 그의 참혹한 시체를 발견하고 매우 놀라면서도 사람들에게 그의 순교의 전말을 듣고, 그렇다면 다른 거룩한 순교자의 유골을 구할 필요가 있을까 생각하고 보니파시오의 유해를 모시고 로마로 돌아왔다.

　아그라에는 딴 세상 사람이 된 보니파시오의 모습에 출발 때의 그가 한 말을 기억하면서 매우 큰 심적 타격을 받았으나, 한편으로 그 용감한 순교의 상황을 듣고서는 매우 기뻐하며 모든 예를 갖추어 그의 유해를 로마 부근의 자기 소유지에 안장하고, 후에 그 무덤 위에 한 성당을 건립케 하고 정성을 기울여 그의 명복을 위해 기도했다. 그리고 자신도 보니파시오 못지 않게 주님의 뜻에 맞는 자가 되기 위해 재산을 가난한 이에게 나누어 주고 여생을 자선과 고행으로 지내며 통회의 정을 항상 품고 있었다고 한다.

【 교 훈 】

　본래 죄라는 것은 보속 없이는 결코 용서되는 것이 아니다. 성 보니파시오는 전에 아그라에와 죄악의 생활을 계속했으나 일단 회개의 은혜를 받자 "선을 베풀어 죄를 면하시고 빈민을 구제하셔서 허물을 벗으시기 바랍니다"(다니 4. 24)는 다니엘서의 교훈에 따라 열심으로 속죄에 힘썼으므로, 죄의 용서를 받았을 뿐 아니라 순교의 영광을 얻고 성인으로 공경 받기까지 되었다. 우리도 자선 사업을 천국 가는 길로 생각하고 기회 있는대로 이를 실행해야 될 것이다.

성 볼프강 주교

[St. Wolfgan, E. 축일 10. 31.]

성 볼프강은 920년경 독일의 남방 스웨벤 귀족의 출신이다. 소년 시대는 당시 유명한 라이헤나우에 있는 베네딕토 수도원에 맡겨져 교육을 받았는데, 그 천부적 재능은 학업에 탁월한 진보를 도게 되어 선생까지도 혀를 찰 정도였다. 한편 신심에도 매우 열심하여 일찍이 주님의 성소를 깨닫고 몸을 바쳐 수도자 되기를 열망했다.

같은 수도원에는 교육을 받은 명문 출신의 자제가 많았지만, 그는 특히 웰츠부르크의 주교 포포의 동생인 헨리코와 드터운 친교를 맺고, 이 둘은 뜻을 같이하여 그 시에 있는 신학교에 들어갔다. 그런데 영성 지도 선생인 이탈리아인 스테파노는 볼프강의 재능이 탁월해 가끔 자기의 실력을 능가함을 시기해 그를 퇴학 처분하려 했다. 그러나 온순하고 인내심이 강한 그는 이 같은 비행을 말 한마디없이 꾹 참았다. 그러는 동안 트리르 대주교로 선임된 헨리코의 초청으로 그 시(市)에 있는 신학교에 영성 지도 신부가 되어 덕을 닦으며, 솔선수범하며 맡은 바 직무를 완수하고 학생들을 훌륭한 사제로 육성하는데 전심했다. 그러나 거기서도 종종 불쾌한 일이 있어 쓰라린 경험을 맛보게 되었다.

그의 뜻이 실현되어 스위스에 있는 베네딕토회인 아인지델른 수도원에 들어가게 된 것은 친우 헨리코 주교의 서거 후 얼마 안 되어서였다. 그는 겸손한 마음으로 신품 성사 받기를 진심으로 사양했으나 아우구스부르크의 주교 우달리코(울릭)의 명을 어길 수 없어 그의 손으로 서품되어 사제가 되었다.

곧 그는 하느님의 특별한 계시로 전교에 열망을 품고, 당시 남 독일에 침입한 헝가리 인들에게 복음을 전하기 위해 허락을 얻어 수명의 수사를 거느리고 그 지방으로 떠났다. 그러나 불행히도 여러 장애 때문에 전교 활동이 좋지 못했다. 그래서 헝가리를 떠나 그 국경선 지대인 독일의 파사우 시의 주교 필그림 밑에서 다시 전교의 준비에 착수했다.

그러자 필그림 주교는 그의 탁월한 인격과 학덕을 겸비한 출중한 인물됨을 알고, 당시 공석 중이던 레겐스부르크의 주교좌에 가장 적임자로 인정해 교황 요한 12세에게 주교로 추천했는데, 그 교구의 성직자, 신자들도 이를 매우 환영했으므로 사르츠부르크의 대주교 프리데리코의 집전 하에 주교로 축성되었다. 그는 처음 뜻하지 않은 일에 놀라 자기와 같은 사람은 그 중임을 감당하기에 부족하다고 백방으로 사양했으나 도저히 피할 길이 없어 마침내 승낙하고 말았다.

볼프강이 주교로 임명된 것이 하느님의 뜻이었다는 것이 차츰 명백하게 되었다. 그것은 당시 신앙이나 수덕에 대한 열의가 냉랭해지고 염증을 일으키는 사제, 수사, 수녀들이 그의 솔선수범과 적절한 훈계로 순식간에 그 폐풍에서 벗어나게 되고, 생각 이상의 쇄신 실적을 거두었고, 신자들은 더욱 신앙심이 깊어지고, 성당 건립이며 미신자 냉담자의 개종하는 수가 엄청나게 많았다는 것은 오로지 그의 힘에 기인된 것이다. 한편 그는 주교의 영직에 있으면서도 과거 수도원 시대의 검소하고 준엄한 고행의 생활에는 조금도 변함이 없었다. 또한 빈민, 병자에게는 아버지와 같은 애정으로 대하며 가난한 이들을 형제들이라고 부름을 습관으로 했다.

볼프강은 후일 독일 황제가 된 성 헨리코와 그 3형제를 교육할 책임을 맡았다. "나라를 성화 하려면 성스러운 군주가 필요한 것이다." 가끔 이런 말로써 그들을 격려했던 그는 과연 그 나라를 성화시킬 기회를 얻었다. 즉 그의 정성어린 교육을 받은 헨리코가 마침내 황제가 되자 주님의 뜻을 받들어 선정을 베풀어 관(官), 민(民) 할 것 없이 다 신앙에 열심했던 것이다. 따라서 볼프강의 성덕의 감화는 비단 레겐스부르크 뿐만 아니라 이 고귀한 제자를 통해 전 독일에까지 미쳤다.

그런데 헨리코가 즉위하자 그는 곧 세상을 떠나게 되었다. 여행 중 그는 오스트리아의 푸핑겐에서 병을 얻어 정성스럽게 성체를 영한 후 주님의 청빈을 본받는 뜻으로 맨땅에 누워 조용히 눈을 감았다. 때는 994년 10월 31일이었다. 그는 1052년에 레오 9세에 의해 시성되었다.

【 교 훈 】

성 볼프강이 뜻을 관철한 것은 주님의 뜻에 순종하는 것이었다. 이것 때문에 검손한 그는 뜻하지 않은 대 성업을 이룩한 것이다. "자기를 낮추는 자는 높여지리라." 하신 주님의 말씀은 여기에도 적중된 것이다. 우리도 그 겸손, 그 순명의 정신을 본받자.

성 브루노 사제

[St. Bruno, C. 축일 10. 6.]

카르투시오 수도회는 수도회 중에서 가장 엄격한 수도회이며 그 회의 창립자는 성 브루노다.

그는 1032년 유명한 하텐파우스가의 아들로 독일의 퀼른에서 태어났다. 양친은 귀족으로 그 아들을 교회에서 경영하는 구니베르토 학교에 보내고, 그 학교를 마친 후는 라임스에 보냈다. 브루노는 거기서 투르로, 투르에서 다시 1055년경에 퀼른으로 되돌아와서 학업을 마치고 사제로 서품되었고 다시 1056년에 라임스로 가서 신학 교수가 되었다. 다음 해에 그는 그 학교의 학장이 되어, 1074년까지 재직했다. 그가 가르친 제자 중에는 후에 유명한 인재가 된 사람이 많이 있다. 교황 우르바노 2세도 그의 제자 중의 한 사람으로, 그런 인사들은 항상 스승의 은덕을 잊지 않았고, 또 브루노도 그들로 인해 그의 이름이 널리 천하에 알려졌다. 그럼에도 브루노는 여전히 겸손하고 충실히 하느님을 섬기며 더욱 더 하느님과의 깊은 사랑의 정을 기울였다. 그에게 배운 이들은 그에 대해 다음과 같이 말하고 있다. "올바른 길의 안내자, 예지의 스승이며 자기가 하고자 하는 바를 타인에게 가르친다."

브루노가 교단에 선 지 이미 15, 6년 그의 교사로서의 명성과 영광은 더욱 빛날 뿐이었다. 그의 식견은 높고, 학생들에게 학문만을 가르칠 뿐 아니라, 그들로 하여금 교회에 충실하고 생활에 거룩하도록 인도해 주었다.

그러는 동안 브루노에게도 가혹한 시련의 손이 뻗쳤다. 당시 교회의 가장 통탄할 바는 부덕한 사람들이 세속의 왕후 또는 권력자에게 아부해 그 힘으로 교회의 높은 지위에 오르는 이가 적지 않았다는 것이다. 즉 성직 매매로써 라임스의 주교좌를 획득했던 자신의 대주교 마나세스도 그 중의 하나였다.

브루노는 이런 사실을 뼈아프게 느꼈고, 어느 집회 석상에서는 열정에 복받친 나머지 이를 통렬히 규탄하는 일장의 연설을 했다.

연설을 듣고 올바른 사람들은 통쾌하게 동감했으나, 그렇지 않고 양심에 가책을 받은 이들은 세속의 유력층과 결탁해 그를 배척하기 시작했다. 그래서 브루노는 수입의 길이 전부 끊겨 한때는 망명을 하지 않을 수 없게 되었는데 사(邪)는 정(正)을 이길 수 없는 법이라, 마나세스 대주교는 직책에서 사임했다. 이렇게 그의 훌륭한 정신이 인정되어 그를 규율과 풍기를 엄숙하고 바르게 하기(綱紀肅正) 위해 이 모든 일을 눈여겨본 라임스 교구민들이 그를 대주교로 임명하려 했다. 그러나 겸손된 브루노는 자기와 같은 재능이 없는 사람은 그 중책을 감당할 수 없다 하여 사양하고, 잠시 조용한 곳에 가서 앞길을 잘 묵상한 후 경건한 동료들과 같이 란굴에 가서 열심한 몰레메의 성 로베르토의 의견을 청했다.

로베르토 역시 고독을 즐기고 후에는 유명한 시토 수도회의 창립자가 된 사람인지라, 브루노에게 은수생활을 권유해 인기척이 없고 깊은 산림이 많은 그레노블 교구에 가서 그 주교에게 어느 곳이든지 적당한 장소를 정해줄 것을 청하라고 했다. 브루노는 그의 말대로 6명의 동료를 데리고 1084년에 그레노블에 도착했다. 당시의 주교 성 후고는 그들의 요청을 쾌히 승낙하고 적막한 알프스 산속의 샤르트르 유곡을 그들에게 내어 주었다. 그 지역을 답사(踏査)한 브루노는 한편으로는 놀라고 다른 한편으로는 기뻐했다. 그곳은 너무도 자기 이상과 부합된 지역이었기 때문이다.

그는 동료들과 힘을 합쳐 소성당(기도소)을 하나 지었다. 그리고 그 주위에 한 사람에 하나씩 초막을 지었다(개인 방). 이는 서로 장애가 안 되게 조용이 기도와 묵상을 할 수 있게 함이었다. 그리고 그들은 성 베네딕토의 규칙을 엄격히 준수했다. 이들이 곧 카르투시오회의 시작이다.

그들은 극도의 가난생활을 하기 위해 노동하고, 기도하며 성서를 베끼는 작업을 했으나, 그들의 규칙을 글로 쓰지는 않았다. 그리고 그들은 소성당에서 기도할 때와 식사할 때나 담소할 때에만 같이 모였고 그 외에는 각자가 공동생활 겸 은수생활을 했다.

브루노는 이런 생활로써 그의 여생을 보내려 했다. 그러나 5년 후 즉 1090년에 브루노의 의사와는 무관하게, 그는 교황 우르바노 2세에 의해 로마로 갔으며, 여기서 성직자들의 개혁을 담당하는 교황 고문관이 되었다.

브루노는 순명의 덕을 닦기 위해 할 수 없이 그 청에 응했다. 뒤에서 옷자락을 잡아당기는 듯한 서운한 심정으로 그곳을 떠났는데, 그 후 다시는 그곳을 방문할 기회를 얻지 못했다. 동료들의 가슴에는 슬픔이 벅찼었다. 그들은 브루노가 없는 샤르트르의 생활은 상상치도 못했던 것이다.

브루노는 로마에 도착한 지 얼마 안 되어 그곳을 떠나 조용한 곳에 가고자 교황께 간청했다. 교황도 겨우 그것을 허락했으나 그대신 그를 레지오의 대주교로 임명하려 했다. 그러나 브루노는 다시금 교황께 간청해 겨우 은수생활을 할 허락을 받고, 역시 제자 수명과 조용한 곳을 찾아서 샤르트르에서와 같이 소성당을 세우고 그 주위에 초막을 지어놓고 예전과 같이 엄격한 생활을 하며 몸을 단련하고 덕을 닦았다.

그는 샤르트르에 있는 제자들을 잊을 수 없어 가끔 편지를 보내 그들을 격려해 주었다. 그는 사람들에게 전혀 알려지지 않는 고독한 생활만을 원했으나, 숨은 성덕은 빛을 내는 법이라, 어느 날 사냥을 나온 영주(領主) 로겔 백작이 그를 발견해 그의 준엄한 생활을 보고 탄복하며 많은 선물을 주려 했다. 그러나 욕심이 없는 그는 아무것도 받지 않았다. 로겔 백작은 그 후로도 가끔 와서 그에게 좋은 의견을 들었는데, 그는 브루노를 존경한 나머지 억지로 전답을 기증해 그와 그의 동료 수도자들의 생계를 유지하도록 했다. 델 라 토레라는 이름으로 알려진 샤르트르 수도회는 이렇게 시작되었다. 그는 그곳에 성 마리아 수도원을 세우고, 운명할 때까지 거기서 엄격한 은수생활을 했다. 또한 그는 시편과 성 바오로의 편지들에 대한 주석을 썼다.

브루노는 죽음이 가까움을 알고 제자들을 모아 자기의 부족한 점을 사과하며 신경을 외우고, 1101년 10월 6일에 편안히 운명했다. 그의 유해는 소성당에 매장되었으며, 공적인 명예를 거부하는 카르투시오회의 규칙에 따라 공식적으로 시성식을 거행하지 않았고, 다만 레오 10세 교황이 1514년 그의 축일을 선포하는 것으로 끝났다.

【 교 훈 】
성 브루노와 같은 은수생활은 보통사람으로서는 불가능하다. 그러나 주일이나 기타 의무 축일은 지킬 수 있으며, 조용히 앉아서 자신의 신심생활 상태나, 죽음과 구원에 대해서는 묵상해 볼 수 있다. 우리는 이처럼 완덕을 향한 생활로써 주님께 좀 더 가까이 하는 생활을 해야겠다. 어렵고 힘들게 하는 고행 생활만이 위대한 것은 아니다. 작은 일에 최선을 다하고 올바른 지향으로 살아간다면 성 부르노의 은수 생활 못지 않게 뛰어날 수 있다.

성 블라시오 주교 순교자
[St. Blasius, E. et M. 축일 2. 3.]

성 블라시오는 아르메니아의 세바스테아에서 태어났다. 의학을 연구해 그 고향 부근에서는 명의(名醫)로 이름이 높았지만, 또한 덕망으로도 유명해, 특히 겸손과 정결과 가난한 이들에 대한 사랑이 열렬해 모든 이에게 존경을 받았다.

그가 사제가 되자마자 고향의 주교가 서거(逝去)했는데, 그때 모든 사제들과 신자들은 그가 주교가 되기를 원했다. 그것은 그가 다만 덕행으로 출중할 뿐 아니라 두려운 박해가 일어난 그 당시 교회의 지도자로서는 제일 적당했기 때문이다.

박해의 주모자는 갈릴레오 황제였다. 블라시오가 주교가 된 후 2년만에 황제는 중병에 걸려 임종이 가까웠다. 이렇게 되자, 황제는 사후가 두려워서 칙령을 내려 즉시 박해를 중지시켰고 오래지 않아 콘스탄티노 대제가 전쟁에 승리를 거두어 황제가 된 후는 박해를 금지했을 뿐 아니라 될 수 있는 대로 교회를 보호했다. 이 때 그리스도교 신자들의 즐거움은 대단한 것이었다.

그러나 콘스탄티노 대제의 친척으로 동쪽 나라를 다스리던 리디니오라는 사람이 있었는데 그는 참으로 악한 사람이었다. 그는 자기와 똑같이 간악한 아그리콜라우스라는 자를 아르메니아의 총독으로 임명했는데 이 남자는 리디니오의 환심을 사기 위해 다시 그리스도교 신자들을 학대하기 시작했다.

블라시오는 이 박해의 난을 피하기 위해 산속의 동굴에서 살기로 했다. 해발 4천 미터나 되는 곳이어서 연중 내내 눈이 덮여 그의 생활은 여간한 고생이 아니었다. 그러나 블라시오 주교는 여기에서 여러 가지로 신자들을 위해 온 힘을 다했다. 동시에 그는 엄격한 고행으로 덕행을 닦았다. 전승에 의하면 맹수도 성인 앞에서는 벌벌 떨며 점잖아졌다고 한다.

그의 순교는 하느님의 성의였을 것이다. 316년 어느 날, 아그리콜라우스는 사냥을 가서 미리 몰이꾼을 그 산으로 파견했다. 그때 그들은 의외로 동굴 속에서 기도를 바치고 있는 성인을 발견하고 무척 놀라며 이를 총독에게 알리니, 그가 즉시 끌어오라고 명령했다. 그러므로 몰이꾼들은 다시 산에 올라갔다. 블라시오는 계속 기도에 열중하고 있었다 그들이 "총독이 당신을 만나 보고자 합니다" 하고 말하니, 성인은 즉시 그 뜻을 알아채고 "좋습니다. 즉시 떠납시다. 나는 어젯밤에 이미 앞으로 있을 일을 모든 일을 꿈을 통해 보았습니다. 당신들은 참으로 기쁜 소식을 가져왔습니다" 하고 대답했다.

세바스테아까지의 길은 멀고 험했지만, 많은 신자들이 마중 나왔기 때문에 블라시오에게는 큰 위로가 되었다.

어머니들은 서로 앞을 다투어 가며 자기네 아이들을 위해 주교의 축복을 빌었으며, 그의 축복을 받고서 완쾌된 병자도 수명 있었다. 예컨대 어떤 어머니가 무척 귀여워하는 외아들이 목에 생선가시가 걸려 당장에 숨이 막혀 사경을 헤매자 성인께 눈물로써 애원하므로 성인은 그 아들의 목에 한 손을 대고 십자가를 그으니까 즉시 나아졌다고 한다. 전에 블라시오 축일에는 인후를 축성하는 예절이 있었는데, 이것은 목에 가시가 걸려 사경을 헤맨 한 소년을 기적적으로 치료한 사실에 근거하며, 이 예식에서 초 두 자루를 사용하는 것은 그 소년의 모친이 옥에 갇힌 그에게 초를 가져온 사실에서 유래한다고 전해온다.
  블라시오는 세바스테아에 도착하자 곧 총독 앞에 끌려나갔다. 총독이 일부러 친절하게도 "신들의 친구인 블라시오씨!"라고 외치자 주교는 아무 두려움 없이 "나는 신들의 친구가 아닙니다. 만약 그렇다면 영원히 지옥 불에 타버릴 것입니다" 하고 대답했다. 이것을 들은 총독은 대단히 분노해 성인을 매질하고 감옥에 가두었다. 그러나 블라시오는 태연히 한 마디도 말하지 않고 모든 고통을 감수했던 것이다.
  이튿날 그는 재차 총독 앞에 끌려나왔다. 총독은 "신들을 숭배할 것인가, 그렇지 않으면 형벌과 고문을 당할 것인가? 둘 중의 하나를 선택하라."고 위협했지만, 주교는 "각하가 말씀하시는 신들은 목석이나 금과 철로 만든 것입니다. 나는 그러한 것을 숭배할 수 없습니다. 내 처사가 비위에 거슬린다면 얼마든지 나를 고생시키고 생명을 빼앗아 주십시오. 그러면 나는 영원한 생명을 얻을 수 있기에 전혀 두렵지 않고 오히려 행복하겠습니다" 하고 태연자약하게 대답했다. 총독은 다시 한 번 대노하여 형리에게 명해 그를 기둥에 잡아매고 철갈퀴로 그의 살덩이를 찢어냈지만 성인은 용감히 참아받으며 "이러한 고통은 이미 오래 전부터 원하고 있었습니다. 이제야 천국이 다가왔습니다. 지상의 모든 것은 무서워할 것이 하나도 없습니다" 하고 소리치므로 총독은 도리어 부끄러워하며 그를 참수형(斬首刑)에 처하라고 명령하고 일단 감옥에 다시 가두었다.
  감옥으로 가던 중 신자인 어느 부인이 일곱 사람과 같이 성인을 기다리고 있다가 그의 상처에서 흐르는 피를 손수건에 받고 각기 자기의 이마에 바르며 블라시오의 굳은 신앙을 본받으려고 했다. 물론 그들은 그 자리에서 체포되고 법관 앞에 끌려나가 신들에게 제물 바치는 것을 거절했기 때문에 목을 잘려 순교했다.
  블라시오는 다시 한 번 법정에 호출되었다. 그러나 끝가지 신앙을 지켜 나가면서 "예수 그리스도는 우리의 주인이십니다. 주님께서는 육신을 죽이는 자를 겁내지 말라고 말씀하셨습니다" 하고 말한 뒤 앞서 순교했던 한 부인의 두 아들과 같이 참살되었다.

【교 훈】

성 블라시오는 본문에서 본 바와 같이 아이의 목에 대한 기적을 나타냈기 때문에 목 병의 전구자로 공경을 받고 있다. 어떤 나라에서는 그 축일에 사제의 손으로 블라시오의 축복을 베푸는 곳도 있다. 그 방법은 사제가 두 개의 초를 십자모양으로 만들어 병자의 목에 대고 한 손으로 강복을 주면서 "청하오니 성 블라시오 주교 순교자의 전구로 주님께서 당신의 목과 기타 재앙에서 구해 주시기를 성부와 성자와 성령의 이름으로 빕니다. 아-멘" 하고 외운다. 우리도 성인에게 열심히 전구를 구하자.

성녀 비르지타 혹은 브리지타 창설자
[Sta. Birgitta or Bridget, Vid. 축일 7. 23.]

스웨덴 업랜드의 총독이며 부유한 지주인 비르겔 페르손과 그의 두 번째 부인인 잉그보르그 벤츠도터의 딸인 비르지타는 1303년 7월 14일에 다섯째 딸로 태어났다. 그녀는 다른 자녀들보다 경건해 처음부터 환시를 여러 번 체험했고 성모께서 그녀에게 발현하시는 특은도 받았다. 열 살 때에 또 성모께서 발현하시어 그녀의 머리 위에 뒷날의 사명의 표지(標識)로 광채 찬란한 관을 씌워 주시었다.

131년 사순시기 때, 즉 비르지타가 열 한 살 되던 해, 예수 수난에 대한 강론을 듣고 깊이 감동해 밤새도록 생각에 잠겨있을 때, 처음에는 눈부시게 찬란한 광채가 보이고 이어서 십자가에 못 박혀 피투성이가 되신 예수께서 나타나셨다. 비르지타는 마음이 아파서 "예수님 당신을 이토록 만든 자는 누구입니까?" 하고 물으니 예수께서는 "나를 경멸하는 사람, 내 사랑을 잊는 사람"이라고 대답하셨다 한다. 그때부터 비르지타는 주로 예수 수난에 대해 묵상했다.

그 해 신앙심이 깊었던 어머니 잉그보르그가 세상을 떠나자, 비르지타는 언니와 같이 큰 어머니 댁인 아스펜나스에 가 있게 되었다. 큰 어머니는 이 두 아이에 대해 특히 우의하며 교육을 시켰고, 더욱이 비르지타는 하느님과의 밀접한 관계가 있음을 눈치채고 더욱 조심히 가르쳤다. 그럼에도 그 아버지 비르겔은 비르지타의 적당한 배우자를 물색하고 있었다. 그녀는 겨우 14세 때에 울포라는 귀족 청년에게서 구혼을 받았다. 비르지타는 매우 슬퍼했고 결혼하는 것보다는 차라리 죽음을 택하려 했으나 순명하는 마음으로 하는 수 없이 승낙했다.

남편이 된 울포는 아직 어리지만 성스러운 아내에게 합당한 훌륭한 인물이었다. 그는 아내를 깊이 존경하고 그 성덕을 본받으려 노력했다. 그들은 다 같이 프란치스코 제3회에 들어가 서로 격려하며 경건한 생활을 했다. 그 동안 울포는 어떤 주(州)의 총독이 되어 자신을 돌볼 새 없이 백성들을 위해 일하고 정의의 선정을 베풀었다. 그런 환경에서는 그때 상류 사회의 풍속대로 비르지타도 나서서 손님을 만찬에 초대하지 않으면 안 되었으나, 일단 그 일이 끝나면 자기 방에 돌아와 교회를 위한 일 또는 빈민 구제를 위한 일에 열중했다. 그리고 줄곧 성인전이나 교부들의 서적 특히 성 그레고리오의 서적을 탐독했다.

비르지타에게는 여덟 명의 자녀가 있었는데, 그 중 마르타라는 딸과 가롤로라는 아들은 항상 그의 걱정거리였다. 마르타는 허영심이 많아 쾌락을 즐겼고, 가롤로는 의지 박약한 성격에다 방탕에 흘렀다. 그러나 경건한 어머니의 눈물과 기도는 마침내 승리를 거두어 가롤로는 저 멀리 나폴리에서 자기가 범한 모든 죄를 진실히 통회하고 세상을 떠났다.

스웨덴 국왕 마뉴스 2세는 어려서 왕비 나무르의 블랑슈를 맞이하고 비르지타를 그녀의 으뜸 시녀로 세워 내실을 전부 도맡아 다스리도록 했다. 처음에 비르지타는 이를 사양했으나 끝내 거절치 못하고 결국 승낙했다. 그녀는 궁중의 모든 일을 현명하고 두터운 애정으로 처리했다. 이처럼 그녀는 모든 이에게 성덕의 표양을 보여 궁중에 있는 사람들은 그녀를 존경했다. 그리고 그녀가 번쩍이는 비단옷 밑에 거친 옷을 입고 엄격한 재를 지키며, 때로는 철야 기도로 밤을 새우는 것을 알고는 더욱 더 존경하게 되었다.

유감스러운 것은 아직 사리를 제대로 분별하지 못하는 국왕과 왕비가 호화스럽고 사치로운 생활에만 정신이 팔려 비르지타의 성스러운 생활에는 조금도 감동되는 기색이 없었다. 비르지타는 간해도 들어 줄 것 같지 않아,

휴가를 청해 남편과 함께 콤포스텔라로 순례의 길을 떠났다.
　순례 도중 울포는 아라스라는 곳에서 큰 병에 걸렸다. 그는 병이 완쾌되면 수도원에 들어가겠다는 서원을 했다. 하느님의 섭리로 울포의 병은 완쾌되어 그는 하느님께 드린 서원대로 비르지타의 동의를 얻어 프란치스코회에 들어가 평수사가 되었고 열심히 수도 생활 하다가 다시 중병에 걸려 훌륭한 최후로 일생을 가쳤다.
　뜻하지 않게 과부가 된 비르지타는 알바스트라 수녀원 원장의 승낙을 얻어 수녀원 부속 건물을 한 칸 빌려, 그곳에서 지상의 생활이라기보다 오히려 천상 생활이라 할 수 있는 엄격한 고신 극기의 나날을 보냈다. 그동안 마뉴스 왕은 절제 없는 호화스러운 생활로 가산을 탕진하고 궁핍해졌는데 다시 비르지타가 궁으로 들어와 주길 청하므로, 그녀는 궁중에 다시 들어가 우선 사치스러운 생활을 청산하고 착실한 생활을 택하도록 정성어린 간언을 했다. 그러나 왕은 그 간언을 받아들이지 않을 뿐 아니라 궁중에 있는 사람들까지 그녀를 도욕하는 것이었다. 그것은 그녀의 간언이나 그녀의 성스러운 생활 태도가 안일함만을 찾는 그들에게는 눈에 티와 같이 보였기 때문이다. 비르지타는 모든 것을 달갑게 참아 받았다. 그러나 자기 권고가 무익됨을 알고는 오래지 않아 스웨덴에 큰 재화가 미칠 것을 예언하고 다시 알바스트라의 수도원으로 돌아왔다.
　당시 역대의 교황은 어떤 사정에 의하여 로마가 아닌 프랑스의 아비뇽에 계실 때였다. 그것을 유감되이 생각한 비르지타는 하느님의 계시를 받고 교황께 서한을 보내어 로마로 귀환할 것을 청했다. 그녀는 재위 연한이 짧아 세 분의 교황께 각각 그것을 권했던 것이다. 한편, 시에나의 성녀 가타리나도 역시 같은 청을 해 가침내 교황은 로마로 귀환케 되었는데 그때는 이미 비르지타가 세상을 떠난 뒤였다.
　그녀는 수많은 환시과 계시를 받았는데 고해 신부는 그녀의 모든 환시가 올바르다고 보증해 주었다. 그녀는 이러한 계시에 따라 1344년에 바드스테나에 수도원을 세웠는데 이것이 성삼회(비르지타회)의 시작이었다. 마뉴스 왕이 필요한 물자를 원조했고, 교황 그레고리오 11세는 그 수도원을 인가했다.
　1350년은 교황께서 은사를 공포한 해이다. 비르지타는 은사를 얻기 위해 꼭 로마를 순례하고 싶은 충동을 받았으나, 왜 그런지 쉽사리 떠나게 되지 않았다. 아마 장거리 여행을 하면 다시는 스웨덴을 볼 수 없을 것같이 느꼈기 때문이었으리라.

그러나 그녀는 후에 로마로 갔고, 거기서 17년을 지내는 동안 그녀의 성덕으로 모든 사람들의 탄복을 샀다. 그리고 로마에 있는 동안 스웨덴을 위해 여러 가지 배려를 베풀었다. 그녀의 아들, 딸들도 어머니를 찾아 로마로 왔는데 이들 중의 하나가 스웨덴의 성녀 가타리나이다.

비르지타는 예수께서 생활하시던 곳과 돌아가신 곳을 보고 싶은 열망을 억제할 수 없어 팔레스티나 순례를 떠났다. 도중에서 여러 가지 어려움을 겪으면서 겨우 성지에 도착해 감동된 마음으로 거룩한 장소들을 빠짐없이 참배했다. 그러나 성모께서 발현하셔서 돌아가라고 명령하셨으므로, 즉시 길을 떠나 돌아오는 도중 병에 걸려 고생하다가 가까스로 로마에 도착할 수 있었는데, 때는 1373년 사순시기 무렵이었다.

비르지타는 2, 3개월 더 살았는데 이 짧은 기간에도 여러 가지 유혹이 일어나 깊은 우울증에 시달렸다. 이것은 그녀에게 있어 하느님께서 내리신 마지막 시련이었다.

7월 23일 아침, 성녀는 고복을 입고 판자 위에 누워 그녀의 병실에서 거행된 미사에서 노자성체를 영하고 감사하는 마음에서 미사 한 대에 더 참여해, 거양성체 때 소리를 높여 "주님! 제 영혼을 당신 손에 맡깁니다" 하고는 조용히 숨을 거두었다.

그녀의 유해는 클라라 수녀회의 성당에 매장되었다가, 1년 후 스웨덴의 바드스테나 수도원 성당에 안치되었다. 그녀의 유해에서는 수많은 기적이 일어났으며, 1391년에 그녀는 시성의 영광을 받았다.

【 교 훈 】

성녀 비르지타와 같이 예수의 수난을 자주 묵상해야 할 것이다. 주님의 수난을 묵상하는 것만큼 죄를 피하기에 좋은 방도는 없다.

성녀 비비아나 동정 순교자
[Sta. Bibiana, V. M. 축일 12. 2.]

성녀 비비아나는 로마의 명문의 딸로 태어났고 양친은 모두 덕망이 높은 인물이었다.

율리아노 황제의 교회 박해를 반대한 고관인 그녀의 아버지는 황제의 노여움을 받아 귀양을 가 그곳에서 세상을 떠났으며, 어머니 다프로사 역시 체포되어 자택에 감금되었고, 음식을 주지 않아 거의 아사 상태에 놓인 무렵, 결말을 서둘고 있던 관졸들의 손에 목을 베여 순교의 꽃으로 하느님께 바쳤다. 그의 남은 재산은 황제가 전부 몰수했으니 가련하게도 비비아나 자매는 단 시일 내에 가난의 구렁에 빠지고 말았다. 율리아노 황제는 그것만으로 만족치 못하고 그들에게 배교를 강요하는 한편, 온갖 짓으로 괴롭히며 마침내 결박하여 감금시키고 여러 날 동안 아무런 음식도 주지 않았다. 그 후 두 자매는 법관 앞에 끌려나갔으나 기이하게도 그들은 조금도 여윈 기색이 없이 도리어 얼굴빛이 꽃같이 아름다웠다 한다.

두 자매는 신앙을 버리도록 고문당했다. 신앙이 반석 같은 그들은 이를 즉시 거절하자, 그리스도교를 버리면 모든 재산을 반환하겠다는 감언이설로 꾀었다. 그것도 거절하니, 이번에는 무서운 사형에 처한다는 말로 위협했다. 비비아나 자매는 순교한 부모를 따라 끝내 신앙을 지킬 것을 선언하고 죽음도 불사할 것을 단언했다.

이 심문이 끝나자 비비아나의 동생인 데메트리아는 기아로 인한 허약한 몸에 참혹한 고문을 못 이겨 다시 일어나지 못하고 세상을 뜨고 말았다.

비비아나만이 남았다. 법관은 그녀를 루피나라는 추잡한 여자에게 보냈다. 그 여자의 유혹으로 동정인 비비아나의 정조를 깨뜨리게 하고 나중에 배교하도록 유인하려는 것이었다. 그러나 비비아나는 이 같은 술책에 넘어가지 않고 한결같이 정도에서 벗어나지 않았다. 여기에 다시 더 어찌할 방도를 찾지 못한 법관은 마침내 사형을 선고하고 말았다.

처형 방법은 납덩어리가 달린 줄을 사용해 숨이 끊어지는 순간까지 때리는 가혹한 형벌이었다.

비비아나는 그 선고를 받자 얼굴에 희색을 띄우고 끝까지 그 형벌을 잘 참아 훌륭한 최후를 마쳤다. 때는 302년이었다.

【교 훈】

성녀 비비아나와 동생 데메트리아는 죽기까지 신앙을 잘 보존했다. 이렇게 되기까지에는 먼저 그 부모가 훌륭한 선교로 모범을 보여준 데 힘을 얻은 것이며, 또 그 양친이 하느님 대전에 나가 인내의 은총을 얻어내려 주었기 때문이다. 부모 된 이는 자기 행실의 중요성을 이 성녀의 예로써 깊이 깨달아야 한다. 말로 자녀들을 훈계함도 필요하지만 보다 중요한 것은 몸소 실천함으로써 자녀들에게 모범을 보여 주는 일이다.

성 비오 5세 교황

[St. Pius V, Pap. 축일 4. 30.]

독일의 세페르트 및 레프레르 두 박사의 편찬으로 되어 있는 교황사(敎皇史)에는 제1대 교황 성 베드로부터 제259대 교황 비오 11세까지의 초상화가 있는데, 그 중엔 화려한 교황의 의장을 갖춘 모상이 있기 있는가 하면 오른손을 들어 강복을 주는 모상도 있고, 독서와, 집필과, 설교하는 모상 등 여러 가지로 되어있으나, 지금 말하려고 하는 성 비오 5세 교황은 무릎 꿇고 기도하는 모습으로 그려져 있다. 이는 실로 그 교황의 성품을 그대로 표현한 초상화라 하겠다. 그 이유는 그가 당신의 로마 시민에게 "비오 5세처럼 경건한 교황은 지금까지 본 일이 없다"는 말을 듣기도 하고, 또한 그리스도교 제국을 침공해 온 회교의 왕 세림 2세에게 "나는 모든 그리스도교국의 무력에는 꿈짝도 안 하는데, 다만 저 교황의 기도의 힘에는 두려워하지 않을 수 없다"는 평을 들을 정도로 신앙이 깊고 열심한 성인이었기 때문이다. 그 후부터 오늘에 이르기까지 4백여 년이 경과되는 동안 학식과 덕망에 뛰어난 교황이 적지 않았으나 성인품에 오른 교황은 최근의 성 비오 10세를 제외하고는 만나볼 수 없다.

교황 비오 5세는 1504년 1월 17일 북쪽 이탈리아의 알렉산드리아 보스코 마렌고에 있는 기슬리에리 가문에서 태어났다. 그는 귀족의 후손인데, 원래 이름은 안토니오 미카엘 기슬리에리였다. 어려서부터 이미 수도 생활을 동경해 부근의 도미니코회 수도원에서 교육을 받고, 14세에 그 수도회에 입회해 더욱 면학에 노력하는 동시에 기도 고행 등 신심행사에도 더욱 주력했다.

1528년 제노바에서 사제가 된 후 여러 곳에서 철학과 신학을 강의했다. 1550년에는 코모의 종교 재판관으로 임명되었는데 코모는 스위스 국경 근처여서 이단자들이 많았다. 그는 이후 종교 재판에 상당히 관여했고, 1556년에는 교황 바오로 4세에게 그 재능을 인정받아 네피와 수트리의 주교로 임명되었다. 1557년에는 추기경이 되어 로마 교회의 이름 난 종교 재판관이 되었고 그후 교황 비오 4세가 서거하자 본인의 의사와는 상관없이 다수 표를 얻었고, 특히 가롤로 보로메오 추기경의 지지를 받아 교황으로 선출되었다.

교황의 높은 지위에 올라서도 그는 조금도 수도자로서의 기도와 고행의 생활을 버리지 않았다. 그 뿐 아니라 종래의 호화스럽던 교황의 의식주를 되도록 간단하고 검소하게 하여 교황청을 방문하는 자는 마치 수도원과 같은 느낌을 받았다고 한다. 게다가 그가 교황에 선출되자 시민들은 전래대로 성대한 교황 취임식이 있으리라 기대했으나 시일이 경과해도 아무런 소식이 없이 다만, 취임식은 중지하고 그 경비는 모두 빈민 구제 및 경영이 곤란한 수도원 원조에 기부되었다는 소식이 전해졌을 뿐이었다. 시민들은 모두 새 교황의 자선 박애의 정신에 감탄했다 한다. 그 외에도 비오 5세는 교황 복장을 새로 맞추지 않고 전대부터 전해 내려오는 것으로 만족하며 때로는 모자나 신발 없이 맨발로 로마의 성당을 순례했다고 한다.

비오 5세의 등극(登極)은 마침 트리엔트 공의회의 직후였다. 그래서 그는 수많은 주교들과 신학 박사들이 그 회의에서 결정한 것을 세밀히 실행하도록 하고, 종교 개혁의 미명하에 전 유럽의 종교계를 혼란 속에 빠지게 한 신교에 대항하기 위해 우선 1566년에 교리서를 편찬해 완성했고, 1567년에는 이를 각국 각지에 배부하는 등 온갖 방법으로서 참된 그리스도교의 쇄신과 혁신의 실적을 올려, 교황청으로부터 주교, 다음은 사제, 수도자, 마지막 평신도까지 순서대로 점차 신앙생활의 향상을 도모했다. 그는 조금이라도 악이라 불리는 것에 대해서는 단호히 배격했다. 주일에 노동하는 자는 주일을 모독하는 자로 단호히 배격하고, 독성, 모독 등의 대죄에 대해서는 추상과 같이 엄벌을 가했다. 비오 5세는 인간을 천사처럼 취급하고 그의 연약함을 돌보지 않았다는 비난이 있었던 것도 실로 이 같은 점에 기인되는 것이다.

르네상스 시대의 그의 선임자들인 교황들에게는 누구나 다소 친척을 등용하는 악폐가 있었으나 그는 이 점에 대해서 깊이 경계했다. 하루는 그의 시종 들던 사람이 "성하께서는 이제 더러 친척 되는 사람들을 등용하면 어떻겠습니까?" 하고 권하니까 그는 정장을 하고 나서 엄연히 "하느님께서 나에게 베드로의 성좌를 주신 것은 골육을 위한 것이 아니라 전교회를 위한 것이다" 하고 대답했다고 한다.

비오 5세의 치하에서 가장 큰 사건이라 하면 회교의 왕 세림 2세가 대군을 거느리고 이탈리아와 그 외 그리스도교의 여러 나라를 침범해 온 사실일 것이다. 용감무쌍한 터키 군 앞에서 어떠한 나라든 대항하는 나라가 없이 전 유럽은 그들에게 전율을 금치 못했다. 그러나 비오 5세는 묵주 기도를 친히 바치기도 하고, 전 신자들에게도 묵주 기도를 바치도록 했다. 적군을 레반토에서 맞아 싸우게 된 오스트리아의 태자 돈 요한은 1571년 10월 7일 성모의 도우심으로 기적적인 대승리를 거두었다. 지금도 그 날을 묵주 기도의 복되신 동정 마리아 기념일로 되어있는 것은 그때의 성모의 은혜를 기억하고 감사하기 위한 것이다

그는 주교들의 정주를 강조해 장기 출타 시에는 사목직과 성직록을 박탈하기도 했고, 신학교를 세우고 지방 종교 회의를 열었으며 성직자들의 회의를 독려했다. 그는 전례 갱신에도 노력해 두 가지의 큰 업적을 남겼다. 1568년에 로마 성무 일도와 1570년에 로마 미사 경본을 만들었다. 그리고 그는 1567년 성 토마스 데 아퀴노를 교회의 박사로 공포하고 1570년 성인의 전집 17권을 출판해 불가타 성서의 새 출판을 계획했다.

그의 재임 기간은 주로 프로테스탄트와 싸웠다고 해도 과언이 아니었으니, 1570년 2월 25일에는 영국의 여왕 엘리사벳 1세를 '천상의 통치'라는 칙서로 파문했다. 또한 그는 그리스도교 수도회의 일치를 도모했으며, 그리스

도교 국가들의 동맹을 호소한 인물이기도 하다.

그는 1572년 봄에 병을 얻어 5월 1일 고요히 세상을 떠났다. 로마 시민은 그가 너무나 엄격한 인물이라는 소문 때문에 처음에는 그의 등극을 좋아하지 않았으나, 그의 부음을 듣고서는 성인을 잃었다며 진심으로 슬퍼했다.

그는 1672년 5월 10일 클레멘스 10세에 의해 시복되었고, 1712년 5월 22일 클레멘스 11세에 의해 시성되었다.

【교 훈】

비오 5세 교황이 교회 내부의 쇄신과 이단 박멸에 성공한 것은 주로 그의 열심한 기도와 좋은 표양 덕분이라 하겠다. 우리도 남을 잘 가르치려면 먼저 자신을 반성하며 그릇된 점이 없는가 재삼 숙고해야 한다. 그렇지 않으면 남의 허물만을 책한다는 비난을 면치 못할 것이다.

성 비오 10세 교황

[St. Pius X, Pap. 축일 8. 21.]

교황이 되기 위해서는 가문이나 재산이 필요한 것이 아니다. 다만 신학적 학식이 충분하며 경험과 덕행이 겸비한 이라면 누구나 다 될 수 있는 것이다. 교회의 뜻이 그렇고, 교황 비오 10세는 그 좋은 한 예이다.

비오 10세는 북 이탈리아의 트레비스 교외 리에세라는 조그마한 마을에서 태어났다. 그의 아버지는 구두 수선 및 우편 배달부로 후에 우체국 국장이 된 사르토였다. 비오 10세는 10남매 중 장남으로 그의 이름은 조세페(요셉) 멜키오레 사르토였다. 어려서부터 영혼 구원을 위해 일하고자 카스테르 프란코에 있는 어떤 중학교에 다녔으나, 이것도 가정 형편으로 인해 어떤 때는 맨발로써 통학하지 않으면 안 되었다. 그의 부모에게는 아직 교육시켜야 할 자녀가 수명이나 있었으므로, 요셉이 신부가 되기 위해서는 신학교에서의 장학생으로 보낼 수밖에 없었고 마침 그의 성적이 우수했기 때문에 그는 1850년 파두아 신학교에 들어가 학업을 마칠 수가 있었다.

그가 1858년 9월 18일에 사제로 서품되어 신부로서 첫 미사를 지냈을 때 그의 어머니 마르가리타 사르토의 기쁨은 이루 말할 수 없었다. 그가 요셉을 위해 겪은 수고는 결코 헛된 것이 아니었다. 그는 보좌 신부로서 톰볼로라는 시골에 부임했는데, 그곳에서 어린아이들에게 대해 자비로운 아버지나 은사와도 같이 일을 했다. 그것은 그곳의 대부분의 아동들은 전혀 글을 읽지 못했기 때문이었다. "신부께 인사는 어떻게 해야 되겠습니까?" 하고 질문하는 사람들에게 "이곳에서는 툭 하면 욕하는 말로써 인사를 하는데, 그것만은 제발 그만 두시오. 그것이야말로 내게는 가장 고마운 일입니다." 하고 대답했다.

그의 본당 신부는 이미 연로하고 병약한 분이었으나, 그는 9년간 그의 밑에서 보좌로서의 역할을 충실히 했다. 그리하여 자연히 그의 위대한 능력은 인정되어 살차노 본당의 주임 사제가 되었다. 살차노 본당 교우들은 그가 별로 이렇다 할 가문의 출신이 아니라 하여 신통히 대접하지 않았다. 그런데, 그의 재능 및 그가 모든 사람들 특히 가난한 이들에게 베푼 사랑과 희생과 협조는 곧 지방민의 인심을 사게 되어, 9년 후 그가 트레비소 대신학교에 고문 겸 교수로 임명되었을 때는 애석히 여기지 않는 사람이 하나도 없을 정도였다. 그는 1875년 11월에 트레비소 대신학교의 영성 지도 신부와 교구의 상서국장을 지냈다. 그가 대신학교에서 교수로 9년간을 지내자 레오 13세는 그를 1884년에 만토바의 주교로 임명했다. 그리하여 그는 여러 계층의 사람들을 만나 교구를 활성화시켰고, 그로부터 9년 후인 1893년에는 베네치아의 총주교 겸 추기경이 되었다. 그때 그는 이러한 직을 사양하려 했으나, 란포라 추기경에게 "이미 그러한 직을 사양한 사람이 한 분 있으므로 다시 그런 일이 생기면 교황께서는 크게 마음 상할 것"이라는 주의를 받고 온순히 교황의 뜻을 따랐다. 그는 그때부터 대교구 중의 하나인 자기 교구의 개혁을 위해 끊임없이 노력을 기울였으며, 인심 수습을 위해 노력했고, 과거에 반목되어 있던 정부와도 타협을 하게 되었다. 그가 가장 중요시 한 것은 빈민들이었다. 그는 자기 필수품까지 전부 빈민에게 나누어 주었으므로 어떤 때는 생활에 곤란을 느낄 때가 많았다.

1903년 레오 13세의 서거로 사르토 추기경도 교황 선거를 하기 위해 로마에 상경하게 되었다. 그는 선거 후 곧 돌아갈 줄 알고 왕복차표를 마련했다. 그러나 돌아갈 차표는 필요치 않게 되었다. 그 이유는 압도적 다수표로 새로운 교황이 당선되었기 때문이다. 교황으로서의 이름은 그 전대의 교황 비오의 이름을 따서 그는 비오 10세가 되었다.

4억 인의 세계 신자들을 인솔하여 과학의 진보와 더불어 유물론이며 기타 불신, 부도덕적인 세상에 대처해 나아감은 결코 용이한 일이 아니었다. 비오 10세의 특기할 만한 사적 중에는 신앙을 견고히 하기 위한 운동과, 신자의 영신적 양식이 되는 성체를 자주 또한 정당히 영하기 위한 회칙을 반포한 것이다. 이러한 법칙 변경으로 인해 수백 만 명의 신자들이 세상에서 혹은 천국에 들어가서 그에게 감사할 것이다. 비오 10세는 전임 교황과는 전혀 다른 타입의 인물이었다. 비정치적이고 내면적이며 경건하고 종교적인 성격의 소유자였다. 교황좌에 오른 후 발표한 첫 번째 칙서 "E Supremi Apostolatus"(10월 4일)는 추기경단에 한 훈시와 더불어 비오 10세의 사목 방향을 제시한 것으로 평가되고 있다. 하느님으로부터의 이탈과 배교가 어느 시대보다도 심하게 일어나는 시대임을 강조한 교황은 모든 것을 그리스도 안에 회복시켜 그리스도가 모든 것 안에서 모든 것이 되게 하자고 호소했다.

그는 교회법 개정을 착수했고, 불가타 성서 개역 위원회를 만들었으며, 시편과 성무 일도서 개정을 명했다. 특히 그는 성체를 자주 영하도록 권장했다. 그의 재임 기간은 "모더니즘"과의 투쟁이 많았고, 1910년에는 프랑스 사회 운동인 "실롱"을 단죄했다.

그의 만년인 1914년 8월 2일에 돌연 세계대전이 폭발했다. 그는 평화의 의복을 위해 전력했으나 결국 허사였다. 그리고 그로부터 3주일이 지난 1914년 8월 20일을 일기로 그는 영원히 세상을 하직했다.

교황이 서거하자 전세계는 겸손하고 결심한 고황의 죽음을 애도했다. 추기경단의 요청으로 엄격한 시복 시성 조사를 한 후 그분으로부터 3대의 후계자인 비오 12세에 의해 1951년 6월 3일에 베드로 대성전에서 시복되었고, 1954년 5월 29일에는 역시 같은 장소에서 시성되었는데, 이는 1712년 비오 5세가 시성된 후 처음으로 시성된 교황이다.

【 교 훈 】

　교황이라 하여 무조건 시복, 시성되는 것은 아니다. 빈민 출신으로 그러한 고위에 있으면서 빈민을 위해 도움을 아끼지 않았음은 실로 근대에 있어 놀라운 사실이다. 만일 우리도 그러한 정신에서 움직인다면 현 사회는 더욱 명랑해질 것이다. 우리는 누구를 막론하고 그분의 덕망을 본받아야 할 것이다.

성 비토, 성 모데스토, 성녀 크레셴시아 순교자
[Sts. Vitus, Modestus et Crescentia, MM. 축일 6. 15.]

　성 비토, 그의 유모 성녀 크레셴시아와 그녀의 남편 성 모데스토에 대해서는 역사에 전해 내려오는 기록이 매우 적으나 그들에게 대한 공경은 중세기부터 상당히 행해진 것인데, 그 중에서도 소년 비토는 14인의 구난성인(救難聖人) 중의 한 분이시다.

　그들은 4세기 말경, 디오클레시아노 황제가 그리스도교도에 대해 로마 제국의 마지막 박해를 행한 시기의 사람이었고, 비토의 태생지는 시칠리아 섬이었다. 그의 아버지는 히라스로 우상교를 신봉하고 있었으나 유모인 크레셴시아와 그녀의 남편 모데스토는 열심한 그리스도교 신자면서 친절 유화한 정직한 사람이었으므로 비토는 어린 마음에도 깊이 느끼는 바가 있어 스스로 원해 그들의 손에 남몰래 거룩한 세례를 받았던 것이다.

　비토는 유모 부부와 합심해 열심히 그리스도교를 신봉했는데, 산 위에 세워진 마을이 숨겨질 수 없듯이, 그의 마음씨나 행위는 특별히 눈에 띄게 되어, 결국 자식이 그리스도교에 들어갔다는 것을 알게 된 히라스는 열화(烈火)와 같이 대노해 기필코 조상의 종교로 돌아오도록 하고자 어떤 때는 감언이설로 꾀고, 또 어떤 때는 괴롭히기도 하는 등 갖은 수법을 이용해 배교를 강요했다. 그러나 한 번 뜨거운 진리의 빛을 받은 이상 결코 암담한 이교의 암흑으로 다시 돌아갈 수 없었다. 그러므로 비토가 정성을 다 들여 배교의 불가능한 이유를 말하니, 아버지는 점점 분노하며 "부모에게 말대답을 하는 불효 자식, 그러한 불효의 처지에서는 부모도 아니고 자식도 아니다"

하고 자기 아들을 사교도로서 관헌에 고소했다. 그래서 비토는 형장에 끌려 나가 법관 발레리아느에게 여러 가지로 훈계도 받고 고문도 당했지만 절대로 마음이 변치 않으므로 할 수 없이 다시 아버지에게로 돌려보냈다.

히라스는 관헌의 능력으로도 자식의 마음을 돌리게 하지 못했다는 점에 매우 낙심해, 이번에는 여자로서 세상의 쾌락을 누리게 한다면 귀찮은 그리스도교를 버리게 되리라는 신념 하에 일부러 예쁜 젊은 여성을 그에게 가까이 하도록 했다. 그러나 처음부터 그러한 유혹에 빠질 비토가 아니었다. 히라스의 간계는 이번에도 수포로 돌아갔고 비토는 아버지의 집에 머무르면 앞으로 얼마나 많은 영혼에게 위험한 일이 생길지 모른다 생각하고 마침내 유모의 부부와 상의해 함께 떠날 것을 결심하고, 배로 대륙을 향해 이탈리아의 남부, 지금의 슬레루노만(灣)의 부근에 상륙했던 것이다.

세 사람은 잠시동안 거기서 남의 눈을 피해 가며 고요히 성스러운 그리스도교적 생활을 보내고 있었는데, 곧 주위의 우상교도들에게 고발되어 재차 법정에 나서는 몸이 되었다. 비토가 하느님께 기도하자 여러 가지의 기적이 일어나 디오클레시아노 황제의 태자의 병도 그의 덕분으로 완쾌되었다고 전해지나, 그래도 법관은 엄중히 그들에게 배교를 강요하고, 이를 거절하자 우선 납과 기름과 역청(瀝靑)이 펄펄 끓는 가마속에 세 사람을 던져 참혹하게도 익혀 죽이려고 하였다. 그런데 그들은 하느님의 보호로 아무 고통도 없이 온전히 구사했으므로 법관은 상기(上氣)되어 이번에는 맹수의 밥으로 만들려고 했으나 이 역시 맹수가 달려들지 않고 고양이처럼 얌전히 있었으므로 기가 막혀 최후에 혹독한 고문에 처해 간신히 그 생명을 빼앗았다. 때는 303, 4년경으로 추측된다. 비토의 나이 겨우 15세였다.

성 비토의 상본은 흔히 팔마 가지를 손에 들고 하늘을 우러러보는 모습이라던가, 혹은 가마 속에 있으면서 천사께 수호되는 모습이 그려져 있다. 그 중 먼저 것은 그가 순교의 승리를 획득한 것을 의미하고 나중 것은 불가마의 형을 받아도 무사했다는 기적의 전설에 유래했다는 것은 의심할 바 없다.

【 교 훈 】

성 비토와 성스러운 그의 유모 부부의 경우와 같이 순교자가 여러 가지의 형벌과 고문을 받았어도 하등 고통을 느끼지 않고 도리어 위안을 맛본 예는 과거부터 그 예가 적지 않다. 게다가 성서에는 이를 증명하듯이 "여러분이 겪은 시련은 모두 인간이 능히 감당해 낼 수 있는 시련들이었습니다. 하느님은 신의가 있는 분이십니다. 시련을 주시더라도 그것을 극복하고 벗어날 수 있는 길을 마련해 주실 것입니다"(1고린 10, 31)라고 기록되어 있다. 그렇다면 우리도 어떠한 시련이 우리 위에 닥쳐와도 두려워하지 말고 하느님께 대한 신뢰로써 용감히 나가자.

성녀 빅토리아 동정 순교자
[Sta. Victoria, V. M. 축일 12. 23.]

248년 로마 제국에서는, 동으로는 페르시아로부터 서로는 스페인에 이르기까지 전국을 통해 건국 1천년제의 성전이 거행되었다. 그때의 황제 데시오는 그 기회에 국교였던 다신교를 부흥시키려고 그리스도교를 탄압할 계획을 세워, 로마 국민은 누구를 막론하고 로마 신에게 제물을 바치라는 칙령을 공포했다. 이것이 249년말 내지 250년 1월경이었다.

그때까지 비교적 장기간 별다른 박해가 없이 자유스럽게 신앙을 지켜온 신자들은 너무나 태평세월에 굳센 기백이 늘어진 탓인지, 그런 엄명에 굴복해 배교하고, 우상을 숭배하는 자가 유감스럽게도 많이 생겼다. 물론 그 반면에 어떠한 박해에도 굽히지 않고 끝까지 신앙을 충실히 지켜 생명을 바쳐 장렬한 순교를 한 이들도 결코 적지 않았다. 로마 귀족의 영양 빅토리아와 아나톨리아도 그 중 한 분이다.

그녀는 그리스도교 신자로서 장성하고 시의원의 영식 에우제니오와 약혼을 하게 되었다. 그러나 그녀의 언니 아나톨리아는 로마의 주교 성 파비아노 교황에게서 동정의 서원을 하고 그 당시 습관대로 자택에서 검소한 생활을 하며 수도 생활에 전념하고 있었다. 이를 보고 빅토리아도 그런 생활을 하고 싶은 마음이 간절해 드디어 파혼까지 하고만 것이다. 에우제니오는 이에 깊은 원한을 품고 기회를 보아 꼭 복수할 것을 벼르고 있었는데, 마침

데시오 황제가 그리스도교 박해의 칙령을 발표하자 빅토리아 자매가 그리스도교 신자임을 관가에 고발했다.

두 자매는 로마 시에서 조금 떨어진 트레브라 메스카라는 농장에 숨어서 매일 순교 준비를 하고 있었는데, 혈안이 되어 사방으로 그녀를 찾아 헤매던 에우제니오는 드디어 그곳에 있음을 발견하고 어느 날 밤 병사들을 그곳에 안내해 그들을 잡아 압송케 했다.

빅토리아는 법관 앞에 나가서 자기는 그리스도교 신자임을 밝히고, 우상 숭배를 단호히 거절했다. 법관이 화를 내며 "너는 황제의 엄명을 어기는가?" 하고 질문하니 '나는 그리스도를 믿는 자이므로, 천지 만물을 창조하신 하느님 외에는 다른 신을 참신으로 숭배할 수는 없습니다" 하며 자못 태연자약했다. 그때 에우제니오는 이미 법관과 내통한 대로 "생명이 아까우면 내 아내가 되어 달라' 하며 그 마음을 움직이려 갖은 애를 썼으나 허사로 돌아갔다. 그래서 형리들은 빅토리아에게 참혹한 고문을 가했다. 기절해 실신상태에 빠져도 그녀는 우상 숭배를 하지 않으므로 법관도 하는 수 없어 일단 투옥했다.

2, 3일 후 빅토리아는 다시 법정에 끌려나와 위협 공갈로써 배교를 강요당했다. 그래도 그녀의 신앙은 요지부동 변할 줄 몰랐고, "나는 조금도 죽음을 두려워하지 않습니다. 그 이유는 죽으면 하느님의 손에서 영원히 행복할 것이기 때문입니다" 하고 말했다. 이쯤 되자 그 어느 누구도 별도리가 없었다.

"빅토리아는 황제의 명을 거역하고 로마의 신을 예배치 않으므로 이에 참수형에 처한다."

이 언도가 떨어지자 그녀는 희색이 만면하여 하늘을 우러러 기도를 올리며 태연하게 예리한 칼날에 깨끗한 한 포기 백합화로 하느님께 바쳐진 것이었다.

【 교 훈 】

빅토리아는 승리라는 뜻이다. 참으로 장하다! 그녀는 거룩한 가르침으로써 사교를 이기고, 금강석 같은 굳은 신앙으로써 박해를 이겼다. 외교인을 자주 만나는 우리로서 그녀에게 배울 바 참으로 많다.

성 빈첸시오 부제 순교자
[St. Vincentius, Diaconus. M. 축일 1. 22.]

빈첸시오라는 이름을 가진 성인 중에서 가장 오래된 사람으로는 사라고사의 성 빈첸시오 순교자이다. 그는 교회 초기에 있어서 유명한 세 부제 중 한 사람인데, 최초의 순교자 성 스테파노나 성 라우렌시오와 같이 부르며, 스페인 최초의 성인 중의 한 사람으로 공경을 받고 있다.

성 빈첸시오는 4세기의 말경 스페인의 사라고사에서 귀족원 의원(貴族院 議員)의 가정에서 태어났고 중등 이상의 교육을 받았다. 사라고사의 주교이신 성 발레리오의 제자로서 품을 받고 백성들에게 설교하고 가르치는 직분을 맡고 있었다.

그의 우수한 덕과 경쾌한 웅변은 잠깐 사이에 모든 사람들에게 칭찬을 받게 되었다. 그러므로 그리스도교를 마치 독사와도 같이 미워하던 총독 다치아노는 제일 먼저 그를 주목하고 주교와 더불어 이들을 법정에 가두었다. 그때는 마침 디오클레시아노 황제의 무서운 대 박해 중이었으므로 그 황제에게 잘 보이기 위해 스페인의 총독 다치아노는 더욱 잔인하게 신자들을 학살했던 것이다.

발레리오 주교와 빈첸시오는 철사로 결박되고 사라고사에서 호송되어, 발렌시아 감옥에 갇히게 되었다. 막상 총독 앞에 끌려나갔을 때, 이미 연로한 주교는 여러 말을 할 수 없어서, 젊은 빈첸시오가 혼자 응답하며 당당히 그들의 신앙을 선언한 결과 이 두 사람 중 주교는 추방되고 그는 형벌을 받게 되었다.

총독은 그의 배교를 재촉하기 위해 모든 참혹한 형벌을 가했다. 쇠갈퀴로 그의 살점을 떼어낸 적도 있었고, 혹은 쇠 석쇠에 올려놓고 밑에서 불을 지른 때도 있었다. 또한 벌겋게 달군 쇠판을 살에 대고, 거기에 고통을 더 느끼도록 상처에 소금을 바른 때도 있었다. 그러나 빈첸시오는 어떠한 형벌을 받아도 결코 배반하는 일은 없었다.

"그러면 그리스도교의 설명서를 바쳐라. 그렇게 하면 용서해 주리라."

형벌을 하다 못해 총독은 갑자기 방법을 달리해 자비심을 베푸는 것 같이 했으나, 성스러운 부제는 그 말에도 복종하지 않았다. 그 이유는 아직 인쇄술이 발명도 되지 않았고, 서적이 적었던 그 당시로서는 특히 귀중한 종교 서적을 박해자에게 내놓는다는 것은 믿음을 버리는 것과 같은 죄였기 때문이었다.

신앙 서적을 모두 태워 그리스도교의 근절을 도모하려던 총독의 계획은 또다시 수포로 돌아갔다. 어떠한 방법을 써서라도 그의 굳은 결심을 꺾을 수가 없다고 판단한 총독은 형벌 주는 것을 중지하고 빈첸시오를 철의 파편이 흩어져 있는 감옥에 처넣었다.

성 빈첸시오가 받은 고통은 성 아우구스티노도 말하는 것과 같이 자연계의 인간으로서는 도저히 참을 수 없었던 종류의 것이었다. 그런데 이를 참아 이긴 것은 확실히 하느님의 특별한 도움이 있었기 때문이다.

'성 빈첸시오의 수난'이라고 이름 붙인 순교록을 보면, 그의 감옥에 아름다운 광채가 충만히 비치고, 그와 동시에 천사가 나타나서 그를 위로하고 승리의 월계관(榮冠)을 약속했다 한다. 그리고 이것을 목격한 간수는 무서움에 못 이겨 마침내 개심하여 그리스도교 신자가 되었다고 기록되어 있다.

형벌을 가하는 것을 단념한 총독은 갑자기 수단을 바꾸어, 이번에는 쾌락으로써 유인하려고 성인을 아주 기분 좋은 침대에 눕게 하고 간곡히 위로했으나, 빈첸시오는 오래지 않아 그 씩씩한 영혼을 하느님께 바쳤다. 때는 304년 1월 22일이었다. 총독은 끝까지 이 거룩한 순교자를 욕되게 하기 위해 그 유해를 바다에 던졌지만, 파도로 인해 육지로 휩쓸려 온 것을 신자들이 발견하고 찬미속에 정중히 매장했다고 한다.

【 교 훈 】

성 빈첸시오는 듣기만 해도 전율을 금치 못할 무서운 형벌을 받았지만, 하느님께서는 그 고통을 잘 참을 수 있도록 그에게 특별한 은총을 내려 주셨다. 그리고 고통이 절정에 달했을 때는 천사를 보내어 그를 위로하셨다. 이와 같이 하느님께서는 결코 우리의 힘에 넘치는 시련을 보내시지는 않으신다. 그러므로 우리는 이 후 신앙을 위해 어떠한 고통을 받는다 하더라도 하느님을 굳게 신뢰하고, 경솔히 겁내어서는 안 된다. 주 예수께서도 "나의 친구들아, 잘 들어라. 육신은 죽여도 그 이상은 더 어떻게 하지 못하는 자들을 두려워하지 말라. 너희가 두려워해야 할 분이 누구인가를 알려 주겠다. 그분은 육신을 죽인 뒤에 지옥에 떨어뜨릴 권한까지 가지신 하느님이다. 그렇다. 이분이야말로 참으로 두려워해야 할 분이다"(루가 12, 4-5) 하고 말씀하셨다.

성 빈첸시오 드 폴 사제

[St. Vincentius a paulo, C. 축일 9. 27.]

성 빈첸시오 드 폴은 라자로 남자 수도원과 카리타스(愛德) 자매회라는 여자 수도원의 창립자로서, 온 교회의 자선 사업의 총 보호자로서 공경을 받고 있다. 빈첸시오라는 말은 프랑스말로 승리자라는 뜻인데, 성 빈첸시오는 자기 이름이 뜻하는 대로 온 세상을 사랑으로써 정복한 사람이었다. 그는 어려서부터 가난한 이를 돕기를 무엇보다도 즐겼으며, 자기 천성을 그대로 잘 보전하고 지켜서 커서도 자선과 박애 사업에 투신해 이를 천직으로 알고 일생을 송두리째 바쳤던 것이다. 그러므로 빈첸시오는 교회에 있어서는 대성인 중의 한 사람으로 우대를 받고, 일반사회에 있어서는 그의 자선 사업의 공로로 말미암아 온 인류 사회의 은인으로 공경을 받고 있다.

그는 1576년 4월 26일 프랑스의 농부인 쟝 드 폴과 베르트랑드 드 모라스의 6남매 중 셋째 아들로 프랑스의 가스코뉴 주의 란기느 마을에서 태어났다. 본래 가난한 살림인데다가 형제가 여럿이었으므로 빈첸시오도 어려서부터 목동으로서 가사를 돕지 않으면 안 되었다.

12세가 되었을 때 그의 탁월한 재주를 아깝게 생각해 오던 아버지는 그를 근방의 프란치스코 수도원에 맡겨 교육을 받게 했다. 빈첸시오는 거기서 4년간이나 학문과 고행에 열중한 후 수도원장의 알선으로 어느 변호사의 가정에 유숙하면서 닥스 대학교와 툴루즈 대학교에서 수업한 후, 1600년에 사제로 서품되었다.

그는 순조롭게 사제가 되었으나 학문의 연구를 계속하고 있었다. 그러던 중 어느 부인의 유산을 넘겨받게 되어 마르세이유에 가서 이를 접수한 후 배를 타고 돌아오는 도중, 뜻밖에 투르크 해적선의 습격을 받아 가련하게도 소지품을 모두 약탈당하고, 게다가 몸은 철사로 결박되어 아프리카에 끌려가서 튜니스란 곳에서 노예로 팔리는 불운을 겪었다.

빈첸시오는 제일 먼저 어느 선주(漁業家)에게 팔렸고 그 후로는 의사의 집에서 일한 때도 있었고, 어느 때는 어느 대 농가의 주인에게 인도되어 혹독한 더위에 땀을 흘려가며 온종일 밭에서 일하지 않으면 안 된 때도 있었다.

그 주인은 전에 하느님의 은총을 받았던 그리스도교 신자였음에도 어느새 믿음을 잃고 자기 구령 사업을 조금도 돌보지 않는 불행한 배교자였다. 그런데 그 주인의 아내는 빈첸시오가 노예 같지도 않게 몸을 아끼지 않고 기쁜 마음으로 일을 할 뿐 아니라, 때로는 찬미가를 읊으며 기도를 올리는 것을 보고 무척 감탄했다. 하루는 종일 그의 종교 이야기를 듣고 나서 점점 더 탄복하며 자기 남편을 향해 "그리스도교는 이처럼 훌륭한 종교인데, 당신은 어째서 이를 버렸습니까?" 하고 물었다. 하느님의 은총은 그 아내의 말과 더불어 주인의 마음을 움직였다. 그는 제 잘못을 깨닫고 아내와 빈첸시오를 데리고 튜니스를 거쳐 프랑스에까지 가서 그곳에서 자신은 회개하고 아내는 세례를 받았다. 그 후 아내는 오래지 않아 세상을 떠났다고 한다.

남은 두 사람은 다시 로마로 순례의 길을 떠났다. 주인은 로마에서 어느 수도원에 들어갔고, 빈첸시오는 홀로 사방의 순교지를 찾아가서는 기도하며, 한편으로는 신학 연구를 하고 나서 다시 프랑스로 돌아가 파리 근방에 있는 성 젤마노의 작은 집에 어느 변호사와 동거하며 거기서 매일 부근의 자선병원에 통근하며 환자를 간호해 주고 교리를 가르쳐 주기도 했다.

그런데 하루는 그들의 집에 도둑이 들어와 변호사의 금품을 훔쳐간 일이 있었는데, 그 도난의 혐의를 빈첸시오가 받게 되어 그는 매우 딱한 입장에 서게 되었다. 물론 그는 자기의 무죄와 결백을 주장했으나 항상 "전능하신 하느님께서는 내가 그런 훔치는 짓은 하지 않는 사람이란 것을 잘 아실 것입니다" 하고 간단한 말로 변명할 뿐이었다. 그의 하느님께 대한 굳은 신뢰는 훌륭히 보답되었다. 그것은 진범인이 제 양심의 가책에 못 이겨 자수하게 되자 저절로 그의 무죄함이 백일하에 증명되었기 때문이다.

빈첸시오는 남몰래 수많은 선행을 실천했는데, 그 중에 이런 이야기가 있다. 그의 한 친구가 신앙에 대한 유혹으로 밤이나 낮이나 고민하던 끝에 이를 빈첸시오에게 다 토로했다. 그것은 듣기만 해도 무서운 시련이었다. 억제할 수 없는 동정심에 가득 찬 그는 친구를 대신해 그 시련을 받으려고 결심하고 하느님께 그 뜻을 전구했다. 그러자 바로 그 순간부터 친구의 마음에는 치열했던 모든 유혹이 사라지고 그야말로 잔잔한 바다와 같은 평화가 깃들게 되었다. 그러나 그와 동시에 빈첸시오의 가슴에는 의혹의 구름이 끊임없이 몰려와 그 후 4년 동안 평화가 조금도 없었다고 한다.

빈첸시오는 유혹에 빠지지 않기 위해 사도신경을 기록한 종이 조각을 가슴에 매달고 그것을 매일 보면서 신앙의 은혜를 청했다. 그리고는 여러 날 기도한 후 일생을 가난한 사람들을 위해 봉헌하리라는 마음가짐을 먹었다. 그가 마음먹은 대로 일생을 가난한 사람을 위해 봉헌한다는 서원을 하자 유혹의 검은 구름이 깨끗이 사라지고 화려한 신앙의 광채를 받을 수 있었다.

1612년, 빈첸시오는 37세로서 클리시이라는 시골 성당의 책임자로서 5년간 맡은 임무를 완수한 후, 전근되어 샤튼의 주임 신부가 되었다. 이때를 전후하여 당시 프랑스의 해군 장관으로서 유명했던 곤디 가문의 전속사제로 선택되고, 또한 소작인, 뱃사공, 배일꾼들과도 접촉할 기회를 얻어 그들의 노고와 종교적 지식에 대한 갈망이 대단함을 알고 마음속 깊이 느끼는 바가 컸었다고 한다.

빈첸시오는 언제나 그런 노동자들의 구령을 도와 주려는 의도 하에 묵상회를 열어 예측한 대로 대환영을 받고 바라던 이상의 효과를 거둘 수가 있었다. 이에 용기를 얻은 그는 곳곳에 있는 하류 사회의 사람들을 위해 그와 같은 모임을 가지려고 했으나 애석하게도 일꾼이 없어서 마음대로 되지를 않았다. 마침내 생각하고 생각한 끝에 그는 사랑의 수도원 사제들에게 원조를 요청하였다. 그러나 수도원은 수도원 자체로서의 지장이 있었던지 모두 거절을 해왔으므로, 빈첸시오는 아무래도 이 목적을 위해서는 특별한 단체를 조직할 필요가 있다는 것을 느끼고 곧 동료들을 모집해 한 회를 결성했다. 이것이 유명한 라자로(또는 빈첸시오회)회이다. 그 후 빈첸시오는 상부에 청원해 교구의 주임 사제직에서 떠나 제자들과 더불어 프랑스 국내를 순회하며 이곳 저곳에서 묵상회를 열었다. 또한 그는 자선 사업도 일으킬 것을 결심하고, 이를 위해서 동료들을 남녀 두 반으로 나누어 각각 회를 조직하여 여자 회에는 주로 병자의 간호를, 남자 회에는 빈궁자의 구제를 위탁했다.

빈첸시오가 일생 동안 개최한 묵상회는 실로 7백 회에 달했다. 그리고 라자로 수도원은 그 후 전세계에 퍼져 여러 가지의 자선 사업에 종사하며 사회에 공헌한 바가 컸었다. 그 수도원의 창립 기념일은 1625년 4월 17일이었고 그 본부는 파리에 두었다.

빈첸시오는 청소년 시절에 갖은 고통을 겪었던 만큼 불행한 사람들에게 동정도 남보다 배로 더 깊었고, 틈만 있으면 병자나 죄수들을 방문해 그들을 위로해 주고 격려해 주며, 또한 의지할 곳 없는 고아들을 찾아서는 이를 카리타스(愛德) 수녀들에게 맡겼다.

1619년 곤디의 알선으로 국왕 루이 13세의 임명을 받아 해군 전속 사제가 되고 나서는 점점 자선 사업을 행할 기회가 많아졌다. 이 동안의 유명한 한 가지 이야기를 소개한다면, 한 가족을 도맡아 살아나가던 사람이 징역살이를 하게 되어 하루의 양식에도 매우 곤란을 느끼는 아주 가난한 집안을 구출하려고 빈첸시오는 그 죄수를 대신해서 뱃사공 노릇을 하며 형무를 마쳐 주었다고 한다.

빈첸시오는 일생 동안 얼마나 많은 자선 사업을 했는지 모른다. 그리스도교 신자인 노예들을 해방시켜 주고, 버림받은 아이들, 타락한 여성, 고민하는 사람, 병든 나그네, 불쌍한 걸인들을 도와 준 횟수는 이루 셀 수가 없다. 또한 그가 얼마나 많은 빈궁자를 구했는가는 그의 손을 거쳐나간 자선금이 5백만 프랑이나 되었다는 사실로도 가히 짐작할 수 있다. 빈첸시오는 교제술에도 능통해 상류인사들 사이에도 상당한 신용을 얻었기 때문에 자선에 투자하려고 하는 귀부인들은 그를 통해 했다.

빈첸시오의 사업 중 가장 뛰어난 것은 사랑의 자매라 불리는 카리타스 수녀회일 것이다. 이 수녀회는 루이사 드 마릴락을 최초의 수녀원장으로 모시고, 1646년 교회와 정부의 인가를 얻어 점차로 세계의 각지에 진출해 병자의 간호를 본분으로 삼고, 날로 발전을 거듭해 근일에는 3만8천이상의 자매가 봉사하고 있다. 성인은 그 회원을 '내 딸'이라 애칭하며 그들의 수덕을 위해 아버지와 같은 마음으로써 저 유명한 '강의(講義)'를 저술했다. 이 외 7천 통에 가까운 그의 서간도 영적 가치가 풍부한 것으로 존중시되고 있다.

이와 같이 여러 가지의 위대한 업적으로 하느님의 영광을 드러낸 사랑의 일꾼인 빈첸시오는 1660년 9월 27일, 잠자듯이 고요히 이 세상을 떠났다. 이 때 그의 나이는 86세였다. 그는 1737년 6월 16일에 교황 클레멘스 12세에 의해 시성되었으며, 레오 13세는 1885년에 모든 자선 단체의 수호 성인으로 선포했다.

【 교 훈 】

"너희가 여기 있는 형제 중에서 가장 보잘것없는 사람 하나에게 해 준 것이 곧 내게 해 준 것이다"(마태 25, 40) 하신 주님의 말씀은 모든 자선 사업의 기초가 된다. 성 빈첸시오는 이 말씀을 거듭 묵상하며 밤낮으로 실천했으므로 마침내 교회의 박애 사업의 주보 성인으로 공경을 받게 되었다. 우리도 그를 본받아 자선 행위를 중히 여겨 스스로 이를 실천하는 동시에 때에 따라 박애 사업 단체에 가입하고 인류 복지를 위해 이바지하는 바가 있어야 하겠다.

성 빈첸시오 페레르 사제

[St. Vincentius Ferrerius, C. 축일 4. 5.]

성 빈첸시오 페레르는 중세기에 있어서 가장 유명한 설교가 중의 한 사람이다. 그는 거의 전 유럽을 순방하면서 강론하고 많은 성과를 거두었다. 그러나 그의 성공은 그의 언변만으로 이루어진 것이 아니라, 오히려 그의 성덕 때문이라 할 수 있을 것이다.

성 빈첸시오는 1357년 1월 23일 스페인의 발렌시아에서 태어났다. 귀족인 아버지는 윌리암 페레르로 발렌시아의 공증인(公證人)이었고, 어머니는 콘스탄시아였다. 콘스탄시아라 함은 인내라는 뜻인데 사실 어머니는 그 이름대로 꾸준한 인내심으로 남편과 더불어 자녀 교육을 담당했고, 빈첸시오도 양친이나 스승의 말씀을 잘 들으며 부지런히 공부하고 기도했으므로 그의 뛰어난 재주는 충분히 발휘되어 학업의 진보는 놀랄 만큼 빨랐고 그의 덕행 면에도 감탄할 바가 있었다. 그는 유난히 성모 마리아를 공경하고 어려서부터 매주 수요일과 금요일 양 이틀은 단식재를 지켰다.

빈첸시오는 18세때 도미니코 수도원에 들어갔다. 서원을 한 후는 바르셀로나, 발렌시아, 파리 등에서 철학과 신학을 공부하고 1384년에 신학박사가 되었다. 그는 아무리 연구에 몰두해도 기도를 소홀히 하는 적은 없었다. 그의 학문으로서의 성공은 끊임없는 기도의 선물로 간주하는 것이 좋을 것이다. 그 뿐 아니라 하느님께서는 그의 기도를 들어주시며 종종 기적도 일어나게 해 주시곤 했다.

그가 바르셀로나에 유학하고 있을 때의 일이다. 심한 흉년으로 사람들이 고통받고 있을 때, 빈첸시오는 설교 중에 "곧 밀을 잔뜩 실은 두 척의 배가 들어와서 사람들을 구하여 주리라"고 예언했다. 그러나 그 예언을 믿는 사람은 아무도 없었다. 게다가 예언한 당일은 심한 폭풍우가 닥쳐와서 배가 오리라고는 꿈에도 생각하지 못하게 되어 수도원장은 경솔히 예언한 그의 무모함을 비난했다. 그런데 막 그 시각이 되자 정말로 밀을 잔뜩 실은 두 척의 배가 항구에 들어 와서 사람들은 굶주림에서 면할 수가 있었다.

그가 발렌시아에 머물고 있을 때에 프랑스 왕 가롤로 6세를 방문하는 교황 사절 베드로 데 루나 추기경이 여행 도중 그 도시에 들른 일이 있었는데, 추기경은 그의 학식과 사람됨에 감탄하며 일행 중에 참가케 하고, 그 후 다시 그를 로마 교황청으로 불렀다. 당시 교회 내부에 어려운 문제가 생겨서 빈첸시오는 그 해결에 온힘을 다했지만 불행히 성공하지 못했다. 그는 이일로 인한 과로로 병상에 눕게 되어 임종이 가까이 온 것처럼 생각되었을 때, 어느 날 밤 예수께서 성 도미니코와 성 프란치스코를 데리고 그에게 발현하시어 "빈첸시오는 일어나라. 나는 네가 나의 이름으로 프랑스와 스페인 양국에서 설교하기를 원한다. 너는 훗날 타향에서 죽으리라. 이제는 가서 사람들의 죄를 경고하며 심판 당할 날이 가까웠다고 전하라" 하고 분부하셨다. 그리고 나서 그의 뺨에 손을 대시자 그의 병은 완전히 완치되었다.

그가 예수께 의탁 받은 사명을 완수하기 위한 허가를 교황께 받은 것은 2년 후의 일이었다. 그는 1398년부터 1419년 죽기까지 각지를 다니며 강론했다. 그는 항상 걸어서 다녔고, 연로한 뒤에는 당나귀를 타고 다닌 때도 있었다. 그리고 그 동안에도 엄한 단식재를 지키고 여가만 있으면 늘 열심히 기도했다. 그에게는 언제나 수도원의 형제가 수명 따라다녔다. 그것은 고해성사를 주던가 혹은 예절을 행할 때에 돕기 위함이었다. 회개한 사람이나 그에게 교훈을 받고자 하는 사람은 늘 그의 곁에서 함께 했다.

빈첸시오는 하느님께 신기한 힘을 받고 있었다. 그 중의 하나는 성령 강림 때 예루살렘에서 일어난 사건처럼 그가 모국어인 스페인어로 강론을 해도 프랑스인이 들으면 프랑스어로, 독일인이 들으면 독일어로 들리는 능력을 갖고 있었다. 그의 강론을 듣는 청중은 종종 수천 명에 달했고 구전에 의하면 어떤 때에는 8만 명이나 되었다고 한다. 그는 대개 옥외(屋外) 광장에서 강론을 했지만 그의 목소리는 구석구석까지 들렸다고 한다.

1417년 그는 브르다뉴 후작의 청에 의해 연로함에도 불구하고 그의 영토로 가게 되었다. 그곳은 매우 풍기 문란한 곳이었지만 그의 훈계로 말미암아 일변하여 오래지 않아 나쁜 풍속도 거의 개량되었다. 그 후 성인은 영국에 가려고 했으나 이미 노쇠한 몸이고 해서 부축하는 사람들은 그를 고국인 스페인으로 모시고 가 거기서 돌아가시게 하고자 저녁 때 프랑스 브리타니의 반느를 출발했다. 밤새도록 걸었음에도 어찌된 일인지 다시 반느 마을 앞이라 그는 이곳에서 죽는 것이 하느님의 성의라고 생각하게 되었다.

얼마 후 그는 갑자기 위독해져 병자 성사를 받고, 형제들에게 주님의 수난기를 읽도록 부탁하고 그는 합장하고 시편을 외우면서 하늘을 쳐다보며 편안히 숨을 거두었다고 한다. 때는 1419년 4월 5일이었다. 그는 1455년에 시성되었다.

【 교 훈 】

성 빈첸시오 페레르는 위대한 설교가였다. 우리는 하느님의 말씀을 기쁘게 듣고 행위를 바르게 하며 다른 사람의 거울이 되어 보자. 아름다운 행위도 일종의 설교이고 따라서 많고 좋은 결과를 낳게 하는 것이다.

기 타

천주의 성모 마리아 대축일
[S. Dei Genitrix Maria, 축일 1. 1.]

'천주의 성모'라는 칭호는 4세기경부터 생기기 시작하여, 431년 에페소 공의회에서 공적으로 승인되었다.

교황 비오 11세는 에페소 공의회의 1500주년을 맞이하여 하느님의 어머니이신 성모의 축일을 결정했다. 즉 성모를 특별히 공경하기 위해 성모축일을 정하신 것이다. 삼위 일체의 제2위에 해당되는 예수 그리스도의 신성(神性)과 인성(人性)이 위격적(位格的) 결합을 부인한 네스토리오파의 이단을 박멸하기 위해 소집된 에페소 공의회는 마리아의 아기는 곧 하느님의 외아들 예수 그리스도요, 그럼으로 인하여 마리아는 하느님의 어머니라는 것을 단호히 결정하여 천하에 공포했던 것이다. 이런 결정의 소식을 들은 신심 두터운 신자들은 밤중에 등 행렬까지 하며 성모 마리아를 진심으로 찬미했던 것이다. 하느님의 어머니라 하면 이는 성모에 대해서는 최고의 영예이며, 그 축일은 성모께 있어 가장 기쁜 날임에는 틀림없다. 그리고 주님의 어머니이신 그분께 대한 존경과 사랑은 그분을 위한 신심의 가장 중심이 되는 것이며 우리의 여러 가지 신심 행위 중에도 중요한 신심임에는 의심할 여지조차 없다. 성모 신심이야말로 우리의 영혼에게는 매우 유익한 특전이며 우리도 이런 특전을 받기 위해 더욱더 정신을 가다듬고 힘을 기울여야 할 것이다.

1. 천주의 성모 마리아

1) 성모 마리아는 구세주의 어머니로서 선택함을 받으셨고 세상의 빛이신 예수 그리스도를 낳으셨다. 이 사실이야말로 성모를 최고 지위에 올려 준 것이요, 또한 성모님의 모든 장점은 다 여기로부터 이루어지는 것이다. "성모께서는 성령으로 인하여 외아들을 잉태하시고, 동정의 영광을 간직한 채 영원한 빛이신 우리 주 예수 그리스도를 이 세상에 낳으셨나이다." 이러한 말씀으로 교회는 성모의 축일 미사 때에 그 덕을 밝히며 감사송을 바친

다. 성모 찬가 중에서, 혹은 에페소에 모인 교부들과 신자들의 입에서 "거룩하신 동정 마리아여 당신의 몸에서 정의의 태양이신 주 예수 그리스도의 탄생이 이루어졌으니 이로 인하여 당신은 복되시나이다" 하는 찬가가 울려 나왔고, 또 울려 나오고 있다.

2) 성모 마리아의 몸에서 나신 예수는 참 신인 동시에 참 사람이시다. 예수는 그 신성(神性)으로는 성부(聖父)와 함께 영원부터 계시고 성부와 동일하시며, 인성(人性)으로는 성모 마리아에게 탄생하셨다. 인간인 그리스도는 우리와 형제가 되며 "우리의 사제는 연약한 우리의 사정을 몰라주시는 분이 아니라 우리와 마찬가지로 모든 일에 유혹을 받으신 분입니다. 그러나 죄는 짓지 않으셨습니다"(히브 4, 15). 성모 마리아께서 낳으신 것은 신으로서의 그리스도는 아니었다. 신으로서의 그리스도는 마리아의 존재 이전부터 계셨다. 그런데 비록 인간으로서의 예수가 마리아의 아드님이시라 할지라도 그녀의 태중에 잉태하시고 그녀에게서 낳음을 받으시고 그녀의 정으로 길러지신 아기는 진실로 천주 성삼의 제2위이시며, 사람이 되신 영원한 성자이시며 천주로서의 천주이시요, 빛으로서의 빛이신 분이므로 마리아는 의당히 천주의 성모가 되시는 것이다.

3) 마리아의 최상의 품위를 표시하는 '천주의 성모 마리아'라는 칭호는 우리 신심 생활에 있어 가장 중대한 의의를 갖는다. 이단자들이 말하듯이 만일 성모 마리아가 다만 신과의 특유한 관계에 놓여 있을 따름이요, 신성과 인성의 인격적 결합에 있어서는 아무 관련이 없다고 한다면, 다시 말해 예수께서 정말로 신이시며, 동시에 정말로 사람이 아니시라고 한다면 가톨릭의 현의(玄義)는 모조리 말살되고 마는 것이다. 예수께서 단지 인간에 불과하고, 따라서 성모는 천주의 어머니가 아니시라면, 4, 5세기의 이단자들이나 혹은 그와 동등한 프로테스탄트 신자들이 주장하는 것과 같은 신앙 파괴적 또는 순인간론적 이설에 함입(陷入)되는 것이다. 이러한 점으로 보아서도 성모 신심과 예수께 대한 신심이 얼마나 서로의 본질적 연관성을 가지고 있는가를 알 수 있다. 성모께 대한 신심이야말로 신이신 예수 그리스도께 대한 신앙의 방패가 되는 것이다. 성모께 대한 신심을 무시한 자들이 시대의 변천과 더불어 교회를 이탈하고 그리스도의 현의를 상실해 버리게 된 것은

결코 우연한 일이 아니다. 신이신 예수 그리스도와 성모 마리아의 관계는 불가분한 것으로 누구든지 그 한쪽의 신앙을 잡음으로써 양쪽의 신앙을 갖게 되는 것이므로 우리도 천주의 성모 마리아를 찬미하는 동시에 보물인 신앙을 굳게 하자.

2. 천주의 성모 마리아의 위대함

1) 우리는 어떤 위대한 점을 알지 않고서는 함부로 천주의 성모 마리아라고 부를 수는 없다. 왜냐하면 그런 이름이야말로 신이 피조물에게 부여한 가장 높은 품위를 표시하기 때문이다. 천주의 성모 마리아로서의 성모는 천주와 말할 수 없이 친근하시다. 성령의 힘으로 마리아의 태중에서 신성과 인성의 기적적 결합이 이룩되었다. 마리아는 이에 협조하셨다. 로고스(말씀)의 육신을 위하여 성모는 자기 육체를 제공하셨다. 성자의 페르소나(位格)와 실제적으로 결합된 예수의 혈육은 마리아의 몸에서 취해진 것이다. 어머니로서의 이 자연적 성사(成事)는 피조물 측에서 창조자에게 제공한 가장 큰 선물이었다. 어느 신학자의 말과 같이 마리아는 신성(神性)의 경지에서 융해되신 분이다.

2) 또한 마리아는 이 강생 사업에 있어 정신적으로도 협력하셨으니, 영혼의 가장 고귀한 선물, 즉 자발적 승낙을 하신 것이다. 영원한 성자(聖子)의 사랑에 대하여 성모께서도 사랑으로 응답하셨다. 여기에 자연적 질서로서는 이해하기 어려운 모자간(母子間)의 정신적 일치가 존재한 것이다. 아들이 먼저 어머니를 사랑하시고 선택하셨다. 어머니는 아들을 사랑하시고 어머니로서의 봉사를 승낙하셨다. "이 몸은 주님의 종입니다"라고 하신 성모의 대답은 곧 이러한 사랑의 표현인 것이다. 성 베르나르도의 말씀같이 주님을 사랑하는 영혼은 곧 그의 정배인 것이다. 이런 이치로써 성모 마리아도 주님의 어머니인 동시에 그의 정배가 되는 것이다. 정배이시며 어머니이시다. 어머니로서 그 아들을 태중에 잉태하시고 또 낳으시고 기르셨으며, 정배로서 그 아들의 사랑의 요구에 응하여 정신적으로 가장 자유로이 그 어머니가 될 것을 승낙하셨다. 이것을 신학자 시에벤은 마리아의 "모성적 인격

의 성격"이라고 했다. 즉 마리아께서는 인격적으로 협력을 아끼지 않으셨다는 것이다.

3) 그 외에도 성모께는 천주의 성모로서 적합한 다른 특은도 부여되었다. 즉 천주의 성모로서 원죄에 물듦이 없이 잉태되었으며 또한 성자를 잉태한 마리아의 모체가 썩음을 면하고 하늘에 올림을 받게 된 것이다. 성 베르나르도는 "극소수의 사람에게도 부여된 그런 특전이 성모께 부여되지 않았을 리 없다"고 했다. 성모 마리아는 이러한 천주의 성모시기 때문에 위대하신 분이시다.

3. 천주의 성모 마리아께 대한 존경

1) 천주의 성모 마리아께 충분한 찬미를 드리려면 실로 우리의 필설이 부족하다. "거룩하신 동정녀여! 당신의 품위는 천사의 지위를 능가하는도다" 하며 초대 교회의 어떤 저자는 찬사를 올렸다. "천주께 대한 설명을 우리가 다 못하는 것과 마찬가지로 그 어머니에 대한 현의도 우리의 지식과 표현을 훨씬 능가하는도다." 성 베르나르도도 "어떠한 혀든지, 비록 천사의 혀라 할지라도 보통 어머니가 아니신 천주의 어머니를 적합하게 찬미할 수가 없다" 하며 세기를 통하여 끊임이 없는 마리아의 찬미에 합송했다. 참으로 성 보나벤투라는 "천주의 어머니 이상 위대한 분은 없다"고 적절한 표현을 했다.

2) 천주의 성모 마리아께 대한 공경은 그녀의 지위에 상응한 특유한 것이다. 말할 것도 없이 하느님께 대한 숭배와는 본질적으로 다른 것이다. 성모께는 상경지례로써 존경을 바친다. 성모는 모든 천사 성인들을 훨씬 초월하여 높으신 분이시며 하느님보다 조금 낮으신 분으로서 오직 상경지례로써만 공경하게 되어 있다.

3) 성모께 대한 존경심이 곧 성모 신심의 기초이다. 우리는 성모를 깊이 존경하는 동시에 또한 감사를 드려야 할 것이다. 하느님께서는 성모께 무한한 특은을 내리셨고, 또 성모로 말미암아 우리 비천한 죄인들의 구속 사업이 시작되었고 완성되었기 때문이다. 참으로 성모가 아니었던들 우리의 구원은 어찌 되었으랴! 우리는 또한 성모께 대하여 사랑과 신뢰심을 가져야

한다. 성모는 천주의 어머니인 동시에 우리의 영적 어머니도 되신다. 참으로 우리가 엄위하신 하느님께 직접 나아가지 못할 때 성모께서는 우리를 대신하여 우리에게 필요한 은총을 얻어 주신다. 어디까지나 여자로서의 따스한 애정을 금치 못하시고, 항상 사랑으로 우리를 대해 주시고, 염려해 주시고, 귀여워해 주신 부드러운 모친이시다. 이러한 분이시기에 성모께서는 가끔 나타나시어 우리의 가련한 죄인을 위하여 그 귀중한 눈물을 흘리셨다. 눈물을 흘리시면서까지 우리를 사랑하시는 어머니를 어찌 신뢰하지 않으며 어찌 사랑하지 않을 것인가!

【교 훈】

성모 마리아는 예수 그리스도의 어머니인 동시에 우리의 어머니이시므로 우리를 그리스도께로 인도하시는 유일 무이한 주임자시다. "성모를 통해 그리스도께로" 이런 표어를 간직하며 더욱 열심히 성모의 전달을 구하며 성모로 인하여 그리스도께 대한 신앙을 더욱 깊게 하며 사람들을 주님의 품으로 끌어가도록 하자.

주님 공현 대축일

[Epiphania Domini. 축일 1. 6. 단 한국에서는 2-8일 사이 주일]

삼 왕 내조(三王來朝) 축일이라고도 했던 주님 공현 축일에서 공현(公現)이라 함은 베들레헴에서의 주님의 성탄이 널리 세상 사람들에게 알려진 것을 의미한다. 처음에는 예수의 성탄 축일도 이날에 같이 지내는 관습이 있었지만 후에 그것을 독립시켜 12월 25일에 지내기로 결정한 것이다. 그리고 실제로 예수께서 세상 사람들에게 알려진 것은 성탄 얼마 후였다. 이 기이한 사실에 대해서는 성서에 기록되어 있다. 거기에 의하면 예수께서 헤로데 왕 시대에 유다의 베들레헴에 탄생하시어 마침 박사들이 동방에서 예루살렘으로 와서 "유다인의 왕으로 나신 분이 어디 계십니까? 우리는 동창에서 그분의 별을 보고 그분에게 경배하러 왔습니다." 하고 말했다. 헤로데 왕은 이것을 듣고 당황했고, 예루살렘의 모든 사람들도 일제히 놀랐다. 왕은 백성의 대사제들과 율법학자들을 다 모아 놓고 그리스도께서 나실 곳이 어디냐고 물었다. 그들이 유다 베들레헴이라고 답했는데, 그 증거로는 예언자가 "유다의 땅 베들레헴아, 너는 결코 유다의 땅에서 가장 작은 고을이 아니다. 내 백성 이스라엘의 목자가 될 영도자가 너에게서 나리라" 하고 기록하고 있기 때문이라고 했다. "이에 헤로데가 동방에서 온 박사들을 몰래 불러 별이 나타난 때를 정확히 알아보고 그들을 베들레헴으로 보내면서 '가서 그 아기를 잘 찾아보시오. 나도 가서 경배할 터이니 찾거든 알려 주시오' 하고 부탁했다. 그리고 세 박사가 베들레헴으로 가려고 할 때 동방에서 보이던 그 별이 그들을 앞서 가다가 마침내 그 아기가 있는 곳 위에 이르러 멈추었다. 이를 보고 그들은 대단히 기뻐하면서 그 집에 들어 가 어머니 마리아와 함께 있는 아기를 보고 엎드려 경배하였다. 그리고 보물 상자를 열어 황금과 유향과 몰약을 예물로 드렸다"(마태 2, 1-12).

이상의 기록으로 처음에 말한 두 가지 이름의 유래도 스스로 명백해졌다. 즉 예수께서는 이상한 별로써 동방에 있던 세 박사를 부르시고 그들에게 친히 자신을 보여주신 것이다. 옛 전설에 의하면, 이 박사들은 모두 동쪽 어느 나라의 왕이었다고 한다.

이와 같이 예수의 공현(公現)은 2, 3의 사람에게 국한된 것이 아니었고, 많은 학자나 3인의 국왕이나 그리고 그를 따라온 자들에게는 다 중대한 사건이었지만, 유독 삼 왕 내조를 축하하는 이유는 그들이 그것으로 인하여 특별한 은총을 받아 후에 세례를 받고 성인이 되어 모든 사람에게 존경을 받았기 때문이다.

교회에서는 이날 예수께서 공적으로 세상에 나타나서 복음을 전하기 시작한 것도 기념한다. 예수의 공생활(公生活)의 시작은 요르단 강에서 성 요한 세례자에게 세례를 받으신 때부터이다. 그때 성요한은 하늘로부터 울려오는 "이는 내 사랑하는 아들이요, 내 마음에 드는 아들이다!"라는 소리를 들었다.

끝으로 이날은 가나의 혼인 잔치에서 물을 술로 변하게 하신 예수의 최초의 기적을 기리는 날이다. 그 이유는 이 기적으로 인하여 예수께서 하느님이시라는 것을 드러내셨기 때문이다.

이와 같이 이날은 예수께서 (1) 3인의 국왕(박사)에게 조배를 받으시고 (2) 성 요한 세례자에게 세례를 받으시고 (3) 최초의 기적을 행하시어 세상에 나타나셨다는 것을 기념하는 것이지만 그 중에서도 삼 왕 내조는 다른 중대한 의미를 가지고 있으므로 이것을 주로 부활이나 성령 강림이나 성탄 축일과 같이 성대히 축하하는 것이다. 그 의미라는 것은 다른 것이 아니다. 그 박사들은 먼 곳에서 오신 분이지 유다인이 아니었다. 이로써 예수께서는 인종(人種), 언어, 국적의 구별 없이 모든 사람들을 거룩한 신앙으로 부르신다는 것을 의미하는 것이었다. 이국(異國)의 박사들이 주님 대전에 무릎을 꿇고 조배한 사실은 이것을 여실히 증명하고 있다. 삼 왕은 곧 모든 인종, 국민, 모든 언어의 대표자인 것이다. 그러므로 모든 이를 평등하게 동일시하시는 주님의 넓은 사랑을 찬미하여 처음부터 이날을 축하하여 왔던 것이다.

다시 말하면 이것은 신앙의 은혜에 대한 만인의 감사의 날이고, 예수 그리스도의 신성(神性)에 대한 환희의 날이다. 그렇다면 신자들은 이날 자기가 받은 신앙의 은혜를 진정으로 감사하는 동시에 저 박사들이 한 것과 같이 기도와 권면으로 타인을 신앙에 인도하지 않으면 안 된다. 삼 인의 박사는 예수를 뵈옵고 조배한 후 커다란 은혜 즉 굳은 신앙의 은혜를 얻었을 것이다. 그들은 누추한 말구유에 또는 가난한 어머니의 품에 안겨 계시는 아기를 보고는, 그가 구세주이시라는 것을 헤로데 왕에게 알리려고 했다. 그러나 어떤 날 밤이 천사가 발현해 헤로데는 아기의 생명을 없애려고 하므로 예루살렘에 들르지 말고 다른 길로 돌아가라고 말했다. 이것도 확실히 그들에 대해서는 신앙의 시험이었지만, 그들은 조금도 의심하지 않고 그대로 했다. 이러한 신앙이 상을 아니 받을 수가 없다. 그들은 귀국 후에도 베들레헴에서 본 것을 잊지 않고 그에 대해서 사람들에게 이야기하며 그들의 마음속에 신앙의 씨를 뿌렸을 것이다. 옛 전설에 의하면, 그 후 성 트마스 사도가 그들의 나라를 방문했을 때, 삼 왕은 대단히 늙었지만 즐거움에 넘쳐서 많은 사람들과 더불어 그의 손으로 세례를 받았다고 한다.

그들의 이름은 성서에 기록되어 있지 않다. 그러나 옛 전설에 의하면 가스팔(Gaspar), 멜키올(Melchor), 발타살(Baltasar)이라고 불렀다고 한다. 저

로마 제국의 대 박해 후 비로소 교회에 자유를 주고 자기 스스로도 그를 위하여 대단히 노력한 콘스탄티노 대제의 어머니 성녀 헬레나는 페르시아에서 이 삼 왕의 유골을 발견했다.

후에 그것이 콘스탄티노플로 옮겨져 오랫동안 많은 사람들의 존경을 받고 있었는데, 아나스타시오 황제는 이것을 이탈리아 밀라노 시의 주교 오이스도기오에게 보냈다. 1163년 독일의 영웅 프리드리히 발바로사가 그 시를 점령하자 삼 왕의 유골을 자기 나라에 가져가 유명한 쾰른의 대성당에 안치하고 사람들의 존경을 받게 했다.

【 교 훈 】

우리도 가끔 신앙의 은혜에 감사해야 한다. 그리고 동시에 신앙을 발하여 점점 굳게 함으로써 유혹을 당할 때나 위험할 때에 용감히 이것을 보존해 나아가야 한다.

주님 봉헌 축일

[Praesentatio Domini. 축일 2. 2.]

구약 시대 모세의 율법에 의하면, 사내아이를 낳은 부인은 누구든지 40일째 되는 날 성전에 참배하고 감사의 희생을 바치게 되어 있었다. 그 희생물로서는 양 한 마리와 작은 비둘기 한 마리가 보통으로 되어 있지만, 만일 가난한 사람이라면 비둘기 두 마리도 무방하다고 규정되어 있었다. 더구나 낳은 사내아기가 첫 아이일 때에는 그 외에도 다소의 헌금을 하지 않으면 안 되었다.

모든 율법을 항상 잘 지키시는 성모는 이 규정도 충실히 완수하셨다. 그러나 성모 마리아께서는 반드시 지키셔야 되는 것은 결코 아니었다. 그 이유는 성모는 어머니시기는 하지만 세상의 어머니와는 전혀 달라 대천사 가브리엘의 알림으로 잉태하심을 알고, 베들레헴에서 예수를 낳을 때까지 어머니인 동시에 또한 아무 하자 없으신 깨끗한 동정녀였고, 그의 아들은 인간에게 율법을 제정하여 주신 하느님의 성자였기 때문이다.

그러나 성자께서는 인류를 구속하시기 위해 이 세상에 내려오신 만큼 무슨 일이든 인간이 본받아야 할 모범을 보여주시는 것이 목적이었다. 그러므로 항상 하느님의 뜻을 자신의 뜻으로 생각하시는 성모께서는 자진해 성전으로 올라가셨다. 이 얼마나 큰 순명의 덕이고 또한 겸손의 덕인가!

성모께서 겸손하시다는 제일 첫째 이유는 하느님께서 대천사 가브리엘을 보내셔서 "은총을 가득히 받으신 아가씨, 기뻐하십시오. 주님께서 함께 계십니다" 하고 찬미를 하게 할 만큼 존귀한 몸이시지만, 세상의 보통 어머니들을 위해 준 율법까지 준수하신 점이다. 또한 성모 마리아의 겸손의 둘째 이유는 성자께서 만물을 만드신 창조주이심에도 불구하고 가난한 이의 희생물인 비둘기 두 마리를 바치신 사실이다. 물론 아들이 첫아기였기 때문에 이미 말한 바와 같이 약간의 헌금도 하지 않으면 안 되었다. 즉 같이 참배하러 간 양부이시고 보호자이신 성 요셉은 평일의 노동으로 피와 땀을 흘리며 번 돈으로 제정된 헌금을 하게 되었다. 아드님이 성전의 주인이신데도 불구하고 이를 행하신 요셉은 이 또한 얼마나 겸손하신 분이신가! 그의 순종과 겸손은 모든 이에게 칭찬을 받았다. 즉 주님의 봉헌 예식 중 시메온이라는 노인이 성전에 와 있었는데, 이 사람은 약속된 구세주의 강림을 오랫동안 기다리며 매일같이 이 성전을 방문하고는 열심히 이것을 하느님께 구했으므로 하느님께서도 그의 열성에 탄복하셨을 것이다. 하루는 구세주를 뵈옵기 전에는 죽지 않으리라는 계시를 하느님께 받은 일이 있었다. 그러므로 시메온은 즐거워하며 든든한 마음으로 살아 왔는데, 어느 날, 성령의 인도로 성전에 와서 성모님께서 안고 계시는 성자를 뵈옵자 즉시 주님의 계시로 오래 기다리던 구세주시라는 것을 깨닫고 성스러운 기쁨에 충만된 그는 어린 아기를 자기 품에 안고 소리 높이 부르짖었다.

"주여, 이제는 말씀하신 대로 이 종은 평안히 눈감게 되었습니다. 주님의 구원을 제 눈으로 보았습니다. 만민에게 베푸신 구원을 보았습니다. 그 구원은 이방인들에게는 주의 길을 밝히는 빛이 되고, 주의 백성 이스라엘에게는 영광이 됩니다"(루가 2, 29-32).

이것은 도저히 인간이 할 수 있는 말씀이 아니라, 온전히 성령께서 시메온의 입을 빌어 말씀하신 것이다. 그만큼 이 말씀은 존엄한 것이다. 우리는 구약이 성취됨을 목격했다. 주님께서는 진실로 만민의 빛이시다. 동정 성 마리아는 시메온의 말씀을 들었을 때 성스러운 기쁨으로 충만되었을 것이다. 자신은 그와 같이 존귀하신 성자의 어머니란 것을 알았기 때문이다. 또한 성 요셉도 동일한 기쁨을 느꼈을 것이다. 그는 자기의 수고가 보람이 있어 자신과 성모의 겸손과 청빈이 이제는 모든 이에게 칭송을 받을 수 있게 되었기 때문이다. 자기네들은 가난하고 비천한 신분이다. 그럼에도 불구하고 하느님께 세상을 구속하실 자를 위탁받고 이 성전에서 거룩한 성자의 영광을 같이 누릴 수가 있었다. 이 얼마나 행복스러운 일인가!

그러나 이와 같은 즐거움 속에 있으면서 성모는 슬픈 말씀도 듣게 되었다. 즉 시메온이 마리아를 향하여 "이 아기는 수많은 이스라엘 백성을 넘어뜨리기도 하고 일으키기도 할 분이십니다. 이 아기는 많은 사람들의 반대를 받는 표적이 되어 당신의 마음은 예리한 칼에 찔리듯 아플 것입니다. 그러나 그는 반대자들의 숨은 생각을 드러나게 할 것입니다"(루가 2, 34-35) 하고 말했다. 그와 같이 말하는 시메온은 마치 예언자와 같았다. 성모나 요셉이 잠시 그 자리에서 떠나지도 않고 이 기이한 말씀을 잠잠히 생각하고 있을 때 뜻밖에 거기에 나타난 것은 84세인 한 과부였다. 그녀의 이름은 안나라고 부르며 다년 간 성전을 떠나지 않고 오로지 기도와 단식으로 하느님을 섬기고 있었는데, 성모의 품에 안기신 성자를 보고서 하느님을 찬미하며 자기와 함께 구세주를 기다리고 있던 이들에게 이 거룩한 아기에 대해서 말해 주었다.

주님의 율법대로 예식을 거행한 후 마리아와 요셉은 집으로 돌아왔다. 그러나 마리아는 성서에 기록되기를 이러한 말씀을 모두 마음에 간직했다고 한다. 참으로 성모는 몇 번이고 이에 대해서 생각하셨는지 모른다. 그것은 즐거운 말씀이기도 했고 동시에 슬픈 말씀이기도 했다.

주님 봉헌 축일은 예수 성탄 축일부터 40일째 되는 날에 지낸다. 또 노(老) 시메온은 성자를 빛이라고 불렀으므로 이날 미사 전에 초를 축성하는 예절을 행한다. 가톨릭의 나라에서는 이 축성한 초를 보관했다가 임종시에 켜 놓는 습관이 있다. 이 초를 축성할 때의 교회의 기도문은 임종하는 사람들을 위해 하느님의 은총을 구하며 그 초가 임종하는 이로 하여금 하느님께 신뢰를 갖게 하고, 그 사람이 성모의 전구로 인하여 곧 영원한 빛을 받을 수 있도록 구하는 것이다.

【 교 훈 】
 성모의 겸손에 탄복하지 않을 수 없다. 우리도 아무리 사람들의 찬미를 받고 혹은 부자가 된다 하더라도 성모 마리아와 같이 결코 교단하지 말고 항상 하느님께 영광을 돌리며 하느님의 말씀을 명심하여 가끔 이를 묵상하자.

루르드의 복되신 동정 마리아
[B. Maria Virgo ce Lourdes. 축일 2. 11.]

 루르드는 프랑스 남쪽의 국경을 막은 피레네 산맥의 산록에 위치하고 있는 작은 마을인데, 본래 세상에 알려져 있지 않았지만 1858년 2월 11일 이후 수십 회에 걸친 성모 마리아의 발현이 있은 후부터 일약 세상에 유명해졌다. 그 마을의 교외에 있는 가르와리아라는 산록을 따라 가브 강이 흐르고, 그 중간에는 샬러 섬이 있어서 강물을 두 갈래로 나누고 있지만, 그것이 다시 합류되는 곳에 큰 절벽이 있고 그 가운데 마사비엘이라고 부르는 굴 〔洞穴〕이 있다. 이곳이 성모께서 발현하신 성지이다.
 이것은 교황 비오 9세가 복되신 동정 마리아의 원죄 없으신 잉태를 새로 신덕 도리로 반포(1854년 12월)하신 후 3년 2개월 째 되는 날이었다. 가난한 물방앗간 집에서 태어난 베르나데타라는 13세의 소녀가 강을 건너 마사비엘 부근에 가서 땔나무를 하기 위해 흘러 내려온 나무를 한참 줍고 있을 때 갑자기 큰 바람이라도 불어오는 듯한 소리가 들렸다. 매우 놀라 두루 보니까 마침 굴속에 아름답고 어여쁜 한 부인이 서 계셨다. 그녀는 몸에 백설과 같은 흰옷을 입고, 허리에는 하늘색의 띠를 두르고, 손에는 백주 금쇄(白珠金鎖)의 묵주를 들고, 깨끗한 맨발로는 두 장미꽃을 밟고, 눈은 황홀하게 하늘을 우러러보고 계셨다. 베르나데타는 그녀가 누구신가를 아직 모르며 다만 그 아름다운 모습에 도취되어 마음속에 무한한 즐거움을 느끼고 자기도 모르게 묵주를 꺼내어 같이 기도를 바쳤다. 영광송이 끝나자 그 귀부인의 모습은 사라졌다. 그 후 베르나데타는 집에 돌아와서 양친과 본당 신부께 그 이야기를 했지만 그들은 믿지 않았다.

2월 14일 베르나데타는 그 귀부인에 대한 정에 못 이겨 재차 마사비엘을 방문했다. 그녀는 예상한 대로 또 귀부인의 발현을 보았지만, 그녀의 모습은 호기심으로 베르나데타를 따라간 다른 사람에게는 조금도 보이지 않았다. 다만 그들은 그때 베르나데타의 탈혼 상태에 놀라 그녀와 소리를 합쳐 묵주의 기도를 바쳤던 것이다.

이러한 귀부인의 발현은 2월 11일부터 7월 16일 가르멜 산의 복되신 동정 마리아의 축일까지 18회나 되었다. 혹은 호기심으로 혹은 신앙심으로 베르나데타를 따라 동굴에 가는 사람은 점점 증가해 종종 수백 명에 달한 때도 있었다. 3월 25일 주님 탄생 예고(성모 영보)축일에 16회 째의 귀부인의 발현을 본 베르나데타가 "오, 부인이여! 당신은 누구시며 당신의 이름이 무엇입니까?" 하고 여쭈어 보니까 귀부인은 하늘을 우러러보시면서 "나는 원죄 없이 잉태된 자다" 하고 명백히 말씀하셨다. 그러므로 사람들은 베르나데타에게 발현하신 분이 성모 마리아시라는 것을 알게 되었다.

이보다 먼저 성모의 발현의 목적에 대하여 베르나데타에게 "여기에 성당을 세우고 많은 사람들이 이곳에 모이는 것을 원한다는 것을 사제에게 말하여라"고도 분부하셨고, 또 "죄인의 회개를 위하여 기도하여라"고도 명령하셨으며, 다시 베르나데타 개인에 대해서는 "나는 반드시 너를 행복하게 해주리라. 그러나 그것은 이 세상에서가 아니라 저 세상에서이다" 하고 고마운 약속을 하셨다고 한다.

2월 25일 9회 째의 발현에는 "샘의 물을 마시고 세수를 하여라" 하는 명령을 받았지만 베르나데타는 샘 같은 것이 보이지 않았기 때문에 손짓한 곳을 손으로 파 보니까 과연 물이 솟아났다고 한다. 이것이야말로 후에 많은 병자들을 기적으로 낫게 하고, 매일 12만 2천 4백 리터의 물을 내게 하는 루르드의 영천(靈泉)의 시작인 것이다.

이 영천의 난치병에 대한 효능은 실로 놀랄 만한 것으로서 지금까지 영수(靈水)를 마시고 혹은 몸을 씻음으로써 아주 희망이 없었던 병자가 완쾌된 예는 얼마나 되는지 모를 정도지만, 1861년까지의 3년 동안에도 이미 백 건 가량의 완치의 실례가 있었고, 의사들의 엄밀한 조사에 의해서도 "그 중의 15건은 적어도 인간의 지식을 초월한 기적이다" 하고 결정되었던 것이다.

7월 16일 최후의 발현이 있은 후 그 교구의 주교는 신학자, 과학자 등으로 구성된 조사 위원회를 조직하고 발현의 사건에 대하여 충분한 신학적, 과학적인 조사를 하도록 명했는데, 그 결론은 각 위원 모두 자연적인 현상으로는 도저히 설명할 수가 없고 초자연적인 현상이라고 인정하지 않으면 안 된다는 점에 일치했다.

이와 같은 기적이 세상에 알려짐에 따라 루르드를 순례하는 자는 날이 갈수록 증가되었다. 프랑스 국내는 물론 먼 외국에서도 개인적으로 혹은 단체로 이 성지를 방문하고 그 동굴 옆에 무릎을 꿇고 성모의 전구를 간구하여 영육간 많은 은혜를 받은 사람은 이루 헤아릴 수가 없고 또한 그 영수(靈水)의 효능으로 난치병을 회복한 자도 그 수를 모를 정도로 다수에 달했다.

리용 시의 한 조각가 파비슈는 베르나데타에게 발현하신 성모 마리아의 모습을 자세히 듣고 나서 가라라의 대리석으로 그 고결한 모습을 조각하여 그것을 마사비엘의 동굴 안, 바로 발현하신 자리에 안치하고 1864년 4월 4일 그 축성식을 거행했다. 오늘까지 세상에 유명한 루르드의 성모상은 바로 이것이다.

루르드의 성모의 전구로 은혜를 받은 신자들 중에는 감사의 헌금을 한 사람도 적지 않다. 그러한 헌금으로 성모의 뜻대로 그곳에 건립된 화려한 성당은 1876년 7월 2일 파리의 대주교에 의해 축성되었다. 그 후로 그곳을 참배하는 순례자는 한층 더 많아져 매년 평균 60만 명인데, 1933년 발현 75주년에는 실로 150만 명에 달했다고 한다.

루르드에 있어서의 병자의 완치는 모두가 기적이라고는 할 수 없지만 루르드 의국 조사 위원(醫局調查委員)이 조사한 바에 의하면, 최초의 55년 동안에도 기적이라고 인정되는 것이 4,445건이나 된다고 한다. 또한 루르드에 순례하는 병자가 모두 다 완치된다고는 할 수 없지만 누구든지 많은 위안을 얻어 병고를 잘 참게 된다는 것은 일반이 인정하는 바이다.

현재는 교회에서 루르드의 성모 발현을 초자연의 발생이라고 규정했지만 이를 기념하는 축일 즉 2월 11일은 일찍이 1891년에 설정되어 우선 남쪽 프랑스 일대의 교회에서 준수하게 되었고, 다시 1907년에는 전 세계의 교회에서도 준수하게 되었다.

【교 훈】

성모 마리아는 교회에서 원죄 없으신 잉태를 신덕 도리로 반포한 것을 만족하시어 루르드에 발현하셔서 많은 은혜를 전 세계에 내려 주셨다. 그러나 그 은혜를 받은 자는 거의가 성모께 대한 깊은 존경과 신뢰를 갖고 있었던 사람들이다. 그러므로 우리도 더욱 성모께 대한 정성을 갖도록 힘쓰자.

재의 수요일

[Feria IV Cinerum. 축일; 사순시기가 시작되는 첫 수요일]

사순절(四旬節)은 재의 수요일부터 시작된다. 재의 수요일이라 함은 사순절의 첫째 주일 바로 전의 수요일을 말하는 것인데, 이날 재의 축성과 재를 머리에 얹는 예식이 행해지는 데서 그 이름이 붙은 것이다.

재의 거룩한 예식(聖式)은 사람들에게 통회를 권고하는 가장 엄숙하고도 또한 인상 깊은 예식이다. 이미 신약과 구약, 양 성서에는 재를 머리에 뿌린다는 것은 슬픔이나 겸손이나 통회나 상심된 것을 의미하는 표시나 상징으로 기록되어 있다. 초대 그리스도교의 속죄 규정에도 재는 똑같은 의미를 가지고 있었다. 당시는 공공연히 통회하는 이가 있으면 주교는 엄숙히 예식을 집행하고 성당 출입을 금지하다가 성 목요일에 이르러서 그것을 풀어 주는 것이었다. 즉 누구나 모를 수 없을 정도로 대죄를 범한 사람은 사순절이 시작되면 그와 동시에 보속을 하며 통회의 뜻을 표시하지 않으면 안 되었다. 그것이 4세기 내지 10세기의 교회에 있어서의 관습이었다.

공공연히 통회를 하는 자는 전례(典禮)에 참여하는 것이 금지되고 영성체도 금지되며, 한편으로는 기도나 고행이나 단식재 등으로 보속을 하는 것이었다. 통회자는 성당 참배를 금지 당하기 전에 고신 극기하는 의복을 받고 머리 위에 재를 받는다. 이 예식은 극히 감명적이어서 통회자가 아닌 자에게도 죄의 무서움을 생각하게 하는 데 충분했다.

그 후 교회에서는 통회와 속죄의 규정을 용이하게 하고, 다만 남몰래 이를 행하면 된다고 규정짓는 대신에 재의 축성과 머리에 얹는 의식을 재의 수요일의 전례로서 본격적으로 일반 신자를 위하여 거행하도록 했다.

통회의 마음을 표시하는 상징으로서의 재는 여러 가지로 생각할 수 있다. 우리의 육신은 타게 되면 한줌의 먼지와 비슷하고 무익한 재가 되고 만다. 그러므로 재의 예식을 한 우리는 자신이 재와 같고 먼지처럼 가치 없는 존재란 것을 통감하고, 하느님 대전에서 깊이 겸손하며 몸을 낮추지 않을 수 없다. 그리고 이것이야말로 통회에 가장 필요한 마음인 것이다.

재는 또한 물건을 태운 찌꺼기이므로 쇠퇴하여 망하는 것이나 죽음의 상징도 된다. 따라서 우리로 하여금 다시 찾을 수 없는 최후의 날이 오기 전에 죄의 무서움을 깨닫고 지옥의 벌을 잊지 말고 열심히 통회하라는 훈계를 준다. 교회에서는 이 사상에 특별히 중점을 두고 지금도 재의 예식을 행할 때에는 언제나 하느님께서 원조를 비롯해 인류 일반에게 말씀하신 "너는 먼지이니 먼지로 돌아가리라"(창세 3, 19)는 죽음의 선고를 사제에게 외도록 하고 있다.

재의 수요일에 사용되는 재는 전례 법규(典禮法規)의 명하는 바를 따라 지난해 성지 주일에 측성한 팔마 가지를 태워 간드는 것이다. 팔마 가지는 개선의 행렬에 사용되어 승리와 기쁨의 상징이다. 이를 태워 재를 만든다는 데서 인간의 영화도 쇠락도 일조에 지나가 버리는 허무한 것으로서 최후에는 멸망해 버린다는 것을 절실히 깨닫게 할 수 있기 때문이다.

이 재를 머리에 얹는다는 것은 준성사로서 은총을 주며 통회의 마음을 일으키며 보속을 하도록 용기를 준다. 이 준성사가 신자에게 끼치는 영향은 실로 위대한 것이지만, 그 힘은 교회의 축성에 의해 생기는 것이다. 그 축성식에는 우선 성직자들이 성당에 들어갈 때 입당송을 부르게 되는데, 그 안에서 우리는 죄로 말미암아 일어난 불행을 호소하며 하느님의 자비를 기도

한다. 그리고 나서 첫째 기도문에서 교회는 축성된 재가 우리의 영육간의 병을 낫게 하며, 또한 이를 예방하여 줄 것을 기원한다. 다음 둘째 기도문에서는 이 재의 사용이 겸손의 행위로서 죄의 용서를 얻는 원인이 될 것을 기원하고 다시 제3의 기도문에서 재로 십자가를 그을 때 풍부한 강복이 내려지며 올바른 원의가 채워질 것을 기원한다.

또한 제4의 기도문에서는 우리가 통회하는 니느웨 사람과 같이 하느님의 자비심과 죄의 용서를 얻는 은총을 내려 줄 것을 구하고 그 후 곧 재의 예식이 시작된다. 그동안 성가대는 감동할 만한 통회의 노래를 부르고 최후에 영신의 적과 싸우는 데 필요한 하느님의 은총을 구하고 식을 끝마친다.

재의 예식에 이어 미사 성제가 거행되므로 우리는 이에 참여하여 사순절의 참된 의미를 따라 주님의 뜻에 적합한 통회의 정신을 체득하도록 노력해야 한다.

또한 그날부터 부활 축일까지 교회의 규정이 명하는 대로 육신상의 단식재를 지켜야 되지만 이는 누구나 다 지킬 수 있다고 볼 수 없다. 그러나 정신적인 단식재는 어떠한 사람도 다 지킬 수 있다. 정신적인 단식재라 함은 교만과 사욕 편정과 악한 생각을 버리고, 또 되도록 편안함이나 쾌락을 버리고 극기 희생의 생활을 하며 또한 특히 기도에 힘쓰는 것이다. 이리하여 그 미사의 복음서가 가르치는 것과 같이 천국을 위하여 없어지지 않는 보화를 쌓는다면 짧은 현세의 슬픔이나 통회는 천상 영원한 행복과 환희를 가져오게 될 것이다.

주님 탄생 예고 대축일

[Annuntiatio Domini. 축일 3. 25.]

성 마리아의 친척인 성녀 엘리사벳이 잉태한 지 여섯 달째의 일이었다. 하루는 가브리엘 대천사가 마리아께 나타나서 "은총을 가득히 받은 이여, 기뻐하여라. 주께서 너와 함께 계신다"(루가 1, 28) 하고 별안간 생각지도 않던 인사를 했다. 그 영문을 모르는 마리아께서는 매우 놀라며 무슨 인사인가 하고 생각할 즈음에 천사는 다시 말을 이어 "두려워하지 말라. 마리아, 너는 하느님의 은총을 받았다. 이제 아기를 가져 아들을 낳을 터이니 이름을 예수라 하여라. 이 아기는 위대한 분이 되어 지극히 높으신 하느님의 아들이라 불릴 것이다. 주 하느님께서 그에게 조상 다윗의 왕위를 주시어 야곱의 후손을 영원히 다스리는 왕이 되겠고 그의 나라는 끝이 없을 것이다"(루가 1, 30-33) 했다. 그래서 마리아는 일의 내막을 비로소 깨달았지만 그녀는 동일한 다윗 가문의 후손인 요셉과 약혼 중에 있으면서 한 번도 동거한 일이 없었으므로 잉태할 리가 만무했다. 그러므로 마리아는 단일을 생각하시고 "이 몸은 처녀입니다. 어떻게 그런 일이 있을 수 있겠습니까?" 하고 물었다. 그러니까 천사가 대답하기를 "성령이 너에게 내려오시고 지극히 높으신 분의 힘이 감싸주실 것이다. 그러므로 태어나실 그 거룩한 아기를 하느님의 아들이라 부르게 될 것이다" 하고 설명했다. 여기서 일체 모든 일을 석연하게 깨달은 마리아는 겸손한 마음으로 "이 몸은 주님의 종입니다. 지금 말씀대로 제게 이루어지기를 바랍니다"(루가 1, 38) 하며 하느님의 섭리에 일생을 봉헌하는 결심을 드러내셨고, 그와 동시에 대천사 가브리엘의 모습은 사라지고 말았다. 이상이 성 루가 복음에 기록된 주님 탄생 예고(성모영보)의 대략이다.

  인류가 범죄를 저지른 이래 단절되었던 하느님과 인간과의 관계를 다시 회복한 대임을 띤 구세주께서는 모든 점으로 보아 하느님이시고 동시에 인간인 그러한 분이라야만 되었다. 그리고 그러한 분은 지극히 높으신 하느님을 아버지로 하고 인간을 어머니로 하고 세상에 탄생하기로 되어 있었다. 그런데 그 어머니가 될 사람은 적어도 지극히 거룩하신 하느님 성자를 잉태하게 되는 만큼 전혀 다른 피조물과 접촉되지 않은 정결하고도 결백한 동정녀로서 게다가 하느님만을 열렬히 사랑하는 자라야만 되었다. 즉 그 정결함은 "그 분은 홀로 불결하시고 사람이 가까이 갈 수 없는 빛 가운데 계시며…"(1디모 6, 16)와 같이 신성하고도 인간과의 접촉을 허용치 않고 케루빔에게 보호된 정원(庭園)과 같이 그 영혼 속에 피조물의 더러운 흔적이 없이 다만 해바라기 꽃이 태양을 따르는 것처럼 하느님만을 향해서 하자 없는 온 몸과 온 영혼을 봉헌하는 자가 아니면 안 되었다.

세상 배포 이래 종말까지 세상에 나타나는 수억만의 인간 중에서 전지전능하신 하느님의 눈에 의합된 동정녀가 한 분 있었다. 하느님께서는 그녀의 탄생 전부터 특별한 은총을 내려 주셨다. 영원한 미래에 걸쳐 하느님의 사랑과 은총을 충만히 받은 이는 바로 나자렛의 동정녀 마리아였다.

그러나 아무리 하느님께서 정배로 간택하셔도 상대의 동정녀가 허락하는 의사가 없으면 어찌할 수 없는 것이다. 그런데 성 마리아는 사방으로 폐쇄된 정원이 하늘을 향해서만 열려 있는 것처럼 지상의 사물에는 마음의 문을 닫고 하느님을 향해서만 영혼을 열어 드려 평소부터 무엇이나 하느님의 뜻대로만 따를 의지를 가졌고, 또한 지금 대천사에게 그 뜻을 확언하셨다. 이리하여 성령의 전능으로 구세주이신 신인(神人) 그리스도께서는 마리아의 태중에 잉태되시어 하느님의 유구한 계획 즉 구속의 대사업이 비로소 시작되었던 것이다.

동정녀로서 모친이 되신 성 마리아는 지금까지의 순결한 마음에 다시 어머니로서의 깊은 애정과 자녀를 위해서 자신을 망각하는 묘한 희생의 정신이 솟아오름을 깨달았다. 그리고 거룩한 성자를 품에 안았을 때에는 하느님께 대한 사랑과 봉사에 더 한층 열정이 일어나는 것을 느꼈을 것이다. 성 마리아가 인류의 어머니, 특히 세례로 다시 나고 황송하게도 주 예수 그리스도와 형제의 인연을 맺게 되는 우리 신자들의 어머니로서 여러 모로 돌보아 주시는 것도 결국 하느님께 대한 사랑의 연장이고 하느님을 사랑하는 까닭에 그가 만드신 것도 사랑하는 초자연적 사랑에 의하는 것이다.

성모께서는 하느님 성자를 낳으실 때에는 아무런 고통도 느끼지 않으셨지만 우리를 초자연적 자녀로서 낳으실 때에는 심한 고통을 느끼셨다. 말하자면 마리아께서 우리의 어머니가 되신 것은 가장 사랑하는 성자 예수께서 세상의 죄를 구속하시기 위해 십자가에 못박히시고 성모의 가슴도 예리한 칼날에 찔린 것처럼 고통을 느꼈을 때였기 때문이다. 즉 그때 예수께서는 십자가상에서 성모를 내려다보시며 우리의 대표자 요한을 가리켜 "이 사람이 어머니의 아들입니다"(요한 19, 26) 하고 말씀하셨는데 성 마리아가 제2의 하와로서 인류의 어머니-멸망의 어머니가 아니라 영원한 어머니가 되신 것은 이런 주님의 선언에 의하는 것이다.

아! 하자 없으신 동정녀, 구세주의 어머니, 얼마나 신비적인 존재인가! 우리는 다만 인류의 구속에 이 같은 정결하고도 영원한 동정녀이면서도 모친인 완전한 여성을 이용하시어 인류를 멸망에 인도한 하와의 죄를 보상하고 넘쳐흐르는 은총의 샘으로 만드신 하느님의 섭리의 오묘함에 감탄할 뿐이다.

【교 훈】
우리도 천사께 인사를 받으신 동정녀 마리아의 정덕을 본받아 마음의 정결을 간직하는 동시에 또 한편으로는 우리에게 대한 성모의 초자연적 모성애를 의지하여 하느님께 전구해 주시기를 빌며 아울러 그의 자녀로서 적합한 덕행의 길을 걷지 않으면 안 되겠다.

주님 수난 성지 주일

[Dominica in Palmis de Passione Domini; 사순시기 마지막 주일]

성주간(聖週間)은 성지(聖枝) 주일 아침부터 시작된다. 이 성지 주일에 거행되는 전례 예식은 즐거움을 나타내어 보이는 성지 축성의 부분과 수난의 슬픔을 돌이켜 생각하는 미사 성제의 두 부분으로 이루어진다.
첫째 부분인 성지 축성은 본래 예루살렘에서부터 유래된 것이다. 초대 교우들은 거룩하신 주님께서 영화롭게 예루살렘으로 입성하시던 일을 기념하기 위하여 그리스도께서 몸소 밟으신 길을 따라 그때와 같이 되풀이하는 관습이 있었다. 즉 그들은 베타니아 근처의 경당(經堂)에 모여 즐거움의 호산나를 부르며 그리스도를 대신하는 주교를 모시고 예루살렘까지 거동했던 것이다. 베타니아는 곧 주님께서 예루살렘을 향해 떠나신 곳이다.
이 거동에서 교우들은 손에 팔마나무(예수께서 마귀를 이겨 승리하셨음을 상징한다) 가지와 올리브나무(하느님과 화해하고 은총을 얻음을 상징한다) 가지를 꺾어 흔들며 시편을 읊었으니 다윗 성왕의 유명한 찬미의 시편 "이스라엘 임금이요, 다윗 임금의 후예시로다. 주님의 이름으로 오시는 복되신 임금님, 오소서"를 높이 외쳤던 것이다. 우리가 만약 실제로 이와 같은 전례 예식을 가질 수가 있다면 얼마나 인상적이며 얼마나 벅찬 감격이 우리 가슴을 두드릴 것인가!

이와 같은 관습은 그 후 점점 온 세계에 널리 퍼져서 정식으로 그 본을 떠서 거행하게 되었다.

이 거동은 만약 조건만 허락한다면 베타니아를 상징하는 적당한 장소에서 행렬을 시작하여 예루살렘을 상징하는 성당으로 들어가기를 원한다. 이미 유럽에서는, 시가 행렬을 할 수 있는 곳에서는 그와 같이 하고 있다. 그들은 베타니아를 상징하는 경당에 모여서 팔마나무를 축성한 다음 의젓하게 행렬을 지어 예루살렘을 상징하는 성당으로 거동하는 것이다. 우렁차게 호산나를 부르며 손에, 손에 팔마나무 가지를 드높이 흔들면서!

중세기에 이르러서는 성지 주일의 주요 행사이던 이 거동 행사가 자취를 감추고 성지 축성에 중점을 두었다. 즉 본미사 전에 미사가 또 한 대 있는 것 같은 느낌을 주는 전례 예식이 생겼다. 이 전례 예식은 입당송, 본기도, 독서, 복음, 감사송과 그 밖의 여러 가지 긴 기도가 포함되어 있다. 그 대신 거동은 한 상징에 지나지 않았으며 사제와 몇몇 복사만이 이것을 거행했던 것이다.

그러나 지금은 성지 주일이 다시 본래의 모습을 갖추어 거동에 중점을 두게 되었다. 교회의 전례법(典禮法)에 의하면 교우들은 거동할 때에 '계, 응'으로 찬미가를 부르며 이 예식에 참여해야 한다.

될 수 있으면 베타니아를 상징할 만한 곳에(성당 가까이 교회에 딸린 건물이 있다면) 교우들이 모여서 성지를 축성한 후 이것을 고루 나누어 손에 들고 성가를 부르면서 행렬을 지어 예루살렘을 상징하는 성당으로 늠름하게 거동한다면 자못 뜻깊은 행사가 될 것이다. 여기 모인 교우들의 가슴속에는 어둠의 왕인 마귀를 쳐 이기신 우리의 개선 왕이신 예수 그리스도를 따라가는 감격이 넘쳐흐를 것이 아니겠는가!

만약 그렇지 못할 경우면 성당 안의 제대 옆에서 성지를 축성해도 좋다. 그래서 문이 둘 이상 있으면 사제뿐만 아니라 모든 교우들도 다함께 참여하여 한쪽 문으로 나가서 정문으로 들어오면 된다.

이때 교우들은 그리스도께서 우리를 구속하시기 위하여 싸우러 가신 것처럼 승리의 임금이신 그리스도께 충성을 바쳐야 할 것이다. 그의 자녀됨을 공공연하게 드러낼 것이며, 그가 받으신 쓰라린 고난과 십자가상의 죽으심을 가슴속에 아로새겨 그를 위로해 드리는 마음으로 따라가야 할 것이다.

이 거동의 자세한 뜻은 우리가 이 행렬에 참여하는 동안에 부르는 교송(交誦) 안에 밝혀져 있으니, 그중에도 가장 중요한 구절은 9세기 때에 오를레앙의 테오돌프 주교가 지은 Gloria, laus et honor tibisit(영광, 찬미, 영예, 모두 주님의 것)이다. 이것은 우리의 왕이신 그리스도께 대한 찬미가로서, 처음에는 37절로 되어 있었으며 교우들은 한 절이 끝날 때마다 번갈아서 합창을 했던 것이다. 이것으로 미루어 그 당시의 교우들은 1마일(약 5리)이나 되는 먼 곳까지 거동했음을 짐작할 수가 있다.

지금은 겨우 23절만이 남게 되었다. 여전히 한 절 한 절 끝날 때마다 부르게 되어 있으며, 선창대(先唱隊)가 한 절을 부르면 교우들은 이것을 되풀이해 부른다. 합창이 끝난 후 시간이 있으면 왕이신 그리스도의 영광을 찬미하는 다른 성가를 불러도 좋다.

앞에서 말한 바와 같이 이 거동은 초대 교우들이 주님께서 영화롭게 예루살렘으로 입성하시던 일을 기념하기 위해 이루어졌던 것이다. 즉 이 거동은 우리로 하여금 지난날을 돌이켜 생각하게 하는 것이다. 이것이 단순히 과거를 회상하고 기념하는 데 그친다면 그다지 큰 뜻이 없을 것이겠으나, 우리가 똑똑히 깨달아야 할 것은 "우리는 그리스도와 함께 바로 이 거동을 행하고 있다"는 사실이다. 그 이유는 어디에 있는가?

그리스도께서는 다음 세 가지 방법으로 여기에 현존(現存)하시기 때문이다. 첫째로 이 거동의 첫머리에 서 있는 십자가상에 상징적으로 계시고, 둘째로 그리스도를 대신하는 사제 안에 현존하시며, 셋째로는 그리스도의 이름으로 모인 우리 안에 현존하신다. 따라서 우리가 그리스도와 함께 이 거동을 행한다는 것은 의심할 바 없는 사실이며, 여기에 이 거동의 참뜻이 있는 것이다.

한편 이 거동은 우리를 미래로 이끌어 간다. 이 거동이 지향하는 것은 바로 천상의 예루살렘인 것이다. 우리의 한 발짝 한 발짝은 주님께서 남기신 발자취를 따라 예루살렘으로 향하고 있는 것이다.

그리스도께서는 구속 사업을 마치시고 새로운 예루살렘인 천국으로 가셨다. 자모이신 교회가 옛날 지상의 예루살렘을 상징하는 것이라면 그것은 또한 새로운 예루살렘인 천국도 상징하는 것이 된다. 그리스도께서는 당신 뒤를 당신과 같이 줄기차게 따르는 우리를 세상 끝 날에 새로운 예루살렘으로 이끌어 주실 것은 틀림없다.

우리는 이 거동에서 그리스도의 대리자인 사제와 함께 성당으로 들어갈 때에 우리의 왕이신 그리스도의 이끄심을 받아 그리스도와 함께 천국으로 들어갈 미래, 희망의 날을 생각해야 할 것이다. 즉 이 거동은 심판 날에 있을 마지막 파스카에 대한 하나의 상징이기도 하다.

로마에 있는 여러 교회에서는 이날 팔마나무와 올리브나무 혹은 다른 상록수나 꽃다발 등으로 교회의 정문을 아름답게 꾸민다. 이것은 성당의 정문이 천국의 문을 상징하는 까닭이다. 이것은 마치 옛날 로마의 황제들이 승전을 축하하면서 지나가던 아치처럼 한 개의 호화로운 개선문이 될 것이다.

그러나 역사의 흐름에 따라 로마의 황제들이 거두었던 광대한 영토와 그들이 지녔던 당당한 위세는 오늘날 그들 자신과 더불어 찾아볼 길도 없게 되었다. 시간적으로나 공간적으로나 보잘것없는 미미한 승리! 이것을 그리스도의 영원한 승리에 비할 때 마치 한 방울의 물을 시험관(試驗管)에 담아 들고 이를 지구를 뒤덮은 드넓은 바다에 비하는 것과 같겠다.

이와 같이 위대하신 우리의 개선 왕을 기쁜 마음으로 맞이하는 마당에 정성 어린 마음으로 성당 정문을 아름답게 꾸미는 것은 뜻깊은 일일 것이다.

성지 주일은 수난 주일이라고도 불린다. 지금 이 거동의 행렬은 그리스도를 대리하는 사제를 따라 성당으로 들어간다. 베타니아를 떠나신 주님을 따르던 백성들도 그와 함께 예루살렘으로 들어갔던 것이다.

여기서 잠깐 우리도 그리스도께서 예루살렘으로 들어가지 않을 수 없었던 그 고충(苦衷)을 돌이켜 보기로 하자. 그가 예루살렘으로 입성하신 것은 그를 따르던 많은 이스라엘 백성들이 애절히 원하던 것처럼 속세의 왕관을 쓰시고 왕위에 오르시기 위함은 아니었다. 그는 오직 지상에 넘쳐흐르는 죄악과 온 누리를 덮은 어둠 속에서 하느님을 거슬러 죽음의 길에서 허덕이는 인간을 구속하시기 위해 몸소 쓰라린 고난을 취하셨고 참혹한 십자가를 택하셨던 것이다. 이 길만이 인간을 하느님과 화해시키는 길이고, 이 길만이 인간을 천상의 예루살렘으로 이끌 수 있는 길임을 미리 아셨기에! 그리고 이 길을 지나 넘으심으로써 그 자신의 부활과 승천이 예비되어 있었기에!

팔마나무 가지와 올리브나무 가지를 높이 흔들며 열광적으로 그리스도를 맞이하고 뒤따르던 이스라엘 백성들은 이제 그리스도의 죽음이라는 엄청난 현실에 부딪쳤다. 그리스도와 더불어 죽음으로써 그리스도와 함께 영화롭게 부활할 것인가? 조각과 더불어 방종에 휩쓸림으로써 영원한 죽음을 택할 것인가?

이것은 결코 이스라엘 백성들만이 당면했던 지나간 날의 문제가 아니다. 우리 앞에 엄연하게 우뚝 다가서 있는 엄청난 문제이다. 우리 자신의 운명과 후대에 남길 유업을 결정지을 이 갈림길 어귀에는 양자택일(兩者擇一)의 자유만이 허락되어 있을 뿐이다. 구원을 얻기 위해 망설임 없이 주님의 뒤를 따를 것인가? 어둠과 더불어 주님의 손바닥에 또 한 개의 쇠못을 박을 것인가? 우리가 주님과 더불어 부활하려면 당연히 그와 함께 죽어야 할 것이다. 그러므로 우리의 대변자인 사제는 미사 때에 "주님의 자비로 저희도 주님의 인내를 본받아 그와 함께 부활의 영광을 누리게 하소서. ……우리 주 예수 그리스도를 통하여 비나이다" 하고 하느님께 공식 기도를 드린다. 우리는 참된 마음으로 '아멘'을 이 기도에 붙여야 한다. 이것은 '이와 같이 이루어질지어다'란 뜻이기 때문이다.

성 바오로 사도는 그리스도께서 우리를 위하여 행하신 사업을 요약해 다음과 같이 그 편지에서 말씀하셨다. "그리스도 예수는 하느님과 본질이 같은 분이셨지만 굳이 하느님과 동등한 존재가 되려 하지 않으시고 오히려 당신의 것을 다 내어놓고 종의 신분을 취하셔서 우리와 똑같은 인간이 되셨습니다. 이렇게 인간의 도습으로 나타나 당신 자신을 낮추셔서 죽기까지, 아니, 십자가에 달려서 죽기까지 순종하셨습니다. 그러므로 하느님께서도 그분을 높이 올리시고 모든 이름 위에 뛰어난 이름을 주셨습니다. 그래서 하늘과 땅 위와 땅 아래에 있는 모든 것이 예수의 이름을 받들어 무릎을 꿇고 모두가 입을 모아 예수 그리스도가 주님이시라 찬미하며 하느님 아버지를 찬양하게 되었습니다"(필립 2, 6-11). 이것은 우리가 성주간에 지낼 모든 전례를 완전히 요약하신 말씀이다. 이 독서에서 우리가 들은 것은 하늘에서 일어난 것과 땅에서 일어난 것이 포함되어 있다.

다음은 미사 성제 때에 낭독되는 복음을 들음으로써 땅에서 일어난 일을 살펴보기로 하자.

성 마태오의 수난 복음(26, 14-27, 66)에는 이에 대한 자세한 사실(史實)이 생생하게 기록되어 있다. 즉 이 복음에는 주님께서 게세마니 동산에서 피땀을 흘리신 고통으로부터 유다의 배신, 온갖 참혹한 방법으로 받으신 고난, 갈바리아 산상의 희생, 아리마태아에서 온 요셉의 무덤에 안치될 때까지의 온갖 사적(史蹟)이 담겨 있다. 우리는 다 일어서서 이 복음이 낭독되는 동안 그리스도께 대한 동정과 감사하는 마음으로 이것을 듣자.

온 가족의 성지 가지는 십자가와 함께 적당한 곳에 잘 간직하여 내년 이때까지 보존하기로 하자. 성지는 그리스도께서 죽은 자 가운데서 부활하심과 영광스러운 승천을 기억케 하는 것이니, 힘찬 기도의 표시로써 성지를 간직하면서 하느님의 축복이 내리기를 열렬히 기도하자.

주님 만찬 성 목요일
[Feria V Hebdomadae Sanctae·Vespertina in Cena Domini]

성지 주일에 받은 감격이 아직도 가슴속에 생생하게 풍기는 오늘 우리는 또다시 그리스도께서 베푸시는 성대한 잔치를 맞이하게 되었다.

우리는 이날을 성 목요일이라고 하는데, 저녁때는 주님 만찬 미사를 드린다. 이날은 그 옛날 그리스도를 따르던 사도들이 한집안 형제와 같이 주님을 둘러싸고 오붓하게 만찬을 나눈 것처럼 이 주님 만찬에 모이는 우리 모든 교우들도 순수(純粹)한 마음으로 한집안 형제와 같이 굳게 뭉치는 날이다. 그것은 신앙의 뿌리로서 자라 흔들림 없이 대지에 버티고 서 있는 한 나무의 우거진 가지들이기 때문이다.

즉 성 목요일의 미사는 가톨릭 신자들의 억센 일치 단결을 상징하는 미사이다. 초대 교회(初代敎會)가 2세기 반에 걸친 피맺힌 박해(迫害)시대에 있어서 더욱 뻗어 나간 것은 실로 천상 천하를 통한 이 불멸(不滅)의 정신이 가져온 결실인 것이다.

이것은 그리스도께서 친히 "거룩하신 아버지, 나에게 주신 아버지의 이름으로 이 사람들을 지켜 주십시오. 그리고 아버지와 내가 하나인 것처럼 이 사람들도 하나가 되게 하여 주십시오" 하고 성부께 기도하시고 사랑하시던 사도들에게 서로 굳게 결합할 것을 간곡히 명하신 데서 온 정신이다.

이 기도에서 보는 바와 같이 이 날 밤에 그리스도께서는 인간을 하느님과 결합시키기 위하여 내일 당신의 몸을 바쳐 죽으실 것을 경백히 하셨다. 그리고 그는 사도들이 서로 어떻게 사랑할 것인가를 가르쳐 주셨으며, 그들의 발을 몸소 씻으심으로써 어버이로서의 애틋한 자비를 베풀어주시고 그를 본받게 하셨다.

예수 부활 대축일
[Dominica Paschae in Resurrectione Domini]

봄에 처음 맞이하는 만월(滿月) 후에 다가오는 주일은 예수 그리스도께서 죽은 자 가운데서 부활하신 것을 기념하는 날이다. 이것은 그리스도 교회에 있어서 가장 중요한 축일로서, 교회의 1년을 산맥으로 비유하여 말한다면 그 최고봉을 이루는 것이라 할 것이다. 옛날 일반 신자는 3일간에 걸쳐, 또 새 영세자는 영세의 백의를 입은 채 한 주일 동안 주님의 부활을 축하했다. 오늘날에 와서도 이는 제1급의 특별 주간이라 칭하여 그간 매일 특특한 미사 성제를 지내기로 되어 있다. 이러한 것은 다른 어떠한 대축일에서도 볼 수 없는 일이다. 그리고 부활 시기 동안은 매일 미사 중에나 성무 일과 중에나 교회는 "이날이 주께서 마련하신 날, 이날을 기뻐하자, 춤들을 추자" 하고 기도하는 것이다.

사실 이날은 전능하신 하느님에 의해 설정된 것이다. 주님께서 십자가에 못박히시자 유다인들은 "네가 정말 하느님의 아들이거든 십자가에서 내려와 네 목숨이나 건져라. 남은 살리면서 자기는 못살리는구나. 저 사람이 이스라엘의 왕이래. 십자가에서 한 번 내려와 보시지. 그러면 우리가 믿고 말고"(마태 27, 40-42) 하고 이구 동성으로 조소했다. 이에 대해 예수께서 그때 저들의 조소를 감수하며 십자가에서 내려오시려고 하시지 않았다. 그러나 그날부터 3일째 되는 날, 그보다 훨씬 위대한 기적, 즉 죽음에서의 부활로써 자신의 신성(神性)을 훌륭히 증명하신 것이다. 아무리 훌륭한 의사도 인간의 수명만은 어찌하지 못한다. 물론 죽은 후 자기의 힘으로 소생한다는 것은 절대로 있을 수 없다. 그렇다면 과연 예수께서 "나에게는 목숨을 바칠 권리도 있고, 다시 얻을 권리도 있다"(요한 10, 18) 하고 말씀하심과 같이 인간 이상의 힘을 가지고 있는 이상 그가 하느님이시라는 것은 의심할 여지조차 없다.

주님께서는 자기의 수난과 죽음뿐 아니라 부활에 대해서도 전부터 명백히 말씀하셨는데, 이제야 그 예언대로 허물어진 자기 몸의 성전을 3일 후에 다시 건설하고, 실제로 부활하여 우선 무덤 근처에서 마리아 막달레나와 그 외 수명의 부인들에게, 다음은 으뜸사도 성 베드로에게 발현하시고, 다시 엠마오로 가는 두 제자들에게도 빵을 나눌 때, 주님이시라는 것을 드러내어 주셨다. 그리고 나서 또한 종종 사도들과 제자들에게도 나타나셔서 저들과 회식하고 토마스 사도의 의심을 풀어 주시기 위하여 그 손가락을 못에 뚫어진 상처에, 그 손을 옆구리의 상처에 넣어 보도록 하셨다. 이와 같이 사도들은 자기 눈으로 주님을 우러러보고, 또한 자기 손으로 그 몸에 대보며 증명했으므로 그 부활에 대해서는 절대로 의심할 여지가 없다. 아니, 그 놀랄 만한 사실은 주님의 원수나 무덤을 지키던 군인들까지도 인정하지 않을 수 없었다(마태 28, 11-15참조).

그 후 사도들은 우선 성령 강림날에, 또한 날 때부터 앉은뱅이인 자를 낫게 해 주었을 때에도 주님의 부활을 공개하며 "하느님께서는 그분을 죽은자들 가운데서 살리셨습니다. 우리는 다 그 목격자들입니다"(사도 3, 15) 하고 주장하고 매질이나 감금 등의 형벌로써 위협을 당했으나 "우리는 보고, 들은 것을 말하지 않을 수가 없습니다"(사도 4, 20) 하고 말하며 조금도 굴하지 않았다. 그리고 이 사실을 증거하기 위해 저들은 수많은 고난과 고통을 인내하고 나중에는 순교의 죽음도 사양치 않았던 것이다. 그 후도 그리스도의 부활을 믿는 탓으로 흔연히 생명을 바친 순교자는 무수했다. 이리하여 이 신앙은 장기간에 걸친 많은 박해를 받으면서도 세상에서 승리했던 것이다.

주님께서 친히 설정하신 이날은 누구보다도 우선 그리스도 자신에 있어 기쁨의 날이다. 오늘 미사의 입당송에 "내 부활하여 지금도 당신과 함께 있나이다"는 말씀은 즉 최초의 승리의 노래인 것이다. 또 부속가에 있는 "생명 죽음 싸움에서 돌아가신 생명 주님, 살아 계시며 다스리신다"라는 말씀과 같이 주님께서는 부활로써 죽음을 정복하신 것이다. 그리고 그 승리의 완전한 것이야말로 성 바오로 사도가 "그것은 죽은 자들 가운데서 다시 살아나신 그리스도께서 다시는 죽는 일이 없어 죽음이 다시는 그분을 지배하지 못하리라는 것을 우리가 알고 있기 때문입니다"(로마 6, 9) 하고 가르치신 그대로이다.

그리스도의 부활은 성모 마리아에게도 가장 기쁜 날이었다. 성서에는 기록되어 있지 않지만, 예수께서 부활하신 후 제일 먼저 오랫동안 고통을 같이 받으신 성모님께 발현하셔서 "나 부활했나이다" 하고 반드시 알렸을 것이다. 그 혹독하게 아프셨던 상처도 이제 영광스러운 승리의 표로 변해진 것을 보신 성모님의 기쁨은 어떠하셨을 것인가! 그 순간까지 애태우며 슬픔에 잠겨 계시던 그녀의 마음은 갑자기 기쁨에 넘쳐 어쩔 줄 몰랐을 것이다. 교회에서 부활 시기에 우리로 하여금 "천상의 모후여 기뻐하소서. 알렐루야"라고 기도하게 하는 것은 즉 성모 마리아의 이 기쁨을 회상케 하기 위함이다.

그리스도의 부활은 또한 마리아 막달레나와 그 외 경건한 부인들에게도 기쁨을 주었다. 저들은 주님의 무덤에 가서 시체에 향을 바르려고 했던 바 의외에도 죽은 주님이 아니라 살아 계시는 주님을 뵈옵고 하도 기뻐서 즉시 뛰어가서 사도들과 제자들에게 전했다. 그 후도 부활하신 예수께서는 가끔 사도와 제자들에게 발현하셔서 저들의 신앙을 견고케 해 주셨으므로 저들은 모두 희망과 환희로 충만되어 주님을 위해서는 어떠한 고난이나 고통, 박해나 죽음까지도 사양치 않는 큰 용기를 가지게끔 되었다.

예수 그리스도의 부활을 기뻐한 것은 이 세상 사람뿐이 아니었다 연옥에 있는 의인들의 영혼도 그러했다. 그 이유는 주님께서 "갇혀있는 영혼들에게도 가셔서 기쁜 소식을 선포하셨기"(1베드 3, 19) 때문이다.

　마지막으로 주님의 부활은 우리에게 있어서도 대단히 기쁜 축일이다. 예수께서는 우리를 위하여 십자가상의 죽음을 감수하셨으므로 우리가 그의 승리를 기뻐하는 것은 본래부터 당연하지만, 또한 그것은 우리 자신을 위해서도 대단히 경사스러운 일이라고 말해야 한다. 왜 그러냐 하면 그리스도의 부활은 우리의 신앙의 기초이기 때문이다. "나는 부활이요, 생명이다" 하고 말씀하신 주님께서는 우리에게 부활을 약속하셨다. 성 바오로는 이에 대해 기록하기를 "여러분 가운데 어떤 사람은 죽은 자의 부활이 없다고 하니 어떻게 된 일입니까? 만일 죽은 자가 부활하는 일이 없다면 그리스도께서도 다시 살아나셨을 리가 없고 그리스도께서 다시 살아나지 않으셨다면 우리가 전한 것도 헛된 것이요 여러분의 믿음도 헛된 것일 수밖에 없을 것입니다. 그러나 그리스도께서는 죽은 자들 가운데서 다시 살아나셔서 죽었다가 부활한 첫 사람이 되셨습니다. 죽음이 한 사람으로 말미암아 온 것처럼 죽은 자의 부활도 한 사람으로 말미암아 왔습니다 아담으로 말미암아 모든 사람이 죽은 것과 마찬가지로 그리스도로 말미암아 모든 사람이 살게 될 것입니다"(1고린 15, 12-22) 하였다. 이와 같이 그리스도의 부활이 육신의 부활의 보증이 되는 이상 우리의 죽음에 대한 슬픔도 장래의 부활에 대한 즐거운 희망으로 변하지 않을 수 없다. 무덤은 하느님의 밭이고 "썩을 몸으로 묻히지만 썩지 않는 몸으로 다시 살아납니다…. 육체적인 몸으로 묻히지만 영적인 몸으로 다시 살아납니다"(1고린 15, 42-44)라는 것이다. 그러나 부활에 대해서 한 가지 중요한 것이 있다. 그것은 죽은 자의 부활은 똑같지 않다는 것이다. 주님께서는 선인은 영생으로 부활할 것이요, 악인은 죄로 판단함을 받기 위해 부활하리라고 가르쳐 주셨다(요한 5, 29참조). 그러므로 부활 시기 동안은 영세하고 혹은 고해성사를 봄으로써 예수와 더불어 영적으로 부활한 우리 그리스도교 신자는 훗날 의인으로서 즐거운 부활을 맞이하도록 열심히 지상의 쾌락이나 사욕 편정을 누르고 천국에의 길을 걷지 않으면 안 된다. 이것이야말로 부활 시기에 교회에서 우리에게 거듭 권하고 있는 점이다.

주님 승천 대축일

[Ascensio Domini 축일; 주님 부활 대축일 다음 주일]

"나는 아버지께로부터 나와서 세상에 왔다가 이제 세상을 떠나 다시 아버지께로 돌아간다"(요한 16, 28).

이 그리스도의 말씀의 절반은 인성을 취하셔서 탄생하실 때에 실현되었지만, 후의 절반은 부활 후 40일 째 되는 날 주님의 승천에 의해 성취되었다. 이 명기할 만한 사실을 기념하기 위해 오늘 미사 중 복음 낭독 후 상징인 부활 초의 불을 꺼버리는 것이다.

예수께서 전세계에 전교할 것을 사도들에게 명하고 나서 저들과 함께 올리브 산으로 올라가셨다. 그리고 그곳에서 사랑과 자비로 충만된 눈으로 그들을 보시고 다시 한 번 손을 들어 강복을 주시고 나니 어느덧 그 거룩한 발은 지상을 떠나 하늘로 올라가기 시작하여 점차 높이 올라가시게 되었다. 일동은 사랑과 이별의 정을 잔뜩 가슴에 품고 일심으로 전송하는 가운데 예수의 모습은 곧 구름이 가려져 보이지 않게 되었다. 그때의 주님의 은혜로 연옥에서 천당으로 올라가게 된 의인들의 영혼이나 성부로부터 파견된 천사의 무리는 환호 갈채로 주님을 영접하며 천국으로 모셔들이고, 이제부터는 성부 오른편에 앉아 계시는 주님을 흠숭하며 영원히 그 기쁨을 나누게 되었던 것이다. "환호 소리 높은 중에 하느님께서 오르시도다. 나팔 소리 나는 중에 주님 올라가시도다. 알렐루야"(응송)

그 후 사도들은 사랑하는 주님과 이별하고서도 형언키 어려운 큰 기쁨을 마음속 깊이 품고 예루살렘으로 돌아왔고, 교회에서도 오늘 같은 기쁨으로써 주님의 승천을 축하한다. 그 기쁨이라는 것은 주님께 대한 기쁨과 우리에게 대한 기쁨, 두 가지이다.

(1) 오늘은 예수 그리스도의 승리를 축하해 드리는 날이다. 예수께서 승리를 하신 데 대해서는 충분한 이유가 있었던 것이다.

주님께서는 성 바오로 사도의 말씀대로 "당신 자신을 낮추셔서 죽기까지, 아니, 십자가에 달려서 죽기까지 순종하신"(필립 2, 8) 분이 되셨다. 그러므로 그는 이 세상에 오실 때 "내가 이루고자 하는 것은 내 뜻이 아니라 나를 보내신 분의 뜻이기 때문에 내 심판은 올바르다"(요한 5, 30) 하고 말씀하셨다. 이런 사명을 띠고 주님께서는 성부의 옥좌(玉座)를 떠나 황송하옵게도 성모 마리아의 태중에 잉태되어 베들레헴의 누추한 말구유에 탄생되고, 헤로데의 탄압을 피하기 위해 이집트로 피난하고 목수의 아들로서 나자렛에서 경건한 생활을 하고 성 마리아와 성 요셉께 극진한 효도를 하고, 성부의 정하심에 따라 30세 때에 요한 세례자로부터 회개의 세례를 받았다. 또한 사방에서 헤매는 양들을 선도하기 위해 유다의 각지를 순례하기 시작한 후에도 성부의 뜻을 따르는 것을 일상의 양식으로 간주하고 많은 오해와 냉대, 질투, 증오, 박해를 감수했다. 이보다 더 초월한 순명의 덕은 게세마니 동산에서의 혹독한 고통이었고, 또한 십자가에 달렸을 때의 마지막 순간이었다. 그러므로 그리스도는 글자 그대로 십자가상의 죽음에 이르기까지 순명한 분이었다. 그리고 그리스도의 이와 같은 순명은 우리의 하느님께 대한 불순명과 여러 가지의 죄의 보속과 우리를 악마의 손에서 구출하고 하늘의 본 고향, 성부의 품으로 인도하려는 심성에서 우러나온 것이다. "그러므로 하느님께서도 그분을 높이 올리셨던"(필립 2, 9) 것이다. 그리스도께서는 구속해 낸 하느님의 자녀들을 이끌고 의기 양양하게 천국으로 개선하셨고, 그때 산처럼 많이 획득한 전리품, 즉 영혼 구원의 은총을 지금도 교회를 통하여 원하는 자에게 분배하신다. 성자는 성부의 집으로 돌아가셔서 새로 얻게 된 형제 자매와 구원된 사람들을 소개하셨다. 실로 오늘이야말로 그리스도께서 천지의 대왕(大王)의 지위에 오르신 경축의 날이라 할 수 있을 것이다.

(2) 오늘은 또한 우리에게 있어서도 기쁜 날이다. 승천하시는 주님의 영광은 인간의 지위도 높이셨으므로 우리에게 있어서도 영광이다. 성 바오로 사도는 "하느님께서는 우리를 그리스도 예수와 함께 살리셔서 하늘에서도 한자리에 앉게 하여 주셨습니다"(에페 2, 6) 하고 가르쳐 주셨다. 이 사상은 교회의 교부들을 깊이 감동시키지 않을 수 없었다. 레오 1세 교황은 말하기를 "그리스도의 승천은 우리 자신의 지위도 향상시켰으므로 우리는 충심으로 기뻐해야 한다. 그 이유는 지금 우리는 상실했던 낙원을 회복할 뿐 아니라 악마의 질투로 말미암아 빼앗겼던 것보다도 훨씬 많은 선물을 그리스도의 형언키 어려운 은총에 의해 받게 되었기 때문이다. 즉 전에 악한 원수에

의해 낙원에서 쫓겨난 아담의 자손들은 하느님의 성자와 합체가 되어 성부 오른편에 앉을 수 있는 신분이 되었기 때문이다"했다. 우리 인류의 성질(性質)은 이리하여 최고의 하느님의 영광에 참여하게 되었다. 그리스도께서는 참으로 사람의 몸으로서 하늘에 올라가시고, 인성을 가지신 그대로 하느님의 옥좌에 앉으시고 영원히 그처럼 사신다. 이것은 우리 인류에게 있어서는 최상의 명예라 하지 않을 수 없다. 우리 중의 한 사람, 신비체의 지체인 우리도 신화(神化)되어 있는 셈이다. 그래서 오늘 미사의 감사송에서 "우리를 당신 천주성에 참여케 하시기 위하여, 그들이 보는 앞에서 하늘로 올라가셨나이다" 하고 노래하게 된 것은 매우 의미 심장하다. 주님께서 승천으로써 우리에게 신성(神聖)함을 베풀어 주셨다. 그러나 그와 동시에 '수르슴 코르다' 즉 마음을 하늘로 올릴 것을 우리에게 요구하신다. 죄악은 그리스도와 더불어 승천하지 않았다. 그것은 우리를 지상에 결박시켜 놓은 올가미이다. 우리는 이 올가미를 끊어 버리자. 그렇게 하기 위해서는 우선 육체는 비록 이 세상에 있다 할지라도 마음은 언제나 하늘로 올라가 의지와 욕망에 있어서 항상 천상적 생활을 하도록 노력하지 않으면 안 된다. 그렇게 하면 후일 영혼이나 육신이나 모두 주님의 뒤를 따라 천국에 들어갈 수가 있을 것이다. 예수께서는 언젠가 말하시기를 "하늘에 계신 내 아버지의 뜻을 실천하는 사람이라야 들어간다"(마태 7, 21) 하셨다. 따라서 현세에서도 주님을 본받아 순순히 하느님의 계명을 지키는 것이 무엇보다도 확실하고도 참된 천국으로 들어가는 길이라 할 수 있을 것이다.

성령 강림 대축일

[Dominica Pentecostes. 축일; 주님 승천 대축일 다음 주일]

성령 강림 대축일은 그 이름대로 성령께서 사도를 위해 내려오신 기념일이고, 또한 교회가 생겨 처음 활동을 개시한 기념일이기도 하다. 이는 부활 주일 다음 가는 대축일이므로 전자와 똑같이 제1급의 축전(祝典)으로서 한 주일 동안이나 축하하는 것이다. 우리는 말구유나 십자가를 볼 때마다 "하느님은 이 세상을 극진히 사랑하셔서 외아들을 보내 주시어 그를 믿는 사람은 누구든지 멸망하지 않고 영원한 생명을 얻게 하여 주셨다"(요한 3, 16) 하신 성서 말씀을 생각한다면 성령 강림 대축일을 맞이할 때마다 "하느님은 이처럼 세상을 사랑하시어 성령을 주시기까지 하시니 그 성령께서 전 세계를 덮고 지상의 모든 면이 새로워지기 위함입니다" 하고 말하지 않으면 안 되겠다.

(1) 성령의 힘과 은총은 우선 사도들 및 그들과 함께 모인 소수의 신자들을 새 사람이 되게 했다. 그7들은 예수의 명령을 따라 주님과 최후의 만찬을 같이 한 낯익은 작은 방, 예루살렘에 있는 한 방에 모여 약속된 성령의 도움을 우러러 갈망하며 진리의 성령이 오셔서 예수께서 저들에게 말씀하신 모든 것을 가르치고 깨우쳐 주시리라(요한 14, 26참조)는 것을 고대하며 합심하여 "당신 입김 불어넣으시면 다시 소생하고 땅의 모습은 새로워집니다; 보내시는 당신 얼에 그들은 창조되어 누리의 모습은 새롭게 되나이다"(시편 104, 30) 하고 기도하고 있었던 것이다.

그런데 주님의 승천 후 10일째 되는 날이었다 .아침 9시경 갑자기 이상한 바람 소리가 들려 오는 것 같더니 천상의 위대한 힘이 그 집에 충만하고 동시에 불 같은 혀가 그들에게 나타나더니 갈려져 각자 위에 머물렀다. 그러자 일동은 성령으로 충만되어 성령이 시키는 대로 여러 나라 말을 하기 시작했다.

그 당시 예루살렘에는 각국에서 모여든 유다인이 많이 살고 있었는데, 위의 이상한 말을 듣고 무슨 영문인가 하고 달려가 보니 사도들이 자유로이 외국말을 하는 것을 듣고 놀라며 감탄하는 자도 있었고, 술에라도 취한 것이 아니냐 하고 조소하는 자도 있었다.

그때 으뜸 사도 성 베드로는 일어나서 성령의 인도하심을 따라 불을 토하듯이 일장의 설교를 해 본 결과 사람들은 깊이 감동하고 그 즉시 영세하여 신자가 된 이가 3천 명이나 되었다고 한다.

(2) 그래서 성령 강림 대축일에 우리가 기념하는 것은 다만 이상과 같은 일시적인 사실뿐이 아니라 교회 내에 항상 계시는 성령의 끊임없는 작용까지도 겸해 축하하는 것이다. 성 아우구스티노는 성령을 교회의 영(靈)이라

고 칭했다. 그리스도께서는 모든 인류를 영원한 행복에 인도하시기 위하여 교회를 창립하시고 은총의 길인 일곱 성사를 정하시고 이를 집행케 하는 데 사도들을 선택하시고 성 베드로를 저들의 으뜸으로 삼아 최초의 성직계를 세우시고 이들에게 도교의 전권을 부여하시며 참된 신앙을 만민에게 전하라고 명하셨다.

이리하여 교회의 중요한 조직은 완성된 셈이지만 그것만으로는 아직 영혼 없는 육체와 같아서 생명도 없고 활동도 없었다. 그런데 거기에 성령이 강림하시어 그리스도의 신비체인 교회에 생명을 부여하고 그 성스러운 원동력에 의해 비로소 활동이 일어나고 성 베드로의 설교로써 훌륭히 3천명이란 영혼을 기종시킬 수가 있었던 것이다.

그 후부터 성령께서는 교회의 전교사업을 통하여 그침 없이 모든 국민과 모든 민족에게 힘을 주었을 뿐 아니라 이후도 세상 마칠 때까지 진리의 성령으로써 교회를 돕고 그 교직자를 오류에서 보호하고 그들의 설교를 축복하여 사람들의 마음에 머물게 하고 좋은 열매를 맺게 하신다. 또한 사제직을 통하여 성사로써 은총을 베풀고 영혼을 비추며 정결케 하고 강하게 하며 위로하신다 그 외 죄를 용서하는 권리드 성령께로부터 오거(요한 20, 23참조) 미사 성제도 그의 활동에 기인한다. 즉 성령께서는 전에 성모 마리아의 태중에 그리스도의 인성을 만드신 것과 같이 지금도 미사 중에 빵과 포도주를 그리스도의 살과 피로 변화시키는 것이다. 그러므로 거양 성체 때 성령을 제물 위에 불러 내리는 것은 가장 적당하다고 할 수 있을 것이다.

마지막으로 성령은 주교직을 보호 지도하며 언제나 신자에게 그리스도교적 생활을 계속하라고 격려하신다. 그리고 교회에 초자연적 힘을 부여하고 지옥문이 영구히 이를 이기지 못하도록 하신다.

(3) 성령 강림 대축일은 또한 우리 영혼에 있어서의 성령의 작용도 기념한다. 우선 영세 때 그는 우리에게 초자연의 생명을 주시며 하느님의 자녀로 삼아 주셨다. 우리가 성령의 거룩한 궁전이 된 것도 그때부터이다. 다음 견진 때에 성령은 우리를 강하게 하시며, 언제, 어떤 경우라도 두려움 없이 신앙을 고백하고 영혼구원을 위해 원수와 용감히 싸울 힘을 베풀어 주셨다. 그 외 우리에게 지혜를 비추시며 영원한 진리와 하느님의 뜻을 명백히 깨달

게 하시며 악을 피하고 선을 행하도록 권고하시는 이도 역시 성령이시다. 실로 성령 없이는 우리는 기도나 선행이나 무엇이나 하지 못하는 것이다.

이와 같이 성령의 경탄할 만한 활동을 묵상해 본다면 성령 강림 축일의 참된 기쁨의 이유를 알 수 있을 것이다. 또한 그와 더불어 성령께 대한 감사의 정이 솟아오름을 금치 못할 것이다. 그러므로 우리는 오늘을 적합하게 축하하는 동시에 평소의 은혜를 보답하는 뜻으로도 이후 대죄를 피하고 성령의 궁전인 우리의 몸을 더럽히지 않도록 조심하는 동시에 작은 죄까지도 멀리하여 조금이라도 그의 마음을 상해드리는 일이 있어서는 안 될 것이다.

삼위 일체 대축일

[SS. Trinitas. 축일; 성령 강림 후 다음 주일]

성령 강림 후 첫째 주일은 영혼 구원 사업에 관계 있는 이제까지의 모든 대축일을 총괄하여 교회의 달력 중에서도 최고에 속하는 축일로 지내는 삼위 일체 대축일이다. 교회에서는 이날을 다른 큰 축일처럼 성대히는 지내지 않는다. 그것은 아무리 노력해도 도저히 성삼의 존엄성에 적합한 축하를 할 수 없기 때문이다. 그러나 그 대신에 교회는 매 주일을 성삼께 바치고 있는 것이다.

오늘 기념하는 것은 가장 심원하고 가장 신성한 신앙의 현의(玄義)이다. 즉 하나이시고 삼위이신 하느님 바로 그분이다. 성부도 하느님, 성자도 하느님, 성령도 하느님이시다. 그러나 세 분의 하느님이 아니라, 유일하고도 영원 무궁한, 깨달을 수 없는 하느님이시다. 왜 그러냐 하면 신성(神聖)과 그 본질은 완전히 동일하며 세 분이 모두 이를 공유(共有)하고 계시기 때문이다. 즉 하느님으로서는 성부가 성자보다 위대한 것도 아니며, 성자가 성령보다 위대한 것도 아니다. 전혀 상하가 없다. 다만 성부는 제1위시고, 성자는 영원히 성부의 본질에서 태어났으므로 제2위시고, 성령은 성부와 성자에게서 발하시는 분이시므로 제3위라고 구별할 따름이다.

이와 같이 깊은 현의는 한정이 있는 인간의 지혜로서는 도저히 해득할 수 없는 점이 있다. 그것은 성 아우구스티노의 전설에 있는 것처럼 큰 바다의 끝을 조그마한 모래 구멍에 담는 것보다 더 어려운 문제이다. 단일 우리에게 납득될 수 있는 하느님 같으면 그것은 결코 참된 하느님--무한(無限)한 자--이라고 할 수 없을 것이다.

그대로 깨달을 수 없다는 것이 도리에 어긋난다고는 말할 수 없다. 자연계에 있어서도 우리의 지혜로써 납득치 못하는 사물이 얼마든지 있다. 그렇다면 가장 높은 영신계 최대의 현의가 이해되지 못한다는 것은 오히려 당연한 일이 아닌가? 사실 우리는 하느님의 특별한 계시가 없었다면 그러한 현의가 있는 것까지도 알 수 없었을 것이다.

그런데 다행히 성부께서는 성자를 보내시어 그의 입을 통해 자기를 드러내 주셨다. 성자는 강생하여 우리 사이에 거처하심으로써 자기를 보여 주셨다. 그리고 예수께서 요르단강에서 세례를 받으셨을 때에 3위가 같이 나타나서 성부는 "이는 내 사랑하는 아들이다"는 소리로써 성자는 세례로써, 성령은 비둘기 모양으로써 각각 자기를 보여주신 것이다. 또한 오늘 복음에는 주 예수께서 성삼의 이름을 명백히 말씀하셨다. 즉 "너희는 가서 이 세상 모든 사람들을 내 제자로 삼아 아버지와 아들과 성령의 이름으로 그들에게 세례를 베풀라"(마태 28, 19)고 승천하시기 전에 사도들에게 말씀하셨다.

그러나 여하튼 무한한 하느님의 사정은 깨닫기 곤란하다. 우리는 정직하고 겸손하게 그 앞에서 머리를 숙이고 "주여, 우리는 당신을 믿나이다. 그러나 우리의 약한 신앙을 도와 주소서!" 하고 기도하는 것이 좋을 것이다.

또한 우리는 이 대축일을 맞이하여 성삼의 은혜에 감사하지 않으면 안 된다. 창조, 영혼 구원, 성성(成聖)의 사업은 모두 성삼의 공동의 힘으로써 성취된 것이지만, 삼위의 기원이 상이하므로 우리는 보통 각각의 기원에 적합한 사업을 그 각 위에게 할당해 생각하는 것이 상례이다. 즉 성부는 성자를 낳으셨다. 그러므로 우리는 "천지의 창조주, 전능하신 천주 성부를 믿으며"라고 사도 신경에서 기도하고 있다. 또한 성자는 성부의 영원한 인식과 지혜에 지나지 않는다. 그러함으로써 창조에서의 질서는 그의 활동으로 간주하며, 특히 구속의 사업은 그 계획이 성자에 의해 이루어진 것 외에 성자 자신 사람이 되어 우리를 위하여 수고하시고 또 수난하시고 또한 죽기까지

하신 점으로 보아 성자의 업으로 생각하는 것이다. 마지막으로 성령은 성부와 성자 서로의 무한한 사랑이다. 그러므로 하느님의 은총의 업은 모두 성령의 것으로 간주하게 되지만 그중에도 창조에 있어서의 자연적 생명의 부여, 또한 은총에 의한 초자연적 생명의 부여, 바꾸어 말한다면 성성(成聖)의 사업 등은 성령의 일로 생각하게 된다. 따라서 우리는 성부께 창조되고, 성자께 구속되고, 성령께 성성된다고 말할 수 있을 것이다. 쉽게 얘기하면, 하느님 아버지는 우리를 창조하시고, 예수 그리스도는 우리를 구원하시고, 성령께서는 우리를 거룩하게(聖化) 하신다는 것이다.

또한 우리는 우리의 생활이 오로지 성삼의 힘으로 이루어진다는 것, 또 모든 성사나 강복이 성삼의 이름으로써 베풀어진다는 것을 생각해야 한다. 가령 성세 성사에 있어서는 "나는 당신에게 성부와 성자와 성령의 이름으로 세례를 줍니다" 하며 물을 부을 때 천주 성삼은 우리 안에 계시게 되고 우리를 그 성전으로 축성하고 영원히 사라지지 않는 인호를 영혼에게 심어주신다. 그러므로 이런 성스러운 인호를 더럽히는 대죄를 피하는 것이야말로 우리가 해야할 일이다. 왜냐하면 그 인호는 고통을 당할 때나 박해를 당할 때에 우리의 희망을 지지해 주기 때문이다. 그러므로 우리는 이 인호를 점차 빛나게 하기 위해서 하느님의 뜻을 충실히 완수하고 성부와 성자와 성령의 영광을 드러내도록 해야 할 것이다. 그 외 고해 성사에서도, 병자 성사에서도 성삼의 이름에 의해 죄가 사해진다는 것은 익히 알려져 있는 사실이다.

성삼의 찬미에 대해서는 교회가 가장 훌륭한 모범을 우리에게 보여주고 있다. 교회의 기도에는 성삼께 대한 찬송이 많이 있다. 사제나 수도자가 기도하는 성무 일도의 시편은 모두 "영광이 성부와 성자와 성령께, 처음과 같이 이제와 항상 영원히. 아멘"이라는 영광송으로 끝을 맺고 있다. 또한 성무 일도를 시작할 때도 늘 먼저 이것을 기도하고 있는 것이다.

그러나 성삼께 대한 가장 탁월한 기도는 미사 성제일 것이다 .그것은 성삼을 찬미하고 감사하고 또한 은총을 구하는 희생의 제사이기 때문이다. 그러므로 성부와 성자와 성령의 이름에 의해 시작된 미사 성제에 참여하면 우리는 성삼을 가장 적합하게 흠숭하게 되는 셈이다. 그리고 우리는 성삼의 계시를 받고 하느님의 거룩한 자녀가 된 만큼 미사 때 삼위 일체의 현의에 대한 신앙을 점점 견고케 해 주시도록 기도하는 것을 잊어서는 안 된다.

복되신 동정 마리아의 방문 축일
[Visitatio B. Mariae V. 축일 5. 31.]

주 예수와 성모 마리아의 일생을 통하여 이루어진 모든 행적은 하나도 버릴 바 없어, 우리에게 모범이 되고 혹은 우리에게 교훈이 된다.

가브리엘 천사가 나자렛에 있는 처녀 마리아에게 나타나, 당신이 후에 구세주의 어머니가 될 것을 전할 때에 예루살렘의 남방에 위치한 유다 마을에 사는 그녀의 친족 엘리사벳에 대한 이야기도 나왔다. 그의 말에 의하면, 사제 즈가리야의 부인인 엘리사벳은 노년에 이르기까지 자녀가 없어서 사람들의 멸시를 받다가 근래에 기적적으로 잉태하여 이미 6개월이 되었다는 것이었다.

이 소식을 들은 거룩한 처녀 마리아는 하느님의 섭리의 오묘하심에 크게 놀라지 않을 수가 없었다. 그리고 그의 전능하신 힘에 의해 비록 남자를 모르는 자신일지언정 천사의 말씀대로 구세주의 어머니가 된다는 것은 틀림없는 사실이라고 생각했다. 워낙 동정심이 강한 그녀는 친척 엘리사벳과 그의 남편 즈가리야의 기쁨을 스스로의 일처럼 기뻐하지 않을 수 없었다. 그들은 자녀가 없었으므로 오랫동안 하느님께 열렬한 기도를 바쳤음을 아시기 때문이다.

성모 마리아께서는 그들을 축하하실 겸 또는 여러 가지 어려운 일을 돌보아 드릴 겸 곧 엘리사벳을 방문하기로 결심하셨다. 유다 마을에 가려면 첩첩이 가로놓인 산을 여러 개 넘어야 하므로 나자렛에서 그곳까지는 3일이나 걸리는 길이다. 그러나 하느님과 사람에 대한 사랑이며 또한 은총과 기쁨에 가득 찬 그녀에게 그것은 도무지 어려운 여행이 아니었다. 그녀는 흔연히 일어나 이 여행을 서두르셨다.

마리아가 엘리사벳의 집에 이르러 그 지방 풍속대로 문안의 말씀을 전하니 이 말씀을 들은 엘리사벳의 태중의 아기는 뛰놀고 엘리사벳도 즉시 성령을 충만히 받아 큰 소리로 외쳤다. "모든 여자들 가운데 가장 복되시며 태중의 아드님 또한 복되십니다. 주님의 어머니께서 나를 찾아 주시다니 어찌 된 일입니까? 문안의 말씀이 내 귀를 울렸을 때에 내 태중의 아기도 기뻐하며 뛰놀았습니다. 주님께서 약속하신 말씀이 꼭 이루어지리라 믿으셨으니 정녕 복되십니다."

그때 성모 마리아도 성령에 충만하여 곧 그 계시대로 하느님을 찬미했다. "내 영혼이 주님을 찬양하며 내 구세주 하느님을 생각하는 기쁨에 이 마음 설렙니다. 주님께서는 여종의 비천한 신세를 돌보셨습니다. 이제부터 온 백성이 나를 복되다 하리니 전능하신 분께서 내게 큰 일을 해주신 덕분입니다. 주님은 거룩하신 분, 주님을 두려워하는 이들에게는 대대로 자비를 베푸십니다. 주님은 전능하신 팔을 펼치시어 마음이 교만한 자들을 흩으셨습니다. 권세 있는 자들을 그 자리에서 내치시고 보잘것없는 이들을 높이셨으며 배고픈 사람은 좋은 것으로 배불리시고, 부요한 사람은 빈손으로 돌려 보내셨습니다. 주님은 약속하신 자비를 기억하시어 당신의 종 이스라엘을 도우셨습니다. 우리 조상들에게 약속하신 대로 그 자비를 아브라함과 그 후손에게 영원토록 베푸실 것입니다." 이 유명한 말씀은 그때부터 전 교회를 통하여 하느님을 찬미하고 성모의 성덕을 찬송하는 데 불려진 으뜸가는 찬송가가 되었다.

마리아께서는 2개월 동안 엘리사벳의 집에 머무르셨다. 2개월 동안 무엇을 하셨는지는 성서에도 상세히 기록되어 있지 않다. 그러나 마리아의 성품을 보아, 그동안 얼마나 성의껏 엘리사벳을 도와 드렸는지 가히 알 수 있는 일이다.

성모께서는 하느님의 어머니시라는 지극히 높은 지위에 계셨지만 여전히 주님의 종이라는 겸덕(謙德)을 잊지 않으셨다. 그러나 하느님께서는 자기를 낮추는 자를 높여 주신다. 하느님이신 성령께서 그녀의 입을 통해 부르게 한 찬미가 속에 그 진리가 있지 않은가? "주님께서는 여종의 비천한 신세를 돌보셨습니다. 보잘것없는 이들을 높이셨으며… 이제부터 온 백성이 나를 복되다 할 것입니다." 바로 이 말씀대로 성모께서는 지금까지 그러했고 또 앞으로도 그러하셔서 세세 대대로 하느님의 성모로서 존경과 찬미를 받으실 것이다. 전 세계를 통하여 얼마나 많은 성당이 그녀의 이름으로 성대하게 봉헌되었는가? 또 남녀노소를 막론하고 얼마나 많은 신자들이 매일같이 성모송을 외고 있는가? 친애하는 신자여, 그대들도 성모송을 성의껏 외우면 성모께서는 틀림없이 이제와 우리 죽을 때에 우리를 도와 주실 것이다.

【 교 훈 】
우리도 성모님을 본받아 이웃을 사랑하고 하느님을 사랑하는 마음에서 이웃에게 봉사하는 겸양의 덕을 배우자.

그리스도의 성체 성혈 대축일

[SS. Corpus et Sanguis Christi. 축일; 삼위 일체 대축일 후 목요일]

모든 성사 중 가장 거룩하고도 또한 가장 은총이 풍부한 것은 성체 성사이다. 성체 성사의 제정에 관해서는 성 목요일, 즉 주님 만찬 날에 축하하기로 되어 있지만, 그날은 최후의 만찬 후 즉시 수난이 따라오므로 도저히 마음껏 기쁨으로 지낼 수 없다. 그러므로 그것을 보충하기 위해 삼위 일체 대축일 다음 주일을 택하여 특별히 성체께 찬미를 드리며 축하한다. 이것이 곧 그리스도의 성체 성혈 대축일이며 그날 우리는 미사 성제와 행렬로써 성체 안에 계시는 하느님께 그분이 이 성사를 제정하여 교회에 베풀어주신 커다란 은혜를 감사하며 주님을 정성껏 흠숭해 드리는 동시에 지극히 높은 현의(玄義)에 대한 신앙을 공공연하게 표시하는 것이다.

지금 이 축일의 발단을 더듬어 본다면, 이를 제창한 이는 리에스라는 도시에 살던 성녀 율리아나인데, 1246년 로베르토 주교가 성체의 제정 감사를 위해 우선 이 축일을 설정했다. 다음 1264년, 전에 리에스의 주교좌 부제였던 교황 우르바노 6세가 이를 8일간의 축전(祝典)으로서 모든 교회에서 지키도록 했다. 이 교황의 명령을 받아 그를 위한 전례(典禮)를 편찬한 이는 유명한 교회 박사 성 토마스 대 아퀴노였다. 성체 거동은 위의 축일이 설정되고 나서 행하게 되었던 것이다.

(1) 이 축일에 기념하는 것은 신덕 도리 중의 하나의 현의이다. 하느님의 지혜는 사람으로서는 도저히 생각지도 못하는 방법을 안출(案出)하여 그 전능으로써 이 현의를 실현시켰다. "이것은 내 몸이니라. 이것은 내 피니라" 하는 성변화(聖變化)의 말씀에 의하여 그리스도께서는 천주성과 인성, 영혼과 육신, 살과 피로써 빵과 포도주의 형상 안에 그 형상이 존속하는 한, 실로 본질적으로 계시게 된다. 이 현의를 쉽게 믿도록 하기 위해서 주님께서는 성체의 약속을 하시기 전에 그 준비로 두 개의 큰 기적을 행하셨다. 그 중의 첫째는 다섯 개의 빵으로써 5천 명을 배부르게 먹이고 나서 열 두 광주리의 남은 조각을 거두게 한 사실인데(요한 6, 1-15 참조) 그리스도께서는 이것으로써 자기 자신이 빵에 대하여 전능을 갖고 있는 사실을 가르치고 이같이 수를 많게 하실 수 있다면 그 본질을 변화시킬 수도 있다는 것을 가르쳐 주셨다. 다음에 둘째 기적은 그날 밤 호숫가의 물위를 15리 가량이나 걸으셨다는 것인데, 이것은 주님께서 자기의 몸을 어떤 모양으로든지 되게 할 수 있고 그를 물속에 잠기지 않게 할 수 있는 이상 그를 빵의 형상 안에 숨길 수도 있다는 것을 사람들에게 깨우쳐 주기 위함이었다.

이 두 기적이 있은 후 예수께서는 가파르나움에서 "내 살을 먹고 내 피를 마시는 사람은 내 안에서 살고 나도 그 안에서 산다"(요한 6, 56) 하고 명백히 약속하셨다. 그리고 유다인들-아니 제자들까지도 이를 믿기 곤란하다고 하며 주님의 곁을 떠나려고 할 때 주님께서는 저들을 만류하지도 않으셨고 또한 먼저 약속한 말씀을 약하게 하며 헐하게 하지도 않으셨다. 게다가 사도들에 대해서까지도 이를 믿든지, 그렇지 않으면 떠나가라는 태도를 취하셨다. 그래도 몇 번이고 주님의 기적을 목격한 그들에게는 그 믿기 곤란한 말씀을 믿는 것도 별로 힘든 일이 아니었다.

"주님, 주님께서 영원한 생명을 주는 말씀을 가지셨는데, 우리가 주님을 두고 누구를 찾아가겠습니까? 우리는 주님께서 하느님이 보내신 거룩한 분이심을 믿고 또 압니다"(요한 6, 68-69).

성체 건립의 말씀도 그와 못지 않게 알아듣기 힘드는 것이지만, 주님께서 그것을 말씀하신 것은 가장 엄숙한 이별의 때였고, 도저히 제자들이나 세상 사람들에게 애매하고도 그릇된 것을 가르쳤으리라고는 생각되지 않는다.

또한 자연계의 변화도 주님의 말씀을 믿는데 도움이 된다. 가령 곡식의 종자는 이삭이 되고, 포도는 포도주로 변화되고, 꽃은 꿀을 내고 음식물은 살과 피로 변화한다. 성스러운 변화 때 제대 우에 내려오시는 분은 이런 기이한 자연 현상을 정하신 같은 전능의 하느님이시라는 것을 잊어서는 안 된다. 그러므로 우리는 오관으로써는 이 현의를 똑바로 깨닫지 못한다 하더라도, 또한 빵과 포도주로밖에 안 보인다 하더라도 성 토마스 데 아퀴노와 같이 "보고 맛보고 만져 봐도 알 길 없다"고 절규하며 오관에 의지하지 말고 역시 성 토마스처럼 "다만 들음만으로 믿음 든든합니다"라고 말하자. 우리는 이 귀로 그리스도 교회의 유일 무이한 가르침을 받고 천주 성자께서 계시하신 영원한 진리를 믿었다. 그렇다면 우리는 성체를 방문하고 성체 강복에 참여하고 종종 미사에 참여하면서 영성체를 모시고 성체 대전에서 예의를 갖추어 몸과 마음을 정결하게 보존하며 자기의 신앙을 드러내자.

(2) 지극히 거룩한 성체는 또한 사랑의 현의, 사랑의 성사이다. "나는 세상 끝 날까지 항상 너희와 함께 있겠다"(마태 28, 20) 하신 그리스도의 약속은 제대에 계시는 성체 성사로 말미암아 실행되었다. 이리하여 주님께서는 성사를 통하여 우리 안에 계시며 세상에서의 생활을 계속하고 계신다.

애제자인 성 요한 사도는 성체의 주님의 사랑이 대하여 말하기를 "예수께서는 이제 이 세상을 떠나 아버지께로 가실 때가 된 것을 아시고 이 세상에서 사랑하시던 당신의 제자들을 더욱 극진히 사랑해 주셨다"(요한 13, 1) 했다. 주님께서는 황송하게도 인류와 같이 그것도 전처럼 다만 팔레스티나의 한곳에만 머물지 않으시고 될 수 있는 대로 곳곳에 계시기를 원하셨다. 세상에 있는 주님의 별, 즉 감실 앞에 켜 있는 성체등이 하늘의 별과 같이 거의 무수히 있게 된 것도 이러한 이유에서이다. 주님께서는 한 나라의 백성뿐 아니라 여러 나라 백성을 불쌍히 여기며, 축복하며 행복으로 인도하신다. 그리고 옛날과 같이 병든 자와 임종자를 방문하며 거룩한 양식으로써 영원한 여행자를 돕고 있는 것이다.

게다가 감실 안에 계시는 모양을 본다면 마치 죄수와 비슷하다. 그분은 언제나 어떠한 경우에나 우리를 만나 보기를 기뻐하므로 그런 곳에 숨어 계시는 것이다. 그분은 "나에게 오너라. 그러면 나 너희를 편히 쉬도록 하리라"고 온갖 고통에 시달린 자를 부르고 계신다. 우리를 온순한 말씀으로써 위로하며, 거울로써 가르쳐 인도하고, 은총으로써 강하게 하며 격려하고, 특히 성체의 그 자신을 주시며 행복하게 하신다.

이리하여 주님께서는 선인의 품에도, 죄인의 품에도 기꺼이 내려오신다. 그리고 우리를 위하여 빵의 형상 속에 깊이 숨어 계시며 전에 사람으로 계실 때에 받으신 것과 똑같은 모욕과 경멸과 냉대를 받고 계신다. 누가 이와 같은 희생적 사랑을 깨달을 수 있을 것인가! 누가 이와 같은 사랑에 보답할 수 있을 것인가! 우리는 적어도 신앙에 따라 성체 안에 계시는 예수께 정성껏 존경을 드리고 그 한없는 사랑에 대하여 사랑으로 보답해 드리지 않으면 안 된다. 이런 사랑만 있다면 우리는 어떻게든지 성체의 주님을 찬미하기 위하여 거동을 하며 그 길을 아름답게 꾸미지 않을 수 없다. 또한 연중 성당을 깨끗이 하며 제대를 아름답게 꾸미도록 노력하며, 그를 위하여 응분의 기부를 하지 않을 수 없게 된다. 아시시의 성 프란치스코는 사제만이 성체를 이루며 영해 줄 권리가 있는 점으로 보아 그들을 특별히 존경했다. 우리도 같은 이유로 기도와 희생으로써 어진 사제를 많이 보내주시도록 노력하자.

예수 성심 대축일

[SS. Cor Jesu. 축일; 성령 강림 후 제2주일 후 금요일]

교회에서는 그리스도의 성체와 성혈 대축일부터 8일째 되는 금요일을 지극히 거룩한 예수 성심 대축일로 정했다. 이것은 "지극하신 사랑으로 십자가에 높이 달리시어 우리를 위하여 몸소 당신을 제물로 바치시고, 심장이 찔리시어 피와 물을 쏟으심으로써 교회에서 이루어지는 여러 가지 성사의 원천이 되셨으니, 모든 이가 구세주의 열리신 성심께로 기꺼이 달려가 끊임없이 구원의 샘물을 퍼내기" 위함이었다(오늘 감사송에서 인용).

예수 성심에 대한 신심은 그 거룩한 옆구리와 관계가 있으므로 우선 창에 찔림으로써 시작되었다고 볼 수 있다. 그러므로 성 베르나르도는 "창으로 말미암아 주님의 성심은 속 깊이까지 열려, 그 자비의 깊은 현의와 우리에 대한 하느님의 불쌍히 여기심은 명백히 드러났다"고 말했다.
　이 예수 성심을 존경한 성인은 옛날부터 적지 않으나, 가장 유명한 분을 열거한다면 성 보나벤투라, 성녀 메히틸다, 성녀 제르트루다 등을 헤아릴 수 있다. 그러나 지금과 같은 예수 성심에 대한 신심이 행해지게 된 것은 성녀 마르가리타 마리아 알라코크에게 주님께서 특별한 계시를 보여주신 데 기인한다. 즉 예수께서는 몇 번이고 성녀에게 발현하여 사람들을 깊이 사랑하면서도 늘 배은 망덕을 받고 있는 성심을 보이며, 그 축일을 설정할 것과 보속으로 매달 첫 금요일에 영성체를 할 것과 목요일 밤에 게세마니 동산의 수난을 묵상할 것-성시(聖詩)- 등을 원하시며 그 신심을 계속하는 자에게는 풍부한 은총을 내려 주실 것을 약속하신 것이다.
　1765년 교황 클레멘스 13세는 폴란드 주교들의 바람에 의해 성심축일을 허가했는데, 그 후 곧 이 축일은 널리 퍼져 지켜지게 되었다. 비오 9세는 1856년 이를 전교회의 축일로 정하고, 레오 13세는 1889년 제1급의 축일로 승격시키고, 비오 11세는 1928년 8부로 지내는 특별 축일로 정하고 새로운 전례, 새로운 성무 일도, 공공연한 보상의 기도를 결정했다. 또한 레오 13세는 전세계를 예수 성심께 봉헌했고, 비오 11세는 이를 따로 하여 그리스도 왕 축일을 설정했다.
　예수 성심에 대한 신심의 방법은 교황들의 교서와 예수 성심 기도에서 이루어졌다. 우리는 성심의 표시하는 상징 하에 하느님이신 구세주의 무한한 사랑과 흘러 넘치는 자비심을 공경하는 것이다(비오 6세). 주님의 몸의 생활한 성심(심장)은 사랑과 고통에 충만되어 천주 성부와 본질적으로 합체되고 있는 것이다. 그러므로 예수 성심(심장)에게 존경을 표시하는 것은 바로 천주 성자, 성심 중에서 가장 깊은 마음을 보여주신 예수 그리스도 전체에게 존경을 드리는 것이 된다(레오 13세).
　예수 성심은 우리가 그 무한한 사랑을 보답하는 데 사랑으로써 하기를 목마르게 원하고 계신다. 그러나 그분이 당하고 있는 것은 흔히 사람들의 배은 망덕, 냉대, 태만에 의한 고독 뿐이라 하겠다. 구세주의 이 같은 통탄할 마음을 깨닫는다면 성심의 목적도 스스로 결정되지 않을 수 없다. 그것은 주님의 무한한 사랑에 대하여 우리도 참된 사랑으로써 보답하고 주님께 가해진 모욕을 보상하고 종말에는 완전히 그와 일치해 드리는 것이다.

(1) 이 목적에 적합한 예수 성심 신심의 첫째 방법은 그리스도를 알고 그 사랑을 깨닫기 위하여 주님의 생애, 수난 및 지극히 거룩한 성체께 대하여 묵상하면서 주님의 성심을 연구하는 데 있다. 이에는 복음과 예수의 전기 등을 읽는 것이 좋을 것이다. 주님의 자비 깊으신 성심은 지금도 그의 자비하심을 구하는 고해 때, 또한 영적으로 허기진 자가 그에게 봉양되는 영성체 때 우리 안에 생활하고 계시는 것이다.

(2) 예수 성심을 사랑해 드려야 한다. 한 번만이라도 참으로 그 사랑을 깨닫는다면 우리도 사랑으로써 보답해 드리지 않을 수가 없게 될 것이다. 그러므로 우리는 종종 사랑의 화살 기도를 바치며 충실히 책임을 완수하고, 주님을 사랑하는 마음에서 본래의 게으름을 고치고 나쁜 유혹을 물리치고 인내로써 십자가를 지고 주님의 덕을 본받아 그와 유사한 자가 되도록 노력하자. 더 상세히 말한다면 하느님과 그의 대리자에 대한 복종, 하느님의 영광을 드러내기 위한 열심과 분발, 모든 고난을 어렵게 생각지 않는 인내와 희생의 정신, 참된 온순과 겸손, 남의 결점에 대한 용서 등을 예수께 배워야 한다. 이것이야말로 예수 성심을 참으로 공경해 드리는 표시인 것이다.

(3) 예수 성심께서 받으신 능욕을 보상하자. 세상 사람들이 일상 생활이나 복장 등의 불미한 점을 망각하고 조금도 수치로 여기지 않고, 정결한 자를 유혹하고, 주일이나 금요일을 거룩히 지키지 않고, 하느님을 모독하고 교황과 사제들을 조소하고 거룩한 성사를 더럽히고 그리스도께서 창립한 교회의 가르침이나 권리를 배반하면서 주님의 성심을 상해 드리는 일이 결코 적지 않다. 그러므로 우리가 만일 진심으로 하느님을 사랑하고 있다면 그의 슬픔을 우리의 슬픔처럼 생각하게 될 것이다. 지극히 거룩한 예수 성심은 전에 세상에 계실 때 게세마니 동산에서 그때부터 세상 마칠 때까지 받을 여러 가지의 모욕을 생각하고 대단히 고통을 느꼈었는데, 실로 인간이 범하는 죄 하나하나는 하느님의 사랑을 멸시하는 무한한 배은 망덕이고 모두 보상을 요하는 것뿐이다. 그래서 예수 성심께 동정을 가진다면 말로뿐 아니라 행동으로써도-즉 박애, 자선 사업을 하며 고신극기하고, 가끔 경건한 마음으로 영성체를 모시고 주님을 흠숭하고 죄의 용서를 청하며 그의 슬픔을 보

상하기 위하여 결심하고 노력하지 않으면 안 된다.

　(4) 예수 성심 신심의 가장 숭고한 목적은 완전히 주님과 일치해 드리는 것이다. 사랑은 마음의 일치를 가져온다. 마음으로 정신으로 그리스도와 같이 살며 그와 같이 생각하고, 느끼고, 그로 말미암아 살고, 그의 덕을 본받아 점차 그와 흡사한 자가 되고, 마침내 온전히 다른 그리스도가 되는 것, 이것이야말로 바로 그리스도와 일치하는 것이다. 그러므로 일체를 예수의 사랑으로 행동함으로써 더욱 성심과 일치하라. 천주 성심에 온전히 남기는 바 없이 자기를 봉헌하고, 그 성심이 널리 모든 사람에게 사랑을 받고 찬미를 받고 칭찬을 받는 것을 원하라. 이것이야말로 예수 성심께 대한 내적 공경이고, 이것이 있어야만 외적인 신심활동도 활기를 띠게 되는 것이다.

　예수 성심 신심의 외적인 행사란 것은,
　(1) 그리스도의 성체와 성혈 대축일부터 8일째 되는 금요일에 예수 성심을 특별히 공경하는 것이다. 이것은 무엇보다도 우선 보상을 위한 것이므로 기도도 정해져 있다. 외부 행사는 다음 주일에 행할 수가 있는 것이다.
　(2) 매달 첫 금요일은 특별히 예수 성심의 슬픔을 기념하기 위하여 봉헌된 날이므로 성체를 성광에 모시고 조배하며, 또한 보상하는 목적으로 영성체하는 것이다. 9개월간 첫 금요일에 보상의 영성체를 계속하는 자에게는 특히 임종 때에 풍부한 은총을 베풀어주리라는 것은 주님께서 성녀 마르가리타 마리아 알라코크에게 굳게 약속한 것이다.
　(3) 예수 성심의 축일은 보통 6월에 지내게 되므로 그달 전체를 통하여 성심께 대한 특별한 기도와 신심의 행사를 하는 습관이 있는 것이다.
　(4) 강복한 예수 성심 상본을 집의 적당한 곳에 모시고, 성심을 왕으로 삼고, 그에게 가정을 봉헌하고, 온 가족이 모여 그 앞에서 기도를 바치는 이 신심행사는 마태오 글로리라는 사제가 시작하고, 비오 10세 교황의 인가를 받아 1907년부터 널리 행하게 되었다.
　(5) 이외 예수 성심은 특별한 신심이어서 9일 기도나, 성심 상본에 대한 공경이나, 무수한 성심의 형제회 등에 의해 존경을 받고 있다.

하느님이신 구세주께서는 자기 성심을 공경하는 자에게 풍부한 강복을 약속하셨다. 실제 진심으로 이를 행하고 그리스도의 모범을 따라 자신의 수양을 위해 노력하는 자에게는 하느님께서 결코 적지 않은 강복을 내려 주실 것이다. 이 같은 사람들은 예수 성심 공경에 바친 노력에 몇 배 되는 보수를 얻을 수 있는 것이다. 그것은 마치 봄에 종자를 뿌린 농부가 가을에 몇 배의 수확을 얻는 것에 비교할 수 있을 것이다.

티 없이 깨끗하신 성모 성심

[Immaculatum Cor B. Mariae V. 축일; 예수성심 대축일 후 다음 토요일]

예수께서는 자기의 거룩한 성심을 우리에게 거울로 내 보이시며 "나는 마음이 온유하고 겸손하니 내 멍에를 메고 나에게 배워라"(마태 11, 29) 하셨다. 그러므로 성인들과 착한 신자들은 예수 성심을 본받기 위해 힘껏 노력했다. 그런 그들이 어느 정도로 본받았는가는 역시 그들의 노력 여하에 달려 있는 것이고, 또한 이는 마치 서로 얼굴이 다른 것과 마찬가지로 각자의 차이는 두드러질 것이다.

그런데 여기에 주님의 성심과 아주 흡사하고 어떠한 인간도 능히 도달할 수 없을 정도의 지고한 성역에 달한 마음의 소유자가 한 분 계시다. 그분은 두말할 것 없이 주님의 어머니이신 동정 마리아시다.

우리는 성심의 거룩함을 말하기 전에 먼저 '마음'이라는 두 글자를 생각해 볼 필요가 있다. 마음-이는 곧 성질, 감정, 친절, 애정, 자비, 겸손 등을 연상케 한다. 주님께서 "나에게 배워라" 하심은 이러한 의미에서였다. 또 성인들이 주님의 성심을 목표로 하여 배우기에 노력 매진한 것도 역시 이러한 의미에서였다. 즉 애정, 친절, 자비, 겸손 등을 습득하기 위함이었다. 그리고 성모 마리아의 성심도 이러한 의미에서 예수의 성심과 극히 비슷한 것이다. 예수의 성심은 신인(神人)으로서의 마음이다. 하느님께서는 무한히 완전하신 분이시므로 그 성심의 덕도 무한히 완전하시니, 어떠한 성인이라 할지라도 그의 완전하심에 만 분의 일이라도 따를 수 없음은 명백한 사실이다.

성모 마리아 역시 위대하신 분이시다. 그러나 인간이시므로 그분의 성심은 무한히는 완전하시지 못하실 것이며, 예수의 성심과 동등하다고는 할 수 없는 것이다. 이 두 성심의 유사한 점은 다른 어떠한 피조물도 가히 따를 수 없는 정도의 것이라는 것이다.

비록 천사라 할지라도 성모의 성심에는 미칠 수 없는 것이다.

실로 성도 성심은 예수 성심을 거울에 비추어 놓은 것과 같이 아름답다. 예수의 성덕이 성모의 성심 속에서 발견되지 않는 것은 하나도 없다. 예수께서는 온화하시고 겸손하시다.

마찬가지로 성모도 역시 그러하시다. 예수께서 "주여! 당신 뜻대로 하십시오" 하고 기도하셨으며 성모께서도 "이 몸은 주님의 종입니다. 지금 말씀대로…"라고 말씀하셨다. 예수께서는 스스로 인류를 구속하시기 위해 그 무거운 고통을 감수하셨고 성모께서도 자진하셔서 그의 모친이 될 중책을 맡으셨으며 일곱 개의 날카로운 칼날로 상징되는 비애와 고통으로 그녀의 성심은 무참히 찔렸으나, 그녀는 조금도 원망하지 않으시고 구세주의 대사업을 위하여 성자와 더불어 묵묵히 참으셨다. 성도께서는 죄인과 근심하는 자에 대하여 항상 인자하셨고, 겸손하고도 올바른 청원은 거절하지 않으셨다. '인자하신 어머니', '죄인들의 피난처', '하느님 은총의 분배자'라는 칭호를 받으신 것으로 가히 알 수 있을 것이다. 그러니 옛날부터 영적 고민과 육체의 고통을 당하는 무수한 사람들이 서로 앞을 다투어 성모께 달려가 그 도움을 청했으며 한 사람도 배척을 당한 일은 없었다. 참으로 성모 마리아의 성심은 모든 사람의 마음을 부드럽게 쓰다듬어 주시는 자비하신 어머님의 마음이라 할 수 있다.

1917년 5월 13일부터 10월 13일까지 매달 한 번 씩 여섯 번이나 성모께서는 파티마에 사는 세 목동에게 발현하셨다. 그때 성모께서는 세 아이에게 여러 가지를 부탁하셨는데, 특별히 당신의 티 없으신 성심을 열심히 공경하라고 부탁하셨다. 아울러 성모께서는 사람들이 개과 천선하지 않고, 당신 성심을 공경하고 전파하지 않으면 이후 큰 전쟁이 일어나고 러시아는 자기 악한 사상을 온 세계에 퍼뜨리며 전쟁을 일으키고 교회를 박해하며 여러 나라는 멸망하리라고 하셨다.

이 말씀에 따라 티 없으신 마리아의 성심은 우리의 기도를 들어 허락하시어 마침내는 승리를 하실 것이다. 우리 나라에서는 1947년부터 이 축일을 성대하게 지내게 되었다.

【 교 훈 】
성모께서 친히 파티마에 발현하시어 당신 성심을 열심히 공경하라고 하셨으니, 우리는 그녀의 자녀로서 특별히 공경해 드려야 한다. 이리하여 하루 속히 성심께서 승리를 거두시도록 해야 할 것이다.

가르멜 산의 복되신 동정 마리아
[B. Maria Virgo de Carmel. 축일 7. 16.]

성서는 예언자 엘리야가 이스라엘 백성의 살아 계신 하느님께 대한 신앙을 옹호했던 가르멜 산의 아름다움에 대해 말하고 있다. 12세기에 일단의 은수자들이 이 산에 정착하고 그 후 천주의 거룩한 모친이신 성모님의 수호 아래 관상 생활을 하는 가르멜회를 설립했다.
성 대 레오 교황의 강론을 옮겨본다.

하느님께서는 다윗 왕가에 속하는 한 동정녀를 그리스도의 어머니로 간택하셨습니다.
그 동정녀께서는 하느님이시고 사람이신 아드님을 육신에 잉태하시기 전 마음에 이미 잉태 하셨습니다. 그리고 하느님의 계획을 잘 몰라서 성령으로 말미암아 이루어질 놀라운 일을 보고 두려움에 사로잡히지 않도록 한 천사가 동정녀께 그 계획을 설명해 주었습니다.
이 설명을 듣고 천주의 모친이 되신 그분께서는 이 일이 동정을 잃지 않고 되리라는 것을 알게 되셨습니다.
지존의 권능으로 말미암아 그 일이 일어나리라는 약속을 받은 사람이라면 이와 같은 새롭고 신기한 잉태에 실망할 수 있었겠습니까? 그래도 동정녀의 믿음을 더 굳게 하고자 천사는 전에 있었던 기적을 상기시키면서 아무도 생각하지 못했던 엘리사벳의 잉태로써 그것을 확인하 주었습니다. 이렇게 하여 아기를 갖지 못하는 여인이 아기를 가질 수 있게 하신 하느님께서는 동정녀께도 아기를 갖게 하실 수 있다는 것을 의심치 않게 하셨습니다.

태초에 하느님과 함께 계셨고 그를 통하여 만물이 생겨났으며 그 없이 생겨난 것이 하나도 없는 하느님이시오 또 하느님의 아드님이신 말씀께서는 사람을 영원한 죽으면서 해방시키고자 당신 자신이 사람이 되셨습니다. 그러나 그분께서는 우리의 비천함을 취하시고자 당신 자신을 낮추셨을 때 원래 지니신 엄위를 감소시키지 않으셨습니다. 이미 지닌 것을 그대로 간직하시고 아직 지니지 않은 것을 취하심으로써 아버지 하느님의 본성과 동일한 본성의 모습을 참된 종의 모습과 일치시키셨습니다. 이러한 놀라운 유대로써 두 본성을 일치시키실 때 당신께서 받으신 그 영광은 기보다 낮은 인성을 흡수해 버리지 않았고 또 취하신 인성은 보다 높은 신성을 낮추지도 않았습니다.

그러므로 각 본성은 자신의 고유성을 모두 간직하면서 한 위격 안에 일치하여 엄위가 비천을, 권능이 나약을, 영원성이 사멸을 취했습니다. 인간이 진 빚을 갚아 주기 위해 모든 공통을 초월하는 본성이 우리 고통받는 본성과 일치하여 참된 하느님과 참된 사람이 한 주님 안에 일치하였습니다.

이렇게 하느님과 사람 사이의 유일한 중재자이신 분께서 한 본성으로 인해 죽으실 수 있었고 다른 본성으로 인해 다시 일어나실 수 있게 되는 것은 우리 구원을 위해 필요한 것이었습니다. 우리 구원이 되신 분의 탄생은 성모의 동정성에 아무런 흠도 내지 않고, 오히려 진리이신 분의 탄생은 그 동정을 더 완전 보호하였습니다.

사랑하는 형제 여러분, 그러한 탄생은 '하느님의 권능이시요 하느님의 지혜이신' 그리스도께 알맞은 탄생이었습니다. 그리스도께서 당신 인성으로 말미암아 우리와 같은 처지에 계시면서 또 한편 당신의 신성으로 말미암아 우리 보다 훨씬 위에 계셔야 했기 때문입니다.

그분께서 참된 하느님이 아니셨다면 우리에게 구원을 가져다 줄 수 없었고 또 참된 사람이 아니셨다면 우리에게 모범이 되시지 못했을 것입니다.

그래서 천사들은 주님의 탄생을 보고 기뻐하며 노래합니다. '하늘 높은 곳에는 하느님께 영광, 땅에서는 그가 사랑하시는 사람들에게 평화.' 천사들은 천상 예루살렘이 세상의 모든 백성들로부터 세워지고 있는 것을 봅니다. 그렇게도 위대한 피조물인 천사들이 하느님 자비의 이 놀라운 업적을 보고 기뻐 용약했다면 지극히 비천한 피조물인 사람들은 더욱더 기뻐해야 하지 않겠습니까?

성모 대성전 봉헌
[Dedicatio Basilicae S. Mariae 축일 8. 5.]

353년부터 366년에 이르는 13년간, 즉 성 베드로를 계승하여 전교회를 통치하던 교황 리베리오 시대에 로마에 요한이라는 독실한 신자인 귀족이 있었다. 오래 전부터 역시 경건한 아내를 맞이하여 평화스럽고 원만한 가정을 이루어 행복한 나날을 보내었으나, 그 가정에 부족한 것이 하나 있었는데, 곧 자녀가 없다는 것이었다. 물론 자녀를 얻기 위하여 열심히 기도를 했다. 그러나 하느님의 뜻은 딴 곳에 있었음인지 그의 기도도 아무런 효과를 내지 못하고 둘이 다 연로해져 이제 다시는 자녀에 대한 희망조차 갖지 못하게 되었다.

그래서 그들은 막대한 재산을 성모께 바치기로 했다. 그런데 어떻게 바쳐야 되는지를 모르던 두 부부는 열심히 기도하며 자선도 하고 단식재를 지키며 주님의 계시만 기다렸다.

그의 소원은 드디어 이루어졌다. 즉 8월 4일이 지나 5일이 되는 밤중에 거룩하신 동정녀 마리아께서는 그 부부의 각자의 꿈에 나타나시어 "로마의 에스퀼리노 언덕에 나를 위한 성당을 세워라. 그 장소는 눈이 하얗게 내린 곳이니 즉시 알 것이다" 하고 말씀하셨다.

아무리 묵시라고는 하지만 찌는 듯한 이 삼복 더위에 과연 눈이 왔을까 하는 반신 반의의 생각에서 우선 날이 새기만 기다렸다. 동이 트자 둘이 달려가 본즉 어찌 된 일인가! 과연 눈이 하얗게 와 있지 않은가! 그것도 꼭 성당을 지을 장소에만 눈이 내려와 있고 딴 곳은 전혀 눈이 내리지 않았다. 신기함과 기쁨에 사로잡힌 부부는 곧 교황 알현을 청했다. 교황께 그 이야기를 말씀드리니, 교황께서도 다른 사제들을 대동하고 그곳으로 향했다. 이미 소식을 듣고 그곳에 모여든 수많은 군중들은 삼복 중에 백설을 보고 이는 거룩하신 동정 성모의 순결을 상징함이라 하며 모두들 경탄해 마지않았다. 이런 뚜렷한 기적을 본 군중들은 모두 감동되어 하느님과 성모께 찬미를 드렸다. 모두가 성모를 위한 헌신적 정신에서 이 공사에 임했으므로 참으로 눈부신 진척을 보았고, 그 이듬해에는 교황께서 그 성당 축성을 하게끔 되었던 것이다.

이 새 성당은 성모께 봉헌한 성당이면서도, 최초에는 이와 관계가 깊은 성스러운 교황의 이름을 따라 리베리오 성당이라고 불렀다. 그 후 예루살렘에서 아기예수가 누웠던 말구유가 이 성당에 안치된 후부터는 말구유의 성모 성당이라고 불렀으나 로마의 다른 성당과 구별하기 위해 이를 '마리아 마죠레' 즉 '대 성모 성당'이라고 했다. 이는 그 규모의 미려함이 다른 성당을 훨씬 능가하기 때문이다. 그리고 8월 5일 삼복 더위 중에 내린 기적적 백설(白雪)을 기념하기 위하여 '성모 설지전(聖母雪地殿)'이라고도 한다.

이 성당은 지금도 로마에 웅장하게 솟아 있어 그 고귀한 대리석이며 정교한 모자이크의 아름답고 화려함은 비할 데가 없다. 이 성당에는 많은 유물이 안치되어 있으며 계속 각국에서 순례객들이 와서 기도를 바치고 있다. 즉 이 성당은 순례자들이 반드시 참배하는 로마의 대성당 중의 하나로 되어 있다.

【 교 훈 】

우리도 성모께 대한 공경과 신뢰를 굳게 하자. 무슨 어려운 일이나 소망을 진심으로 성모께 구하면 우리에게 유익한 도움을 베풀어주실 것이다.

주님 거룩한 변모 축일
[Transfiguratio Domini. 축일 8. 6.]

예수 그리스도의 공생활이 저물어 가는 때이다. 바리사이파 사람들과 율법 학자들은 주님의 생명을 빼앗기 위해 그 기회만 엿보고 있는 때이므로 파스카 축일이 되어도 마음대로 예루살렘에 갈 수 없는 험악한 공기였다. 적의 살기 띤 눈초리는 도처에 있었고, 기적을 행한 현장에서까지 주님의 신변은 위험한 처지였다. 그래서 주님께서는 갈릴래아에서 요르단 강을 타고 올라가 필립보의 가이사리아 지방에 이르셨다. 이 지방은 유다에 속한 곳이 아니므로 다소 안심할 수 있는 곳이었다. 여기서 주님께서는 제자들과 더불어 3일간을 쉬시며 장래 일을 위한 대책을 강구하셨다. 쉬신다 해도 물론 전혀 활동을 중지한 것이 아니라, 다만 박해자들을 경계할 필요성이 없는 정도의 정신적 안정에 불과한 것이다. 성 베드로 사도가 예수께서 하느님의 성자이심을 공공연히 선언한 것은 바로 이곳에서였다. 예수께서는 그 때부터 자기가 많은 수난을 받을 것과 죽은 후 3일 만에 부활할 것 등을 제자들에게 말씀하셨다. 그리고 제자들 중에서도 특히 베드로 사도 같은 사람의 신덕을 강하게 하시기 위해서는 잠시만이라도 자기의 천국에서의 영광을 보여주는 것이 좋으리라고 생각하셨던 것이다. 그리하여 어느 날 베드로와 야고보와 요한을 데리고 어떤 산에 올라가셨다. 전설에 의하면 그 산은 타볼 산이라는 것이다.

산꼭대기에 도달하자 제자들은 피곤해 돌에 걸터앉아 쉬었다. 그러다가 스르르 유쾌한 낮잠에 잠기고 말았다. 얼마 동안 그들은 그런 상태에 있었으리라. 그러다 돌연 그들은 눈을 떴다. 그런데 놀란 것이, 태양보다 더 강한 광선이 앞에서 두루 비치고 있었던 것이다. 그들은 눈이 부시어 눈을 비비고 다시 자세히 보았다. 그러니까 그 광선 가운데 틀림없이 예수께서 서 계셨다. 그러나 평소의 모습과는 달리 그 얼굴은 태양과 같이 빛나며 그 의복은 눈보다 더 희게 비치었다. 또 자세히 보니 그곳에는 주님 홀로 계시는 것이 아니었다. 구약의 대 예언자 모세와 엘리야가 나타나서 무엇인가를 예수와 다정하게 이야기하는 것이었다.

제자들은 멍하니 정신을 잃고 잠시 동안 아무 말도 못했다. 그러다 겨우 정신이 들어 베드로가 가까스로 입을 뗄 수가 있었다. 그는 말하기를 "선생님, 저희가 여기서 지내면 얼마나 좋겠습니까! 저희가 초막 셋을 지어 하나는 선생님께, 하나는 모세에게, 하나는 엘리야에게 드리겠습니다" 했다. 우리는 이 말이 얼마나 철없는 말인가 하고 웃어서는 안 된다. 다만 너무 충격을 받아 자기도 모르게 나온 말이기 때문이다.

그때의 베드로는 너무 감동했으므로 자기에 대해서나 혹은 다른 사도들의 것을 생각할 여지가 없었다. 자기들은 음식물이 필요한 인간이라는 것까지도 잊어버렸다. 다만 한 가지는 언제든지 이런 곳에서 살고 싶다는 것뿐이었다.

그러나 예수의 뜻은 그것이 아니었다. 예수께서 천국 영광의 편모라도 그들에게 보여주신 것은 장차 당신이 수고, 수난하실 때나 혹은 그들 자신이 수난을 겪을 때에 마음이 움직이지 않도록 굳은 신앙을 길러 주시기 위함이었다.

사도들이 본 예수의 변모가 얼마 동안 계속됐는가에 대해서는 성서에 아무 말도 없다. 추측컨대 극히 단시간이었을 것이다. 그 이유는, 한 덩어리의 구름이 곧 그들을 둘러쌌다고 했기 때문이다. 그 구름도 역시 빛이 났다. 그리고 홀연 그 가운데서 천둥 같은 소리가 들려 왔다. "이는 내 사랑하는 아들, 내 마음에 드는 아들이니 너희는 그의 말을 들어라." 이는 곧 성부의 말씀이다. 이 말씀이 울리자 제자들은 땅에 엎드려 얼굴을 들지 못하고 떨고만 있었다.

곧 예수께서 그들의 어깨를 부드럽게 두드리시며 "자! 모두들 일어나라. 두려워할 것 없다" 하셨다. 이 말씀에 제자들은 사방을 두루 살펴본 즉 과연 아무도 없었다. 모세도 엘리야도 이미 보이지 않았다. 오직 주님 한 분만이 서 계셨다. 주님께서도 바로 전과 같은 영광의 모습이 아니고 보통 모습으로 계셨다.

그리고 나서 그들은 모두 산에서 내려오기 시작했다. 예수께서는 "사람의 아들이 죽음으로부터 다시 살아날 때까지는 지금 본 것을 아무에게도 말하지 말아라" 하고 엄격히 명하셨다. 3인의 제자는 그 말씀을 잘 지켜 예수께서 승천하실 때까지 비밀을 지켰다. 그 후부터는 기회 있는 대로 그때 산에서 본 변모를 사람들에게 이야기한 것이다.

성 요한 사도는 자기 복음서에 당시의 형상을 상기하여 기록하기를 "우리는 그분의 영광을 보았다. 그것은 외아들이 아버지에게서 받은 영광이었다"(요한 1, 14)고 했다. 또 성 베드로 사도는 더욱 세밀히 기록하기를 "우리가 우리 주 예수 그리스도의 권능과 재림을 여러분에게 알려 준 것은 교묘하게 꾸며낸 이야기에 근거한 것이 아닙니다. 우리는 그분이 얼마나 위대한 분이신지를 우리의 눈으로 보았습니다. 그분은 분명히 하느님 아버지로부터 영예와 영광을 받으셨습니다. 그것은 지극히 높으신 하느님께서 그분을 가리켜 '이는 내 사랑하는 아들, 내 마음에 드는 아들이다'하고 말씀하시는 음성이 들려 왔을 때의 일입니다" 했다.

이와 같이 성 베드로는 주님의 변모를 잠시도 잊지 못했던 것이다. 따라서 교회에서도 위대한 사실을 기념하기 위해 옛날부터 이날을 큰 축일로 정한 것이다. 이는 우리에게 예수와 또 그가 가르치신 복음에 대하여 견고한 신앙을 갖도록 하기에 대단한 뜻이 있는 것이다.

【 교 훈 】

사도들은 주님의 변모를 보고 항상 그곳을 떠나지 않고 그 영광을 보고자 했다. 우리에게도 천국에서 영원히 주님의 위대하심을 직관할 언약이 되어 있는 것이다. 그러면 우리도 그러한 행복을 차지하기 위하여 세상에서의 잠시의 고통을 인내하고 참으며 받아들이자.

성모 승천 대축일

[Assumptio B. Mariae V. 축일 8. 15.]

교회의 달력을 살펴보면 성모께 대한 축일이 여러 번 있다. 그러나 그 중에서도 우리에게 가장 감명 깊고 기쁜 인상을 주는 축일은 성모 승천 대축일일 것이다. 이 축일을 지내는 뜻은 두 가지가 있다. 즉 정결하신 성모님의 복된 임종과 천국에서의 비할 데 없는 영광을 누리는 그것이다.

성모께서 성령 강림 날 사도들과 더불어 성령을 받으셨다는 것은 사도 행전에 기록되어 있다. 그리고 그 후의 성모님의 동정에 대한 기톡은 전혀 남아있지 않다. 그 후의 성모님의 생활은 사생활로서 인류 구원에 직접 관련되어 있는 것이 아니기 때문에 그랬을 것이다.

전승에 의하면 성도께서는 성령 강림 얼마 후 소아시아에 있는 에페소라는 곳에 가셨다. 십자가상에서의 예수의 유언대로 사도 성 요한의 극진한 대접을 받으시며 덕을 닦고 천국에서 당신 아들을 다시 만날 기쁨의 날만을 기다리시며 여생을 보내신 것이다. 그의 임종의 장소와 일시가 어떻게 되었는가에 대해서는 아무 전래된 바 없으니 이는 매우 섭섭한 일이다.

성 바오로 사도의 말씀에 "사람의 죽음은 곧 죄의 벌이다"했다. 그러나 성모께서는 본죄는 물론 원죄의 물듦이 없으신 분이시다. 그러므로 성모께서는 결코 보통 사람 모양으로 돌아가시지는 않으셨다. 다만 인류를 구하고 사람의 영혼을 천국에 인도하기 위해 예수의 죽음과 마찬가지로 돌아가신 것이다. 보통 사람은 원죄의 벌로 인하여 질병과 노쇠 같은 원인으로써 죽은 것인데, 죽을 때엔 심각한 고통을 느낀다. 그러나 성모께서는 이런 것이 전혀 없었으며 성 베르나르도의 말씀과 같이 성모의 죽음은 천국에 대한 갈망이 치열함으로 인하여 그 거룩한 영혼이 정결한 육신을 떠난 것뿐이다. 그리고 예수께서 부활 승천하셨음 같이 성모 마리아도 죽으신 후 곧 부활하여 영혼과 육신이 함께 천국에 올림을 받으셨다는 것은 우리 교회가 초대로부터 지금까지 믿어 내려온 것이다.

전능하신 하느님께서 성모님의 모태를 비시기 위하여 그녀에게 원죄의 물듦이 없는 특별 안배를 내리셨다면 그녀의 사후에도 그 육신이 죄의 증거인 부패함을 면하도록 하셨다는 것은 당연한 이치이다. 그러므로 성모님의 육신이 영혼과 같이 승천하신 것은 복되신 동정 마리아의 원죄 없으신 잉태(성모 무염 시태)와 마찬가지로 성모의 특전으로서, 1950년 11월 1일 모든 성인의 날에 교황 비오 12세가 전 세계에서 모인 주교와 신부며 다수의 신자들 앞에서 신앙 조항으로서 공포했다.

교회에서는 일찍이 성모의 이 대 특전을 기념하기 위해 성모 승천을 대축일로 정하고 이에 대한 전례도 마련했다. 교회의 많은 예술가들은 이에 대하여 시와 문장, 그림, 조각 등 걸작을 많이 남겨 놓았고 일반 신자들은 이에 대하여 여러 가지 아리따운 전설을 남겨 놓았다. 다음 이야기는 그 중에 가장 오래된 것으로 니체포로 카리스티의 역사에 기록되어 있는 것이다. 즉 동 로마 황제 마르시아노의 황후 프루케리아는 전부터 성모님을 위한 성당을 건축하고 그 성당에다 성모님의 유해를 안치할 생각으로 칼케돈 공의회에 온 예루살렘의 주교 유베날리스를 만났다. 그 주교에게 성모님의 유해의 소재지를 탐문하자 주교는 다음과 같이 대답했다. "성모님의 서거하심에 대해서는 성서에도 기록되어 있지 않습니다. 그러나 옛부터 내려오는 믿을만한 전설에 의하면 성모님이 임종하시자 사도들은 그들의 포교지인 사방에서 모이게 되어 성모님께 마지막 인사를 올렸다고 합니다. 그리고 성모님이 임종하시자 사도들은 기도와 성가로써 그녀의 덕을 찬양하며 그녀의 시체를 동굴에 정성스럽게 매장했다고 합니다. 그런데 토마스 사도가 맨 나중 도착했습니다. 이미 돌아가신 지 3일인데, 토마스 사도는 돌아가신 성모님의 얼굴이라도 한 번 뵙고 싶어서 그 무덤을 열게 했습니다. 그런데 이상하게도 그녀의 시체는 없어지고 그 염포는 한쪽에 잘 개어져 있고 아주 향기로운 냄새가 사방에 풍겼던 것입니다. 이 현상을 목격한 사도들은 '주 예수께서 당신 어머니를 부활시켜 그 정결한 육신을 데리고 가셨다'하며 기뻐했다 합니다. 그러므로 성모님의 유해는 찾아볼 길이 없습니다."

같이 천국에 가셨지만 주님의 경우는 승천이라고 하고 성모의 경우는 '피승천' 즉 '몽소 승천'이라고 한다. 이는 예수께서는 하느님이시므로, 자력으로 승천하셨고, 성모님은 역시 사람이므로 자력으로 못하시고 주님의 힘으로 승천하셨음을 밝히기 위함이다.

【 교 훈 】

성모 승천 대축일은 4대 의무 축일 중 하나이다. 이 축일은 성모, 즉 우리의 영신적 따뜻한 어머니의 축일로서 우리 신자에게는 가장 감회가 깊은 날인 동시에 우리나라로서는 결코 잊지 못할 날이다. 이 날에 제2차 세계대전이 종막을 지었으며 우리 나라는 해방되어 교회는 완전한 자유를 얻어 세계에서 으뜸으로 전교가 잘되는 나라가 되었기 때문이다. 그러므로 우리는 앞으로 더욱 교회를 발전시켜 주시고 이에 대한 내적, 외적 모든 장애물을 제거해 주시도록 성모님께 열심히 기도하자

복되신 동정 마리아 성탄 축일
[Nativitas B. Mariae V. 축일 9. 8.]

　세상에는 여러 인사들의 탄신(誕辰) 축하가 있지만, 실지 예수의 어머니 성모 마리아의 탄생일처럼 경사스런 날은 없을 것이다. 그녀는 천지의 모후시며, 구세주의 어머니이시며, 전인류 중 원죄에 물듦이 없이 탄생된 유일한 분이시며, 순교자의 도후라고 불릴 만큼 고통을 겪으신 분이고, 아마 과거의 모든 명사(名士)를 전부 합한 것보다 더 많은 교회, 소성당, 조각, 회화 등을 갖고 계시는 분이실 것이다. 또 사람으로서 성도 마리아만큼 그 이름이 불려지고 시(詩)에, 음악에, 설교(說敎)에서 찬미를 받는 분은 없을 것이다.
　그녀는 예수의 어머니로서 구속 사업에 협력하셨다. 예수께서는 세상의 빛이요, 정의의 태양이시다. 태양은 서쪽에서 나오는 것이니, 성모는 곧 세상 구원의 서광이신 것이다.
　우리는 이 거룩하신 동정녀의 탄생이 기원 전 몇 년인가에 대해서는 확실히 모른다. 그녀의 탄생은 일체가 신기한 것이었다. 그녀의 부모는 요아킴과 안나로, 같이 연로할 때까지 자녀를 갖지 못했다. 그러나 그들은 자녀를 갖게 해주시기를 끈기 있게 하느님께 기도했다. 그 기도가 마침내 허락되어 옥과 같은 여자아이를 낳게 되었다. 이때의 그들의 기쁨은 갈할 수가 없었다. 만약 그들이 마리아가 유례없는 깨끗한 영혼의 소유자요, 영원으로부터 구세주의 어머니로 지정된 것을 알았더라면 필경 친척들과 더불어 "어여쁜 마리아! 너는 원죄가 없도다" 하며 경탄했을 것이다.
　그것은 어떻든 오래간만에 귀여운 딸을 얻은 요아킴과 안나는 너무 고마워 그녀를 하느님께 바침으로써 성전에서 하느님을 위한 여러 가지 사업에 이바지하도록 했던 것이다. 그들은 모두 성 다윗의 가문이요 그만큼 신앙이

두터운 분이었다. 마리아가 일곱 살 때에, 부모가 맹세한 대로 그녀를 성전에 바쳤는데 노년에 이르러 겨우 얻은 자식이기도 하고 더구나 그녀는 보통 아이와 달라 어딘가 신성하고 어딘가 엄숙한 점을 구비했다는 점에서 더욱 떠나 보내기 아까웠던 것이다. 그녀를 대하는 사람은 자연 사랑을 갖게 되었다. 하물며 그 양친에게 있어서랴! 그러나 양친은 그만한 인정쯤은 넉넉히 하느님께 바칠 수 있는 굳은 신앙을 가졌던 것이다.

　마리아는 성전에서 무럭무럭 자라나 연령이 더해짐과 더불어 그 지혜도 증가해 갔다. 그리하여 후에 성 요셉의 배우자가 되고 구세주의 어머니가 되어 성자와 함께 고락을 같이 겪었다. 그는 아들 예수께서 십자가에 못 박혀 죽으심을 보았고 또 영광스럽게 부활하심도 보았다. 그 후 자기도 세상을 떠나 그녀의 영혼 육신이 결합하여 같이 승천하는 특전을 받았다. 그는 지금 하늘의 모후, 은총의 분배자, 또 교회와 전 인류의 영적 어머니요 보호자로서 모든 존경을 받고 계시다. 정말 그 양친이 이러한 따님이시라는 것을 반이라도 알았다면 그들은 얼마나 즐거워하며 얼마나 그 따님을 존경했으랴! 우리는 그녀의 양친보다 더 많이 그녀의 모든 것을 알고 있다. 그러면 진심으로 기뻐하며 최대한의 축하를 올리자. "성모 성탄을 기쁘게 경축하세. 정의의 태양, 우리 하느님 그리스도께서 그 몸에서 태어나셨도다." 이는 오늘날 교회에서 바치는 기도문이다.

【 교 훈 】

　성모 마리아는 구세주의 어머니이시다. 그런데 예수께서는 십자가상에서 성모를 전 인류의 어머니로 삼아 주셨다. 효자는 어머니의 생일을 입으로만 축하하는 것이 아니라 실지 애정 어린 선물로써 표시하는 것이다. 성모는 자애가 충만하신 어머니시므로 우리는 그 생신을 맞이해 선물로써 우리의 가장 큰 결점 하나를 고칠 결심을 바치며 또한 그 결심을 실천하도록 노력하자.

성 십자가 현양 축일
[Exaltatio S. Crucis. 축일 9. 14.]

세인이 존경을 집중하고 있는 성물 중에 가장 귀중한 것은 예수 그리스도께서 세상을 구속하시기 위해 못박히신 성 십자가이다. 그 이유는 십자가가 없었다면 우리는 구속 사업의 은혜를 받지 못했을지도 모르기 때문이다. 그러므로 교회에서는 이 십자가에 찬미와 존경을 드리기 위해 성 금요일 외에 성 십자가 현양 축일을 정했다.

성 십자가 현양 축일은 옛날부터 교회에서 거행되었으며, 예수 부활과 예수 승천 축일과 같이 큰 축일로 지냈었다. 특히 이 축일을 성대히 지내던 곳은 주님의 수난지인 예루살렘이었는데, 당일은 대성전에서 장엄한 의식이 거행되고 먼 곳에서까지 다수의 신자들이 순례하여 주님께서 못박혀 돌아가신 성 십자가를 찬양하며, 우리를 구속해 주신 은혜를 감사하며 성가를 부르고 기도를 올리는 것이 예년의 행사로 되어 있었다.

성 십자가 현양이 더욱 성황을 이루게 된 것은 동 로마 황제 히라클리오가 페르시아인들 손에서 그 십자가를 탈환해 온 628년경부터였다. 이를 더 자세히 말하자면, 614년경 동 로마 제국을 침입한 페르시아의 왕 코스로아스의 군대는 예루살렘을 점령하여 많은 신자들을 학살하고 총주교 즈가리야와 다수 신자들을 포로로 잡고 또 유일 무이의 보물인 성 십자가를 노획물로 가져갔다. 그 후 전쟁은 15년간 계속되었으며, 그동안 코스로아스도 사망하고 헤라클리오는 전승을 하게 되어 페르시아와 강화 조약을 맺는 동시에 성 십자가의 반환을 요구했다.

이리하여 헤라클리오 황제는 성 십자가를 부하에게 짊어지게 하고 의기양양하게 예루살렘에 입성하여 십자가를 예전 장소에 모셨다. 전설에 의하면 헤라클리오 황제가 주님을 따르고자 화려한 의관(衣冠)을 갖추고 손수 십자가를 메고 갈바리아 산에 올라가려 했으나 웬일인지 발걸음이 조금도 떨어지지 않았다. 아무리 힘을 써도 보이지 않는 줄에 매인 것처럼 몸이 움직여지지 않았다. 이 뜻하지 않은 광경에 주위의 사람들은 그저 당황하여 떠들기만 했다. 그때 총주교 즈가리야는 무슨 생각이 났음인지 황제 앞에 나아가 "옛날 예수 그리스도께서는 이 십자가의 길을, 가시관을 머리에 쓰고 군인이 입던 헌옷을 두르고 올라가셨습니다. 그런데 폐하는 금관과 훌륭한 차림을 하고 계십니다. 아마 이것이 주님의 뜻에 맞지 않는 것이 아니겠습니까?" 했다. 신앙이 두터운 황제는 이 말을 듣고 과연 그럴 것이라고 생각하며 허름한 옷차림을 하고 다시 십자가를 메고 걸었던 바, 이제는 아무 일없이 순순히 움직여 산꼭대기까지 올라갔다고 한다.

이렇게 해서 성 십자가는 그때부터 더욱 신자들의 공경을 받게 되었으며 3천 년이 지난 오늘에도 조금도 변함이 없이 그리스도교 신자들의 신앙의 표적으로 악마의 공격을 막는 방패로서 죄인들의 희망을 일으켜 주는 것으로 되어 있다.

【 교 훈 】

십자가는 옛날에 죄인들의 형구로서 치욕의 표시였다. 그런 것이 주 예수 그리스도께서 죄인을 구속하시기 위해 거기에 못박혀 돌아가신 후로는 오히려 영광의 상징으로 변했다. 그러므로 우리도 의를 위해 고난을 받게 될 때에 조금도 실망하지 말 것이다. "너희는 슬퍼할 것이나 그 슬픔이 변하여 즐거움이 되리라" 하신 주님의 말씀을 상기하며 나날이 당하는 고통의 모든 십자가를 용감히 잘 참아 내도록 힘쓰자.

통고의 복되신 동정 마리아

[B. Maria V. Perdolens. 축일 9. 15.]

성모 마리아는 하느님의 어머니시라는 존엄한 지위에 계시니, 그 마음은 항상 환희에 가득 차 계실 것이라고 생각할지 모르나 이는 큰 오해이다. 참으로 그녀는 비애의 어머니라고 불릴 만큼 여러 가지 극심한 고통을 당하셨다. 이는 원조 아담과 하와가 범죄를 저지른 이래 모든 인류의 죄악을 수난으로써 속죄하는 구세주의 대업을 이루시는 예수 그리스도께 어머니로서 또는 모든 여성의 대표로서 협조하시고 고통을 나누시는 것이 당연하고 또한 필요했기 때문이다.

예수께서 탄생하신 후 40일 만에 성모께서 그를 하느님께 봉헌하기 위하여 성전에 가셨을 때 시메온이라는 경건한 노인은 성모께 이렇게 예언하시는 것이었다. "당신의 마음은 예리한 칼에 찔리듯 아플 것입니다"(루가 2, 35). 이 말씀은 그대로 적중되어 그 후의 성모의 생애는 정신적으로나 육체적으로 커다란 고난과 고통이 그치지 않았고 비애의 연속이라 할 수 있었다. 그중에 특기할 만한 것이 일곱 가지가 있다. 그래서 성모의 성심은 일곱 개의 화살이 박힌 것으로 생각되는 것이다. 그러면 그 일곱 가지의 고통은 무엇인가? 열거해서 설명해 보기로 하자.

(1) 시메온의 예언- 먼저 말한 바와 같이 아기예수를 성전에 바치고자 할 때에 시메온은 그 아기를 품에 안고 "이 아기는 수많은 이스라엘 백성을 넘어뜨리기도 하고 일으키기도 할 분이십니다. 이 아기는 많은 사람들의 반대를 받는 표적이 되어 당신의 마음은 예리한 칼에 찔리듯 아플 것입니다" 했다. 이 말씀을 들은 성모는 그 아들의 장차의 일을 생각하자 가슴이 터지고 이루 말할 수 없는 아픔을 느꼈던 것이다.

(2) 이집트로의 피난- 헤로데 왕이 동방에서 온 세 왕에게 예수의 탄생의 소식을 듣고 그는 장차 자기 지위를 박탈하게 될 자라고 오해하여 죽이고자 했을 때 성모와 성 요셉은 천사의 인도하심을 따라 아기를 데리고 이집트로 피난했다. 그 도중의 고난과 고통은 말할 것도 없고, 언어 풍속이 다른 이방에 가서 얼마나 고생했을 것인가!

(3) 예루살렘에서 예수를 잃으심- 예수께서 열 두 살 때에 양친은 그를 예루살렘 성전에 데리고 갔었다. 얼마 동안 돌아오다가 보니 예수가 보이지 않아 두루 헤매어 찾기를 3일 만에 성전에서 발견했다. 사랑하는 아들을 잃었을 때의 어머님의 걱정은 얼마나 컸으랴!

(4) 십자가를 지고 가시는 예수를 도중에서 만나심- 성모께서는 그 아들이 머리에 가시관을 쓰시고 십자가를 메고 피땀에 젖어 갈바리아 산에 올라가시는 성자를 보셨을 때의 그녀의 심정은 어떠했을까?

(5) 예수 십자가상에서 죽으심- 성모는 십자가 곁에서 계시면서 눈으로는 가장 사랑하는 성자의 고민하시는 것을 보았고, 귀로는 계속 욕하고 조소하

는 악인들의 목소리를 들었고, 참으로 오장 육부를 잘라내는 듯한 고통을 느꼈다.

(6) 예수 십자가에서 내려지심-가장 귀여우신 외아들의 시체가 십자가에서 내려졌다. 그 모친은 시체를 끌어안고 아픈 상처를 어루만지며 아주 돌아가신 그를 바라볼 때의 그녀의 가슴은 메어지는 것 같았다.

(7) 예수의 장사-그 날은 안식일 전날이므로 장례 준비도 제대로 못하고 니고데모와 아리마태아의 요셉, 거기에 요한과 몇몇 제자의 부인들이 근처에 있는 묘지에 임시로 매장했다. 이것 역시 성모께는 얼마나 섭섭한 일이었는지 모른다.

이상과 같이 성모는 큰 고통의 쓴 맛을 보았다. 최후의 네 가지는 물론 연속된 비애이므로 하나로 보아도 상관없을 것이다. 그러나 그 하나 하나가 심각한 것이었고, 교회에서 통용하는 일곱 숫자에 맞추어 놓으려고 한 것이다. 성모의 고통을 기억하기 위해 교회에서는 1년에 두 차례의 기념일을 정했다. 즉 사순절 중 성지 주일 후 금요일과 9월 15일이 그때인 것이다.

각 교회에 열심한 신자의 실정이나 교회 역사를 살펴보더라도 많은 신자들은 성모의 고통을 특별히 공경하고 위로해 드렸다. 이런 의미에서 봉헌된 무수한 성당이며 또는 화가, 조각가, 시인들의 걸작을 보아도 알 수 있다. 이는 누구나가 일단 부모의 입장이 되면 그 자녀를 사랑하고 걱정하는 까닭에 슬퍼함은 면치 못하는 것으로 우리 모두 통고의 복되신 동정 마리아를 잘 공경하며 그 훌륭한 모양을 잘 따르고자 하는 것이다.

성 베르나르도는 슬퍼하시는 성모를 가리켜 "정신적 순교자"라 했다. 성모 마리아께서는 예수께서 악인들에게 매질을 당하시고 욕을 당하시고 조소를 받으시고 멸시를 받으시는 이 모든 것이 직접 당신이 당하시는 것보다 오히려 더 뼈아프게 느꼈고, 예수께서 십자가상에서 마지막 숨을 거두실 때에도 당신이 친히 죽는 것보다 더 했을 것이다. 이것이야말로 실제의 정신적 순교이다. 그러므로 성모께서 지금 천국에서 순교자들의 모후라는 존칭을 받고 있는 것은 당연한 일이라 하겠다.

우리는 마지막으로 야코포네 더 토디의 작품인 성모 통고사 중에서 그 한 구절을 배우며 애통하시는 성모님의 희생심을 따르기로 하자.

"어머니께 청하오니, 제 맘속에 주님 상처, 깊이 새겨 주소서."

【 기도문 】
"십자가에 높이 달리신 아드님과 함께 그 어머니도 수난하게 하신 하느님, 주님의 교회가 그리스도와 함께 수난하고 그리스도의 부활에 참여하게 하소서. 성부와 성령과 함께 세세에 영원히 살아 계시며 다스리시는 천주 성자, 우리 주 예수 그리스도를 통하여 비나이다. 아멘."

수호 천사
[Fest. Ss. Angelorum Custodum. 축일 10. 2.]

   수호 천사 축일을 맞이하여 우리는 하느님의 크신 자비심을 다시 한 번 간절히 느끼게 된다. 하느님께서는 그 자비심에서 거룩한 천사를 우리의 친구요, 안내자요, 보호자로서 우리에게 주셨다. 그러므로 우리는 하느님과 천사들에게 감사를 드리기 위해 10월 2일에 우리의 수호 천사를 기념한다.
   하느님께서 사람을 수호하기 위해 천사들을 보내신 것은 이미 구약 성서에 기록되어 있다. 토비아가 그 여행 중 라파엘 천사에게 인도되었다는 것은 그 예이며, 또 그와 같은 이야기는 야고보, 유딧, 다니엘, 엘리야 및 기타 많은 사람들에게 대하여서도 볼 수 있다.
   또는 신약 성서를 펴 보더라도 으뜸 사도 베드로가 옥중에서 천사의 구원을 받은 사실이 있다. 성 요셉이 천사의 말씀을 듣고 이집트에 피난했으며, 후에 다시 팔레스티나에 귀국했다는 이야기가 있다. 모든 성인들의 일생이나 일반인 각자의 생활에서도 천사의 보호를 실지로 증거할 수 있는 것이 적지 않다.
   우리는 육안으로 천사를 보지 못하기 때문에 그의 보호하심으로 많은 위험에서 구호되었음을 생각지 못한다. 세상에서는 신기하게 위험을 면하는 사람들이 얼마나 많은가! 특히 그것은 순박한 아이들에게서 많이 볼 수 있다. 우리의 신앙에 의하면 그 대답은 매우 간단하다. 더구나 주님께서는 천사가 아이들을 수호하고 있는 것을 명백히 하셨다. "당신들은 이 보잘것없는 사람들 가운데 하나라도 업신여기지 않도록 조심하시오. 그들의 천사들이 하늘에 계신 내 아버지를 하늘에서 항상 모시고 있다는 것을 알아두시오"(마태 18, 19).

사람들을 지키기 위해 하느님께로부터 파견된 천사를 수호 천사라고 부른다. 이 수호 천사들도 다른 천사들과 마찬가지로 하늘에 계시며 육체를 갖지 않으므로 우리의 육안으로는 볼 수가 없다. 그러나 그들은 우리를 보며 우리를 돕는다. 수호 천사는 우리의 행위의 증인으로 우리가 행하는 선악을 낱낱이 목격하고 있다. 만일 우리는 혼자가 아니고 항상 곁에 천사가 따르고 있다는 것을 잊지 않는다면, 우리는 더욱 선에 열심하고 악을 피하게 될 것이다. 무슨 악을 저지르려 할 때에 일어나는 주저심, 혹은 양심에 가책을 받는 것은 수호 천사의 경고인 것이며, 또 어떤 선행을 하려 할 때에 용솟음치는 기쁨도 수호 천사의 암시인 것이다. 수호 천사는 우리의 임종 때나 혹은 심판 때에도 우리 곁을 떠나지 않는다. 그래서, 확실히 우리를 위해 하느님의 자비를 간청할 것이 틀림없겠지만, 만일 우리가 생전에 그의 인도하심을 따르지 않고 그에게 대한 생각을 잊었었다면 그의 도우심도 헛되이 끝나는 것이다. 그러므로 그의 축일을 뜻 있게 잘 보내야 할 것이다.

【교 훈】

적어도 아침, 저녁에는 수호 천사를 생각할 것이며 모든 영육 간의 위험에서 우리를 구해 주심을 구하고, 유혹 당할 때에는 마귀를 쫓아 주심을 청하자. 그러면 언젠가는 그들이 우리를 천당 영광에 틀림없이 인도해 줄 것이다.

묵주 기도의 복되신 동정 마리아
[B. Maria V. a Rosario. 축일 10. 7.]

전 세계의 가톨릭 신자가 가장 자주 외는 기도는 묵주 기도(토사리오 기도)이다. 이는 극히 간단하며 누구든지 할 수 있는 기도이다. 무식한 신자도 그 뜻을 알 수 있으나, 박식한 학자라도 그 깊은 뜻을 알기가 어려울 수 있는 것이 또 이 기도이다.

묵주 기도에는 1) 중요한 신덕 도리(사도신경), 2) 예수 친히 가르치신 기도(주님의 기도), 3) 가브리엘 대천사가 성모 마리아께 전한 말씀(성모송), 4) 교회가 첨가한 짧막한 기도문(영광송)이 포함되어 있다. 이런 기도문들은 하느님께 대한 찬미와 동정 성 마리아께 대한 기도이다.

이제 그 하나 하나를 살펴보기로 하자.

1) 중요한 신덕 도리(사도신경)-교회의 중요한 신앙 조목은 사도신경에 실려 있다. 믿을 교리는 교리서의 제1편에 설명되어 있으니 우리가 가끔 읽어서 그 뜻을 밝히면 우리 신앙에 큰 이익이 될 것이다. 신앙은 하나의 덕행이요 은총이니, 우리가 자주 그것을 되풀이하면 더욱 견고해지고 효과있게 되는 것이다. 교리서는 때와 장소를 가리지 않으면 읽기가 힘들다. 그러나 사도 신경쯤은 매일 어두울 때나 밝을 때나 병자나 건강한 사람이나 모두 기도할 수 있는 것이다. 그래서 묵주 기도 시작에 교회의 도리를 겸손되이 믿기 위해서 사도 신경을 기도한다. 이는 신앙이 굳으면 굳을수록 다음 기도도 잘할 수 있기 때문이다.

2) 주님의 기도-"하늘에 계신…"으로부터 시작되는 이 주님의 기도는 주 예수 그리스도께서 친히 가르쳐 주신 기도문이다. 즉 하루는 제자들이 예수께 나와 "주님, 저희에게도 기도를 가르쳐 주십시오" 하고 청했다. 제자들은 가끔 예수께서 기도하시는 것을 보고 자기들도 그렇게 기도하고 싶었던 것이다. 그래서 예수께서는 제자들에게 이렇게 가르치셨다. "하늘에 계신 우리 아버지, 아버지의 이름이 거룩히 빛나시며, 아버지의 나라가 오시며, 아버지의 뜻이 하늘에서와 같이 땅에서도 이루어지소서! 오늘 저희에게 일용할 양식을 주시고 저희에게 잘못한 이를 저희가 용서하오니 저희 죄를 용서

하시고 저희를 유혹에 빠지지 않게 하시고 악에서 구하소서. 아멘." 이 주님의 기도는 완전 무결한 기도문이다. 그래서 묵주 기도에도 이 기도문을 넣었다. 이 기도문에는 깊고 깊은 오묘한 도리가 포함되어 있다. 그러나 누구든지 쉽게 알아들을 수도 있는 것이다.

3) 성모송-대천사 가브리엘이 마리아에게 나타나 "은총을 가득히 입으신 마리아여"라고 최상의 축사로 인사를 했다. 사람으로서 이런 존경과 찬미의 인사를 받은 것은 고금을 통하여 그 예가 없다. 더욱이 대천사는 하느님께 그 사명을 받고 하느님 자신의 말씀을 전한 것이다. 이는 실지로 거룩한 말씀이었다. 그리고 교회에서 그 끝에 첨가한 구절도 역시 성스러운 말씀이다. 이 말씀은 하느님의 성모께 우리가 간구하는 말씀이다. 즉 "천주의 성모 마리아님, 이제와 저희 죽을 때에 저희 죄인을 위하여 빌어주소서"이다. 또 주님의 기도 전에 매번 외는 "영광이 성부와 성자와 성령께 처음과 같이 이제와 항상 영원히. 아멘" 하는 기도도 거룩한 말씀이다. 이 말씀은 주 하느님을 찬미하는 말씀이다. 모든 피조물은 하느님을 찬미한다. 천국에 있는 성인들, 천사들도 항상 하느님을 찬미하고 있다. 그러므로 사람들도 하느님을 찬미해야 되겠지만 불행히도 많은 사람들은 이것을 잊고 감사할 줄도 모르고 있으니 우리는 자주 묵주 기도를 함으로써 그 의무를 대신 바치도록 되풀이해야 한다.

이상과 같은 기도문으로 구성된 묵주 기도는 하느님의 성모를 공경하는 신심인 것이다. 따라서 성모송이 주로 많이 반복되는데 우리가 성모를 생각할 때에는 언제나 예수를 생각하지 않을 수 없는 것이다. 그래서 성모송을 외우면 우리는 예수의 생애에 관한 오묘한 도리를 묵상한다. 묵주 기도는 이같이 간단하면서도 뜻은 심오한 것이다. 그래서 사람들은 기꺼이 이를 자주 기도하게 되는 것이다.

하느님께서도 이를 기꺼이 여기심을 많은 기적으로 증명하셨고, 또 이 기도에 큰 힘을 부여하셨다.

역사상으로 레반토 전쟁 사건은 너무나 유명한 것이다. 즉 1571년에, 이미 연전 연승을 거듭해온 터키 군은 마침내는 로마를 점령하고 가톨릭을 지상에서 말살시키려고 위풍 당당하게 대 함대를 몰고 이탈리아로 향했다. 교황은 제후(諸侯)들에게 원조를 청했으나, 당시의 정정(政情)으로서는 겨우 하나의 소 함대를 편성할 수밖에 없는 형편이었다. 적의 절반도 못되는 병력으로 적을 쳐부수기 위해 교황은 온 가톨릭 신자에게 묵주 기도를 할 것을 명했다.

한편 자신도 로마에서 성직자 신자들과 뜻을 합하여 열심히 이를 실천했고, 함대에 있는 장병들도 그렇게 했던 것이다. 1571년 10월 7일 최초의 해전에서 크리스찬 군은 적의 함대에 포위되어 수 척의 군함은 이미 격침되었고, 다시는 싸울 희망조차 없이 절망상태에 빠지게 되었는데 그 후의 전황이 기적적으로 우세하게 되어 마침내 적의 함대를 전부 격퇴시키고 말았다. 즉 묵주 기도가 이와 같은 대승리를 가져오게 했고 온 유럽의 신앙을 구해 준 것이다. 이 승보(勝報)에 접한 전 로마 시민은 기뻐했고, 방방곡곡에서 성모께 대한 감사의 예식이 거행되었다. 그때부터 성모 호칭 기도에 "지극히 거룩한 로사리오의 모후여, 우리를 위하여 빌으소서"라는 기도문이 삽입되었고 10월 7일을 그 축일로 정하게 되었다.

묵주 기도로 신앙의 승리를 얻게 된 것은 그 후에도 여러 차례 있었다. 교회에 대한 박해를 묵주 기도로 물리친 예도 허다하다. 그 외에도 이 기도로 어려운 유혹을 물리치며 죄인을 회개시키고 어려운 처지에서 구원을 받은 예는 너무도 많아 헤아릴 수 없다. 현대에도 여러 나라에서 신자들이 박해를 당하고 있다. 그러므로 우리는 모두 마음을 합하여 묵주 기도를 열심히 자주 외며 신앙의 승리를 획득할 일이다.

【 교 훈 】

더욱 묵주 기도와 친근해지자. 지금은 묵주 기도가 절실히 필요한 때다. 이를 깨닫고 기도하자. 열심히 기도하면 만사가 더욱더 훌륭하게 성취될 것이다. 마음이 쓰라릴 때는 위로가 될 것이다. 묵주 기도를 경건히 하면 성모의 특별한 도움으로 구원을 받아 천국에 들어갈 것은 틀림없을 것이다.

모든 성인 대축일
[Omnes Santi. 축일 11. 1.]

교회에서는 1년을 통하여 매일같이 성인들을 기념하고 있다. 그런데 이날은 천국에 있는 모든 성인들을 총합하여 기념하고 축하하는 날이다. 이 축일의 유래는 다음과 같다. 예수께서 강생하시기 전에 이미 로마에는 여러 신들에게 봉헌된 웅대한 신전이 있었다. 고대 로마인들은 가지각색의 신들을 숭배하며, 더욱이 자신들이 정복한 다른 민족의 신까지 모시고 있었다. 그래서 이와 같이 무수한 신들에게 일일이 제사를 지낸다는 것은 어려운 일이므로 그들은 하나의 원형 신전을 세우고 그곳에서 모든 신들을 합사(合祀)했다. 로마인의 소위 판테온은 이 신전을 말함이요, 현재도 남아 있어 로마를 방문하는 여행자들의 빼놓을 수 없는 관광지가 되어 있다.

로마가 가톨릭의 혜택을 받자, 이 신전은 성당으로 개조되었으며, 전에 잡신들의 상이 있던 곳에 성인들의 동상이 들어섰을 뿐 아니라, 성인 순교자들의 유골이 카타콤바에서 그곳으로 옮겨졌다. 또한 교황 그레고리오 4세는 이 성당을 모든 성인들에게-우리가 그 이름을 알지 못하는 모든 성인들에게도 봉헌하고, 11월 1일을 기해 그들을 기념하는 날로 정하게 된 것이 오늘날의 모든 성인의 날의 시초인 것이다.

본래 성인이라면 교회에서 시성식을 거행해 내외에 선포한 이들만이 아니고, 천국에 들어간 영혼은 누구나 다 성인인 것이다. 그중에는 물론 덕행이 뛰어나 세상에 널리 알려진 사람도 많을 것이나, 대부분은 성덕이 남에게 알려지지 않고 하느님께만 인정을 받아 천국에서 영원한 행복을 누리고 계시는 분들이다. 물론 이러한 분들도 각기 기념과 축하를 충분히 받을 가치가 있는 것이다. 그러나 유감된 것은 그들의 이름이 알려지지 않았으며 또 설사 알려졌다 하더라도 짧은 1년이라는 시일에 어떻게 다 기념할 수 있겠는가? 그래서 모든 성인의 날에 그들을 총망라하여 기념하는 데 그 의의가 있는 것이다. 이날 우리는 성인들을 통하여 위대한 기적을 행하신 하느님께 감사하고 성인들을 찬미하며 그들의 전달을 청하는 것이다. 또한 그들의 모범을 본받기 위하여 우리 자신을 반성하는 것이다.

성인들을 본받는다는 것은 그들에 대한 우리의 최대의 존경이다. 모든 성인 중에는 각 계급, 각종 직업인이 포함되어 있어, 제왕도 있고 병사도 있으며, 사제(師弟)가 있는가 하면 자본가, 노동자도 있다. 그분만이 아니라 남녀노소 할 것 없이 실로 연령에 있어서도 여러 층에 있는 인물들인 것이다. 더욱이 성인은 과거에만 존재한 것이 아니며, 현재에도 또한 장래에도 존재하는 것이다. 그러므로 누구나가 다 자기가 받들어 거울로 삼을 성인을 자유로이 선택할 수가 있는 것이다.

성 아우구스티노는 자신을 격려해 말하기를, "성인 성녀도 사람이고 나도 사람이다. 그들이 할 수 있었다면 난들 왜 못할 것인가?"했다 하는데, 실지 가톨릭 신자라면 너나할 것 없이 다 이런 기백을 가져야 한다. 성인들은 우리와 같은 사명을 띠고 우리와 같은 일을 했으며, 우리보다 더 큰 고생을 겪었고, 우리와 동등한 인간이면서도 성인이 된 것이다. 그러므로 사람이라면 누구나 마음 갖기에 따라서 성인이 될 수 있지 않겠는가? 다만 필요한 것은 그들같이 스스로 노력하는 것이다. 물론 성인이 되는 것은 확실히 어려운 일이지만 그렇다고 불가능한 것은 아니다. 우리는 지금의 어려움을 생각할 것이 아니고 천당에서 받을 보수를 생각해야 한다.

이 축일은 우리로 하여금 천국을 묵상케 해 준다. 성스러운 순교자들은 현세에서 무서운 고통을 당했으나, 지금은 천국에서 영원한 복을 누리며 언제까지나 기쁨뿐, 영원히 이를 놓치지 않는다. 증거자, 성스러운 부부, 정결한 동정녀와 훌륭한 과부, 그 누구를 막론하고 많은 고초를 겪지 않으신 분이 없다. 그 대신 지금은 고통, 슬픔, 눈물, 고독, 병, 죽음 등 이 모든 것이 말끔히 사라지고 오로지 행복과 환희와 하느님의 총애에 충만되어 천국에 있는 것이다. 이런 점을 살펴보니, 모든 성인의 축일을 맞이해 그들이 우리를 향하여 "용감히 참고 견고히 신앙을 지켜라. 인생은 짧고 천국의 기쁨은 영원하다"고 부르짖는 것같이 느껴진다. 우리는 모든 성인들의 충고를 듣자. 그들은 절대로 우리를 돕는 데 인색하지 않을 것이다.

【 교 훈 】

성인 중에서 특히 한 분을 택하여 그의 성덕을 본받기로 하자. 그러면 틀림없이 그는 우리의 수호 성인으로서 일생을 통하여 신앙을 지키는 데 필요한 은총을 하느님께 얻어 줄 것이다.

위령의 날
[Commemoratio Omnium Fidelium Defunctorum. 축일 11. 2.]

연옥 영혼들을 기념하는 것은 모든 성인의 축일을 보충하는 뜻으로 하는 것이다. 이 동안에는 특히 사도 신경의 "모든 성인의 통공을 믿으며" 하는 구절을 기억하지 않을 수 없다. 광범위한 의미로서의 성인은 천당에 있는 영혼은 물론 연옥에 있는 영혼과 또는 현세에도 상존 은총 지위에 있는 영혼을 말한다. 이들은 모두 하느님의 사랑하는 아들이며, 또 서로 형제 자매가 되는 것이다. 다만 존재 상태가 다른 것이니, 천국에 있는 영혼은 영원한 복을 누리는 위치에 있고 세상에 있는 영혼은 악마의 유혹에 대항해 싸우고 있으며 은총 지위를 보존하여 공을 세워야 하고, 연옥에 있는 영혼은 곧 천국에 들어갈 처지에 놓여 있으면서 그때까지 보속 단련하는 것이다.

연옥 영혼도 상존 은총을 간직한 하느님의 사랑하는 아들임에는 틀림없다. 다만 그들이 임종할 때에 대죄는 없었지만 소죄라든지 혹은 용서를 받은 대죄의 잠벌(暫罰)이 있는 것이다. 성서 말씀으로 명백히 한 바와 같이, 천국에는 완전히 부채를 갚은 자, 완전히 깨끗한 자가 아니면 들어갈 수 없는 것이다. 그러나 이 세상에서 고행이나 기도로 유한한 잠벌을 보속하고 사후 즉시 천당에 갈 수는 있는 것이다.

연옥 영혼의 가장 큰 고통은 빨리 천국에 들어가지 못하는 것이다. 세상에 있는 우리는 그 고통을 충분히 이해할 수 없다. 우리는 물질인 육신을 지니고 있기 때문에 영적 감각에 둔한 것이다. 그러나 일단 죽어서 영혼이 육신을 떠나면 창조주이신 하느님만을 몹시 그리워하게 되기 때문에 그 곁으로 가지 못하게 하는 모든 장애물을 볼 때에 무한한 고통을 느끼게 된다. 이 고통은 하느님과 떨어져 있는 기간이 길면 길수록 더욱 심한 것이다. 만일 이런 고통 상태가 영원히 계속된다면 이는 곧 지옥일 것이나, 연옥의 경우에는 한도가 있을 따름이다. 또 이 기한은 다하지 못한 죄의 보속의 많고 적음에 따라서 결정되는 것으로, 다른 사람이 그 죄의 보속을 대신해 주면 그만큼 기간이 단축되는 것이다. 연옥에 있는 영혼은 자발적으로 보속 행위는 할 수 없다. 그에 반하여 현세에 있는 우리는 얼마든지 효력 있는 속죄의 생활을 할 수 있는 처지에 놓여 있다. 그때문에 여러 가지 고행과 자선과 기도와 미사를 바치는 등으로 그들을 돕는 것이다. 그러므로 이 축일은 매년 우리가 행하는 위대한 사업에 대한 반성을 촉구하는 데 그 진의가 있는 것이다.

교회는 "주님 연옥에 있는 영혼들에게 자비를 베푸소서" 하는 열렬한 기도로 연옥 영혼을 위해 대신 하느님의 자비를 청한다. 가톨릭적 사랑의 정신에서 말하더라도, 자신을 도울 수 없는 자를 도와 주는 것이 큰 의무이기도 하다. 그리고 연옥 영혼을 위해 많은 공로를 쌓은 영혼이 훗날 연옥에 갔을 때에는 그만큼 도움을 받게 된다. 이는 그의 도움을 받아 속히 천당에 들어간 영혼이 그 은혜를 감사히 여겨 하느님의 대전에 은인을 위해 인자하심을 간청하기 때문이다.

연옥에는 하느님을 사모하는 고통 외에 또다른 고통이 있다 한다. 그 고통이 어떠한 것인지 주님께서도 가르쳐 주시지 않으셨으나, 아마 연옥에서 보속해야 할 죄악의 종류에 따라서 다를 것이다.

연옥 영혼을 생각할 때 그들이 혹심한 고통을 달갑게 참아 견디고 있다는 것을 생각지 않을 수 없다. 우리는 하느님의 정의 때문에 그것이 반드시 필요한 것임을 안다. 자기가 받고 있는 벌도 당연한 것임을 충분히 이해하고 있다. 그러므로 절망에 빠지지 않는다. 그들은 어김없이 천국에 들어갈 것을 알고 있기 때문에 그러한 고통 중에서도 위안을 느끼는 것이다. 물론 현세에서처럼 다시는 상존 은총을 잃을 염려는 없다. 또 현세 사람들이 그들을 기억함이 곧 그들의 위로가 된다. 비록 현세에 친구, 친척이 아무도 없는 영혼이라도 모든 죽은 자들을 추모하는 교회의 기도에는 그들이 다 포함되어 기억되는 것이다. 교회는 매일 그들을 위해 기도한다.

그렇기 때문에 신자들이 이날 성묘를 하며 사망한 친족들을 기억하는 정성에서 묘지를 깨끗이 꾸미고 그들의 명복을 빈다.

【 교 훈 】
 우리는 아는 사람은 물론, 연옥에 있는 모든 영혼을 위해서도 가끔 기도해야 한다. 그리고 연옥에 있는 친구, 친척들을 위해서나, 혹은 어떤 영혼을 위해 미사를 드리는 것은 매우 좋은 일이다. 때로는 잘 아는 묘지에 참석하여 기도를 드리는 것도 의의 있는 일이다. 무덤 앞에서는 자연 자신의 죽음을 생각하게 되고 신앙 생활을 다시금 반성하게 되는 것이다.

라테라노 대성전 봉헌 축일
[Dedicatio Basilicae S. Letran 축일 11. 9.]

 이 축일은 콘스탄티노 황제가 로마의 라테라노에다 세운 대성당의 축성을 기념하는 것이다. 전승에 따르면 12세기부터 바로 오늘(11월 9일)이 기념행사를 해왔다고 한다. 처음에는 로마에서만 축일을 지내다가 그 후 "전 세계와 로마의 모든 교회들의 어머니요 머리"라 일컫는 이 대성당을 기념하여, 안티오키아의 성 이냐시오가 기록한 바대로 "사랑의 전 공동체를 이끄는" 베드로 좌에 대한 존경과 일치의 표지로서 로마 전례를 거행하는 모든 교회로 확대되어 나갔다.
 여기에 대해서 강론하신 아를르의 성 체사리우스 주교의 말씀을 옮겨본다.

 지극히 사랑하는 형제들이여, 오늘 우리는 그리스도의 도우심으로 즐거움과 기쁨 가운데 이 대성당의 축성 기념일을 지내고 있습니다. 그러나 하느님의 참되고 살아 있는 성전은 우리 자신이어야 합니다. 그렇지만 그리스도교 백성들은 거기에서 영적으로 태어났기 때문에 어머니로 여겨지는 성전의 축일을 지내는 것도 좋은 일입니다. 처음 태어날 때 우리는 하느님의 분노의 그릇이었지만 다시 태어날 때에 자비의 그릇이 될 은혜를 받았습니다. 첫 출생은 우리를 죽음에로 이끌고 두 번째 출생은 생명에로 되불러 주었습니다.
 사랑하는 형제들이여, 세례 받기 전에는 우리 모두가 마귀의 신전이었지만 세례를 받은 후 그리스도의 성전이 되는 영광을 얻었습니다. 우리 영혼의 구원에 대해 좀 깊이 생각해 본다면 우리는 하느님의 참되고 살아 있는 성전이라는 것을 알게 됩니다. 하느님께서는 '사람의 손으로 세워진 성전이나' 나무와 돌로 만들어진 집에서 '거하지 않고' 특히 만물의 창조자께서 당신 손으로 또 당신의 유사성에 따라 지어내신 영혼 안에 거처하십니다. 위대하신 성 바오로 사도는 말했습니다. '하느님의 성전은 거룩하며 여러분 자신이 바로 그 성전입니다.'

그리고 그리스도께서 세상에 오시어 우리 마음에서 마귀를 쫓아내고 우리 안에 당신 성전을 마련해 주신만큼, 우리의 이 성전은 주님의 도우심으로 또 우리가 할 수 있는 데까지 우리의 악행으로 인해 아무런 훼손도 입지 말아야 합니다. 악한 일을 하는 사람은 누구나 그리스도께 해를 입힙니다. 먼저 말씀 드린 대로 그리스도께서 우리를 구속하시기 전 우리는 마귀의 신전이었습니다. 그 후에 하느님의 집이 될 영광을 받았습니다. 그것은 하느님 친히 우리를 당신의 거처로 만들어 내셨기 때문입니다.

그러므로 사랑하는 형제들이여, 우리가 이 성당의 봉헌 기념일을 기쁨 속에 지내고 싶다면 우리의 악한 행실로 하느님의 살아 있는 우리의 이 성전을 파괴하지 말아야 합니다. 그리고 여러분 모두 알아들을 수 있게끔 한마디하겠습니다. 우리가 성전에 올 때마다 그 성전이 청결하기를 바라는 바대로 우리 영혼도 그처럼 청결해야 한다는 점입니다.

우리 성전의 청결을 보존하고 싶습니까? 여러분의 영혼을 죄의 오물로 더럽히지 마십시오. 여러분의 이 성전이 광채로 빛나는 것을 보고 싶어한다면 하느님께서도 여러분 영혼에 암흑이 끼는 것을 원치 않으신다는 것을 기억하십시오. 그래서 여러분은 주님의 말씀대로 그 성전 안에 선한 행위의 광채가 빛나고 하늘에 계신 분이 영광을 받으시도록 하십시오. 여러분이 대성전에 들어가는 것과 같이 하느님께서는 여러분의 영혼에 들어가고 싶어 하십니다. 주 친히 이것을 약속하셨습니다. '나는 그들 가운데 거처하고 그들과 함께 걸어가리라.'

성 베드로 대성전과 성 바오로 대성전 봉헌
[Dedicatio Basilicae S. Petrus et S. Paulus. 축일 11. 18.]

성 실베스테르 교황과 성 시리치오 교황이 4세기에 축성한 바 있는 바티칸에 있는 성 베드로 대성전과 비아 오스티엔스에 있는 성 바오로 대성전의 축성 기념을 벌써 12세기에 지냈다고 한다. 근세에 와서 이 축일은 로마 전례의 모든 교회로 확대되어 나갔다. 8월 5일에 오는 성모 대성전 축성 기념일에 천주의 모친 마리아를 공경하는 것처럼 오늘 이 축일에는 그리스도의 이 두 으뜸 사도들을 공경한다.
성 대 레오 교황의 강론을 옮겨본다.

'갸륵할쏜 주님의 눈에, 성도들의 죽음이여.' 그리스도의 십자가의 신비에다 기초를 두는 종교를 근절시킬 수 있는 그런 잔혹성이란 있을 수 없습니다. 사실 교회는 박해로 말미암아 줄어드는 일이 없고 도리어 발전합니다. 교회 안에 밀알이 하나씩, 하나씩 땅에 떨어져 번식하여 다시 나오면 주님의 밭은 더 풍성한 수확으로 가득히 옷 입습니다.
베드로와 바오로라는 두 훌륭한 싹들이 이 하느님의 씨앗에서 나온 것입니다. 그리고 수천 수만의 거룩한 순교자들이 입증해 주듯이 이 두 개의 싹에서 다른 무수한 후손들이 솟아 나왔습니다. 순교자들은 이 두 사도들의 승리의 죽음을 본받아 우리의 도읍을 자색 옷과 찬란히 빛나는 백성들의 무리로 둘러싸고, 이루 다 셀 수 없는 보석들로 장식된 월계관으로 로마의 교회를 꾸며 주었습니다.
사랑하는 형제들이여, 우리는 항상 기쁜 마음으로 성인들의 축일을 지냅니다. 그들은 하느님의 선물이고 우리 연약함의 도움이며 덕행의 본보기이고 우리 신앙의 지주이기 때문입니다. 그런데 우리가 모든 성인들의 축일을 마땅히 기쁜 마음으로 지낸다면 베드로와 바오로 두 사도의 기념일을 특별한 기쁨으로 지내야 합니다. 그들은 그리스도 신비체의 모든 지체 중에 하느님에게서 특별한 직능을 받았습니다. 그들은 그리스도라는 머리의 두 눈과도 같습니다.

아무도 제대로 다 평가 할 수 없는 그들의 공로와 덕행간의 어떤 구별점이나 차이점도 보지 말아야합니다. 하느님의 간택에 있어 두 분 다 한 짝이고 수고에 있어서도 동등하고 끝마침에 있어서도 하나입니다.

그리고 우리 모두가 체험하고 또 우리 조상들이 증명해주는 것처럼 우리는 이 생활의 모든 어려움 가운데서 항상 이 두 수호자의 전구로써 도움을 받아 주님의 자비를 얻으리라 믿고 또 확신하고 있습니다. 따라서 죄가 우리를 땅에까지 구부리게 하듯이 이 두 사도의 공로는 거기서 일으키게 합니다.

복되신 동정 마리아의 자헌
[Praesentatio B. Mariae V. 축일 11. 21.]

하느님께서 모세에게 명하신 율법에 의하면 이스라엘의 부모들은 아이를 낳으면 사내아이는 40일 만에, 여자아이는 80일 만에 성전에 가서 하느님께 봉헌하도록 되어 있다. 이 예식은 아기 편에는 봉헌이 되고 어머니 편에는 취결(取潔)이 된다. 성모 마리아도 유다 인이므로 관례에 따라 그 아버지 요아킴과 어머니 안나에 의해 봉헌식을 받으셨다. 그러나 여기서 이야기하는 봉헌은 그런 의미에서가 아니다. 같은 봉헌에도 또다른 것이 있다.

즉 당시 유다의 풍속으로는 남자건 여자건, 일평생 혹은 어떤 기간 중 성전에 기거하며 자기의 능력대로 여러 가지 일을 하며 하느님께 봉사하는 일이 있다. 물론 남녀 동석 동거가 허락되지 않고 봉사의 종류에도 차이가 있었다. 예를 들면, 여자는 성전내의 장식품, 사제의 제복을 제조 또는 수선하는 일이며, 남자는 예식의 준비 등인 것이다. 성서의 연구, 시편 낭송 묵상 등은 공동으로 한다.

이러한 사람들을 '나지렛'이라 불렀는데, 연령 차이도 구구하고 개중에는 부모가 의탁한 갓난아기도 있었다. 이런 경우는 대개 그 부모가 어떤 뜻을 채우기 위해 하느님께 아이를 낳으면 이를 하느님께 봉헌하겠다고 서원한 약속을 이행하는 것이며, 사무엘 같은 분도 그 예의 하나다.

즉 사무엘의 어머니 한나는 늦도록 아이가 없었으므로 하느님께 눈물로 기도를 올렸다. 그리고 사내아이를 주시면 하느님께 봉헌하겠다고 서원했다. 과연 1년 후 사내아이인 사무엘을 낳았고, 서원대로 그를 4세 때에 성전에 바쳤고, 그때부터 그는 성전에서 양육되었으며 그곳에서 일하게 된 것이다.

비록 이런 사람들의 경우일지라도 반드시 일생을 성전에 머무르며 동정을 지켜야 되는 것은 아니며 나이가 차면 본인의 의사대로 자유로이 적당한 배우자를 취할 수도 있었다.

이런 종류의 봉헌은 율법에 있는 의무적인 봉헌은 아니다. 그러나 신심이 두터운 부모들은 거의가 그 자녀들을 성전에 바쳐서 그들의 종교심 함양을 도모했다. 성모 마리아의 부모도 그러한 의미에서 세 살 된 그녀를 성전에 봉헌한 것이다.

많은 교회 박사와 신학자들의 말대로 완전히 원죄의 구속에서 벗어난 마리아의 지혜 발달은 보통사람보다 현저히 뛰어났다. 그러므로 다른 아이들은 부모의 의사에 따라 성전에 봉헌됨에 반하여 성모는 비록 어린 나이지만 이미 자발적으로 자신을 주님께 바쳤으며, 또 여러 가지 임무에 있어서도 맹목적이 아니고 분별 있게 훌륭한 봉사를 했다. 더욱이 놀라운 것은 연약한 나이에 이미 종신 동정 서원을 발했으며, 다만 하느님만을 위하여 영육간의 일체를 바치기로 했으니 이는 고금을 통하여 아무에게도 비할 바 없는 일이다.

그런데 이 같은 종신 동정 서원을 발했음에도 불구하고 성 요셉과 혼인할 것을 명 받자 요셉과 의논해 서로 동정을 지킬 것에 합의했으므로 이것이 하느님의 뜻임을 깨닫고 안심하여 출가할 것을 승낙했던 것이다. 이것 역시 쉬운 일이 아니며 참으로 온갖 것을 하느님의 뜻에 맡긴 성모 마리아의 면목을 뚜렷이 나타내는 것이다.

하여간 그녀가 성전에서 성서를 공부할 때에는 얼마나 심각하게 스승의 말씀에 귀를 기울였을까? 또 기도나 시편을 읊을 때의 그녀의 태도는 얼마나 경건했을까? 매일 겪는 모든 일들도 얼마나 부지런히 했을까? 생각만 해도 그 성스럽고 정성스러운 모습이 눈앞에 어려 무엇인가 정다움을 느끼게 한다.

어린 마리아는 후에 천주의 어머니가 되리라고는 꿈에도 생각지 않았다.

다만 아무 잡념 없이 자기 의무를 그날그날 충실히 채워나갔을 뿐이다. 그러는 동안에 그녀의 덕은 연마되어 갔으며 영혼은 빛을 발하고, 예기한 바도 없이 성모로서의 모든 준비가 하나하나 이루어져 나갔었다.

성모 마리아께서 몇 살까지 성전에 머물러 계셨는지는 확실하지 않다. 그러나 저 가브리엘 대천사가 나타나서 알릴 때는 이미 나자렛의 본가에 계셨으며 15, 6세의 몸으로 성 요셉과 약혼한 때였다.

【교 훈】

성서에 "아직 젊었을 때에 너를 지으신 이를 기억하여라"(전도 12, 1).는 말씀이 있는데, 참으로 성모께서는 이 말씀대로 항상 하느님을 잊지 않으셨으며, 어려서부터 스스로 자신의 몸을 하느님께 바치셨다. 우리는 자기 직업 여하를 막론하고 신앙을 지키며 하느님 섬기는 것을 최대의 의무, 최대의 영광으로 삼아야 할 것이다.

한국 교회의 수호자 복되신 동정 마리아의 원죄 없으신 잉태

[Conceptio Immaculata B. Mariae V. 축일 12. 8.]

낙원에 있던 인류의 시조는 하느님의 은총을 입었었다. 그러나 불행히도 불순명의 죄악 하나로 자기들과 그 후손들이 이어받을 은총을 잃었다. 따라서 그 뒤에 출생하는 자손들의 영혼은 범죄 전에도 아담과 하와가 갖고 있던 그러한 은총을 소유하지 못한다. 이 은총의 결핍 상태를 일컬어 원죄라고 한다.

그러므로 원죄라는 것은 어떤 한 개인의 살인이라든가 혹은 도둑질 같은 일을 저질러 그 한 개인이 벌을 당하는 것으로만 종말을 짓는 것이 아니고, 아버지(父)에서 아들(子), 아들(子)에서 손자(孫)로 면면히 흘러내리는 마치 비참한 유전병과도 같은 것이다. 즉 음탕에 빠져 무서운 병독에 감염된 부모가 그것을 자손에게 유전해 주는 것과 같은 것이다. 이런 경우의 잘못은 물론 자손들에게는 없다. 그러나 부모와의 인과관계에 의한 행복치 못한 처지에 관련되게 되는 것이다.

　원죄도 그와 같아서 과오는 물론 불손의 범죄를 한 시조에게 있는 것이나 그 벌의 불행은 그 후손에게까지 대대로 미쳤다. 그렇다 할지라도 공의하신 하느님께서는 또한 자비심이 깊으신 분이시다. 하느님께서는 그 전지 전능하심으로 애당초부터 원죄로 인한 불행을 간파하시고 동정을 금할 길 없어 후일 구세주를 보내시어 인간들의 무거운 짐이 되는 원죄를 제거시킬 약속을 하셨으나, 이 인류의 구세주란 스스로 역시 사람으로서 전혀 죄악에 물듦이 없을 뿐 아니라 인간의 죄악을 완전히 배상할 능력을 지니고 오셔야만 했었다.

　그러나 그런 일은 도저히 사람에게는 바랄 수 없는 것이다. 그래서 하느님께서는 천주 3위 중 제2위를 파견하시어 그에게 신성(神性)과 인성(人性)을 일치 결합케 하시고, 그로 하여금 전 인류의 죄악을 배상케 하시어 참된 구세주로 삼으려는 뜻을 가지셨던 것이다. 그러므로 이 구세주는 하느님이신 동시에 사람이시므로 일반 인간과 동등히 어머니의 몸에 낳음을 받게 되는 것이었다. 그러나 그 어머니가 원죄에 물든 보통 모성이라면 이는 실로 하느님으로서 또는 사람으로서의 한 점의 티끌도 없는 조촐한 구세주의 모태로는 적당치 않음은 분명한 이치이다. 하느님께서는 불결한 죄악의 한 그림자도 가까이 할 수 없는 것이므로 구세주의 어머니가 되실 성모 마리아께서는 응당 원죄가 없어야 할 것이며, 사실상 전지 전능하신 하느님께서도 미리 구세주의 공로로 인하여 성모의 영혼을 창조하실 그 순간에 원죄를 제거시키고 완전 결백한 상태에서 그 어머니 안나의 태중에 잉태케 하셨다. 이것이 성모의 원죄 없으신 잉태의 의의인 것이다.

　이러한 이유 때문에 성모께서는 원죄에 물듦이 없으시므로 그녀는 항상 은총이 충만하시고 또 하느님의 무한한 사랑을 받는 사랑하는 자녀인 것이다. "몸과 지혜가 날로 자라면서 하느님과 사람의 총애를 더욱 많이 받게 되었다" 하신 성서 말씀은 예수께만 적용될 뿐 아니라 성모께도 적용되는 말씀이다. 성모께서는 죄라고 하는 것은 극히 미소한 소죄라 할지라도 한 번도 범하시지 않으셨다. 반대로 그녀의 모든 행위는 선(善)이요, 완전 무결한 것뿐이었다. 따라서 그녀는 나날이 선에 나아가시며 천국에 공로를 쌓으심으로써 천주의 어머니로서 갖은 높은 덕을 채우셨기에 오늘에 와서 하늘의 모후시요, 또한 자기를 공경하는 자들의 힘있는 수호자가 되신 것이다.

원죄 없으신 성모께 대한 공경은 그 역사가 매우 길고 이미 오래 전부터 지금과 같이 축일이 있었으나, 더욱 성황을 이루게 된 것은 1854년 12월 8일 이래인 것이다. 즉 그날 교황 비오 9세는 가톨릭 신자가 모름지기 성모의 원죄 없이 잉태되셨음을 믿어야 할 신덕 도리로 결정 공포했다. 이어 1858년 3월 25일에는 성모께서 친히 프랑스의 루르드에서 소녀 베르나데타에게 발현하시어 "나는 원죄 없이 잉태한 자이다" 하고 말씀하심으로써 이 신덕 도리가 그릇됨이 없음을 증거하셨다. 원죄 없이 잉태하신 몸, 이는 참으로 천주의 성모로서 가장 아름다운 칭호이다. 성모께서는 지금까지 이 같은 칭호로써 자기를 공경하는 이들에게 무수한 은총을 구해 주셨고 수많은 죄인들을 회개시키셨고, 앞으로도 역시 그러하실 것이다.

"원죄 없이 잉태하신 성모 마리아여! 저희를 위하여 빌어주소서!"

【 교 훈 】

성모 마리아께서는 일생을 통해 한 번도 죄를 범하신 적이 없었고 애당초 원죄도 없으셨으므로 마귀와 그 유혹에 대해서도 비할 바 없는 힘있는 보호자시며, 그 성명을 한 번 부르거나 혹은 그의 성상, 성화를 꾸미는 정도로서도 마귀는 힘을 못쓰고 물러간다고 한다. 그러므로 유혹을 당할 때, 영혼이 위험한 처지에 놓였을 때에는 주저하지 말고 그 도움을 청해야 할 것이다.

예수 성탄 대축일

[Nativitas Domini 축일 12. 25.]

교회에 큰 축일이 여럿 있으나 성탄 축일같이 경사스러운 날은 또 없을 것이다.

천사들까지도 양치는 목동에게 "두려워하지 말라. 나는 너희에게 기쁜 소식을 전하러 왔다"(루가 2, 10) 했다. 그러면 그 기쁨은 어디에 있는가? 그것은 만민의 구세주 탄생하심에 있다. 그리고 이 구세주의 탄생은 그 시대 사람들에게만 있는 것이 아니고, 선의를 가진 세계 만방 만대 사람들에게 있는 것이다. 이 구세주로 인하여 천국의 문은 그들에게 열렸고, 최대의 행복을 받을 희망을 갖게 된 것이다. 그러므로 무엇보다도 즐거운 일이 아닐 수 없다. 착한 뜻만 가진다면 어떠한 시대, 어떠한 사람이라도 그 행복을 받을 것이며, 또 그리스도를 아는 사람에게 있어서는 매년 이 성탄 축일은 어떠한 시대를 막론하고 똑같이 큰 기쁨이 되는 것이다. 한편 이날은 어른들만의 기쁨이 아니라 어린이들의 기쁨도 되며 선인의 기쁨뿐 아니라, 회심하려는 악인의 기쁨도 되는 것이다.

구세주이신 예수께서는 가난한 집의 아기로서 이 세상에 오셨다. 아기는 아무도 무서워할 줄 모른다. 오히려 모든 사람의 귀여움을 받는다. 더구나 깨끗하고 귀여운 아기 예수에게 있어서랴!

거기 아기 예수 곁에는 고금을 통하여 다시없이 거룩하신 분, 정결하신 정녀 성모 마리아와, 그의 깨끗한 배필이시며 주님의 보호자이신 성 요셉이 계셨다.

그리고 이 귀여운 아기는 하느님이시며 동시에 사람이시다. 예수께서는 하늘에서 내려오시어 사람이 되셨다. 그러기 때문에 예나 지금이나 사람들은 그 탄생하심을 경축하고, 천상에서도 역시 기쁨이 충만해지는 것이다. 천사들은 말한다. "하늘 높은 곳에는 하느님께 영광, 땅에서는 주님께서 사랑하시는 모든 사람들에게 평화!"

만일 그리스도께서 탄생하시지 않으셨던들 이 세상은 어찌 되었을 것인가? 이것만 깊이 생각해도 예수 성탄의 기쁨을 이해하고도 남음이 있을 것이다.

그리스도는 팔레스티나의 베들레헴에서 탄생하셨다. 구세주의 약속은 이미 낙원에서 맺어졌다. 그리고 그 후 여러 번 구세주의 탄생을 예언자들은 말했다. 그러므로 사람들은 그의 탄생을, 하루가 천추(千秋)인 듯이 고대했다. 구세주는 과연 오셨다. 그러나 그는 세상 사람들이 예기한 눈부신 위풍으로서가 아니고 하느님께서 안배하신 대로 가난한 어린아이로 내려오셨다. 그 탄생하심은 베들레헴에 있던 그 누구도 몰랐다. 그 탄생하신 장소가 마을에서 떨어진 마굿간이었기 때문이다.
　처음 그 탄생의 소식을 들은 사람은 부근에서 양을 치고 있던 순직한 목동들이었다. 한 분의 천사가 그들에게 나타나 "오늘 밤 너희의 구세주께서 다윗의 고을에 나셨다. 그분은 바로 주님이신 그리스도이시다. 너희는 한 갓난아이가 포대기에 싸여 구유에 누워있는 것을 보게 될 터인데 그것이 바로 그분을 알아보는 표이다" 하고 알렸다. 그러자 갑자기 무수한 천사의 무리가 나타나 하느님을 찬미하여 "하늘 높은 곳에는 하느님께 영광, 땅에서는 주님께서 사랑하시는 사람들에게 평화"라고 노래했다.
　천사들이 하늘로 사라지자 목동들은 서로 이렇게 말했다. "어서 베들레헴으로 가서 주님께서 우리에게 알려주신 그 사실을 보자." 그리고는 급히 베들레헴에 달려가, 마리아와 요셉의 보호를 받으며 구유에 누워 계신 아기를 경배하고, 천사가 저희들에게 그 아기가 구세주이심을 가르친 것을 사람들에게 이야기하니, 듣는 사람으로서 기이하게 생각하지 않을 수 없으나, 오직 성모께서는 그 모든 사정을 마음에 잠잠히 품고 계셨다. 이리하여 목동들은 자기들이 들은 바가 어긋나지 않았음에 감격하고 하느님을 찬미하며 집으로 돌아갔다.
　이 아기야말로 하느님께서 언약하신 구세주 예수 그리스도이시다. 그는 자기가 손수 세상을 창조하셨음에도 마굿간 같은, 세상에서 가장 천한 장소를 택하여 나셨다. 그리고 그의 어머니 역시 성덕과 은총으로 충만해 계시면서도 재물에는 혜택이 없을뿐더러, 그 양부 요셉도 고덕의 의인이시면서도 세상에서는 어려운 생활을 면치 못하는 일개 목수에 지나지 않았다.
　또 마리아와 요셉의 집은 나자렛인데, 아기 예수는 어찌하여 베들레헴 객지에서 탄생하셨을까? 성 루가는 그 이유를 다음과 같이 설명했다.
　"그 무렵 로마 황제 아우구스토가 온 천하에 호구 조사령을 내렸다. 이 첫 번째 호구 조사를 하던 때 시리아에는 퀴리노라는 사람이 총독으로 있었다. 그래서 사람들은 등록을 하러 저마다 본 고장을 향하여 길을 떠나게 되었다. 요셉도 갈릴래아 지방 나자렛을 떠나 유다지방에 있는 베들레헴이라는 곳으로 갔다. 베들레헴은 다윗 왕이 난 고을이며 요셉은 다윗의 후손이었기 때문이다. 요셉은 자기와 약혼한 마리아와 함께 등록하러 갔는데, 그때 마리아는 임신 중이었다. 그들이 베들레헴에 가 머물러 있는 동안 마리아는 달이 차서 첫 아들을 낳았다. 여관에는 그들이 머무를 방이 없었기 때문에 아기는 포대기에 싸서 말구유에 눕혔다"(루가 2, 1-7).

 왜 요셉과 마리아가 베들레헴에 갔으며, 또 말구유에 있게 되셨는가는 위의 말씀으로 충분하다. 즉 베들레헴에서 호구 조사를 받을 사람들이 너무 많았으므로 모든 여인숙이 만원이었다. 그밖에 요셉과 마리아는 보기에도 초라한 차림이었기 때문에 가는 곳마다 여인숙에서 거절을 당하신 것이었다. 사실 성 요한 복음에 "사람의 아들은 머리 둘 곳도 없느니라" 하신 말씀 그대로였다. 그러나 주님은 기적을 행하여 훌륭하고 안락한 집을 짓고 그 안에 탄생하실 생각을 하지 않으셨다. 오히려 가난한 사람들을 위로하시기 위해 일부러 초라한 곳을 택하셨고 고통으로 구속 사업을 시작하실 셈이었다.

 성모 마리아께서는 이미 그때부터 그 아들과 고통을 같이하시게 되었다. 물론 그녀는 산기가 가까웠으므로 나자렛에서 해산할 만반의 준비를 갖추고 계셨을 것이다. 그러나 황제의 칙령이 내려 부득이 길을 떠나시게 된 것이다. 이는 해산할 몸으로서는 큰 고통이 아닐 수 없다. 그러나 그녀는 요셉과 더불어 길을 나섰고, 목적지에 겨우 도착하자 아기를 낳으신 것이다. 이는 하느님의 안배로 사람의 계획과는 아주 판이한 일이다. 그러나 하느님의 섭리하심에는 실수가 없다. 몹시 가난하게 태어나신 예수는 인류를 구속하셨고 역사의 중심이 되셨다. 그 강생을 기원으로 하는 소위 서기는 세계 각처에서 사용되고 있다. 그리고 그 구속 사업은 착착 성과를 거두고 있으며 앞으로도 그러할 것이다.

【 교 훈 】

 구세주를 보내신 하느님을 천사들과 더불어 찬미하자. 그리고 어린 예수께서 가르치신 덕, 빈곤과 겸손과 인내로 하느님께 순종함을 그분에게 배우자.

예수, 마리아, 요셉의 성가정 축일
[S. Sagrada Familia jesu Mariae et joseph
축일; 예수 성탄 다음 주일]

가정은 국가와 사회의 기초이다. 각 가정이 향상 혹은 타락됨에 따라 국가와 사회도 향상 혹은 타락된다. 그러므로 교회에서는 각 가정과 더 나아가서는 인류 사회를 성화(聖化) 향상시키기 위하여 가장 훌륭한 모범적인 가정을 제시한다. 그것은 다름 아니라, 요셉과 마리아 두 성인과 더불어 주 예수 그리스도께서 친히 무한한 성덕을 보여주신 성가정의 생활인 것이다.

이미 먼 옛날부터 교회내에서는 성가정을 본받는 것을 목적으로 성가정에 대한 존경을 세상에 전파하기 위한 회가 생겨, 비오 9세 교황은 이를 대형제회에 승격시켰고, 레오 13세 교황은 이를 전 세계에 보급 발전시켰고, 그리고 베네딕토 15세 교황은 드디어 전 교회에서 지키도록 성가정 축일을 설정하고 그날을 예수 성탄 다음 주일로 결정했던 것이다.

성가정이라 함은 위에서도 말했지만, 그리스도교에 대해서 조금이라도 들은 일이 있는 사람 같으면 즉시 알아듣듯이 예수, 마리아, 요셉, 세 분을 말하는 것이다. 즉, 요셉을 가장으로 하느님의 성모를 주부로 예수를 아들로 하는 한 가정을 말하는 것이다. 그리고 성가정이라고 하게 된 이유는 지극히 거룩한 천주 성자께서 그 가정에 사람으로 탄생하셨을 뿐 아니라 세 분 모두 출중한 덕행을 지닌 성자(聖者)였기 때문이다.

보통의 가정과 성가정을 비교해 본다면 누구나 거기에 커다란 차이가 있다는 것을 인정하지 않을 수 없다. 그것은 보통 가정에서는 가장인 아버지가 최고이고, 어머니가 다음 가고, 그 다음에 자녀라는 이와 같은 순서인데, 성가정에서는 도리어 아들인 예수께서 가장 높고 존귀한 분이시다. 그 이유는 그는 보통 인간이 아니고 실로 영원히 존재하시고 또한 성부와 성령과 더불어 천지 만물을 무(無)에서 창조하신 전능하신 하느님이시기 때문이다. 따라서 그 탄생의 모양도 우리의 그것과는 크게 달라, 성령의 은혜로 가장 순결한 동정 성모 마리아의 태중에 잉태되신 것이다. 그러므로 요셉은 예수와 혈통으로 맺어진 참 부친이 아니고, 다만 성자를 양육하기 위해 성부께 선택된 양부에 지나지 않는다. 그러나 성모 마리아는 그렇지 않아 성자에게 그 깨끗한 살과 피를 전해 주셨다. 틀림없이 참된 어머니가 되시는 것이다. 그러므로 성가정의 순서를 정한다면 마리아야말로 요셉보다 위에 서지 않으면 안 되며, 따라서 아들, 어머니, 아버지, 이러한 순서로 성가정은 이루어져 아버지, 어머니, 자녀의 순서로 되어 있는 일반 가정의 순서와는 반대로 되어 있는 것이다.

이 3인은 모두 성스러운 분이셨다. 그들은 모두 모든 힘을 다하여 하느님의 뜻을 세밀한 점에 이르기까지 실행하려고 노력했기 때문이다.

나자렛에서의 그리스도의 사생활에 대해서는 성서에 "예수는 부모를 따라 나자렛으로 돌아와 부모에게 순종하며 살았다"(루가 2, 51)고만 기록되어 있다. 성 베르나르도는 이를 설명하여 이렇게 말했다. "어느 분이 순종하셨는가? 누구에게 순명하셨는가?-하느님께서 사람에게 복종하신 것이다. 아! 필설로 표현할 수 없는 겸손이여! 실제 세상의 창조주께서는 황송하옵게도 피조물에게 순종하신 것이었다. 그것은 자기 친히 존귀한 모범을 보이시며 우리에게도 하느님께서 정하신 윗사람에게 순명할 것을 가르쳐 주시기 위함이었다. 또한 순종하신 것은 예수뿐이 아니었다. 마리아도 하느님께서 정하여 주신 자신의 지도자이며 보호자인 요셉에게 복종했고, 또한 요셉도 저 이집트로 피난 갈 때나 돌아올 때 보여준 것과 같이 천사를 통하여 전해진 하느님의 명령에 끝까지 순명한 것이었다."

이와 같이 성가정은 순명의 거울일 뿐 아니라 기도의 모범이라고도 할 수 있을 것이다. 성스러운 이 세 분은 끊임없이 마음으로 하느님과 교제했고 또한 아침, 저녁, 식전, 식후의 기도도 거르지 않고 같이 기도하고 성서를 애독하고 주일이나 축일에는 반드시 같이 회당에 가셨던 것이다.

그들은 또한 하느님의 섭리에 의하여 자기 스스로 생계를 유지해 나가지 않으면 안 되었으므로 매일 육신 일도 게을리 해서는 안 되었다. 성 요셉은 목수였다. 따라서 그 격심한 육신 노동이야말로 하느님께서 자기에게 명하신 천직이라 생각하고, 매일 이마에 땀을 흘리며 사랑하는 성자와 성모를 위해 생활비를 조달했다. 또한 성모는 한 가정의 일을 돌보는 한편, 중등 교육을 받은 신분에도 불구하고 불때기, 청소, 설겆이 등 아무리 천한 일이라도 기꺼이 행하셨고, 성자 예수는 연령에 응하여 공부나 양친의 심부름을 하신 것이다. 이리하여 성가정의 모범적인 생활은 언제나 평화로운 것이었다. 그들은 같이 고락을 나누고 서로 격려하며 덕행의 길로 매진했다. 따라서 하느님의 강복이 늘 그 가정 위에 내려진 것은 물론이다.

성 요셉은 예수께서 공생활에 들어가시기 전에 천주 성자와 하느님의 모친에게 간호를 받으며, 사람으로서는 무한히 행복한 임종을 하게 되었는데, 이것도 그가 자기에게 위탁된 성모와 성자에 대한 보호의 대임을 알뜰히 완수한 많은 공로에 대한 당연한 보수라 말할 수 있을 것이다.

【교 훈】

그리스도 신자의 가정에서는 누구나 성가정을 본받지 않으면 안 된다. 즉 자녀는 예수와 같이 양친에게 순명해야 하고 양친은 마리아와 요셉처럼 배우자와 자녀에 대한 임무를 충실히 수행하지 않으면 안 된다. 그렇게 한다면 사회는 선도될 뿐 아니라 모든 나쁜 투쟁들은 자취를 감추게 되고 안녕과 행복이 깃든다는 것은 의심 없는 일이다.

무죄한 어린이들의 순교 축일

[Sts. Innocentes, Mart. 축일 12. 28.]

구세주의 강생을 기이한 별을 보고 안 동방의 세 왕은 그 별이 인도하는 대로 예루살렘까지 와서 유대의 왕 헤로데를 만나 "유다인의 왕으로 나신 분이 어디 계십니까?" 하고 질문했다. 이 말을 듣고 헤로데 왕이 당황한 것은 물론, 예루살렘이 온통 술렁거렸다. 왕은 백성의 대사제들과 율법학자들을 다 모아 놓고 그리스도께서 나실 곳이 어디냐고 물었다. 그들은 "유다 베들레헴입니다" 하고 대답하자 왕은 이 말을 세 왕에게 전하며 "가서 그 아기를 잘 찾아보시오. 나도 가서 경배할 터이니 찾거든 알려 주시오" 하고 덧붙였다. 그러나 이것은 결코 본심에서 나온 말이 아니었고, 구세주가 장차 자기 왕위를 박탈할까 두려워해 그 출생 소재를 알면 이를 죽여 화를 미연에 방지하려는 심산이었다.
　그리하여 세 왕은 다시 베들레헴으로 향했는데, 일시 보이지 않던 그 이상한 별이 다시 나타나 그들의 앞길을 인도하여, 드디어 예수 아기가 누우신 마굿간 위에서 멈추었으므로, 그들은 매우 기뻐하며 그 안에 들어가 마리아와 요셉이 보살피고 계시는 아기를 보고, 곧 가져온 황금과 유향과 몰약을 선물로 바치며 구세주를 경배했다.
　그 날 밤 천사가 세 왕에게 나타나 헤로데의 간사함을 말하고 다른 길로 귀국할 것을 일러 주었으므로, 세 왕은 길을 바꿔 귀국했다. 눈이 빠지게 기다리던 헤로데 왕은 세 왕에게 속은 줄 알고 노발대발 격분하여 군사를 보내 무참하게도 베들레헴과 그 부근 일대에 있는 두 살 이하의 사내아이를 모조리 학살해 피바다를 이루었다. 물론 전지전능하신 하느님께서는 일찍이 이런 일이 있을 것을 예지하시고 천사를 보내어 그 날 밤 요셉에게 경고하시기를, 즉시 마리아와 아기예수를 데리고 이집트로 피난하라고 하셨으므로, 구세주의 신변에는 아무런 화가 미치지 않았다. 복음 사가 성 마태오는 위의 어린이 학살 사건을 간명히 서술하고 이런 설명을 가했다. "예언자 예레미야를 시켜 '라마에서 들려오는 소리, 울부짖고 애통하는 소리, 자식 잃고 우는 라헬, 위로마저 마다는구나!'하신 말씀이 이루어졌다"(마태 2, 17-18). 즉 예레미야가 아들을 잃은 야곱의 아내 라헬의 통곡을 들어 예언한 것이 바로 적중되었으니 폭군 헤로데에게 귀여운 아기를 빼앗긴 어머니들이 구약의 라헬에 못지 않게 비통한 통곡을 했던 것이다.
　당시의 사상으로는 어린아이를 죽이는 것은 어른을 죽이는 것보다 죄가 중하지 않다고 되어 있었다. 그러나 자기 이익 때문에 천사와 같은 천진한 어린아이, 그것도 한두 명이 아니고 집단적으로 죽인 헤로데는 그 잔인성이 참으로 필설(筆舌)로는 형용키 어려워 짐승과 같은 짓을 감행하고도 느끼는 바가 없었다. 그리고 그의 잔인성은 그때 한 번뿐이 아니었다. 대략 그 수를 들어보자면, 아우구스토 황제의 조력으로 유다를 정복했을 때에 무수한 사람을 살육한 것을 비롯하여 그는 처를 열 명이나 바꿔 들였는데, 먼저 도리스 왕비를 그 아들 안티파텔과 같이 추방하고, 왕비 마리암네를 투기심에서 살해하고, 또 그 몸에서 난 두 아들 알렉산데르와 아리스토불로를 교수형에 처했으며, 그 금수적 야욕을 채우기 위해 질녀 베레니케의 남편을 죽였고, 성전문에서 로마 황제의 황금제 독수리 문장을 제거시킨 40명의 청년을 화형에 처했고, 자기가 죽기 5일 전에 본 아들 안티파텔에게 사형 선고를 내리는 등, 온갖 악행을 하고도 후회할 줄 몰랐다.

이런 헤로데가 어찌 하느님의 무서운 분노를 피할 수 있었겠는가? 그는 온몸에 구더기가 들끓고 썩어 추악한 모습으로 죽었다. 여기에 반하여 그에게 살해된 저 무고한 어린이들은 예수 그리스도 대신 깨끗한 생명을 하느님께 바쳤으므로 지금 천국에서 영원한 행복을 누리는 것이다. 교회에서는 이들을 거룩한 순교자로 받들고 전 세계에서 이들을 존경하며 여러 가지 은혜, 특히 어린아기들에게 필요한 은총을 그들의 전구로 청한다.

【 교 훈 】

우리는 아구리 의외의 어려움을 당할지라도 결코 불평을 하지 말며 모든 것을 자비하신 하느님께 맡기고 달갑게 그 의향을 따라가기 위해 항상 준비하고 있어야 한다.

부록 1

성인록(가나다순)
한국 순교자 103위 성인 일람

성인록 (가나다순)
(영문 표기는 특정 외 라틴어 표기를 기본으로 함)

【 가 】

성 가누토(Canutus) 왕 순교자/ 1086년 [축일 1. 19.]
성 가롤로 르왕가와 동료 순교자/ 1886년 [축일 6. 3.]
성 가롤로 보로메오(C. Borromeo) 주교/ 1584년 [축일 11. 4.]
가르멜 산의 복되신 동정 마리아 [축일 7. 16.]
성녀 가르시아(Gartia) 원장/ 1073년 [축일 9. 29.]
성 가리노 주교 [축일 5. 10.]
성 가리발도 주교/ 762년 [축일 1. 8.]
성 가믈리엘(Gamliel) 율법교사/ 1세기경 [축일 8. 3.]
성녀 가밀라(Camilla) 동정/ 437년경 [축일 3. 3.]
성 가밀로 데 렐리스(C. de Lellis) 사제/ 1614년 [축일 7. 14.]
성 가브리엘 라르망(G. Lalement) 순교자/ 1649년 [축일 9. 26.]
성 가브리엘(Gabriel) 대천사 [축일 9. 29.]
통고의 복되신 동정 마리아의 성 가브리엘 증거자 [축일 2. 27.]
성 가비노(Gabinus) [축일 5. 30.]
성 가비노(Gabinus) 순교자/ 295년경 [축일 2. 19.]
성 가스팔(Gaspar)/ 1세기경 [축일 1. 6.]
성 가스펠(Gasper) 꼴 바팔로 창설자/ 1836년 [축일 1. 2.]
성 가시미로(Casimiro) 증거자/ 1488년 [축일 3. 4.]
성 가시아노(Gatianus) 주교/ 337년경 [축일 12. 18.]
성 가예타노(Gajetanus) 사제/ 1547년 [축일 8. 7.]
성녀 가우덴시아(Gaudentia) 동정 순교자 [축일 8. 30.]
성 가우덴시오(Gaudentius) 그네센 주교/ 1004년경 [축일 1. 5.]
성 가우덴시오(Gaudentius) 주교 순교자/ 360년경 [축일 10. 14.]

성 가우덴시오(Gaudentius) 주교/ 410년경 [축일 10. 25.]
성 가우덴시오(Gaudentius) 주교/ 418년경 [축일 1. 22.]
성 가우덴시오(Gaudentius) 주교/ 465년 [축일 2. 12.]
성 가우디오소(Gaudiosus) 주교/ 445년 [축일 3. 7.]
성 가우디오소(Gaudiosus) 주교/ 7세기경 [축일 10. 26.]
성 가우체리오(Gaucerius) 원장/ 1140년 [축일 4. 9.]
성녀 가이아나(Gaiana) 동정 순교자 [축일 9. 29.]
성 가이오 순교자/ 300년 [축일 1. 4.]
알렉산드리아의 성녀 가타리나 동정 [축일 11. 25.]
성녀 가타리나 팔란자 동정/ 1478년 [축일 4. 6.]
리치의 성녀 가타리나 동정/ 1590년 [축일 2. 13.]
볼로냐의 성녀 가타리나 동정/ 1463년 [축일 3. 9.]
시에나의 성녀 가타리나 동정 학자/ 1380년 [축일 4. 29.]
스웨덴의 성녀 가타리나 동정/ 1381년 [축일 3. 24.]
성녀 가타리나(Catherina) 수절/ 1510년 [축일 9. 15.]
성녀 가타리나 라부레 동정/ 1876년 [축일 11. 28.]
성 가투노 라바르 순교자/ 1133년 [축일 1. 7.]
성 간굴포(Gangulphus) 순교자/ 760년 [축일 5. 11.]
성녀 갈라(Gala) [축일 4. 6.]
성녀 갈라(Galla) 수절/ 550년경 [축일 10. 5.]
성녀 갈라타(Galata) 순교자 [축일 4. 9.]
성 갈디노(Galdinus) 주교/ 1176년 [축일 4. 18.]
성 갈리스토 1세 16대 교황 순교자/ 222년경 [축일 10. 14.]
성 갈리스토 순교자 [축일 4. 16.]
성 갈리스토(Callistus) 주교 순교자/ 528년 [축일 8. 14.]
성 갈리카노(Gallicanus) 주교/ 362년 [축일 6. 25.]
성녀 고데베르타(Godeberta) 여원장/ 700년경 [축일 4. 11.]
성 고데하르도(Godehardus) 주교 [축일 5. 4.]
성 고도프레도(Godofredo) 프랑스 주교/ 1115년 [축일 11. 8.]

성 고드릭(Godric) 은수자/ 1170년 [축일 5. 21.]
성녀 고들레바(Godeleva) 순교자/ 1070년 [축일 7. 6.]
성녀 고르고니아(Gorgonia) 수절/ 375년경 [축일 12. 9.]
성 고르고니오(Gorgonius) 순교자/ 303년 [축일 9. 9.]
성녀 고르넬리아(Cornelia) 순교자 [축일 3. 31.]
성 고르넬리오(Cornelio)/1세기경 성서인물 [축일 2. 2.]
성 고르넬리오(Cornelius) 21대 교황/ 253년 [축일 9. 16.]
성 고르디노(Gordinus) 순교자/ 304년 [축일 1. 3.]
성 고르디아노(Gorcianus) 순교자 [축일 9. 17.]
성 고르디아노(Gordianus) 순교자/ 362년 [축일 5. 10.]
성 고르디오(Gordius) 순교자 [축일 1. 9.]
성 고반(Goban) 증거자/ 7세기경 [축일 5. 23.]
성 고쉘리노(Goscelinus) 원장/ 1153년 [축일 2. 12.]
성 고스마(Cosma) 순교자/ 303년경 [축일 9. 26.]
성 고스베르토(Gosbertus) 주교/ 859년경 [축일 2. 13.]
성 고하르도(Gohardus) 주교 순교자/ 843년 [축일 6. 25.]
성 곤잘르(Gonzalo) [축일 11. 26.]
성녀 골룸바(Columba) 동정 순교자 [축일 11. 13.]
성녀 골툼바(Columba) 동정 순교자/ 273년 [축일 12. 31.]
성녀 골룸바(Columba) 동정/ 1501년 [축일 5. 20.]
성녀 골룸바(Columba) 동정 순교자/ 853년 [축일 9. 17.]
성 골룸바노(Columbanus) 원장/ 616년 [축일 11. 21.]
성 골룸바노(Columbano) 아바스/ 615년 [축일 11. 23.]
성녀 곱나타(Gobnata) 동정/ 6세기경 [축일 2. 11.]
과달루페의 복되신 동정 마리아 [축일 12. 12.]
성 과드라토(Quadratus) 순교자/ 257년경 [축일 5. 7.]
성 과리노 주교/ 1150년 [축일 1. 6.]
성녀 구델리아(Gudelia) 순교자/ 340년경 [축일 9. 29.]
성녀 구둘라(Gudula) 브뤼셀 동정/ 712년 [축일 1. 8.]

성 구메르신도(Gumersindo) [축일 1. 13.]
성 구스타보(Gustavo) [축일 8. 3.]
성녀 구엔돌리나(Guendolina) 동정 [축일 3. 28.]
성 군데베르토(Gundebertus) 주교/ 676년 [축일 2. 21.]
성 군둘포(Gundulphus) 주교/ 6세기경 [축일 6. 17.]
성 군트람노(Guntramnus) 프랑스 왕/ 592년 [축일 3. 28.]
성녀 군틸다(Gunthildis) 동정/ 748년경 [축일 12. 8.]
성 굴리엘모 [축일 11. 30.]
성 굴리엘모(Guillermo) [축일 1. 1.]
성 굴리엘모(Guillermo) [축일 2. 10.]
성 굴리엘모(Guillermo) 증거자 [축일 1. 10.]
성 굴리엘모(Guillermo) [축일 5. 28.]
성 굴리엘모(Gulielnus) 원장 [축일 6. 25.]
성 귀도(Guido) 은수자/ 1046년 [축일 3. 31.]
성 귀도(Guidus) 증거자 [축일 9. 12.]
성 귀리노 순교자/ 117년 [축일 3. 30.]
성 귀베르트 원장/ 962년 [축일 5. 23.]
성녀 그라시아(Gratia) 동정 순교자/ 1180년경 [축일 8. 21.]
성녀 그라시아(Gratia)/ 1180년경 [축일 6. 1.]
성 그라시아노(Gratianus) 주교 [축일 12. 18.]
성 그라체(Grace) [축일 4. 5.]
성녀 그라타(Grata) 수절/ 8세기경 [축일 5. 1.]
성 그라토(Gratus) 주교/ 470년경 [축일 9. 7.]
성 대 그레고리오 10세 184대 교황/ 1276년 [축일 2. 16.] 복자
성 그레고리오 1세(Gregorius) 64대 교황/ 604년 [축일 9. 3.]
성 그레고리오 2세 89대 교황/ 731년 [축일 2. 11.]
성 그레고리오 3세 90대 교황 순교자/ 741년 [축일 11. 28.]
성 그레고리오 7세 157대 교황/ 1085년 [축일 5. 25.]
성 그레고리오 로페즈(G. Lopez) 은수자/ 1596년 [축일 7. 20.]

성 그레고리오 바르바디코 주교 증거자 [축일 6. 17.]
성 그레고리오 증거자/ 1300년 [축일 4. 26.]
성 그레고리오 타우마투르고 주교/ 270년경 [축일 11. 17.]
성 그레고리오(Gregorio) 주교/ 1044년 [축일 5. 9.]
성 그레고리오(Gregorio) 주교/ 400년경 [축일 4. 24.]
성 그레고리오(Gregorius) 랑그레 주교/ 539년 [축일 1. 4.]
성 그레고리오(Gregorius) 신비가/ 1346년 [축일 11. 27.]
성 그레고리오(Gregorius) 주교/ 330년경 [축일 9. 30.]
성 그레고리오(Gregorius) 증거자/ 5세기경 [축일 6. 18.]
나지안조의 성 그레고리오 주교 학자/390년 [축일 1. 2.]
니사의 성 그레고리오 주교/ 395년경 [축일 3. 9.]
투르의 성 그레고리오/ 596년 [축일 11. 17.]
성녀 그레치나(Graecina) 동정 순교자/ 4세기경 [축일 6. 16.]
성녀 글라디스(Gladys) 수절/ 5세기경 [축일 3. 29.]
성 글라스티아누(Glastianus) 주교/ 830년 [축일 1. 28.]
성녀 글라피라(Glaphyra) 동정/ 324년경 [축일 1. 13.]
성녀 글로데신다(Glodesinda) 여원장/ 608년경 [축일 7. 25.]
성녀 글로리아 [축일 5. 10.]
성 글루비아스(Cluvias) 증거자/ 6세기경 [축일 5. 2.]
성 글리체리오(Glycerius) 순교자/ 303년 [축일 12. 21.]
성녀 글리체리아(Glyceria) 동정 순교자/ 177년경 [축일 5. 13.]
성 글리체리오(Glycerius) 주교/ 438년경 [축일 9. 20.]
성 기드온(Giedon) [축일 9. 1.]
성 김대건 안드레아(Andrea) 사제 순교자/ 1846년 [축일 7. 5.]

【 나 】

성 나르노(Narnus) 주교/ 75년경 [축일 8. 27.]
성 나르세스(Narses) 순교자/ 344년 [축일 3. 27.]

성 나르치소(Narcissus) 순교자/ 307년경 [축일 3. 18.]
성 나르치소(Narcissus) 순교자/ 320년 [축일 1. 2.]
성 나르치소(Narcissus) 주교/ 222년경 [축일 10. 29.]
성녀 나마디아(Namadia) 동정/ 700년경 [축일 8. 19.]
성 나마시오(Namatius) 비엔나 주교/ 559년경 [축일 11. 17.]
성 나발리스(Navalis) 순교자/ 305년경 [축일 12. 16.]
성 나보르(Nabor) 순교자 [축일 6. 12.]
성 나보르(Nabor) 순교자/ 304년 [축일 7. 12.]
성 나자리오(Nazario) [축일 1. 12.]
성 나자리오(Nazarius) 순교자 [축일 6. 12.]
성 나자리오(Nazarius) 순교자 [축일 7. 28.]
성 나자리오(Nazarius) 원장/ 450년경 [축일 11. 18.]
성 나탈라노(Natalanus) 주교/ 678년 [축일 1. 19.]
성 나탈리스(Natalis) 주교/ 751년 [축일 5. 13.]
성 나탈리스(Natalis) 증거자/ 6세기경 [축일 9. 3.]
성녀 나탈리아(Natalia) 수절/ 311년 [축일 12. 1.]
성녀 나탈리아(Natalia) 순교자 [축일 9. 8.]
성녀 나탈리아(Nathalia) 순교자 [축일 7. 27.]
성 나폴레옹(Napoleon) 순교자/ 300년경 [축일 8. 15.]
성 나훔(Nahum) 예언자 [축일 12. 1.]
성 네레오(Nereo) 순교자/ 100년경 [축일 5. 12.]
성 네메시오(Nemesius) 순교자/ 250년경 [축일 2. 20.]
성 네메시오(Nemetius) 순교자/ 250년 [축일 12. 19.]
성 네브리디오(Nebridius) 주교/ 527년 [축일 2. 9.]
성 네스토르(Nestor) [축일 3. 4.]
성 네스토르(Nestor) 주교 순교자/ 251년 [축일 2. 26.]
성녀 네오미시아(Neomitia) 동정 [축일 9. 25.]
성 네오폴로(Neopolus) 순교자/ 304년 [축일 5. 2.]
성 네오피토(Neophytus) 순교자/ 310년 [축일 1. 20.]

성 네오프토(Neophytus) 순교자/ 310년 [축일 8. 22.]
성 네포시아노(Nepotianus) 증거자/ 395년 [축일 5. 4.]
성 넨노(Nennus) 원장/ 7세기경 [축일 6. 14.]
성 노르베르토(Norbertus) 주교 창설자/ 1134년 [축일 6. 6.]
성녀 노미난다(Nominanda) 순교자 [축일 12. 31.]
성 노바토(Nobatus) 순교자/ 151년경 [축일 6. 20.]
성 노스트리아노(Nostrianus) 주교/ 450년경 [축일 2. 14.]
성 노아(Noe) [축일 11. 10.]
성녀 노에미(Noemi) [축일 6. 4.]
성녀 노이알라(Noyala) 동정 순교자 [축일 7. 6.]
성녀 노트부르가(Norburga) 동정/ 1313년 [축일 9. 14.]
성녀 논나(Nonna) 수절/ 374년 [축일 8. 5.]
성 논노(Nonnus) 주교/ 458년경 [축일 12. 2.]
성녀 논노사(Noncsa) 순교자/ 273년 [축일 7. 15.]
성녀 논니타(Nonrita) 수절/ 6세기 [축일 3. 3.]
성녀 누닐라(Nunila) 동정 순교자/ 851년 [축일 10. 22.]
성 니고데모(Nicodemus) 은수자 [축일 7. 14.]
성 니니아노(Ninianus) 주교/ 432년경 [축일 9. 16.]
성 니체시오(Nicetius) 주교/ 566년 [축일 10. 1.]
성 니체시오(Nicetius) 주교/ 573년 [축일 4. 2.]
성 니체시오(Nicetius) 주교/ 611년 [축일 2. 8.]
성녀 니체타(Niceta) 순교자 [축일 7. 24.]
성 니체타스 증거자/ 838년경 [축일 10. 6.]
성 니체타스(Nicetas) 원장/ 824년 [축일 4. 3.]
성 니체타스(Nicetas) 주교/ 735년경 [축일 3. 20.]
성 니체트(Niceto) [축일 5. 5.]
성 니체프로(Nicephorus) 주교 순교자/ 828년 [축일 3. 13.]
성 니체프로(Nidephorus) 주교 순교자/ 260년 [축일 2. 9.]
성 니카노르(Nicanor) 순교자/ 304년경 [축일 6. 5.]

성 니카노르(Nicanor) 순교자/ 76년경 [축일 1. 10.]
성녀 니카레타(Nicareta) 동정/ 405년경 [축일 12. 27.]
성 니카시오(Nicatius) 주교 순교자/ 507년경 [축일 12. 14.]
성 니코메데스(Nicomedes) 순교자/ 90년경 [축일 9. 15.]
성 니코스트라토(Nicostratus) 순교자/ 303년 [축일 5. 21.]
성 니콘(Nicon) 순교자/ 250년경 [축일 3. 23.]
성 니콜라스(Nicolas) [축일 5. 9.]
성 니콜라오 순교자/ 1221년 [축일 10. 10.]
성 니콜라오 순교자/ 925년 [축일 5. 15.]
성 니콜라오 팍토르(N. Factor) 증거자/ 1583년 [축일 12. 23.]
성 니콜라오(Nicolaus Magnus) 105대 교황/ 867년 [축일 11. 13.]
성 니콜라오(Nicolaus) 주교/ 350년경 [축일 12. 6.]
톨렌티노의 성 니콜라오(Nicolaus) 증거자/ 1305년 [축일 9. 10.]
성 니콜라오/ 1487년 [축일 3. 21.]
성 니콜라우스 원장/ 863년 [축일 2. 4.]
성 닐로(Nilus) 원장/ 1004년 [축일 9. 26.]
성 닐로(Nilus) 원장/ 430년경 [축일 11. 12.]
성녀 님미아(Nimmia) 순교자/ 304년경 [축일 8. 12.]
성녀 님파(Nympha) 순교자/ 251년 [축일 11. 10.]
성녀 님포라(Nymphora) 순교자 [축일 3. 13.]

【 다 】

성 다고베르토(Dagobertus) 순교자/ 679년 [축일 12. 23.]
성 다니엘 순교자/ 1221년 [축일 10. 10.]
성 다니엘 예언자/ 기원전 [축일 7. 21.]
성 다니엘(Daniel) [축일 12. 17.]
성 다니엘(Daniel) [축일 2. 25.]
성 다니엘(Daniel) 순교자/ 309년 [축일 2. 16.]

성 다니엘(Daniel) 순교자/ 329년경 [축일 7. 10.]
성 다니엘(Daniel) 순교자/ 9세기경 [축일 4. 29.]
성 다니엘(Daniel) 순교자/168년 [축일 1. 3.]
성 다니엘(Daniel) 주교/ 493년 [축일 12. 11.]
성녀 다레르카(Darerca) 수절/ 5세기경 [축일 3. 22.]
성녀 다리아(Daria) 순교자/ 283년 [축일 10. 25.]
성 다리오(Dario) 순교자 [축일 12. 19.]
성 다마소 1세(Damasus I) 37대 교황/ 384년 [축일 12. 11.]
몰로카이의 성 다미아노(Damiano de Molokai) [축일 5. 10.]
성 다미아노(Damiano) 주교/ 710년 [축일 4. 12.]
성 다미아노(Damianus) 순교자 [축일 2. 12.]
성 다미아노(Damianus) 순교자/ 303년경 [축일 9. 26.]
성 다비노(Davinus) 증거자/ 1051년 [축일 6. 3.]
성 다비드(David) 주교/ 6세기 [축일 3. 1.]
성 다비오(Dabius) 증거자 [축일 7. 22.]
성녀 다비타(Tabita) 수절/ 1세기경 [축일 10. 25.]
성녀 다시아나 순교자/ 230년 [축일 1. 12.]
성 다시오 순교자 [축일 1. 27.]
성 다시오(Datius) 주교/ 552년 [축일 1. 14.]
성 다윗(David) [축일 12. 16.]
성 다윗(David) [축일 4. 12.]
성 다윗(David) [축일 8. 27.]
성 다윗(David) 왕 예언자/ 기원전 10세기경 [축일 12. 29.]
성 다윗(David) 은수자/ 5세기경 [축일 6. 26.]
성 다재으(Dagaeus) 주교/ 560년경 [축일 8. 18.]
성 다토(Dathus) 주교/ 190년 [축일 7. 3.]
성녀 다티바(Dativa) 순교자/ 484년 [축일 12. 6.]
성녀 다프로사 [축일 1. 4.]
복자 달다시오 모네르(Dalmacil Moner) [축일 9. 24.]

성 달마시오(Dalmatius) 주교 순교자/ 304년 [축일 12. 5.]
성녀 담나드(Damhnade) 동정 [축일 6. 13.]
성 대 바실리오(Basilius) 주교 학자/379년경 [축일 1. 2.]
성 던스탄(Dunstan) 주교/ 988년 [축일 5. 19.]
성 데니스(Denis) 순교자/ 284년경 [축일 3. 16.]
예수의 성녀 데레사 동정 학자/ 1582년 [축일 10. 15.]
예수아기의 성녀 데레사 동정/ 1897년 [축일 10. 1.]
성녀 데레사(Teresa) [축일 4. 25.]
성녀 데레사(Teresa) [축일 8. 26.]
성녀 데레사(Teresa) 포르투갈 여왕/ 1250년 [축일 6. 17.]
성녀 데르푸타(Derphuta) 순교자/ 300년경 [축일 3. 20.]
성녀 데메트리아(Demetria) 동정 순교자/ 363년 [축일 6. 21.]
성 데메트리아노(Demetrianus) 주교/ 912년 [축일 11. 6.]
성 데메트리오(Demetrio) [축일 10. 26.]
성 데메트리오(Demetrio) [축일 12. 22.]
성 데메트리오(Demetrius) 순교자 [축일 4. 9.]
성 데미스토클레스(Themistocles) 순교자/ 253년 [축일 12. 21.]
성녀 데보타(Devota) 동정 순교자/ 303년경 [축일 1. 27.]
성 데비니코(Devinicus) 주교/ 6세기경 [축일 11. 13.]
성녀 데살로니카(Thessalonica) 순교자 [축일 11. 7.]
성 데시데라토 주교/ 6세기 [축일 5. 8.]
성 데시데라토(Desideratus) 은수자/ 569년경 [축일 4. 30.]
성 데시데라토(Desideratus) 증거자/ 700년경 [축일 12. 18.]
성 데시데라토(Desideratus) 클레르몽 주교/ 6세기경 [축일 2. 10.]
성 데시데리오 수도자/ 725년 [축일 3. 25.]
성 데시데리오(Desidelius) 주교/ 1194년 [축일 1. 20.]
성 데시데리오(Desiderio) 주교 순교자/ 608년 [축일 5. 23.]
성 데시데리오(Desiderius) 주교 순교자 [축일 2. 11.]
성 데시데리오(Desiderius) 증거자/ 705년경 [축일 10. 19.]

성 데오그라시아스(Deogracias) 주교/ 457년 [축일 3. 22.]
성 데오다토(Deodatus) 원장/ 525년경 [축일 4. 24.]
성 데우스데딧 또는 아데오다토 68대 교황/ 618년 [축일 11. 8.]
성 데우스데딧(Deusdedit) 주교/ 664년 [축일 1. 14.]
성 데이콜라(Deicola) 뤼르 원장/ 625년경 [축일 1. 18.]
성 델피노(Delphinus) 주교/ 404년 [축일 12. 24.]
성 도고프레도(Godofredo) [축일 7. 9.]
성 도나시아노(Doantianus) 주교/ 390년 [축일 10. 14.]
성 도나코(Donatus) 순교자/ 874년 [축일 10. 22.]
성녀 도나타(Donata) 순교자 [축일 12. 31.]
성 도나토(Donatus) [축일 2. 25.]
성 도나토(Donatus) 순교자/ 304년 [축일 2. 17.]
성 도나토(Donatus) 순교자/ 361년 [축일 8. 7.]
성 도나토(Donatus) 주교/ 4세기경 [축일 4. 30.]
성 도날드(Donaldus) 증거자/ 8세기경 [축일 7. 15.]
성녀 도다 동정/ 680년 [축일 4. 24.]
성녀 도라(Dora) [축일 2. 6.]
성녀 도르테아(Dorothea) 동정 순교자 [축일 2. 21.]
성녀 도르테아(Dorothea) 동정 순교자/ 300년경 [축일 2. 6.]
성녀 도르테아(Dorothea) 수절/ 1394년 [축일 10. 30.]
성녀 도르테아(Dorothy) 동정 순교자/ 1세기경 [축일 9. 3.]
성 도로테오(Dorotheus) 순교자/ 303년 [축일 9. 9.]
성 도로테오(Dorotheus) 순교자/ 362년경 [축일 6. 5.]
성 도만가르도(Domangardus) 은수자/ 500년경 [축일 3. 24.]
성 도미노(Dominus) 증거자/ 374년경 [축일 4. 20.]
성 도미니아노(Domitianus) 원장/ 440년경 [축일 7. 1.]
성녀 도미니카(Dominica) 동정 순교자/ 303년 [축일 7. 6.]
성 도미니코 사비오(Domingo Savic) 증거자/ 1857년 [축일 3. 9.]
성 도미니코 증거자/ 1300년 [축일 4. 26.]

실로스의 성 도미니코(Domingo de Silos)/ 1073년 [축일 12. 20.]
성 도미니코(Domingo) [축일 5. 12.]
성 도미니코(Dominicus) 사제/ 1221년 [축일 8. 8.]
성 도미니코(Dominicus) 원장/ 1031년 [축일 1. 22.]
성 도미니코(Dominicus) 주교/ 612년경 [축일 12. 20.]
성 도미시아노(Domiciano) 주교/ 560년 [축일 5. 7.]
성 도미시아노(Domitianus) 주교 [축일 8. 9.]
성 도미시오(Domitius) 순교자/ 361년 [축일 3. 23.]
성 도미시오(Domitius) 순교자/ 4세기경 [축일 8. 7.]
성 도미시오(Domitius) 증거자/ 8세기경 [축일 10. 23.]
성녀 도미틸라(Domitila) 동정 순교자/ 2세기경 [축일 5. 7.]
성녀 도미틸라(Domitilla) 동정 순교자/ 1세기경 [축일 5. 12.]
성 도시테오(Dositheus) 수도자/ 530년경 [축일 2. 23.]
성녀 돈비나(Donvina) 순교자/ 303년 [축일 8. 23.]
성녀 돔나(Domna) 순교자/ 303년 [축일 12. 28.]
성녀 돔니나 순교자/ 303년 [축일 10. 12.]
성녀 돔니나(Domnina) 동정 순교자 [축일 4. 14.]
성녀 돔니나(Domnina) 순교자/ 310년경 [축일 10. 4.]
성 돔니노(Domninus) 순교자 [축일 4. 11.]
성 돔니오(Domnius) 증거자/ 4세기경 [축일 12. 28.]
성녀 둘치시마(Dulcissima) 동정 순교자 [축일 9. 16.]
성녀 드라포사(Drafosa) 순교자 [축일 1. 4.]
성 드로고(Drogus) 은수자/ 1186년 [축일 4. 16.]
성 드록토베오 주교/ 535년 [축일 3. 10.]
성녀 디냐 순교자/ 304년경 [축일 8. 12.]
성녀 디냐(Digna) 동정 순교자/ 259년 [축일 9. 20.]
성녀 디냐(Digna) 동정/ 4세기경 [축일 8. 11.]
성녀 디냐(Digna) 순교자/ 853년 [축일 6. 14.] 성녀
성 디다코(Didacus) 증거자/ 1463년 [축일 11. 12.]

성 디도(Titus) 순교자/ 410년경 [축일 8. 16.]
성 디도(Titus) 주교/ 94년경 [축일 1. 26.]
성 디디므(Didymus) 순교자/ 304년 [축일 4. 28.]
성 디마스(Dimas)/ 십자가의 오른쪽 강도 [축일 3. 25.]
성 디모테오 순교자/ 150년 [축일 3. 24.]
성 디모테오(Timoteo) [축일 6. 10.]
성 디모테오(Timoteo) 순교자 [축일 5. 21.]
성 디모테오(Timotheus) 순교자/ 250년경 [축일 12. 19.]
성 디모테오(Timotheus) 순교자/ 298년 [축일 5. 3.]
성 디모테오(Timotheus) 순교자/ 311년 [축일 8. 22.]
성 디모테오(Timotheus) 주교 순교자/ 97년 [축일 1.26.]
성녀 디아나(Diana) 동정/ 13세기경 [축일 6. 9.]
성 디아코노(Diacono) 순교자/ 6세기 [축일 3. 14.]
성 디에고(Diego) [축일 11. 13.]
성 디오게네스(Diogenes) [축일 6. 17.]
성녀 디오니시아(Dionytia) 순교자/ 250년경 [축일 12. 12.]
성녀 디오니시아(Dionytia) 순교자/ 251년 [축일 5. 15.]
성녀 디오니시아(Dionytia) 순교자/ 484년 [축일 12. 6.]
성 디오니시오 주교 순교자/ 3세기경 [축일 10. 9.]
성 디오니시오(Dionicio) 순교자/ 275년 [축일 4. 19.]
성 디오니시오(Dionisio) 주교/ 180년경 [축일 4. 8.]
성 디오니시오(Dionysius) 25대 교황/ 268년경 [축일 12. 26.]
성 디오니시오(Dionytius) 순교자 [축일 2. 14.]
성 디오니시오(Dionytius) 순교자/ 1622년 [축일 3. 5.]
성 디오니시오(Dionytius) 순교자/ 257년 [축일 10. 3.]
성 디오니시오(Dionytius) 순교자/ 304년 [축일 5. 12.]
성 디오니시오(Dionytius) 주교 순교자/ 303년경 [축일 2. 26.]
성 디오니시오(Dionytius) 주교/ 193년 [축일 5. 8.]
성 디오니시오(Dionytius) 주교/ 265년 [축일 11. 17.]

성 디오제네스(Diogenes) 순교자/ 345년경 [축일 4. 6.]
성 디오클레시오(Diocletius) 순교자/ 304년 [축일 5. 11.]
성녀 딤프나(Dympna) 동정 순교자 [축일 5. 15.]

【 라 】

성 라눌포(Ranulphus) 순교자/ 700년 [축일 5. 27.]
성녀 라데군다(Radegundis) 여왕/ 587년 [축일 8. 13.]
성 라디슬라오(Ladislaus) 헝가리 왕/ 1095년 [축일 6. 27.]
성 라르고 순교자/ 284년 [축일 3. 16.]
성 라르고(Largus) 순교자/ 304년 [축일 8. 8.]
성 라미로(Ramiro) [축일 3. 11.]
성 라바노(Lavanus) 원장/ 7세기경 [축일 11. 25.]
성 라베라노(Raveranus) 주교/ 682년 [축일 11. 7.]
성녀 라사(Lassa) 순교자 [축일 2. 9.]
성녀 라사라(Lasara) 동정/ 6세기경 [축일 3. 29.]
성 라세리아노(Laserianus) 주교/ 639년 [축일 4. 18.]
성 라우렌시노(Laurentinus) 순교자/ 251년 [축일 6. 3.]
성녀 라우렌시아 순교자/ 304년경 [축일 10. 8.]
성 라우렌시오 루이스와 동료 순교자 [축일 9. 28.]
브린디시의 성 라우렌시오 사제 학자/ 1619년 [축일 7. 21.]
성 라우렌시오 순교자/ 397년 [축일 4. 30.]
성 라우렌시오 시폰토 주교/ 546년 [축일 2. 7.]
성 라우렌시오 유스티니아노 주교/ 1455년 [축일 9. 5.]
성 라우렌시오(Laurentius) 부제 순교자/ 258년 [축일 8. 10.]
성 라우렌시오(Laurentius) 주교/ 1180년 [축일 11. 14.]
성 라우렌시오(Laurentius) 켄터베리 주교/ 619년 [축일 2. 2.]
성 라우로(Laurus) 순교자/ 2세기경 [축일 8. 18.]
성 라우리아노(Laurianus) 순교자/ 544년경 [축일 7. 4.]

성 라울(Raul) [축일 12. 30.]
성 라이네리오(Raynerius) 수도자/ 967년경 [축일 2. 22.]
성 라이네리오(Raynerius) 은수자/ 1160년 [축일 6. 17.]
성 라이네리오(Raynerius) 주교 순교자/ 1180년 [축일 8. 4.]
성 라이네리오(Raynerius) 주교/ 1077년 [축일 12. 30.]
성 라이문도 논나투스 추기경/ 1240년 [축일 8. 31.]
성 라이문도(Raimundo) 원장/ 1163년 [축일 3. 15.]
성 라이문도(Raymundus) 주교/ 1126년 [축일 6. 21.]
페냐포르트의 성 라이문도(Raymundus) 사제/ 1275년 [축일 1. 7.]
성 라이문도(raymundus) 증거자/ 1118년 [축일 7. 8.]
성 라자로(Lazaro) [축일 7. 29.]
성 라자르(Lazarus) 성서인물 [축일 12. 17.]
성 라자르(Lazarus) 주교/ 450년경 [축일 2. 11.]
라테라노 대성전 봉헌 [축일 11. 9.]
성 라티느(Latinus) 주교/ 115년 [축일 3. 24.]
복자 라파엘 아르나이즈 [축일 4. 26.]
성 라파엘(Raphael) 대천사 [축일 9. 29.]
복녀 라파엘라 이바라(Rafaela Ibarra) [축일 2. 23.]
성녀 라파엘라(Rafaela) [축일 5. 18.]
성 란데리코(Landericus) 순교자/ 1050년 [축일 6. 10.]
성 란데리코(Landericus) 주교/ 730년경 [축일 4. 17.]
성 란델리노(Landelinus) 원장/ 686년경 [축일 6. 15.]
성 란도알도(Landoaldus) 증거자/ 668년경 [축일 3. 19.]
성녀 란드라다(Landrada) 동정/ 690년경 [축일 7. 8.]
성 랄프(Ralph) 주교/ 866년 [축일 6. 21.]
성 람베르토(Lamberto) 주교/ 688년 [축일 4. 14.]
성 람베르토(Lambertus) 주교 순교자/ 709년 [축일 9. 17.]
성녀 레굴라(Regula) 순교자/ 3세기경 [축일 9. 11.]
성 레굴로(Regulus) 주교/ 260년 [축일 3. 30.]

성 레나토(Renatus) 주교/ 422년경 [축일 11. 12.]
성녀 레넬다(Reneldis) 순교자/ 680년경 [축일 7. 16.]
성녀 레뎀타(Redempta) 동정/ 580년경 [축일 7. 23.]
성 레뎀토르(Redemtor) 주교/ 586년 [축일 4. 8.]
성 레미지오(Remigio) [축일 1. 13.]
성 레미지오(Remigius) 주교/ 533년경 [축일 10. 1.]
성 레미지오(Remigius) 주교/ 772년 [축일 1. 19.]
성 레미지오(Remigius) 주교/ 875년 [축일 10. 28.]
성 레베리아노(Reverianus) 순교자/ 272년 [축일 6. 1.]
성녀 레비나(Lewina) 동정 순교자/ 5세기경 [축일 7. 24.]
성 레스메스(Lesmes) [축일 1. 30.]
성녀 레스티누나(Restituta) 순교자/ 272년 [축일 5. 27.]
성녀 레스티투타(Restituta) 동정 순교자/ 304년 [축일 5. 17.]
성 레스티투토(Restitutus) 순교자/ 1세기경 [축일 6. 10.]
성 레스티투토(Restitutus) 순교자/ 299년 [축일 5. 29.]
성녀 레아(Lea) 수절/ 384년 [축일 3. 22.]
성 레안데르(Leander) 주교/ 596년 [축일 2. 27.]
성 레안드로(Leandro) [축일 11. 13.]
성 레오 1세(Leo Ⅰ) 45대 교황 학자/ 461년 [축일 11. 10.]
성 레오 2세(Leo Ⅱ) 80대 교황/ 683년 [축일 7. 3.]
성 레오 3세(Leo Ⅲ) 96대 교황/ 816년 [축일 6. 12.]
성 레오 4세(Leo Ⅳ) 103대 교황/ 855년 [축일 7. 17.]
성 레오 9세(Leo Ⅸ) 152대 교황/ 1054년 [축일 4. 19.]
성 레오 주교 순교자/ 900년 [축일 3. 1.]
성 레오 주교/ 541년 [축일 4. 22.]
성 레오(Leo) 순교자/ 260년경 [축일 2. 18.]
성 레오(Leo) 주교 순교자 [축일 3. 14.]
성 레오(Leon) [축일 2. 20.]
성녀 레오나(Leona) [축일 4. 11.]

성 레오나르도 포르토 마우리치오 증거자/ 1751년 [축일 11. 26.]
성 레오나르도(Leonardus) 원장/ 570년경 [축일 10. 15.]
성 레오나르도(Leonardus) 은수자/ 1250년경 [축일 5. 15.]
성 레오나르도(Leonardus) 은수자/ 559년 [축일 11. 6.]
성 레오노르(Leonor) [축일 2. 21.]
성 레오노리오(Leonorius) 원장 주교/ 570년경 [축일 7. 1.]
성 레오니다스 순교자/ 304년 [축일 1. 28.]
성 레오니다스(Leonidas) 순교자/ 202년 [축일 4. 22.]
성녀 레오니스(Leonis) 순교자/ 303년 [축일 6. 15.]
성 레오데가리오(Leodegarius) 주교 순교자/ 678년 [축일 10. 2.]
성 레오비노(Leobinus) 주교/ 556년경 [축일 9. 15.]
성녀 레오카디아(Liocadia) 동정 순교자/ 303년경 [축일 12. 9.]
성녀 레오크리시아(Leocricia) 동정 순교자/ 859년 [축일 3. 15.]
성 레오타디오(Leothadius) 원장/ 718년 [축일 10. 23.]
성 레오파르도(Leopardus) 순교자/ 362년 [축일 9. 30.]
성 레오폴드(Leopoldus) 증거자/ 1136년 [축일 11. 15.]
성녀 레온시아(Leontia) 순교자/ 484년 [축일 12. 6.]
성 레온시오 순교자 [축일 3. 19.]
성 레온시오 순교자/ 300년경 [축일 8. 1.]
성 레온시오(Leortius) 순교자/ 135년 [축일 6. 18.]
성 레온시오(Leortius) 주교/ 432년경 [축일 12. 1.]
성 레온시오(Leortius) 체사레아 주교/ 337년 [축일 1. 13.]
성 레우치오 순교자/ 309년 [축일 1. 11.]
브린디시의 성 레우치오(Leucius) 주교/ 180년경 [축일 1. 11.]
성 레우프리도(Leufridus) 원장 [축일 6. 21.]
성녀 레지나(Regina) 동정 순교자/ 286년경 [축일 9. 7.]
성녀 레긴트루다(Regintrudis) 여원장/ 750년 [축일 5. 26.]
성녀 레타 [축일 3. 27.]
성 레토(Letus) 증거자/ 533년 [축일 11. 5.]

성녀 레파라타(Reparata) 동정 순교자/ 250년경 [축일 10. 8.]
성녀 렐리아(Lelia) 동정/ 6세기경 [축일 8. 11.]
성녀 렐린다(Relinda) 여원장/ 750년경 [축일 2. 6.]
성녀 렐린다(Relindis) 여원장/ 745년경 [축일 10. 12.]
성 로가도 순교자 [축일 3. 8.]
성 로가시아노(Rogatianus) 순교자/ 256년 [축일 10. 26.]
성 로가시아노(Rogatianus) 순교자/ 299년 [축일 5. 24.]
성 로드리고(Rodrigo) [축일 3. 13.]
로마 교회의 초기 순교자들 [축일 6. 30.]
성녀 로마나(Romana) 동정/ 324년 [축일 2. 23.]
성 로마노 순교자/ 1010년 [축일 7. 24.]
성 로마노(Romano) [축일 4. 3.]
성 로마노(Romanus) 순교자 [축일 8. 9.]
성 로마노(Romanus) 순교자/ 304년 [축일 11. 18.]
성 로마노(Romanus) 원장/ 460년경 [축일 2. 28.]
성 로마노(Romanus) 원장/ 560년경 [축일 5. 22.]
성 로마노(Romanus) 주교 순교자/ 1세기경 [축일 8. 24.]
성 로무알도(Romualdus) 아바스 창설자/ 1027년 [축일 6. 19.]
성녀 로물라(Romula) 동정/ 580년경 [축일 7. 23.]
성 로물로 순교자/ 304년 [축일 2. 17.]
성 로물로 원장/ 730년 [축일 3. 27.]
성 로물로(Romulus) 순교자 [축일 3. 24.]
성 로물로(Romulus) 순교자/ 90년경 [축일 7. 6.]
성 로베르토 벨라르미노 주교 학자/ 1621년 [축일 9. 17.]
성 로베르토(Roberto) [축일 2. 26.]
성 로베르토(Robertus) 순교자/ 1181년 [축일 3. 25.]
성 로베르토(Robertus) 원장 [축일 4. 17.]
성 로베르토(Robertus) 원장/ 1000년경 [축일 4. 25.]
성 로베르토(Robertus) 원장/ 1110년 [축일 4. 29.]

성 로베르토(Robertus) 원장/ 1159년 [축일 6. 7.]
성 로부스시아노(Robustianus) 순교자 [축일 8. 31.]
성녀 로사(Rosa) [축일 3. 6.]
비테르보의 성녀 로사(Rosa) 동정/ 1252년 [축일 9. 4.]
리마의 성녀 로사(Rosa) 동정/ 1617년 [축일 8. 23.]
성녀 로살리나(Rosalina) 동정/ 1329년 [축일 1. 17.]
성녀 로살리아(Rosalia) [축일 7. 15.]
성녀 로살리아(Rosalia) 동정/ 1160년 [축일 9. 4.]
성 로센도(Rosendo) [축일 3. 1.]
성 로젤리오(Rogelius) 순교자/ 852년 [축일 9. 16.]
성 로코 [축일 8. 18.]
성 로코(Rocco) 증거자/ 4세기경 [축일 8. 16.]
성 로타리오(Lotharius) 주교/ 756년경 [축일 6. 14.]
성녀 로투르다(Rotrudis) 동정/ 869년경 [축일 6. 22.]
성 론지노 순교자 [축일 4. 24.]
성 론지노 순교자/ 485년 [축일 5. 2.]
성 론지노(Longinus) 순교자/ 1세기경 [축일 3. 15.]
성 롤란도(Rolando) [축일 1. 16.]
성 롯 [축일 10. 9.]
성 루가 복음 사가 [축일 10. 18.]
성 루데리코(Rudericus) 순교자/ 857년 [축일 3. 13.]
성 루데신도(Rudesindus) 주교/ 977년 [축일 3. 1.]
성녀 루도비카 수절/ 1503년 [축일 7. 24.]
성녀 루도비카(Ludovica) 마릴락 창설자/ 1660년 [축일 3. 15.]
성 루도비코 9세 프랑스 왕/ 1270년 [축일 8. 25.]
성 루도비코 마리아 그리뇽 드 몽포르 사제/ 1716년 [축일 4. 28.]
성 루도비코 베르트랑(L. Bertran) 증거자/ 1581년 [축일 10. 9.]
성 루도비코 순교자/ 855년 [축일 4. 30.]
성 루도비코(Ludovico) 주교/ 1297년 [축일 8. 19.]

성 루돌포(Ludolphus) 주교/ 1250년 [축일 3. 29.]
성녀 루드밀라(Ludmilla) 순교자/ 921년 [축일 9. 16.]
루르드의 복되신 동정 마리아 [축일 2. 11.]
성 루몰도(Rumoldus) 주교 순교자 [축일 7. 1.]
성 루벤(Ruben) [축일 8. 4.]
성녀 루스티카(Rustica) 순교자 [축일 12. 31.]
성 루스티코(Rusticus) 순교자/ 3세기경 [축일 10. 9.]
성 루스티코(Rusticus) 순교자/290년경 [축일 8. 9.]
성 루스티코(Rusticus) 주교/ 446년 [축일 9. 24.]
성 루스페르토 주교/ 720년 [축일 3. 27.]
성녀 루실라(Rusilla) 동정 순교자 [축일 10. 31.]
성 루엘리노(Ruellinus) 주교/ 6세기경 [축일 2. 28.]
성녀 루치나(Lucina) 동정/ 1세기경 [축일 6. 30.]
성 루치디오(Lucidius) 주교 [축일 4. 26.]
성녀 루치아 필립피니(L. Filippini) 동정/ 1732년 [축일 3. 25.]
성녀 루치아(Lucia) 동정 순교자/ 304년경 [축일 12. 13.]
성녀 루치아(Lucia) 순교자/ 300년경 [축일 9. 16.]
성녀 루치아/ 1732년 [축일 5. 11.]
성 루치아노(Luciano) [축일 10. 26.]
성 루치아노(Lucianus) 시리아 순교자/ 312년 [축일 1. 7.]
성 루치오 1세(Lucius Ⅰ) 22대 교황 순교자/ 254년 [축일 3. 4.]
성 루치오(Lucio) [축일 3. 5.]
성 루치오(Lucio) [축일 4. 22.]
성 루치오(Lucio) 순교자 [축일 2. 8.]
성 루치오(Lucio) 순교자/ 350년 [축일 2. 11.]
성 루치오(Lucius) 순교자/ 311년 [축일 8. 20.]
성 루치오(Lucius) 주교/ 1세기경 [축일 5. 6.]
성녀 루칠라(Rucilla) 순교자/ 260년경 [축일 8. 25.]
성 루카노(Lucanus) 순교자/ 5세기경 [축일 10. 30.]

성녀 루크레시아(Lucretia) 동정 순교자/ 306년 [축일 11. 23.]
성녀 루트가르다(Lutgardis) 동정/ 1246년 [축일 6. 16.]
성 루페르쿨로(Luperculus) 순교자/ 300년경 [축일 3. 1.]
성 루페르토(Ruperto) 주교/ 720년경 [축일 3. 27.]
성 루페르토(Rupertus) 원장/ 1145년 [축일 8. 15.]
성 루포 순교자 [축일 4. 9.]
성 루포 주교/ 610년 [축일 2. 27.]
성 루포(Lupus) 주교/ 478년 [축일 7. 28.]
성 루포(Lupus) 주교/ 610년경 [축일 1. 27.]
성 루포(Rufus) 순교자/ 304년 [축일 11. 28.]
성 루포(Rufus) 은수자 [축일 4. 22.]
성 루포(Rufus) 주교 순교자/ 1세기경 [축일 8. 27.]
성 루포(Rufus) 주교/ 5세기경 [축일 10. 25.]
성 루포(Rufus) 주교/ 6세기경 [축일 9. 1.]
성 루포(Rufus) 주교/ 90년경 [축일 11. 21.]
성녀 루프틸라(Lufthildis) 동정/ 850년 [축일 1. 23.]
성녀 루피나(Rufina) 동정 순교자/ 257년경 [축일 7. 10.]
성녀 루피나(Rufina) 동정 순교자/ 287년 [측일 7. 19.]
성녀 루피나(Rufina) 순교자/ 270년경 [축일 8. 31.]
성 루피노 순교자 [축일 4. 7.]
성 루피노(Rufino) [축일 2. 28.]
성 루피노(Rufino) [축일 8. 11.]
성 루피노(Rufinus) 순교자 [축일 6. 21.]
성 루피노(Rufinus) 순교자/ 287년 [축일 6. 14.]
성 루피노(Rufinus) 주교/ 5세기경 [축일 8. 26.]
성 루피치노(Lupicinus) 원장/ 480년경 [축일 3. 21.]
성 루피치노(Lupicinus) 주교/ 5세기경 [축일 2. 3.]
성 루피치노(Lupicinus) 주교/ 5세기경 [축일 5. 31.]
성 루필리오(Rufilius) 주교/ 382년 [축일 7. 18.]

성 룰로(Lulus) 주교 [축일 10. 16.]
성녀 룻(Rut) [축일 6. 4.]
성 룻제로(Ludgerus) 주교 [축일 3. 26.]
성 리고베르토(Rigoberto) 라임스 주교/ 745년 [축일 1. 4.]
성 리노(Linus) 2대 교황 순교자/ 76년경 [축일 9. 23.]
성 리다노(Lidanus) 원장/ 1118년 [축일 7. 2.]
성녀 리드비나(Lidwina) 동정/ 1433년 [축일 4. 14.]
성녀 리디아(Lidia) 순교자/ 121년경 [축일 3. 27.]
성녀 리디아(Lydia) 귀부인/ 1세기경 [축일 8. 3.]
성 리베(Lybe) 순교자/ 303년 [축일 6. 15.]
성녀 리베라타(Liberata) 동정/ 580년경 [축일 1. 18.]
성 리베라토(Liberatus) 순교자/ 483년 [축일 8. 17.]
성 리베랄리스(Liberalis) 증거자/ 400년경 [축일 4. 27.]
성 리베르토(Libertus) 순교자/ 783년 [축일 7. 14.]
성 리베르토(Libertus) 주교/ 1076년 [축일 6. 23.]
성 리베르토(Ribertus) 원장/ 790년경 [축일 12. 19.]
성 리베르토(Ribertus) 원장/ 7세기경 [축일 9. 15.]
성 리베리오(Liberio) [축일 12. 30.]
성 리벤시오(Libentius) 함부르크 주교/ 1013년 [축일 1. 4.]
성 리보리오(Liborius) 주교/ 390년 [축일 7. 23.]
성 리비노(Livinus) 주교 순교자/ 650년경 [축일 11. 12.]
성녀 리비아(Livia) [축일 6. 15.]
성 리비오(Libius) 증거자/ 6세기경 [축일 2. 28.]
성녀 리오바(Lioba) 여원장/ 772년경 [축일 9. 28.]
성 리챠드(Richard) 영국 왕/ 720년 [축일 2. 7.]
성녀 리칠다(Richildis) 동정/ 1100년경 [축일 8. 23.]
성녀 리카르다(Richardis) 황후/ 895년경 [축일 9. 18.]
성 리카르도 원장/ 1169년 [축일 1. 28.]
성 리카르도(Ricardo) [축일 5. 1.]

성 리카르도(Ricardo) [축일 6. 9.]
성 리카르도(Ricardo)주교/ 1253년 [축일 4. 3.]
성 리카리오(Lycarion) 순교자 [축일 6. 7.]
성 리카리오(Richarius) 원장/ 645년경 [축일 4. 26.]
카시아의 성녀 리타(Rita de Casia) 수절/ 1457년 [축일 5. 22.]
성 리파르도(Liphardus) 원장/ 550년 [축일 6. 3.]
성녀 릭트루다(Rictrudis) 수절/ 688년 [축일 5. 12.]
성녀 릴리오사(Liliosa) 순교자/ 852년경 [축일 7. 27.]
성 림내오(Limnaeus) 은수자/ 5세기경 [축일 2. 22.]
성녀 림바니아(Limbania) 동정 순교자/ 1294년 [축일 8. 15.]
성녀 립시마(Ripsima) 동정 순교자/ 290년경 [축일 9. 29.]

【 마 】

성 마글로리오(Maglorius) 주교/ 586년경 [축일 10. 24.]
복자 마네스 데 구스만(Manes de Guzman) [축일 8. 18.]
성녀 마네힐다(Manehildis) 동정/ 490년경 [축일 10. 14.]
성 마네리코(Magnericus) 주교/ 596년 [축일 7. 25.]
성 마뇨(Magno) 순교자 [축일 1. 1.]
성 마뇨(Magnus) 원장/ 666년경 [축일 9. 6.]
성 마뇨(Magnus) 주교/ 660년경 [축일 10. 6.]
성 마뇨보도(Magnobodus) 주교/ 670년경 [축일 10. 16.]
성 마니로(Manirus) 주교 [축일 12. 19.]
성녀 마달베르타(Madalberta) 동정/ 706년 [축일 9. 7.]
성녀 마라나(Marana) 순교자/ 5세기경 [축일 8. 3.]
성 마로(Marus) 순교자/ 99년경 [축일 4. 15.]
성 마로(Marus) 원장/ 435년경 [축일 2. 14.]
성 마로베오(Maroveus) 원장/ 650년경 [축일 10. 22.]
성 마롤로(Marolus) 주교/ 423년 [축일 4. 23.]

성녀 마르가리타 동정 순교자/ 304년경 [축일 7. 20.]
성녀 마르가리타 동정/ 1666년 [축일 4. 20.] 성녀
성녀 마르가리타 마리아 알라코크 동정 [축일 10. 16.]
성녀 마르가리타 순교자/ 1586년 [축일 3. 25.]
스코틀랜드의 성녀 마르가리타 왕후/ 1093년 [축일 11. 16.]
성녀 마르가리타 코르토나 동정/ 1297년 [축일 2. 22.]
성녀 마르가리타(Margarita) 동정/ 1192년 [축일 2. 3.]
헝가리의 성녀 마르가리타 동정/ 1270년 [축일 1. 26.]
성녀 마르가리타(Margaritta) 여원장/ 1330년 [축일 8. 26.]
성녀 마르가리타(Margaritta) 통회자 [축일 10. 8.]
성 마르도니오(Mardonius) 순교자/ 303년 [축일 12. 23.]
성 마르셀로(Marcelo) [축일 10. 30.]
성 마르첼리노 샴파냐(M. Champagnat) [축일 6. 6.]
성녀 마르시아(Martia) 순교자 [축일 6. 5.]
성녀 마르시아(Martia) 순교자/ 4세기 [축일 3. 1.]
성녀 마르시아나(Marciana) 동정 순교자/ 303년 [축일 7. 12.]
성 마르시아노 순교자/ 458년 [축일 3. 3.]
성 마르시알(Martial) 주교/ 250년경 [축일 6. 30.]
성녀 마르첼라(Marcella) 수절/ 410년 [축일 1. 31.]
성녀 마르첼라(Marcella) 순교자/ 202년 [축일 6. 28.]
성 마르첼로 1세 30대 교황 순교자/ 309년 [축일 1. 16.]
복자 마르첼로 스피놀라(Marcelo Spinola) [축일 1. 19.]
성 마르첼로(Marcellus) 순교자/ 178년경 [축일 9. 4.]
성 마르첼로(Marcellus) 순교자/ 274년 [축일 6. 29.]
성 마르첼로(Marcellus) 순교자/ 349년 [축일 11. 26.]
성 마르첼로(Marcellus) 주교 순교자/ 389년 [축일 8. 14.]
성 마르첼로(Marcellus) 주교/ 474년 [축일 4. 9.]
성녀 마르첼리나(Marcellina) 동정/ 398년경 [축일 7. 17.]
성 마르첼리노(Marcellinus) 29대 교황 순교자/ 304년 [축일 4. 26.]

성 마르첼리노(Marcellinus) 순교자/ 303년 [축일 6. 2.]
성 마르첼리노(Marcellinus) 순교자/ 413년 [축일 4. 6.]
성 마르첼리노(Marcellinus) 주교/ 3세기경 [축일 10. 5.]
성 마르첼리노(Marcellinus) 주교/ 566년 [축일 1. 9.]
성 마르첼리노(Marcellinus) 증거자/ 762년경 [축일 7. 14.]
성 마르첼리아노(Marcellianus) 순교자/ 287년경 [축일 6. 18.]
성녀 마르치아(Marcia) 순교자 [축일 3. 3.] 성녀
성녀 마르치아(Marcia) 순교자/ 285년경 [축일 7. 2.]
성녀 마르치아나 동정 순교자/ 303년 [축일 1. 9.] 성녀
성 마르치아노(Marciano) 주교/ 120년 [축일 3. 6.]
성 마르치아노(Marcianus) 순교자/ 303년경 [축일 6. 17.]
성 마르치아노(Marcianus) 원장/ 1010년 [축일 8. 25.]
성 마르치아노(Marcianus) 은수자/ 387년 [축일 11. 2.]
성 마르치아노(Marcianus) 은수자/ 387년 [축일 11. 2.]
성 마르치아노(Marcianus) 주교 순교자/ 255년경 [축일 6. 14.]
성 마르치아노(Marcianus) 주교/ 127년경 [축일 5. 22.]
성 마르치아노(Marcianus) 증거자/ 470년경 [축일 4. 20.]
성 마르치아노(Marcianus) 콘스탄티노플 주교/ 480년경 [축일 1. 10.]
성 마르치오(Marcius) 은수자/ 679년경 [축일 10. 24.]
성녀 마르치오닐라 순교자/ 304년 [축일 1. 9.]
성 마르코 주교 순교자/ 150년경 [축일 10. 22.]
성 마르코 주교 순교자/ 92년 [축일 4. 28.]
성 마르코(Marcus) 34대 교황/ 336년 [축일 10. 7.]
성 마르코(Marcus) 복음 사가/ 75년 [축일 4. 25.]
성 마르코(Marcus) 순교자/ 287년경 [축일 6. 18.]
성 마르코(Marcus) 주교/ 1110년 [축일 4. 10.]
성 마르클포 원장 [축일 5. 1.]
성녀 마르타(Marta) [축일 4. 19.]
성녀 마르타(Marta) [축일 6. 9.]

성녀 마르타(Martha) 동정 [축일 7. 29.]
성녀 마르타(Martha) 동정 순교자/ 252년 [축일 2. 23.]
성녀 마르타(Martha) 순교자/ 2세기경 [축일 1. 19.]
성녀 마르타나(Martana) 순교자 [축일 12. 2.]
성 마르토(Marcus) 주교 순교자/ 362년경 [축일 3. 29.]
성녀 마르티나 동정 순교자 [축일 1. 1.]
성녀 마르티나(Martina) 동정 순교자/ 228년 [축일 1. 30.]
성 마르티노 1세 74대 교황 순교자/ 655년 [축일 4. 13.]
성 마르티노 데 포레스(M. de Porres) 수도자 [축일 11. 3.]
성 마르티노 순교자/ 1156년 [축일 1. 31.]
성 마르티노(Martino) [축일 1. 11.]
성 마르티노(Martinus) 원장/ 400년경 [축일 12. 7.]
성 마르티노(Martinus) 주교 순교자/ 210년경 [축일 7. 19.]
성 마르티노(Martinus) 주교/ 1213년 [축일 9. 3.]
성 마르티노(Martinus) 주교/ 350년경 [축일 6. 21.]
투르의 성 마르티노(Martinus) 주교/ 397년 [축일 11. 11.]
성 마르티노(Martinus) 주교/ 580년 [축일 3. 20.]
성 마르티노(Martinus) 증거자/ 1203년 [축일 1. 12.]
성 마르티니아노(Martinianus) 순교자 [축일 7. 2.]
성 마르티니아노(Martinianus) 순교자/ 458년 [축일 10. 16.]
성녀 마리나(Marina) 동정 순교자 [축일 6. 18.]
성녀 마리나(Marina) 동정 순교자 [축일 7. 18.]
성 마리노(Marino) 순교자/ 262년 [축일 3. 3.]
성 마리노(Marinus) 순교자/ 283년 [축일 12. 26.]
성 마리노(Marinus) 증거자/ 1100년 [축일 6. 12.]
성녀 마리아 [축일 9. 19.]
성녀 마리아 고레티(M. Goretti) 동정 순교자 [축일 7. 6.]
성녀 마리아 데 라 카베사(M. de la Cabeza) [축일 9. 9.]
성녀 마리아 도미니카 동정/ 1881년 [축일 11. 7.]

성녀 마리아 도미니카(Maria Dominica) [축일 5. 14.]
성녀 마리아 로사 몰라스(M. R. Molas) [축일 6. 11.]
성녀 마리아 막달레나 데 파치 동정/ 1607년 [축일 5. 25.]
성녀 마리아 막달레나 소피아 바라/ 1865년 [축일 5. 5.]
성녀 마리아 막달레나 포스텔 동정 창설자/ 1846년 [축일 7. 16.]
성녀 마리아 막달레나(M. Magdelena) [축일 7. 22.]
성녀 마리아 미카엘라(M. Micaela) [축일 6. 15.]
성녀 마리아 미카엘라(M. Michaela) 동정/ 1865년 [축일 8. 25.]
성녀 마리아 베르틸라 수도자/ 1922년 [축일 10. 20.]
성녀 마리아 살로메(M. Salome) [축일 10. 22.]
예수의 성녀 마리아 안나(M. Ana de Jesus) [축일 5. 26.]
성녀 마리아 에우제니아(Maria Eugenia) [축일 3. 10.]
성녀 마리아 에우프라시아 동정/ 1868년 [축일 4. 24.]
복녀 마리아 요세파 [축일 11. 8.]
성녀 마리아 클레오파(M. Cleophas)/ 성서인물 [축일 4. 9.]
성녀 마리아 프란치스카 동정/ 1791년 [축일 10. 6.]
성녀 마리아(Maria) 동정 순교자/ 300년경 [축일 11. 1.]
성녀 마리아(Maria) 동정 순교자/ 856년 [축일 11. 24.]
이집트의 성녀 마리아(Maria) 통회자/ 500년 [축일 4. 2.]
성녀 마리아나(Mariana) 동정 [축일 2. 17.]
성녀 마리아나(Mariana) 동정/ 1624년 [축일 4. 27.]
성 마리아노(Mariano) [축일 5. 6.]
성 마리아노(Marianus) 순교자/ 259년 [축일 4. 30.]
성 마리아노(Marianus) 은수자/ 515년경 [축일 8. 19.]
성 마리오(Mario) 순교자/ 2세기경 [축일 1. 19.]
성 마마스(Mamas) 순교자/ 275년경 [축일 8. 17.]
성 마메르토(Mamerto) 주교/ 475년경 [축일 5. 11.]
성녀 마멜타(Mamelta) 순교자/ 344년경 [축일 10. 17.]
성 마밀리아노(Mamilianus) 순교자 [축일 3. 12.]

성 마빌로(Mavilus) 아도루멘툼 순교자/ 212년 [축일 1. 4.]
성 마욜로(Majolus) 원장/ 994년 [축일 5. 11.]
성녀 마우라(Maura) 동정 순교자 [축일 11. 30.]
성녀 마우라(Maura) 동정/ 850년 [축일 9. 21.]
성녀 마우라(Maura) 순교자/ 250년경 [축일 2. 13.]
성녀 마우라(Maura) 순교자/ 298년 [축일 5. 3.]
성녀 마우라(Maura)/ 5세기경 [축일 7. 13.]
성 마우로 원장/ 555년 [축일 1. 27.]
성 마우로 체세나 주교/ 946년 [축일 1. 20.]
성 마우로(Mauro) [축일 12. 3.]
성 마우로(Maurus) [축일 12. 5.]
성 마우로(Maurus) 원장/ 580년경 [축일 1. 15.]
성 마우리노(Maurinus) 원장 순교자 [축일 6. 10.]
성 마우리치오(Mauricio) [축일 2. 21.]
성 마우리치오(Maurizio) 순교자/ 3세기말 [축일 9. 22.]
성 마인라도(Mainradus) 증거자/ 861년 [축일 1. 12.]
성녀 마조타(Mazota) 동정/ 8세기경 [축일 12. 23.]
성 마지노(Maginus) 순교자/ 304년경 [축일 8. 25.]
성 마체도니오(Macedonius) 순교자/ 304년경 [축일 3. 13.]
성 마체도니오(Macedonius) 은수자/ 340년경 [축일 1. 24.]
성 마카르티노(Macartinus) 주교/ 505년경 [축일 3. 24.]
성녀 마카리아(Macaria) 순교자 [축일 4. 8.]
성 마카리오(Macario) [축일 2. 28.]
성 마카리오(Macario) 주교/ 353년경 [축일 3. 10.]
알렉산드리아의 성 마카리오 은수자/ 408년경 [축일 1. 2.]
성 마카리오(Macarius) 원장/ 830년 [축일 4. 1.]
성 마카리오(Macarius) 은수자/ 390년 [축일 1. 15.]
성 마카리오(Macarius) 증거자/ 1012년 [축일 4. 10.]
성 마카베오(Machabeus) 원장/ 1174년 [축일 3. 31.]

성 마칸(Machan) 주교 [축일 9. 26.]
성녀 마크라(Macra) 동정 순교자/ 287년 [축일 1. 6.]
성녀 마크리나(Macrina) 동정/ 380년경 [축일 7. 19.]
성녀 마크리나(Macrina) 수절/ 340년경 [축일 1. 14.]
성 마태오 순교자/ 1098년 [축일 3. 27.]
성 마태오(Matteus) 사도 복음 사가 [축일 9. 21.]
성 마테르노(Maternus) 주교/ 325년경 [축일 9. 14.]
성 마투리노(Mathurinus) 증거자/ 4세기경 [축일 11. 1.]
성녀 마트로나(Matrona) 동정 순교자/ 350년경 [축일 3. 15.]
성녀 마트로나(Matrona) 순교자/ 300년경 [축일 3. 20.]
성녀 마트로나(Matrona) 순교자/ 304년 [축일 5. 18.]
성 마트로니아노(Matronianus) 은수자 [축일 12. 14.]
성 마티아(Matthias) 예루살렘 주교/ 120년경 [축일 1. 30.]
성 마티아(Mattias) 사도/ 1세기경 [축일 5. 14.]
성녀 마틸다(Marilda) 동정/ 1154년 [축일 2. 26.]
성녀 마틸다(Matilda) 여왕 수절/ 968년 [축일 3. 14.]
성녀 마팔다(Mafalda) 포르투갈 여왕/ 1252년 [축일 5. 2.]
성녀 막달레나 소피아 바라 동정/ 1865년 [축일 5. 25.]
성녀 막센시아(Maxentia) 동정 순교자 [축일 11. 20.]
성 막센시오(Maxentius) 순교자/ 287년경 [축일 12. 12.]
성 막센시올로(Maxentiolus) 원장/ 5세기경 [축일 12. 17.]
성녀 막실렌다(Maxellendis) 동정/ 670년경 [축일 11. 13.]
성녀 막시마 [축일 5. 16.]
성녀 막시마 순교자/ 304년 [축일 3. 26.]
성녀 막시마(Maxima) 동정 순교자/ 304년 [축일 7. 30.]
성녀 막시마(Maxima) 순교자 [축일 4. 11.]
성녀 막시마(Maxima) 순교자 [축일 4. 8.]
성녀 막시마(Maxima) 순교자/ 304년 [축일 9. 2.]
성 막시모 놀라 주교/ 250년 [축일 1. 15.]

성 막시모 순교자/ 251년 [축일 4. 30.]
성 막시모 순교자/ 303년 [축일 4. 13.]
성 막시모 주교 순교자/ 4세기경 [축일 6. 10.]
성 막시모 주교/ 195년경 [축일 8. 2.]
성 막시모(Maximo) [축일 11. 19.]
성 막시모(Maximo) [축일 4. 9.]
성 막시모(Maximo) [축일 5. 5.]
성 막시모(Maximus) 순교자/ 190년경 [축일 4. 14.]
성 막시모(Maximus) 순교자/ 250년경 [축일 10. 20.]
성 막시모(Maximus) 순교자/ 295년 [축일 2. 18.]
성 막시모(Maximus) 주교/ 470년 [축일 6. 25.]
성 막시모(Maximus) 파비아 주교/ 511년 [축일 1. 8.]
성 막시미노 주교/ 1세기경 [축일 6. 8.]
성 막시미노(Maximinus) 원장/ 520년경 [축일 12. 15.]
성 막시미노(Maximinus) 주교/ 349년 [축일 5. 29.]
성 막시미아노 순교자/ 290년 [축일 1. 8.]
성 막시밀리아노 마리아 콜베 사제 순교자 [축일 8. 14.]
성 막시밀리아노 주교/ 284년 [축일 10. 12.]
성 막시밀리아노(Maximiliano) 순교자/ 295년 [축일 3. 12.]
성녀 만네아(Mannea) 순교자/ 303년경 [축일 8. 27.]
성 만수에토(Mansuetus) 주교/ 690년경 [축일 2. 19.]
성 만치오 순교/ 5세기 [축일 3. 15.]
성 말라기(Malachy) 예언자 [축일 1. 14.]
성 말라기(Malachy) 주교/ 1148년 [축일 11. 3.]
성 말라키아(Malaquias) [축일 12. 18.]
성 말로(Malus) 주교/ 621년 [축일 11. 15.]
성 말코(Malchus) 순교자/ 260년 [축일 3. 28.]
성 말코(Malchus) 은수자/ 390년경 [축일 10. 21.]
성녀 말코디아(Malcodia) 은수자/ 1090년 [축일 3. 15.]

성녀 메네프리다(Menefrida) 동정/ 5세기경 [축일 7. 24.]
성녀 메노도라(Menodora) 동정 순교자/ 306년 [축일 9. 10.]
성 메데리코(Medericus) 원장/ 700년경 [축일 8. 29.]
성녀 메리웬나(Merewenna) 동정 순교자 [축일 8. 12.]
성녀 메리웬나(Merewenna) 여원장/ 970년 [축일 5. 13.]
성 메룰로(Merulus) 수도자/ 590년경 [축일 1. 17.]
복녀 메르세데스(Mercedes) [축일 6. 12.]
메르세데의 복되신 동정 마리아 [축일 9. 24.]
성 메르쿠리오(Mercurius) 군인 순교자/ 250년경 [축일 11. 25.]
성 메리노 은수자/ 6세기 [축일 1. 6.]
성 메모리오(Memorius) 순교자/ 451년 [축일 9. 7.]
성녀 메살리나 폴리뇨 동정 순교자/ 3세기경 [축일 1. 19.]
성 메타르도(Metardus) 주교/ 558년경 [축일 6. 8.]
성 메토디오(Methodius) 주교/ 847년 [축일 6. 14.]
성 메토디오(Methodius) 증거자/ 884년 [축일 2. 14.]
성 메트라노(Metranus) 순교자/ 250년경 [축일 1. 31.]
성녀 메히틸다(Mechtildis) 동정/ 1298년 [축일 11. 19.]
성녀 멘나(Menna) 동정/ 395년경 [축일 10. 3.]
성 멘나스(Mennas) 순교자/ 295년경 [축일 11. 11.]
성 멘나스(Mennas) 순교자/ 312년경 [축일 12. 10.]
성 멜라(Melas) 주교/ 385년경 [축일 1. 16.]
성녀 멜라(Mella) 수절/ 780년경 [축일 4. 25.]
성녀 멜라니아(Melania) 수절/ 400년경 [축일 6. 8.]
성녀 멜라니아(Melania) 수절/ 5세기경 [축일 12. 31.]
성 멜라니오(Melanius) 주교/ 530년경 [축일 1. 6.]
성녀 멜탄젤라(Melangella) 동정/ 590년경 [축일 1. 31.]
성 멜레시오(Meletius) 주교 [축일 9. 21.]
성 멜레시오(Meletius) 주교/ 295년경 [축일 12. 4.]
성 멜레시오(Meletius) 주교/ 381년 [축일 2. 12.]

성 멜로니오(Mellonius) 주교/ 314년 [축일 10. 22.]
성 멜리토(Melitus) 주교/ 180년경 [축일 4. 1.]
성 멜리토(Mellitus) 주교/ 624년 [축일 4. 24.]
성 멜리톤 순교자 [축일 3. 9.]
성녀 멜리티나(Melitina) 순교자/ 2세기중엽 [축일 9. 15.]
성 멜시오 주교 [축일 4. 24.]
성 멜키세덱(Melauisedec) [축일 5. 22.]
성 멜키아데스 32대 교황 순교자/ 314년 [축일 12. 10.]
성 멜키올(Melchor) [축일 7. 28.]
성 멜키올(Melchor)/ 1세기경 [축일 1. 6.]
성 모나스(Monas) 주교/ 249년 [축일 10. 12.]
성녀 모네군다(Monegundis) 수절/ 570년 [축일 7. 2.]
성녀 모네사(Monessa) 동정/ 456년 [축일 9. 4.]
성 모논(Monon) 순교자/ 645년경 [축일 10. 18.]
성녀 모니카(Monica) 수절/ 387년 [축일 8. 27.]
성녀 모닌느(Moninne) 동정/ 518년 [축일 7. 6.]
성 모데라노(Moderanus) 주교/ 730년경 [축일 10. 22.]
성녀 모데스타(Modesta) 순교자/ 304년경 [축일 3. 13.]
성녀 모데스타(Modesta) 여원장/ 680년경 [축일 11. 4.]
성 모데스토(Modestus) 순교자/ 304년경 [축일 10. 2.]
성 모데스토(Modestus) 주교/ 722년경 [축일 2. 5.]
성녀 모드웬나(Modwenna) 동정/ 695년경 [축일 7. 5.]
모든 성인 대축일 [축일 11. 1.]
성 모세(Moses) [축일 11. 25.]
성 모세(Moses) 순교자/ 395년경 [축일 8. 28.]
성 모세(Moses) 예언자/ 기원전 [축일 9. 4.]
성 모세(Moses) 주교/ 372년경 [축일 2. 7.]
성 모테스토 순교자 [축일 1. 12.]
성 모테스토(Modestus) 순교자 [축일 6. 15.]

성 모데스토(Modestus) 주교/ 489년 [축일 2. 24.]
모후이신 복되신 동정 마리아 [축일 8. 22.]
성 몬타노(Montanus) 순교자/ 259년 [축일 2. 24.]
성 몬타노(Montanus) 순교자/ 300년경 [축일 6. 17.]
성 몬타노(Montanus) 순교자/ 304년경 [축일 3. 26.]
성 몰로나코(Molonacus) 주교/ 7세기경 [축일 6. 25.]
성 무라 원장/ 645년 [축일 3. 12.]
성녀 무스티올라(Mustiola) 순교자/ 273년 [축일 7. 3.]
무죄한 어린이들의 순교 [축일 12. 28.]
묵주 기도의 복되신 동정 마리아 [축일 10. 7.]
성 문도(Mundus) 원장/ 962년경 [축일 4. 15.]
성녀 믈라다(Mlada) 여원장/ 994년 [축일 2. 8.]
성 미가(Micah) 예언자 [축일 1. 15.]
성 미사엘(Misael) [축일 12. 16.]
성 미카엘 가리코이츠(Michael Garikoitz) [축일 5. 13.]
성 미카엘 대천사 발현 [축일 5. 8.]
성 미카엘 증거자/ 6세기 [축일 5. 7.]
성 미카엘 피니(M. Pini) 은수자/ 1522년 [축일 1. 27.]
성 미카엘(Michael de los Santos) [축일 7. 5.]
성 미카엘(Michael) 대천사 [축일 9. 29.]
성 미카엘(Michael) 증거자/ 1625년 [축일 4. 10.]
성 미카엘 페브레스(Michael Febres) [축일 2. 9.]
성 미케아(Miqueas) [축일 12. 21.]
성녀 미켈리나(Michelina) 수절/ 1350년 [축일 6. 20.]
성녀 밀드레다(Meldreda) 여원장/ 700년경 [축일 7. 13.]
성녀 밀드지타(Meldgytha) 수도자/ 676년경 [축일 1. 17.]
성 밀레스 주교 [축일 4. 22.]
성 밀로(Milus) 주교/ 1076년 [축일 2. 23.]
성녀 밀부르가(Melburga) 여원장/ 722년 [축일 2. 23.]

【 바 】

성 바그리오 주교/ 308년 [축일 3. 6.]
성 바데모(Bademus) 순교자/ 380년경 [축일 4. 10.]
성 바딜로(Badilus) 원장/ 870년 [축일 10. 8.]
성 바라치시오(Baracisius) 순교자/ 327년 [축일 3. 29.]
성 바로(Varus) 순교자/ 307년 [축일 10. 19.]
성 바론시오 수도자/ 725년 [축일 3. 25.]
성 바르나르도(Barnardus) 비엔나 주교/ 841년 [축일 1. 23.]
성 바르나바(Barnabas) 순교자/ 1세기경 [축일 6. 11.]
성 바르도(Bardus) 주교/ 1053년 [축일 6. 10.]
성녀 바르바라(Barbara) [축일 5. 27.]
성녀 바르바라(Barbara) 동정 순교자/ 4세기경 [축일 12. 4.]
성 바르바시아노(Barbatianus) 증거자/ 5세기경 [축일 12. 31.]
성녀 바르베아(Barbea) 순교자/ 101년 [축일 1. 29.]
성 바르사바(Barasbas) 순교자/ 342년 [축일 12. 11.]
성 바르시메오(Barsimaeus) 주교 순교자/ 114년경 [축일 1. 30.]
성 바르톨로메오 증거자/ 13세기 [축일 4. 17.]
성 바르톨로메오(Bartholomaeus) 은수자/ 1193년 [축일 6. 24.]
성 바르톨로메오(Bartholomeus) 사도 순교자 [축일 8. 24.]
성 바르톨로메오(Bartholomeus) 원장/ 1065년 [축일 11. 11.]
성 바를라암(Barlaam) 순교자/ 4세기경 [축일 11. 19.]
성녀 바빌라 순교자/ 250년 [축일 1. 24.]
성녀 바사 순교자/ 230년 [축일 3. 6.]
성녀 바사(Bassa) 동정 순교자 [축일 8. 10.]
성녀 바사(Bassa) 순교자/ 304년 [축일 8. 21.]
성 바사누피오(Bassanuphius) 원장/ 540년경 [축일 4. 11.]
성 바소(Bassus) 순교자/ 303년 [축일 5. 11.]
성 바소(Bassus) 주교 순교자/ 257년 [축일 12. 5.]

성 바스토르(Bastor) 증거자/ 160년경 [축일 7. 26.]
성녀 바스트라다(Wastrada) 귀부인/ 670년경 [축일 7. 21.]
성 바시노(Basinus) 트레브 주교/ 750년 [축일 3. 4.]
성 바시오(Vatius) 순교자/ 500년경 [축일 4. 16.]
성녀 바실라(Basilla) 동정 [축일 8. 29.]
성녀 바실라(Basilla) 동정 순교자/ 284년 [축일 5. 20.] 성녀
성녀 바실라(Basilla) 순교자 [축일 5. 17.] 성녀
성 바실케오(Basileus) 순교자/ 258년 [축일 3. 2.]
성 바실키데스(Basilides) 순교자 [축일 6. 12.]
성녀 바실리사(Basilisa) 순교자/ 304년 [축일 1. 9.]
성녀 바실리사(Basilissa) 동정 순교자/ 303년 [축일 9. 3.]
성녀 바실리사(Basilissa) 순교자/ 250년 [축일 3. 22.]
성녀 바실리사(Basilissa) 순교자/ 62년경 [축일 4. 15.]
성녀 바실리사(Basilissa) 여원장/ 780년 [축일 12. 5.]
성 바실키오 엑스 주교 순교자/ 521년 [축일 1. 1.]
성 바실키오 은수자/ 952년 [축일 3. 26.]
성 바실키오 주교/ 335년 [축일 3. 6.]
성 바실키오(Basilius) 순교자 [축일 5. 30.]
성 바실키오(Basilius) 순교자/ 362년 [축일 3. 22.]
성 바실키오(Basilius) 주교 순교자/ 319년 [축일 4. 26.]
성녀 바야(Baya) 동정/ 10세기경 [축일 11. 2.]
성 바오로 데살로니카 주교 순교자/ 350년경 [축일 6. 7.]
성 바오로 라임스 순교자/ 1679년 [축일 1. 25.]
성 바오로 미키(P. Miki) 순교자/ 1597년 [축일 2. 6.]
성 바오로 사도의 개종(Conversion de San Pablo) [축일 1. 25.]
십자가의 성 바오로 사제 [축일 10. 19.]
성 바오로 순교/ 777년 [축일 3. 17.]
성 바오로 이집트(Paulus E.) 은수자/ 343년경 [축일 1. 15.]
성 바오로(Paulus de Cordoba) [축일 7. 20.]

성 바오로(Paulus) 베르됭 주교/ 649년 [축일 2. 8.]
성 바오로(Paulus) 사도 순교자 [축일 6. 29.]
성 바오로(Paulus) 순교자/ 270년경 [축일 8. 17.]
성 바오로(Paulus) 순교자/ 272년 [축일 6. 1.]
성 바오로(Paulus) 순교자/ 362년 [축일 6. 26.]
성 바오로(Paulus) 주교/ 340년경 [축일 3. 7.]
성 바우델리오(Baudelius) 순교자/ 2세기경 [축일 5. 20.]
성녀 바울라 순교자/ 1368년 [축일 1. 5.]
성녀 바울라(Paula) [축일 7. 20.]
성녀 바울라(Paula) 동정 순교자/ 273년경 [축일 6. 3.]
성녀 바울라(Paula) 수절/ 404년 [축일 1. 26.]
성녀 바울라(Paula) 순교자/ 305년 [축일 6. 18.]
성녀 바울리나 순교자/ 302년 [축일 6. 6.]
성녀 바울리나(Paulina) 수절/ 1107년 [축일 3. 14.]
성녀 바울리나(Paulina) 순교자 [축일 12. 31.]
성녀 바울리나(Paulina) 순교자/ 259년경 [축일 12. 2.]
성 바울리노 주교/ 644년 [축일 10. 10.]
성 바울리노(Paulinus) 순교자 [축일 7. 12.]
성 바울리노(Paulinus) 주교/ 358년 [축일 8. 31.]
놀라의 성 바울리노(Paulinus) 주교/ 431년 [축일 6. 22.]
성 바울리노(Paulinus) 주교/ 545년경 [축일 4. 29.]
성 바울리노(Paulinus) 주교/ 804년 [축일 1. 28.]
성 바울리노(Paulinus) 주교/ 826년 [축일 5. 4.]
성 바울리노(Paulinus) 증거자/ 505년경 [축일 11. 23.]
성 바울리노(Paulinus)/ 802년 [축일 1. 11.]
성녀 바틸다(Bathildis) 여왕/ 680년 [축일 1. 30.]
성 박코(Bacchus) 순교자/ 303년 [축일 10. 7.]
성녀 발다(Balda) 여원장/ 7세기경 [축일 12. 9.]
성녀 발데군다(Baldegundis) 여원장/ 580년경 [축일 2. 10.]

성녀 발데트루다(Waldetrudis) 여원장/ 688년경 [축일 4. 9.]
성 발도메로(Baldomero) [축일 2. 24.]
성 발두이노(Balduino) [축일 8. 21.]
성녀 발드라다 여원장/ 620년 [축일 5. 5.]
성녀 발드라다(Waldrada) 여원장/ 620년경 [축일 5. 5.]
성 발데로(Valero) 주교/ 302년경 [축일 1. 29.]
성녀 발레리아(Valeria) 동정 순교자 [축일 12. 9.]
성녀 발레리아(Valeria) 순교자 [축일 6. 5.]
성녀 발레리아(Valeria) 순교자/ 1세기경 [축일 4. 28.]
성 발레리아노 주교/ 350년 [축일 5. 13.]
성 발레리아노(Valerianus) [축일 11. 28.]
성 발레리아노(Valerianus) 순교자/ 178년 [축일 9. 15.]
성 발레리아노(Valerianus) 순교자/ 190년경 [축일 4. 14.]
성 발리리아노(Valerianus) 주교 순교자/ 457년 [축일 12. 15.]
성 발리리아노(Valerianus) 주교/ 460년경 [축일 7. 23.]
성 발리리오 순교자/ 287년경 [축일 6. 14.]
성 발레리오(Valerius) 소렌토 주교/ 453년경 [축일 1. 16.]
성 발레리오(Valerius) 주교/ 315년 [축일 1. 28.]
성 발레리오(Valerius) 주교/ 450년 [축일 2. 19.]
성 발레리코(Walericus) 원장/ 622년경 [축일 4. 1.]
성녀 발렌티나(Valentina) 동정 순교자/ 308년 [축일 7. 25.]
성 발렌티노 주교/ 370년 [축일 5. 2.]
성 발렌티노(Valentinus) 주교/ 470년경 [축일 1. 7.]
성 발렌티노(Valentius) [축일 7. 4.]
성 발렌티노(Valentius) 순교자/ 269년 [축일 2. 14.]
성 발리발도(Willibaldus) 주교/ 786년경 [축일 7. 7.]
성녀 발부르가(Walburga) 여원장/ 779년 [축일 2. 25.]
성녀 발비나(Balbina) 동정/ 130년경 [축일 3. 31.]
성 발타살(Baltasar)/ 1세기경 [축일 1. 6.]

성녀 베가(Begga) 수절/ 698년 [축일 12. 17.]
성녀 베가(Vega) 동정/ 681년 [축일 10. 31.]
성 베난시오 포르투나토 주교/ 605년 [축일 12. 14.]
성 베난시오(Venancio) 순교자/ 250년경 [축일 5. 18.]
성 베난시오(Venancio) 주교 순교자/ 255년경 [축일 4. 1.]
성 베난시오(Venantius) 원장/ 5세기경 [축일 10. 13.]
성 베난시오(Venantius) 은수자/ 400년 [축일 5. 29.]
성 베난시오(Venantius) 주교/ 544년 [축일 8. 5.]
성 베냐민(Benjamin) 부제 순교자/ 421년경 [축일 3. 31.]
성녀 베네딕타 동정 순교자 [축일 10. 8.]
성녀 베네딕타(Benedicta) 동정 순교자 [축일 6. 29.]
성녀 베네딕타(Benedicta) 동정/ 6세기경 [축일 5. 6.]
성녀 베네딕타(Benedicta) 여원장/ 10세기경 [축일 8. 17.]
복자 베네딕토 11세 194대 교황/ 1304년 [축일 7. 7.]
성 베네딕토 2세 81대 교황/ 685년 [축일 5. 8.]
복자 베네딕토 멘니 [축일 4. 24.]
성 베네딕토 무어 증거자/ 1509년 [축일 4. 4.]
성 베네딕토 아마데우스 증거자/ 13-14세기 [축일 4. 17.]
성 베네딕토 요셉 라브르 증거자/ 1783년 [축일 4. 17.]
성 베네딕토 증거자/ 1184년 [축일 4. 14.]
성 베네딕토 필라델포 [축일 4. 3.]
성 베네딕토(Benecictus) 은수자/ 550년경 [축일 3. 23.]
성 베네딕토(Benedictus) 수도자/ 690년 [축일 1. 12.]
성 베네딕토(Benedictus) 아바스/ 543년 [축일 7. 11.]
성녀 베네란다(Veneranda) 동정/ 2세기경 [축일 11. 14.]
성 베네란도(Venerandus) 순교자/ 384년 [축일 5. 25.]
성 베네리오(Venerius) 밀라노 주교/ 409년 [축일 5. 4.]
성 베네리오(Venerius) 원장/ 9세기경 [축일 9. 13.]
성 베논(Benon) 주교/ 1106년 [축일 6. 16.]

성 베누스토(Venustus) 순교자/ 3세기경 [축일 5. 6.]
성 베누스티아노(Venustianus) 순교자/ 303년 [축일 12. 30.]
성 베니뇨(Benigno) [축일 11. 22.]
성 베니뇨(Benigno) 순교자/ 3세기경 [축일 11. 1.]
성 베니뇨(Benigno) 원장/ 725년 [축일 3. 20.]
성 베니뇨(Benigno) 주교/ 477년경 [축일 11. 20.]
성 베니뇨(Benignus) 순교자/ 303년경 [축일 2. 13.]
성 베니뇨(Benignus) 주교 순교자/ 6세기경 [축일 6. 28.]
성 베닌카사(Benincasa) 원장/ 1194년 [축일 1. 10.]
성녀 버닐다(Benildis) 순교자/ 853년 [축일 7. 15.]
성 베다(Beda) 수도자/ 883년 [축일 4. 10.]
성 베다(Beda) 학자/ 735년 [축일 5. 25.]
성 베다스토(Vedastus) 순교자/ 539년 [축일 2. 6.]
성 베드로 가니시오 사제 학자/ 1597년 [축일 12. 21.]
성 베드로 곤잘레스 증거자/ 1246년 [축일 4. 14.]
성 베드로 놀라스코(Pedro Nolasco)/ 1258년 [축일 1. 28.]
성 베드로 니코메디아 순교자/ 303년 [축일 3. 12.]
성 베드로 다미아노 주교 학자/ 1072년 [축일 2. 21.]
성 베드로 대성전과 성 바오로 대성전 봉헌 [축일 11. 18.]
성 베드로 데 주니가(Pedro de Zuniga) [축일 3. 2.]
성 베드로 레갈라도 증거자/ 1456년 [축일 3. 30.]
성 베드로 레갈라도 사제/ 1456년 [축일 5. 13.]
성 베드로 사도 사슬 [축일 8. 1.]
성 베드로 사도좌 [축일 2. 22.]
성 베드로 샤넬 사제 순교자/ 1841년 [축일 4. 28.]
성 베드로 세례자(Pedro Bautista) [축일 2. 5.]
성 베드로 아르멘골 순교자/ 1304년 [축일 4. 27.]
성 베드로 알칸타라 증거자 [축일 10. 19.]
성 베드로 우르세올로 은수자/ 987년 [축일 1. 10.]

성 베드로 율리아노 예마르 사제 [축일 8. 2.]
성 베드로 첼레스티노 192대 교황/ 1294년 [축일 5. 19.]
성 베드로 캔터베리 순교자/ 311년 [축일 1. 6.]
성 베드로 크리솔로고 주교 학자/ 450년경 [축일 7. 30.]
성 베드로 클라베르(P. Claver) 사제/ 1654년 [축일 9. 9.]
성 베드로 토마스 주교/ 1366년 [축일 1. 25.]
성 베드로 파스콸 주교 순교자/ 1300년 [축일 12. 6.]
성 베드로 푸리에(P. Fourier) 증거자/ 1690년 [축일 12. 9.]
베로나의 성 베드로(P. Verona) 순교자/ 1252년 [축일 6. 4.]
성 베드로(Petrus) 모로코 순교자/ 1220년 [축일 1. 16.]
성 베드로(Petrus) 사도 순교자 [축일 6. 29.]
성 베드로(Petrus) 세바사테 주교/ 391년경 [축일 1. 9.]
성 베드로(Petrus) 순교자/ 304년 [축일 6. 2.]
성 베드로 알렉산드리아 주교 순교자/ 311년 [축일 11. 26.]
성녀 베드로닐라 동정 순교자/ 1세기경 [축일 5. 31.]
성 베라노(Veranus) 주교/ 5세기경 [축일 11. 11.]
성 베라리오(Berarius) 주교/ 680년경 [축일 10. 17.]
성 베라크(Berach) 원장/ 6세기경 [축일 2. 15.]
성녀 베레나(Verena) 동정/ 3세기경 [축일 9. 1.]
성 베레문도(Veremundus) 원장/ 1092년 [축일 3. 8.]
성 베레지소(Beregisus) 증거자/ 725년 [축일 10. 2.]
성 베로(Verus) 주교/ 314년 [축일 8. 1.]
성 베로(Verus) 주교/ 4세기경 [축일 10. 23.]
성녀 베로니카(Veronica) 귀부인/ 1세기경 [축일 7. 12.]
성녀 베로니카(Veronica) 수녀/ 1497년 [축일 1. 13.]
성녀 베로니카(Veronica) 여원장/ 1727년 [축일 7. 9.]
성녀 베르나데타 수비루 동정/ 1879년 [축일 4. 16.]
성 베르나르도 원장/ 1117년 [축일 4. 14.]
성 베르나르도(Bernardo) 주교/ 1109년 [축일 3. 12.]

성 베르나르도(Bernardus) 아바스 학자/ 1153년 [축일 8. 20.]
성 베르나르도(Bernardus) 증거자/ 9세기경 [축일 10. 14.]
성 베르나르도(Bernatdus) 증거자/ 1081년 [축일 5. 28.]
시에나의 성 베르나르디노/ 1444년 [축일 5. 20.]
성 베르나르디노(Bernardinus) 증거자/ 1616년 [축일 7. 3.]
성 베르너(Werner) [축일 4. 18.]
성 베르노(Bernus) 클뤼니 원장/ 927년 [축일 1. 13.]
성녀 베르다(Verda) 순교자/ 344년 [축일 2. 21.]
성녀 베르부르가(Werburga) 동정/ 699년경 [축일 2. 3.]
성녀 베르타(Bertha) 수절/ 1247년 [축일 7. 18.]
성녀 베르타(Bertha) 수절/ 725년경 [축일 7. 4.]
성녀 베르타(Bertha) 수절/ 9세기경 [축일 5. 15.]
성녀 베르타 여원장 순교자/ 680년경 [축일 5. 1.]
성녀 베르타(Bertha) 여원장/ 1163년 [축일 3. 24.]
성 베르타리오(Bertharius) 원장 순교자/ 884년경 [축일 10. 22.]
성녀 베르토아라(Berthoara) 여원장/ 614년 [축일 12. 4.]
성 베르툴포(Berulfus) 원장/ 640년 [축일 8. 19.]
성 베르티노(Bertino) 증거자/ 699년 [축일 5. 2.]
성 베르티노(Bertinus) 원장/ 709년 [축일 9. 5.]
성녀 베르틸라(Bertilla) 동정/ 705년경 [축일 11. 5.]
성 베르킬로(Bertillus) 증거자/ 888년 [축일 3. 26.]
성녀 베르틸리아 마르와이유 동정/ 705년 [축일 1. 3.]
성녀 베를린다(Berlinda) 동정/ 702년 [축일 2. 3.]
성 베사(Besas) 순교자/ 250년 [축일 2. 27.]
성녀 베아타(Beata) 증거자/ 1567년 [축일 3. 18.]
성 베아토(Beato) 증거자 [축일 5. 9.]
성 베아토(Beatus) 수도자/ 789년 [축일 2. 19.]
성녀 베아트릭스 여원장/ 1490년 [축일 8. 18.]
성녀 베아트릭스(Beatrix) 수도자/ 1216년 [축일 1. 19.]

성녀 베아트릭스(Beatrix) 순교자/ 303년 [축일 7. 29.]
성 베우노(Beunus) 원장/ 630년경 [축일 4. 21.]
성 베토(Bettus) 주교/ 918년 [축일 2. 24.]
성 벤체슬라오(Wenceslaus) 순교자/ 929년 [축일 9. 28.]
성 벨라지오 순교자 [축일 4. 7.]
성녀 벨리나 동정 순교자/ 1135년 [축일 2. 19.]
성녀 벨리나(Belina) 동정 순교자/ 1135년 [축일 2. 19.]
성 벨리노(Bellinus) 주교 순교자/ 1151년 [축일 11. 26.]
성녀 보나(Bona) 동정/ 680년 [축일 4. 24.]
성 보나벤투라 그라우(B. Grau) 증거자/ 1684년 [축일 9. 11.]
성 보나벤투라(Bonaventura) 주교 학자/ 1274년 [축일 7. 15.]
성 보나벤투라(Bonaventura) 증거자/ 1491년 [축일 3. 31.]
성 보나벤투라(Bonaventura) 증거자/ 1711년 [축일 10. 26.]
성녀 보나비타(Bonavita) 증거자/ 1375년 [축일 3. 1.]
성 보노니오(Bononius) 원장/ 1206년 [축일 8. 30.]
성 보니토(Bonitus) 원장/ 582년경 [축일 7. 7.]
성 보니파시오 (Bonifatius) 42대 교황/ 422년 [축일 9. 4.]
성 보니파시오 4세 67대 교황/ 615년 [축일 5. 8.]
성 보니파시오 주교/ 1270년 [축일 3. 13.]
성 보니파시오(Bonifatius) 순교자/ 307년경 [축일 5. 14.]
성 보니파시오(Bonifatius) 순교자/ 483년 [축일 8. 17.]
성 보니파시오(Bonifatius) 주교 순교자/ 754년 [축일 6. 5.]
성 보니파시오(Bonifatius) 주교/ 1265년 [축일 2. 19.]
성 보리스(Boris) [축일 5. 2.]
성 보리스(Boris) [축일 7. 24.]
성 보보(Bobus) 은수자/ 985년 [축일 5. 22.]
성 보사(Bosa) 주교/ 686년 [축일 3. 9.]
성 보토(Voto) [축일 5. 29.]
복되신 동정 마리아 성탄 [축일 9. 8.]

복되신 동정 마리아의 방문 [축일 5. 31.]
복되신 동정 마리아의 원죄 없으신 잉태 [축일 12. 8.]
복되신 동정 마리아의 자헌 [축일 11. 21.]
성녀 블로니아(Bolonia) 동정 순교자/ 362년 [축일 10. 16.]
성 볼르시아노 투르 주교 순교자/ 496년 [축일 1. 18.]
성 볼프강(Wolfgang) 주교/ 994년 [축일 10. 31.]
성녀 부루군도파라(Brugundofara) 여원장/ 657년 [축일 4. 3.]
성 부르카르도(Burchardus) 주교/ 754년 [축일 10. 14.]
성녀 부리아나(Buriana) 동정/ 6세기경 [축일 6. 4.]
성 불피아노(Vulpianus) 순교자/ 304년 [축일 4. 3.]
성 브르울리오(Braulio) 주교/ 646년 [축일 3. 26.]
성 브른발라도(Branwalladus) 주교/ 6세기경 [축일 1. 19.]
성 브루노 주교/ 965년 [축일 10. 11.]
성 브루노(Bruno) 사제/ 1101년 [축일 10. 6.]
성 브루노(Bruno) 주교/ 1045년 [축일 5. 27.]
성 브루노(Brunus) 순교자/ 880년 [축일 2. 2.]
성녀 브리지다(Brigida) 동정/ 9세기경 [축일 2. 1.]
성녀 브리지다(Brigida) 킬다르 동정/ 525년 [축일 2. 1.]
성 브릭시오(Brictius) 주교/ 312년경 [축일 7. 9.]
성 블라도(Bladus) 주교 [축일 7. 3.]
성 블라스(Blas) [축일 6. 17.]
성 블라시오(Blasio) 순교자 [축일 11. 29.]
성 블라시오(Blatius) 주교 순교자/ 316년경 [축일 2. 3.]
성녀 블라타(Blatha) 동정/ 523년 [축일 1. 29.]
성녀 블란다(Blanda) 순교자/ 232년 [축일 5. 10.]
성녀 블란디나(Blandina) 순교자/ 177년 [축일 6. 2.]
성녀 블래실라(Blaesilla) 수절/ 383년 [축일 1. 22.]
성 블스타노 주교/ 1059년 [축일 1. 19.]
성 비네발도(Winebaldus) 원장/ 761년 [축일 12. 18.]

성 비달 [축일 7. 2.]
성녀 비르지니아(Virginia) [축일 1. 7.]
성녀 비르지타 수절 [축일 10. 8.]
성녀 비르지타(Birgitta) 동정/ 6세기경 [축일 1. 21.]
성녀 비르지타(또는 브리지타 Brigitta)/ 5세기경 [축일 7. 13.]
성녀 비르지타(또는 브리지타) 창설자/ 1373년 [축일 7. 23.]
성 비르질리오(Virgilius) 주교/ 610년 [축일 3. 5.]
성 비르질리오(Virgilius) 주교/ 784년 [축일 11. 27.]
성녀 비리디아나(Viridiana) 은수자/ 1242년 [축일 2. 1.]
성 비릴로(Birillus) 주교/ 90년경 [축일 3. 21.]
성 비릴리오(Virilio) [축일 10. 26.]
성 비벤시오(Vibentius) 은수자/ 400년경 [축일 1. 13.]
성 비벤시올로(Veventiolus) 주교/ 524년 [축일 7. 12.]
성 비블리데스(Biblides) 순교자/ 177년 [축일 6. 2.]
성녀 비비나(Wivina) 여원장/ 1170년경 [축일 12. 17.]
성녀 비비아나(Bibiana) 순교자 [축일 12. 2.]
성 비비아노(Vivianus) 주교/ 460년경 [축일 8. 28.]
성 비센테(Vicente) [축일 10. 27.]
성녀 비시아(Vissia) 동정 순교자/ 250년경 [축일 4. 12.]
성 비아토르(Viator) 은수자/ 390년경 [축일 10. 21.]
성 비오 10세(Pius X) 257대 교황/ 1914년 [축일 8. 21.]
성 비오 1세(Pius Ⅰ) 10대 교황 순교자/ 155년경 [축일 7. 11.]
성 비오 5세(Pius Ⅴ) 225대 교황/ 1572년 [축일 4. 30.]
성 비질리오(Vigilius) 순교자/ 685년 [축일 3. 11.]
성 비질리오(Vigilius) 주교 순교자/ 405년 [축일 6. 26.]
성 비질리오(Vigilius) 주교/ 506년 [축일 9. 26.]
성 비첼리노(Videlinus) 주교/ 1154년 [축일 12. 12.]
성 비탈 순교자 [축일 1. 9.]
성 비탈(Vital) [축일 2. 14.]

성 비탈리스(Vitalis) 순교자/ 1세기경 [축일 4. 28.]
성 비탈리스(Vitalis) 순교자/ 304년경 [축일 11. 4.]
성 비탈리스(Vitalis) 은수자/ 1370년 [축일 5. 31.]
성 비탈리스(Vitalis) 은수자/ 625년경 [축일 1. 11.]
성 비탈리아노(Vitalianus) 교황/ 672년 [축일 1. 27.]
성 비탈리아노(Vitalianus) 주교 [축일 7. 16.]
성 비토(Vitus) 순교자 [축일 6. 15.]
성 비토(Vitus) 증거자/ 1095년경 [축일 9. 5.]
성 빅토르(Victor) [축일 10. 10.]
성 빅토르(Victor) [축일 12. 11.]
성 빅토르(Victor) 순교자 [축일 3. 10.]
성 빅토르(Victor) 순교자 [축일 5. 17.]
성 빅토르(Victor) 순교자/ 176년 [축일 5. 14.]
성 빅토르(Victor) 순교자/ 300년경 [축일 4. 12.]
성 빅토르(Victor) 순교자/ 303년 [축일 5. 8.]
성 빅토르(Victor) 순교자/ 304년 [축일 7. 21.]
성 빅토르(Victor) 순교자/ 950년경 [축일 8. 26.]
성 빅토르(Victor) 주교/ 375년 [축일 12. 7.]
성 빅토르(Victor) 주교/ 554년 [축일 10. 17.]
성 빅토르(Victor) 증거자/ 995년 [축일 2. 25.]
성 빅토리노(Victorino) [축일 3. 6.]
성 빅토리노(Victorino) 순교자/ 311년 [축일 3. 29.]
성 빅토리노(Victorinus) 순교자/ 450년경 [축일 12. 2.]
성 빅토리노(Victorinus) 주교 순교자/ 2세기경 [축일 9. 5.]
성 빅토리노(Victorinus) 주교 순교자/ 303년경 [축일 11. 2.]
성녀 빅트리아(Victoria) 동정/ 250년 [축일 12. 23.]
성녀 빅트리아(Victoria) 순교자/ 304년 [축일 11. 17.]
성 빅토리아노(Victoriano) 순교자/ 484년 [축일 3. 23.]
성 빅토리아노(Victorianus) 아산 원장/ 560년경 [축일 1. 12.]

성 빅토리오 1세(Victor Ⅰ) 14대 교황/ 199년경 [축일 7. 28.]
성 빅토리오(Victorio) [축일 10. 30.]
성 빅토리오(Victorius) 순교자 [축일 5. 21.]
성 빅트리치오(Victricius) 주교/ 409년경 [축일 8. 7.]
성녀 빈첸시아(Vincentia)/ 1847년 [축일 6. 28.]
성 빈첸시오 드 폴(V. de Paul) 사제/ 1660년 [축일 9. 27.]
성 빈첸시오 원장 순교자/ 554년경 [축일 9. 11.]
성 빈첸시오 원장/ 950년 [축일 5. 9.]
성 빈첸시오 주교/ 1223년 [축일 3. 8.]
성 빈첸시오 페레르(V. Ferrer) 사제/ 1418년 [축일 4. 5.]
성 빈첸시오(Vincentius) 부제 순교자/ 304년 [축일 1. 22.]
성 빈첸시오(Vincentius) 순교자/ 292년경 [축일 6. 9.]
성 빈첸시오(Vincentius) 증거자/ 445년 [축일 5. 24.]
성녀 빈틸라(Vintila) 은수자/ 890년 [축일 12. 23.]
성녀 빌라나(Villana) [축일 2. 28.]
성녀 빌제포르타(Wilgefortis) 동정 [축일 7. 20.]
성녀 빌트루다(Wiltrudis) 베겐 수절/ 986년경 [축일 1. 6.]
성 빌프리도(Bilfridus) 증거자/ 758년 [축일 3. 6.]
성녀 빌힐다(Vilhilda) 수절/ 710년경 [축일 11. 27.]

【 사 】

성 사갈(Sagal) 주교 순교자/ 175년경 [축일 10. 6.]
성 사돗(Sadoth) 순교자/ 342년경 [축일 2. 20.]
성녀 사라 [축일 10. 9.]
성녀 사라(Sara) [축일 7. 13.]
성 사르벨리오(Sarbellius) 순교자/ 101년 [축일 1. 29.]
성 사무엘 [축일 10. 10.]
성 사무엘(Samuel) 순교자/ 309년 [축일 2. 16.]

성 사무엘(Samuel) 예언자/ 기원전 [축일 8. 20.]
성 사바(Sabas) [축일 8. 9.]
성 사바(Sabas) 세르비아 주교/ 1237년 [축일 1. 14.]
성 사바(Sabas) 순교자/ 272년 [축일 4. 24.]
성 사바(Sabas) 순교자/ 372년 [축일 4. 12.]
성 사바(Sabas) 원장/ 532년 [축일 12. 5.]
성녀 사비나(Sabina) 순교자/ 127년경 [축일 8. 29.]
성녀 사비나(Sabina) 순교자/ 303년경 [축일 10. 27.]
성녀 사비나(Sabina)/ 311년 [축일 1. 30.]
성 사비노 주교 [축일 1. 25.]
성 사비노(Sabinus) 순교자/ 303년 [축일 12. 30.]
성 사비노(Sabino) 주교/ 566년 [축일 2. 9.]
성 사비노(Sabinus) [축일 12. 7.]
성 사비니아노(Savinianus) 원장/ 720년경 [축일 11. 22.]
성 사체르도스(Sacerdos) 주교/ 551년 [축일 9. 12.]
성 사투로 순교자/ 203년 [축일 3. 5.]
성 사투르니나(Saturnina) 동정 순교자 [축일 6. 4.]
성 사투르니노 순교자/ 304년 [축일 5. 2.]
성 사투르니노(Saturnino) [축일 2. 12.]
성 사투르니노(Saturnino) [축일 2. 6.]
성 사투르니노(Saturninus) 순교자 [축일 3. 22.]
성 사투르니노(Saturninus) 순교자/ 304년 [축일 2. 11.]
성 사투르니노(Saturninus) 주교 순교자/ 257년경 [축일 11. 29.]
성 사투르니노(Saturninus) 주교/ 356년경 [축일 4. 7.]
성 사투리아노(Saturianus) 순교자/ 458년 [축일 10. 16.]
성 사투리오(Saturio) [축일 10. 2.]
성녀 산딜라(Sancila) 순교자/ 855년경 [축일 9. 3.]
성 산치오(Sancius) 순교자 [축일 6. 5.]
성녀 산클레티카 동정/ 400년 [축일 1. 5.]

복자 산타렘 힐(Gil de Santarem) [축일 5. 16.]
성 산토(Sanctus) 순교자/ 177년 [축일 6. 2.]
성녀 산티파(Xantippa) 동정/ 1세기경 [축일 9. 23.]
성녀 살라베르가(Salaberga) 여원장/ 665년경 [축일 9. 22.]
성녀 살로메(Salome) 동정/ 9세기경 [축일 6. 29.]
성 살로몬(Salomon) 순교자/ 857년 [축일 3. 13.]
오르타의 성 살바도르(Salvador de Horta) [축일 3. 18.]
아미안의 성 살비오(Salvio) 주교/ 625년경 [축일 1. 11.]
성 살비오(Salvius) 순교자/ 768년 [축일 6. 26.]
성 살비오(Salvius) 주교/ 584년 [축일 9. 10.]
성 삼손 세노도치오(S. Xenodochius) 증거자/ 530년 [축일 6. 27.]
성 삼손(Samson) 주교/ 565년경 [축일 7. 28.]
성녀 상투치아(Sanctucia) 수절/ 1305년 [축일 3. 21.]
성 상티노(Sanctinus) 주교/ 300년경 [축일 9. 22.]
성모 대성전 봉헌 [축일 8. 5.]
성모승천 [축일 8. 15.]
성모의 종 수도회 창설자 7성인 [축일 2. 17.]
성녀 세군딜라 순교자/ 304년 [축일 3. 2.]
성녀 세노리나(Senorina) 동정/ 982년 [축일 4. 22.]
성녀 세돌파(Sedolpha) 순교자 [축일 7. 5.]
성녀 세라피나 스포르자(S. Sforza) 동정/ 1478년 [축일 9. 9.]
성녀 세라피나(Serafina) 동정 순교자/ 119년 [축일 7. 29.]
성녀 세라피나(Seraphina) 동정 순교자 [축일 9. 3.]
성녀 세라피나(Serapina) 동정/ 1253년 [축일 3. 12.]
성 세라피노 증거자/ 1604년 [축일 10. 12.]
성 세라피온(Serapion) 순교자/ 284년 [축일 2. 25.]
성 세라피온(Serapion) 주교/ 370년 [축일 3. 21.]
성 세라피온(Serapionus) 순교자/ 195년경 [축일 7. 13.]
성 세라피온(Serapionus) 주교/ 199년 [축일 10. 30.]

성녀 세레나(Serena)/ 290년경 [축일 8. 16.]
성 세리노 증거자/ 669년 [축일 5. 7.]
성 세리노(Serenus) 주교/ 606년 [축일 8. 9.]
성녀 서로티나(Serotina) 순교자 [축일 12. 31.]
성 세르바시오(Servatius) 주교/ 384년 [축일 5. 13.]
성 세르반도(Servandus) 주교/ 305년경 [축일 10. 23.]
성 세르보(Servus) 순교자/ 483년 [축일 12. 7.]
성 세르불로(Servulus) 증거자/ 590년경 [축일 12. 23.]
성 세르빌리아노(Servilianus) 순교자/ 117년경 [축일 4. 20.]
성 세르지오 1세(Sergius Ⅰ) 84대 교황/ 701년 [축일 9. 8.]
성 세르지오 순교자/ 303년 [축일 10. 7.]
성 세르지오(Sergio) [축일 10. 8.]
성 세르지오(Sergius) 순교자/ 304년 [축일 2. 24.]
성 세르지오(Sergius) 원장/ 1392년 [축일 9. 25.]
성 세르지오/ 796년 [축일 3. 20.]
성 세라피온(Serapion) 순교자/ 252년 [축일 11. 14.]
성녀 세바스티아(Sebastia) 순교자 [축일 7. 4.]
성녀 세바스티아나(Sebastiana) 순교자/ 1세기경 [축일 9. 16.]
성 세바스티아노 순교자 [축일 2. 8.]
성 세바스티아노 순교자 [축일 3. 20.]
성 세바스티아노(Sebastiano) 순교자/ 300년경 [축일 1. 20.]
성녀 세베라(Severa) 여원장/ 680년경 [축일 7. 20.]
성 세베로 주교 순교자/ 633년 [축일 11. 6.]
성 세베로(Severo) 라벤나 주교/ 348년 [축일 2. 1.]
성 세베로(Severus) 순교자/ 309년경 [축일 1. 11.]
성 세베로(Severus) 주교/ 409년 [축일 4. 29.]
성 세베로(Severus) 주교/ 455년경 [축일 10. 15.]
성 세베르(Severus) 증거자/ 530년경 [축일 2. 15.]
성 세베티노(Severinus) 원장/ 507년경 [축일 2. 11.]

성 세베리노(Severinus) 은수자/ 699년경 [축일 11. 1.]
성 세베리노(Severinus) 주교 증거자/ 482년 [축일 1. 8.]
성 세베리노(Severinus) 주교/ 420년경 [축일 10. 23.]
성 세베리노(Severinus) 주교/ 550년 [축일 6. 8.]
성 세베리아노(Severiano) 순교자/ 322년 [축일 9. 9.]
성녀 세쿤다(Secunda) 동정 순교자/ 257년경 [축일 7. 10.]
성 세쿤도(Secundus) 순교자 [축일 12. 19.]
성 세쿤도(Secundus) 순교자 [축일 3. 24.]
성 세쿤도(Secundus) 순교자/ 119년 [축일 3. 29.]
성 세쿤도(Secundus) 순교자/ 357년 [축일 5. 21.]
성녀 세쿤디나(Secundina) 동정 순교자/ 250년경 [축일 1. 15.]
성 세쿤디노(Secundinus) 순교자/ 306년경 [축일 5. 21.]
성녀 세트리다(Sethrida) 여원장/ 660년경 [축일 1. 10.]
성 세페리노(Ceferino) [축일 12. 20.]
성 센넨(Senen) 순교자/ 4세기경 [축일 7. 30.]
성 셀레도니오(Celedonio) [축일 3. 3.]
성 셀레우코 순교자 [축일 3. 24.]
성녀 셀리나(Celina) [축일 10. 21.]
성 셉티모(Septimus) 순교자/ 303년 [축일 10. 24.]
성 셉티모(Septimus) 순교자/ 483년 [축일 8. 17.]
성 소스테네스(Sosthenes) 순교자/ 1세기경 [축일 11. 28.]
성 소크라테스(Socrates) 순교자/ 275년 [축일 4. 19.]
성 소크라테스(Socrates) 순교자/ 304년경 [축일 9. 17.]
성녀 소테라(Sotera) 동정 순교자/ 304년 [축일 2. 10.]
성 소테르(Soter) 12대 교황/ 175년 [축일 4. 22.]
성녀 소파트라(Sopatra) 동정/ 7세기경 [축일 11. 9.]
성 소프로니오(Sophronius) 주교/ 369년경 [축일 3. 11.]
성 소프로니오(Sophronius) 주교/ 6세기경 [축일 12. 8.]
성녀 소피아(Sophia) 동정 순교자/ 250년경 [축일 4. 30.]

성녀 소피아(Sophia) 수절/ 138년경 [축일 9. 30.]
성녀 소피아(Sophia) 순교자/ 200년경 [축일 9. 18.]
성녀 솔라(Sola) 은수자/ 794년 [축일 12. 3.]
성녀 슬란지아(Solangia) 동정 순교자/ 880년경 [축일 5. 10.]
성 솔램니오(Sclemnius) 주교/ 511년경 [축일 9. 25.]
성 솔르몬(Solomon) 순교자/ 434년 [축일 6. 25.]
성 솔로몬(Solomon) 주교/ 269년 [축일 9. 28.]
성녀 솔리나(Solina) 동정/ 290년경 [축일 10. 17.]
성 수라노 원장/ 580년 [축일 1. 24.]
성녀 수산나 동정 순교자/ 295년 [축일 8. 11.]
성녀 수산나(Susana) [축일 10. 8.]
성녀 수산나(Susanna) 동정 순교자/ 293년 [축일 1. 18.]
성녀 수산나(Susanna) 순교자/ 2세기경 [축일 5. 24.] 성녀
성녀 수산나(Susanna) 원장 [축일 9. 19.]
성 수일베르토(Suitbertus) 주교/ 715년 [축일 3. 1.]
수호천사 [축일 10. 2.]
성녀 순니바(Sunniva) 동정/ 10세기경 [축일 7. 8.]
성 술피시오 주교/ 647년 [축일 1. 17.]
성 술피시오(Sulpitius) 순교자/ 117년경 [축일 4. 20.]
성 술피시오(Sulpitius) 주교/ 591년 [축일 1. 29.]
성 스메온(Simeon) 은수자/ 598년 [축일 9. 3.]
성 스위트베르토(Swithbertus) 주교/ 807년 [축일 4. 30.]
성녀 스콜라스티카(Scholastica) 동정/ 542년 [축일 2. 10.]
성 스타니슬라오 코스트카 증거자/ 1586년 [축일 11. 13.]
성 스타니슬라오(Stanislaus) 주교 순교자 [축일 5. 7.]
성 스타니슬라오(Stanislaus) 주교 순교자/ 1079년 [축일 4. 11.]
성 스테파노 1세 23대 교황 순교자/ 257년 [축일 8. 2.]
성 스테파노 [축일 4. 26.]
헝가리의 성 스테파노 왕/ 1038년 [축일 8. 16.]

성 스테파노 원장/ 1154년 [축일 3. 8.]
성 스테파노 주교 순교자/ 481년 [축일 4. 25.]
성 스테파노 하르딩(S. Harding) 원장/ 1134년 [축일 4. 17.]
성 스테파노(Stephanus) 그라드몽 원장/ 1124년 [축일 2. 8.]
성 스테파노(Stephanus) 주교 순교자/ 1세기경 [축일 7. 5.]
성 스테파노(Stephanus) 증거자/ 1118년 [축일 1. 4.]
성 스테파노(Stephanus) 첫 순교자/ 36년경 [축일 12. 26.]
성 스투르미오(Sturmius) 원장/ 779년 [축일 12. 17.]
성 스트라토니코 순교자/ 315년 [축일 1. 13.]
성녀 스틸라(Stilla) 동정/ 1141년경 [축일 7. 19.]
성 스틸리아노(Stylianus) 은수자/ 390년 [축일 11. 26.]
성녀 스페란데아(Sperandea) 여원장/ 1276년 [축일 9. 11.]
성녀 스페스 동정 순교자/ 120년경 [축일 8. 1.]
성 스피리디온(Spiridion) 주교 [축일 12. 14.]
성녀 시골레나(Sigolena) 여원장/ 769년 [축일 7. 24.]
성 시골리노(Sigolinus) 원장/ 670년 [축일 10. 29.]
성녀 시그라다(Sigrada) 수절/ 678년경 [축일 8. 8.]
성 시그프리도(Sigfrido) [축일 8. 22.]
성 시그프리도(Sigfridus) 주교/ 1045년 [축일 2. 15.]
성 시네시오(Synetius) 순교자/ 275년 [축일 12. 12.]
성 시도니오(Sidonius) 원장/ 690년경 [축일 11. 14.]
성녀 시라(Syra) 동정/ 660년경 [축일 10. 23.]
성녀 시라(Syra) 동정/ 7세기경 [축일 6. 8.]
성녀 시라(Syra) 동정/ 7세기경 [축일 8. 3.]
성 시레노(Sirenus) 순교자/ 303년경 [축일 2. 23.]
성녀 시레니아(Cyrenia) 순교자/ 306년 [축일 11. 1.]
성 시로(Syrus) 주교 순교자/ 1세기경 [축일 12. 9.]
성 시리치오(Siricius) 38대 교황/ 399년 [축일 11. 26.]
성 시메온 사제/ 1세기경 [축일 10. 8.]

성 시메온(Simeon) 순교자/ 1475년 [축일 3. 24.]
성 시메온(Simeon) 순교자/ 341년 [축일 4. 21.]
성 시메온(Simeon) 주교 순교자/ 107년경 [축일 2. 18.]
성 시몬 스톡(Simon Stock) 증거자/ 1265년 [축일 5. 16.]
성 시몬(Simon) 사도 [축일 10. 28.]
성 시므온(Simeon) 기둥의 행자 은수자/ 459년 [축일 1. 5.]
성 시비아르도(Siviardus) 원장/ 729년경 [축일 3. 1.]
성녀 시사(Cissa) 은수자/ 7세기말경 [축일 9. 23.]
성 시세난도(Sisenandus) 순교자/ 851년 [축일 7. 16.]
성 시제베르토 三세(Sigebertus III) 왕/656년 [축일 2. 1.]
성 시지스문도(Sigismundus) 순교자/ 558년 [축일 5. 1.]
성 식스토 2세(Sixtus II) 24대 교황 순교자/ 258년 [축일 8. 7.]
성 식스토 3세(Sixtus III) 44대 교황/ 440년 [축일 3. 28.]
성녀 신니아(Cinnia) 동정/ 5세기경 [축일 2. 1.]
성 신둘포(Sindulphus) 은수자/ 660년 [축일 10. 20.]
성 신디미오(Syndimius) 순교자 [축일 12. 19.]
성 신디케(Synthche) 성서인물/ 1세기경 [축일 7. 22.]
성녀 신티아 [축일 2. 8.]
성 실라(Silas) 증거자/ 1세기경 [축일 7. 13.]
성 실라오(Silaus) 순교자/ 1100년 [축일 5. 17.]
성 실리스코 순교자/ 312년 [축일 5. 22.]
성 바실리오(Basileus) 주교 순교자/ 319년 [축일 4. 26.]
성 실바노 은수자/ 4세기 [축일 5. 15.]
성 실바노(Silvano) 순교자/ 311년 [축일 5. 4.]
성 실바노(Silvanus) [축일 2. 20.]
성 실바노(Silvanus) 순교자 [축일 11. 5.]
성 실바노(Silvanus) 순교자 [축일 5. 5.]
성 실바노(Silvanus) 순교자/ 312년 [축일 2. 6.]
성 실바노(Silvanus) 순교자/ 4세기경 [축일 7. 10.]

성 실베리오(Silverius) 58대 교황 순교자/ 537년 [축일 6. 20.]
성 실베스테르 1세(Silvester Ⅰ) 33대 교황/ 335년 [축일 12. 31.]
성 실베스테르 고촐리니 원장/ 1267년 [축일 11. 26.]
성 실베스테르(Silvester) 주교/ 525년경 [축일 11. 20.]
성 실베스트로 원장/ 625년 [축일 4. 15.]
성 실비노(Silvinus) 주교/ 444년 [축일 9. 28.]
성 실비노(Silvinus) 주교/ 550년경 [축일 9. 12.]
성 실비노(Silvinus) 주교/ 720년경 [축일 2. 17.]
성녀 실비아(Silvia) 수절/ 572년경 [축일 11. 3.]
성 실비오(Silvio) [축일 4. 21.]
성녀 심포로사(Symphorosa) 순교자/ 135년경 [축일 7. 18.]
성녀 심포로사(Symphorosa) 순교자/ 285년경 [축일 7. 2.]
성녀 심포리나(Symphorina) 순교자/ 288년경 [축일 7. 7.]
성 심포리아노(Symphorianus) 순교자 [축일 8. 22.]
성 심플리치오 순교자/ 232년 [축일 5. 10.]
성 심플리치오(Simplicius) 47대 교황 증거자/ 483년 [축일 3. 10.]
성 심플리치오(Simplicius) 순교자/ 304년 [축일 5. 15.]
성 심플리치오(Simplicius) 주교/ 360년 [축일 6. 24.]
성 십자가 현양 [축일 9. 14.]

【 아 】

성 아가보(Agabus) 예언자/ 1세기경 [축일 2. 13.]
성녀 아가타(Agatha) 동정 순교자/ 251년경 [축일 2. 5.]
성녀 아가타(Agatha) 동정/ 790년경 [축일 12. 12.]
성 아가탄젤로(Zgathangelus) 순교자/ 309년경 [축일 1. 23.]
성 아가토(Agathus) 79대 교황/ 681년 [축일 1. 10.]
성 아가토(Agathus) 순교자 [축일 7. 5.]
성 아가토(Agatus) 순교자/ 250년 [축일 12. 7.]

성녀 아가토니카(Agathonica) 동정 순교자 [축일 8. 10.]
성녀 아가토니카(Agathonica) 순교자/ 250년 [축일 4. 13.]
성 아가토도로(Agathodorus) 순교자/ 250년 [축일 4. 13.]
성녀 아가토클리아(Agathoclia) 동정 순교자 [축일 9. 17.]
성 아가토페데스(Agathopedes) 순교자/ 303년 [축일 4. 4.]
성녀 아가페(Agape) 동정 순교자/ 273년경 [축일 2. 15.]
성녀 아가페(Agape) 동정 순교자/ 304년 [축일 4. 3.]
성녀 아가페(Agape) 순교자 [축일 1. 25.]
성 아가피오(Agapio) 순교자/ 306년경 [축일 11. 20.]
성 아가피오(Agapius) 순교자/ 259년경 [축일 4. 29.]
성 아가피오(Agapius) 순교자/ 315년경 [축일 11. 2.]
성 아가피토(Agapitus) 순교자/ 118년 [축일 9. 20.]
성 아가피토(Agapitus) 순교자/ 274년경 [축일 8. 18.]
성 아가피토(Agapitus) 주교/ 3세기경 [축일 3. 24.]
성 아가피토(Agapitus) 주교/ 4세기경 [축일 3. 16.]
성 아고아르도(Agoardus) 순교자/ 7세기경 [축일 6. 24.]
성 아그레치오 주교/ 333년 [축일 1. 13.]
성 아그리콜라 주교/ 420년 [축일 2. 5.]
성 아그리콜라(Agricola) 순교자/ 304년경 [축일 11. 4.]
성 아그리콜라(Agricola) 주교/ 580년 [축일 3. 17.]
성 아그리콜라(Agricola) 주교/ 594년 [축일 2. 26.]
성 아그리콜라(Agricola) 주교/ 700년 [축일 9. 2.]
성녀 아그리피나 동정 순교자/ 262년경 [축일 6. 23.]
성 아그리피노(Agrippinus) 주교/ 180년경 [축일 1. 30.]
성 아그리피노(Agrippinus) 주교/ 538년 [축일 7. 9.]
성 아나니아 순교자/ 341년 [축일 4. 21.]
성 아나니아(Ananias) [축일 12. 16.]
성 아나니아(Ananias) 다마스커스 순교자/ 1세기경 [축일 1. 25.]
성 아나니아(Ananias) 순교자 [축일 12. 1.]

성녀 아나스타시아(Anastatia) 동정/ 6세기 [축일 3. 10.]
성녀 아나스타시아(Anastatia) 순교자/ 304년경 [축일 12. 25.]
성녀 아나스타시아(Anastatia) 순교자/ 62년경 [축일 4. 15.]
성 아나스타시오 1세(Anastatius Ⅰ) 교황/ 401년 [축일 12. 19.]
성 아나스타시오 2세 50대 교황/ 498년 [축일 11. 19.]
성 아나스타시오 주교 순교자/ 609년경 [축일 12. 21.]
성 아나스타시오 주교/ 610년 [축일 5. 20.]
성 아나스타시오 주교/ 977년 [축일 1. 7.]
성 아나스타시오(Anastatius) 대주교/ 599년 [축일 4. 21.]
성 아나스타시오(Anastatius) 순교자/ 274년 [축일 6. 29.]
성 아나스타시오(Anastatius) 원장/ 570년경 [축일 1. 11.]
성 아나스타시오(Anastatius) 페르시아 순교자/ 628년 [축일 1. 22.]
성 아나탈론(Anathalon) 주교/ 1세기경 [축일 9. 24.]
성녀 아나톨리아(Anatolia) 동정 순교자/ 250년 [축일 12. 23.]
성녀 아나톨리아(Anatolia) 순교자/ 250년경 [축일 7. 9.]
성 아나톨리오 순교자 [축일 3. 20.]
성 아나톨리오 주교 [축일 2. 7.]
성 아나톨리오(Anatolius) 주교/ 283년경 [축일 7. 3.]
성 아넥토(Anectus) 순교자/ 303년 [축일 6. 27.]
성 아넬로(Anellus) 원장/ 596년경 [축일 12. 14.]
성녀 아녜스(Agnes) 동정 순교자/ 258년경 [축일 1. 21.]
시에나의 성녀 아녜스(Agnes) 동정/ 1253년 [축일 11. 16.]
성녀 아녜스(Agnes) 몬테풀치아노 동정/ 1317년 [축일 4. 20.]
성녀 아눈시아타 [축일 3. 25.]
성 아니스마시오 순교자/ 251년 [축일 5. 11.]
성녀 아니시아(Anytia) 순교자/ 304년 [축일 12. 30.]
성 아니시오(Anytius) 순교자/ 303년 [축일 12. 30.]
성 아니아노(Aniano) 주교/ 1세기경 [축일 4. 25.]
성 아니아노(Anianus) 주교/ 453년 [축일 11. 17.]

성 아니아노(Arianus) 주교/ 5세기경 [축일 12. 7.]
성 아니체토(Aniceto) [축일 4. 20.]
성 아니체토(Anicetus) 11대 교황 순교자/ 166년경 [축일 4. 17.]
성 아니체토(Anicetus) 순교자/ 305년경 [축일 8. 12.]
성녀 아다(Ada) 여원장/ 7세기말 [축일 12. 4.]
성 아득욱토(Adauctus) 순교자/ 304년경 [축일 8. 30.]
성 아들라르도 코르비 원장/ 827년경 [축일 1. 2.]
성 아달라스 원장/ 627년 [축일 3. 9.]
성 아달베르토 [축일 6. 20.]
성 아달베르토(Adalberto) 주교 순교자/ 997년 [축일 4. 23.]
성 아달베르토(Adalbertus) 증거자/ 1045년경 [축일 11. 25.]
성 아달베르토(Adalbertus) 증거자/ 740년 [축일 6. 25.]
성녀 아달신다(Adalsindis) 여원장/ 680년경 [축일 5. 3.]
성녀 아달신다(Adaltindis) 동정/ 715년경 [축일 12. 25.]
성 아담(Adam) 성서인물 [축일 12. 24.]
성 아담(Adam) 원장/ 1212년 [축일 5. 16.]
성녀 아델라(Adela) [축일 7. 14.]
성녀 아델라(Adela) 수절 여왕/ 1137년 [축일 2. 24.]
성녀 아델라(Adela) 수절/ 1071년 [축일 9. 3.]
성녀 아델라(Adela) 수절/ 730년경 [축일 12. 24.]
성녀 아델라이다(Adelaida) 동정/ 1250년 [축일 6. 15.]
성녀 아델라이다(Adelaida) 여원장/ 1015년경 [축일 2. 5.]
성녀 아델라이다(Adelaida) 왕후 수절/ 999년 [축일 12. 16.]
성 아델헬모 은수자/ 1152년 [축일 4. 27.]
성녀 아델로가(Adeloga) 동정/ 745년경 [축일 2. 2.]
성녀 아델리나(Adelina) 동정/ 1125년 [축일 10. 20.]
성녀 아델린다(Adelindis) 수절/ 930년경 [축일 8. 28.]
성 아델피오(Adelphius) 주교/ 5세기경 [축일 8. 29.]
성 아도(Adus) 주교/ 875년 [축일 12. 16.]

성 아돌포(Adolfo) [축일 10. 27.]
성 아돌포(Adolfo) [축일 2. 14.]
성 아돌포(Adolfo) [축일 9. 27.]
성 아돌포(Adolfo) 주교/ 1224년 [축일 2. 11.]
성 아돌포(Adolfo) 주교/ 728년 [축일 5. 19.]
성 아듀스도(Adjustus) 모로코 순교자/ 1220년 [축일 1. 16.]
성 아듀토르(Adjutor) 은수자/ 1131년 [축일 4. 30.]
성녀 아드리아(Adria) 순교자/ 259년경 [축일 12. 2.]
성 아드리아노 3세(Adrianus III) 109대 교황/ 885년 [축일 7. 8.]
성 아드리아노 순교자/ 290년 [축일 3. 1.]
성 아드리아노 순교자/ 304년경 [축일 9. 8.]
성 아드리아노 순교자/ 668년 [축일 3. 19.]
성 아드리아노(Adriano) 순교자/ 875년 [축일 3. 4.]
성 아드리아노(Adrianus) 순교자 [축일 8. 26.]
성 아드리아노(Adrianus) 켄터베리 원장/ 710년 [축일 1. 9.]
성 아드리안(Adrian) [축일 3. 5.]
성 아드리오 순교자 [축일 5. 17.]
성녀 아라비아(Arabia) 순교자 [축일 3. 13.]
성 아라토르(Arator) 순교자 [축일 4. 21.]
성 아레타스(Aretas) 순교자 [축일 10. 1.]
성 아론(Aaron) 원장/ 552년 [축일 6. 22.]
성 아론(Aaron) 첫 대제관/ 기원전 [축일 7. 1.]
성 아르놀도(Arnoldus) 원장/ 1115년 [축일 11. 30.]
성 아르놀도(Arnoldus) 증거자/ 800년 [축일 7. 8.]
성 아르눌포(Arnulfus) 주교/ 1087년 [축일 8. 15.]
성 아르눌포(Arnulfus) 증거자 [축일 7. 18.]
성 아르눌프(Arnulf) 주교 순교자/ 1160년 [축일 7. 1.]
성 아르도(Ardus) 원장/ 843년 [축일 3. 7.]
성 아르사치오(Arsacius) 증거자/ 385년 [축일 8. 16.]

성 아르세니오(Arsenius) 은수자/ 449년경 [축일 7. 19.]
성 아르왈도 순교자/ 686년 [축일 4. 22.]
성 아르제오(Argeus) 순교자/ 320년 [축일 1. 2.]
성 아르지미로 [축일 6. 28.]
성 아르치포(Archippus)/ 1세기 [축일 3. 20.]
성 아르카디오(Arcadio) 순교자/ 302년경 [축일 1. 12.]
성녀 아르켈라이스(Archelais) 동정 순교자/ 293년 [축일 1. 18.]
성 아르콘시오(Arcontius) 주교 순교자/ 8세기경 [축일 2. 5.]
성 아르테미오(Artemius) 클레르몽 주교/ 396년 [축일 1. 24.]
성 아르테미오(Arthemius) 순교자/ 302년 [축일 6. 6.]
성녀 아르텔라(Arthela) 동정/ 6세기경 [축일 3. 3.]
성 아리스토불로(Aristobulus) 순교자/ 1세기경 [축일 3. 15.]
성 아리아노 순교자/ 311년 [축일 3. 8.]
성 아리아드네오(Ariadneus) 순교자/ 130년경 [축일 9. 17.]
성녀 아릴다(Arilda) 동정 순교자 [축일 10. 30.]
성 아마데우스(Amadeus) 증거자/ 1150년경 [축일 1. 14.]
성녀 아마빌리스(Amabilis) 동정/ 684년 [축일 7. 11.]
성 아마빌리스(Amabilis) 증거자/ 475년 [축일 11. 1.]
성 아마시오(Amatius) 주교/ 356년 [축일 1. 23.]
성녀 아마타(Amata) 동정/ 1250년경 [축일 2. 20.]
성 아마토 원장/ 630년경 [축일 9. 13.]
성 아마토(Amatus) 주교/ 1193년 [축일 8. 31.]
성 아마토르(Amator) 순교자/ 855년 [축일 4. 30.]
성 아마토르(Amator) 증거자 [축일 8. 20.]
성 아마톨 증거자 [축일 3. 27.]
성 아만도 증거자/ 515년 [축일 4. 6.]
성 아만도(Amandus) 주교/ 431년경 [축일 6. 18.]
성 아만도(Amandus) 주교/ 644년 [축일 2. 6.]
성 아만도(Amandus) 주교/ 679년 [축일 2. 6.]

성 아만시오(Amancio) 주교/ 440년 [축일 4. 8.]
성 아만시오(Amansio) 주교/ 440년 [축일 4. 11.]
성 아만시오(Amantius) 증거자/ 600년경 [축일 9. 26.]
성 아만시오(Amantius) 증거자/ 668년경 [축일 3. 19.]
성녀 아말리아(Amalia) [축일 7. 10.]
성녀 아멜리아(Amelia) [축일 1. 5.]
성녀 아멜리아(Amelia) [축일 5. 31.]
성녀 아멜베르가(Amelberga) 수절/ 690년경 [축일 7. 10.]
성녀 아멜베르가(Amelberga) 여원장/ 900년 [축일 11. 21.]
성 아모르(Amor) 순교자 [축일 8. 9.]
성 아모스(Amos) [축일 6. 15.]
성 아모스(Amos) 예언자 [축일 3. 31.]
성 아모에스(Amoes) 은수자/ 4세기경 [축일 1. 17.]
성녀 아미아타(Amiata) 동정/ 13세기경 [축일 6. 9.]
성녀 아바(Ava) 여원장/ 845년 [축일 4. 29.]
성 아바쿰(Abachum) 순교자/ 2세기경 [축일 1. 19.]
성 아베르치오(Abercius) 주교/ 167년경 [축일 10. 22.]
성 아벤티노(Aventinus) 순교자/ 732년 [축일 6. 7.]
성 아벤티노(Aventinus) 주교/ 520년경 [축일 2. 4.]
성 아벨(Abel) [축일 1. 2.]
성 아벨(Abel) [축일 12. 28.]
성 아벨(Abel) [축일 12. 9.]
성 아벨(Abel) 주교 [축일 8. 5.]
성 아분단시오 순교자 [축일 3. 1.]
성 아분디오(Abundius) 순교자/ 258년 [축일 8. 26.]
성 아분디오(Abundius) 순교자/ 854년 [축일 7. 11.]
성 아분디오(Abundius) 주교/ 469년 [축일 4. 2.]
성 아분디오(Abundius) 증거자/ 564년경 [축일 4. 14.]
성녀 아브라(Abra) 동정/ 360년경 [축일 12. 12.]

성 아브라함 [축일 10. 9.]
성 아브라함(Abraham) 은수자/ 367년 [축일 10. 27.]
성 아브라함(Abraham) 주교 순교자/ 345년경 [축일 2. 5.]
성 아브라함(Abraham) 주교 순교자/ 345년경 [축일 2. 9.]
성 아브라함(Abraham) 주교/ 558년 [축일 12. 6.]
성 아브라함(Abraham) 주교/ 6세기경 [축일 10. 28.]
성 아브라함(Abraham) 증거자/ 366년경 [축일 3. 16.]
성녀 아비바(Abibas) 증거자/ 1세기경 [축일 8. 3.]
성 아비보(Abibus) 순교자/ 322년 [축일 11. 15.]
성 아비토 2세(Avitus Ⅱ) 주교/ 689년 [축일 2. 21.]
성 아비토(Avitus) 비엔나 주교/ 519년 [축일 2. 9.]
성 아비토(Avitus) 순교자 [축일 1. 27.]
성 아비토(Avitus) 원장/ 530년경 [축일 6. 17.]
성 아빌리오(Abilius) 주교/ 98년경 [축일 2. 22.]
성 아삽(Asaph) 주교/ 600년경 [축일 5. 1.]
성녀 아셀라(Asella) 동정/ 406년경 [축일 12. 6.]
성녀 아스테리아(Asteria) 동정 순교자/ 307년경 [축일 8. 10.]
성 아스테리오(Asterio) 순교자/ 262년 [축일 3. 3.]
성 아스테리오(Asterius) 순교자/ 233년경 [축일 10. 21.]
성 아시토(Asicus) 주교/ 490년경 [축일 4. 27.]
성 아엔고 주교/ 830년 [축일 3. 11.]
성녀 아우구스타(Augusta) 동정 순교자 [축일 3. 27.]
성 아우구스티노 순교자/ 300년 [축일 5. 7.]
성 아우구스티노(Augustinus) 주교 학자/ 430년 [축일 8. 28.]
성 아우구스티노(Augustinus) 켄터베리 주교/ 605년 [축일 5. 27.]
성 아우그리오 순교자/ 259년 [축일 1. 21.]
성 아우닥스(Audax) 순교자/ 250년경 [축일 7. 9.]
성 아우닥토(Audactus) 순교자/ 303년 [축일 10. 24.]
성 아우드마로(Audomarus) 주교 [축일 9. 9.]

성 아우디팍스(Audifax) 순교자/ 2세기경 [축일 1. 19.]
성녀 아우레아 순교자/ 856년 [축일 7. 19.]
성녀 아우레아(Aurea) 동정 순교자/ 260년경 [축일 8. 24.]
성녀 아우레아(Aurea) 동정/ 1069년 [축일 3. 11.] 성녀
성녀 아우레아(Aurea) 여원장/ 666년 [축일 10. 4.]
성녀 아우레아(Aurea) 여원장/ 8세기경 [축일 10. 5.]
성 아우레오(Aureus) 순교자 [축일 6. 16.]
성녀 아우렐리아(Aurelia) 동정 [축일 9. 25.]
성녀 아우렐리아(Aurelia) 동정/ 1027년 [축일 10. 15.]
성 아우렐리아노 주교/ 3세기 [축일 5. 10.]
성 아우렐리아노(Aurelianus) 주교/ 550년경 [축일 6. 16.]
성 아우렐리오(Aurelio) [축일 7. 27.]
성녀 아우로라(Aurora) [축일 6. 19.]
성 아우소니오(Ausonius) 주교 순교자/ 3세기경 [축일 5. 22.]
성녀 아우스트레베르타(Austreberta) 여원장/ 704년 [축일 2.10.]
성 아우제베르토(Augebertus) 순교자/ 7세기경 [축일 9. 6.]
성 아우트베르토(Autbertus) 주교/ 669년경 [축일 12. 13.]
성 아우트베르토(Autbertus) 주교/ 709년 [축일 9. 10.]
성 아욱센시오(Auxentius) 주교/ 321년 [축일 12. 18.]
성 아욱시비오(Auxibius) 주교/ 1세기경 [축일 2. 19.]
성녀 아이다(Aida) [축일 2. 2.]
성 아이다노(Aidanus) 주교 [축일 8. 31.]
성 아이모(Aimus) 증거자/ 790년경 [축일 2. 13.]
성 아이카르도(Aichardus) 원장/ 678년경 [축일 9. 15.]
성 아이페르토(Aybertus) 증거자/ 1140년 [축일 4. 7.]
성 아자데스(Azades) 순교자/ 342년 [축일 4. 22.]
성 아자리아(Azarias) [축일 12. 16.]
성 아제라노(Ageranus) 순교자/ 888년 [축일 5. 21.]
성 아제리코 원장/ 680년 [축일 4. 11.]

성 아제리코(Agericus) 주교/ 591년 [축일 12. 1.]
성녀 아지아(Agia) 수절/ 6세기경 [축일 9. 1.]
성녀 아지아(Agia) 수절/ 740년경 [축일 4. 18.]
성녀 아질베르타(Agilverta) 여원장/ 680년경 [축일 8. 8.]
성 아체스테스(Acestes) 순교자/ 1세기경 [축일 7. 2.]
성 아쳅시마(Acepsimas) 주교 순교자/376년 [축일 4. 22.]
성 아구치오 주교/ 421년 [축일 4. 9.]
성 아카치오(Acacius) 순교자/ 303년 [축일 5. 8.]
성 아카치오(Acacius) 순교자/ 310년경 [축일 7. 28.]
성 아쿠르시오(Accurtius) 모로코 순교자/ 1220년 [축일 1. 16.]
성녀 아퀼라(Aquila) 순교자/ 311년 [축일 5. 20.]
성녀 아퀼라(Aquila) 순교자/ 391년 [축일 3. 23.]
성녀 아퀼라(Aquila)/ 1세기경 [축일 7. 8.]
성녀 아퀼리나 순교자 [축일 7. 24.]
성녀 아퀼리나(Aquilina) 동정 순교자/ 293년 [축일 6. 13.]
성 아퀼리노 순고자 [축일 5. 16.]
성 아퀼리노 순교자/ 3세기경 [축일 2. 4.]
성 아퀼리노(Aquilino) [축일 5. 17.]
성 아퀼리노(Aquilinus) 주교 순교자/ 650년 [축일 1. 29.]
성 아퀼리노(Aquilinus) 주교/ 695년 [축일 10. 19.]
성녀 아킬라(Achillas) 은수자/ 4세기경 [축일 1. 17.]
성 아킬레스 주교/ 330년 [축일 5. 15.]
성 아킬레오 순교자/ 484년 [축일 1. 4.]
성 아킬레오(Aquileo) 부제 순교자/ 212년 [축일 5. 12.]
성녀 아타나시아 은수자 [축일 10. 9.]
성녀 아타나시아(Athanasia) 수절/ 860년 [축일 8. 14.]
성 아타나시오 주교 [축일 1. 26.]
성 아타나시오(Atanasio) 주교 학자/ 373년 [축일 5. 2.]
성 아타나시오(Atanasius) 순교자/ 303년 [축일 1. 3.]

성 아타나시오(Athanatius) 순교자/ 257년경 [축일 8. 22.]
성 아타나시오(Athanatius) 원장/ 452년 [축일 7. 5.]
성 아타나시오(Athanatius) 원장/ 818년 [축일 2. 22.]
성 아탈라스(Attalas) 원장/ 627년 [축일 3. 10.]
성녀 아탈리아(Attalia) 동정/ 741년 [축일 12. 3.]
성 아티코(Atticus) 순교자/ 739년 [축일 11. 6.]
성 아티코(Atticus) 콘스탄티노플 주교/ 425년 [축일 1. 8.]
성 아파프라(Epaphra) 주교 순교자/ 1세기경 [축일 7. 19.]
성 아포니오(Aponius) 순교자/ 1세기경 [축일 2. 10.]
성 아폴로 순교자/ 302년 [축일 4. 21.]
성 아폴로(Apollus) 원장/ 395년경 [축일 1. 25.]
성녀 아폴로니아(Apollonia) 동정 순교자 [축일 2. 17.]
성녀 아폴로니아(Apollonia) 동정 순교자/ 249년 [축일 2. 9.]
성 아폴로니오 순교자 [축일 4. 10.]
성 아폴로니오(Apollonius) 주교/ 305년경 [축일 3. 8.]
성 아폴로니오(Apollonius) 순교자/ 190년경 [축일 4. 18.]
성 아폴로니오(Apollonius) 순교자/ 273년 [축일 2. 14.]
성 아폴리나리스(Apollinaris) 주교 순교자/ 1세기경 [축일 7. 23.]
성 아폴리나리스(Apollinaris) 주교/ 180년경 [축일 1. 8.]
성 아폴리나리오(Apollinarius) 주교 [축일 10. 5.]
성녀 아프라(Afra) [축일 8. 7.]
성녀 아프라(Afra) 동정 순교자 [축일 5. 24.]
성녀 아프라(Afra) 동정 순교자/ 304년경 [축일 8. 5.]
성 아프라아테스(Aphraates) 은수자/ 4세기경 [축일 4. 7.]
성녀 아프로니아(Apronia) 동정/ 6세기경 [축일 7. 15.]
성 아프로니아노(Apronianus) 순교자/ 304년경 [축일 2. 2.]
성 아프로다시오 순교자 [축일 4. 30.]
성 아프로다시오 순교자/ 1세기 [축일 4. 28.]
성 아프로다시오(Aphrodatius) 순교자/ 5세기 [축일 3. 14.]

성녀 아피아(Appia) 순교자/ 70년경 [축일 11. 22.]
성녀 아헤다(Agueda) [축일 2. 5.]
성녀 악티네아(Actinea) 동정 순교자/ 4세기경 [축일 6. 16.]
성녀 안가드레시마(Angadresima) 여원장/ 695년경 [축일 10. 14.]
성녀 안나 [축일 7. 26.]
성녀 안나 동정 은수자/ 981년 [축일 7. 23.]
성 안노 주교/ 780년 [축일 5. 13.]
성 안노베르토 주교/ 689년 [축일 5. 16.]
성 안데올로(Andeolus) 순교자/ 208년 [축일 5. 1.]
성 안드레아 김대건과 바오로 정하상과 동료순교자 [축일 9. 20.]
성 안드레아 둥락 사제와 동료 순교자 [축일 11. 24.]
성 안드레아 보볼라(A. Bobola) 순교자/ 1657년 [축일 5. 16.]
성 안드레아 아벨리니(A. Avellini) 증거자/ 1608년 [축일 11. 10.]
성 안드레아 증거자/ 1834년 [축일 5. 13.]
성 안드레아 코르시니(A. Corsini) 주교/ 1373년 [축일 2. 4.]
성 안드레아 트레브 주교/ 235년 [축일 1. 13.]
복자 안드레아 힐베르논(Andrea Hibernon) [축일 4. 18.]
성 안드레아(Andrea) 사도 [축일 11. 30.]
성 안드레아(Andrea) 크레나 주교/ 740년 [축일 7. 4.]
성 안드로니코 순교자/ 1세기 [축일 5. 17.]
성 안사노(Ansanus) 순교자/ 304년 [축일 12. 1.]
성 안세지소(Ansegisus) 원장/ 833년 [축일 7. 20.]
성 안셀모 원장/ 803년 [축일 3. 3.]
복자 안셀모 폴란코(Anselmo Polanco) [축일 2. 7.]
성 안셀모(Anselmo) 주교 학자/ 1109년 [축일 4. 21.]
성 안셀코(Anselmus) 원장/ 8세기경 [축일 11. 18.]
성 안셀코(Anselmus) 주교/ 1086년 [축일 3 18.]
성 안수리오 주교/ 925년 [축일 1. 26.]
성 안스가리오(Anscharius) 주교/ 865년 [축일 2. 3.]

성 안스발도 원장/ 886년 [축일 7. 12.]
성 안스베르토(Ansbertus) 주교/ 700년경 [축일 2. 9.]
성녀 안스트루다(Anstrudis) 동정/ 688년 [축일 10. 17.]
성녀 안젤라 메리치(Angela de Merci) 동정/ 1540년 [축일 1. 27.]
성녀 안젤라(Angela) 폴리뇨 수절/ 1309년 [축일 1. 4.]
성 안젤로 순교자/ 1221년 [축일 10. 10.]
성 안젤로(Angelus) 순교자/ 1220년 [축일 5. 5.]
성녀 안젤리나(Angelina) 수절/ 1435년 [축일 7. 15.]
성 안테로(Antherus) 19대 교황/ 236년 [축일 1. 3.]
성 안텔모(Anthelmus) 주교/ 1178년 [축일 6. 26.]
성녀 안토니나(Antonina) 순교자 [축일 3. 1.]
성녀 안토니나(Antonina) 순교자/ 313년 [축일 5. 3.]
성 안토니노(Antonino) 주교/ 1459년 [축일 5. 10.]
성 안토니노(Antoninus) 순교자/ 3세기경 [축일 9. 30.]
성 안토니노(Antoninus) 원장/ 830년 [축일 2. 14.]
성녀 안토니아 동정/ 304년경 [축일 6. 12.]
성녀 안토니아(Antonia) 동정 순교자 [축일 5. 4.]
성녀 안토니아(Antonia) 동정/ 1507년 [축일 10. 27.]
성녀 안토니아(Antonia) 수절/ 1472년 [축일 2. 28.]
성 안토니오 다벨루이(Antonio Daveluy) [축일 3. 30.]
성 안토니오 마리아 즈가리야 사제/ 1539년 [축일 7. 5.]
성 안토니오 마리아 클라렛 주교 [축일 10. 24.]
파도바의 성 안토니오 사제 학자/ 1231년 [축일 6. 13.]
성 안토니오 순교자/ 304년 [축일 1. 9.]
성 안토니오 아바스(Antonio Abab)/ 356년 [축일 1. 17.]
성 안토니오 증거자/ 10세기 [축일 3. 9.]
성녀 안투사(Anthusa) 동정 순교자 [축일 8. 27.]
성녀 안투사(Anthusa) 동정/ 8세기경 [축일 7. 27.]
성 안투사(Anthusa) 순교자/ 257년경 [축일 8. 22.]

성 안티디오(Antidius) 주교 순교자/ 265년경 [축일 6. 17.]
성 안티모 원장/ 8세기 [축일 1. 28.]
성 안티모(Anthimus) 주교 순교자/ 303년 [축일 4. 27.]
성 안티모(Antimus) 순교자/ 303년 [축일 5. 11.]
성녀 안티아(Anthia) 순교자/ 117년경 [축일 4. 18.]
성 안티오코(Antiochus) 순교자/ 110년경 [축일 12. 13.]
성 안티코(Antichus) 순교자/ 303년 [축일 5. 21.]
성 안티파스 주교 순교자/ 90년 [축일 4. 11.]
성녀 알다(Alda) 수절/ 1309년 [축일 4. 26.]
성녀 알데군다(Aldegunda) 여원장/ 684년 [축일 1. 30.]
성 알데브란도(Aldebrandus) 주교/ 1219년 [축일 5. 1.]
성녀 알데트루다(Aldetrudis) 여원장/ 696년경 [축일 2. 25.]
성 알드(Aldus) 증거자/ 8세기말경 [축일 3. 31.]
성 알드엘모(Aldhelmus) 주교/ 709년 [축일 5. 25.]
성녀 알레나(Alena) 동정 순교자/ 360년 [축일 6. 24.]
성녀 알레타(Aletha) 수절/ 1105년 [축일 4. 4.]
성 알릭산데르 1세(Alexander) 6대 교황/ 115년경 [축일 5. 3.]
성 알력산데르 순교자/ 178년 [축일 4. 22.]
성 알렉산데르(Alexander) [축일 2. 9.]
성 알레산데르(Alexander) [축일 3. 14.]
성 알려산데르(Alexander) 순교자/ 172년경 [축일 3. 10.]
성 알련산데르(Alexander) 순교자/ 177년 [축일 4. 24.]
성 알렉산데르(Alexander) 순교자/ 260년 [축일 3. 27.]
성 알렉산데르(Alexander) 순교자/ 260년 [축일 3. 28.]
성 알렉산데르(Alexander) 순교자/ 295년 [축일 2. 18.]
성 알렉산데르(Alexander) 순교자/ 4세기경 [축일 11. 9.]
성 알렉산데르(Alexander) 주교 순교자/ 251년 [축일 3. 18.]
성 알렉산데르(Alexander) 주교/ 326년 [축일 2. 26.]
성녀 알렉산드라(Alexandra) [축일 4. 21.]

성녀 알렉산드라(Alexandra) 순교자/ 300년경 [축일 3. 20.]
성녀 알렉산드라(Alexandra) 순교자/ 304년 [축일 5. 18.]
성 알렉산드로 사울리(A. Sauli) 주교/ 1592년 [축일 10. 11.]
성 알렉산드로(Alexandrus) 주교 순교자/ 250년경 [축일 1. 11.]
성 알렉시스 팔코니에리 증거자/ 13-14세기 [축일 4. 17.]
성 알렉시오(Alejo) [축일 2. 27.]
성 알렉시오(Alexius) 증거자/ 5세기경 [축일 7. 17.]
성녀 알로디아(Alodia) 동정 순교자/ 851년 [축일 10. 22.]
성 알로이시오 곤자가(A. Gonzaga) 수도자/ 1591년 [축일 6. 21.]
성 알론소(Alonso) [축일 10. 31.]
성 알리베르토(Alglibertus) 순교자/ 7세기경 [축일 6. 24.]
성녀 알리시아 [축일 6. 28.]
성 알리프란도(Aliprandus) 원장/ 8세기경 [축일 7. 24.]
성 알마치오(Almacius) 순교자/ 400년경 [축일 1. 1.]
성녀 알메다(Almedha) 동정 순교자/ 9세기경 [축일 8. 1.]
성 알모(Almus) 원장/ 1270년 [축일 6. 28.]
성 알바노(Albano) [축일 6. 21.]
성 알바로(Alvaro de Cordoba) [축일 2. 19.]
성 알반(Alban) 순교자/ 400년경 [축일 6. 21.]
성녀 알베르타(Alberta) 동정 순교자/ 286년경 [축일 3. 11.]
성 알베르토 주교 학자 [축일 11. 15.]
성 알베르토(Alberto) [축일 8. 7.]
성 알베르토(Albertus) [축일 9. 25.]
성 알베르토(Albertus) 몬테코르비노 주교/ 1127년 [축일 4. 5.]
성 알베르토(Albertus) 원장/ 1073년 [축일 9. 5.]
성 알베르토(Albertus) 원장/ 7세기경 [축일 12. 29.]
성 알베르토(Albertus) 주교 순교자/ 1192년 [축일 11. 27.]
성 알베르토(Albertus) 주교/ 1179년경 [축일 7. 4.]
성 알베르토(Albertus) 주교/ 7세기경 [축일 1. 8.]

성 알베르티노(Albertinus) 증거자/ 1294년 [축일 8. 31.]
성 알베릭(Alberic) 시토회 원장/ 1109년 [축일 1. 26.]
성 알케릭(Alberic) 원장/ 779년 [축일 10. 28.]
성녀 알부르가(Alburga) 수절/ 800년경 [축일 12. 25.]
성녀 알비나(Albina) 동정 순교자/ 250년 [축일 12. 16.]
성 알비노(Albinus) 주교/ 390년경 [축일 9. 15.]
성 알비노(Albinus) 주교/ 554년경 [축일 3. 1.]
성 알비노(Albinus) 주교/ 760년 [축일 10. 26.]
성 알비토(Albitus) 주교/ 1073년경 [축일 9. 5.]
성녀 알켈다(Alkelda) 동정/ 10세기경 [축일 3. 27.]
성 알패오(Alphaeus) 순교자/ 303년 [축일 11. 17.]
성 알패오(Alphaeus) 증거자/ 1세기경 [축일 5. 26.]
성 알페리오(Alferius) 원장/ 1050년 [축일 4. 12.]
성 알폰소 로드리게스 증거자/ 1617년 [축일 10. 30.]
성 알폰소 마리아 데 리구오리 주교 학자/ 1787년 [축일 8. 1.]
성 알폰소(Alphonsus) 주교/ 9세기경 [축일 1. 26.]
성 알프레도(Alfredo) [축일 1. 12.]
성 알피오(Alphius) 순교자/ 303년경 [축일 9. 28.]
성녀 암니아(Amnia) 순교자/ 270년경 [축일 8. 31.]
성 암도니오 순교자/ 250년 [축일 1. 18.]
성 암돈(Ammon) 순교자/ 249년 [축일 10. 4.]
성 암몬(Ammon) 순교자/ 249년 [축일 12. 20.]
성 암몬(Ammon) 주교 [축일 2. 9.]
성 암브로시오(Ambrotius) 순교자/ 250년경 [축일 3. 17.]
성 암브로시오(Ambrotius) 순교자/ 303년경 [축일 8. 16.]
성 암브로시오(Ambrotius) 원장/ 523년 [축일 11. 2.]
성 암브로시오(Ambrotius) 원장/ 778년 [축일 7. 19.]
성 암브로시오(Ambrotius) 주교 학자/ 397년 [축일 12. 7.]
성 암피아노(Amphianus) 주교/ 305년 [축일 4. 2.]

성 암필로치오(Amphilocius) 주교/ 392년 [축일 11. 23.]
성 압돈(Abdon) 순교자/ 4세기경 [축일 7. 30.]
성 압디아(Abdias) 예언자 [축일 11. 19.]
성 압살롬(Absalom) [축일 1. 15.]
성 야고보 [축일 7. 23.]
성 야고보 마르키아 증거자 [축일 11. 28.]
성 야고보 사도 [축일 7. 25.]
성 야고보 인테르치소 순교자/ 421년 [축일 11. 27.]
성 야고보 증거자/ 502년경 [축일 8. 6.]
성 야고보(Jacob) [축일 4. 14.]
성 야고보(Jacobus) 사도/ 62년경 [축일 5. 3.]
성 야고보(Jacobus) 순교자/ 259년 [축일 4. 30.]
성 야고보(Jacobus) 은수자/ 6세기경 [축일 1. 28.]
성 야고보(Jacobus) 주교/ 340년경 [축일 7. 15.]
성 야고보(Jacobus) 주교/ 769년 [축일 6. 23.]
성녀 야누아리아(Januaria) 순교자/ 305년경 [축일 3. 2.]
성 야누아리오 순교자 [축일 1. 7.]
성 야누아리오 순교자/ 2세기 [축일 1. 19.]
성 야누아리오 카글리아리 순교자 [축일 1. 7.]
성 야누아리오(Januarius) 순교자/ 303년 [축일 10. 24.]
성 야누아리오(Januarius) 순교자/ 305년 [축일 9. 19.]
성 야누아리오(Januarius) 순교자/ 320년 [축일 7. 11.]
성 에그베르토(Egbertus) 증거자/ 700년경 [축일 3. 18.]
성 에그베르토(Egbertus) 증거자/ 729년 [축일 4. 24.]
성 에네코(Enecus) 원장/ 1057년 [축일 6. 1.]
성 에노가토(Enogatus) 주교/ 631년 [축일 2. 13.]
성녀 에다나(Edana) 동정 [축일 7. 5.]
성 에데시오(Aedetius) 순교자/ 306년경 [축일 4. 8.]
성 에데시오(Edesio) 순교자/ 306년 [축일 4. 11.]

성 에두아르도(Eduardo) [축일 3. 18.]
성 에드문도 리치(E. Richi) 주교/ 1246년 [축일 11. 16.]
성 에드문도(Edmundus) 영국 왕 순교자/ 870년 [축일 11. 20.]
성 에드베르토(Edbertus) 왕/ 768년 [축일 8. 20.]
성녀 어드부르가(Edburga) 동정/ 650년경 [축일 7. 18.]
성녀 에드부르가(Edburga) 여원장/ 751년 [축일 12. 12.]
성녀 에드부르가(Edburga) 여원장/ 960년 [축일 6. 15.]
성 에드와르도(Edwardus) 영국 왕/ 1066년 [축일 10. 13.]
성녀 에디냐(Edigna) 동정 [축일 2. 26.]
성녀 에디트(Edith) 동정/ 650년경 [축일 7. 18.]
성녀 에디트(Edith) 동정/ 984년 [축일 9. 16.]
성녀 에라스마(Erasma) 동정 순교자/ 1세기경 [축일 9. 3.]
성 에라스무스(Erasmus) 순교자 [축일 11. 25.]
성 에라스무스(Erasmus) 주교 순교자/ 303년 [축일 6. 2.]
성 에라스토(Erastus) 주교 순교자/ 1세기경 [축일 7. 26.]
성녀 에렌트루다(Erentrudis) 여원장/ 718년경 [축일 6. 30.]
성녀 에렘베르타(Eremberta) 여원장/ 7세기말 [축일 10. 16.]
성 에렘베르토(Erembertus) 주교/ 672년경 [축일 5. 14.]
성 에론시오 순교자 [축일 4. 24.]
성녀 에르그나다(Ergnada) 동정/ 5세기경 [축일 1. 8.]
성 에르네스토(Ernesto) [축일 11. 7.]
성녀 에르메닐다(Ermenilda) 여원장/ 703년 [축일 2. 13.]
성녀 에르멘가르다(Ermengardis) 수절/ 1147년경 [축일 6. 1.]
성녀 에르멘부르가(Ermenburga) 수절/ 650년경 [축일 11. 19.]
성녀 에르멘지타(Ermengytha) 동정/ 680년경 [축일 7. 30.]
성녀 에르멜린다(Ermelinda) 동정/ 595년경 [축일 10. 29.]
성 에르미노(Erminus) 주교/ 737년 [축일 4. 25.]
성 에르콘발도 주교 [축일 4. 30.]
성 에를룰프(Erlulph) 주교/ 830년 [축일 2. 10.]

성 에릭(Eric) 스웨덴 왕 순교자/ 1160 [축일 5. 18.]
성녀 에메렌시아나 동정 순교자/ 304년 [축일 1. 23.]
성 에메리오(Emerius) 원장/ 8세기경 [축일 1. 27.]
성 에메리코(Emericus) 헝가리 왕자/ 1031년 [축일 11. 4.]
성녀 에메리타(Emerita) 동정 순교자/ 259년 [축일 9. 20.]
성녀 에멜리아(Emelia) 순교자 [축일 5. 30.]
성 에몬 주교 순교자 [축일 4. 28.]
성 에밀라스(Emilas) 순교자/ 852년 [축일 9. 15.]
성 에밀리 비키에리(E. Bicchieri) 동정/ 1314년 [축일 8. 19.]
성녀 에밀리아 비알라르(E. Vialar) 수절/ 1856년 [축일 8. 24.]
성녀 에밀리아나(Aemiliana) 동정 순교자 [축일 6. 30.]
성녀 에밀리아나(Aemiliana) 동정/ 6세기경 [축일 1. 5.]
성 에밀리아노 증거자 [축일 10. 11.]
성 에밀리아노(Emilianus) 수도자/ 767년 [축일 1. 7.]
성 에밀리아노(Emilianus) 순교자/ 362년 [축일 7. 18.]
성 에밀리아노(Emilianus) 순교자/ 484년 [축일 12. 6.]
성 에밀리아노(Emilianus) 원장/ 574년 [축일 11. 12.]
성 에밀리아노(Emilianus) 원장/ 675년 [축일 3. 10.]
성 에밀리아노(Emilianus) 주교/ 520년 [축일 9. 11.]
성 에밀리아노(Emilianus) 주교/ 820년경 [축일 8. 8.]
성 에밀리오 순교자 [축일 10. 6.]
성 에밀리오 순교자/ 250년 [축일 5. 22.]
성 에밀리오(Emilio) [축일 5. 28.]
성 에밀리오(Emillius) 순교자/ 250년경 [축일 5. 22.]
성녀 에바(Eva) [축일 12. 19.]
성녀 에바(Eva) [축일 9. 6.]
성녀 에바(Eva) 동정/ 1266년 [축일 5. 26.]
성 에바그리오(Evagrius) 순교자 [축일 10. 12.]
성 에바그리오(Evagrius) 주교/ 380년경 [축일 3. 6.]

성 에바리스토(Evaristo) [축일 12. 23.]
성 에바리스토(Evaristus) 5대 교황/ 105년경 [축일 10. 26.]
성 에바시오(Evatius) 주교 순교자/ 362년경 [축일 12. 1.]
성녀 에베릴다(Everildis) 여원장/ 7세기말경 [축일 7. 9.]
성 에벤시오(Eventius) 순교자/ 113년경 [축일 5. 3.]
성 에벨리오(Evelio) [축일 5. 11.]
성 에보디오(Evedius) 주교/ 560년 [축일 11. 12.]
성 에보디오(Evodio) [축일 10. 8.]
성 에보디오(Evodio) 주교 순교자/ 67년경 [축일 5. 6.]
성 에본시오(Evontius) 주교/ 1104년 [축일 10. 3.]
성 에빌라시오(Evilasius) 순교자/ 303년 [축일 9. 20.]
성녀 에스테르(Ester) [축일 5. 24.]
성녀 에스페란사(Esperanza) [축일 3. 28.]
성 에스페란시오 주교/ 5세기 [축일 1. 24.]
성녀 에안플레다(Eanfleda) 수절/ 700년경 [축일 11. 24.]
성녀 에우노미아(Eunomia) 순교자/ 304년경 [축일 8. 12.]
성녀 에우도치아(Eudocia) 순교자/ 117년경 [축일 3. 1.]
성녀 에우로시아(Eurotia) 동정 순교자/ 714년 [축일 6. 25.]
성 에우불로 순교자/ 308년 [축일 3. 7.]
성녀 에우세비아(Eusebia) 동정 순교자/ 3세기말경 [축일 10. 29.]
성녀 에우세비아(Eusebia) 여원장 순교자/ 731년경 [축일 9. 20.]
성녀 에우세비아(Eusebia) 여원장/ 680년경 [축일 3. 16.]
성 에우세비오 31대 교황/ 310년 [축일 8. 17.]
성 에우세비오 생갈 순교자/ 884년 [축일 1. 31.]
성 에우세비오 순교자/ 1세기 [축일 4. 28.]
성 에우세비오 원장/ 423년 [축일 3. 5.]
베르첼리의 성 에우세비오 주교/ 371년 [축일 8. 2.]
성 에우세비오(Eusebio) [축일 3. 7.]
성 에우세비오(Eusebius) 은수자/ 4세기경 [축일 1. 23.]

성 에우세비오(Eusebius) 은수자/ 5세기경 [축일 2. 15.]
성 에우세비오(Eusebius) 주교 [축일 4. 24.]
성 에우세비오(Eusebius) 주교 순교자 [축일 12. 16.]
성 에우세비오(Eusebius) 주교 순교자/ 379년경 [축일 6. 21.]
성 에우세비오(Eusebius) 증거자/ 357년경 [축일 8. 14.]
성녀 에우스타디올라(Eustadiola) 여원장/ 690년 [축일 6. 8.]
성 에우스타시오(Eustacio) 순교자/ 1342년 [축일 4. 14.]
성 에우스타시오(Eustasio) 원장/ 625년 [축일 3. 29.]
성 에우스타시오(Eustatius) 주교/ 335년 [축일 7. 16.]
성 에우스타치오(Eustacius) 순교자/ 118년 [축일 9. 20.]
성 에우스토르지오(Eustorgius) 순교자/ 300년경 [축일 4. 11.]
성 에우스토르지오(Eustorgius) 주교 순교자/ 331년 [축일 9. 18.]
성녀 에우스토치움(Eustocium) 동정/ 419년 [축일 9. 28.]
성 에우스트라시오(Eustratius) 순교자/ 302년경 [축일 12. 13.]
성녀 에우스티올라(Eustiola) 동정/ 7세기경 [축일 11. 9.]
성 에우제네 순교자 [축일 3. 20.]
성 에우제네 순교자/ 305년 [축일 1. 23.]
성녀 에우제니아(Eugenia) 동정 순교자/ 257년경 [축일 12. 25.]
성녀 에우제니아(Eugenia) 여원장/ 735년 [축일 9. 16.]
성 에우제니아노(Eugenianus) 주교 순교자/ 4세기경 [축일 1. 8.]
성 에우제니오 1세(Eugenius Ⅰ) 75대 교황/ 657년 [축일 6. 2.]
성 에우제니오 순교자/ 4세기경 [축일 3. 4.]
성 에우제니오 주교/ 505년 [축일 7. 13.]
성 에우제니오(Eugenius) [축일 11. 14.]
성 에우제니오(Eugenius) 주교/ 618년 [축일 8. 23.]
성 에우제이오(Eugenio de Mazenod) [축일 5. 21.]
성 에우체리오(Eucerius) 주교/ 450년 [축일 11. 16.]
성 에우체리오(Eucerius) 주교/ 743년 [축일 2. 20.]
성 에우카리오(Eucharius) 주교/ 1세기경 [축일 12. 8.]

성녀 에우탈리아(Euthalia) 동정 순교자 [축일 8. 27.]
성녀 에우트로피아(Eutropia) 수절/ 5세기경 [축일 9. 15.]
성녀 에우트로피아(Eutropia) 순교자/ 253년경 [축일 10. 30.]
성녀 에우트로피아(Eutropia) 순교자/ 303년 [축일 6. 15.]
성녀 에우트로피아(Eutropia) 순교자/ 407년경 [축일 12. 14.]
성 에우트로피오 순교자/ 404년 [축일 1. 12.]
성 에우트로피오(Eutropius) 순교자/ 273년 [축일 7. 15.]
성 에우트로피오(Eutropius) 순교자/ 298년경 [축일 3. 3.]
성 에우티미오(Euthymius) 순교자 [축일 5 5.]
성 에우티미오(Euthymius) 증거자/ 4세기경 [축일 8. 29.]
성 에우티미오(Eutymius) 순교자/ 303년 [축일 12. 24.]
성 에우티미오(Eutymius) 원장/ 886년 [축일 10. 15.]
성 에우티치오 순교자/ 741년 [축일 3. 14.]
성 에우티치오 주교/ 582년 [축일 4. 6.]
성 에우티치오(Eutycius) 순교자 [축일 4. 15.]
성 에우티치오(Eutycius) 순교자 [축일 5. 21.]
성 에우티치오(Eutycius) 순교자/ 356년 [축일 3. 26.]
성 에우티키아노(Eutychianus) 27대 교황/ 283년 [축일 12. 7.]
성녀 에우페미아(Euphemia) 동정 순교자/ 1세기경 [축일 9. 3.]
성녀 에우페미아(Euphemia) 동정 순교자/ 307년경 [축일 9. 16.]
성녀 에우페미아(Euphemia) 순교자/ 300년경 [축일 3. 20.]
성 에우페비오(Euphebius) 주교 [축일 5. 23.]
성녀 에우프라시아(Euphratia) 동정/ 420년경 [축일 3. 13.]
성녀 에우프라시아(Euphratia) 순교자/ 300년경 [축일 3. 20.]
성녀 에우프라시아(Euphratia) 순교자/ 304년 [축일 5. 18.]
성 에우프라시오 순교자/ 1세기 [축일 5. 15.]
성 에우프라시오(Eufrasio) 주교 [축일 1. 14.]
성녀 에으프레피아(Euphrepia) 순교자/ 304년경 [축일 8. 12.]
성 에우프레피오(Euprepius) 주교/ 1세기경 [축일 8. 21.]

성녀 에우프로시나 은수자/ 117년 [축일 5. 23.]
성녀 에우프로시나(Euphrosina) 동정 순교자 [축일 1. 1.]
성녀 에우프로시나 동정 순교자/ 2세기경 [축일 5. 7.]
성녀 에우프로시나(Euphrosyna) 은수자 [축일 9. 25.]
성 에우프시치오 순교자/ 362년 [축일 4. 9.]
성녀 에울랄리아 동정 순교자/ 304년 [축일 2. 12.]
성녀 에울랄리아(Eulalia) 동정 순교자/ 304년 [축일 12. 10.]
성녀 에울람피아(Eulampia) 순교자/ 310년경 [축일 10. 10.]
성 에울람피오(Eulampius) 순교자/ 310년경 [축일 10. 10.]
성 에울로지오 순교자/ 259년 [축일 1. 21.]
성 에울로지오 코르도바(Eulogio de Cordoba) [축일 1. 9.]
성 에울로지오(Eulogio) [축일 3. 5.]
성 에울로지오(Eulogius) 순교자/ 859년 [축일 3. 11.]
성 에울로지오(Eulogius) 주교/ 381년 [축일 5. 5.]
성 에울로지오(Eulogius) 주교/ 607년 [축일 9. 13.]
성 에제키엘 모레노(Ezequiel Moreno) [축일 8. 19.]
성 에제키엘(Ezequiel) 예언자 [축일 4. 10.]
성 에지노(Eginus) 원장/ 1122년 [축일 7. 15.]
성 에지디오(Egidius) 원장/ 712년경 [축일 9. 1.]
성녀 에카(Echa) 은수자/ 767년 [축일 5. 5.]
성 에클레시오(Eccletius) 주교/ 532년 [축일 7. 27.]
성녀 에테네아(Ethenea) 동정/ 433년 [축일 1. 11.]
성 에테리오(Aetherius) 순교자/ 4세기경 [축일 3. 4.]
성 에테리오(Etherius) 순교자/ 303년경 [축일 6. 18.]
성 에테리오(Etherius) 주교 증거자/ 573년 [축일 7. 27.]
성녀 에텔드레다(Etheldreda) 여원장/ 679년 [축일 6. 23.]
성녀 에텔드리타(Etheldritha) 동정/ 834년 [축일 8. 2.]
성 에텔레도(Etheledus) 주교/ 670년 [축일 10. 17.]
성 에텔베르토(Ethelbertus) 왕/ 616년 [축일 2. 24.]

성녀 에텔부르가(Ethelburga) [축일 9. 8.]
성녀 에텔부르가(Ethelburga) 여원장/ 647년 [축일 4. 5.]
성녀 에텔부르가(Ethelburga) 여원장/ 664년 [축일 7. 7.]
성녀 에텔부르가(Ethelburga) 여원장/ 676년 [축일 10. 11.]
성녀 에텔비타(Etheldwitha) 수절/ 903년 [축일 7. 20.]
성녀 에텔지타(Ethelgitha) 여원장/ 720년경 [축일 8. 22.]
성 에파르치오(Eparcius) 원장/ 581년 [축일 7. 1.]
성 에파파니오 주교/ 497년 [축일 1. 21.]
성 에프렘 순교자/ 4세기경 [축일 3. 4.]
성 에프렘(Ephrem) 부제 학자/ 373년 [축일 6. 9.]
성 에프렘(Ephrem) 학자/ 379년경 [축일 6. 18.]
성 에피마코(Epimachus) 순교자/ 250년경 [축일 5. 10.]
성 에피메니오 사제 순교자 [축일 3. 24.]
성녀 에피파나(Epiphana) 순교자/ 304년 [축일 7. 12.]
성녀 에피파니아 동정/ 800년경 [축일 10. 6.]
성 에피파니오 순교자 [축일 4. 7.]
성 에피파니오(Epiphanius) 주교/ 403년 [축일 5. 12.]
성 엑수페란시오(Experantius) 주교/ 418년 [축일 5. 30.]
성 엑수페리오(Exuperius) 순교자/ 140년 [축일 5. 2.]
성 엑수페리오(Exuperius) 주교/ 411년 [축일 9. 28.]
성 엑스페디토(Expedito) [축일 4. 19.]
성녀 엑스페란시아 동정 [축일 4. 26.]
성 엔겔베르토(Engelbertus) 주교/ 1225년 [축일 11. 7.]
성녀 엔그라시아(Engracia) [축일 4. 3.]
성녀 엔그라시아(Engracia) 동정 순교자/ 304년경 [축일 4. 16.]
성녀 엔나타(Ennatha) 순교자/ 297년 [축일 11. 13.]
성 엔다(Enda) 원장/ 590년경 [축일 3. 21.]
성 엔리케 데 오소(Enrique de Osso) [축일 1. 27.]
복자 엔리케 수소(Enrique Seuze) [축일 1. 23.]

성 엘라디오(Eladio) [축일 5. 8.]
성 엘라피오(Elaphius) 주교/ 580년 [축일 8. 19.]
성 엘레리오(Elerius) 증거자/ 6세기경 [축일 11. 3.]
성 엘레아잘(Eleazar) 순교자/ 3세기경 [축일 8. 23.]
성 엘레우카디오(Eleuchadius) 주교/ 112년 [축일 2. 14.]
성 엘레우테리오 13대 교황 순교자/ 189년경 [축일 5. 26.]
성 엘레우테리오 순교자/ 3세기경 [축일 10. 9.]
성 엘레우테리오(Eleuterius) 순교자/ 303년경 [축일 10. 2.]
성 엘레우테리오(Eleuterius) 원장/ 590년경 [축일 9. 6.]
성 엘레우테리오(Eleutherius) 순교자/ 117년경 [축일 4. 18.]
성 엘레우테리오(Eleutherius) 주교 순교자/ 310년경 [축일 2. 20.]
성 엘리디오(Ellidius) 증거자/ 7세기경 [축일 8. 8.]
성 엘리사(Elisa) [축일 12. 5.]
성녀 엘리사벳 비시에(E. Bichier) 창설자/ 1838년 [축일 8. 26.]
헝가리의 성녀 엘리사벳 수도자/ 1231년 [축일 11. 17.]
성녀 엘리사벳 시튼(E. Seton) 창설자/ 1821년 [축일 1. 4.]
복녀 성삼의 엘리사벳 [축일 11. 8.]
성녀 엘리사벳(Elisabeth) 동정/ 1164년 [축일 6. 18.]
성녀 엘리사벳(Elisabeth) 포르투갈 여왕/ 1336년 [축일 7. 4.]
성녀 엘리사벳(Elisabeth)-성 요한 세례자의 어머니 [축일 11. 5.]
성 엘리세오(Eliseus) 예언자/ 기원전 [축일 6. 14.]
성녀 엘리센다(Elisenda) [축일 6. 14.]
성 엘리아 [축일 6. 20.]
성 엘리아(Elias) 순교자/ 310년경 [축일 9. 19.]
성 엘리아(Elias) 주교/ 660년 [축일 8. 26.]
성 엘리아(Elias) 순교자/ 309년 [축일 2. 16.]
성 엘리아(Elias) 예언자/ 기원전 [축일 7. 20.]
성 엘리지오(Eligius) 주교/ 660년 [축일 12. 1.]
성 엘리피오(Eliphius) 순교자/ 362년 [축일 10. 16.]

성 엘반/ 2세기 [축일 1. 1.]
성 엘스타노(Elstanus) 주교/ 981년 [축일 4. 6.]
성 엘시알(Elsial) 증거자/ 1050년경 [축일 6. 4.]
성녀 엘지바(Elgiva) 수절/ 971년 [축일 5. 18.]
성 엘지아르(Elzear) 증거자/ 1323년 [축일 9. 27.]
성녀 엘플레다(Elfleda) 동정/ 936년경 [축일 10. 23.]
성녀 일플레다(Elfleda) 여원장/ 1000년경 [축일 10. 29.]
성녀 일플레다(Elfleda) 여원장/ 714년 [축일 2. 8.]
성 엘피디오(Elpidius) 순교자/ 362년 [축일 11. 16.]
성 엘프 디오(Elpidius) 순교자/ 4세기경 [축일 3. 4.]
성녀 엠마(Emma) [축일 4. 11.]
성녀 엠마(Emma) [축일 4. 19.]
성 엠마누엘(Emmanuel) 순교자/ 304년경 [축일 3. 26.]
성녀 앱바(Ebba) 동정 순교자/ 870년경 [축일 8. 23.]
성녀 앱바(Ebba) 여원장/ 683년 [축일 8. 25.]
성 예레미아(Jeremias) 순교자/ 309년 [축일 2. 16.]
성 예레미아(Jeremias) 순교자/ 852년 [축일 9. 15.]
성 예레미아(Jeremias) 예언자/ 기원전 [축일 5. 1.]
성 예로니모 에밀리아니(J. Emiliani) 증거자/ 1537년 [축일 2. 8.]
성 예로니모 헤르모실라(Jeronimo Hermosilla) [축일 10. 31.]
성 예로니모(Hieronymus) 사제 학자/ 420년 [축일 9. 30.]
예수 성탄 [축일 12. 25.]
성 오그문도(Ogmundus) 주교/ 1121년 [축일 3. 8.]
성 오네시모 주교/ 361년 [축일 5. 13.]
성 오네시모(Onesimus) 순교자/ 90년경 [축일 2. 16.]
성 오누프리오(Onuphrius) 은수자/ 400년경 [축일 6. 12.]
성녀 오다(Oda) 동정/ 1158년 [축일 4. 20.] 성녀
성녀 오다(Oda) 수절/ 723년경 [축일 10. 23.]
성 오도(Odus) 원장/ 942년 [축일 11. 18.]

성 오도(Odus) 주교/ 880년 [축일 1. 28.]
성 오도(Odus) 주교/ 959년 [축일 7. 4.]
성 오돈 [축일 7. 7.]
성 오드리아노(Odrianus) 주교 [축일 5. 8.]
성 오딜로(Odilo) 클뤼니 원장/ 1049년 [축일 1. 1.]
성 오레스테스(Orestes) 순교자/ 302년경 [축일 12. 13.]
성 오렌시오(Orentius) 순교자/ 240년경 [축일 5. 1.]
성녀 오로시아(Orosia) [축일 6. 25.]
성 오론시오(Orontius) 순교자/ 305년 [축일 1. 22.]
성 오비디오(Ovidio) [축일 8. 23.]
성 오세아노(Oceanus) 순교자/ 310년경 [축일 9. 4.]
성녀 오스만나(Osmanna) 동정/ 650년경 [축일 9. 9.]
성녀 오스만나(Osmanna) 동정/ 700년경 [축일 6. 18.]
성 오스문도(Osmundus) 주교/ 1099년 [축일 12. 4.]
성녀 오스부르가(Osburga) 여원장/ 1016년 [축일 3. 28.]
성 오스왈도(Oswaldus) 왕 순교자/ 642년 [축일 8. 5.]
성 오스카르(Oscar) [축일 2. 3.]
성 오제리오(Ogerius) 원장/ 1214년 [축일 9. 10.]
성 오토(Otto) 주교 [축일 7. 2.]
성 오토(Ottus) 모로코 순교자/ 1220년 [축일 1. 16.]
성녀 오틸리아(Ottilia) 동정/ 720년경 [축일 12. 13.]
성녀 오파(Offa) 여원장/ 1070년 [축일 12. 31.]
성녀 오포르투나(Opportuna) 여원장/ 770년경 [축일 4. 22.]
성녀 옥타비아노 순교자/ 484년 [축일 3. 22.]
성 옥타비오(Octavio) [축일 11. 20.]
성녀 올가(Olga) 수절/ 969년 [축일 7. 11.]
성 올라보(Olavus) 노르웨이 왕 [축일 7. 29.]
성 올레가리오(Olegario) [축일 3. 6.]
성녀 올리바(Oliva) [축일 3. 5.]

성녀 올리바(Oliva) 동정 순교자 [축일 6. 10.]
성녀 올리비아(Olivia) 동정 [축일 6. 3.]
성녀 올림피아(Olympias) 수절/ 408년 [축일 12. 17.]
성 올림피아데스(Olympiades) 순교자/ 251년 [축일 4. 15.]
성 올림피아데스(Olympiades) 순교자/ 303년 [축일 12. 1.]
성녀 읍둘리아(Obdulia) [축일 9. 5.]
성 옵타토(Optatus) 주교/ 387년경 [축일 6. 4.]
성 옵타토(Optatus) 주교/ 530년경 [축일 8. 31.]
성녀 와네프리다(Wanefrida) 동정 순교자 [축일 11. 3.]
성 왈드리도(Walfridus) 주교/ 1066년 [축일 10. 12.]
성 요나(Jonas) 순교자/ 327년 [축일 3. 29.]
성 요나(Jonas) 예언자/ 기원전 [축일 9. 21.]
성 요나(Jonas) 은수자/ 4세기경 [축일 2. 11.]
성 요비노(Jovinus) 순교자/ 258년경 [축일 3. 2.]
성 요비니아노(Jovinianus) 순교자/ 300년 [축일 5. 5.]
성녀 요비타(Jovita) 동정 순교자/ 121년경 [축일 2. 15.]
성 요사팟(Josaphat) 주교 순교자/ 1623년 [축일 11. 12.]
복되신 동정 마리아의 배필 성 요셉(Josephus) [축일 3. 19.]
노동자 성 요셉(Joseph) [축일 5. 1.]
성 요셉 데 갈라산즈(J. de Calasanz) 사제/ 1648년 [축일 8. 25.]
성 요셉 레오니사(Joseph) 증거자/ 1612년 [축일 2. 4.]
복자 요셉 마냐넷(Joseph Mañanet) [축일 12. 16.]
복자 요셉 마리아 루비오 [축일 5. 4.]
복녀 요셉 마리아 에스크리바 [축일 6. 26.]
성 요셉 베네딕토 고톨렌고 증거자/ 1842년 [축일 4. 30.]
성 요셉 아리마테아/ 1세기경 성서인물 [축일 3. 17.]
성 요셉 안티오키아 순교자 [축일 2. 15.]
성 요셉 오리올 증거자/ 1702년 [축일 3. 23.]
성 요셉 쿠페르티노(J. Cupertino) 증거자/ 1663년 [축일 9. 18.]

성 요셉 페르난데즈 [축일 7. 12.]
성 요셉 피냐텔리(Joseph Pignatelli) [축일 11. 14.]
성 요셉파 로셀로(J. Rosello) 창설자/ 1880년 [축일 10. 3.]
성녀 요셉피나 러루 동정 [축일 10. 23.]
성녀 요셉피나(Josephina) 동정 순교자/ 1794년 [축일 3. 19.]
성 요수아(Joshua) [축일 9. 1.]
성녀 요아키나(Joaquina) 동정/ 1854년 [축일 8. 28.]
성녀 요아키나 베드루나(Joaquina Vedruna) [축일 5. 22.]
성 요아킴(Joachim) [축일 7. 26.]
성 요아킴(Joachim) [축일 8. 16.]
성녀 요안나 프란치스카 드 샹탈 수도자 [축일 12. 12.]
성녀 요안나(Iohanna) 창설자/ 1504년 [축일 2. 4.]
성녀 요안나(Joanna) 수절/ 1세기경 [축일 5. 24.]
복녀 요안나(Johanna de Aza) [축일 8. 2.]
성녀 요안나(Johanna de Lestonnac)레스톤낙 [축일 5. 15.]
성녀 요안나(Johanna) 동정/ 1306년 [축일 7. 23.]
성녀 요안나(Johanna) 동정/ 1490년 [축일 5. 12.]
성녀 요안나(Johanna) 툴루즈/ 1286년 [축일 3. 31.]
아르크의 성녀 요안나(잔다르크) 동정/ 1431년 [축일 5. 30.]
성 요엘 [축일 7. 13.]
성 요엘(Joel) 원장/ 1185년 [축일 1. 25.]
성 요한 1세 53대 교황 순교자/ 526년 [축일 5. 18.]
성 요한 가밀로 보누스 주교/ 660년경 [축일 1. 10.]
성 요한 가브리엘 페르바르 순교자 [축일 9. 11.]
성 요한 괄베르토(J. Gualbertus) 원장/ 1073년 [축일 7. 12.]
성 요한 뉴망(John N. Newman) [축일 1. 5.]
복자 요한 도미니치(J. Dominici) 수도자/ 1418년 [축일 6. 10.]
성 요한 드 브레뵈프 사제와 동료 순교자 [축일 10. 19.]
성 요한 레오나르디(J. Leonardi) 사제/ 1609년 [축일 10. 9.]

성 요한 로시(J. B. Rossi) 증거자/ 1764년 [축일 5. 23.]
성 요한 리베라(Juan de Ribera) [축일 1. 14.]
성 요한 마리아 비안네 사제/ 1859년 [축일 8. 4.]
성 요한 마시아스(Johannes Macias) 평수사 [축일 9. 16.]
성 요한 밥티스타 드 라 살(J. B. de la Salle)/ 1719년 [축일 4. 7.]
성 요한 베르크만스(J. Berchmans) 증거자/ 1621년 [축일 8. 13.]
성 요한 보스코(Juan Bosco) 사제/ 1888년 [축일 1. 31.]
성 요한 브레톤(Johannes Bretton) [축일 4. 1.]
성 요한 브리토(J. Britto) [축일 2. 4.]
성 요한 빈첸시오 주교/ 1012년경 [축일 12. 21.]
성 요한 사도 라틴 문전 수난 [축일 5. 6.]
성 요한 사도 복음 사가 [축일 12. 27.]
카페스트라노의 성 요한 사제 [축일 10. 23.]
켕티의 성 요한 사제 [축일 12. 23.]
다마스쿠스의 성 요한 사제 학자/ 749년 [축일 12. 4.]
천주의 성 요한(Johannes) 수도자/ 1550년 [축일 3. 8.]
성 요한 세례자의 수난 [축일 8. 29.]
성 요한 에우데스(J. Eudes) 사제/ 1680년 [축일 8. 19.]
성 요한 주교 순교자/ 1183년 [축일 3. 16.]
성 요한 주교/ 475년 [축일 5. 9.]
성 요한 콜룸비니(J. Columbini) 증거자 [축일 7. 31.]
성 요한 크리소스토모 주교 학자/ 407년 [축일 9. 13.]
성 요한 클리마코(Joannes Climaco) 원장/ 605년 [축일 3. 30.]
성 요한 프란치스코 레지스 증거자/ 1640년 [축일 12. 31.]
성 요한 피셔(J. Fisher) 주교 순교자/ 1535년 [축일 6. 22.]
복자 요한 피에솔레(Fra Angelico 프라 안젤리코) [축일 2. 18.]
콜로니아의 성 요한(Johannes de Colonia) [축일 7. 9.]
사아군의 성 요한(Johannes de Sahagun) [축일 6. 12.]
성 요한(Johannes) 나벤나 주교/ 594년 [축일 1. 12.]

성 요한(Johannes) 리코폴리스 은수자/ 394년 [축일 3. 27.]
성 요한(Johannes) 세례자 [축일 6. 24.]
성 요한(Johannes) 순교자/ 362년 [축일 6. 23.]
성 요한(Johannes) 순교자/ 362년 [축일 6. 26.]
성 요한(Johannes) 알렉산드리아 주교/ 616년경 [축일 1. 23.]
성 요한(Johannes) 원장/ 1139년 [축일 6. 20.]
성 요한(Johannes) 원장/ 813년 [축일 4. 27.]
성 요한(Johannes)네포묵 순교자/ 1393년 [축일 5. 16.]
성 요한(Johannes)마타 창설자/ 1213년 [축일 2. 8.]
성 요한(Juan de Avila)아빌라 증거자/ 1569년 [축일 5. 10.]
십자가의 성 요한 사제 학자/ 1591년 [축일 12. 14.]
성녀 욜란다(Yolanda) [축일 12. 17.]
성 욥(Jop) [축일 5. 10.]
성 우달리코(울릭. Ulric) 주교/ 973년 [축일 7. 4.]
성 우르바노 1세(Urbanus Ⅰ) 17대 교황/ 230년 [축일 5. 25.]
성 우르바노 순교/ 250년 [축일 1. 24.]
성 우르바노 원장/ 940년 [축일 4. 6.]
성 우르바노(Urbano) [축일 10. 31.]
성 우르바노(Urbanus) [축일 12. 19.]
성 우르바노(Urbanus) [축일 12. 7.]
성 우르바노(Urbanus) 주교/ 390년 [축일 4. 2.]
성 우르비시오(Urbitius) 은수자/ 805년경 [축일 12. 15.]
성 우르소(Ursus) 주교/ 396년 [축일 4. 13.]
성녀 우르술라(Ursula) 동정 순교자 [축일 10. 21.]
성 우르스마로(Ursmarus) 주교/ 713년 [축일 4. 19.]
성 우르시노(Ursinus) 주교/ 3세기경 [축일 11. 9.]
성 우르시치노(Ursicino) [축일 7. 24.]
성 우르시치노(Ursicinus) 순교자/ 67년경 [축일 6. 19.]
성 우르시치노(Ursicinus) 주교/ 347년 [축일 12. 1.]

성 우르시치오(Ursicius) 순교자/ 304년 [축일 8. 14.]
성 우왈도 발다시니(U. Baldassini) 주교/ 1160년 [축일 5. 16.]
성 울프란노 주교 [축일 3. 30.]
성 울프란노(Wlfrannus) 주교 [축일 3. 20.]
성 울피아(Ulphia) 은수자/ 995년 [축일 1. 31.]
성 월터(Walter) 원장/ 1250년경 [축일 6. 4.]
성 웬델리노 증거자 [축일 10. 26.]
위령의 날 [축일 11. 2.]
성 위로 주교 [축일 5. 8.]
위로의 복되신 동정 마리아 [축일 9. 4.]
성녀 뷔트부르가(Withburga) 동정/ 743년경 [축일 7. 8.]
성 윌레하도(Willehadus) 주교 [축일 11. 8.]
성 윌리브로르도(Willibrordus) 주교 [축일 11. 7.]
성 윌리암 브르쥬 주교/ 1209년 [축일 1. 10.]
성 윌리암 은수자/ 1042년 [축일 3. 20.]
성 윌리암 주교/ 1154년 [축일 6. 8.]
성 윌리암 증거자/ 1203년 [축일 4. 6.]
성 윌리암(Wiliam) 은수자/ 1103년 [축일 4. 24.]
성 윌리암(William) 디종 원장/ 1031년 [축일 1. 1.]
성 윌리암(William) 은수자/ 1157년 [축일 2. 10.]
성 윌프레도(Wilfredo) [축일 5. 9.]
성녀 윌프리다(Wilfrida) 여원장/ 988년경 [축일 9. 9.]
성 유니아노(Junianus) 원장/ 587년 [축일 8. 13.]
성 유다(타대오) 사도 [축일 10. 28.]
성녀 유딧(Judit) [축일 9. 7.]
성녀 유딧(Judith) 동정/ 9세기경 [축일 6. 29.]
성 유베날 [축일 7. 2.]
성 유베날(Juvenal) 순교자/ 132년경 [축일 5. 7.]
성 유베날(Juvenal) 주교/ 369년 [축일 5. 3.]

성 유벤시오(Juventius) 순교자 [축일 6. 1.]
성 유벤시오(Juventius) 주교/ 1세기경 [축일 2. 8.]
성녀 유스타(Justa) 동정 순교자/ 287년 [축일 7. 19.]
성녀 유스타(Justa) 순교자/ 130년경 [축일 5. 14.]
성 유스토(Justo) [축일 8. 6.]
성 유스토(Justus) 순교자 [축일 7. 14.]
성 유스토(Justus) 순교자/ 287년 [축일 10. 18.]
성 유스토(Justus) 순교자/ 3세기경 [축일 2. 25.]
성 유스토(Justus) 주교/ 390년 [축일 9. 2.]
성 유스토(Justus) 주교/ 572년 [축일 5. 28.]
성 유스토(Justus) 주교/ 627년 [축일 11. 10.]
성녀 유스티나 동정 순교자/ 300년경 [축일 10. 7.]
복녀 유스티나 동정/ 1319년 [축일 3. 12.]
성녀 유스티나(Justina) 동정 순교자 [축일 11. 30.]
성녀 유스티나(Justina) 순교자 [축일 6. 16.]
성녀 유스티나(Justina) 순교자 [축일 9. 26.]
성녀 유스티나(Justina) 순교자/ 130년경 [축일 5. 14.]
성 유스티노(Justinus) 순교자/ 165년경 [축일 6. 1.]
성 유스티노(Justinus) 순교자/ 287년경 [축일 12. 12.]
성 유스티노(Justinus) 키에티 증거자/ 540년경 [축일 1. 1.]
성녀 유쿤다(Jucunda) 동정/ 466년 [축일 11. 25.]
성 유쿤도(Jucundus) 주교/ 485년 [축일 11. 14.]
성녀 유타(Jutta) 수절/ 1250년 [축일 5. 5.]
성녀 유트바라(Juthwara) 동정/ 7세기경 [축일 7. 1.]
성녀 율리아 동정 순교자/ 300년경 [축일 10. 7.]
성녀 율리아(Julia) 동정 순교자/ 272년 [축일 7. 21.]
성녀 율리아(Julia) 동정 순교자/ 304년 [축일 12. 10.]
성녀 율리아(Julia) 동정 순교자/ 5세기경 [축일 5. 22.]
성녀 율리아(Julia) 순교자 [축일 10. 1.]

성녀 율리아(Julia) 순교자 [축일 7. 15.]
성녀 율리아나 여원장/ 750년경 [축일 10. 11.]
성녀 율리아나 팔코니에리 동정 순교자/ 1340년 [축일 6. 19.]
성녀 율리아나(Juliana) 동정 순교자/ 305년 [축일 2. 16.]
성녀 율리아나(Juliana) 수절/ 435년 [축일 2. 7.]
성녀 율리아나(Juliana) 순교자 [축일 8. 18.]
성녀 율리아나(Juliana) 순교자/ 270년경 [축일 8. 17.]
성녀 율리아나(Juliana) 순교자/ 300년경 [축일 3. 20.]
성녀 율리아나(Juliana) 순교자/ 304년경 [축일 8. 12.]
성녀 율리아나(Juliana) 순교자/ 306년 [축일 11. 1.]
성 율리아노 [축일 8. 9.]
성 율리아노 샤바 증거자/ 377년 [축일 1. 17.]
성 율리아노 주교/ 1208년 [축일 1. 28.]
성 율리아노(Juliano) 순교자/ 304년 [축일 1. 9.]
성 율리아노(Juliano) 순교자/ 3세기경 [축일 1. 27.]
성 율리아노(Julianus) 순교자 [축일 3. 16.]
성 율리아노(Julianus) 순교자/ 250년 [축일 2. 27.]
성 율리아노(Julianus) 순교자/ 308년 [축일 2. 17.]
성 율리아노(Julianus) 주교/ 3세기경 [축일 12. 9.]
성 율리아노(Julianus) 주교/ 690년 [축일 3. 8.]
성녀 율리에타(Julietta) 순교자/ 304년 [축일 5. 18.]
성 율리오 1세(Julius Ⅰ) 35대 교황/ 352년 [축일 4. 12.]
성 율리오 순교자/ 290년 [축일 1. 8.]
성 율리오(Julius) [축일 7. 1.]
성 율리오(Julius) 순교자 [축일 12. 20.]
성 율리오(Julius) 순교자/ 190년경 [축일 8. 19.]
성 율리오(Julius) 순교자/ 302년 [축일 5. 27.]
성 율리오(Julius) 증거자/ 390년 [축일 1. 31.]
성녀 율리타(Julitta) 순교자/ 303년 [축일 7. 30.]

성녀 율리타(Julitta) 순교자/ 304년 [축일 5. 18.]
성녀 율리타(Julitta) 순교자/ 304년 [축일 6. 16.]
성녀 이나(Ina) [축일 9. 8.]
성 이냐시오 데 로욜라(I. de Loyola) 사제/ 1556년 [축일 7. 31.]
성 이냐시오 델가도 주교 순교자/ 1838년 [축일 7. 11.]
안티오키아의 성 이냐시오 주교 순교자/ 107년경 [축일 10. 17.]
성 이니고(Inigo) [축일 6. 1.]
성녀 이다(Ida) 동정/ 1195년 [축일 2. 24.]
성녀 이다(Ida) 동정/ 652년 [축일 5. 8.]
성녀 이다(Ida) 수절/ 1113년 [축일 4. 13.]
성녀 이다(Ida) 수절/ 825년 [축일 9. 4.]
성녀 이다(Ida) 여원장/ 1226년 [축일 1. 13.]
성 이도(Idus) 주교/ 5세기경 [축일 7. 14.]
성녀 이라이스(Irais) 동정 순교자/ 300년경 [축일 9. 22.]
성녀 이레나(Irena) 동정 순교자/ 653년경 [축일 10. 20.]
성녀 이레네(Irene) 동정 순교자/ 304년 [축일 4. 3.]
성녀 이레네(Irene) 동정 순교자/ 304년 [축일 4. 5.]
성녀 이레네(Irene) 순교자/ 300년경 [축일 5. 5.]
성녀 이레네아(Irenea) 순교자/ 200년경 [축일 9. 18.]
성 이레네오(Irenaeus) 순교자/ 258년경 [축일 12. 15.]
성 이레네오(Irenaeus) 순교자/ 258년경 [축일 8. 26.]
성 이레네오(Irenaeus) 순교자/ 273년 [축일 7. 3.]
성 이레네오(Irenaeus) 주교 순교자/ 202년 [축일 6. 28.]
성 이레네오(Irenaeus) 주교 순교자/ 304년 [축일 3. 25.]
성 이레네오(Ireneo) [축일 4. 6.]
성녀 이르멘가르다(Irmengarda) 여원장/ 866년 [축일 7. 16.]
성녀 이르미나(Irmina) 여원장/ 708년 [축일 12. 24.]
성녀 이마나(Imana) 여원장/ 1270년 [축일 10. 21.]
성 이메리오(Imerius) 원장/ 610년경 [축일 11. 12.]

복녀 이멜다(Imelda) [축일 5. 13.]
성 이반(Ivan) 은수자/ 845년 [축일 6. 24.]
성 이베리오(Iberius) 증거자/ 5세기경 [축일 4. 23.]
성녀 이베타(Ibetta) 수절/ 1228년 [축일 1. 13.]
성 이브 헬로리(Ivo Helory) 증거자/ 1303년 [축일 5. 19.]
성 이브(Ibus) 주교/ 1115년 [축일 5. 23.]
성 이브(Ivo) 주교 [축일 4. 24.]
성 이브(Ivo)/ 786년경 [축일 1. 8.]
성녀 이사벨(Isabel) [축일 6. 23.]
성녀 이사벨라(Isabella) 동정/ 1270년 [축일 2. 26.]
성 이사악 조그(I. Jogus) 순교자/ 1646년 [축일 10. 19.]
성 이사악(Isaac) [축일 7. 19.]
성 이사악(Isaac) [축일 8. 17.]
성 이사악(Isaac) 원장/ 680년 [축일 4. 11.]
성 이사악(Isaac) 주교 순교자 [축일 9. 21.]
성 이사악(Isac) 주교/ 440년경 [축일 9. 9.]
성 이사야(Isaias) 순교자/ 309년 [축일 2. 6.]
성 이사야(Isaias) 예언자/ 기원전 [축일 7. 6.]
성 이사치오(Isacius) 순교자/ 302년경 [축일 4. 21.]
성 이스마엘(Ismael) 순교자/ 362년 [축일 6. 17.]
성 이스마엘(Ismael) 주교/ 6세기경 [축일 6. 16.]
성녀 이스베리가(Isberiga) 동정/ 800년 [축일 5. 21.]
성 이스키리온(Ischyrion) 순교자 [축일 12. 22.]
성녀 이시도라(Isidora) 동정/ 365년경 [축일 5. 1.]
성 이시도로 [축일 4. 26.]
성 이시도로(Isicorus) 농부/ 1130년 [축일 5. 15.]
성 이시도로(Isidorus) 니트리아 주교/ 4세기경 [축일 1. 2.]
성 이시도로(Isidorus) 순교자/ 250년경 [축일 5. 15.]
성 이시도로(Isidorus) 안티오키아 주교 순교자/ 4세기경 [축일 1. 2.]

성 이시도로(Isidorus) 에집트 증거자/ 404년 [축일 1. 15.]
성 이시도로(Isidorus) 주교 학자/ 636년 [축일 4. 4.]
성 이시도로(Isidorus) 증거자/ 540년경 [축일 2. 4.]
성녀 이아(Ia) 동정 순교자/ 450년 [축일 2. 3.]
성녀 이아(Ia) 순교자/ 360년 [축일 8. 4.]
성녀 이타(Ita) 동정/ 570년경 [축일 1. 15.]
성녀 이피제니아(Iphigenia) 동정/ 1세기경 [축일 9. 21.]
성 인노첸시오 1세(Innocentius Ⅰ) 교황/ 417년 [축일 7. 28.]
성 인노첸시오(Innocentius) 순교자 [축일 6. 17.]
성 인노첸시오(Innocentius) 주교/ 350년경 [축일 4. 17.]
성 인노첸시오(Innocentius) 주교/ 559년 [축일 6. 19.]
성 인데스(Indes) 순교자/ 303년 [축일 12. 28.]
성 일데폰소(Ildefonso) 주교/ 667년 [축일 1. 23.]
성녀 일루미나타(Illuminata) 동정/ 320년경 [축일 11. 29.]
성 일루미나토 증거자/ 1230년 [축일 5. 11.]
일본의 26위 순교자 [축일 2. 5.]

【 자 】

성 자카리오(Zacharius) 91대 교황/752년 [축일 3. 15.]
성 자캐오(Zacchaeus) 순교자/ 303년 [축일 11. 17.]
성 자케오(Zaqueo) [축일 4. 20.]
성녀 제나(Gena) [축일 5. 16.]
성녀 제나(Zenas) 순교자/ 304년경 [축일 6. 23.]
성녀 제나라(Jenara) [축일 3. 2.]
성 제나로(Jenaro) [축일 4. 8.]
성 제나로(Jenaro) [축일 9. 19.]
성녀 제나이다(Zenaida) 순교자 [축일 6. 5.]
성 제나이스(Zenais) 순교자/ 1세기경 [축일 10. 11.]

성 제네로소(Generosus) 순교자 [축일 7. 17.]
성 제네시오 (Genetius) 순교자/ 303년경 [축일 8. 25.]
성 제네시오(Genetius) 주교/ 662년 [축일 6. 3.]
성 제네시오(Genetius) 주교/ 679년경 [축일 11. 1.]
성 제노 순교자/ 303년 [축일 4. 20.]
성 제노(Zeno) 순교자/ 303년 [축일 12. 22.]
성 제노(Zeno) 순교자/ 304년경 [축일 6. 23.]
성 제노(Zeno) 주교/ 371년 [축일 4. 12.]
성 제노(Zenus) 순교자 [축일 2. 14.]
성 제노(Zenus) 주교/ 399년 [축일 12. 26.]
성녀 지노베파(Genoveva) 동정/ 500년경 [축일 1. 3.]
성녀 지노비아(Zenobia) 순교자/ 290년경 [축일 10. 30.]
성 제노비오(Zenobius) 순교자/ 304년경 [축일 2. 20.]
성 제노비오(Zenobius) 순교자/ 310년경 [축일 10. 29.]
성 제노비오(Zenobius) 주교/ 390년 [축일 5. 25.]
성 제논(Zenon) 순교자 [축일 4. 5.]
성 제놀포/ 3세기 [축일 1. 17.]
성 제니스토(Genistus) 순교자/ 1100년경 [축일 4. 30.]
성 제니토 순교자/ 3세기 [축일 1. 17.]
성녀 제디슬라바(Zedislava) [축일 1. 4.]
성 제라르도(Gerardo) 순교자/ 994년 [축일 4. 23.]
성 제라르도(Gerardo) 원장/ 959년 [축일 10. 3.]
성 제라르도(Gerardus) 원장/ 1109년 [축일 12. 6.]
성 제라르도(Gerardus) 주교/ 1122년 [축일 10. 30.]
성 제라르도(Gerardus) 증거자/ 1298년 [축일 5. 24.]
성 제라르도(Grardo) [축일 9. 24.]
성 제라시모 원장/ 475년 [축일 3. 5.]
성 제랄도 마리아-마엘라 증거자/ 1755년 [축일 10. 16.]
성 제랄도 원장/ 1095년 [축일 4. 5.]

성 제랄도(Geraldus) 주교/ 1077년 [축일 2. 6.]
성 제랄도(Geraldus) 증거자/ 909년 [축일 10. 13.]
성 제랄드 원장/ 732년 [축일 3. 13.]
성 제레마로(Geremarus) 원장/ 658년경 [축일 9. 24.]
성 제레온(Gereon) 순교자 [축일 10. 10.]
성 제론시오(Gerontius) 순교자/ 2세기경 [축일 1. 19.]
성 제론시오(Gerontius) 왕 순교자/ 508년경 [축일 8. 10.]
성 제론시오(Gerontius) 주교 순교자/ 501년 [축일 5. 9.]
성 제롤도(Geroldus) 은수자/ 978년 [축일 4. 19.]
성 제룬시오(Geruntius) 주교/ 470년경 [축일 5. 5.]
성녀 제르마나(Germana) 동정/ 1601년 [축일 6. 15.]
성녀 제르마나(Germana) 순교자/ 2세기경 [축일 1. 19.]
성 제르마노 순교자/ 1304년 [축일 5. 2.]
성 제르마노 주교 순교자/ 390년경 [축일 10. 11.]
성 제르마노(Germanus) [축일 6. 2.]
성 제르마노(Germanus) 순교자/ 305년경 [축일 10. 23.]
성 제르마노(Germanus) 주교/ 448년 [축일 7. 31.]
성 제르마노(Germanus) 주교/ 474년경 [축일 7. 3.]
성 제르마노(Germanus) 주교/ 576년 [축일 5. 28.]
성 제르마니코(Germanicus) 스미르나 순교자/ 156년 [축일 1. 19.]
성 제르메리오(Germerius) 주교/ 560년경 [축일 5. 16.]
성 제르바디오(Gervadius) 증거자/ 10세기경 [축일 11. 8.]
성 제르바시오(Gervatius) 순교자/ 2세기경 [축일 6. 19.]
성 제르비노(Gervinus) 원장/ 1075년 [축일 3. 3.]
성녀 제르투르다 브라반테 여원장/ 659년 [축일 3. 17.]
성녀 제르투르다(Gertruda) 동정/ 1358년 [축일 1. 6.]
성녀 제르트루다(Gertruda) 여원장/ 1297년 [축일 8. 13.]
성녀 제르트루다(Gertruda) 여원장/ 690년경 [축일 11. 7.]
성녀 제르트루다(Gertrudis) 동정/ 1301년경 [축일 11. 16.]

성 제리노(Gerinus) 순교자/ 676년 [축일 10. 2.]
성 제멜로(Gemellus) 순교자/ 362년 [축일 12. 10.]
성 제므(Gemus) 증거자 [축일 3. 19.]
성 제디노 순교자/ 3세기경 [축일 2. 4.]
성 제디노 순교자/ 484년 [축일 1. 4.]
성 제미니아노(Geminianus) 주교/ 348년 [축일 1. 31.]
성 제비노(Zebinus) 은수자/ 5세기경 [축일 2. 23.]
성녀 제오르지아(Georgia) 동정/ 500년경 [축일 2. 15.]
성 제오르지오 주교 순교자/ 814년 [축일 4. 19.]
성 제오르지오(Georgius) 순교자/ 303년경 [축일 4. 23.]
성 제오르지오(Georgius) 주교/ 816년경 [축일 4. 7.]
성 제오르지오(Georgius) 주교/ 884년경 [축일 2. 19.]
성 제툴리오(Getulius) 순교자/ 120년경 [축일 6. 10.]
성 제피리노(Zephyrinus) 15대 교황 순교자/ 217년 [축일 8. 26.]
성 젤라시노(Gelasinus) 순교자/ 297년 [축일 8. 26.]
성 젤라시오 1세(Gelasius Ⅰ) 49대 교황/ 496년 [축일 11. 21.]
성 젤라시오 순교자/ 3세기경 [축일 2. 4.]
성 젤라시오(Gelasio) [축일 2. 26.]
성 젤라시오(Gelasio) 주교/ 1174년 [축일 3. 27.]
성녀 젬마 갈가니(G. Galgani) 동정/ 1903년 [축일 4. 11.]
성녀 젬마(Gemma) 동정/ 1249년 [축일 5. 12.]
성녀 젬마(Gemma) 수절/ 1045년 [축일 6. 29.]
성녀 조시마(Zosima) 순교자/ 273년 [축일 7. 15.]
성 조시모(Zosimo) 은수자/ 5세기경 [축일 4. 4.]
성 조시모(Zosimo) 주교/ 660년경 [축일 3. 30.]
성 조시모(Zosimus) 41대 교황/ 418년 [축일 12. 26.]
성 조시므(Zosimus) 순교자/ 107년경 [축일 12. 18.]
성 조시므(Zosimus) 순교자/ 263년경 [축일 3. 11.]
성 조시모(Zosimus) 은수자/ 6세기경 [축일 11. 30.]

성 조에 순교자/ 286년경 [축일 7. 5.]
성 조에(Zoe) 순교자/ 140년 [축일 5. 2.]
성 조일로(Zoilo) [축일 4. 13.]
성 조일로(Zoilus) 순교자/ 301년 [축일 6. 27.]
주님 거룩한 변모 [축일 8. 6.]
주님 공현(한국에서는 2-8일 사이 주일) [축일 1. 6.]
주님 봉헌 [축일 2. 2.]
주님 탄생 예고 [축일 3. 25.]
성 즈가리야(Zacarias) [축일 2. 21.]
성 즈가리야(Zacarias) [축일 6. 23.]
성 즈가리야(Zacharia)-성 요한 세례자의 아버지 [축일 11. 5.]
성 즈가리야(Zachary) 예언자/ 기원전 [축일 9. 6.]
성녀 지셀라(Gisela) [축일 5. 21.]
성 지스틸리아노(Gistilianus) 증거자/ 6세기경 [축일 3. 4.]
성녀 지타(Zita) 동정/ 1278년 [축일 4. 27.]
성 질다르도(Gildardus) 주교/ 514년경 [축일 6. 8.]
성 질베르토(Gilberto) 증거자/ 1189년 [축일 2. 4.]

【 차 】

천주의 성모 마리아 [축일 1. 1.]
성녀 체라(Cera) 킬케어리 동정/ 7세기경 [축일 1. 5.]
성 체레몬(Ceremon) 순교자/ 250년 [축일 12. 22.]
성녀 체사레아(Cesarea) 동정 [축일 5. 15.]
성녀 체사리아(Cesaria) 아를르 동정/ 530년경 [축일 1. 12.]
성 체사리오(Cesarius) 순교자/ 309년 [축일 12. 28.]
성 체사리오(Cesarius) 주교/ 542년 [축일 8. 27.]
성 체사리오(Cesarius) 주교/ 627년 [축일 11. 1.]
성 체사리오(Cesarius) 증거자 [축일 1. 29.]

성 체사리오(Cesarius) 증거자/ 369년 [축일 2. 25.]
성 체슬라오(Ceslaus) 증거자/ 1242년 [축일 7. 17.]
성 체시폰(Cesiphonus) 순교자/ 1세기경 [축일 5. 15.]
성녀 체칠리아(Cecilia) 동정 순교자 [축일 11. 22.]
성녀 체칠리아(Cecilia) 여원장/ 10세기경 [축일 8. 17]
성 체칠리오(Cecilio) [축일 2. 1.]
성 체칠리오(Cecilius) 순교자/ 1세기경 [축일 5. 15.]
성 체칠리오(Cecilius) 증거자/ 3세기경 [축일 6. 3.]
성 첸수리오(Censurius) 주교/ 486년 [축일 6. 10.]
성녀 첸톨라(Centolla) 순교자/ 306년 [축일 8. 13.]
성녀 첼라인나(Cellainna) 동정/ 6세기경 [축일 2. 3.]
성녀 첼레리나(Celerina) 순교자/ 3세기경 [축일 2. 3.]
성 첼러리노(Celerinus) 순교자/ 250년경 [축일 2. 3.]
성 첼레스티노 1세(Celestino Ⅰ) 43대 교황/ 432년 [축일 4. 6.]
성 첼레스티노 순교자/ 304년 [축일 5. 2.]
성녀 첼리도니아(Celidonia) 동정/ 1152년 [축일 10. 13.]
성 첼소(Celso) [축일 1. 4.]
성 첼소(Celso) [축일 4. 1.]
성 첼소(Celsus) 순교자/ 68년경 [축일 7. 28.]
성녀 치라아카 순교자 [축일 3. 20.]
성 치로(Ciro) 주교/ 303년 [축일 1. 31.]
성 치로(Cyrus) 주교/ 4세기경 [축일 6. 16.]
성 치리노(Cyrinus) 순교자/ 320년 [축일 1. 3.]
성녀 치리아(Cyria) 순교자 [축일 6. 5.]
성녀 치리아카(Cyriaca) 동정 순교자/ 307년 [축일 5. 19.]
성녀 치리아카(Cyriaca) 수절/ 249년 [축일 8. 21.]
성 치리아코(Ciriaco) [축일 3. 16.]
성 치리아코(Curiacus) 순교자/ 304년 [축일 8. 8.]
성 치리아코(Cyriacus) 순교자 [축일 6. 18.]

성 치리아코(Cyriacus) 순교자/ 140년 [축일 5. 2.]
성 치리아코(Cyriacus) 주교 순교자/ 133년 [축일 5. 4.]
성 치리온 순교자 [축일 3. 9.]
성녀 치릴라(Cyrilla) 동정 순교자/ 270년경 [축일 10. 28.]
성녀 치릴라(Cyrilla) 순교자/ 300년경 [축일 7. 5.]
알렉산드리아의 성 치릴로 주교 학자/ 444년 [축일 6. 27.]
성 치릴로 증거자/ 1235년 [축일 3. 6.]
성 치릴로 트레브 주교/ 5세기 [축일 5. 19.]
성 치릴로 예루살렘 주교 학자/ 386년 [축일 3. 18.]
성 치릴로(Cirilo) [축일 10. 2.]
성 치릴로(Cyrilus) 수도자/ 869년 [축일 2. 14.]
성 치릴로(Cyrilus) 순교자/ 362년경 [축일 3. 29.]
성 치릴로(Cyrilus) 주교 학자 [축일 2. 9.]
성 치릴로(Cyrilus) 주교/ 300년경 [축일 7. 22.]
성 치프리아노 주교/ 582년 [축일 4. 21.]
성 치프리아노(Cyprianus) 순교자/ 258년 [축일 3. 10.]
성 치프리아노(Cyprianus) 순교자/ 3세기경 [축일 9. 26.]
성 치프리아노(Cyprianus) 주교 순교자/ 258년 [축일 9. 16.]

【 카 】

성 카델로 주교/ 9세기 [축일 1. 19.]
성 카라노(Caranus) 주교/ 7세기경 [축일 12. 24.]
성 카르타고 주교/ 540년 [축일 3. 5.]
성 카르타고(Carthagus) 주교/ 637년경 [축일 5. 14.]
성 카르포(Carpus) 순교자/ 1세기경 [축일 10. 13.]
성 카르포(Carpus) 순교자/ 250년 [축일 4. 13.]
성 카르포포로(Carpophorus) 순교자/ 300년경 [축일 12. 10.]
성녀 카리나(Carina) 순교자/ 360년 [축일 11. 7.]

성녀 카리시마(Carissima) 동정/ 5세기경 [축일 9. 7.]
성녀 카리타스 동정 순교자/ 120년경 [축일 8. 1.]
성녀 카리티나(Caritina) 동정 순교자/ 304년경 [축일 10. 5.]
성 카스토(Castus) 순교자/ 250년경 [축일 5. 22.]
성 카스토르(Castor) 순교자 [축일 12. 28.]
성 카스토르(Castor) 순교자 [축일 3. 28.]
성 카스툴로 순교자/ 288년 [축일 3. 26.]
성 카스툴로 순교자 [축일 1. 12.]
성 카시아노(Cassianus) 순교자/ 298년 [축일 12. 3.]
성 카시아노(Cassianus) 주교 순교자/ 4세기경 [축일 8. 13.]
성 카시오(Cassius) 주교/ 558년 [축일 6. 29.]
성녀 카실다(Casilda) 동정/ 1050년경 [축일 4. 9.]
성 카요(Caius) 28대 교황 순교자/ 296년 [축일 4. 22.]
성 카이오 순교자/ 259년 [축일 3. 4.]
성 카이오(Caius) 순교자/ 172년경 [축일 3. 10.]
성 카이오(Caius) 순교자/ 1세기경 [축일 10. 4.]
성 카토 순교자/ 2세기 [축일 1. 19.]
성 카프라시오(Capratius) 순교자/ 303년 [축일 10. 20.]
성 칸나토(Cannatus) 주교/ 5세기경 [축일 10. 15.]
성녀 칸네라(Cannera) 동정/ 530년경 [축일 1. 28.]
성녀 칸디다(Candida) 동정 순교자 [축일 8. 29.]
성녀 칸디다(Candida) 동정 순교자/ 78년경 [축일 9. 4.]
성녀 칸디다(Candida) 수절/ 8세기경 [축일 1. 27.]
성녀 칸디다(Candida) 순교자/ 302년 [축일 6. 6.]
성 칸디도 순교자 [축일 2. 2.]
성 칸디도(Candido) 순교자/ 259년경 [축일 3. 11.]
성 칸시아노(Cantianus) 순교자/ 304년 [축일 5. 31.]
성 칸시오(Cantius) 순교자/ 304년 [축일 5. 31.]
성녀 칼디아(Caldia) 순교자/ 300년경 [축일 3. 20.]

성 칼레포디오(Calepodius) 순교자/ 232년 [축일 5. 10.]
성 칼로체로(Calocerus) 순교자 [축일 4. 18.]
성녀 칼리니카(Callinica) 순교자/ 250년 [축일 3. 22.]
성 칼리메리오(Calimerius) 주교 순교자/ 190년경 [축일 7. 31.]
성 칼리오포(Calliopus) 순교자/ 303년경 [축일 4. 7.]
성녀 케보카(Kevoca) 동정/ 7세기경 [축일 5. 1.]
성녀 켄노카(Kennocha) 동정/ 1007년 [축일 3. 25.]
성녀 켄티게르나(Kentigerna) 수절/ 734년 [축일 1. 7.]
성 코난(Conan) 주교/ 648년 [축일 1. 26.]
성녀 코로나(Corona) 순교자/ 176년 [축일 5. 14.]
성녀 코르둘라(Cordula) 동정 순교자/ 453년경 [축일 10. 22.]
성 코르비니아노(Corbinianus) 주교 [축일 9. 8.]
성녀 코인타(Cointha) 동정 순교자/ 249년 [축일 2. 8.]
성녀 코카(Coca) 동정 [축일 6. 6.]
성녀 콘나타(Connata) 동정/ 590년경 [축일 1. 1.]
성 콘라도 비아첸자(Conradus) 증거자/ 1351년 [축일 2. 9.]
성 콘라도(Conrado) 파르잠 증거자/ 1894년 [축일 4. 21.]
성 콘라도(Conradus) [축일 11. 26.]
성녀 콘소르시아(Consortia) 동정/ 570년경 [축일 6. 22.]
성 콘스타빌리스(Constabilis) 원장/ 1124년 [축일 2. 17.]
성녀 콘스탄시아(Constantia) 순교자/ 1세기경 [축일 9. 19.]
성 콘스탄시오 순교자/ 170년 [축일 1. 29.]
성 콘스탄시오(Constantius) 증거자/ 6세기경 [축일 9. 23.]
성 콘스탄티노 순교자/ 576년 [축일 3. 11.]
성 콘스탄티노 주교/ 874년 [축일 4. 2.]
성 콘스탄티노(Constantino) 주교/ 529년 [축일 4. 12.]
성녀 콘체사(Concesa) 순교자 [축일 4. 8.] 성녀
성녀 콘코르디아(Concordia) 순교자/ 236년경 [축일 8. 13.]
성 콘코르디오 스폴레토 순교자/ 175년 [축일 1. 1.]

성 콘코르디오(Concordius) 순교자/ 302년 [축일 9. 3.]
성 콘타르도(Contardus) 증거자/ 1249년 [축일 4. 16.]
성녀 콜레타(Coletta) 동정/ 1447년 [축일 3. 6.]
성 콜만 엘로(Colman Elo) 원장/ 610년경 [축일 9. 26.]
성 콜만(Colman) 순교자/ 1012년 [축일 10. 13.]
성 콜만(Colman) 주교/ 5세기경 [축일 3. 5.]
성 콜만(Colman) 주교/ 702년 [축일 1. 23.]
성 콰드라토(Quadratus) 순교자/ 304년경 [축일 3. 26.]
성 콰드라토(Quardratus) 주교/ 130년 [축일 5. 26.]
성녀 콰르틸라(Quartilla) 순교자 [축일 3. 19.]
성녀 쿠네군다 동정/ 1052년 [축일 5. 4.]
성녀 쿠네군다 황후/ 1039년 [축일 3. 3.]
성녀 쿠네라(Cunera) 동정 [축일 6. 12.]
성녀 쿠네스비다 동정/ 680년 [축일 3. 6.]
성 쿠니베르토(Cunibertus) 주교/ 633년경 [축일 11. 12.]
성 쿠시아스(Cutias) 순교자/ 295년 [축일 2. 18.]
성 쿳비르토(Cuthbertus) 주교/ 687년 [축일 3. 20.]
성녀 퀴노카 동정/ 1007년 [축일 3. 25.]
성 퀴리노(Quirinus) 순교자/ 269년경 [축일 3. 25.]
성 퀴리노(Quirinus) 순교자/ 308년 [축일 6. 4.]
성 퀴리코(Quiricus) 순교자/ 304년 [축일 6. 16.]
성녀 쿠테리아(Quiteria) 동정 순교자 [축일 5. 22.]
성 퀸도(Quindus) 순교자 [축일 3. 19.]
성 퀸시아노(Quintianus) 주교 [축일 6. 14.]
성 퀸티노(Quintinus) 순교자/ 287년 [축일 10. 31.]
성녀 퀸틸라 순교자 [축일 3. 19.]
복녀 크레센시아 헤쓰 동정 [축일 4. 6.]
성녀 크레센시아(Crescentia) 순교자 [축일 6. 15.]
성녀 크레센시아나(Crescentia) 순교자/ 5세기경 [축일 5. 5.]

성 크레센시아노(Crescentianus) 순교자/ 130년 [축일 5. 31.]
성 크레센시오 [축일 7. 2.]
성 크레센시오(Crecencio) 순교자 [축일 4. 15.]
성 크레센시오(Crecentius) 순교자 [축일 12. 29.]
성 크레센시오(Crescentius) 순교자/ 258년 [축일 3. 10.]
성 크레센시오(Crescentius) 순교자/ 300년경 [축일 9. 14.]
성 크레센시오(Crescentius) 증거자/ 396년 [축일 4. 19.]
성녀 크레웬나(Crewenna)/ 5세기경 [축일 2. 1.]
성 크로난(Cronan) 원장/ 626년경 [축일 4. 28.]
성 크로난(Cronan) 주교/ 8세기경 [축일 2. 9.]
성 크로난(Cronan) 증거자/ 617년 [축일 6. 3.]
성 크로니온(Cronion) 순교자/ 250년 [축일 2. 27.]
성 크로타테스(Crotates) 순교자/ 302년경 [축일 4. 21.]
성 크리산토(Crysantus) 순교자/ 283년 [축일 10. 25.]
성 크리소고노(Crisogonus) 순교자/ 304년경 [축일 11. 24.]
성 크리솔리오 주교 순교자/ 4세기경 [축일 2. 7.]
성녀 크리스테타(Cristeta) [축일 10. 27.]
성 크리스토발(Cristobal) [축일 7. 10.]
성 크리스토포로(Christophorus) 순교자 [축일 7. 25.]
성 크리스토포로(Christophorus) 순교자/ 1490년경 [축일 9. 25.]
성녀 크리스티나 동정 순교자 [축일 7. 24.]
성녀 크리스티나 동정/ 7세기경 [축일 7. 24.]
성녀 크리스티나(Christina) 은수자/ 1160년 [축일 12. 26.]
성녀 크리스티나(Cristina) 동정 순교자/ 304년 [축일 3. 13.]
성 크리스티아노(Christianus) 원장/ 1186년 [축일 3. 18.]
성 크리스티아노(Christianus) 주교/ 1138년 [축일 6. 12.]
성 크리스포(Crispus) 순교자/ 1세기경 [축일 10. 4.]
성녀 크리스피나(Crispina) 동정 순교자/ 304년 [축일 12. 5.]
성 크리스피노(Crispinus) 주교/ 250년경 [축일 1. 7.]

성 크리스피노(Crispinus) 주교/ 4세기경 [축일 11. 19.]
성녀 클라라(Clara) 동정/ 1253년 [축일 8. 11.]
성녀 클라라(Clara) 동정/ 1308년 [축일 8. 17.]
성 클라렌시오(Clarentius) 주교/ 620년경 [축일 4. 26.]
성 클라로(Clarus) 원장/ 660년경 [축일 1. 1.]
성 클라로(Clarus) 은수자/ 1048년경 [축일 11. 8.]
성 클라로(Clarus) 은수자/ 1048년경 [축일 2. 1.]
성녀 클라우디나 테베넷(Claudina Thevenet) [축일 2. 3.]
성녀 클라우디아(Claudia) 수절/ 1세기경 [축일 8. 7.]
성녀 클라우디아(Claudia) 순교자/ 304년 [축일 5. 18.]
성 클라우디아누(Claudianus) 순교자/ 284년 [축일 2. 25.]
성 클라우디오 콜롬비에레(Claudio Colombiere) [축일 2. 15.]
성 클라우디오(Claudio) [축일 10. 30.]
성 클라우디오(Claudius) 순교자 [축일 12. 3.]
성 클라우디오(Claudius) 순교자/ 295년 [축일 2. 18.]
성 클라테오(Clateus) 주교/ 64년경 [축일 6. 4.]
성 클레멘스 1세 4대 교황 순교자/97년경 [축일 11. 23.]
성 클레멘스 원장/ 800년 [축일 3. 5.]
성 클레멘스(Clemens) 주교 순교자/ 303년 [축일 1. 23.]
성 클레멘스(Clemens) 증거자/ 217년경 [축일 12. 4.]
성 클레멘스(Clemens) 홉바우어 증거자/ 1820년 [축일 3. 15.]
성녀 클레멘시아(Clemencia) 수절/ 1176년 [축일 3. 21.]
성 클레멘시오 순교자/ 304년 [축일 4. 16.]
성 클레오파스(Cleophas) 순교자/ 1세기경 [축일 9. 25.]
성녀 클레오파트라(Cleopatra) 수절/ 319년 [축일 10. 19.]
성 클레토(아나클레토) 3대 교황 순교자/ 88년경 [축일 4. 26.]
성 클로둘포(Clodulphus) 주교/ 696년 [축일 6. 8.]
성녀 클로트신다(Clotsindis) 여원장/ 700년경 [축일 6. 30.]
성녀 클로틸다(Clotilda) 프랑스 여왕/ 545년 [축일 6. 3.]

성 클리니오(Clinius) 원장 [축일 3. 30.]
성녀 키나(Kina) 동정/ 5세기경 [축일 10. 8.]
성녀 키아라(Kiara) 동정/ 680년경 [축일 10. 16.]
성녀 키오니아(Chionia) 동정 순교자/ 304년 [축일 4. 3.]
성녀 킨니아(Kinnia) 동정/ 6세기경 [축일 2. 1.]
성 킬리안(Kilianus) 순교자/ 689년 [축일 7. 8.]
성녀 킹가(Kinga) 동정/ 13세기경 [축일 7. 24.]

【 타 】

성 타라시오(Tharatius) 주교/ 806년 [축일 2. 25.]
성 타라코(Taracus) 순교자/ 304년 [축일 10. 11.]
성녀 타르불라(Tarbula) 동정 순교자/ 345년 [축일 4. 22.]
성녀 타르시치아(Tarsicia) 동정/ 600년경 [축일 1. 15.]
성녀 타르실라(Tarsilla) 동정/ 581년경 [축일 12. 24.]
성 타르치시오(Tarcitius) 순교자/ 255년경 [축일 8. 15.]
성 타소 원장/ 8세기 [축일 1. 11.]
성 타시아노(Tatianus) 순교자/ 284년경 [축일 3. 16.]
성 타우리노(Taurinus) 주교/ 412년경 [축일 8. 11.]
성 타이스(Thais) 통회자/ 348년경 [축일 10. 8.]
성녀 타타(Tatta) 순교자 [축일 9. 25.]
성녀 타티아나(Tatiana) 동정 순교자/ 230년경 [축일 1. 12.]
성녀 탈리다(Talida) 안티노에 동정/ 4세기경 [축일 1. 5.]
성녀 테네바(Theneva) 수절/ 7세기경 [축일 7. 18.]
성 테렌시오(Terencio) 순교자/ 250년 [축일 4. 10.]
성 테렌시오(Terentius) 순교자 [축일 9. 27.]
성 테르시오(Tertius) 순교자/ 484년 [축일 12. 6.]
성녀 테르툴라 동정 순교자 [축일 4. 29.]
성 테르툴리아노(Tertullianus) 순교자/ 257년 [축일 8. 4.]

성 테르툴리아노(Tertullianus) 주교/ 490년경 [축일 4. 27.]
성녀 테아(Thea) 순교자/ 307년경 [축일 12. 19.]
성 테으나(Theonas) 순교자/ 303년경 [축일 4. 20.]
성 테으나스(Theonas) 주교/ 300년 [축일 8. 23.]
성녀 테오닐라(Theonilla) 순교자/ 303년 [축일 8. 23.]
성 테으다르도(Theodardus) 주교/ 670년경 [축일 9. 10.]
성녀 테오도라 동정 순교자/ 304년 [축일 4. 28.]
성녀 테오도라(Theodora) 순교자 [축일 3. 13.]
성녀 테오도라(Theodora) 순교자/ 132년 [축일 4. 1.]
성녀 티오도라(Theodora) 통회자/ 491년 [축일 9. 11.]
성녀 티오도라(Theodora) 황후/ 867년 [축일 2. 11.]
성 테오도로 스투디테스(T. Studites) 원장/ 862년 [축일 11. 11.]
성 테오도로 주교/ 778년 [축일 5. 20.]
성 테오도로 티로 순교자/ 306년경 [축일 11. 9.]
성 테오도로(Teodoro) [축일 2. 17.]
성 테오도로(Teodoro) [축일 4. 15.]
성 테오도로(Teodoro) 순교자/ 310년경 [축일 3. 26.]
성 테오도로(Teodoro) 은수자/ 330년 [축일 4. 20.]
성 테오도로(Teodoro) 주교/ 613년 [축일 4. 22.]
성 테오도로(Theodorus) 순교자/ 220년 [축일 9. 20.]
성 테오도로(Theodorus) 순교자/ 319년 [축일 2. 7.]
성 테오도로(Theodorus) 순교자/ 362년경 [축일 10. 23.]
성 테오도로(Theodorus) 순교자/ 841년경 [축일 12. 27.]
성 테오도로(Theodorus) 은수자/ 4세기경 [축일 1. 7.]
성 테오도로(Theodorus) 주교/ 690년 [축일 9. 19.]
성 테오도릭 오를레앙 주교/1022년 [축일 1. 27.]
성 테오도릭(Theodoric) 원장/ 533년경 [축일 7. 1.]
성녀 테오도시아 순교자/ 361년 [축일 3. 23.]
성녀 테오도시아(Theodotia) 동정 순교자/ 308년 [축일 4. 2.]

성녀 테오도시아(Theodotia) 동정 순교자/ 745년 [축일 5. 29.]
성녀 테오도시아(Theodotia) 순교자/ 300년경 [축일 3. 20.]
성 테오도시오(Teodosio) 원장/ 529년 [축일 1. 11.]
성 테오도시오(Theodosio) 원장/ 1074년 [축일 5. 3.]
성녀 테오도타 순교자/ 304년 [축일 8. 2.]
성녀 테오도타(Theodota) 순교자/ 735년 [축일 7. 17.]
성녀 테오도타(Theodota) 통회자/ 318년경 [축일 9. 29.]
성 테오도토(Thedotus) 주교/ 334년 [축일 11. 2.]
성 테오둘로(Theodulo) [축일 9. 12.]
성 테오둘로(Theodulus) 순교자/ 113년경 [축일 5. 3.]
성 테오둘로(Theodulus) 순교자/ 140년 [축일 5. 2.]
성 테오둘로(Theodulus) 순교자/ 303년 [축일 4. 4.]
성 테오둘로(Theodulus) 증거자 [축일 3. 23.]
성녀 테오디칠다(Theodichildis) 여원장/ 660년 [축일 6. 28.]
성 테오발도(Theobaldus) 은수자/ 1066년 [축일 6. 30.]
성 테오발드(Theobald) 원장/ 1247년 [축일 7. 27.]
성 테오제네스(Theogenes) 순교자/ 258년 [축일 1. 26.]
성 테오제네스(Theogenes) 순교자/ 320년 [축일 1. 3.]
성 테오토니오(Theotonius) 증거자/ 1166년 [축일 2. 18.]
성 테오티모(Theotimus) 주교/ 407년 [축일 4. 20.]
성 테오파네스(Theophanes) 원장/ 818년 [축일 3. 12.]
성 테오파네스(Theophanes) 주교/ 845년경 [축일 12. 27.]
성 테오피스토(Theopistus) 순교자/ 118년 [축일 9. 20.]
성녀 테오필라(Theophila) 순교자/ 303년 [축일 12. 28.]
성 테오필로 순교자 [축일 1. 8.]
성 테오필로(Teofilo) [축일 7. 22.]
성 테오필로(Teofilo) 주교/ 195년 [축일 3. 5.]
성 테오필로(Theophilus) 주교/ 181년 [축일 10. 13.]
성 테오필로(Theophilus) 주교/ 427년 [축일 4. 27.]

성 테오필로(Theophilus) 증거자/ 1740년 [축일 5. 21.]
성 테오필로(Theophilus) 통회자/ 538년경 [축일 2. 4.]
성녀 테쿠사(Thecusa) 순교자/ 304년 [축일 5. 18.]
성녀 테클라(Tecla) 순교자 [축일 3. 26.]
성녀 테클라(Thecla) 동정 순교자/ 1세기경 [축일 9. 23.]
성녀 테클라(Thecla) 동정 순교자/ 1세기경 [축일 9. 3.]
성녀 테클라(Thecla) 동정 순교자/ 293년 [축일 1. 18.]
성녀 테클라(Thecla) 순교자/ 250년경 [축일 8. 30.]
성녀 테클라(Thecla) 순교자/ 306년 [축일 8. 19.]
성녀 테클라(Thecla) 여원장/ 790년경 [축일 10. 15.]
성녀 테타(Tetta) 여원장/ 772년경 [축일 9. 28.]
성 텔레스포로(Telesphorus) 순교자/ 136년 [축일 1. 5.]
성 텔모(Telmo) [축일 4. 15.]
성녀 토르드지타(Thordgitha) 수도자/ 700년경 [축일 1. 25.]
성 토르쿠아토(Torcuato) [축일 5. 15.]
성 토마스 데 아퀴노 사제 학자/ 1274년 [축일 1. 28.]
성 토마스 모어(T. More) 순교자/ 1535년 [축일 6. 22.]
성 토마스 베케트(T. Becket) 주교 순교자/ 1170년 [축일 12. 29.]
성 토마스 빌라노바(P. Villanova) 주교/ 1555년경 [축일 9. 8.]
성 토마스 순교자/ 1295년 [축일 8. 5.]
성 토마스(Thomas) 사도 [축일 7. 3.]
성 토마스(Thomas) 주교/ 1555년 [축일 9. 22.]
성 토미아노(Thomianus) 아르마 주교/ 660년경 [축일 1. 10.]
성 토비아(Tobias) 순교자/ 315년경 [축일 11. 2.]
성녀 토쿰라(Tochumra) 동정 [축일 6. 11.]
통고의 복되신 동정 마리아 [축일 9. 15.]
성녀 투디(Tudy) 동정/ 5세기경 [축일 1. 30.]
성 투딜코 증거자/ 915년 [축일 3. 28.]
성 투리비오 데 고그로베호 주교/ 1606년 [축일 3. 23.]

성 투리비오(Turibio) 주교/ 460년경 [축일 4. 16.]
성 트란퀼리노(Tranquillinus) 순교자/ 286년 [축일 7. 6.]
성녀 트레아(Trea) 동정/ 5세기경 [축일 8. 3.]
성 트로아디오(Troadius) 순교자/ 250년 [축일 12. 28.]
성 트로피모(Trophimus) 주교/ 280년경 [축일 12. 29.]
성녀 트리두아나(Triduana) 동정 [축일 10. 8.]
성녀 트리지디아(Trigidia) 여원장/ 925년경 [축일 11. 22.]
성녀 트리페나(Tryphena) 순교자 [축일 1. 31.]
성녀 트리페나(Tryphena)/ 1세기경 [축일 11. 10.]
성녀 트리포니아(Tryphonia) 수절 순교자/ 3세기경 [축일 10. 18.]
성녀 트리포사(Tryphosa)/ 1세기경 [축일 11. 10.]
성 트리폰(Trifon) [축일 2. 1.]
성 트리폰(Trifon) 순교자/ 484년 [축일 1. 4.]
성 트리폰(Triphon) 순교자/ 251년 [축일 11. 10.]
성녀 트리피나(Triphina) 수절/ 6세기경 [축일 1. 29.]
성녀 트리피나(Tryphina) 순교자 [축일 7. 5.]
성 트리필리오(Triphyllius) 주교/ 370년경 [축일 6. 13.]
성 티그리오 순교자/ 404년 [축일 1. 12.]
성 티르소(Thyrsus) 순교자/ 2세기경 [축일 9. 24.]
성 티르소(Tirso) [축일 1. 24.]
성 티르소(Tirso) [축일 12. 14.]
성 티몬(Timon) 부제 순교자/ 1세기 [축일 4. 19.]
성 티부르시오(Tiburtius) 순교자/ 190년경 [축일 4. 14.]
성 티부르시오(Tiburtius) 순교자/ 288년경 [축일 8. 11.]
성 티시아노(Ticiano) [축일 1. 16.]
성 티시아노(Titianus) 주교/ 536년경 [축일 3. 3.]
성 티실리오(Tysilius) 원장/ 640년경 [축일 11. 8.]
성 티에모(Thiemo) 주교 순교자/ 1102년 [축일 9. 28.]
성 티치코(Tychicus) 주교/ 1세기경 [축일 4. 29.]

성 틸르(Tillus) 원장/ 702년 [축일 1. 7.]
성녀 팁바 동정/ 680년 [축일 3. 6.]

【 파 】

성녀 파나세아(Panacea) 동정/ 1383년 [축일 5. 1.]
성 파티르노 주교/ 500년 [축일 4. 15.]
성녀 파라일다(Pharalidis) 겐트 동정/ 740년 [축일 1. 4.]
성 파토(Farus) 주교/ 675년경 [축일 10. 28.]
성 파르메나(parmenas) 순교자/ 98년경 [축일 1. 23.]
성 파리시오(Paritius) 증거자/ 1267년 [축일 6. 11.]
성 파비아노(Fabiano) 20대 교황 순교자/ 250년 [축일 1. 20.]
성 파비아노(Fabianus) 순교자 [축일 12. 31.]
성 파비오(Fabius) 순교자/ 304년 [축일 5. 11.]
성녀 파비올라(Fabiola) [축일 3. 21.]
성녀 파비올라(Fabiola) 수절/ 400년경 [축일 12. 27.]
성녀 파스카시아 동정 순교자/ 178년 [축일 1. 9.]
성 파스카시오 원장/ 851년 [축일 4. 26.]
성 파스카시오(Paschatius) 주교/ 312년경 [축일 2. 22.]
성 파스카시오(Paschatius) 주교/ 680년경 [축일 7. 10.]
성 파스칼 1세(Peschal I) 98대 교황/ 824년 [축일 2. 11.]
성 파스칼 바이런(Pascal Bailon) 증거자/ 1592년 [축일 5. 17.]
성 파스토르(Pastor) 순교/ 304년경 [축일 8. 6.]
성 파스토르(Pastor) 순교자/ 311년 [축일 3. 29.]
성 파스토르(Pastor) 순교자/ 6세기경 [축일 3. 30.]
성녀 파시엔시아(Patientia) 순교자/ 240년경 [축일 5. 1.]
성녀 파우스타(Fausta) 수절/ 3세기경 [축일 12. 19.]
성녀 파우스타(Fausta) 순교자/ 303년 [축일 9. 20.]
성 파우스토(Faustus) 순교자 [축일 6. 24.]

성 파우스토(Faustus) 순교자/ 250년 [축일 9. 6.]
성 파우스토(Faustus) 순교자/ 304년 [축일 10. 13.]
성녀 파우스티나(Faustina) 동정/ 580년 [축일 1. 18.]
성 파우스티노(Faustinus) 순교자/ 121년경 [축일 2. 15.]
성 파우스티노(Faustinus) 순교자/ 250년 [축일 6. 5.]
성 파우스티노(Faustinus) 순교자/ 303년 [축일 7. 29.]
성 파우스티노(Faustinus) 주교/ 381년 [축일 2. 16.]
성 파우스티니아노(Faustinianus) 주교/ 4세기경 [축일 2. 26.]
성녀 파이나(Faina) 순교자/ 304년 [축일 5. 18.]
성 파찌오 베로나 증거자/ 1272년 [축일 1. 18.]
성 파치아노(Paciano) 순교자/ 390년 [축일 3. 9.]
성 파치올로(Faciolus) 증거자/ 950년경 [축일 9. 7.]
성 파치피코(Pacificus) 증거자/ 1721년 [축일 9. 24.]
성 파코미오(Pachomius) 원장/ 346년 [축일 5. 14.]
성 파코미오(Pacomio) 원장/ 346년 [축일 5. 9.]
성 파테르노(Paternus) 은수자/ 1058년 [축일 4. 10.]
성 파테르노(Paternus) 주교 순교자/ 574년경 [축일 4. 16.]
성 파테리오(Paterius) 주교/ 606년 [축일 2. 21.]
성 파트로쿨로 순교자/ 275년 [축일 1. 21.]
성녀 파트리치아(Partricia) 동정/ 655년경 [축일 8. 25.]
성녀 파트리치아(Patricia) 순교자/ 304년경 [축일 3. 13.]
성 파트리치오(Patricio) 순교자 [축일 4. 28.]
성 파트리치오(Patricio) 주교/ 461년경 [축일 3.17.]
파티마의 복되신 동정 마리아 [축일 5. 13.]
성 파푸누시오(Paphunutius) 주교 [축일 9. 11.]
성 파프누시오(Paphnutius) 순교자/ 303년경 [축일 9. 24.]
성 파피아(Papias) 순교자 [축일 11. 2.]
성 파피아(Papias) 순교자/ 303년경 [축일 1. 29.]
성 파피아(Papias) 주교/ 120년경 [축일 2. 22.]

성 파피아스(Papias) 순교자/ 202년 [축일 6. 28.]
성 파필로(Papylus) 순교자/ 250년 [축일 4. 13.]
성 판딜라스(Pandilas) 순교자/ 853년 [축일 6. 13.]
성녀 판체아(Pancea) 동정/ 585년경 [축일 1. 1.]
성 판카리오(Pancharius) 순교자/ 356년경 [축일 7. 22.]
성 판크라시오(Pancracio) 순교자/ 1세기경 [축일 4. 3.]
성 판크라시오(Pancracio) 순교자/ 304년 [축일 5. 12.]
성 판탈레온(Pantaleon) 순교자/ 305년경 [축일 7. 27.]
성 판탈로(Pantalus) 주교 순교자 [축일 10. 12.]
성 판티노(Pantaenus) 증거자/ 216년경 [축일 7. 7.]
성 팔라디오(Palladius) 주교/ 432년 [축일 7. 7.]
성 팔라디오(Palladius) 주교/ 661년 [축일 4. 10.]
성 팔레리오 소렌토 주교/ 453년 [축일 1. 16.]
성 팔마시오(Palmatius) 순교자/ 232년 [축일 5. 10.]
성 팔마시오(Palmatius) 순교자/ 287년경 [축일 10. 5.]
성 팜마치오(Pammachius) 증거자/ 410년 [축일 8. 30.]
성 팜필로(Pamphilus) 순교자/ 309년 [축일 6. 1.]
성 팜필로(Pamphilus) 주교/ 400년경 [축일 9. 7.]
성 팜필로(Pamphilus) 주교/ 700년경 [축일 4. 28.]
성녀 페가(Pega) 동정/ 719년경 [축일 1. 8.]
성 페레그리노(Peregrinus) 순교자/ 300년경 [축일 5. 5.]
성 페레그리노(Peregrinus) 은수자/ 2세기경 [축일 7. 28.]
성 페레그리노(Peregrinus) 주교/ 600년경 [축일 6. 13.]
성 페레그리노(Peregrinus) 증거자/ 1345년 [축일 5. 1.]
성 페레올로 그리노블 주교 순교자/ 670년 [축일 1. 16.]
성 페레올로(Ferreolus) 위제스 주교/ 581년 [축일 1. 4.]
성 페레올로(Ferrolus) 주교/ 4세기경 [축일 9. 18.]
성 페르고 주교/ 6세기 [축일 3. 30.]
성 페르디난도 3세 스페인 왕/ 1252년 [축일 5. 30.]

성 페르디난도(Ferdinandus) 주교/ 13세기경 [축일 6. 27.]
성 페르미노 [축일 7. 7.]
성녀 페르세베란다(Perseveranda) 동정/ 726년 [축일 6. 26.]
성 페르젠티노(Pergentinus) 순교자/ 251년 [축일 6. 3.]
성녀 페르페투아(Perpetua) 순교자/ 203년 [축일 3. 7.]
성 페르페투오(Perpetuo) 주교/ 490년 [축일 4. 11.]
성 페르페투오(Perpetuus) 주교/ 490년경 [축일 4. 8.]
성 페르펙토(Perfecto) 순교자/ 851년 [축일 4. 18.]
성 페바디오(Phebadius) 주교/ 392년경 [축일 4. 25.]
성녀 페브로니아(Febronia) 동정 순교자/ 304년 [축일 6. 25.]
성 페트로니오(Petronius) 아비뇽 주교/ 463년경 [축일 1. 10.]
성 페트로니오(Petronius) 주교/ 450년 [축일 10. 4.]
성 페트로니오(Petronius) 주교/ 450년경 [축일 9. 6.]
성녀 펠라지아 동정 순교자/ 311년경 [축일 6. 9.]
성녀 펠라지아 통회자 [축일 10. 8.]
성녀 펠라지아(Pelagia) 동정 순교자/ 300년 [축일 5. 4.]
성녀 펠라지아(Pelagia) 순교자/ 320년 [축일 7. 11.]
성녀 펠라지아(Pelagia) 순교자/ 361년 [축일 3. 23.]
성 펠라지오(Pelagius) 순교자/ 283년경 [축일 8. 28.]
성 펠라지오(Pelagius) 순교자/ 925년 [축일 6. 26.]
성 펠리노(Felinus) 순교자/ 250년 [축일 6. 1.]
성 펠리노(Pelinus) 주교 순교자/ 361년 [축일 12. 5.]
성녀 펠리사(Felisa) [축일 5. 11.]
성녀 펠리시아(Felicia) [축일 2. 5.]
성 펠리시아노(Feliciano) [축일 10. 29.]
성 펠리치시모 [축일 7. 2.]
성녀 펠리치아(Felicia) 동정/ 1666년 [축일 6. 6.]
성 펠리치아노 순교자 [축일 1. 30.]
성 펠리치아노 순교자 [축일 2. 2.]

성 펠리치아노(Feliciano) 주교 순교자/ 254년 [축일 1. 24.]
성 펠리치아노(Felicianus) 순교자/ 165년 [축일 6. 9.]
성녀 펠리치타(Felicitas) 동정/ 9세기경 [축일 3. 26.]
성녀 펠리치타(Felicitas) 순교자/ 165년 [축일 11. 23.]
성녀 펠리치타(Felicitas) 순교자/ 203년 [축일 3. 7.]
성녀 펠리치타와 칠 형제 순교자 [축일 7. 10.]
성녀 펠리쿨라(Felicula) 동정 순교자/ 90년경 [축일 6. 13.]
성 펠릭스 1세(Felix) 26대 교황 순교자/ 274년 [축일 5. 30.]
성 펠릭스 3세(Felix III) 54대 교황/ 530년 [축일 9. 22.]
성 펠릭스 순교자 [축일 7. 12.]
성 펠릭스 순교자/ 296년 [축일 6. 11.]
성 펠릭스 순교자/ 5세기 [축일 3. 23.]
성 펠릭스 원장/ 1038년 [축일 3. 4.]
성 펠릭스 주교/ 400년 [축일 3. 26.]
성 펠릭스 증거자 [축일 1. 14.]
성 펠릭스(Felix) 3(2)세 48대 교황/ 492년 [축일 3. 1.]
성 펠릭스(Felix) [축일 11. 4.]
성 펠릭스(Felix) [축일 5. 29.]
성 펠릭스(Felix) [축일 6. 14.]
성 펠릭스(Felix) [축일 6. 23.]
성 펠릭스(Felix) [축일 8. 1.]
성 펠릭스(Felix) 놀라 순교자/ 260년경 [축일 1. 14.]
성 펠릭스(Felix) 부르쥬 주교/ 580년 [축일 1. 1.]
성 펠릭스(Felix) 사제 순교자/ 304년경 [축일 8. 30.]
성 펠릭스(Felix) 순교자/ 212년 [축일 4. 23.]
성 펠릭스(Felix) 순교자/ 232년 [축일 5. 10.]
성 펠릭스(Felix) 주교/ 2세기경 [축일 2. 21.]
성 펠릭스(Felix) 주교/ 648년 [축일 3. 8.]
발로아의 성 펠릭스(Felix) 증거자/ 1212년 [축일 11. 20.]

성 펠릭스(Felix) 칸탈리체 증거자/ 1587년 [축일 5. 18.]
성 포디오(Podius) 주교/ 1002년 [축일 5. 28.]
성 포르시아노(Portianus) 원장/ 533년 [축일 11. 24.]
성 포르토(Fortus) 주교 순교자/ 1세기경 [축일 5. 16.]
성녀 포르투나타(Fortunata) 동정 순교자/ 303년 [축일 10. 14.]
성녀 포르투나타(Fortunata) 동정 순교자/ 303년 [축일 6. 1.]
성 포르투나토(Fortuantus) 순교자/ 296년 [축일 6. 11.]
성 포르투나토(Fortunatus) 순교자 [축일 2. 26.]
성 포르투나토(Fortunatus) 순교자/ 212년 [축일 4. 23.]
성 포르투나토(Fortunatus) 순교자/ 303년 [축일 10. 24.]
성 포르투나토(Fortunatus) 주교 순교자/ 537년 [축일 10. 14.]
성 포르투나토(Fortunatus) 증거자/ 569년경 [축일 6. 18.]
성 포르피리오(Porphyrius) 주교/ 420년 [축일 2. 26.]
성 포시디오(Possidius) 주교/ 450년 [축일 5. 16.]
성녀 포일라(Foila) 동정/ 6세기경 [축일 3. 3.]
성 포카스(Phocas) 순교자 [축일 3. 5.]
성 포카스(Phocas) 순교자 [축일 7. 14.]
성녀 포타미에나(Potamiaena) 동정 순교자/ 304년경 [축일 6. 7.]
성녀 포타미에나(Potamiaena) 순교자/ 202년 [축일 6. 28.]
성녀 포티나(Photina) 순교자 [축일 3. 20.]
성 포티노(Photinus) 순교자/ 177년 [축일 6. 2.]
성 포티노(Photinus) 순교자/ 305년경 [축일 8. 12.]
성 폰시아노 순교자/ 169년 [축일 1. 19.]
성 폰시아노(Pontianus) 18대 교황 순교자/ 235년경 [축일 8. 13.]
성 폰시아노(Pontianus) 순교자/ 259년경 [축일 12. 2.]
성 폰시오 증거자/ 260년 [축일 3. 8.]
성 폰티코(Ponticus) 순교자/ 177년 [축일 6. 2.]
성녀 폴리세나(Polyxena) 동정 [축일 9. 23.]
성 폴리오 순교자/ 304년 [축일 4. 28.]

성 폴리오(Polius) 순교자 [축일 5. 21.]
성 폴리카르포(Polycarpus) 주교 순교자/ 156년경 [축일 2. 23.]
성 폴리크로니오(Polychronius) 주교 순교자/ 250년 [축일 2. 17.]
성 폼페이오(Pompeius) 순교자/ 120년경 [축일 7. 7.]
성 폼페이오(Pompeyo) [축일 4. 10.]
성 폼포니오(Pomponius) 주교/ 536년 [축일 4. 30.]
성녀 폼포사(Pomposa) 동정 순교자/ 853년 [축일 9. 19.]
성녀 푸덴시아나(Pudentiana) 동정/ 160년경 [축일 5. 19.]
성녀 푸블리아 수절/ 370년 [축일 10. 9.]
성 푸블리오(Publio) 주교 순교자/ 112년 [축일 1. 21.]
성 푸블리오(Publius) 원장/ 380년경 [축일 1. 25.]
성 푸수아노(Fuscianus) 순교자/ 287년경 [축일 12. 11.]
성녀 푸스카(Fusca) 동정 순교자/ 250년경 [축일 2. 13.]
성 풀라도(Fulradus) 원장/ 784년 [축일 7. 16.]
성 풀베르트(Fulbert) 주교/ 1020년 [축일 4. 10.]
성 풀젠시오(Fulgentius) 러스페 주교 증거자/ 533년 [축일 1. 1.]
성 풀젠시오(Fulgentius) 에시하 주교/ 633년 [축일 1. 16.]
성녀 풀케리아(Pulcheria) 동정/ 453년 [축일 9. 10.]
성 풀크(Fulk) 주교/ 1229년 [축일 10. 26.]
성 프라그마시오(Pragmatius) 주교/ 520년경 [축일 11. 22.]
성 프라테르노(Fraternus) 주교 순교자/ 450년경 [축일 9. 29.]
성녀 프락세데스(Praxedes) 동정/ 2세기경 [축일 7. 21.]
성녀 프란치스카 사베라 카브리니 동정/ 1917년 [축일 12. 22.]
로마의 성녀 프란치스카 수도자/ 1440년 [축일 3. 9.]
복자 프란치스코 데 카피야스 [축일 1. 15.]
성 프란치스코 드 살 주교 학자/ 1622년 [축일 1. 24.]
성 프란치스코 보르지아 증거자/ 1572년 [축일 10. 10.]
성 프란치스코 솔라노 [축일 7. 14.]
성 프란치스코 제로니모 증거자/ 1716년 [축일 5. 11.]

성 프란치스코 카라치올로 증거자/ 1608년 [축일 6. 4.]
복자 프란치스코 콜(Francisco Coll) [축일 5. 19.]
성 프란치스코 하비에르(F. Javier) 사제 [축일 12. 3.]
파올라의 성 프란치스코(F. Paola) 창설자/ 1507년 [축일 4. 2.]
포사다스의 복자 프란치스코(F. de Posadas) [축일 9. 22.]
아시시의 성 프란치스코/ 1226년 [축일 10. 4.]
성녀 프랑카비잘타(F. Visalta) 여원장/ 1218년 [축일 4. 26.]
성 프랑코(Francus) 은수자/ 1275년경 [축일 6. 5.]
성 프레데릭(Frederirik) 원장/ 1070년경 [축일 5. 7.]
성 프레디아노(Fredianus) 주교/ 1086년 [축일 3. 18.]
성 프레문도 순교자/ 9세기 [축일 5. 11.]
성녀 프레페디냐(Prepedigna) 순교자/ 295년 [축일 2. 18.]
성 프로문도(Fromundus) 주교/ 690년경 [축일 10. 24.]
성 프로보 주교/ 571년 [축일 3. 15.]
성 프로보(Probus) 베로나 순교자/ 591년 [축일 1. 12.]
성 프로보(Probus) 주교/ 175년경 [축일 11. 10.]
성 프로스페르(Prosper) 주교/ 466년 [축일 6. 25.]
성 프로젝토(Projectus) 순교자 [축일 1. 24.]
성 프로체소(processus) 순교자 [축일 7. 2.]
성 프로코로(Prochorus) 주교 순교자/ 1세기경 [축일 4. 9.]
성 프로코피오(Procopius) 순교자/ 303년 [축일 7. 8.]
성 프로쿨로 주교 순교자/ 310년 [축일 4. 14.]
성 프로쿨로(Proculus) 순교자/ 273년 [축일 2. 14.]
성 프로타디오(Prothadius) 주교/ 624년 [축일 2. 10.]
성 프로타시오(Protatius) 순교자/ 2세기경 [축일 6. 19.]
성 프로테리오(Prothrius) 주교 순교자/ 458년 [축일 2. 28.]
성 프로토(Protus) 주교 [축일 9. 11.]
성 프론토 은수자/ 2세기 [축일 4. 14.]
성녀 프루덴시아(Prudentia) 동정/ 1492년 [축일 5. 6.]

성 프루덴시오(Prudencio) 주교/ 700년 [축일 4. 28.]
성 프루멘시오(Frumentius) 순교자/ 484년 [축일 3. 23.]
성 프루멘시오(Frumentius) 주교/ 380년경 [축일 10. 27.]
성 프루토스(Frutos) [축일 10. 25.]
성 프룩투오소(Fructuoso) [축일 1.20.]
성 프룩투오소(Fructuosus) 순교자/ 259년 [축일 1. 21.]
성 프리데리코(Fridericus) 주교 순교자/ 838년 [축일 7. 18.]
성 프리데스위다(Frideswida) 동정/ 735년경 [축일 10. 19.]
성 프리돌리노(Fridolinus) 수사 [축일 3. 2.]
성 프리모(Primus) 순교자/ 297년경 [축일 6. 9.]
성 프리모(Primus) 순교자/ 320년 [축일 1 3.]
성녀 프리쉴라(Priscila) 수절/ 1서기경 [축일 1. 16.]
성녀 프리쉴라(Priscilla)/ 1세기경 [축일 7. 8.]
성녀 프리스카(Prisca) 로마 동정 순교자/ 270년경 [축일 1. 18.]
성 프리스코(Priscus) 순교자/ 260년 [축일 3. 28.]
성 프리스코(Priscus) 순교자/ 66년경 [축일 9. 1.]
성 프리아르도(Friardus) 은수자/ 557년경 [축일 8. 1.]
성녀 프린치피아(Principia) 동정/ 420년경 [축일 5. 11.]
성녀 플라비아(Flavia) 동정 순교자/ 2세기경 [축일 5. 7.]
성녀 플라비아(Flavia) 순교자 [축일 10. 5.]
성녀 플라비아나(Flaviana) 순교자 [축일 10. 5.]
성 플라비아노(Flavianus) 순교자/ 304년경 [축일 1. 28.]
성 플라비아노(Flavianus) 순교자/ 362년 [축일 12. 22.]
성 플라비아노(Flavianus) 주교 순교자/ 449년 [축일 2. 18.]
성 플라비아노(Flavianus) 주교/ 7세기경 [축일 8. 23.]
성 플라비오 클레멘스(F. Clemens) 순교자/ 96년경 [축일 6. 22.]
성 플라비오(Flavius) 순교자/ 300년경 [축일 5. 7.]
성녀 플라우틸라(Plautilla) 수절/ 67년경 [축일 5. 20.]
성 플라치도 [축일 10. 11.]

성 플라치도(Placidus) 순교자 [축일 10. 5.]
성 플라치도(Placidus) 원장/ 675년경 [축일 5. 7.]
성녀 플라치디아(Placidia) 동정/ 460년경 [축일 10. 11.]
성 플라토(Platus) 원장/ 813년 [축일 4. 4.]
성 플라톤(Platon) 순교자 [축일 10. 1.]
성녀 플로라(Flora) 동정 순교자/ 260년 [축일 7. 29.]
성녀 플로라(Flora) 동정 순교자/ 856년 [축일 11. 24.]
성녀 플로라(Flora) 동정/ 1347년 [축일 6. 11.]
성 플로렌시오 주교/ 693년경 [축일 11. 7.]
성 플로렌시오(Florencio) [축일 5. 23.]
성 플로렌시오 비엔나 주교 순교자/ 374년 [축일 1. 3.]
성 플로렌시오(Florentius) 순교자 [축일 7. 15.]
성 플로렌시오(Florentius) 순교자/ 304년 [축일 5. 11.]
성 플로렌시오(Florentius) 순교자/ 312년 [축일 10. 13.]
성 플로렌시오(Florentius) 순교자/ 3세기경 [축일 10. 27.]
성 플로렌시오(Florentius) 원장/ 7세기경 [축일 12. 15.]
성 플로렌시오(Florentius) 주교/ 526년경 [축일 10. 17.]
성 플로렌시오(Florentius) 증거자/ 485년경 [축일 2. 23.]
성 플로렌시오(Florentius) 증거자/ 5세기경 [축일 9. 22.]
성녀 플로렌티나(Florentina) 여원장/ 636년경 [축일 6. 20.]
성 플로렌티노(Florentinus) 순교자/ 250년 [축일 6. 5.]
성 플로르(Flor) [축일 10. 5.]
성 플로르(Flor) [축일 12. 31.]
성 플로리도(Floridus) 순교자/ 2세기경 [축일 8. 18.]
성 플로리아노(Floriano) 순교자/ 304년 [축일 5. 4.]
성 플로리아노(Florianus) 순교자/ 637년경 [축일 12. 17.]
성 플로리오(Florius) 순교자/ 250년경 [축일 10. 26.]
성녀 플로린다(Florinda) [축일 5. 1.]
성 플로스쿨로(Flosculus) 주교/ 480년경 [축일 2. 2.]

성 플로첼로(Flocellus) 순교자/ 2세기경 [축일 9. 17.]
성 플루타크(Flutarch) 순교자/ 202년 [축일 6. 28.]
성 피난(Finan) 원장/ 6세기경 [축일 4. 7.]
성 피니아노(Finianus) 주교/ 575년경 [축일 9. 10.]
성 피니안(Finianus) 원장/ 635년경 [축일 10. 21.]
성녀 피데스 동정 순교자/ 120년경 [축일 8. 1.]
성녀 피데스(Fides) 동정 순교자 [축일 10. 6.]
성 피덴시오(Fidentius) 순교자 [축일 9. 27.]
성 피덴시오(Fidentius) 주교 [축일 11. 16.]
성 피델리스 순교자/ 250년 [축일 3. 23.]
성 피델리스(Fidelis) 주교/ 570년경 [축일 2. 7.]
성 피델리스(Fidelis)식마린겐 사제 순교자/ 1622년 [축일 4. 24.]
성녀 피델미아(Fidelmia) 동정/ 433년 [축일 1. 11.]
성 피르모(Firmus) 순교자 [축일 2. 2.]
성 피르모(Firmus) 순교자/ 290년경 [축일 6. 1.]
성녀 피르미나 동정 순교자/ 303년경 [축일 11. 24.]
성 피르미노(Firminus) 원장/ 120년 [축일 3. 11.]
성 피르미노(Firminus) 주교/ 2세기경 [축일 9. 25.]
성 피르미노(Firminus) 주교/ 496년 [축일 8. 18.]
성 피르미노(Firminus) 주교/ 6세기경 [축일 12. 5.]
성 피비시오(Fibitius) 주교/ 500년경 [축일 11. 5.]
성녀 피아(Pia) 순교자/ 2세기경 [축일 1. 19.]
성 피아체(Fiace) 주교/ 5세기경 [축일 10. 12.]
성 피아크라(Fiacre) 은수자/ 670년 [축일 9. 1.]
성 피에리오(Pierius) 증거자/ 310년경 [축일 11. 4.]
성녀 피엔시아(Pientia) 순교자/ 285년경 [축일 10. 11.]
성 피오니오(Pionius) 순교자/ 251년 [축일 2. 1.]
성녀 핀도카(Fyndoca) 동정 순교자 [축일 10. 13.]
성녀 핀카나(Fyncana) 동정 순교자 [축일 10. 13.]

성 핀타노(Fintanus) 사제 [축일 2. 17.]
성 필레몬 순교자/ 305년 [축일 3. 8.]
성 필레몬(Philemon) 순교자 [축일 3. 21.]
성 필레몬(Philemon) 순교자/ 305년경 [축일 11. 22.]
성 필레타스 순교자/ 121년 [축일 3. 27.]
성 필로(Philo)/ 150년경 [축일 4. 25.]
성 필로고니오(Philogonius) 주교/ 324년 [축일 12. 20.]
성녀 필로메나(Philomena) 동정 순교자 [축일 8. 11.]
성녀 필로메나(Philomena) 동정/ 500년경 [축일 7. 5.]
성 필로메노(Philomenus) 순교자 [축일 11. 14.]
성 필로메노(Philomenus) 순교자/ 275년 [축일 11. 29.]
성 필리베르토(Philibertus) 원장/ 684년 [축일 8. 20.]
성 필립보 네리(P. Neri) 증거자 창설자/ 1595년 [축일 5. 26.]
성 필립보 베니치(P. Benizi) 증거자/ 1285년 [축일 8. 23.]
성 필립보(Philippus) 주교/ 578년 [축일 2. 3.]
성 필립보(Philipus) 부제/ 1세기경 [축일 6. 6.]
성 필립보(Philipus) 사도/ 80년경 [축일 5. 3.]
성 필립보(Philipus) 순교자/ 301년경 [축일 8. 17.]
성 필립보(Philipus) 주교/ 180년경 [축일 4. 11.]
성녀 필립파 마레리(Philippa Mareri) 동정/ 1236년 [축일 2. 16.]
성녀 필립파(Philippa) 순교자/ 220년 [축일 9. 20.]
성 핌베르토(Fymbertus) 주교/ 7세기경 [축일 9. 25.]

【 하 】

성 하깨(Haggaeus) 예언자/ 기원전 [축일 7. 4.]
성 하롤드(Harold) 순교자/ 1168년 [축일 3. 25.]
성 하바쿡(Habacuc) 예언자 [축일 1. 15.]
성녀 하베릴라(Haberilla) 동정/ 1100년경 [축일 1. 30.]

성 하벤시오(Habentius) 순교자/ 851년 [축일 6. 7.]
성녀 화와(Eve) 성서인물 [축일 12. 24.]
성 하임라도(Heimradus) 증거자/ 1019년 [축일 6. 28.]
성 하파시오(Hypatius) 주교/ 325년 [축일 11. 14.]
성녀 헤네디나(Henedina) 순교자/ 130년경 [축일 5. 14.]
성 헤다(Hedda) 순교자/ 870년경 [축일 4. 9.]
성녀 헤다(Hedda) 주교/ 705년 [축일 7. 7.]
성녀 헤드비가(Hedwig) 여왕/ 1399년 [축일 2. 28.]
성녀 헤드비가(Hedwiga) 여원장/ 887년경 [축일 9. 13.]
성녀 헤드비제(Hedwig) 여왕 수도자/ 1243년 [축일 10. 16.]
성 헤라클리아(Heraclias) 주교/ 247년 [축일 7. 14.]
성 헤라클리오(Heraclio) 순교자/ 305년 [축일 3. 2.]
성 헤로디온 순교자/ 1세기 [축일 4. 8.]
성 헤론(Heron) 순교자/ 202년 [축일 6. 28.]
성 헤른(Heron) 순교자/ 250년 [축일 12. 14.]
성녀 헤룬도(Herundo) 동정/ 580년경 [축일 7. 23.]
성 헤르마고라(Hermagoras) 순교자/ 66년 [축일 7. 12.]
성 헤르마스(Hermas) 주교/ 1세기경 [축일 5. 9.]
성 헤르만 요셉(Herman Josephus) [축일 4. 7.]
성 헤르메네질도(Hermenegildo) 왕 순교자/ 583년 [축일 4. 13.]
성 헤르메스 순교자/ 390년 [축일 3. 1.]
성 헤르메스(Hermes) 순교자/ 120년경 [축일 8. 28.]
성 헤르메스(Hermes) 순교자/ 270년경 [축일 12. 31.]
성 헤르메스(Hermes) 순교자/ 300년경 [축일 1. 4.]
성 헤르미아스(Hermias) 순교자/ 170년 [축일 5. 31.]
성녀 헤르미오느(Hermiona) 동정/ 117년경 [축일 9. 4.]
성 헤르밀로 순교/ 315년 [축일 1. 13.]
성 헤르베르토(Herbertus) 은수자/ 687년 [축일 3. 20.]
성 헤르쿨라노(Herculanus) 주교/ 549년 [축일 11. 7.]

성녀 헤를린다(Herlindis) 여원장/ 745년경 [축일 10. 12.]
성 헤리발도(Heribaldus) 주교/ 857년경 [축일 4. 25.]
성 헤리베르토(Heriberto) 주교/ 1022년 [축일 3. 16.]
성 헤제시포(Hegesippus) 증거자/ 180년경 [축일 4. 7.]
성 헨리코 2세(Henricus Ⅱ) 황제/ 1024년 [축일 7. 13.]
성 헨리코 순교자/ 1156년 [축일 1. 19.]
성 헨리코 은수자/ 1127년 [축일 1. 16.]
성 헨리코(Henricus) 증거자/ 880년 [축일 6. 24.]
성 헬라디오(Helladius) 주교/ 632년 [축일 2. 18.]
복녀 헬레나 게라(Helena Guerra) [축일 4. 11.]
성녀 헬레나 순교자 [축일 3. 8.]
성녀 헬레나(Helena) 동정/ 418년경 [축일 5. 22.]
성녀 헬레나(Helena) 수절 순교자/ 1160년경 [축일 7. 31.]
성녀 헬레나(Helena) 수절/ 1298년 [축일 3. 6.]
성녀 헬레나(Helena) 순교자/ 304년 [축일 8. 13.]
성녀 헬레나(Helena) 순교자/ 3세기 [축일 2. 25.]
성녀 헬레나(Helena) 황후/ 330년 [축일 8. 18.]
성녀 헬리아(Helia) 여원장/ 750년경 [축일 6. 20.]
성 헬리오도로(Heliodorus) 주교/ 390년경 [축일 7. 3.]
성녀 헬리코니오(Heliconis) 동정 순교자/ 250년 [축일 5. 28.]
성녀 헬비사(Helwisa) 동정/ 1066년 [축일 2. 11.]
성 호네스토(Honestus) 순교자/ 270년 [축일 2. 16.]
성녀 호노라타(Honorata) 파비아 동정/ 500년경 [축일 1. 11.]
성 호노라토(Honorato) 밀라노 주교/ 570년 [축일 2. 8.]
성 호노라토(Honorato) 아를르 주교/ 429년 [축일 1. 16.]
성 호노라토(Honorato) 폰디 원장/ 6세기경 [축일 1. 16.]
성 호노라토(Honoratus) 순교자 [축일 12. 22.]
성 호노라토(Honoratus) 주교/ 410년경 [축일 10. 28.]
성 호노라토(Honoratus) 주교/ 600년경 [축일 5. 16.]

성녀 호노리나(Honorina) 동정 순교자 [축일 2. 27.]
성 호노리오 순교자/ 1250년 [축일 1. 9.]
성 호노리오(Honorius) 순교자/ 300년경 [축일 11. 21.]
성 호노리오(Honorius) 주교/ 653년 [축일 9. 30.]
복자 호르단 데 사호니아(Jordan de Sajonia) [축일 2. 13.]
성 호르미스다스(Hormisdas) 52대 교황/ 523년 [축일 8. 6.]
성 호고보누스(Homobonus) 증거자/ 1197년 [축일 11. 13.]
성 호세아(Hosea) 예언자/ 기원전 [축일 7. 4.]
성 후고(Hughus) 순교자/ 1255년 [축일 8. 18.]
성 후고(Hughus) 원장/ 117년 [축일 11. 17.]
성 후고(Hughus) 주교/ 730년 [축일 4. 9.]
성 후고(Hughus) 증거자/ 930년경 [축일 4. 20.]
성 후고(Hughus) 클루니 원장/ 1109년 [축일 4. 29.]
성 후고(Hugo) [축일 1. 21.]
성 후고(Hugo) 그레노블 주교/ 1132년 [축일 4. 1.]
성 후고(Hugo)/ 1194년 [축일 4. 1.]
성녀 후나(Huna) 수절/ 690년경 [축일 2. 13.]
성녀 후네군다(Hunegunda) 동정/ 690년경 [축일 8. 25.]
성녀 후밀리타스(Humilitas) 여원장/ 1310년 [축일 5. 22.]
성 후비르토(Hubertus) 주교/ 727년 [축일 11. 3.]
성 후비르토(Hubertus) 증거자/ 714년 [축일 5. 30.]
성녀 훈나(Hunna) 수절/ 679년 [축일 4. 15.]
성녀 훈벨리나(Humbelina) 여원장/ 1141년 [축일 2. 12.]
성 히둘포(Hidulphus) 증거자/ 707년경 [축일 6. 23.]
성 히둘포(Hydulphus) 주교/ 707년 [축일 7. 11.]
성 히메리오(Himerius) 주교/ 707년 [축일 6. 17.]
성녀 히야친타(Jacinta)/ 1640년 [축일 1. 30.]
성 히야친토 [축일 7. 17.]
성 히야친토 순교자 [축일 9. 11.]

성 히야친토(Hyacintus) 증거자/ 1257년 [축일 8. 17.]
성 히야친토(Hyacitus) 순교자/ 120년 [축일 2. 10.]
성 히야친토(Jacinto) [축일 11. 7.]
성 히지노(Hyginus) 순교자/ 140년경 [축일 1. 11.]
성 히파시오(Hypatius) 순교자/ 735년 [축일 8. 29.]
성 히폴리토(Hipolito) 안티오키아 순교자/ 250년 [축일 1. 30.]
성 히폴리토(Hippolytus) 사제 순교자/ 235년경 [축일 8. 13.]
성 히폴리토(Hippolytus) 주교/ 775년경 [축일 11. 28.]
성녀 힐다(Hilda) 여원장/ 680년 [축일 11. 17.]
성녀 힐데가르다(Hildegarda) 여원장/ 1179년 [축일 9. 17.]
성녀 힐데가르드(Hildegard) 황후/ 783년 [축일 4. 30.]
성녀 힐데군다(Hildegunda) 수절/ 1183년 [축일 2. 6.]
성녀 힐데마르카(Hildemarca)/ 670년경 [축일 10. 25.]
성 힐데베르토(Hildebertus) 증거자/ 752년 [축일 4. 4.]
성녀 힐델리다(Hildelida) 여원장/ 717년경 [축일 3. 24.]
성녀 힐라리아(Hilaria) 순교자 [축일 12. 31.]
성녀 힐라리아(Hilaria) 순교자/ 283년경 [축일 12. 3.]
성녀 힐라리아(Hilaria) 순교자/ 283년경 [축일 8. 12.]
성 힐라리오 순교자/ 284년 [축일 3. 16.]
성 힐라리오 주교/ 376년 [축일 5. 16.]
성 힐라리오(Hilario) 주교 학자/ 368년 [축일 1. 13.]
성 힐라리오(Hilarius) 46대 교황/ 468년 [축일 2. 28.]
성 힐라리오(Hilarius) 순교자 [축일 4. 9.]
성 힐라리오(Hilarius) 원장/ 1045년경 [축일 11. 21.]
성 힐라리오(Hilarius) 원장/ 558년 [축일 5. 15.]
성 힐라리오(Hilarius) 주교/ 449년 [축일 5. 5.]
성 힐라리온(Hilarion) 순교자/ 115년 [축일 7. 12.]
성 힐라리온(Hilarionus) 원장/ 371년경 [축일 10. 21.]
성녀 힐트루다(Hiltruda) 동정/ 790년경 [축일 9. 27.]

한국 순교자 103위 성인 일람

순위	한글명	세례명	한자명	성별	연령	신분	순교일자	순교형식
1	김대건	안드레아	金大建	남	26	신부	1846. 9. 16	군문효수
2	정하상	바오로	丁夏祥	남	45	회장	1839. 9. 22	참 수
3	이호영	베드로	李	남	36	회장	1838. 11. 25	옥 사
4	정국보(또는 군보)	프로타시오	丁	남	41	공인	1839. 5. 21	옥 사
5	김아기	아가타	金阿只	여	66	과부	1839. 5. 24	참 수
6	박아기	안 나	朴阿只	여	57	부인	1839. 5. 24	〃
7	이	아가타	李	여	56	과부	1839. 5. 24	〃
8	김업이	막달레나	金業伊	여	53	과부	1839. 5. 24	〃
9	이광헌	아우구스티노	李光獻	남	53	회장	1839. 5. 24	〃
10	한아기	바르바라	韓阿只	여	48	과부	1839. 5. 24	〃
11	박희순	루치아	朴喜順	여	39	궁녀	1839. 5. 24	〃
12	남명혁	다미아노	南明赫	남	38	회장	1839. 5. 24	〃
13	권득인	베드로	權得仁	남	35	상인	1839. 5. 24	〃
14	장성집	요 셉	張	남	54	환부	1839. 5. 26	옥 사
15	김	바르바라	金	여	35	과부	1839. 5. 27	옥 사
16	이	바르바라	李	여	15	동정	1839. 5. 27	〃
17	김	로 사	金	여	56	과부	1839. 7. 20	참 수
18	김성임	마르타	金成任	여	50	과부	1839. 7. 20	〃
19	이매임	데레사	李梅任	여	52	부인	1839. 7. 20	〃
20	김장금	안 나	金長金	여	51	과부	1839. 7. 20	〃
21	이광렬	요 한	李光烈	남	45	공인	1839. 7. 20	〃
22	이영희	막달레나	李英喜	여	31	동정	1839. 7. 20	〃
23	김	루치아	金	여	22	동정	1839. 7. 20	〃
24	원귀임	마리아	元貴任	여	21	동정	1839. 7. 20	〃
25	박큰아기	마리아	朴大阿只	여	54	부인	1839. 9. 3	〃
26	권 희	바르바라	權喜	여	46	부인	1839. 9. 3	〃
27	박후재	요 한	朴厚載	남	41	상인	1839. 9. 3	〃
28	이정희	바르바라	李貞喜	여	41	과부	1839. 9. 3	〃
29	이연희	마리아	李連喜	여	36	부인	1839. 9. 3	〃
30	김효주	아네스	金孝珠	여	24	동정	1839. 9. 3	〃
31	최경환	프란치스코	崔京煥	남	35	회장	1839. 9. 12	옥 사

순위	한글명	세례명	한자명	성별	연령	신분	순교일자	순교형식
32	앵베르	라우렌시오		남	43	주교	1839. 9. 21	군문효수
33	모 방	베드로		남	35	신부	1839. 9. 21	〃
34	샤스탕	야고보		남	35	신부	1838. 9. 21	군문효수
35	유진길	아우구스티노	劉進吉	남	49	역관	1839. 9. 22	참 수
36	허계임	막달레나	許季任	여	67	부인	1839. 9. 26	〃
37	남이관	세바스티아노	南履灌	남	60	회장	1839. 9. 26	〃
38	김	율리에타	金	여	56	궁녀	1839. 9. 26	〃
39	전경협	아가타	全敬俠	여	50	궁녀	1839. 9. 26	〃
40	조신철	가롤로	趙信喆	남	45	역관	1839. 9. 26	〃
41	김제준	이냐시오	金濟俊	남	44	회장	1839. 9. 26	〃
42	박봉손	막달레나	朴鳳孫	여	44	과부	1839. 9. 26	〃
43	홍금주	페르페투아	洪今珠	여	36	과부	1839. 9. 26	〃
44	김효임	골룸바	金孝任	여	26	동정	1839. 9. 26	〃
45	김	루치아	金	여	71	과부	1839. 9. ?	옥 사
46	이	가타리나	李	여	57	과부	1839. 9. ?	〃
47	조	막달레나	趙	여	33	동정	1839. 9. ?	〃
48	유대철	베드로	劉大喆	남	13	소년	1839. 10. 31	교 수
49	유	체칠리아	柳	여	79	과부	1839. 11. 23	옥 사
50	최창흡	베드로	崔昌洽	남	53	회장	1839. 12. 29	참 수
51	조증이	바르바라	趙曾伊	여	58	부인	1839. 12. 29	〃
52	한영이	막달레나	韓榮伊	여	56	과부	1839. 12. 29	〃
53	현경이	베네딕타	玄敬連	여	46	회장	1839. 12. 29	〃
54	정정혜	엘리사벳	丁情惠	여	43	동정	1839. 12. 29	〃
55	고순이	바르바라	高順伊	여	42	부인	1839. 12. 29	〃
56	이영덕	막달레나	李榮德	여	28	동정	1839. 12. 29	〃
57	김	데레사	金	여	44	과부	1840. 1. 9	교 수
58	이	아가타	李	여	17	동정	1840. 1. 9	〃
59	민극가	스테파노	閔	남	53	회장	1840. 1. 30	〃
60	정화경	안드레아	鄭	남	33	회장	1840. 1. 23	〃
61	허 협	바오로	許	남	45	군인	1840. 1. 30	옥 사
62	박종원	아우구스티노	朴宗源	남	48	회장	1840. 1. 31	참 수
63	홍병주	베드로	洪秉周	남	42	회장	1840. 1. 31	〃
64	손소벽	막달레나	孫小碧	여	39	부인	1840. 1. 31	〃
65	이경이	아가타	李瓊伊	여	27	부인	1840. 1. 31	〃
66	이인덕	마리아	李仁德	여	22	동정	1840. 1. 31	참 수
67	권진이	아가타	權珍伊	여	21	부인	1840. 1. 31	〃

한국 순교자 103위 성인 일람   675

순위	한글명	세례명	한자명	성별	연령	신분	순교일자	순교형식
68	홍영주	바오로	洪永周	남	39	회장	1840. 2. 1	〃
69	이문주	요현	李文祐	남	31	복사	1840. 2. 1	〃
70	최영이	바르바라	崔榮伊	여	22	부인	1840. 2. 1	〃
71	김성우	안토니오	金星禹	남	47	회장	1841. 4. 29	교수
72	현석문	가롤로	玄錫文	남	50	회장	1846. 9. 19	군문효수
73	남경문	베드로	南景文	남	50	회장	1846. 9. 20	교수
74	한이형	라우렌시오	韓履亨	남	48	회장	1846. 9. 20	〃
75	우술임	수산나	禹術任	여	44	과부	1846. 9. 20	〃
76	임치백	요셉	林致百	남	44	사공	1846. 9. 20	〃
77	김임이	데레사	金任伊	여	36	동정	1846. 9. 20	〃
78	이간난	아가타	李干蘭	여	33	과부	1846. 9. 20	〃
79	정철염	가타리나	鄭鐵艶	여	30	부인	1846. 9. 20	〃
80	유정률	베드로	劉正律	남	30	회장	1866. 2. 17	校死
81	베르뇌	시메온		남	52	주교	1866. 3. 7	군문효수
82	랑페르 드 브르트니애르	유스토		남	29	신부	1866. 3. 7	〃
83	도리	헨리코		남	28	신부	1866. 3. 7	〃
84	볼리외	루도비코		남	27	신부	1866. 3. 7	〃
85	남종삼	요한	南種三	남	50	승지	1866. 3. 7	참수
86	전장운	요한	全長雲	남	56	상인	1866. 3. 9	〃
87	최형	베드로	崔炯	남	53	회장	1866. 3. 9	〃
88	정의배	마르코	丁義培	남	72	회장	1866. 3. 11	군문효수
89	우세영	알렉시오	禹世榮	남	22	역관	1866. 3. 11	〃
90	다블뤼	안토니오		남	49	주교	1866. 3. 30	〃
91	위앵	루가		남	30	신부	1866. 3. 30	〃
92	오매트르	베드로		남	29	신부	1866. 3. 30	〃
93	장주기	요셉	張周基	남	64	회장	1866. 3. 30	〃
94	황석두	루가	黃錫斗	남	54	회장	1866. 3. 30	〃
95	손자선	토마스	孫	남	28	농부	1866. 3. 31	교수
96	정문호	바르톨로메오	鄭	남	66	원	1866. 12. 13	참수
97	조화서	베드로		남	52	농부	1866. 12. 13	〃
98	손선지	베드로	孫	남	47	회장	1866. 12. 13	〃
99	이명서	베드로	李	남	46	농부	1866. 12. 13	〃
100	한언서	요셉(베드로)	韓	남	31	회장	1866. 12. 13	〃
101	정원지	베드로	鄭	남	21	농부	1866. 12. 13	〃
102	조윤호	요셉		남	19	농부	1866. 12. 13	校死
103	이윤일	요한	李尹一	남	45	회장	1867. 1. 21	참수